예비교사와 현직교사를 위한

수학과 교수·학습의 이론과 실제

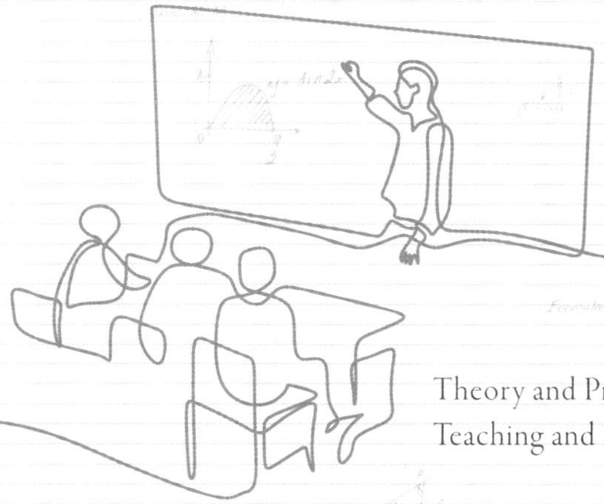

Theory and Practice in Mathematics Teaching and Learning

전영주 · 임해미 · 김희정 · 김선희 · 노지화
서보억 · 손홍찬 · 신보미 · 이경언 · 이봉주 · 한인기 지음

예비교사와 현직교사를 위한

수학과 교수·학습의 이론과 실제

Theory and Practice in Mathematics Teaching and Learning

전영주 · 임해미 · 김희정 · 김선희 · 노지화
서보억 · 손홍찬 · 신보미 · 이경언 · 이봉주 · 한인기 지음

PUBLICATION INDUSTRY PROMOTION AGENCY OF KOREA
2023 세종도서
학술부문
한국출판문화산업진흥원

KM 경문사

머리말

학교에서 이루어지는 활동 가운데 가장 중요한 영역은 교사와 학생 간의 교수·학습 활동이다. 교수·학습 활동은 수업을 통해 구현되고 이는 곧바로 학생의 인지적·정의적 성취에 영향을 준다. 특히 수학교사의 교수역량이 학생의 수학 학업성취와 밀접하게 연결되어 있음이 여러 연구를 통해 확인되면서 '좋은 수학 수업'과 '수업 역량'에 대한 관심이 높아지고 있다. 좋은 수학 수업에 대한 개념 규정은 관점에 따라 다양하고 사회문화적 맥락도 고려해야 하는 일이기에, 어떠한 수학 수업이 좋은 수학 수업이라고 한마디로 정의내리기 쉽지 않다. 다만, 좋은 수학 수업을 실현하기 위해서는 수업을 준비하고 실행하고 성찰하는 일련의 과정에 대한 이론 고찰 및 학습과 실습을 통한 풍부한 경험, 그리고 이 과정을 통해 온축된 수업 역량이 그 중추에 있다고 해도 과언이 아니다. 이러한 당위적 견지로 보면 수학을 가르치게 될 예비교사와 현재 가르치고 있는 현직교사에게 수학을 왜 가르쳐야 하는지 또 어떻게 가르쳐야 하는지 그 배경과 접근 방법에 대한 종합적이고 체계적인 안내는 필수적이다. 이에 예비교사와 현직교사에게 수학 교수·학습에 대한 직간접적인 도움을 주고자 전국 10개 대학 사범대 교수들이 뜻을 모아 『수학과 교수·학습의 이론과 실제』를 집필하게 되었다. 이 책은 다음의 세 가지를 고려하여 집필하였다.

- 수학과 교수·학습의 이론과 방법에 대한 이해와 고찰
- 수학과 교수·학습에 대한 근거와 기준 제시
- 수학과 교수·학습의 성찰과 분석

이 책은 수학과 교수·학습의 이해, 수학과 교수·학습의 실제, 그리고 수학 수업 성찰이란 주제를 담아 전체 세 부분으로 구성하였다. '제Ⅰ부 수학과 교수·학습의 이해'에서는 수학과 교수·학습의 기본적인 배경 설명과 수학과 교재연구, 수학과 교수설계, 수학과 수업 방법, 그리고 수학과 교수·학습 과정안 작성 원리와 절차에 대해 다루었다. '제Ⅱ부 수학과 교수·학습의 실제'에서는 수학과 교육과정에서 시작하여 수학학습이론을 적용한 교수·학습의

실제, 수학과 교수·학습 방안, 수학과 교수·학습 전략에 대해 알아보았다. '제Ⅲ부 수학 수업 성찰'에서는 수업 성찰, 수업 성찰의 방법, 그리고 수업 관찰 및 수업 분석에 대해 살펴보았다.

그리고 이 책은 독자가 이해하기 쉽도록 각 내용을 자세히 설명하고자 하였다. 또한 최근 개정된 2022 개정 수학과 교육과정을 비롯하여 수학과 교수·학습에서 새롭게 강조되고 있는 교수법에 대한 동향과 방법에 대해서도 언급하였다. 모쪼록 예비교사와 현직교사가 이 책을 통해 수학과 수업을 바람직한 방향으로 이끌어 나아갈 수 있는 수업 원리, 수업 절차, 수업 역량 신장에 도움이 되기를 기대한다.

마지막으로 이 책을 만드는 과정에서 도움을 주신 많은 분과 이 책의 출판을 위해 격려해 주신 경문사 조경희 사장님과 박수연 실장님을 비롯한 편집부에 깊은 감사를 드린다.

2023년 3월
저자 일동

차례

Part Ⅲ 수학 수업 성찰

Part I

수학과 교수·학습의 이해

'제I부 수학과 교수·학습의 이해'에서는 우선 수학과 교수·학습의 기본 배경에 주목하고 이를 기반으로 수학과 교재연구, 교수설계, 수업 방법, 그리고 교수·학습 과정안 작성 원리와 절차에 대해 다루었다. 각 장별 세부 내용은 다음과 같다.

1장에서는 수학교육의 본질과 목적, 수학학습심리학과 구성주의, 그리고 좋은 수학수업의 의미를 살펴보며 수학과 교수·학습의 배경을 조명하였다. 2장에서는 수학과 교재연구의 개념과 필요성, 교재연구의 영역, 교재연구에 대한 객관주의와 구성주의적 접근 방법을 통해 수학지식을 어떻게 가르쳐야 할 것인가에 대한 문제의식을 환기시키고자 하였다. 3장에서는 수학과 교수설계의 개념, 수학과 교수·학습의 이해, 그리고 수학과 교수전략의 접근 방법 및 기본 원리에 대한 근거를 제시하였다. 4장에서는 수업 원리, 수업 절차, 수업 기술을 알려주며 수학과 수업을 바람직한 방향으로 이끌어 나아가기 위한 방안을 제안하였다. 마지막 5장에서는 수학과 교수·학습의 구체적 계획 문서인 교수·학습 과정안의 역할과 조건을 정리하고, 예시를 통한 수학과 교수·학습 과정안의 작성 방법을 안내하였다.

CHAPTER 01

수학과 교수·학습의 배경

'수학교육이란 무엇인가?'라는 이 고전적 물음에 대해 여러 학자들의 다양한 견해가 있을 수 있으나 수학교육은 수학을 가르치는 활동이나 실천으로(Ernest, 2021), 인간이 수학적 사고를 통해 사물에 담긴 속성을 파악하고 사물의 관계를 규명하여 얻은 결과물, 이른바 수학을 교육하는 일련의 행위와 관련된 지식체계라 할 수 있다. 이러한 수학교육의 정체성에 관한 해답을 찾기 위한 노력은 지난 20여 년 동안 교육심리학, 인지과학 등을 토대로 관련 학자에 의해 꾸준히 진행되어 오고 있다(Graven & Heyd-Metzuyanim, 2019). 이는 수학 개념이나 원리를 학생이 어떻게 이해하는가, 학생에게 수학을 어떻게 가르칠 것인가의 두 범주에 대한, 즉 배워야 할 수학적 내용 지식과 가르쳐야 할 수학적 교수 지식에 관한 수학 교수·학습의 원리와 방법을 찾는 과정에 관한 것이라 할 수 있다. 이 장에서는 이러한 수학교육의 본질과 목적, 수학교육학 지식체계의 배경이 되는 수학 학습심리학과 구성주의, 그리고 좋은 수학 수업의 구성 원리를 살펴보면서 현재 발전하고 있는 수학교육학 이론의 적용과 해석에 관한 관점을 알아보고자 한다.

1 수학교육의 본질과 목적

수학교육을 학문으로 정립한 수학교육학에 대하여 김응태 외(1984)는 수학의 교수·학습 지도 개선을 위해 관련 분야를 연구하는 과학으로, 이돈희(1984)는 내용적 명제(수학이라는 학문을 성립시키는 요소로 수학 그 자체), 설명적 명제(수학사, 수학 발달의 사회·문화적 배경, 수학적 사고의 성장 등 수학에 관한 이해 형식), 교육적 명제(수학자, 수학교육자, 수학 교사라는 세 집단의 역할)의 연합체로, Sriraman & English(2010)는 수학과 교육, 이 두 가지 탐구 분야로 결합된 새로운 학문으로 특징짓고자 하였다. 이 밖에도 수학(Mathematics), 철학(Arbitrary), 심리학(Psychology), 사회학(Sociology)의 동적 상호작용을 이미지로 시각화한 다학문적 MAPS 모형을 제시하며 네 학문 영역이 수학교육의 본질을 결정하기 위한 필요충분조건이라고 주장한 Higginson(1980), 수학 학습에 대한 목적 설정과 교재 선정에 관한 연구를 포함하여 실행 가능한 교육과정의 개발과 그 실제적인 실행과 검증에 관한 과학으로 정의한 Griesel(1971; 김응태 외, 1984 재인용) 등이 있다.

이처럼 연구자들은 자신의 인식과 신념에 따라 수학교육학에 대한 견해를 달리하지만 이들의 서로 다른 방식의 관점을 종합해서 보면, 수학의 본질은 무엇인가?(수학적 존재론), 우리가 아는 진실(truth)을 수학으로 증명할 수 있는가?(수학적 인식론), 우리 주변의 세상을 어떻게 수학으로 이해할 수 있는가?(수학적 방법론)와 같은 세 가지 주제를 둘러싸고 진행되어 온 수학에 대한 오랜 담론들을 수학교육적으로 분석하고자 하고 있다([그림 1-1-1]). 다시 말해 수학에 대한 철학적 시각과 이를 교육적 견지에서 탐색하고자 하는 인문사회과학으로서의 수학교육에 대해 설명하려는 복합적 양상을 띤다.

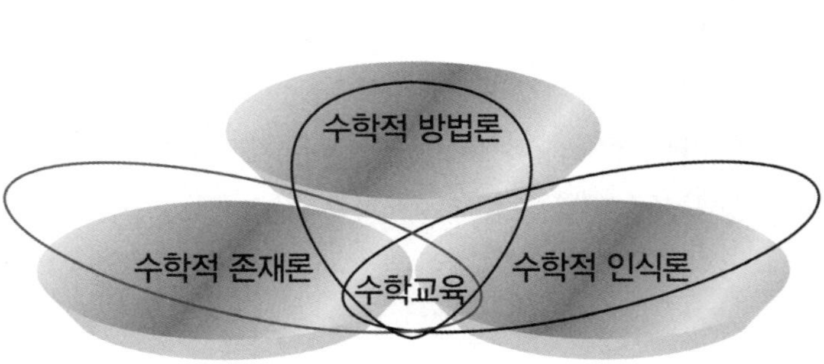

그림 1-1-1 수학교육학의 구조

이제 '학교에서 수학을 왜 교육해야 하는가?'라는 수학교육의 당위성에 관한 우문을 던져보자. 이에 대해 미국국립연구원(National Research Council, NRC)의 수학 학습연구위원회(Mathematics Learning Study Committee, MLSC) 분과에서 제시한 '수학을 알고 사용할 수 있는 것이 무엇을 의미하는가?'라는 접근으로 그에 대한 해답을 찾아보자. 수학교육의 필요성 인식은 Ramaley(2007)의 주장처럼 무엇을 어떻게 그리고 어떤 목적으로 수학을 가르치고 배워야 하는지에 대한 이해를 통해서도 가능할 수 있기 때문이다. 최근 우리의 생활은 과학기술의 발달로 수학과 한층 더 가까워지고 있다. 특히, 직업 현장에서 수학을 이해하고 사용할 수 있어야 한다는 필요성은 어느 때보다 절실하다. 그래서 수학을 안다는 것 그것은 삶의 강력한 힘이 될 수 있다(NCTM, 2000). 이러한 실제적 측면에서만 보더라도 누구나 수학을 성공적으로 배워야 한다.

Kilpatrick을 중심으로 한 MLSC*는 이 같은 수학의 성공적 배움에 대한 지표로 수학적 유능함(mathematical proficiency)과 관련된 다섯 가지 핵심 요소(key strands)를 제시하였다: 1) 이해(수학 개념의 이해, 연산과 관계 그리고 수학 기호, 다이어그램 및 절차가 의미하는 바를 아는 것), 2) 계산 및 절차 수행하기(사칙 연산과 같은 수학적 절차를 유연하고, 정확하고 효율적이며 적절하게 수행하는 것), 3) 적용(수학적으로 문제를 공식화하고 개념과 절차를 적절하게 사용하여 문제를 해결하기 위한 전략을 고안하는 것), 4) 추론(논리를 사용하여 문제에 대한 해결책을 설명하고 정당화하거나 알려진 것에서 알려지지 않은 것으로 확장하는 것), 5) 참여(수학을 합리적이고 유용하며 실행 가능한 것으로 보고, 주어진 과제를 적극적으로 수행하는 것)가 그것이다(NRC, 2002).

한편, 사회적 구성주의자인 Ernest(1991, 2021)는 수학교육의 필요성을 새로운 관점에서 주장하였다. 그것은 수학교육의 목적이 교육적 이데올로기나 교육철학과 밀접하게 관련되어 있어 교육과정이 개발되거나 보급될 때 국가나 지역의 교육시스템을 통해 뜨거운 논쟁이 될 수 있다는 것으로, 다음과 같은 다섯 그룹이 추구하는 필요성의 차이를 그 예로 들었다. 산업트레이너(industrial trainer)는 권위에 복종하는 사회적 훈련(권위주의), 과학기술실용주의자(technological pragmatist)는 지식 및 기술 인증(산업 중심) 측면에서의 적절한 수준의 유용한 수학, 구인문주의자(old humanist)는 학문으로서의 수학 지식(수학 중심), 진보교육자(progressive educator)는 창의성, 수학을 통한 자아실현(아동중심), 그리고 대중교육자(public educator)는 수학을 통한 비판적 인식과 민주 시

* 당시 MLSC 의장이었던 조지아(Georgia) 대학의 Kilpatrick과 그 외 연구자들은 NRC(2001)가 발표한 『Adding it up: Helping Children Learn Mathematics』을 기반으로 수학적 유능함의 다섯 가지 핵심 요소(핵심요소는 서로 얽혀 있으며, 상보적으로 작용한다)를 재설명하면서 수학교육, 교육자료, 평가, 교사 교육 등 광범위한 교육시스템에서 수행해야 할 주요 변화에 대해 논의하고자 하였다.

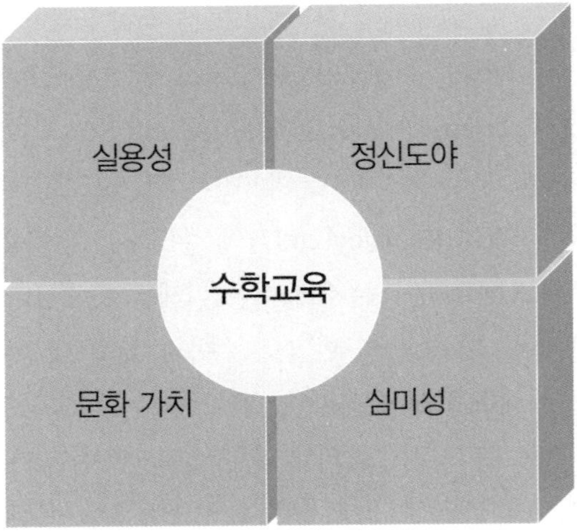

그림 1-1-2 수학교육의 필요성

민(사회정의 중심) 양성에 그 목적이 있다고 보았다. 그러나 수학교육 종사자들은 전통적으로 실용성, 정신도야성, 심미성, 문화적 가치로 보고 그 필요성에 대해 지속적으로 강조하고 있다([그림 1-1-2]).

2000년 전 그리스에서는 4과에 수학 관련 교수요목(산술, 기하학)을 포함시켰다. 그리고 선택된 일부의 사람들을 대상으로 실용성과는 거리가 먼 순수학문으로서의 수학을 가르쳤다. 이러한 전통은 19세기까지 지속되었다. 이후 산업의 급격한 발달로 그동안의 순수학문으로서의 수학교육에서 벗어나 수학의 실용성, 유용성 등을 강조하며 일상생활을 위한 교육으로 전환하였다. 실제로 당시의 수학은 실제 문제와 관련된 내용, 예를 들어, 산술, 기하, 삼각법, 로그 등과 같은 내용을 다루었다. 이러한 상황에 대해 Price (1961)는 삼각법은 교역을 위한 항해술에 반드시 필요하고, 로그는 산업 활동에서 큰 수의 계산을 쉽게 할 수 있는 수단으로 사용될 수 있기 때문이라며 용례를 들어 수학의 실용성을 설명하려 하였다. 또한, 유클리드 기하와는 절연하고 실험기하, 입체기하, 그리고 실용상 측량이 가능하도록 기하에서 모눈종이의 활용을 가르쳐야 한다는 Perry의 주장과 대수식을 이용한 지식 활용에 산술교육의 초점이 맞추어져야 한다는 의견도 이 무렵에 제기되었다(Cajori, 1893/1977). 이러한 수학의 실용은 20세기 들어서면서부터 지금까지 꾸준히 제기되어 오고 있다. 오늘날에는 인공지능, 빅데이터 등으로 그 실용성이 한층 부각된 통계교육이 특히 강한 시대적 공감을 얻고 있다. 그것은 통계가 불확실성의 미래 개척에 필요한 과학적 사고 체계로, 데이터와 정보를 활용하여 개인의 미래 생존전략 수립을 위한 합리적 의사결정을 돕는 현대적 이해 도구로 받아들여지고 있기 때문이다(김창일, 전영주, 2020). 이처럼 수학은 생활 그 자체로서 과학, 기술, 경제, 예술 등 여러 방면에서 수학 지식이나 사고가 유용하게 활용되고 있어 그 가치는 지금도 충분히 입증되었다고 할 수 있다.

한편, 수학교육의 또 다른 목적으로 정신 훈련을 강화하고 이를 통해 정신 능력이 신장된다는 정신도야성을 들 수 있다. 이러한 정신도야의 필요성은 수학을 배움으로써 경험하게 되는 '추상화, 증명, 응용'의 수학 특성(Aleksandrov et al., 1963)과 관련지어 보면 선명하게 드러난다. Aleksandrov et al.(1963)의 연구에 의하면 추상화는 대상에 대한 정신 활동으로, 대상과 추상 개념과의 관계를 파악하며 조직화 · 형식화하는 과정에서 수학적 사고를 하게 된다. 예를 들어, 탁자 위에 놓여 있는 상자를 보며 탁자와 상자를 만든 재료, 색깔, 크기 등 이질적인 요소들은 제거하고 그것들이 지닌 공통적 규칙성, 즉 점, 선, 면, 공간 등 동질적인 요소들을 추출해 낸다. 그러면서 탁자와 상자가 위치한 공간적 형태와 차원을 제외한 실제 물체의 속성에서 추상화한 결과인 기하학적 도형 개념을 형성하게 된다. 또, 정리나 법칙의 발견을 위해서는 주어진 구체적인 예에 의존하게 되는데 이는 정리나 법칙을 발견하는 수단으로 사용될 뿐 그 자체가 참으로 인정되는 것은 아니다. 어떤 정리나 법칙이 수학으로 인정받기 위해서는 논리적인 논증을 통해 엄밀하게 입증되는 절차를 거쳐야 한다. 이때 필요로 하는 것이 논리적 추론이다. 이는 가정에서 결론을 이끌어낼 때 합리적이고 분석적으로 결론을 도출해 내는 능력으로 수학교육에서 요구되는 중요한 핵심 역량 가운데 하나라 할 수 있다.

이러한 과정을 거친 수학의 결과는 높은 수준의 논리적 엄격함으로 구별되는 만큼 수학적 논증은 그것을 이해하려는 사람에게 논쟁의 여지가 없도록 완전하게 수행되어야 한다. 그것은 궁극적으로 수학의 추상적 개념과 결과가 과학, 공학은 물론 실세계 모든 분야에서 광범위하게 요구되기 때문이다. 이는 수학의 가치를 높여주는 자산으로 수학을 배워야 하는 강력한 이유이기도 하다. 하나의 예로, 허수 i는 대수학에서 처음으로 밝혀졌지만 오랫동안 실세계에서 그 의미를 담고 있는 상황을 발견하기 어려웠다. 그러다가 1800년경 $x+yi$ 형태의 함수이론으로 되살아났다. 그리고 마침내 Zhukovsky가 비행기 날개의 단면을 원과 대응시킨 복소해석으로 풀어냄으로써 이 함수이론을 입증하였다. 이처럼 이해할 수 없는 것처럼 보였던 많은 추상적인 개념과 이론들이 아이러니하게도 가장 추상적인 수학으로 해결되고 있다. 그래서 수학은 물리적 세계와 수학적 아이디어의 세계를 이어주는 모델링의 예술, 지각과 상상의 완벽한 실재적 모델로 추상적이고 난해한 주제를 검증이란 절차를 통해 일반화하려는 실증과학으로도 간주된다(Ebrahim, 2009).

수학을 배움으로써 기대되는 바는 물리적 대상의 속성을 해석하려는 의사소통 능력, 물리적 현상을 모델링하고 이를 해결하기 위한 논리 · 추론적 사고 능력, 그리고 정리나

법칙을 실세계에 적용하고 응용하는 창의력의 신장이다. 이러한 능력 신장이 수학교육을 통해서만 얻을 수 있다고 단정할 수는 없다. 그렇다고 사고력 도야 수단으로써 수학교육이 지닌 절대적 역할을 부인하기는 더욱 어렵다. 이는 수학교육의 정당성을 부여하는 것이지만 그 주장은 연구자의 관념에 따라 차이를 보인다. 예를 들어, Aristoteles는 실용적인 측면보다 순수 학문으로서의 교육으로 보았다. 또 Day(1823; 신현성, 1991 재인용)가 대수 지도의 방법을 설명하면서 학교수학이 수학을 통해 마음의 훈련을 강화시켜야 한다는 정신훈련에 대한 입장이었다면, Hardy(1940)는 수학자를 화가나 시인과 같은 패턴 제작자로 묘사하며 그림이나 시보다 아이디어로 생성된 패턴이 갖는 영구성과 중요성, 그리고 아름다움으로서 수학교육의 정당성을 확보하고자 하였다. 그는 수학적 아름다움을 정의하기는 어렵다고 하면서도 수학에서 볼 수 있는 추상화된 아이디어의 아름다움을 매우 강조하였다. 소수의 무한성에 대한 Euclid의 증명, 오늘날의 귀류법인 '*reductio ad absurdum*'와 '$\sqrt{2}$가 무리수이다'에 관한 Pythagoras의 증명을 그 예로 들었다. 또, '홀수인 소수 p가 두 제곱수의 합 $p = x^2 + y^2$(x, y는 정수)일 필요충분조건은 $p \equiv 1 \pmod 4$'이라는 Fermat의 두 제곱수 정리 역시 아름다움의 예로 들었다. 이는 수의 배열, 정리, 공식 등을 미학적 관점에서 바라보려는 시도였다. 이처럼 수학을 통해 아름다움을 경험할 수 있다는 심미성은 수학의 내재적 가치, 실용적 가치와 함께 수학적 가치로 인정받고 있다. 그것은 수학이 광범위한 응용을 뒷받침하는 구조화된 시스템으로 지식의 공리적 배열(Ebrahim, 2009)이기도 하지만 인간의 지적 욕구의 반영물로 우리의 감성과 심성의 성장에 큰 도움을 줄 수 있다는 공감대 형성이 이루어졌기 때문이다.

수학은 태초부터 교역, 농경, 종교, 전쟁 등 인간의 모든 행동에 고스란히 담겨 전해져왔다. 그리고 이들을 포함한 모든 분야는 수학의 영향을 받고, 다른 한편으로는 수학에 영향을 끼쳤다는 Mankiewicz(2001/2002)의 주장처럼 수학은 우리의 삶과 함께 오랜 역사를 걸쳐 지속적으로 발전되어 온 인류의 산물이다. 그래서 학교수학에서는 실제수학(real mathematics)이든 공동체에서 수학으로 채택한 것이든 이를 전유하기 위해서는 학습자를 더 다양한 문화의 다른 구성원들과 어떻게 연결할 것인가에 대한 고민이 필요하다(van Oers, 2001). 그것은 학교수학이 인간의 지혜와 삶이 더불어 빚어낸 수학 문화를 통해 현실에 대한 깊은 통찰과 시대를 예견하는 혜안을 가르치고, 학문적 유산으로 남겨진 수학을 후세에 전달해야 하는 막중한 책무를 동시에 지고 있기 때문이다.

2 수학 학습심리학과 구성주의*

수학은 수천 년 동안 가르치고 배워오고 있지만 지난 19세기까지는 수학 교수·학습의 본질과 질적 측면에서 진지한 논의가 이루어지지 않았다(Høyrup, 1994; Kilpatrick, 2020 재인용). 그러다가 최근에 들어서야 비로소 수학을 어떻게 배우고 가르쳐야 하는지를 심리학의 원리와 인지과학에서 찾으려는 여러 노력이 시도되고 있다. 이러한 일환으로 다양한 국내외 연구자 조직이 구성되어 활발히 활동하고 있다. 그 가운데 수학교육계에 가장 널리 알려진 국제수학교육심리학그룹인 PME(또는 IGPME; International Group for the Psychology of Mathematics Education)를 비롯하여, 캐나다 수학교육연구그룹인 CMESG(Canadian Mathematics Education Study Group), 프랑스 수학교육연구협회 ARDM(French Association pour la Recherche en Didactique des Mathématiques), 그리고 호주 수학교육연구그룹인 MERGA(Mathematics Education Research Group of Australasia) 등이 대표적으로 활동하고 있는 단체이다. 이들은 현재 구성주의 패러다임을 중심으로 다양한 이론과 실제적 아이디어를 반영한 성과물로 전 세계 수학교육자와 관련 연구에 많은 영향력을 끼치고 있다.

이 절에서는 20세기 초 연결주의로부터 오늘날의 구성주의까지 시대적으로 주목받은 학습심리학과 그 배경을 살펴보고자 한다. [그림 1-2-1]은 수학교육과 관련된 주요 학습심리학을 시대 순으로 정리한 것이다.

먼저 연결주의에 대해 말하자면, 행동주의로 대표되는 Thorndike는 효과의 법칙, 연습의 법칙, 준비의 법칙을 강조하며, 인간은 환경적 자극에 의해 변화되는 수동적 존재로 인식하였다. 이러한 생각은 Thorndike(1922)의 『산술심리학(Psychology of arithmetic)』 서문에 잘 드러나 있다. 여기서 그는 '학습은 본질적으로 상황과 반응 사이의 연결이나 본드(bond) 형성이며, 결과의 만족도가 학습을 형성하는 주요한 힘'이라고 하는 당시 심리학의 학습과정에 대한 관점을 소개하였다. 그러면서 이러한 심리학의 조류에 발맞추어 학습을 자극과 반응의 연합 결과로 보고 필요한 본드와 습관 형성에 초점을 맞춘 교수법을 제시하였다. 그것은 속도와 정확성에 중심을 둔 무의미한 반복 연습 방식의 접근이었다. 이와 같은 훈련과 연습에 따른 행동주의 교수법은 한 동안 수학교육의

* 본 절과 2장 3절의 '교재연구에 대한 객관주의와 구성주의적 접근', 3장 2절 |1|의 '학습이론의 관점에 따른 교수·학습'은 김창일·전영주(2022)의 「수학 학습심리학과 구성주의에 대한 고찰」의 내용을 일부 수정한 것임.

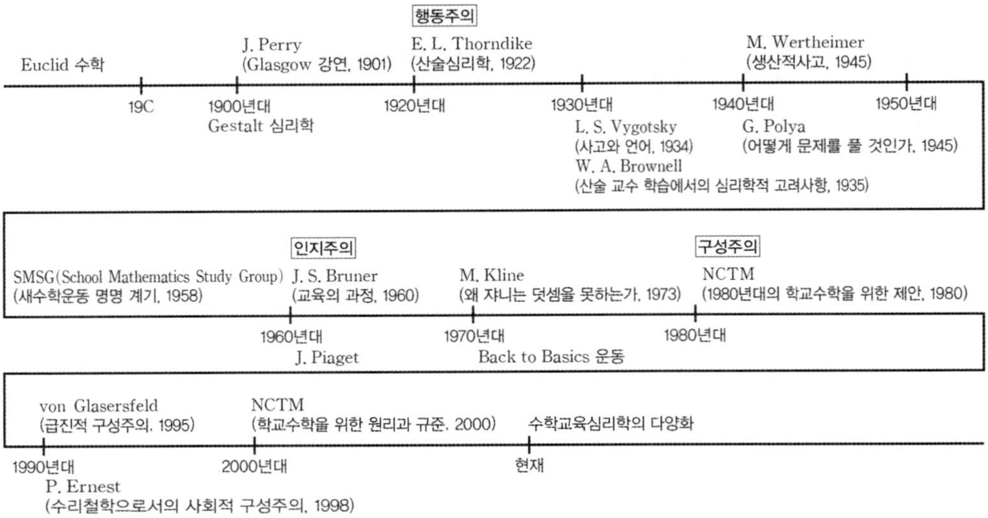

그림 1-2-1 수학교육 관련 심리학의 흐름

주된 자리를 유지하였으나 이후 수학교육의 본질 망각이라는 비판에 직면하며 새로운 심리학의 거센 도전을 받게 되었다. 그것은 '의미 있는(meaningful)' 방식으로 수학 개념을 익히도록 해야 한다는 새로운 개혁의 파도였다.

이러한 변화의 움직임에는 '삶을 위한 학습(learning for living)'을 주창하며 1930년대부터 1950년대까지 전개된 진보적 교육운동(Kroll, 1989; English & Halford, 1995 재인용)의 배경 아래 '의미'를 받아들이는 서로 다른 두 부류가 있었다(English & Halford, 1995). 하나는 체계적인 교육보다는 우연한 경험을 통해 필요한 모든 수학을 배운다고 믿는 학습의 사회적 효용 측면(English & Halford, 1995), 즉 수학은 실제 활동의 맥락에서 마주했을 때 의미가 있으며 훗날 직면하게 될 문제를 다루기 위한 도구 습득으로의 배움을 강조한 부류(예: Wheeler, 1935)와 그러한 접근방식의 수학 학습은 단편적이고 피상적이며 기계적인 학습에 적합할 뿐(Brownell, 1935) 효과적이지 않아서 이렇게 방치했을 때 학습자의 경험이 너무 산만하고 구조화되지 않아 국소적 이해와 분리된 학습으로 이어진다는 점을 지적하고, 수학적 관계에 의한 '의미' 생성을 강조하며, 수학적 구조를 가르쳐야 한다고 주장한 부류로 양분되었다(Lambdin & Walcott, 2007). 후자의 관점은 당시 미국 수학교육에 도입된 게슈탈트 이론과 무관치 않으며 Brownell이 이를 지지한 대표적인 인물이었다.

Brownell(1945)은 수학적 경험은 그 유용성을 인식할 수 있으나 의미는 생성할 수 없다며, 의미는 대상(subject) 자체의 구조, 조직, 내적 관계에서 찾아야 한다고 주장하였다. 그는 또 훈련과 연습이 중요하기는 하지만 이것은 학습자가 필요한 개념과 과정을 이해한 이후에나 유용하다며 수학 개념, 원칙, 과정을 먼저 학습자에게 가르칠 것을 주문하였다(English & Halford, 1995). 이러한 그의 아이디어는 새 수학 운동과 van Engen으로 이어졌다. van Engen(1949)은 Brownell의 의미 이론을 '학습자가 사회적 상황에서 수를 관찰하고 사용할 수 있다면 수를 이해할 것이다'와 같이 사회적 현상에서 수학을 이해할 것이라고 보는 사회적 의미(social meaning), 대상의 구조를 보면 수학이 유의미하게 느껴질 것이라는 수학적 구조 측면에서 바라보는 구조적 의미(structural meanings), 6+2는 무의미한 기호(symbol)이나 '6개의 사과에 2개의 사과가 더 있다'는 구체적 상황으로 단순 연산을 거부하고 기호의 의미를 찾고자 하는 회의적 의미(nihilistic meaning)로 세분하였다. 그는 또 문제해결에 있어 답만 구하도록 하는 것은 잘못된 일이며, 학생은 답을 찾기에 앞서 문제의 구조 파악이 선행되어야 한다는 주장을 펼쳤다. 그러면서 훈련은 학습자에게 수를 다루는 법을 가르치는 수준을 넘지 못하고 훈련 활동은 목적을 위한 수단에 불과하다고 비판하였다(English & Halford, 1995). 이처럼 학습과정에서 의미를 중요시 하는 이 시기를 반응의 강화(response strengthening), 즉 훈련과 연습의 시기를 잇는 유의미학습의 시기로 명명하곤 한다.

그리고 여기에는 주목받은 또 다른 지류인 게슈탈트 심리학이 있다. 문제해결의 심리학적 배경이 된 게슈탈트 심리학은 정신이 주어진 정보를 단순히 받아들이는 것이 아니라 어떤 방식으로든 이해가 되도록 입력되는 모든 감각과 경험을 조직 원리, 즉 사고의 심리 과정과 행동에 따라 해석한다고 보는 심리학이다. 독일어로 형태를 가리키는 Gestalt는 부분을 합한 것이 아닌 조직된 전체를 뜻한다. 게슈탈트 심리학은 1912년 Wertheimer가 가현운동(Scheinbewegung)이라는 특별한 현상을 연구하기 시작한 것을 기점으로 1933년까지 전성기를 맞이하였다. 그러나 미국의 행동주의 이론에 가려 게슈탈트 심리학은 1950년대까지 심리학의 유배 시기를 보내게 된다. 이후 1960년대 말 인지심리학의 영향으로 게슈탈트 심리학에 대한 재평가가 이루어지면서 다시 세상의 빛을 보게 되었다(김경희, 2000). 이러한 게슈탈트 심리학의 가장 핵심적인 법칙으로 지각하는 사람은 전체가 의미 있는 간단명료한 형태로 재구조화하여 인식하려 한다는, 즉 좋은 형상의 법칙(law of good figure) 또는 단순성의 법칙(law of simplicity)이라고도 하며 좋은 형태를 뜻하는 간결성(prägnanz)의 경향이 있다고 본다(Wertheimer, 1922; Goldstein, 2010). 또한 게슈탈트 심리학은 발견과 학습의 중요한 요소로서 문제의 내적인 구조적 관련성을 파악하는 통찰(Wertheimer, 1945; Birdwell & Clason, 1970), 그리고 전체에 대한 부분의 구조적 기능이 파악되어 이를 기초로 구조의 개선 변화가 일어나는 지적 과정인 생산적 사고(productive thinking)에 특히 관심을 가졌다(Wertheimer, 1945). 이처럼 Wertheimer를 비롯한 이러한 견해의 게슈탈트 심리학은 조건화와 시행착오 학습에서 나타나는 단순 연합학습이 복잡한 합리적 행동의 기본 요소가 된다는 Watson의 생각(김경희, 2000)과 달리 사고 과정은 단순한 관념들의 연결로 이루어진 것이 아님을 주장하며 연합주의의 생각을 부정하였다.

1957년 10월, 구 소련이 발사한 인류 최초의 인공위성 스푸트니크(sputnik) 사건으로 미국은 큰 혼란에 봉착하게 되었다. 이에 기존 미국 교육 체계 전반에 대한 강한 비판이 제기되고 수학과 교육과정에도 큰 변화의 바람을 맞게 된다. 그 시작은 1959년 9월 Bruner를 비롯한 다양한 분야의 학자들이 모인 우즈 홀(Woods Hole) 회의에서 비롯되었다. 이 회의의 주요 쟁점은 초·중등학교 수학·과학교육의 개선 방안을 찾는 것이었으며, 1960년에 출간된 Bruner의 『교육의 과정(The Process of Education)』은 이 우즈 홀 회의의 종합보고서가 되었다. 이 책에서 Bruner는 다섯 가지 주제를 언급하였다. 첫 번째는 다섯 가지 주제 중 가장 대표적 주제로, 학습에 있어서 구조는 어떤 역할을 하고 있으며 그것을 교수(teaching)의 핵심내용으로 삼으려면 어떻게 해야 할 것인가, 두 번째는 나선형 교육과정의 핵심 아이디어를 담고 있는 학습 준비성(readiness)에 관한 내용이며, 세 번째는 직관의 중요성과 성격에 관한 것이고, 네 번째는 배우려는 욕구을 어떻게 하면 자극할 수 있는가, 마지막으로 교구 활용에 대한 내용이었다. Bruner의 이러한 주장은 이후 새 수학(New Math) 운동의 출발점이 되었다. 그리고 Bruner의 협력자였던 Dienes(1960)는 새 수학 이념에 따른 그의 대표적인 저서인 『Building up Mathematics』 집필을 통해 수학적 구조가 내포된 다양한 교구 사용의 심리학적 원리를 제시하였으며 지금도 그의 많은 교수학적 아이디어는 학교수학에서 유용하게 사용되고 있다.

Bruner에 의해 촉발된 새 수학 운동은 사회적 여건의 변화로 단편적 지식 전수의 한계점을 극복하고 새로운 수학을 수용하고자 현대수학의 도입, 논리적 엄밀성과 대수적 구조의 강조, 전통적인 교재 정비 등을 기치로 내세웠으나 수학적 능력을 담보하지 못한 학생에게 조급한 형식화와 추상화를 시도하고 연역적 추론을 지나치게 강조하였다는 등의 이유로 비판을 받게 되었다. 이에 앞장선 사람이 바로 뉴욕대학의 Kline이었다. Kline(1973)은 『Why Johnny can't add』에서 1950년 초까지의 수학 교수(teaching)는 실패했다고 자인하며, 당시의 학생들은 타 교과에 비해 성취도가 매우 낮고 수학에 대한 혐오와 두려움이 퍼져있었다고 진단하였다. 그러면서 새 수학 운동에 따른 교육과정이 비록 많은 수학교수들의 지지를 받으며 광범위하게 장려된다 하더라도 이를 무비판으로 받아들이는 것은 매우 중요한 별개의 문제라고 지적하면서 확실한 증거 없이 이러한 교육혁신이 진정한 개선이라는 정설로 확립되지 않도록 새 수학 운동의 효과를 검토해야 한다고 역설하였다. 그러면서 Johnny가 왜 덧셈을 못하는가의 상황을 자세히 묘사하며 새 수학 운동 비판에 앞장섰다.

한편, Bruner, Dienes 등과 함께 동시대의 인물로 활동하며 심리학과 교육학에 커다란 영향력을 끼친 Piaget가 있다. 그의 이론은 1950년대 이후 1980년대까지 인지발달 분야에서 지배적인 역할을 해 왔으며, 행동주의 심리학을 대신하여 발달심리학의 관점으로 아동발달의 새로운 방향을 제시하였으며 이전에 다루지 않은 새로운 연구주제와 아동연구에 초점을 맞추고 있다는 특징을 보인다(Ginsburg & Opper, 1969/2006). 이러한 Piaget의 연구가 수학교육에서 주목받는 이유는 수학 학습에서의 아동의 사고 과정에 대한 비평에 기인한다. 특히 형식적 조작의 기초가 되는 구조(structures)가 발달하는 기본 과정이 수학적 사고 능력의 기초가 되는 과정, 이른바 논리수학적(logicomathematical) 과정과 동일하며 이 과정을 설명하기 위해 사용한 반영적 추상화(reflective abstraction) 용어에서 구성주의(constructivism)라고 부르는 좀 더 확장된 Piaget의 반영적 추상화의 아이디어를 살펴볼 수 있어서이다(English & Halford, 1995).

구성주의는 이러한 Piaget의 연구에 기원을 두고 있다. 구성주의는 1980년대에 들어서야 비로소 수학교육에서 본격적인 논의의 대상이 되었으며, 1980년대와 1990년대에 다음 두 가지 원리 — (P1): 지식은 수동적으로 받아들여지는 것이 아니라 인식하는 주체(cognizing subject)에 의해 구성된다. (P2): 인지 기능은 적응적이며, 경험 세계를 조직하는 것이지 존재론적 실재(ontological reality)를 발견하는 것이 아니다(von Glasersfeld, 1989, 1995) — 를 기본 가정으로 두었다. (P1)은 사실상 지식 전달로서의 수학의 가르침을 반대한다는 것으로, Cobb(1988)이 언급했듯이 교사의 책무는 단순히 수학에 관한 정보를 학생에게 전달하는 것만이 아니라 학생의 인지 구조를 조정하고 그들이 개념을 재구성하도록 촉진하는 안내자의 역할을 감당해야 한다는 의미로 해석할 수 있다. (P2)는 학생이 형식화되고 정리된 수학 지식을 단순히 습득하고 수용하는 것이 아닌 그들이 겪은 삶의 경험을 조직하는데 수학적 사고의 지적 활동이 일어나도록 돕는 협력적 교사의 모습으로 설명할 수 있다. 다만, 여기에는 인지하는 주체에 의해 구성된 지식이 현실과 일치한다고 주장하지 않는다는 것과 선재(pre-existent)하는 실재를 반드시 부정하지는 않는다는 의미도 함께 내포되어 있음을 주의해야 한다. 이러한 구성주의는 지식의 획득(knowledge acquisition)을 강조한 인지주의와 달리 주체에 의한 지식 구성(knowledge construction)에 방점을 찍는다.

구성주의 이론은 학자에 따라 다양하게 분류하지만 수학교육에서는 일반적으로 조작적 구성주의(operational constructivism), 급진적 구성주의(radical constructivism), 사회적 구성주의(social constructivism)로 분류하고 있다. 조작적 구성주의는 Piaget가 자신의 인식론을 설명하기 위해 사용한 용어로(Beth & Piaget, 1966), 그에게 수학 개념은 조작(operation)의 체계이며 조작적 구조를 구성하도록 하는 수학 지식의 원천이다. 그는 또 '지식은 어떻게 얻어지는가?'의 인식론적 질문에 심리적 발생과 인지 구조라는 관점에서 해답을 찾고자 노력하였다. 그는 인지 구조가 개인과 환경의 상호작용을 통해 구성된다고 보았다. 또한 인지발달은 유전적으로 결정된 신경계의 성숙이 선행되어야 하며, 학습자의 사고수준과 경험을 바탕으로 동화(수용 · 통합)와 조절(변경 · 수정)이라는 인지작용을 통해 도식(schema)을 형성하는 평형화 과정에서 이루어진다고 설명하였다. 이러한 그의 이론은 학생의 발달단계를 고려한 점진적 도식화(schematization) 과정을 통해 교육과정 내용을 조직해야 한다는 것으로, 이는 발달(연령에 따른 사고 수준)이 학습을 주도한다는 입장으로도 해석할 수 있다.

급진적 구성주의는 von Glasersfeld가 합리적인 앎(knowing)의 모델로서 제시한 이론이다. 그는 지식이란 개별 주체가 특정한 환경에 적응하기 위하여 구성하는 것이므로 그러한 지식에 객관성을 부여할 수 없다고 생각하였다. 이러한 급진적 구성주의를 이해하기 위해 우선 두 가지 용어를 정리해 둘 필요가 있다. 첫 번째는 왜 급진적(radical)이라 하는가, 두 번째는 왜 적응적(adaptive)이라는 생물학적 용어를 차용하였는가에 관한 것이다. 급진적이라고 부르는 것은 von Glasersfeld(1995)의 주장에서 잘 드러난다. 급진적 구성주의가 지식과 앎의 문제에 대한 일종의 비전통적인 접근 방법으로 인해 지식과 실재 사이의 관계를 보는 시각이 형이상학적인 실재론이나 보편적인 지식을 인정하는 Kant나 Piaget의 전통적인 인식론과는 근본적으로 다르기 때문이다. Konold & Johnson(1991)의 "인식 주체가 구성하는 지식이 주체와 독립적으로 실재하는 세계를 그대로 표상하는 것이 아니다."라는 설명은 이러한 급진적 구성주의의 혁신적 관점을 잘 대변해 주고 있다.

그렇다면 '적응적'이라는 생물학적 용어는 왜 사용하였는가에 대해서도 알아보자. von Glasersfeld가 밝혔듯이 그의 이론은 Piaget의 인지적 발달 이론의 도움을 받았다. Piaget는 본래 생물학자로 스위스의 인문학자인 Samuel Cornut를 만나면서 학문적 관심이 생물학에서 인식론으로 옮겨갔다. 이것이 Piaget의 연구가 생물학의 과학적 틀을 사용하여 지식에 대한 문제를 다루는 근원이 되었다. 이러한 Piaget의 영향을 받은 von Glasersfeld(1996a)는 지식에 대한 인식론을 앎의 이론(theory of knowing)으로 한 차원 끌어올렸다. 대표적으로, 지식이 영향을 미치는 맥락에 적용되었을 때 그 지식의 생존 가능성(viable), 바꿔 말하면 어느 지식을 특정 상황에 적용하였을 때 그 지식의 실행 가능성과 유용성으로 앎의 문제(problem of knowing)를 대하려는 생물철학자적 인식이었다. 또한 문제에 대한 해결책이 아무리 실행 가능하고 만족스럽게 보일지라도, 그것은 결코 유일한 해결책으로 간주될 수 없기에 지식의 고유성도 인정할 수 없다는 태도를 취한다. 이러한 그의 인식과 태도에서 이전까지 특정 맥락에 유용한 지식이었다 하더라도 다른 상황이나 맥락에 적합하지 못하다면 그 지식은 없어지거나 수정·보완되어 맥락에 적합하도록 성장해 나아간다는 의미로 '적응적(adaptive)'이라는 용어를 사용하였다는 것을 이해할 수 있게 된다. 결국, 급진적 구성주의는 인식 주체에 의한 지식 구성을 주장하는데 그치지 않고 개인의 주관과 독립된 객관적이고 보편적인 지식의 존재를 거부하고, 적응을 위한 도구로서의 상대적인 적합성·유용성 및 그에 따른 도태와 생장의 원리에서 지식의 의미를 찾고 있음을 알 수 있다.

마지막으로 사회적 구성주의에 대해 살펴보자. 사회적 구성주의는 지식의 구성을 사회적 맥락으로 바라본다. 즉, 급진적 구성주의가 개인의 주관적 인지 구성을 중시하며 의미 구성의 주체를 사회문화적 공동체 속의 개인으로 바라보는 것과 달리 사회적 구성주의는 사회문화적 공동체를 의미 구성의 주체로 보고 그 공동체 내에서의 상호과정을 인지 발달의 중요한 근원으로 생각한다. 이러한 학습관을 가진 대표적 인물로 러시아의 심리학자 Vygotsky를 뽑는다. Vygotsky(1934/1986)에 의하면 사고(thought)는 다른 사람과의 논의와 의사소통 과정에서 획득되는 언어에 의존한다. 물론 이것이 언어가 교수·학습의 매개체로서 작용한다는 의미이지만 맥락과 상황의 일부분으로서의 기능일 뿐이다. 그래서 Vygotsky는 지식 구성에 있어 활동이 포함된 사회적 맥락과 상황을 일차적으로 보고 개인의 의미 구성을 이차적으로 여긴다(Ernest, 2011/2018). 이와 같은 사회적 구성주의에서 보는 수학은 사회적 구성물로서 절대화된 수학 지식은 없으며 사회적 환경에 따라 상대적이다. 따라서 문화에 따라 다른 대안적인 수학이 구성될 수 있다. 그래서 사회적 구성주의에서는 사회적 합의과정을 거쳐 형성된 수학을 지식체계로서의 수학 지식으로 인정한다. 이런 점에서 사회적 구성주의는 급진적 구성주의와 마찬가지로 전통적 의미의 객관성은 거부하지만 사회적으로 합의된 객관성은 수용한다는 입장이다. 이러한 견해에 Ernest도 동조하였다. Ernest(1998)는 불연속적이고 다중적인 사회적 맥락이 존재할 수 있으며, 수학 지식은 이러한 맥락 속에서 사회적 공유를 통해 획득되고 그 맥락으로부터 분리될 수 없다는 입장을 견지하였다. 그러면서 사회적 구성주의는 수학에 대한 주관적 지식과 객관적 지식 사이의 관계, 그리고 이와 연계된 지식 발생의 관련성을 다룬다고 주장하였다(Ernest, 1991).

이러한 구성주의 철학은 미국 수학교육계에도 파란을 일으켰다. 그것은 NCTM (National Council of Teachers of mathematics)이 1989년에 출간한 『학교수학을 위한 교육과정과 평가 규준(Curriculum and Evaluation Standards for School Mathematics)』이 발단이 되었다. 이 규준은 구성주의 이론을 토대로 학생이 수학을 배우는 방법에 대해 제시한 것으로 국립과학재단(National Science Foundation, NSF)에서 지원받은 이 규준을 미국 교육부가 적극 추천하고 주정부에서 이를 받아들여 해당 내용 규준의 교재를 채택하기에 이르면서(Lambdin & Walcott, 2007) 뜨거운 논쟁을 일으키게 된 것이다. 일명 수학 전쟁(math wars)의 발발이었다. 수학 전쟁은 개혁 지향적인 규준 기반의 교육과정은 피상적이며 고전적인 수학적 가치를 훼손한다고 보는 전통주의자와 규준 기반 교육과정이 전통적인 교육과정보다 수학에 대해 더 깊고 풍부한 관점을 반영한다는 개혁주의자와의 교육과정에 대한 관점 논쟁이다(Schoenfeld, 2004). 이후 개혁주의의 대표격인 NCTM(2000)은 여러 사회적 요구를 반영하여 『학교수학을 위한 원리와 규준(Principle and Standards for School Mathematics, PSSM)』을 발표하였다. 그리고 PSSM을 뒷받침할 목적으로 2006년 『Curriculum Focal Points for PreKindergarten through Grade 8 Mathematics』를 발간(NCTM, 2006)하며 10년간의 논쟁을 진정시키고자 하였다. 하지만 이 두 그룹 사이의 입장차는 여전히 상존하고 있으며, 서로가 그 정당성을 확보하고자 지금도 조금씩 진화된 형태의 주장을 펼치고 있다.

지금까지 훈련과 연습의 심리학으로 대표되는 행동주의, 교과 지식이 인지구조 내에서 어떻게 동화되고 조직되고 어떠한 과정을 통해 저장되는지에 대한 심리학적 메커니즘을 연구한 인지주의, 그리고 학습 주체자로서의 학습자를 강조하는 구성주의 등 수학

표 1-2-1 학교수학의 역사적 과정과 학습심리학의 관계

시기	단계	이론	중점	학습
1920~1930	훈련과 연습	연합주의 Thorndike	계산 기능	반복 암기 단계별 절차
1930~1950년대	유의미 수학	형태주의 Brownell, Wertheimer, van Engen	수학적 아이디어의 이해 실세계 문제에 대한 수학 적용	자연스러운 학습 수학적 관계
1960~1970년대	새 수학	발달심리학, 사회문화이론 Bruner, Piaget, Dienes	학문의 구조 이해	수학의 구조 나선형 교육과정 발견학습
1970년대	기본으로 돌아가기	연합주의 회귀	지식과 기능 개발로 회귀	훈련과 연습
1980년대	문제해결	구성주의, 인지심리학, 사회문화이론 Vygotsky	문제해결 수학적 사고 과정	발견학습과 문제해결학습으로 회귀
1990년대~현재	규준, 책무	구성주의, 인지심리학, 사회문화이론 vs. 새로운 실험심리학 (NCLB)※	수학전쟁: 개인의 수학적 소양 vs. 교육시스템 관리	학생 중심의 규준 기반 교육과정 vs. 정부 기준 평가 대비

※ NCLB: No Child Left Behind Act

교육과 관련된 주요 심리학과 학습이론을 시대 순으로 따라가며 간단히 살펴보았다. 〈표 1-2-1〉은 이러한 학교수학의 역사적 과정과 학습심리학의 관계를 Lambdin & Walcott(2007)이 제시한 자료를 중심으로 정리해 놓은 것이다.

3 좋은 수학 수업의 의미

좋은 수학 수업이란 무엇일까? 이 질문은 동서양을 막론하고 수학교사, 교사교육자, 그리고 수학교육 연구자들이 끊임없이 고민해 오던 것이다. 따라서 교실수업 연구가 실행된 이래로 좋은 수학 수업, 혹은 교수·학습적으로 효과적인 수학 수업이라는 것이 어떤 것인지에 대한 꾸준한 연구 및 논의가 있어 왔다. 수업(授業)은 교사의 가르침(teaching)을 포함하여 학생의 학습을 촉진시키는 모든 활동을 의미하며, 그 과정의 현상 자체가 매우 복잡하기 때문에 좋은 수학 수업에 대한 명확한 기준을 세우기가 쉽지 않다. 따라서 수학교육 연구자들이 좋은 수학 수업이라고 믿고 있는 것을 증명하는 준거나 이론이 명확하게 제시되거나 하나의 보편적이고 통합적인 연구가 존재하지는 않으며, 좋은 수학 수업에 대한 명확한 정의를 내리기도 쉽지 않다(김희정, 2017; Lampert & Ball, 1998, Schoenfeld, 2020). 그럼에도 불구하고 국내외 수학 교실수업에 관련한 연구에서는 수년간의 이론 탐구와 연구 진행을 통해 좋은 수학 수업에 대한 기준을 몇몇은 명시적으로 혹은 암시적으로 제시하고 있다. 따라서 이를 바탕으로 좋은 수학 수업의 의미를 찾을 수 있다.

Krainer(2005)는 좋은 수학 수업의 의미를 찾는 관점을 다음과 같이 세 가지로 분류하고 있다.

- 첫째, 교사 개개인이 좋은 수학 수업에 대한 보편적인 관점을 거부하고, 교사의 수만큼 다양한 좋은 수업이 존재한다는 입장이다.
- 둘째, 좋은 수학 수업에 대한 보편적인 기준을 세우려는 관점으로, 보편적인 기준을 근거로 수학 수업의 질을 판단하고, 그와 관련한 교실수업개선 및 교사 전문성 신장을 추구하는 입장이다.
- 셋째, 좋은 수학 수업의 기준은 확립이나 거부의 대상이 아니라, 근거를 수집하면서 보편적인 방향을 통해 교사와 연구자와의 협의를 통해 기준을 구성해 나가는 입장이다.

첫 번째 관점과 두 번째 관점의 차이가 연구와 실행과의 간극을 가지고 왔다면, 세 번째 관점은 연구자와 교사의 협력적인 관계에서 실제 수업 분석을 통해 이론적이고 보편적인 기준에 대한 근거를 수립하고 상호 간에 좋은 수학 수업에 대한 논의 및 협의를 통해 구성해 가야 한다는 입장이다. 이 책은 세 번째 입장을 유지하고자 노력하면서도 한편으로는 좋은 수학 수업에 대한 근거를 학교 현장에서의 목소리 및 데이터에 두는 동시에, 이론적인 문헌 연구에서 제안하고 있는 기준을 제시하여 통합적인 관점을 제안하고자 한다.

| 1 | 좋은 수학 수업의 구성원리

좋은 수학 수업에서 '좋은'이라는 단어는 형용사로 주관성과 상대성, 그리고 복합성을 띠고 있어 객관적이거나 보편적이지는 않지만, '수업'과 연관지어 고려해 볼 수 있다. 교육학 사전에서 제시하고 있는 '수업'의 의미는 "학생들이 새로운 것을 할 수 있거나 할 수 있게 될 방도를 배우게 하거나 변화시킬 목적으로 제공되는 인간적인 상호작용"(서울대학교 교육연구소, 1994)이다. 또한 수업(授業)의 의미는 우리나라를 포함한 동아시아 문화권에서는 가르침을 의미하는 교수와 배움을 의미하는 학습을 포함한 교사와 학생, 학생과 학생 사이의 상호작용을 내포하고 있다(조형미, 김희정, 2018). 이러한 수업의 의미에서 비추어 볼 때, 교사와 학생의 상호작용이 그 기반에 자리잡고 있음을 알 수 있다.

한편, 학습 심리학이 자극-반응의 행동주의(Gagné, 1985) 및 훈련과 연습으로 학습의 효과를 설명했던 연합주의(Thorndike, 1922)의 이론에서 벗어나, 인지발달심리학과 구성주의가 대두되면서 학습자의 능동적인 구성 및 참여가 학습에서 강조되고, 학습에 대한 패러다임이 바뀌게 되었다. 또한 학습 이론과 사회학이 스며들면서, 학습에서 사회문화적인 맥락과 교사 및 동료 학생들과의 상호작용이 강조되고, 사회정의의 이슈가 대두되면서 교실 수업에서는 질 높은 수학 학습의 기회가 모든 학생들에게 부여가 되는지, 교사는 어떻게 학생들이 수학 개념을 잘 이해하고, 수학을 할 수 있게(doing mathematics) 총체적인 학습 환경을 조성할 수 있는 지가 좋은 수학 수업의 요소가 되었다.

종합하면, '좋은 수학 수업'이란 학습자들이 수학적인 사고를 계발하고 수학을 할 수 있도록 하는 질 높은 배움의 기회가 모든 학생들에게 접근 가능(accessible)한 것으로 볼 수 있다. 즉, 수학 수업에서 얼마나 질 높은 수학 학습의 기회가 창출되고, 이러한 질 높은 배움의 기회에 많은 학생들이 공정하게 접근할 수 있는가에 대한 통합적인 관점이 제시되어야 한다. 따라서 다음의 이론적이고 실천적인 논의가 좋은 수학 수업에 대한 통합적 관점을 제공할 수 있다.

- 질 높은 수학 학습 기회: 수학 학습의 목적이 무엇이고, 어떠한 학습의 기회가 질 높은 기회라 할 수 있는가?
- 질 높은 수학 학습 기회를 위한 가르침: 수학 학습 기회의 질을 높일 수 있는 교수는 어떠한 모습이고, 모든 학생들에게 이런 기회가 주어지는가?

(1) 질 높은 수학 학습의 기회

수학 학습의 목적은 시대가 변함에 따라 사회적 상황과 학습 이론의 발달에 따라 변화되었다. 21세기의 교육목표는 이전 시대의 교육목표와는 확연히 다르다. 선진국이라 불리던 미국의 경우에도 1900년대 초의 학교 교육의 개념은 공장의 대량생산과 유사하게 이해되었다(Bennett & LeCompte, 1990; Callahan, 1964; Kliebard, 1964). 학습에 대한 관점이 행동주의에 있는 것처럼, 많은 학생들에게 기성 지식을 효과적으로 전달하는 것에 교육목표가 있었고, 교사는 그러한 학교 교육의 효율성을 높이기 위해 연구자들과 행정가들의 지식과 교육정책 등을 전달하는 역할이었다. 그러나 21세기에는 학생은 지식을 형성하고 불확실한 상황에서 의사결정을 해야 하는 고차원적인 사고를 하는 사람이며(Talbert & McLaughlin, 1994), 수학교육에서는 수학적 개념의 발견과 문제해결을 포함한 '수학을 한다는 것(doing mathematics)'에 대한 중요성을 강조하게 되었다. 특히, 최근 4차 산업혁명이라는 화두와 더불어 코로나19의 전세계적 유행(팬데믹)과 같은 급격한 사회적 변화를 겪으면서 미래사회에 대응할 수 있는 비판적 사고를 가진 주체적인 문제 해결자로서 학습자를 바라보게 되었다. 현재의 학교 교육에서의 수학교육의 모습은 미래 시대를 살아갈 학생들에게 적절하지 못하다는 문제는 지속적으로 제기되고 있었으나, 코로나19의 유행으로 전 세계의 모든 부분이 급격한 변화를 맞이함으로써, 교육도 필연적으로 변화를 맞이하게 되었다. 미래 사회의 예측할 수 없는 변화에 대응할 수 있는 교육 혁신의 필요성에 대한 사회적 담론이 형성이 되고, 이에 따른 삶과 연계한 역량 중심 교육의 강화가 전 세계적으로 대두됨에 따라 우리나라의 2022 개정 교육과정에서도 이러한 미래 사회가 요구하는 역량 함양이 가능한 교육을 지향하고 있다(교육부, 2021).

그렇다면 이렇게 급격하게 변화하는 사회에 대응할 수 있는 역량을 키울 수 있는 수학 학습은 어떻게 해야 하는가? 수학 교실에서의 질 높은 수학 학습의 기회는 무엇일까? 김희정(2022)에서는 이러한 질 높은 수학 학습의 모습을 "학생들의 수학적 사고 및 개념적 이해를 계발하는 것을 목표로, 적절한 발문을 통해 학생들 스스로의 생각을 일깨우고, 다양한 수학적 표현과 전략들을 이용하도록 유도하며, 다른 학생의 추론을 비판하고 본인의 추론을 정당화하는 기회가 충분한 수업(p. 342)"과 "학생들의 수학적 사고를 수업에서 명시적으로 드러내고, 이를 수업의 풍부하고도 생산적인 논의의 자원으로 활용하여 궁극적으로 다양한 수학적 사고를 촉진하는(p. 342)" 수업으로 설명하고 있다. 이는 다음의 이론적 연구와 정책 연구가들의 보고서로 뒷받침되고 있다.

가. 수학적 유능함(mathematical proficiency)을 구성하는 다섯 가지 요소

'학생들이 어떻게 수학을 배우는가'와 관련한 인지심리학과 수학교육 연구에 기반한 NRC(2001)의 보고서에서는 성공적인 수학 학습자가 가지는 **수학적 유능함**은 다음의 상호 보완적인 다섯 가지의 요소로 구성된다고 제안하고 있다.

- 개념적 이해(conceptual understanding): 수학 개념, 연산, 관계에 대한 총체적이고 기능적인 파악 및 이해
- 절차적 유창성(procedural fluency): 절차를 유연하고, 정확하게, 효과적이고 적절하게 수행하는 능력
- 전략적 역량(strategic competence): 수학 문제를 형식화하고, 표현하고 해결하는 능력
- 조정 가능한 추론(adaptive reasoning): 논리적 사고, 반성, 설명, 정당화하는 능력
- 생산적 태도(productive disposition): 성실을 포함하여 자신에 대한 효능감에 대한 신념과 함께, 수학을 의미 있고, 유용하고 가치 있는 것으로 보는 습관적 성향

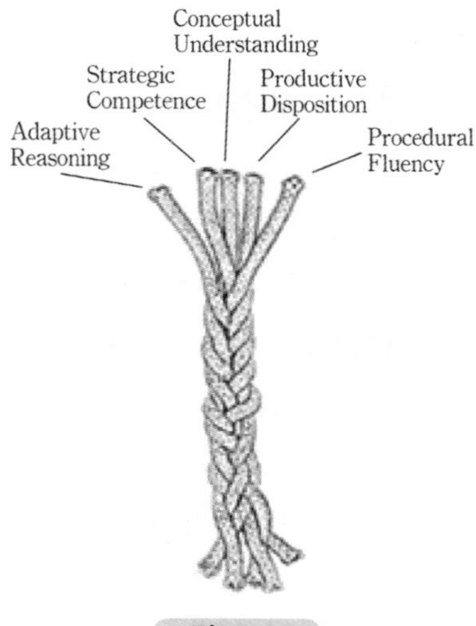

그림 3-3-1
수학적 유능함의 구성 요소(NRC, 2001, p. 5)

나. 수학을 함(Doing Mathematics)을 수행할 때의 수학적 과정(Mathematical Process)

위의 다섯 가지 수학적 유능함을 갖추고 수학적인 사고를 할 수 있다면, 수학을 배우는 것에서 더 나아가 수학을 할 수 있게 된다(doing mathematics). 수학을 할 때는 수학적 추론, 정당화, 표현과 같은 수학적 사고 과정(mathematical process)이 중요하게 여겨지고, 특히 수학적 실천(mathematical practice)을 할 수 있게 된다. 이러한 수학적 과정과 수학적 실천은 미국의 국가교육과정 격에 해당하는 규준에 명시되어 학교수학의 가이드라인이 되고 있다.

미국수학교사협의회(NCTM)에서는 1980년에 수학적 문제해결 교육을 강조하는 Agenda for Action을 발표한 이래로, 지속적으로 미국의 수학교육의 방향성과 기준을 차례로 제시하였다. 1989년의 「학교수학의 교육과정과 평가 규준(Curriculum and Evaluation Standards for School Mathematics)」, 그리고 2000년에는 「학교수학의 원리와 규준(Principles and Standards for School Mathematics)」을 발표하면서 문제해결 교육 및 수학을 하는 동안에 **수학적 과정**을 강조하였다. 2000년에 발표한 학교수학의 원리로는 평등의 원리(The Equity Principle), 교육과정의 원리(The Curriculum Principle), 교수의 원리(The Teaching Principle), 학습의 원리(The Learning Principle), 평가의 원리(The Assessment Principle), 교육공학의 원리(The Technology Principle)의 여섯 가지 원리를 제시하였다. 그리고 이러한 각각의 원리는 학교수학, 즉 초·중등 수학교육과정에서 수학교육을 실행할 때, 이 원리들을 토대로 질 높은 수학 학습의 기회 환경을 조성하기 위한 가이드라인이라고도 할 수 있다.

한편 NCTM(2000)은 학교수학을 위한 다섯 가지 내용 영역으로 '수와 연산', '대수', '기하', '측정', '자료의 분석과 확률', 그리고 수학적 과정 규준을 다섯 가지 과정 영역인 '문제해결', '추론과 증명', '의사소통', '연결성', '표현'으로 구분하여 제시하였다. 특히, 수학을 할 때의 과정을 강조한 수학적 과정 규준은 수학을 하는 동안에 학생들이 배우는, 그리고 배워야 할 중요한 수학적 과정으로 학교수학의 전 영역에 걸쳐 지도되어야 한다는 주장을 견지한다. 이러한 과정 규준에 제시된 구체적 내용은 다음과 같다.

- **문제해결**(problem solving)은 모든 학생들이
  - 문제해결을 통해 새로운 지식을 형성할 수 있도록
  - 수학 과목과 다른 과목/맥락에서 제기된 문제들을 해결할 수 있도록
  - 문제를 해결하는 데 다양하고 적절한 전략을 적용할 수 있도록
  - 수학적 문제를 해결하는 과정을 모니터하고 성찰할 수 있도록 지원하는 것이다.
- **추론과 증명**(reasoning and proof)을 수학 수업 시간에 강조함으로서 모든 학생들이
  - 수학의 기초이자 기본적인 측면으로서 추론과 증명을 인식할 수 있고,
  - 수학적 추측(mathematical conjectures)을 제기하고 탐구할 수 있으며,
  - 수학적 주장(arguments)과 증명을 개발하고 평가할 수 있으며,
  - 다양한 종류의 추론과 증명 방법을 선택하고 이용할 수 있다.
- **의사소통**(communication)은
  - 의사소통을 통해 수학적 사고를 조직하고 정리하면서 수학적 사고를 강화할 수 있다.
  - 학생들의 수학적인 사고를 일관적으로 의사소통하고 동료, 교사 및 다른 사람들에게 명확하게

설명할 수 있다.
- 수학적 사고와 다른 사람의 전략을 분석하고 평가할 수 있다.
- 수학적 아이디어를 표현하기 위해 수학 용어와 언어를 정확하게 사용할 수 있다.

• 연결성(connections)은 학생들이 수학 수업 시간에
- 수학적 아이디어 사이들 간에 연결성을 인식하고 사용할 수 있다.
- 수학적 아이디어가 서로 어떻게 연결되어 있는지 이해하고, 일관성 있는 하나의 아이디어를 형성하기 위해, 서로의 아이디어를 구축할 수 있다.
- 수학 과목 밖(예. 타 교과 및 일상생활)의 맥락에서 수학을 인식하고 적용할 수 있다.

• 표현/표상(representation)을 이용하는 것은 학생들이
- 수학적 아이디어를 조직하고 기록하고 의사소통할 수 있도록 하는 표현을 생성하고 사용할 수 있게 한다.
- 문제를 해결하기 위해 수학적 표현들을 선택하고 적용하고 번역할 수 있다.
- 수학적 사고와 다른 사람의 전략을 분석하고 평가할 수 있다.
- 물리적, 사회적, 수학적 현상을 모델화하고 해석하는 데 표상을 이용할 수 있다.

이러한 수학적 과정에 대한 강조는 2010년 핵심 공통 수학 규준(Common Core State Standards for Mathematics)에서 수학적 실천(mathematical practice)으로 지속되어 강조되었다.

다. 수학적 실천(Mathematical Practices)

미국 핵심 공통 수학 규준(Common Core State Standards for Mathematics, CCSSM)은 미국의 학교수학 및 수학교육내용이 산발적이고 깊이가 없다는 비판에서 시작하여 국제학업성취도(예. PISA, TIMSS) 평가에서 수학 성적이 좋은 아시아 국가의 교육과정과 같이 국가 주도의 교육과정의 일관성과 개념이해 및 절차적 유창성의 조화의 강점을 미국 교육과정에 반영하고자 하는 노력의 산물이었다. 미국은 우리나라와 달리 50개의 주가 각기 다른 수학교육과정을 제시하고 있으며, 몇몇의 주는 NCTM(2000)의 학교수학의 원리와 규준에서 제시한 것과 비슷하게 수학적 사고와 수학적 과정을 강조하기도 하였으나, 몇몇 다른 주들은 수학교육의 낮은 수준의 기본 기능에 초점을 둔 경우도 있었다(Schoenfeld, 2014). 그러나 CCSSM의 경우는 미국의 행정기관인 NGA(National Governors Association) Center for Best Practices에서 실행을 주도하고 있어, 50개의 주와 6개의 미국령 중 41개의 주와 푸에르토리코를 제외한 5개의 미국령(괌, 미국령 버진아일랜드, 북마리아나 제도, 아메리칸사모아)에서 시행하고 있다. CCSSM은 여섯 가지 수학 내용 기준과 여덟 가지 수학적 실천 기준을 제시하고 있는데, 수학 내용 기준은

기하(geometry), 비와 비례 추론(ratios and proportional reasoning), 수 체계(number system), 문자식과 방정식(expressions and equations), 함수(functions), 통계와 확률(statistics and probability)로 나누어져 있다. 또한, CCSSM이 제시하고 있는 여덟 가지의 수학적 실천 규준은 NCTM(2000)의 수학적 과정 규준과 NRC(2001)의 수학적 유능함에 기반하여 수립되었으며, 수학적으로 유능한 학생들은 다음의 여덟 가지 수학적 실천을 할 수 있다고 설명하고 있다.

- MP*1. 문제를 이해하고 인내심을 갖고 문제를 해결한다.
  - 문제의 의미를 스스로에게 설명하기
  - 문제에서 주어진 것, 제약 조건, 관계, 목표를 분석하기
  - 해법의 형식과 의미에 대해 추측하기
  - 해결 경로를 계획하기
  - 유사한 문제를 참조하고, 특수한 경우나 간단한 풀이 형태를 시도하기
  - 자신의 문제 해결과정 및 풀이를 감독, 평가하여 필요시 문제 해결 방향을 전환하기
- MP2. 추상적이고 수치적으로 추론한다.
  - 문제 상황에서 양과 그 관계를 이해하기
  - 탈문맥화 능력(주어진 상황을 추상화하여 상징적 표상으로 나타내고 이용하기)과 문맥화 능력
  - 수치적으로 추론하는 것은 문제해결에 필요한 일관적인 표상을 만들어 내는 습관을 수반하며, 관련 단위를 고려하고 수치화된 양에 대한 의미에 주의를 기울이고 연산의 여러 성질을 알고 유연하게 활용하기
- MP3. 논리적인 주장을 구성하고 다른 사람의 추론을 비판한다.
  - 가정, 정의, 증명된 결과를 이해하고 활용하여 논증 구성하기
  - 추측하고, 추측이 참인지 탐구하기 위해 명제를 논리적으로 구성 및 전개하기
  - 상황을 부분추측으로 분해하면서 분석하고, 반례를 이용하기
  - 자신의 결론을 정당화하고, 그 결론을 이용하여 다른 사람과 의사소통하고, 다른 사람의 논증에 반응하기
  - 데이터의 문맥을 고려하여 논증을 만들면서 귀납적으로 추론하기
  - 두 논증의 효과를 비교하고, 정확한 논리를 구분할 수 있으며 오류로부터 추론하기
  - 구체물이나 그림, 표와 행동과 같이 구체적인 것을 이용하여 논증을 구성하고(초등학교), 구체화를 일반화하거나 주장이 적용되는 영역을 결정하기(중 · 고등학교)
  - 다른 학생들의 논증을 듣거나 읽고 타당한지 결정하고, 논증을 발전하거나 명확히 하기 위해 유용한 질문하기

* MP: Mathematical Practice

- MP4. 수학을 이용하여 모델링한다.
  - 일상의 문제 해결을 위해 수학을 적용하기
  - 상황을 기술하기 위해 덧셈식을 세우거나(초등학교 저학년), 학교 행사 계획을 수립하거나 지역 사회의 문제를 분석하기 위해 비례적 추론을 적용하기(초등학교 고학년)
  - 설계 문제를 해결하기 위해 기하를 이용하거나, 한 양이 다른 양에 종속하여 변화하는 현상을 기술하기 위해 함수를 이용하기(고등학생)
  - 가설을 세우고 복잡한 현상을 단순화하기 위해 추정하고, 모델을 수정하기
  - 상황에서 중요한 수치를 식별하고, 수량의 관계를 표현하기 위해 그림, 표, 그래프, 흐름도나 수식으로 나타내기
  - 수학적인 관계를 분석하여 결론을 도출하기
  - 상황의 맥락에 수학적 결론을 해석하고 성찰하고, 수학적 모델을 수정 및 보완하기

- MP5. 적절한 도구를 전략적으로 사용한다.
  - 문제해결에 적절한 도구(연필, 구체물, 자, 계산기, 대수 프로그램, 통계 패키지, 동적 기하 소프트웨어 등)를 사용하기
  - 도구의 장단점을 인식하여 사용하기에 적절한 상황이나 시기를 결정하여 충분히 숙달되어 사용하기
  - 수학적 모델링을 하면서 공학도구를 이용하여 다양한 가설의 결과를 시각화하고, 결과를 탐색하고 데이터기반 예측을 비교하기
  - 웹사이트의 디지털 콘텐츠와 같은 수학 자료를 적절히 이용하고, 문제를 제기하거나 해결하는데 이와 같은 자료를 이용하기
  - 공학 도구를 이용하여 수학 개념에 대한 이해를 심화하기

- MP6. 정확성에 주의를 기울인다.
  - 다른 사람과 토론하고 추론을 하면서 명확한 수학적 정의를 사용하기(명확한 의사소통)
  - 등호와 같은 기호를 적절하고 일관되게 사용하기
  - 측정 단위를 확인하고, 수량과의 일치를 명확히 하기 위해 축에 이름 붙일 때 주의를 기울이기
  - 정확하고 효율적으로 계산하고, 문제 상황에 적합하게 수치적 답을 표현하기
  - 다른 사람에게 도출한 수식에 대해 주의 깊게 설명하기(초등학교), 주장을 검토하고, 수학적 정의를 명확하기 사용하기(고등학교)

- MP7. 구조를 파악하고 이용한다.
  - 반복적인 패턴이나 구조를 식별하기 위해 관찰하기(예. 귀납적으로 덧셈의 교환법칙, 분배법칙 등을 알아채기)
  - 기하학적 도형에서 기존의 선의 중요성을 인식하고, 문제를 해결을 위해 보조선을 그리기

- MP8. 반복되는 추론에서 규칙을 찾아 표현한다.
  - 반복되는 계산이나 대수적 연산에서 일반화된 규칙이나 효율적인 방법을 찾아내기
  - 문제를 해결할 때, 세부적인 것에 주의를 기울이면서도 과정을 전체적으로 모니터링하여, 중간의 결과가 합당한지에 대한 평가를 지속적으로 하기

2 질 높은 수학 학습 기회를 위한 가르침

질 높은 수학 학습 기회란 학생들의 수학적 사고 및 개념적 이해와 더불어 여러 가지 수학적 역량을 계발하고 수학적 실천을 할 수 있게끔 하는 기회를 뜻한다. 그렇다면 이를 교실 수업에서 구현하기 위해서 어떻게 가르쳐야 할까? 교실 수업은 많은 상호작용과 교사-학생-수학의 복잡한 관행(practice)들이 얽히고설킨 복합적인 현상이 일어나는 곳이다. 이러한 복잡한 교실 수업 상황에서 가르침(teaching)이 어떻게 되어야 한다는 구체적인 교수법을 구현하는 것은 상황에 따라 다르지만, 이론적인 원리와 실천에 대한 깊이 있는 연구를 통해 Schoenfeld et al.(2016)는 다음의 다섯 가지 원리에 입각한 수업이 질 높은 수학 학습 기회가 있는 수업이라고 하였다.

- 수학적 측면
  - 교실 수업에서 다루어지는 수학이 얼마나 목표 중심적이고, 일관적이며 연결성이 있는가와 관련한 측면이다. 학생들은 중요한 수학적 내용과 수학적 실천을 배울 수 있는 기회를 가져야 하고, 효과적인 수학적 습관을 계발할 수 있는 배움의 기회를 가져야 한다.
- 인지적 요구 측면
  - 교실에서의 상호 작용이 얼마나 학생들의 수학적 계발을 위한 지적 자극 및 도전을 조성하고 유지하는지의 측면이다. 이러한 지적 도전의 수준은 교사가 하나하나 가르쳐 주는 정도로 너무 쉽지도 않고, 너무 어려워서 헤매도록 하지도 않는 중간 정도가 이상적이다.
- 수학 내용에 대한 접근성 측면
  - 교실 활동 구조가 어느 정도로 수업에서 다루는 핵심 수학에 모든 학생들의 적극적인 참여를 유도하는지의 측면이다. 수학이 얼마나 풍부하게 논의되는지와는 상관없이 소수의 학생들만이 토론을 독점하는 듯한 수업은 공평하지 않다.
- 행위주체성, 자주성, 긍정적 정체성 측면
  - 어느 정도로 본인의 행위 주체성(수학 학습에 몰두할 수 있는 역량과 의지)과 자주성 및 스스로의 학습에 대한 권위(확실히 수학을 배울 수 있다고 인식하는 것)를 계발하는 데 기여하는지에

대한 것으로, 학생들이 서로 가설을 세우고 설명하고 수학적으로 논증을 하면서 결과적으로 수학 학습자로서의 긍정적인 정체성을 갖게 되는가의 측면이다.

• **형성적 평가의 측면(반응적 교수 측면)**

- 수업의 효과적인 도입 및 학생들의 오개념을 바탕으로 교사가 얼마나 학생들의 생각을 자극하여 유도하고, 그것에 반응적 지도를 하는지에 관한 측면이다. 효과적인 수업은 학생들의 현재 상태를 진단하고 발견할 수 있는 기회를 주는 것이다.

각각의 측면에 대한 자세한 설명은 다음과 같다(김희정, 2022).

첫 번째 측면은 **수학적 측면**으로, 교과 수업에서의 교과의 핵심 내용과 그와 관련된 수학적 실천 측면이다. 수학 학습목표 및 수업에서 다루고 있는 핵심적인 수학적 아이디어 및 개념이 학습자의 목표 수준에 적절해야 하고, 과거에 배운 내용과 미래에 배울 내용 사이에 연관성 있게 제시되어야 한다. 또한 수학 내용적 측면뿐만 아니라, 수학적 실천(mathematical practices)에 참여할 수 있도록 해야 하며, 우리나라 교육과정상에서는 수학 교과 역량을 기를 수 있는 기회를 주고 있는지도 이에 포함된다고 볼 수 있다. 수학 수업이므로 교과 내용으로서의 수학이 첫 번째 필수 측면이지만, 이 측면의 세부적인 내용을 보면, 핵심 수학적 아이디어의 연결성과 학습목표의 적절성 및 수학 목표의 명료화 등이 중요한 요소로 여겨진다. 또한 수학적으로 유능한 학생에게 기대되는 실천이나 수학자들이 수학을 행할 때의 실천인 수학적 실천 역시 이 측면에서 중요하게 여겨진다. 즉, 수학적으로 이해하고 끈기있게 문제를 해결하기, 추상적이고 정량적으로 추론하기, 주장을 구성하고 다른 사람의 추론을 비판하기, 반복된 추론에서 규칙성을 찾고 나타내기 등이 이에 포함된다(CCSSI, 2010). 이와 관련하여 국내의 맥락으로 살펴보면, 우리나라 교육과정에서 제시하고 있는 핵심 아이디어와 수학 교과 역량과 연관이 있다고 볼 수 있다.

두 번째 측면은 **인지적 요구 측면**으로 교실 활동이 학생들이 수학적 개념을 이해하는데 개념적 풍부성이나 문제 해결의 도전적가능성을 제공하고, 교사의 도움이 생산적인 고민을 통해 수학적 이해를 구축하고 수학적 실천에 참여할 수 있도록 해야 한다는 것이다. Stein과 동료들의 여러 연구들(Henningsen & Stein, 1997; Stein et al., 1996; Stein et al., 2008)에서 수학 과제의 수준을 제시하였는데, 가장 높은 수준의 과제는 수학 행하기(doing mathematics)이며 가장 낮은 수준의 과제는 단편적 수학 내용을 사용하거나 절차적 암기로만 구성된 것이라고 제시하였다. 수학 행하기 수준의 과제는 학생들의 심도 있는 이해를 위하여 수학 개념을 이해하고 아이디어들 간의 관련성을 탐구하고, 문제 해결 과정이 강조되는 수준이다. 이러한 과제 자체의 측면뿐만 아니라, 교사는 발문을 통해서도 학생들에게 요구되는 인지적 사고 수준을 높일 수 있는데, 학생들의 상호간에 또는 개인의 수학적 사고를 계발 및 구축할 수 있도록 하는 발문과 도움(scaffolding)을 통해 학생들의 생산적 고민을 통한 사고 계발에 도움을 줄 수 있다(Anderson & Krathwohl, 2001). 따라서 이 측면에서 제시하고 있는 수학 교수 · 학습의 원리는 학생들이 수학적 사고와 행하기를 할 수 있는 수학 과제의 제시와 이러한 과제를 통해 학생들이 수학적으로 생산적인 고민을 통해 사고를 신장하는 것을 강조한다.

세 번째 측면은 **수학 내용에 대한 접근성 측면**으로 질 높은 수학 학습의 공평한 기회와 관련이 깊다. 미국의 모든 학생을 위한 수학(mathematics for all)은 미국의 규준(NCTM, 1989; 2000)과 핵심 공통 규준(CCSSI, 2010)에서도 지속적으로 강조해 왔으며, 인종과 사회경제적 지위 등에 따른 교육의 격차는 개별 학습자들에게 주어진 배움의 기회에 대한 접근성(access)의 격차에 기인한다는 최근의 연구(Oakes et al., 2001)에 그 기반을 두고 있다. 모든 학생들이 수학적 아이디어에 대해서 탐구하고 말할 기회가 주어졌는가? 남녀합반의 수업에서 여학생들보다 남학생들에게 더 많은 발표 기회가 부여된 것은 아닌가?(American Association of University Women, 1992) 백인 중산층만의 문화가 아닌 다양한 문화 및 가정에서 사용하는 언어가 영어가 아닌 곳에서 축적된 지식과 수학적 이해를 학교수학 수업에 가져온 학생들에게도 질적으로 높은 수준의 수학적 기회가 부여되고 이에 접근할 수 있는가?(Zevenbergen, 2000) 등에 대한 연구가 지속적으로 있어 왔으며 안타깝게도 질 높은 수학 학습의 기회가 고르게 분배되지 못하거나 또는 학생들이 공평하게 접근하지 못하다는 것이 연구 결과에 나타난다. 다인수로 구성된 교실 수업 환경에서는 각 개별 학습자의 학습을 촉진하는데 교사의 많은 고민과 노력이 필요하며, 모든 학생들이 수업에 참여할 수 있도록 수업의 구조를 다양하게 구성하거나 협력적 학습의 기회와 개별 학습자에게 학습의 기회를 차별 없이 부여해야 한다.

네 번째 측면은 **행위주체성, 자주성 및 긍정적 정체성 측면**으로 학생들의 활발한 수학 수업의 참여와 토론을 통해 개별 학생들의 행위주체성과 자주성을 기를 수 있고, 이러한 작은 성공 경험을 통해 수학 학습에 대한 긍정적 정체성도 기를 수 있다는 연구에 기반한다. 학생들이 수학 수업에 다양한 형태로 참여하면서, 스스로를 수학을 하는 사람(doers of mathematics)이라고 여기게 되며, 이는 행위주체성(agency)을 기르는 것이다(Engle, 2011; Engle & Conant, 2002). 학생들은 토론에 참여하면서 본인의 수학적 아이디어를 발표 및 공유하게 되고, 이를 통해 아이디어에 대한 소유권(ownership)과 권위(authority)를 부여받게 된다. 이는 자주성과 긍정적 정체성을 기르는 것과 관련이 깊다. 수학적 논의에 참여하면서 본인의 주장을 정당화 하고 다른 사람의 주장에 비판적인 추론을 하는 등의 책무성 대화에 참여하면서, 행위주체성, 자주성, 긍정적 정체성을 기를 수 있게 된다(Resnick et al., 2010). 즉, 수학 수업에서 본인의 사고와 추론에 대해서 설명하고 정당화 하는 것을 통해 수학적 실천에 참여함으로써 이러한 행위주체성, 자주성, 긍정적 정체성을 기를 수 있으며 이는 수학 학습에 매우 중요한 부분이다.

마지막으로 다섯 번째 측면은 **형성적 평가의 측면**으로 원문은 Formative Assessment Dimension으로 제시하고 있으나, 형성 평가라는 용어가 국내의 맥락에서는 평가적인 측면이 강조되는 경향이 있어 수업에서 학생들의 사고를 촉진하고 이에 대한 생산적인 피드백을 주거나 학생들의 오개념이 수학적 논의의 자원으로 사용하도록 하는 **'반응적 교수**(Responsive teaching; Kim, 2017; Coffey et al., 2011)'와 일맥상통하여 이 두 용어를 혼용하여 제시하였다. 형성적 평가(formative assessment)는 수업과 평가가 분리되어서는 안 되고, 학습을 위해 평가가 이용되어야 한다는 개념으로(Shepard, 2000), 학생들의 수학적 사고가 수업의 중심이 되어 수업의 방향성을 결정해야 한다(Black & Wiliam, 1998). 즉, 교사는 수업 중에 발문과 질문을 통해 학생들이 무엇을 이해하고 있고, 이해하지 못하는지를 수집하고 이해하여 개별 학습자와 전체 학습자의 수학적 사고를 촉진할 수 있는 피드백이나 전체 논의 등을 통한 적절한 지원을 해야 한다(김희정, 2022).

CHAPTER 02

수학과 교재연구의 이해

학교 교실에서의 수업은 주로 교사와 학생 사이의 교재를 통한 교수·학습활동으로 이루어진다. 따라서 교사는 수업 전 교재의 핵심 아이디어와 학습 요소를 철저히 분석해서 이를 어떻게 수업에 적용할 것인가에 관한 수업계획을 미리 세워두어야 한다. 물론 개념과 학습 요소에 대한 교수·학습 방법과 평가 방법 그리고 가르칠 때의 주의 사항도 함께 고려되어야 한다. 특히 수학과는 타 교과에 비해 학습 조건이 서로 다른 다양한 스펙트럼의 학습자를 접하기에 보다 포괄적으로 접근해야 한다. 이 장에서는 이러한 수업계획과 관련된 교재연구의 개념, 교재연구의 영역, 교재연구에 대한 객관주의와 구성주의적 접근 등 세 가지 측면에서 알아보고자 한다.

1 교재연구의 개념

교재는 가르치고 배우는 데 필요한 여러 가지 재료로서(국립교육원, 2021), 교육 목표를 효율적으로 달성하기 위해 교육 내용으로 표상된 구체물이다(서울대학교 국어교육연구소, 1999). 교재가 교과서(textbook), 수업자료(materials), 텍스트(text)를 지칭하는 용어로도 사용되지만 교육현장에서의 교재는 일반적으로는 교과서를 가리킨다. 그만큼 교과서가 교수·학습과정에서 지니는 독특한 의미와 지위로 인해 교사를 비롯한 관련 종사자들에게 가장 널리 사용되는 교육수단으로 인정받았다는 방증이기도 하다. 실제로 대부분의 교과에서 교과서를 교재로 사용하고 있으며 수학과의 경우에도 교재 중 교과서가 차지하는 비중은 절대적이다.

이러한 교과서를 이해하기 위해서는 교육과정 위계부터 먼저 살펴보아야 한다. 그것은 교과서가 교육과정을 근거로 편찬된 책이기 때문이다. 교육과정(curriculum)은 현대 커리큘럼 이론의 창립자로 불리는 Bobitt의 저서 『The Curriculum: a summary of the concerning the theory of the curriculum, 1918』을 통해 널리 알려졌으며(권낙원 외, 2011), 강의요목(syllabus), 교수요목(course of study)으로도 불린다. 교육과정은 학교가 학생에게 제공하는 모든 프로그램(Eisner, 1979)으로, 광의로는 학교에서 가르치는 총체를 가리키나 보통은 특정 학년과 학생을 위한 특정 교과의 구체적 교육 계획을 말한다. 이러한 교육과정의 핵심문제는 어떠한 지식을 가르칠 것인가의 문제와 깊은 관련을 맺고 있다(권낙원 외, 2011). 우리나라는 이러한 교육과정의 성격을 다음과 같이 밝히고 있다.

> 초·중등학교의 교육목적과 교육목표를 달성하기 위한 국가 수준의 교육과정이며, 초·중등학교에서 편성·운영하여야 할 학교 교육과정의 공통적이고 일반적인 기준
>
> (교육부고시, 제2017-108호)

우리나라의 교육과정은 홍익인간(弘益人間)이라는 교육이념(교육기본법 제2조)으로부터 출발한다. 그리고 이를 실현하기 위한 교육목적과 학교 급별 교육목표는 총론에서, 총론의 하위 단계인 각론에서는 각 교과의 교육목표를 설정한다. 그리고 각 교과 교육목표의 취지에 따라 집필된 책이 바로 교과서*이다. 이처럼 교과서와 교육과정은 불가분

* 교육부의 「교과용도서에 관한 규정」에 따르면 교과용도서는 교과서와 지도서가 있다. 교과서란 학교에서

의 관계로 교재연구는 이런 교과서 분석으로부터 시작된다고 할 수 있다. 뒤집어 말하면, 수학 교과서를 분석하고 각 차시별 수업목표를 설정한다. 그리고 설정한 목표를 실현시키기 위한 수단으로 수업계획을 철저히 준비하고 이를 본시학습에서 구체적으로 실행한다. 이 과정들이 누적되면서 각 단원별 수업목표와 수학과 교육목표에 이어 수학과 교육목적 달성에 이르게 된다. 이와 같은 절차와 방법으로 달성된 각 교과의 목표는 모두 하나로 연결되고, 이는 학교 교육목표와 교육목적 더 나아가 배움을 통해 세상을 이롭게 한다는 홍익인간의 이념 구현을 가능하게 한다. 그래서 교재연구는 단순히 수업계획으로 그치는 것이 아니라 우리나라 국가 교육과 발전에 보이지 않는 초석이 된다. 그만큼 교사가 교재연구에 최선을 다해야 하는 이유가 여기에 있다. 다음 [그림 2-1-1]은 윤재국(2005)이 제시한 교육과정의 위계 구조를 재구성한 것이다.

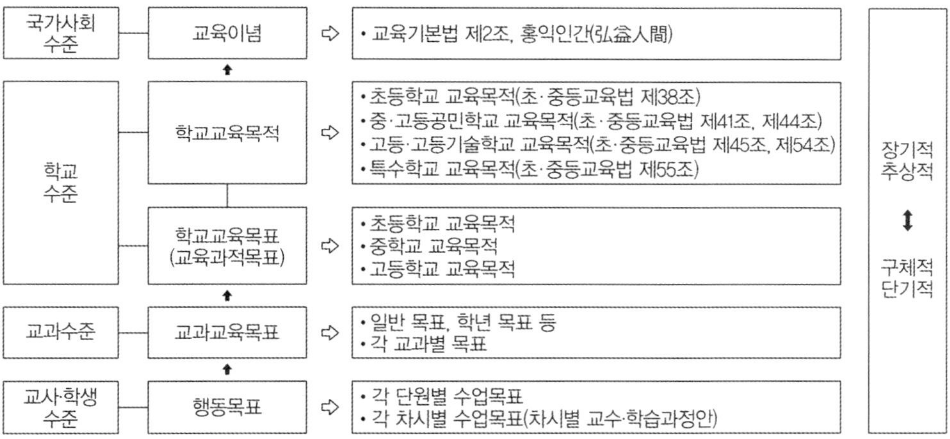

그림 2-1-1 우리나라 교육과정의 위계 구조

앞서 언급한 바와 같이 교재연구는 교육과정의 교육목표 위계 구조와 관련성이 깊다. 그러므로 최상의 수학 수업 진행을 위해서는 수학과 교육과정의 성격과 목표, 내용 체계 및 성취기준, 교수·학습 및 평가의 방향 등에 관한 교사의 충분한 숙지가 필수적이다. 그래야 이를 근거로 수업목표와 교수·학습활동 계획, 교수자료 선정 등 수업 전체의 설계도인 교수·학습 과정안을 작성할 수 있게 된다. 이렇듯 교육목적을 효율적으로 달성

학생들의 교육을 위하여 사용되는 학생용의 서책·음반·영상 및 전자저작물을 말하며, 반면 지도서란 학교에서 학생들의 교육을 위하여 사용되는 교사용의 서책·음반·영상 및 전자저작물을 말한다. 교과용도서는 국정도서(교육부가 저작권을 가진 교과용도서), 검정도서(교육부장관의 검정을 받은 교과용도서), 인정도서(국정도서·검정도서가 없는 경우 또는 이를 사용하기 곤란하거나 보충할 필요가 있는 경우에 사용하기 위해 교육부장관의 인정을 받은 교과용도서)가 있다.

하기 위해 내용선정부터 그것을 제시하는 단계까지 내용과 매체에 관한 모든 연구(이용환, 1991), 즉 수학과 수업 실행을 위한 총체적 구상을 수학과 교재연구라 할 수 있다.

이러한 수학과 교재연구에 대한 필요성을 제시하면 다음과 같다.

첫째, 학습자의 수학 학습권 보장이 가능한 교수전략을 수립할 수 있다. 교사는 교재연구를 통해 교육과정의 수학적 핵심 개념을 구조화하고 수업 전반을 단계적으로 조직할 수 있게 된다. 이러한 교사의 활동은 보통의 학습 상황에서 기대되는 것보다 더 나은 교육효과를 거둘 수 있다. 특히 수포자를 비롯한 낮은 성취 수준의 학생에게서 발견되는 수학 학습의 문제점을 보완하고 산재된 그들의 수학적 지식체계를 결합하도록 전략을 세울 수 있다. 예를 들어, 문장으로 진술된 수학문제가 있다면 수학적 표현으로 전환시키도록 하고, 평면기하 문제라면 공식이 사용될 순서를 학습자가 결정하도록 도와주는 유용한 전략(Greeno, 1978; Gagné, 1985 재인용)을 수업과정에서 적시에 적용할 수 있도록 사전에 계획할 수 있다. 그리고 이러한 교수전략으로 학생이 수학 학습의 성공을 단 한번이라도 경험해 보도록 유도한다면 수학적 가치를 인식하고 학습 동기가 활성화되는 긍정적 수학 학습 태도를 이들에게서 이끌어내는 파급 효과도 기대해 볼 수 있다.

둘째, 학습자 중심의 수업을 수행할 수 있다. 교재연구는 학습자의 학습 이해도를 높일 수 있는 적정한 수학과 자료 제작과 교구, 공학 도구 등의 활용 계획과 같은 실천적 교수전략 수립의 긴요한 소요 시간을 확보하도록 만든다. 또한 학생 수준에 맞는 교재 재구성과 판서 계획(내용, 위치, 크기, 색상 등)으로 수학 개념 이해와 지식정보 전달 효과의 극대화 방안도 강구할 수 있게 해준다. 이러한 선행 준비는 수업과정에서 내용 요소의 순차적 제공을 선택하고 학습자의 인지적 수준을 고려한 수업자료의 단계적 제공 등 학습자 중심의 수업원리 수행의 동력이 된다. 그리고 그 결과는 학습 밀도를 높이고 학생의 수학적 힘을 증가시켜 고차적 수준의 지식 도달은 물론 수학적 아이디어 발현에도 도움이 된다. 이는 모든 학생이 중요한 수학을 깊이 있게 이해하면서 학습하는데 필요한 기회와 지원을 받아야 한다는 수학교육에서의 기회균등(NCTM, 2000) 실현과도 관계가 있다.

셋째, 좋은 수학 수업전개와 내용영역에 대한 교수학적 의의를 고찰할 수 있다. 수업을 성공시키기 위해서는 배경지식과 새로운 지식 사이의 복합적 연결이 가능한 좋은 수업이 수행되어야 한다. 좋은 수학 수업이란 수학적 지식이 단순하지 않음에도 교사가 말한 것이나 시범을 보인 것을 단순히 재현하는 능력을 요구하는 지금까지의 전통적인 학교 수업방식(Davis, 1990)이 아니라 관련학습의 계통에 따라 새로운 지식과 기존 지식 사이의 개념 연결성이 자연스럽고 두 지식 사이의 개념을 구별하여 설명할 수 있는 교수

상황 전개가 가능한 수업을 말한다. 예를 들어, 비, 비율, 백분율, 확률은 비율 교수전략이 적용되는 개념들로 각 개념의 의미를 과제와 활동을 통해 명확히 학습하고 이 개념들을 서로 연결시킬 수 있는 새로운 수학 개념 지식인 함수를 찾아 학습한 후 이를 바탕으로 기존 지식과 통합하는 방식(Kame'enui et al., 2002)의 수업을 말한다. 한편, 위계가 강조되는 수학교과 특성상 배경지식의 중요성은 학습 요소를 살펴보는 교재연구 과정에서 인식하게 된다. 특히 배경지식의 뿌리를 찾다보면 수학이 발달하게 된 동기가 과학과 많이 관련되어 있음을 알 수 있게 된다. 그래서 수학이 과학의 언어이자(NRC, 1990) 세상을 이해하는 도구로써 그 기능을 감당하고 있다는 사실도 다시 한번 확인하는 계기가 된다. 더욱이 최근의 수학 지식은 빅 데이터, 인공지능 등 기존의 과학을 넘어 새로운 분야로 확장 응용되고 있는 추세이다. 따라서 수학 개념과 지식은 배움 그 이상의 의의가 있음을 교수·학습 과정에서 학생에게 알릴 수도 있다.

넷째, 학생의 성장 지원과 수업개선 등 수업의 질 관리를 제고할 수 있다. 교재연구의 효과는 학생의 성취 정도에 따라 달라진다. 오랫동안 학교에서의 성취가 학교 요인보다는 학생수준의 변인과 가정환경과 사회적 계층에 더 밀접하게 연결되어 있음이 확인되고 있다(Coleman et al., 1966; Cai et al., 1997; An et al., 2019). 이는 교사가 학습자의 학습 인프라, 교과 성취 수준, 교과에 대한 인식 등 학습자의 학습 환경 실태를 다방면에서 조사하고 이에 따른 구체적 지도 방안을 강구해야 한다는 뜻이다. 그래야 학생의 성장을 지속적으로 지원할 수 있는 접근 통로를 확보하게 되고 국가와 사회가 요구하는 교육 방향 취지에도 부합된다. 따라서 교사의 수업 준비에 대한 노력과 성찰은 근본적인 교육환경과 학교 문화의 변화, 예를 들어, 수리과학의 증폭, 더 많은 수학 선택의 학생 증가, 테크놀로지 사용 증가, 교사의 전문성 향상, 고차원적 사고 기술에 대한 수요 증가, 보다 정교한 평가 방법 등 21세기 수학교육의 새로운 변화(NRC, 1990)에도 선제적 대처가 가능케 함은 물론 수요자의 다양한 요구에 부응하는 수업을 가능하게 해준다.

2 교재연구의 영역

교재연구의 영역은 교재연구의 계획 단위(연간, 학기, 계간, 월간, 주간, 일일)에 따라 달라진다. 이 절에서는 가장 기본이 되는 일일 단위(1차시) 교재연구를 기준으로 그 설명을 갈음하고자 한다. 우선 교재연구의 영역에 대해 알아보기 전에 교재 분류를 먼저 살펴보자. 교재는 교육 내용을 담은 교수자료로 물리적 공간인 교실에서 사용되는 교수자와 학습자 모두에게 중요한 매개체이다. 교재가 교사에게는 교수자료로서 학생에게는 학습 자료로서의 이원적 기능을 하는 만큼 교재에 제시된 내용은 교육방향, 교수·학습의 핵심 가치, 수업 환경 요인을 좌우하게 만든다. 따라서 수업하고자 하는 내용, 즉 수업목표에 따라 어떤 교재를 언제, 어떻게 수업에 적용할 것인가를 결정하는 일은 수업계획에 있어서 매우 중요하다.

앞서 교재의 개념이 교과서, 수업자료, 텍스트 등 여러 용어로 혼용되고 있음을 언급하였다. 이 밖에도 교육자료(educational materials), 교육매체(learning medium), 교육기재(train aid), 교구(teaching aid), 교수매체(instructional media) 등도 포괄적으로 교재에 포함되는 용어들이다. Gagné et al.(1992)는 교재에 대하여 교수 사태를 수행하는 데 도움을 주는 교수자극과 내용을 전달하는 매체로 설명하고 있는바, 이는 교재가 교육 내용을 담은 매체와 교육 내용을 전달하는 수단으로서의 의미를 동시에 내포하고 있음을 의미한다. 이러한 교재를 일정기준에 따라 좀 더 세분화해보자. 먼저, 교재를 교수자(instructor), 학습자(learner), 교육(education) 등 사용자의 입장에 따라 교수자를 위한 교수자료로서의 교재, 학습자를 위한 워크북(work book) 또는 학습안내서로서의 교재, 교수자와 학습자 모두에게 해당되는 교육 내용해설서 및 교육 자료집으로서의 교재 등으로 분류할 수 있다. 이 구분은 교재의 성격에 따른 분류라 할 수 있다. 또 수업이나 교육을 하는 데 있어 교재의 기능적 측면으로 주 교재와 부교재로 나눌 수 있다. 교재 유형으로는 텍스트인 교과서, 수업의 바탕이 되는 자료로서의 교재, 만들고 체험하는 재료로서의 교재, 학습을 효과적으로 지도하기 위해 사용하는 교구로서의 도구나 칠판, 모형 등이 있다. 또한, 교재의 활용 방식에 따라 동기유발용, 개념·원리 학습용, 문제해결 학습용, 자료제시용, 평가자료 등의 교재로 새로이 범주화할 수 있다. 그리고 교재구성이나 내용의 정확성, 타당성, 적합성, 시기성, 편리성과 용어 사용의 적절성, 시청각의 유용성 등을 비롯하여 Grant(1987)가 주장한 교재가 학습자와 교사에게 적합한가, 교수요목이나 테스트에 적합한가와 같은 교재의 평가 기준으로도 구분 지을 수 있다. 지금까지의 교재 분류를 종합하여 정리하면 〈표 2-2-1〉과 같다.

이러한 교재 가운데 수업 진행을 위한 가장 적합한 교재를 선택하였다면 다음은 교재 내용 분석을 통한 수업목표 설정과 학생 수준을 고려한 교수·학습 계획을 조직한다. 예를 들어, 「확률과 통계」의 통계적 추정 단원에서 자유도(Degrees of Freedom)와 관련된 개념 학습을 앞두고 있다고 하자. 교수자료로서 교과서를 주 교재로 정하고, 동기유발용으로 사용하기 위해 고셋(W. S. Gosset)에 관한 인물 조사를 실시한다. 수업목표로는

| 표 2-2-1 | 교재의 분류

기준	교재	기준	교재
성격	• 교수자료 • 워크북(work book), 학습안내서 • 내용해설서, 교육 자료집	활용	• 동기유발용 • 개념 · 원리 학습용 • 문제해결 학습용 • 자료제시용 • 평가용
기능	• 주 교재 • 부교재		
유형	• 교과서(text) • 자료 교재 • 재료 교재 • 교구	평가	• 학습자에게 적합한 교재 • 교수자에게 적합한 교재 • 교수요목, 테스트에 적합한 교재

| 표 2-2-2 | 표본분산 S^2을 구하는 방법에 대한 교과서 설명 및 설명 방식

순	교과서	표본분산 S^2을 구하는 방법에 대한 교과서 설명	$(n-1)$에 대한 설명방식		
			불편성	표본오차	없음
1	동아출판㈜	표본분산은 모분산과 달리 편차의 제곱의 합을 $n-1$로 나눈 것으로 정의하는데 이것은 모분산과의 오차를 줄이기 위한 것이다.		○	
2	㈜교학사	표본분산을 구할 때는 n대신 $n-1$로 나눈다.			○
3	㈜금성출판사	표본분산은 모분산과 달리 편차의 제곱의 합을 $n-1$로 나눈 값이다. 이는 표분분산과 모분산의 차이를 줄이기 위해서이다.		○	
4	㈜미래엔	표본분산은 분산과 달리 편차의 제곱의 합을 $n-1$로 나눈 것으로서 정의하는데 이는 표본분산과 모분산의 차이를 줄이기 위한 것이다.		○	
5	㈜비상교육	표본분산을 정의할 때는 $\mathrm{E}(S^2)=\sigma^2$이 되도록 $n-1$로 나눈다.	○		
6	㈜좋은책 신사고	표본평균을 정의할 때와 달리 표본분산의 정의에서 $n-1$로 나누는 것은 표본분산과 모분산의 차이를 줄이기 위함이다.		○	
7	㈜지학사	표본분산은 모분산과 달리 편차의 제곱의 합을 $n-1$로 나눈 것으로 정의하는데 이는 모분산과의 오차를 줄이기 위한 것이다.		○	
8	㈜천재교과서	표본분산을 정의할 때는 모분산을 정의할 때와는 달리 편차의 제곱의 합을 $n-1$로 나눈다.		○	
9	㈜천재교육	표본분산의 정의에서 표본평균을 정의할 때와는 달리 $n-1$로 나누는 것은 S^2의 기댓값이 σ^2이 되도록 하기 위함이다.	○		

* 출처 : 김창일 · 전영주(2020, p. 245)

'표본평균은 확률변수이고, 표본평균의 분산은 상수임을 설명할 수 있다.' '표본분산과 모분산의 관계를 이용하여 여러 가지 문제를 해결하고 그 과정을 설명할 수 있다.'와 같이 설정할 수 있다. 그리고 표본분산을 구하는 공식에서 분모에 n 대신 $(n-1)$을 쓰는 이유를 학생이 쉽게 이해하도록 그에 알맞은 개념·원리 학습 예제를 찾아보는 것을 생각해 볼 수 있다. 또 표본분산을 구해보기 위한 데이터 처리 프로그램을 준비하고, 여기에 표본분산 S^2을 구하는 방법에 관한 「확률과 통계」 교과서별 설명과 $(n-1)$에 대한 설명 방식을 〈표 2-2-2〉와 같이 비교·분석해 보는 것도 교수·학습 계획의 일부라 할 수 있다. 이와 같은 교재분석과 교수·학습 내용을 조직할 때 고려해야 할 다음과 같은 세 가지 주요 사항이 있다. 첫 번째는 학습의 효율성을 높이기 위한 교수·학습 활동 내용 조직과 전개 순서를 정해 놓는 일이다. 두 번째는 교수·학습 상황에서 교재가 그 기능과 역할을 다하도록 교재 활용 계획을 수립하는 일이다. 세 번째는 학습 자료를 제공하는 적정한 시각을 정하고 그 유용성을 높이는 방안을 강구하는 일이다.

이제 교재와 관련된 교재연구가 어느 정도 끝냈다 하더라도 해당 수업이 효율적으로 실행되기 위해서는 교재분석 내용을 어떻게 가르치고 어느 수업 장면에 시간을 더 할애해야 할지 구체화해야 한다. 이를 위해서는 교수·학습 방법의 원칙과 방향 결정이 필요하다. 그것은 허용적인 수업 분위기와 학습자의 개인차를 인정한다는 기본 원칙, 그리고 학습효과를 극대화하기 위한 적절한 발문 준비와 의도적인 판서 계획, 수업목표 도달을 위한 최적의 수업모형* 선정 등 교수·학습의 방향을 정하는 일이다. 끝으로 앞선 이 모든 교재연구 내용을 정리하여 교수·학습과정안을 작성하는 일까지가 수업 전 교재연구의 영역이라 할 수 있다.

교수·학습과정안은 도입-전개-정리 순으로 차시별로 작성하되, 구체적인 구성은 다음과 같이 하면 된다. 도입 부분에서 전시학습 상기와 학습목표를 진술한다. 동기유발과 함께 본시학습 전개에 들어가면 교재분석 내용과 교사·학생활동을 중심으로 다양한 수업활동이 펼쳐지도록 허용적인 분위기를 조성한다. 이때 학습목표 달성을 위해 학생을 잘 관찰하고 중간 피드백을 통해 학습 내용을 이해하도록 조력자로서 돕는다. 그리고 전개한 학습 내용을 정리하면서 형성평가를 통해 학습 성취 정도를 확인하고 다음 차시 예고로 수업 절차를 마무리 한다. 차시별 도입-전개-정리 시간은 통상적으로 중학교(1차시, 45분 수업)는 5분-30분-10분, 고등학교(1차시, 50분 수업)는 5분-35분-10분으로 진행하면 무리가 없다.

---

* 개념 설명이나 시범이 필요한 경우는 교사중심 수업모형, 개념을 활용하거나 문제해결 등 학생의 창의적 활동이 필요한 경우는 개별학습과 STAD(Student Team Achievement Division), TGT(Team Games Tournaments), Gigsaw 등의 협동 학습 수업모형을 적용해 볼 수 있다.

수업 종료 후, 학생의 학습 만족도와 교사의 자기반성을 바탕으로 수업 전반에 걸친 성찰이 필요하다. 그것은 진행된 교수·학습 내용에 대한 해석과 투입 자원에 대한 점검을 통해 다음 차시에서 예상되는 문제 요인은 사전에 제거하고, 드러난 문제 사안의 해결책은 다양한 형태의 비계 형성 준비와 학습 수행을 독려하는 교수전략 수립에 반영할 수 있기 때문이다. 따라서 조직한 교수·학습의 내용과 전개 순서가 학습에 효율적이었는지, 동기유발은 효과적이었으며 개인차는 충분히 고려되었는지, 투입한 교재는 교수·학습 사태에서 그 기능과 역할을 다하였는지, 제공한 학습 자료가 적절한 시기성과 유용성을 지녔는지, 교육과정을 충실히 실현하였는지 등 수업을 시행하면서 직면한 쟁점 사항을 되돌아보는 계기를 마련해야 한다. 이러한 수업 성찰은 교재연구의 필요성의 근거 위에 정당화된다. 한편, 수업 후 교재연구의 영역에 해당되는 성찰과 앞서 언급한 수업 전 교재연구 영역을 포함한 이 모든 과정을 교재연구의 영역이라 할 수 있다. 이 같은 교재연구 영역은 〈표 2-2-3〉과 같이 수업 전 준비 단계와 이행 단계, 수업 후 성찰 단계로 나누어 볼 수 있다.

교재연구는 결국 가르치려는 근본적인 수업목표는 무엇인가(교육목표 설정), 무엇을 가르칠 것인가(교육내용의 선정과 조직), 어떻게 가르칠 것인가(교수·학습활동 계획),

표 2-2-3 단계별 교재연구 영역

단계		교재연구 영역
수업 전	준비 단계	• 교재 선택 및 관련 교수·학습 자료 수집 • 학교 여건을 포함한 학생 교육환경 실태 조사
	이행 단계	• 수업목표 설정 • 교재분석 및 교수·학습 내용 조직 • 교수·학습 방법의 원칙과 방향 선정 • 적용 수업모형 연구 • 수업목표 성취 점검을 위한 형성 평가 문항 제작 • 교수·학습과정안 작성
수업 후	성찰 단계	• 학생의 수업 만족도와 교사의 자기 성찰 - 수업목표 제시가 적절하였는가? - 조직한 교수·학습의 내용과 전개 순서가 학습에 효율적이었는가? - 투입한 교재는 교수·학습 사태에서 그 기능과 역할을 다하였는가? - 제공한 학습 자료가 적절한 시기성과 유용성을 지녔는가? - 학습자의 동기유발과 개인차가 충분히 고려되었는가? - 학습효과를 극대화하기 위한 판서 계획은 적절하였는가? - 발문은 학생의 학습에 도움이 되었는가? - 적용한 수업모형은 학습목표 도달에 적합하였는가? - 교육과정을 충실히 이행하였는가?

그리고 교육목표가 달성되었다는 것을 어떻게 알 수 있는가(평가 및 반성)를 중심으로 좋은 수업을 위한 준비, 이행, 성찰의 끊임없는 순환 과정이라 할 수 있다. [그림 2-2-1]은 이와 같은 교재연구의 절차를 도식화한 것이다.

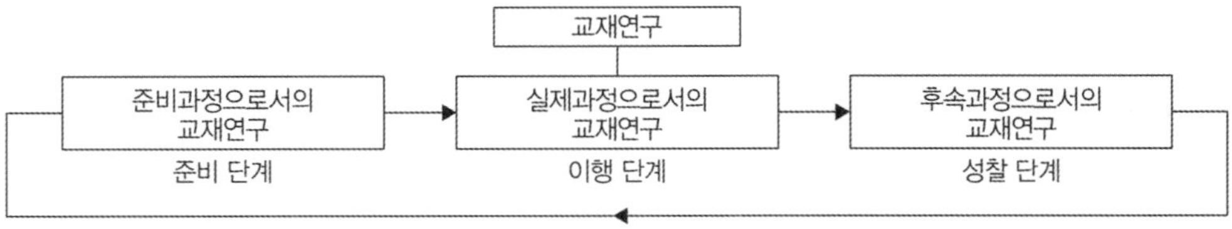

그림 2-2-1 교재연구의 절차

3 교재연구에 대한 객관주의와 구성주의적 접근

교육의 핵심 문제는 어떠한 지식을, 누구에게, 언제, 어떻게 가르칠 것인가의 문제와 깊은 관련성을 맺고 있다. 이것은 동서고금을 막론하고 오늘날에도 유효하다. 그래서 어떠한 지식이 더 가치를 지니며 어떠한 방법과 자료를 활용하여 그 지식을 어떻게 가르쳐야 할지에 대한 이해가 필요하다. 이에 학교수학에 대한 객관주의와 구성주의적 관점으로 이 문제를 살펴보고자 한다. 이러한 분류는 철학, 심리학, 역사학, 사회학 등이 배경이 되며 교육에 대한 신념과 가치에 근거한 선택적 차이라 할 수 있다. 특히, 철학은 교육목적 설정과 정당화, 지식의 선정과 조직, 기본 절차와 활동 설정 등을 다루는데 필수적으로(Smith et al., 1957), 철학이 다루는 여러 탐구영역 가운데 존재론(ontology)과 인식론(epistemology), 즉 '어떠한 지식이 가르칠 만한 가치가 있는가?'라는 존재론과 '지식의 기원과 근거, 구조와 방법은 무엇인가?'의 인식론은 교육의 주요 주제가 되고 있다.

본론으로 돌아와서 객관주의적 입장을 이야기해보자. 객관주의적 접근은 인식의 주체와 상관없이 객관적으로 존재하는 과학적 지식을 중시하는 입장으로 절대적 진리와 보편적 지식 추구를 목표로 한다. 그것은 실재(reality)의 본질을 탐구하는 존재론에 의미를 두고 세계를 대상과 물질에 비추어 파악하고자 했기 때문이다. 그래서 객관주의자는 교육내용은 결코 변하지 않는 고정된 것으로, 교과전문가는 교육과정을 구성하는 주요

자원으로 인식하려는(Omstein & Hunkins, 2004) 논조를 지닌다. 이러한 판단의 근거는 Aristoteles에 사상적 근원을 둔 현대의 항존주의(perennialism) 교육철학에서 찾을 수 있다. 항존주의는 과거에 합의된 보편적 지식과 사회의 지배적 가치에 의존한다. 그래서 Kneller(1971)는 항존주의 관점에서의 교육이란 영원한 진리를 다루는 것이며 지식이 곧 진리를 의미한다고 하였다. 따라서 학생들은 세상에 영원히 남게 될 기본교과를 배워야 한다는 것이다. 이런 점에서 객관주의는 지적 훈련을 강조하는 것이 교육이요, 교육이 곧 교수(teaching)라는 관점을 지닌다. 특히, 인간의 본성은 각자 처한 환경이 다름에도 불구하고 어디에서나 동일하기에 교육도 누구에게나 동일해야 한다는 자세를 취한다. 그러나 이런 방식의 교육은 학습자의 흥미나 요구, 재능을 간과하는 문제와 개개인의 다양한 가치와 신념을 무시하는 부작용을 낳을 수 있다는 점에 주의가 요구된다.

이러한 객관주의적 접근은 20세기 초 반응의 강화를 주장한 행동주의 심리학과 1960년대 싹트기 시작하며 지식의 획득을 강조한 인지주의 심리학과 연결되어 있다. 행동주의는 행동을 조건화하는 것과 학습자의 반응을 유도하기 위한 환경변화에 초점을 맞춘다. 그러면서 교육을 관찰 가능한 행동의 변화라고 주장한다. 따라서 교수목표는 그 달성 여부가 관찰 가능한 실행적인 용어로 상세하게 진술되어야 하며, 가르침을 받은 학생은 그 이전에는 할 수 없었던 무엇인가를 할 수 있어야 한다. 이와 같은 입장을 가진 학자들로는 Thorndike, Pavlov, Skinner 등이 대표적이다. Thorndike는 자극과 반응에 관한 최초의 실험자로, 그는 학습을 습관형성으로 정의하고 수업을 바람직한 연합을 가져오도록 학습상황을 정비하는 것으로 보았다. 또 그는 효과의 법칙, 연습의 법칙, 준비의 법칙의 세 가지 학습법칙을 제시하였다. 이 가운데 효과의 법칙은 오늘날 교수 기계(teaching machine)로 대변되는 프로그램 학습(programmed instruction)에도 적용되고 있다. Pavlov는 개를 대상으로 실험한 결과가 유명하며 학습을 특정한 반응과 관련이 없는 자극이 반응을 유도하는 것으로 보는 고전적 조건화 이론을 주창하였다. 반면, Skinner는 쥐를 실험으로 하는 조작적 조건화의 개념을 도입하였다. 그것은 Pavlov와 Skinner의 두 실험이 조건형성이라는 점에서는 유사하나 개는 수동적, 쥐는 다분히 수의적(隨意的) 행동으로 지렛대를 조작하였기 때문에 Skinner의 조건형성을 조작이라고 보는 것에서 차이를 보인다. 이러한 행동주의는 학습과정을 설명하는 출발점이 되었지만 이에 기초한 교재와 교수 모형은 목적-수단의 방향 설정으로 기계적이고 선형적으로 단순화되어 융통성의 결여는 물론 인간학습의 목표보다는 오히려 그 교육설계시스템(instructional systems design)을 더 합법적으로 사용하려 한다는 Richey(1993)의 우려처럼 창의와 융합, 이해와 사고교육, 문제해결교육을 지향하는 학교수학의 본질적인 부분을 소홀하기 쉬운 측면이 있다.

이러한 스키너식 행동주의(Skinnerian behaviorism)는 1970년대 후반 새로운 심리학 뒤로 밀려나게 되었다. 그것은 인간 수행의 행동들을 인지심리의 맥락에서 접근하는 인지심리학(cognitive psychology)과 정보처리심리학(information-processing psychology)의 등장 때문이었다(Saettler, 1998). 인지란 어떤 정보를 받아들이고 그것을 저장하고 인출하는 정신적인 과정으로, 인지심리학에서는 이미 알고 있는 것과 새롭게 배우는 것과의 관계에서 학습자가 문제해결전략을 세워 기존의 인지구조에 새로운 개념과 아이디어를 어떻게 학습하는가를 탐구한다. 대표적 인지심리학자인 Piaget는 동화(assimilation), 조절(accommodation), 평형(equilibrium)이란 세 가지 인지 과정으로 이를 규명하려 하였다. 정보처리심리학(정보처리이론이라고도 함)은 학습자가 정보를 어떻게 획득하고 조직화하며 어떻게 축적하고 그것을 인출해 내는가에 관한 개념을 설명한다. 행동주의가 비교적 지속적인 행동의 변화를 학습으로 보았다면 인지심리학과 정보처리심리학은 인지구조의 변화를 학습의 의미로 해석한다. 그러나 이와 같은 객관주의적 접근 방식은 여전히 교과의 전통 속에 뿌리박고 있으며, 학습자의 내재적 동기와 의지를 고려하지 못한다는 비판에서 자유롭지 못하였다. 이러한 지적에 따라 지식이 외부로부터 교육적 전달에 의해 학습자에게 전달될 수 있다는 전통적 관념을 단호히 거부하고 학습자에 의한 지식의 자주적 구성을 강조하는 구성주의로의 교육 패러다임의 변화를 맞이하게 되었다.

구성주의는 앎의 본질, 곧 배우는 것의 본질과 가르치는 것의 본질에 관한 생각에서 출발한다. 학습이란 무엇인가?, 학습 과정이란 무엇인가?, 학습 과정에서 교사의 역할은 무엇인가?, 그 역할을 수행하기 위해 교사는 무엇을 할 수 있는가? 라는 교수 · 학습에 관한 네 가지 질문 속에 그 의미가 함축되어 있다(Tam, 2000). 일반적으로 구성주의는 객관주의 인식론과 줄곧 비교되는데 객관주의가 존재론적 실재에 기반을 두고 지식과 진리는 개인의 마음 밖에 존재하기에 객관적이라고 주장하였다면, 구성주의는 지식과 진리는 인간의 마음밖에 존재하지 않으며 사람에 의해 구성된다고 믿는다(Runes, 1962). 또 구성주의는 실재란 개인의 마음속에 존재하고 개인은 자신의 경험에 바탕을 두고 실재를 구성하므로 실재의 모습이나 의미가 사람마다 각기 다르다는 입장이다(Duffy & Jonassen, 1991, 1992). 이처럼 구성주의는 사람은 단순히 그들이 듣고 읽은 것을 거울삼아 비추는 것이 아니라 학습자로서 의미를 찾고 완전하고 온전한 정보가 없어도 세상사에서 규칙성과 질서를 찾으려고 한다는 것(von Glasersfeld, 1984)을 알 수 있다. 이 점이 구성주의에서 바라보는 학습으로 학습은 곧 의미 형성을 의미한다. 반면에 객관주의에서의 교육은 학생이 실세계에 대해 배우도록 돕는 것이며, 이를 통해 그 내용과 구조를 자신의 생각 속에서 재현하도록 기대한다. 그래서 객관주의 관점에서는 학습자에게 전달되어야 하는 특정한 지식체계가 있으며 학습은 제한된 기술과 사실의 획득과 축적으로 간주된다.

인식의 형식은 본래부터 갖고 있지만 인식의 내용은 경험으로 얻을 수밖에 없다는 Kant의 사상처럼 구성주의는 학습에 관한 분명한 신념이 있다. 그것은 정보나 재료는 부여받을 수 있지만 이해는 그렇지 못하며 따라서 스스로 지식을 구성한다는 것이다. 이때, 학습자는 학습 과정에서 세계에 대한 자신의 독특한 경험과 그것에 대한 믿음에 기초하여 외부의 실재와 다르게 생각할 수 있다(Jonassen, 1991). 그래서 교육은 무엇이 진행되는가의 문제가 중요한 것이 아니라 von Glasersfeld(1996b)의 주장처럼 학습자가 자신이 처한 상황에 잘 적응하고 필요에 따라 환경을 자신의 의도대로 변화시킬 수 있도록 하는 것이 중요하다는 것, 그래서 학습자가 학습과정의 중심이 되어야 한다.

대부분의 구성주의자들은 학습자의 인지적 발달에 동의한다. 그리고 그 과정에서의 교육적 개입에 대해서도 의견을 일치한다. 그것은 학생이 학습에 능동적인 참여자가 되도록 돕고 사전지식, 새로운 지식, 그리고 그 과정 사이에 의미 있는 연계를 만드는 데 교사가 주된 역할 감당을 하도록 요구한다(Copley, 1992). 다시 말해, 학습에 있어 학습권과 주도권을 학생이 갖도록 장려하고 학생이 교수·학습과정에서 또래나 교사와의 대화에 적극 참여하도록 권장 받으며, 지식을 구성할 수 있는 문제해결 환경에서 교사는 안내자, 후견인, 조력자가 되기를 원한다. 심지어 Rogoff(1990)의 경우에는 교사가 전문가보다는 가이드로 학생과 함께 문제해결에 참여해야 하고 수업에 대한 책임도 공유하는 견습생의 역할을 주문하였다.

이처럼 객관주의와 구성주의는 다른 철학적 배경과 심리적 기초에 의해 교육목표, 교사의 역할 등에서 의견을 달리한다(〈표 2-3-1〉). 이는 교사가 수업의 주체가 되어 주도적으로 수업을 이끌어 갈 것인지 아니면 학생이 과제를 해결하며 인지적 유연성을 획득

표 2-3-1 객관주의와 구성주의 비교

구분	객관주의	구성주의
철학적 배경	실재론	실용주의
심리적 기초	행동주의, 인지주의	인지심리학
탐구 대상	영원한 진리	앎의 본질
지식의 정의	절대적 진리, 존재론적 실재	개인의 사회적 경험에 기초한 지식
교육 목표	지식의 획득	환경 적응을 위한 지식의 구성
교육 재료	교과서와 학습지	데이터 및 조작적 재료
교육 활동	개인	집단 속 개인
교사의 역할	교수자, 전달자	안내자, 조력자

하도록 교사가 도움을 주면서 학생이 학습에 곤란함을 보일 때 교사 자신이 삶의 경험을 통해 쌓아 올린 지식을 어떻게 성찰할 수 있었는지 알려주고 그 방향을 제시하는 설계자로서의 역할을 할 것인지에 따라 수업의 방향과 전개가 달라질 수 있다는 것을 보여준다.

CHAPTER 03

수학과 교수설계

이 장에서는 수학과 교과 활동과 직접적으로 관련이 있는 교수설계의 개념, 수학과 교수 · 학습의 이해, 그리고 수학과 교수전략의 접근 방법 및 기본 원리를 살펴보고자 한다. 이를 통해 수학과 교수 · 학습 활동에서 중요하게 고려해야 하는 근본적인 교육 여건과 내용을 알아보고자 한다.

1 교수설계의 개념

교수설계(Instructional Design, 혹은 수업설계)는 수업방법의 이해, 적용, 개선에 관한 것으로 그 결과물은 수업의 청사진이 된다(Reigeluth, 1983). 이를 두고 Richey et al.(2011)는 학습과 수행성과를 촉진하는 상황으로 개발·평가·유지하기 위해 내놓는 상세한 명세서로 해석하였다. 이처럼 교육이나 연수 프로그램 개발을 위한 체계적 시스템인(Gustafson & Branch, 2007) 교수설계는 연구자에 따라 다양한 방식으로 정의되고 있으나 이를 두 가지 관점으로 정리해 볼 수 있다. 하나는 교사가 의도를 가지고 교수·학습에 임하는 일체의 행위나 행동에 관한 프로그램 개발의 전체 과정으로, 다른 하나는 수업에서의 교수전략으로 보는 견해이다. 전자는 설계, 개발, 실행, 평가, 관리, 평가를 포함하는 교수체제 개발(Instructional Systems Development, ISD)에, 후자는 교수 영역 가운데 교사의 실제 적용과 실행에 중점을 두고 학습자의 바람직한 학습과 발달을 이끌어내는 구체적 지침에 중심을 두고 있다.

이러한 교수설계의 출발점은 제2차 세계대전으로까지 거슬러 올라갈 수 있는데 전쟁 기간 동안 Gagné, Briggs, Flanagan을 포함한 많은 심리학자와 교육자들이 병사를 위한 훈련자료를 개발하고 연구하기 시작하면서부터이다. 그러다 전쟁 이후인 1940년대 후반과 1950년대에는 분석, 설계, 평가 절차 등 이전 교수 적용 과정에서 드러난 문제를 해결하기 위한 연구로 전환되었다. 이러한 연구는 교육설계의 개념을 1962년 처음 도입한 Glaser와 『학습의 조건(The conditions of learning)』을 1965년 출판하며 교수설계의 기초를 마련하는데 노력한 Gagné의 연구에도 영향을 끼치게 되었다(An, 2021). 그 후 교수설계에 관한 이론은 매우 폭넓게 연구되어 왔으며 현재에 이르러 대표적인 여덟 가지 교수설계 이론으로 정립되었다. 일반체제이론, 커뮤니케이션이론, 학습이론, 초기 교수이론, 매체이론, 조건기반이론, 구성주의 설계이론, 수행성과 향상이론이 그것이다(Richey et al., 2011).

일반체제이론은 교수설계의 이론적 근간으로 교수설계 연구의 방향성에 영향을 끼치며 ISD 모형으로 체계화되었다. ISD 모형 가운데에는 교수설계의 다섯 가지 핵심 절차 요소인 분석(Analysis), 설계(Design), 개발(Development), 실행(Implementation), 평가(Evaluation)를 강조하는 ADDIE 모형이 가장 대표적이다. 커뮤니케이션이론은 청각과 시각, 새로운 테크놀로지와 메시지 등 정보전달에 집중하는 이론으로 지금의 Z 세대와 Alpha 세대에게도 통용될 수 있는 이론이다. 학습이론은 학습을 촉진하고 수행을 증진시키는 교수설계의 본래 목적에 충실한 이론으로 인간의 행동 및 정신 기능의 역할에 대한 이해를 도와준다. 그리고 교수설계의 효시격인 초기 교수이론은 학교교육의 핵심이 되는 교육과정 개발과 관련된 이론이다. 매체이론은 시청각, 교구, 교재, 테크놀로지 등 매체를 교수·학습에 관여시켰을 때 학습과정이 어떻게 학습자에게 일어나는가를 설명할 수 있는 이론으로 심리학 그리고 커뮤니케이션이론과 관련성이 깊다. 조건기반이론은 교수설계의 핵심 원리를, 구성주의 설계이론은 학습은 학습자 개인에 의해 구성되며 형성된 지식은 각 개인에게 고유한 의미를 지닌다는 구성주의적 인식론에 바탕을 둔 이론이다. 그리고 수행성과 향상이론은 개인 및 조직의 수행성과를 향상시키는데 초점을 둔 이론으로 수행성의 기회와 문제를 주로 다룬다(Richey et al., 2011). 이처럼 교수설계는 교수와 학습이 동시에 이루어지는 수업에서 학습 효과와 효능을 극대화하기 위해 교사가 수업 장면에서 조직해야 하는 일들에 관한 것으로 학습과 인간행동에 관한 총체적 구상이라 할 수 있다.

2 수학과 교수·학습의 세 가지 관점

수학을 어떻게 배우는가에 대한 연구는 지난 수십 년 동안 관련 종사들에게 최대의 관심사였다. 초기에는 철학자와 교육자들이, 그리고 지금은 많은 수학교육자들이 수학에 대한 배움이 일어나는 최적의 조건을 찾으려 연구에 매진하고 있다. 효과적인 수학 교수·학습 방법은 무엇인가? 수학 학습의 불안 요인은 무엇인가? 학생에게 수학의 가치를 어떻게 인식시킬 것인가? 등 수학 학습의 극대화를 촉진하기 위한 주제들이다. 이러한 고민과 기대로 우리나라 수학교실에서 시도된 몇 가지 예를 살펴보면 다음과 같다. 교육은 어디에서나 가능하다는 교육철학을 바탕으로 실시된 비위계공간 개념의 열린 교실(open education), 융합인재교육을 추구한 STEAM(Science, Technology, Engineering, Arts, and Mathematics) 교육, 학습자 세대의 특성을 반영하며 수학적 의사소통 교육으로의 스토리텔링(storytelling), 주입식 교육의 문제점을 해결할 수 있다는 기치로 전개되고 있는 플립 러닝(flipped learning) 등이 그 구체적인 예라 할 수 있다. 이러한 다양한 시도는 교육에 대한 경험적 표현의 차이에서 나타나는 것이지만 수학과 교수·학습의 과정을 활성화하고 지원하기 위한 것이라는 근본적 인식은 모두 일치한다고 할 수 있다. 다음 [그림 3-2-1]은 1990년 이후 전개되었던 우리나라 수학과 교수·학습 모델의 변천 과정이다.

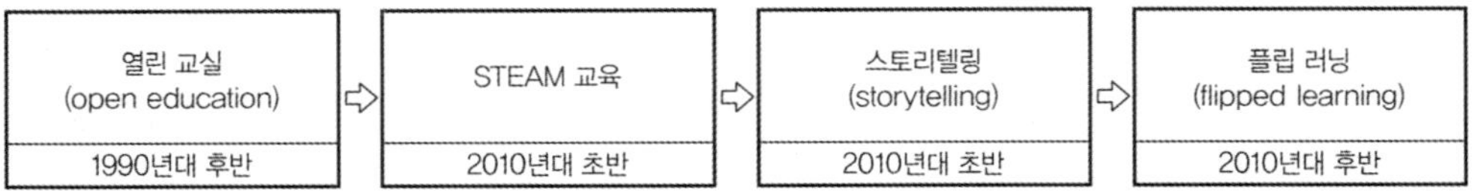

그림 3-2-1 최근 우리나라 수학과 교수·학습 모델의 변화 과정

이제 이러한 수학과 교수·학습에 대한 우리의 이해는 어떻게 변화되었고, 수학교육의 패러다임을 바꾸어 놓은 학습이론은 무엇이 있었는지 다음과 같은 세 가지 관점에서 수학과 교수·학습의 진화에 대하여 살펴보고자 한다. 첫 번째는 학습이론의 관점에 따른 교수·학습, 두 번째는 대수, 해석, 기하, 확률과 통계 등 수학 내용 영역에 따른 교수·학습, 세 번째는 문제해결, 추론, 의사소통 등 수학과 핵심 역량에 따른 교수·학습이다.

| 1 | 학습이론의 관점에 따른 교수·학습

먼저, 대표적 교수이론의 개발자인 Bruner에 대해 알아보자. 그의 아이디어는 행동주의 학습이론에서 찾을 수 있으나 개념의 상당부분은 인지주의 학습 원리에 의존하고 있다(Richey, 1986). 그는(1966) 교수이론과 학습이론을 서로 구분하였는데, 교수이론은 처방적(prescriptive)이며 규범적(normative)이어야 하고, 학습이론은 기술적(descriptive)이어야 한다고 보았다. 그에 따르면 교수이론이 지식이나 기능 달성의 가장 효과적인 방법에 관한 규칙을 제시한다는 점, 교수·학습의 특정 방식을 비판하거나 평가하기 위한 척도를 제공한다는 면에서 처방적이며, 높은 수준의 일반성을 기준으로 설정하고 이를 충족시키기 위한 조건을 명시한다는 면에서 규범적이다. 반면에 학습이론은 사실 이후에 무슨 일이 일어났는지를 알려준다는 측면에서 기술적이다. 예를 들어, 6세의 아동은 아직 가역성의 개념을 갖지 않고 있지만 아동을 가역성 개념으로 이끄는 가장 좋은 방법을 교수이론으로 제시할 수 있다. 즉, 교수이론은 학습을 설명하기보다는 개선하면서 가르치고자 하는 것이 어떻게 가장 잘 학습될 수 있는지에 관한 원리라 할 수 있다. 그는 이러한 교수이론에서 학습에 대한 성향, 지식체계(body of knowledge)가 학습자에 의해 가장 쉽게 파악할 수 있도록 구성될 수 있는 방법, 자료를 제시할 수 있는 가장 효과적인 순서, 그리고 상벌의 성격과 속도 등 네 가지 측면을 강조하였다(Bruner, 1966). 이 특성을 간단히 성향, 구조, 계열, 강화(Richey et al., 2011)로 표현할 수 있다. 그는 또 표현(representation)이란 무엇을 의미하는가, 실세계의 모델로 번역한다는 것은 무엇을 뜻하는가에 대해 자문(自問)하며 이를 이해하고 받아들이는 세 가지 방법으로 활동적(enactive) 표현, 영상적(iconic) 표현, 상징적(symbolic) 표현이 있으며, 이 순서대로 표현 능력을 성취한다고 보았다(Bruner, 1966).

또한 Bruner는 수학 교수·학습을 위한 최적의 방법을 찾기 위해 Gagné처럼 수학을 소재로 선택하며, Kenney와 함께 학생이 수학적 아이디어를 어떻게 파악하는지 그 과정에 관한 관찰 연구를 진행*하였다. 여기서 구성(construction)의 역할, 표기법(notation)의 사용, 대조와 변화(contrast and variation), 통찰력(insight) 등 수학 학습의 특성을 도출하였다(Bruner & Kenney, 1965). 구성이란 학생이 아이디어를 형성하는 방법으로 아이디어를 대신하는 구체적인 표현 활용을 뜻하고(강완 외, 2014), 표기법은 학생 자신이 활동을 통해 구성한 이미지를 자신의 수준에 맞는 적절한 표현 방식으로 변환하는 시스템을 말한다. 예를 들어, 1개의 'x-정사각형', '그리고' 2개의 'x-조각(strip)', '그리고' 1개의 '1-정사각형'이 있다면, 'x-정사각형'은 '$x^{\square}$'로, 'x-조각(strip)'은 '$1x$' 또는 간단히 'x', '1-정사각형'은 '하나씩' 또는 '1', '그리고'의 표현은 '+'로 줄여서 간단히 $x^{\square}+2x+1$로 표기할 수 있다는 것이다(Bruner & Kenney, 1965).

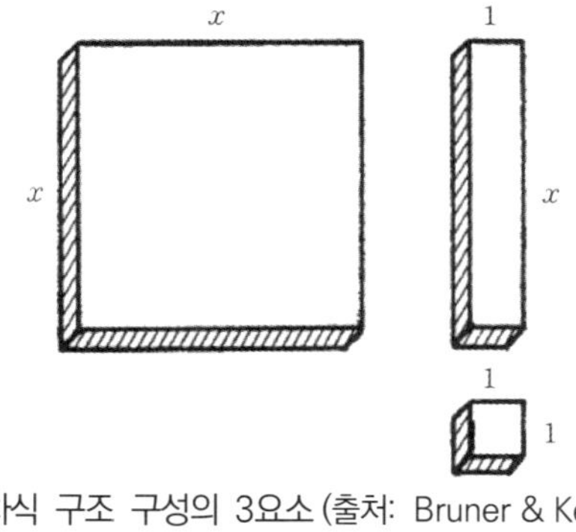

그림 3-2-2 이차식 구조 구성의 3요소 (출처: Bruner & Kenney, 1965, p. 53)

또한 학생은 대조와 변화의 과정을 통해서 구체적 표현 단계부터 추상적이고 일반적인 표현 단계로 옮겨갈 수 있으며(강완 외, 2014), 통찰력은 전체 문제 사태를 포괄적으로 지각하여 문제의 본질이나 해결책을 즉각적으로 이해하고 전개하는 것으로, 학생이 능동적으로 학습하여 지식을 획득하고 자료와 증거를 재정리하여 새로운 통찰력을 갖는 행위의 발견을 말한다(Bruner & Kenney, 1965). 이러한 Bruner의 교수이론은 교수원리와 개념구조에 대한 논의로 학습자의 발달과 배경을 고려하여 교과 내용을 제공해야 한다는 시사점을 준다. 하지만 Bruner의 교수이론을 잘못 해석하여 수학의 구조를 가르

* 당시 연구에 참여한 학급의 담당 교사가 Z. P. Dienes였다.

친다는 명분으로 학생에게 완성된 수학을 단순 번역하여 제공할 경우 학생 스스로 발전적인 조작 가능성을 갖지 못하는 지식 제공에 그칠 우려가 있다는 점도 간과해서는 안 된다.

두 번째로 수학 학습 지도를 보다 체계적으로 발전시키기 위해 연구한 Dienes가 있다. Dienes의 이론은 본인이 밝혔듯이 Piaget와 Bruner의 인식론 영향을 받았으며 그의 학습이론에는 네 가지 주요 원리를 포함한다. 역동적 원리(dynamic principle), 지각적 다양성의 원리(perceptual variability principle), 수학적 다양성의 원리(mathematical variability principle), 구성의 원리(constructivity principle)이다(Dienes, 1960, 1971). 역동적 원리는 개념 형성을 위한 세 가지 기본 단계 — 각 단계별로 서로 다른 종류의 학습을 필요로 한다. — 를 개괄하고 있다. 첫 번째 단계는 자유롭고 비구조화된 자유놀이 단계(free play stage)로 당면한 과제에 대해서는 개방적이며 비공식적인 실험을 허용하는 목적 활동도 포함한다. 두 번째 단계는 아동이 학습할 개념과 구조적으로 유사한 다양한 경험에 노출되는 개념 실현 단계(concept realization stage)이다. 세 번째 단계는 수학 개념이 형성되면서 이를 다양한 상황에 적용하는 단계이다. 이러한 단계를 Dienes (1960)는 수학적 술어(predicate)나 개념을 완전히 이해하고 활용하기 위해 필요한 성장 단계로 보았다. 지각적 다양성의 원리는 동일 개념의 다양한 물리적 표현에 노출시킴으로써 해당 개념 학습이 향상된다는 원리로, 다양한 경험으로부터 유사성을 추상화할 수 있게 된다는 가정에서 출발한다. 수학적 다양성의 원리는 해당 수학 개념은 그대로 유지하면서 가능한 모든 변수(variables)를 다양하게 만들면 하위 개념 요소로 분절된 개념을 일반화시킬 수 있다는 원리이다. 예를 들어, 평행사변형의 정의를 지도할 때 변의 길이, 각의 크기, 위치 등 평행사변형의 정의와 관련 없는 변수들을 다양하게 제시하면 학생은 평행사변형이 단순히 '마주보는 두 쌍의 변이 평행한 사각형'에서 보다 일반화된 평행사변형의 수학 개념을 이해할 수 있게 된다. 마지막으로 개념구성에 관한 사고방식을 설명하는 구성의 원리가 있다. 구성의 원리는 새로운 개념은 먼저 구성(이미 알고 있는 개념으로부터 개인적인 차원에서)되도록 해야 하며, 그 논리적 관계는 구성 후에 분석되어야 한다는 원리이다. Dienes(1960)에 의하면 아동은 논리적으로 사고할 수 있기 오래 전부터 구성적으로 사고할 수 있다. 따라서 분석적 사고보다 구성적 이해에 이를 수 있도록 학습 상황을 조직하는 것이 더 바람직하다. 이러한 Dienes의 이론이 수학교실에 시사하는 바는 교수·학습 환경을 재구성하고 전통적 교수법의 쇄신을 주문한 것이라 할 수 있지만 구체물을 통한 대체 교육으로만 치중한다면 반성적 사고의 교수·학습 과정이 무시된 경험적 추상화에 머무르는 수업이라는 비판을 피할 수 없게 된다는 점에 주목해야 한다.

다음은 학습이론의 근간을 이루고 있는 Gagné의 연구가 있다. Gagné(1985)는 '어떤 요인이 실제로 교수(instruction)에 차이를 유발시키는가?'라는 물음으로 학습에 미치는 조건을 논의하고자 하였다. 그러면서 학습이 일어나는 조건보다는 학습된 내용에 초점을 맞춘 학습결과의 다양성과 교수사태(events of instruction)에서 그 해답을 찾고자 하였다. 그는 연구를 통해 학습은 연합(association)과 연쇄(chain)*에 의해 달성될 수 있다고 보았으며, 이때의 학습과정은 정보처리모형으로 설명하였다. 학습된 결과로는 지적기능(학습된 능력으로 방법적 지식과 절차적 지식), 인지전략(학습, 기억, 사고를 관리하는 기능), 언어정보(일련의 사실이나 사태를 구두, 문장, 그림 등으로 진술하거나 말하는 것), 운동기술(동작수행) 및 태도(자신의 행동선택에 영향을 주는 경향성) 등 다섯 가지 주요 유형을 그 예시로 들었다. 또 학습된 학습 내용은 일련의 조직된 지적기능으로 이러한 지적기능의 심리학적 조직이 학습위계로 표현되는데 동원되었다. 학습위계는 어떤 상위 수준의 과제를 수행하기 전에 학습자가 미리 갖추고 있어야 하는 부분적 능력 등을 포함하고 있는 구조를 의미하며, 수업의 목표가 되는 지적기능의 학습은 이미 학습된 선수 학습요소의 기능들과 상호 결합시키는 것을 뜻한다. Gagné가 언급한

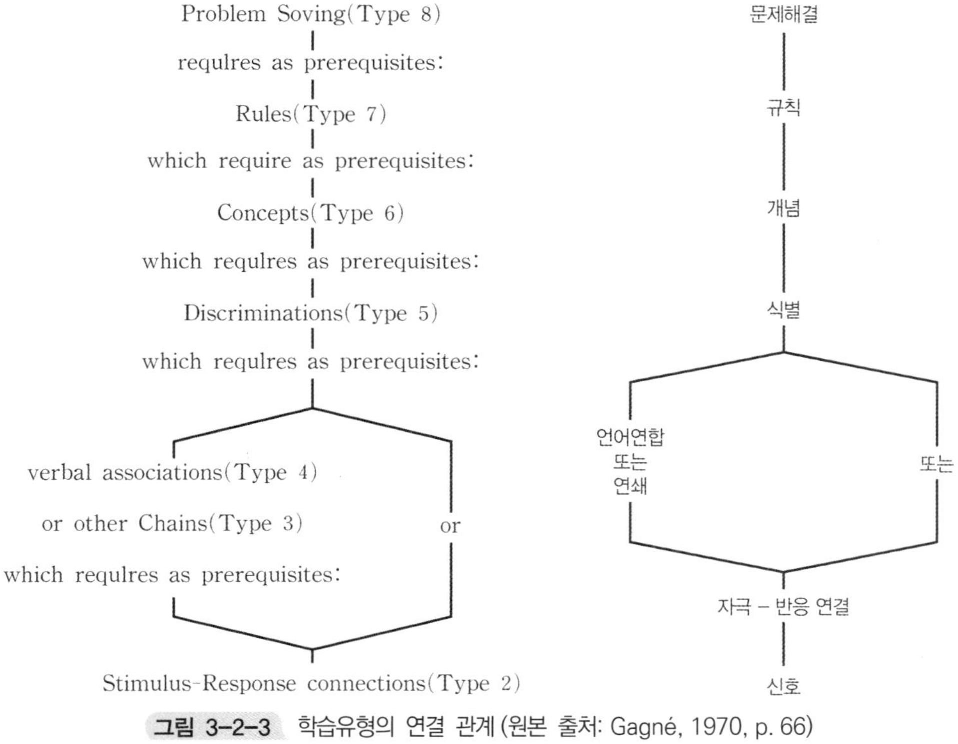

그림 3-2-3 학습유형의 연결 관계 (원본 출처: Gagné, 1970, p. 66)

---

* 연쇄는 일련의 개별적 연합(S→R)을 계열적으로 결합시킨 것임.

위계를 갖는 여덟 가지 학습유형은 다음과 같다. 신호학습(signal learning), 자극-반응학습(stimulus-response learning), 연쇄(chaining), 언어연합(verbal association), 식별학습(discrimination learning), 개념학습(concept learning), 규칙학습(rule learning), 문제해결(problem solving)이다(Gagné, 1970). 이러한 여덟 가지 학습유형은 상호 연결되어 있으며, 하나의 학습 유형은 다른 학습유형의 초기 상태, 즉 전제조건이 된다. 예를 들면, 신호학습은 자극-반응학습의 전제조건*으로 [그림 3-2-3]은 이들의 전체 관계를 도식화한 것이다.

한편, 교수사태의 경우는 학습의 내적 과정을 지원하기 위한 외적 사태, 즉 학습이 발생되도록 설계된 외적 사태를 말하는 것으로, 다음 〈표 3-2-1〉은 Gagné(1985)가 제시한 내적 과정과 그에 대응하는 교수사태를 수업 중심의 교수설계 요소와 연계하여 재구성한 것이다.

표 3-2-1 내적 과정과 그에 대응하는 교수사태와 교수설계 요소

내적인 학습과정(정보처리과정)	Gagné의 교수사태	교수설계 요소
1. 학습자가 자극을 수용할 수 있도록 민감화	1단계: 주의집중 유도하기	과정소개 및 동기유발
2. 학습결과에 대한 기대감	2단계: 학습목표 제시	학습목표
3. 장기기억으로의 인출	3단계: 선수 학습 회상	선수 학습 확인 사전지식 체크리스트
4. 학습하게 되는 자극의 선택적 지각	4단계: 자극 제시	본시학습 내용 - 그림 및 그래프 설명 - 심화학습 및 참고자료 - 시뮬레이션 - 기타보충자료 - 주의환기
5. 장기기억 및 회상을 쉽게 할 수 있도록 제시된 자료를 의미 있게 약호화	5단계: 학습안내 제공	
6. 학습결과를 나타내기 위한 행동적 반응	6단계: 수행유도	
7. 학습결과에 대한 확신감을 주기 위한 강화	7단계: 피드백 제공	학습정리
8. 인출과 강화	8단계: 수행을 평가하기	형성평가
9. 인출과 일반화	9단계: 파지와 전이증진	문제 제기와 차시예고

이와 같은 Gagné의 연구가 수학교육에서 주목받는 이유는 학습을 위한 필요조건 분석과 학습위계에 관한 자신의 이론을 검증하고 적용하는데 수학교과를 동원하였기 때문

* Gagné(1970)의 연구에는 자극-반응 연결부터 도식화되어 있으나([그림 3-2-3]의 원본), Gagné는 신호학습은 자극-반응학습의 전제조건이 된다는 Mowrer(1960; Gagné, 1970 재인용)의 의견에 동의하고 있어 [그림 3-2-3]과 같이 도식화하였다.

이다. 이에 대한 Gagné(1970)의 생각은 수학은 지적 능력의 학습위계 구조를 설명하는 데 적합한 교과로, 지적 기술로 구성되어 있지만 언어적 정보는 많지 않다는 점과 맥이 닿아 있다. 또한 Gagné는 수학의 학습구조에 대해서도 주목하였다.

반세기 동안 인간 학습에 대한 이해의 한 축이었던 행동 심리학이 1970년 후반부터 무너지기 시작(Novak, 2011)하면서 이를 대체할 인지적 모델을 찾아 나섰다. 그 선상에 Ausubel이 있었다. 유의미 학습(meaningful learning)으로 대변되는 그의 이론은 다음 세 가지로 요약할 수 있다. 첫 번째는 새로운 지식에 관한 학습은 이미 알려진 것에서부터 출발해야 한다. 이 말에는 지식 구성은 우리가 이미 가지고 있는 개념을 통해 사건과 사물을 관찰하고 인식하는 것에서 시작되며, 개념의 네트워크 구성과 구성된 네트워크에 새로운 개념 추가로 학습이 이루어진다는 뜻이 함의되어 있다. 실제로 학습에 영향을 미치는 가장 중요한 요소는 학습자가 이미 알고 있는 출발점 지식이다. 그래서 이를 확인하고 그에 따라 가르쳐야 한다는 Ausubel(1968)의 주장은 더욱 설득력을 갖는다. 두 번째는 유의미 학습이다. 유의미 학습은 개인적이고 독특하며 개념 간의 연결을 인식하는 것이라 할 수 있다. 다시 말해, 의미 있게 배우려면 개인은 새로운 지식을 이미 알고 있는 학습자의 지식 구조와 상호 작용하도록 관련 개념과 연결시켜야 한다는 것을 의미한다. 세 번째는 개념은 그 깊이가 다르다는 것이다. 개념은 매우 일반적인 것부터 매우 구체적인 것까지 다양하다. 따라서 개념은 특이성 수준에 따라 구별될 수 있다. 그래서 의미 있는 학습을 위해서는 이러한 새로운 개념의 수준을 우선 파악해야 하고, 이후 포괄적인 수준에서 특수화되고 세분화된 개념으로 점진적으로 제시해야 한다. 이러한 Ausubel의 학습이론이 수학교육에 던진 시사점은 다음과 같다. 새로운 수학 개념을 가르치기 위해 교사는 학생에게 새로운 개념을 기존 지식과 연결시키도록 노력해야 하며, 필요할 경우 선행조직자를 제시해야 한다. 유의미한 수학 학습은 수업성격에 따른 충분한 양의 교재 사용이 지원되어야 가능하다. 그리고 학생의 토론, 상상력, 문제해결, 추론 능력 향상을 위해서는 수학적 기능을, 언어 능력이 뛰어난 학생에게는 언어 노출 방식* 으로 가르쳐야 한다(Adhikari, 2020)는 가치 정향이다.

발달심리학의 새로운 시각을 제공하고 있는 사회-문화심리학자인 Vygotsky(1934/1986)는 근접발달영역(Zone of Proximal Development, ZPD)이라는 용어를 도입하였다. 근접발달영역은 독립적인 문제해결에 의해 결정되는 실제 발달수준(actual devel-

* Ausubel(2000)은 언어는 의미 있는 수용(reception)과 발견학습(discovery learning)의 중요한 촉진자로서 단순한 의사소통 역할보다는 사고과정에서 필수적이고 작동적인 역할을 한다고 보았다. 따라서 언어는 단어의 대표성을 통해 개념과 명제의 조작성을 높여 의미를 명확히 하고 정확하게 전달할 수 있어 언어가 없다면 의미 있는 학습은 초보적인 수준에 머무를 것이라고 주장한다.

opmental level)과 성인이나 또는 유능한 주변 동료의 협력과 도움으로 문제해결에 도달할 수 있는 영역인 잠재적 발달수준(potential developmental level) 간의 간격을 뜻한다. 근접발달영역(학습이 이루어지는 사회적 맥락)은 Vygotsky가 사회와 경험이 많은 사회 구성원이 개인의 학습에 함께 동참해야 한다는 자신의 생각을 강조하기 위해 사용한 용어라 할 수 있는데, 이는 개인의 인식이 사회문화적으로 이루어진다는 사회인지 학습방식을 Vygotsky가 인정했다는 것을 의미하기도 한다. Vygotsky는 사회인지 학습을 설명하기 위해 언어(language)를 선택했다. 그것은 언어를 문화에 존재하는 풍부한 지식체계(body of knowledge)를 전달(성인이 아동에게)하는 상호작용의 형식으로 바라봤기 때문이다. 이러한 시각의 배경에는 사회적 맥락은 학습할 수 있는 잠재력의 범위를 확대 생성하고 학습자의 언어는 학습이 진행됨에 따라 점차 지적 적응의 주요 도구 역할을 하게 된다는 그의 생각이 고스란히 깔려 있다. 이와 같은 Vygotsky 이론의 영향을 받은 후속 연구자들은 문화와 인지 사이의 관계, 문화적 관습의 역할, 그리고 교실 밖에서의 수학사용에 관한 연구를 주로 행해오고 있다(Jurdak & Shahin, 2001). 그것은 아마도 수학이 고대로부터 일상 활동의 맥락에서 사용되어 오고 있으며, 인류 문화 유산으로서의 수학을 되돌아봐야 한다는 책무를 Vygotsky에게서 찾으려는 시도로 짐작할 수 있다.

이제 현실주의 수학교육(Realistic Mathematics Education, RME)에 대해 살펴보자. RME는 1968년 'mathematics in primary school'이라는 Wijdeveld, Goffree와 Treffers가 참여한 Wiskobas(mathematics in primary school) Project에서 시작되었다. 이들이 RME의 기초를 한창 다지던 1971년, Freudenthal은 Utrecht 대학에 수학교육개발연구소(IOWO)*를 설립하고 초대 소장으로 부임하며 Wiskobas 프로젝트를 인계받았다. 그리고 1973년에는 이 프로젝트를 중등수학교육 개선을 위한 Wiskivon project까지 연구 범위를 확장하게 되면서(van den Heuvel-Panhuizen & Drijvers, 2014) Freudenthal은 RME 방식으로의 네덜란드 수학교육 개혁을 이끄는 주역이 되었다. 그는 구조화된 커리큘럼과 반교수학적 전도(anti-didactic inversion)의 기성 수학(ready-made mathematics)에 직면하고 있던 당시 수학교육의 문제점을 지적하며 새 수학(New Math) 운동 범람에 대해 우회적으로 비판하였다. 그러면서 학생은 기성 수학의 수신자가 아니라 수학적 도구와 통찰력을 개발하는 학습활동의 능동적 참여자가 되어야 한다고 주장하며(Freudenthal, 1973), 수학을 인간의 활동으로 간주하였다. 그는 또 Treffers(1987)**

* Freudentahl이 1990년 사망한 후 1991년 설립자인 Freudentahl의 이름을 딴 Freudentahl 연구소로 명칭이 변경되었다.

** Treffers(1987)는 관찰, 실험, 귀납적 추론과 같은 경험적(empirical) 접근을 통해 문제는 엄격하게 수학적

의 수평적 수학화(horizontal mathematisation)와 수직적 수학화(vertical mathematisation)의 개념을 차용하고, 수학은 닫힌 체계로서 배우는 것이 아니라 현실(reality)을 수학화하는 활동, 심지어 수학을 수학화하는 활동까지 이루어져야 한다고 강조하였다. 수평적 수학화는 실제 상황에 위치한 문제를 정리하고 해결하기 위해 수학적 도구를 사용하는 것으로 삶의 세계에서 기호(symbols)의 세계로 나아가는 것이며, 수직적 수학화는 개념과 전략 간의 연결을 이용하여 수학적 대상을 수학적 체계 내에서 재구성하는 과정을 의미한다(Freudenthal, 1991).

RME는 학습과정에 현실적 상황이 풍부하게 주어지는 것을 주문한다. 그것은 현실적 상황이 수학 개념, 도구, 절차 개발의 근원이 되어 향후 수학을 적용하는 맥락으로의 역할을 할 수 있을 뿐만 아니라 형식화, 일반화, 탈문맥화할 수 있는 토대 마련의 기회로 보았기 때문이다. RME의 '현실적(realistic)'은 실세계에서의 상황의 의미도 중요하지만 이보다 더 넓은 의미를 지닌다. 그것은 학생에게 상상할 수 있는 문제 상황을 제공한다는 것으로, '현실적'이란 의미를 '상상하는 것'이라는 네덜란드어 'zich REALISEren'에서 찾아야 올바른 의미 해석이 가능하다. 즉, RME는 마음속 무언가를 현실로 만드는 것을 강조한 표현이다. 따라서 RME에서 학생에게 부여하는 문제(problems)는 실세계에 관한 것이기도 하지만, 문제가 학생의 마음속에 경험적으로 실재한다면 동화의 환상 세계뿐만 아니라 형식적인 수학 세계의 문제도 제시할 수 있다(van den Heuvel-Panhuizen & Drijvers, 2014).

이러한 RME는 수학을 가르치기 위한 핵심 교수 원리 여섯 가지를 포함하고 있는데 원리의 대부분은 Treffers(1987)에 의해 설명되었다. 첫 번째는 활동의 원리(activity principle)로 학생이 학습 과정에 능동적인 참여자로 취급된다는 것을 의미한다. 이것은 인간 활동으로서의 수학적 해석과 수학을 행함(doing mathematics)으로써 수학을 가장 잘 배운다는 원리이다. 두 번째는 현실의 원리(reality principle)이다. 삶의 문제를 해결하는데 수학을 적용하는 능력이 수학 교육목표에 포함되어야 한다는 것으로, 학생은 문제를 해결하면서 발달하기에 문제 상황(수학적 구조에 의미를 부여하는 기회를 얻을 수 있는)에서 수학교육이 시작되어야 한다는 원리이다. 세 번째는 수준의 원리(level principle)로 수학 학습에서 다양한 수준의 이해로 나아가야 함을 의미한다. 비형식적인 문제 상황에서 다양하고 간단한 문제해결 방안을 도출하고 이를 도식화하여 개념과 전략이 어떻게 연결되어 있는지 통찰력을 획득해 나아가야 한다는 원리이다. 네 번째는 연

수단으로 접근할 수 있는 방식으로 변형되며 문제를 수학적으로 도식화하려는 시도, 즉 수학적으로 문제에 뛰어드는(attack) 것을 '수평적 수학화'로, 수학적 과정, 문제해결, 해결의 일반화, 그리고 한층 더 형식화하는 활동을 '수직적 수학화'란 용어를 사용하였다.

계의 원리(intertwinement principle)이다. 수, 기하, 측정, 자료 분석과 같은 수학 내용 영역은 커리큘럼 하나의 분절된 내용 요소가 아니라 고도로 통합된 내용 요소라는 의미를 강조한 것이다. 다섯 번째는 상호작용의 원리(interactivity principle)로 수학을 배우는 것은 개인적 활동일 뿐만 아니라 사회적 활동이라는 것을 의미한다. 따라서 학생에게 자신의 전략과 발명을 공유할 수 있는 전체 토론 수업이나 그룹 활동 기회를 제공해야 한다는 것이다. 여섯 번째는 지도의 원리(guidance principle)이다. 이것은 Freudenthal의 안내된 재발명(guided reinvention)을 가리키는 것으로 교사는 학습에 관한 사전 준비를 해야 하며 교육 프로그램에는 학생의 수학적 지식의 교대 상승 작용이 일어날 수 있는 시나리오가 포함되어야 한다는 원리이다(van den Heuvel-Panhuizen & Drijvers, 2014).

지금까지 수학교육의 패러다임 변화에 영향을 끼친 주요 학습 이론을 살펴보았다. 이를 행동주의, 인지주의, 구성주의로 구분하여 이들의 입장에서 교수설계의 특성을 정리하면 〈표 3-2-2〉와 같다. 〈표 3-2-2〉는 Ertmer & Newby(2013)가 제시한 교수설계의 원리를 중심으로 그 내용 일부를 재조직하여 나타낸 것이다.

표 3-2-2 행동주의, 인지주의, 구성주의의 교수설계 특성

구분	행동주의	인지주의	구성주의
목표	관찰과 측정 가능한 결과 산출	학습자의 적극적 학습 참여 유도	학습이후 적용 맥락 식별
	학습목표, 과제분석, 규준지향평가	학습자 통제, 메타인지 훈련	상황적 학습
준비	학습 시작점 결정을 위한 사전 평가	학습 전제조건의 관계 확인과 설명을 위한 계층적 분석	정보의 다양성 제공
	학습자 분석	인지과제 분석	다른 시간, 재배열 맥락
중점	복잡한 수준 진보를 위한 초기 학습 숙달	최적의 학습 진행을 위한 정보의 구조화, 조직화, 순서화	학습자의 정보 조작 능력
	완전학습	선행조직자, 인지전략 사용	기(旣) 학습내용 적극 활용
적용	성취에 영향을 미치는 강화 사용	선수 학습 연결	지식과 기능의 상황 전환
	보상, 피드백	선수 학습 회상, 관련 예	새로운 문제 상황 제시
	자극-반응 연관성 보장	학습 분위기 조성	주어진 정보를 뛰어넘을 수 있는 문제해결 기술사용 지원
	단서제공, 형상화, 연습	허용적이고 격려하는 학습환경	테크놀로지

|2| 수학 내용 영역에 따른 교수 · 학습

여기서는 대수, 해석, 기하, 확률과 통계 등 수학 내용 영역에 따른 교수·학습에서 주의할 점을 소개하고자 한다. 먼저, 이와 관련된 우리나라 수학과 교육과정의 학교급별 내용 체계를 살펴보면 교육과정 개편에 따라 약간의 차이는 보이나 일반적으로 다음과 같은 내용 체계를 꾸준히 유지해오고 있다(〈표 3-2-3〉).

| 표 3-2-3 | 학교급별 수학과 교육과정 내용 체계

구분	내용 체계
초등학교	• 수와 연산-도형과 측정-규칙성-자료와 가능성
중학교	• 수와 연산-문자와 식-함수-기하-확률과 통계
고등학교	• (공통과목) 문자와 식-기하-수와 연산-함수-확률과 통계 • (선택과목) 해석-대수-확률과 통계-기하

* 2022 개정 수학과 교육과정에서는 '수와 연산-변화와 관계-도형과 측정-자료와 가능성'으로 초등학교와 중학교의 내용 영역을 일치시킴.

〈표 3-2-3〉에서 살펴볼 수 있듯이 수와 연산, 문자와 식으로 대변되는 대수학은 학교수학에서 가장 먼저 학생들의 추상적 추론 능력을 독려하는 내용 영역으로, NCTM (2008)은 사고방식 및 개념과 기능의 집합체인 대수학 학습을 통해 학생이 수학적 상황을 일반화, 모델링, 그리고 분석할 수 있도록 도와주어야 한다고 규정하고 있다. 실제로 초등에서의 구체적 연산에서 중등학교에서의 기호적 언어로 변환시키는 대수학의 교수·학습과정은 학생에게 수학 발전의 필수적 요소인 추상화를 인식하게 만들고 그들의 수학적 인지를 발전시킨다고 알려져 있다. 따라서 이러한 대수교육의 이점을 충분히 살리기 위해 학교수학에서는 대수 개념과 대수 문제해결에 필요한 지식을 어떻게 다룰 것인가를 고민해야 한다. 특히, 수학적 아이디어를 표현하는 방법으로 기호 사용과 이를 통한 일반화, 그리고 일반화된 문제를 해결하는 것이 대수적 사고의 핵심이라는 Carpenter & Levi(1999)의 주장과 여기에 학생들은 변수개념과 관련한 여러 어려움을 겪기 때문에 학년이 올라갈수록 변수 개념의 이해가 더욱 절실하다는 Wagner & Parker (1993)의 의견 등은 수학교사가 대수를 지도하는 과정에서 유념해야 할 내용이라 할 수 있다. 또한 대수교육에 있어 학생이 변수 개념과 대수 기호를 이용하여 현상을 표현하고 모델링한 문제를 스스로 해결할 수 있는 역량을 발휘하도록 교수·학습 과정에서의 교사의 적절한 안내는 필수적이다.

해석학은 대수와 함께 함수, 수열, 극한이라는 도구를 활용하여 무한 개념을 이해하는 교과목으로 학교수학에서 매우 중요한 위치에 놓여 있다고 볼 수 있다. 초등과정에서의 규칙성으로부터 출발한 해석학 내용 요소는 중등과정의 함수와 해석으로 이어지며 학교수학을 규칙과 패턴을 찾는 과정으로 바라보게 만든다. 이러한 전개 과정을 들여다보면, 초등의 경우 규칙성을 기호로 나타내기보다는 구두로 표현할 수 있으며, 중등에 이르러서야 함수 기호를 사용하여 관계를 기술하는 수준에 도달하게 된다. 따라서 학교급과 학년에 적합한 많은 유형의 함수에 대한 목록을 개발해야 한다. 이와 관련하여 중학교 학생에게는 표, 그래프, 기호 사이의 관계는 물론 선형 관계를 이해하는 데 초점을 두어야 하고, 고등학교에서는 함수의 확장을 통해 함수에 관한 종합적인 이해가 이루어지도록 지도해야 한다(NCTM, 2000). 한편, 표, 그래프 등의 표현 방식은 초·중학교 학생에게 수학적 의사소통을 위한 활용 도구로써 함수 개념을 이해하는 데 유용한 수학적 접근 방법이 될 수 있으며 관계와 함수를 이해하고 함수의 표현 방법을 유연하게 이용할 수 있다는 점도 알게 해준다. 그리고 고등학생에게는 그래프 자료를 통해 함수의 연속성과 국소적인 변화율을 구하고 이를 해석할 수 있도록 가르쳐야 한다. 그러면서 다항함수, 유리함수, 무리함수, 지수함수, 로그함수, 삼각함수 등 여러 함수를 탐구하며 다양한 맥락에서의 변화를 분석하고 설명하기 위한 수단으로써 해석학의 의미와 유용성을 학생들이 직접 체험할 수 있도록 수업을 통해 뒷받침해 주어야 한다.

기하는 수학의 토대를 이루는 중요한 영역으로 인간의 뛰어난 직관과 논리적 사고에 기초하고 있다. 이러한 기하는 실생활에서 실용성과 편리성을 기반으로 하는 건축, 토목, 항공 등에 다양하게 응용되고 있다. 초등수학에서의 기하는 직선, 다각형, 원 등 기본 도형 소개를 포함하여 길이, 넓이, 부피 등 도량형과 관련된 측정을 주로 다루고 있으며, 중학교 과정에서는 평면과 공간의 개념에 대한 직관적 이해를 바탕으로 그림이나 계량화하는 활동, 그리고 정당화를 통한 문제해결의 경험을 얻도록 하고 있다. 고등학교에서는 대수를 이용한 해석기하의 관점에서 논리적이고 연역적인 접근을 도모하며 비형식적 사고로부터 형식적 사고로의 전환으로 기하에 대한 이해도를 높여가는 교육과정으로 구성되어 있다. 이와 같은 기하교육에 관해서 NCTM(2000)도 초등에서는 공간 시각화를 통한 도형과 그 구조를 알아보기 위해 만들고 조작해보는 기하적 사고 중심을, 중등에서는 기하 모델과 물리적 공간을 활용하여 학생이 추론하고 정당화하는 기술 발달에 초점을 두는 교육을 지지한다는 측면에서 우리나라 기하교육의 방향과 큰 차이가 없다고 할 수 있다. 기하가 학교수학에서 학생이 추론을 배우고 수학의 공리 구조를 이해할 수 있는 영역(NCTM, 2000)인 만큼 수학교사는 학생이 좌표평면과 좌표공간을 활용하여 대수와 기하를 연결하고 기하학적 아이디어를 활용하여 타 교과와 통합하는 공간 추론과 창의·융합 능력을 배양할 수 있도록 학생에게 기하교육의 중요성을 강조해야 한다. 그것은 기하교육을 통해 인간의 이성과 엄밀한 사고, 그리고 정밀한 논리체계로 이루어진 수학을 경험하는 좋은 기회가 될 수 있기 때문이다.

끝으로 확률과 통계 영역에 관한 이해이다. 수학교육을 포함한 이전의 학교 교육이 보편적 가치와 규범에 집중하였다면 지금의 사회 구조에서는 학생이 학교를 떠나 폭넓은 기초지식을 갖춘 유용한 사회의 일원으로 참여할 수 있도록 새로운 수학과 교육과정을 제공하는 일이다. 그것은 현대인의 삶 자체가 다양한 매체를 통한 정보의 홍수 속에서 자신에게 필요한 정보를 찾아 유용하게 정리하여 가공하고, 이를 토대로 올바른 의사결정을 내려야 하는 사회 환경에 처해 있기 때문이다(김창일, 전영주, 2018). NCTM(2000)에서도 확률과 통계를 가르치는 목표로 문제 제기와 그 문제에 답하기 위한 자료 수집과 조직, 표현, 또 외삽적인 방법으로의 자료 해석, 자료에 근거한 추론·예측·논의 등의 전개와 평가, 그리고 확률의 기본 개념 이해와 적용을 강조하였다. 그러면서 학생이 학교에서 배운 확률과 통계를 실생활과 관련짓고 적용할 수 있어야 한다고 보았다. 그래서 확률과 통계는 교과서에 갇힌 무능력한 지식이 아니라 일상과 유기적으로 연계되어 살아있는 학교수학의 좋은 주제로 만들 수 있다(김창일, 전영주, 2018). 이러한 다양한 이유는 중·고등학교와 대학 이수 과정에서 수학을 선택한 학생에게 확률과 통계적 소양 배양이 무엇보다 필요하다고 피력한 Watson(2006/2013)의 주장에 대한 근거로서 충분하다. 이만큼 확률과 통계 교육의 중요성 측면에서, 수학교사는 학생이 자신의 삶과 직업에 영향을 미칠 수 있는 사회 문제를 확률과 통계 학습을 통해 배우게 하고, 그 가운데 사회 구조의 긍정적인 요소와 부정적인 요소가 무엇인지 분석해서 자신의 삶에 도움이 되는 요소를 적용할 수 있도록 사회 정의적 수학 차원에서 확률과 통계 교육 프로그램에 학생을 적극 참여시키는 것을 고려해볼 필요가 있다(Nguyen & Eisenreich, 2018).

3 핵심 역량(Core Competency)에 따른 교수·학습

마지막으로 문제해결, 추론, 의사소통 등 전통적으로 수학교육에서 강조하는 핵심역량에 따른 교수·학습법이다. 역량이 미래교육의 대안적 패러다임으로 등장하게 된 것은 경제협력개발기구(OECD)가 1997년부터 2005년에 걸쳐 수행한 DeSeCo(Definition and Selection of Key Competences) 프로젝트의 영향이 크다. DeSeCo는 미래 사회에서 개인이 갖춰야 할 3대 핵심 역량 범주로 도구의 지적 활용(use tools interactively), 사회적 상호작용(interact in heterogeneous groups), 자율적 행동(act autonomously)을 제안하였다. 여기서 말하는 역량이란 지식이나 기술 이상을 의미하는 개념으로 특정한 맥락에서 기술이나 태도 등 심리사회적 자원들을 동원하여 복잡한 요구를 충족시키는 능력(OECD, 2005)*을 의미하며, 역량 가운데 모든 개인에게 필요하여 다양한 삶의 요구를 충족시키고 사회에 기여할 수 있다고 국가·사회적으로 합의된 역량이 바로 핵심역량이다.

이와 같은 핵심역량 함양을 위한 학교 교육과정 설계의 원리로 한국교육과정평가원은 삶과 연계된 주제 중심 교육과정 재구성을 강조한 교육과정 측면의 원리, 학생 참여 수업, 협력 학습, 자기 성찰을 강조한 교수·학습 측면의 원리, 과정 중심의 수행평가를 강조한 평가 측면의 원리, 학교 구성원 간 협력을 강조한 학교 문화적 측면의 원리를 제시하였다(한혜정 외, 2017). 이러한 맥락의 일환으로 최근 미래 교수·학습의 방법으로 학습자 중심 학습(deeper learning, 실세계 문제해결 학습, 협력적 문제해결 학습)과 테크놀로지 기반 학습(flipped learning, blended learning, simulation learning) 등이 2022 개정 교육과정과 맞물려 권고되고 있다. 역량 기반 교수·학습은 교과 내용에 대한 이해를 넘어 교과 내용을 실생활에 적용하고 실제 삶의 문제를 해결하는 것, 개인의 능력을 향상시켜 복잡한 사회적 제도 속에서 삶을 긍정적으로 강화해 나가는 웰빙(well-being), 디지털 지식과 기술 접목에 의한 새로운 정보와 지식 생산으로 유사 학문 분야의 학습 전이에서 학문 밖으로의 학습 전이를 추구한다고 볼 수 있다. [그림 3-2-4]는 학문 기반 교수·학습에서 역량 기반 교수·학습으로의 변화가 가져오는 특징을 나타낸 것이다.

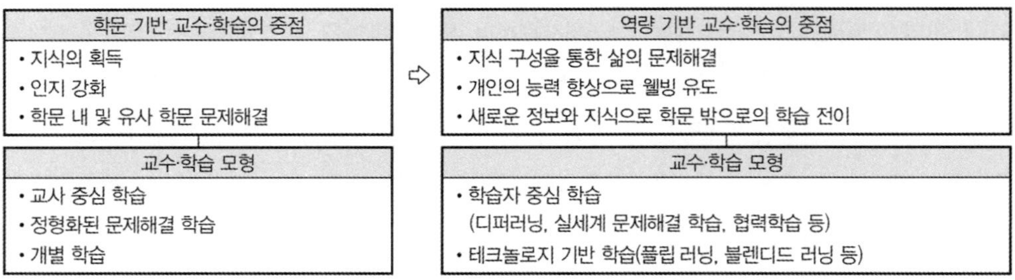

그림 3-2-4 학문 기반과 역량 기반 교수·학습의 특징

이러한 역량 기반 교수·학습과 관련하여 2022 개정 수학과 교육과정에서도 문제해결, 추론, 의사소통을 연결, 정보처리와 함께 강조하고 교과에 반영하였다(교육부, 2021). 이 가운데 문제해결은 이미 오래전부터 교육의 중요 주제로 논의되어 왔다. 그러다가 수학교육의 중심에 서게 된 것은 1970년대 기본으로 돌아가기(Back to basic) 운동 이후

* OECD(2018)는 Education 2030에서 기존 핵심역량에 변혁적 역량(transformative competencies)을 추가 제안하였다. 변혁적 역량은 학생이 더 나은 삶을 위해 사회를 변혁하고 미래를 형성하는데 필요한 역량으로 새로운 가치 창출(creating new value), 긴장과 딜레마 조정(reconciling tensions and dilemmas), 책임지기(taking responsibility)를 가리킴.

수학교육이 나아갈 방향성을 찾고 있는 와중에 NCTM(1980)이 제시한 여덟 가지 어젠다(agenda)에 문제해결이 포함되면서부터 본격화되었다. 여덟 가지 어젠다의 첫 번째 결의가 바로 "문제해결은 1980년대 학교수학의 초점이 되었다(Problem solving be the focus of school mathematics in the 1980s)"이다. 우리나라 제4차 교육과정에도 영향을 미친 문제해결은 제7차 교육과정에서는 수학적 힘(문제해결, 추론, 의사소통, 연결성), 2009 개정 교육과정에서는 수학적 과정(문제해결, 추론, 의사소통)으로, 그리고 2015 개정 교육과정에서는 수학과 핵심역량으로 학교수학의 중요한 하나의 목표가 되어 왔다. 최근 개정 논의가 이루어지고 있는 2022 개정 교육과정을 비롯한 이후 수학과 교육과정 개정에서도 문제해결은 수학과 핵심역량으로서 존속될 것이다. 그것은 문제해결이 수학의 과정이자 수학과 교수·학습의 중요한 핵심으로 평가받고 있기 때문이다.

이러한 문제해결 이해에 대해 일반적으로 두 가지 견해가 있다. 인간 사고의 정보처리 모델(예: Newell & Simon, 1972)과 사회실천이론(예: Turner, 1982)이다. 정보처리 모델(information processing model)이 문제해결의 일반적인 과정을 설명하고 문제해결과정에서 개인의 역할을 최소화하는 것을 목표로 삼는다면, 사회실천이론(social practice theory)은 문제해결을 학습자가 보다 능동적으로 참여하는 일련의 활동으로 간주한다는 점에서(Putnam, Lampert, & Peterson, 1989; Lave, Smith, & Bulter, 1990) 문제해결에 대한 학습자의 역할 정도에 따라 해석을 달리한다고 볼 수 있다. 특히 학교수학에서는 기계적이고 암기화한 문제해결보다는 행하는 수학으로서의 실천적 측면, 즉 과정으로서의 문제해결을 가르치는 것에 가치를 두고 있어 정보처리모델보다는 실천이론을 더 지지하는 입장에 서 있다. 실제로 암기된 절차적 문제해결의 방식보다는 문제해결 과정을 경험하는 수학실습으로서의 문제해결을 통해 학습자가 수학적 원리를 보다 심층적으로 이해한다는 것은 이미 잘 알려진 사실(Nunes, Schliemann, & Carraher, 1993)로 학교수학에서의 문제해결 교육의 방향성은 자명하다고 할 수 있다.

한편, Polya(1957)는 『How to solve it』에서 수학적 문제해결의 사고과정을 이해, 계획, 실행, 반성의 4단계로 나누고 각 단계마다 발문(questions)을 제시하였다. 그것은 문제를 보다 효과적으로 해결하기 위한 전략에 관한 것이었다. 예를 들어, 이해 단계에서 미지인 것은 무엇인가? 제시된 자료는 무엇인가? 제시된 조건은 무엇인가? 등과 같이 발문은 학생이 문제해결의 실마리나 단서를 찾을 수 있도록 도움을 주기 위한 취지다. Ernest(2018)는 이러한 전략 제시를 학생의 문제해결 시도 방법을 모니터링 하고 통제를 위한 메타인지적 발문으로 보았다. 이렇듯 문제해결 방법에 큰 영향을 준 Polya는 문제해결을 위해 사용하는 일련의 방법인 발견술을 현대식으로 체계화하려는 노력과 함께 학교수학에서 이를 가르칠 것을 요구하였다. 그는 또 수학적 지식은 개연적 추론을 통해 발견되고 논증적 추론의 정당화로 확립된다면서 문제를 풀면서 수학을 배워야 한다는 신념을 지니고 있었다.

이러한 문제해결에 관한 또 다른 연구자로 Schoenfeld를 들 수 있다. 그는 수학적 사고방식이 무엇이며 이러한 수학적 사고를 위해 갖추어야 할 조건이 무언지를 문제해결 과정에서 찾고자 하였다. 그 결과, 수학적 문제해결의 수행 과정을 적절하게 특정 짓는 데 필요한 지식과 행동 양식으로 자원(resources), 발견술(heuristic), 통제(control), 신념체계(belief system)를 제시하고 수학적 문제해결에 대한 전통적 개념의 범위를 발견술에서 통제와 신념체계까지 확장시켰다. 여기서 자원은 문제해결을 위한 해당 지식 영역에 관한 직관과 비형식적인 지식, 사실, 알고리즘 절차, 비알고리즘 절차로서의 순서와 방법, 그리고 해당 지식 영역에서의 수행을 위한 합의된 규칙의 (명제적 지식) 이해이다. 발견술은 생소하고 비형식적인 문제를 해결하기 위한 전략과 기술로 작도, 실제 문제 활용, 재구성한 문제, 테스트 및 검증 절차를 가리킨다. 통제는 자원과 전략의 선택과 수행에 관한 전반적인 결정으로 결정하기, 모니터링과 평가, 의사결정, 의식적인 메타인지적 활동을 말한다. 그리고 신념체계는 자아, 환경, 주제, 수학에 관한 개인적 행동의 결정체로서 그 사람의 수학적 세계관을 의미한다(Schoenfeld, 1985). 이처럼 문제해결은 이전에 학습한 규칙을 단순히 적용하는 것만이 아니라 새로운 학습을 창출하는 최고 수준의 학습형태라 할 수 있다(Gagné, 1985).

추론은 증명과 매우 밀접한 관계가 있는데, 그것은 수학적 증명이 특정한 종류의 추론과 정당화를 표현하는 형식적인 방법이기 때문이다(NCTM, 2000). 추론은 연역적 추론과 귀납적 추론이 있다. 연역적 추론은 가정에서부터 논리적으로 추론 규칙에 따라 결론을 이끌어 내는 접근 방식이며, 귀납적 추론은 개연적인 확실성으로 추리 또는 추측하는 방법으로 특수하고 구체적인 사실로부터 일반적이고 보편적인 명제를 유도하는 방식을 가리킨다. 이러한 두 추론의 유형 특성을 활용하여 수학적 발견이나 발명은 귀납적 추론으로 수학적 논증이나 정당화는 연역적 추론을 통해 지도할 수 있다. 추론은 수학을 이해하는 데 매우 중요한 필수조건으로 수학교육에서 빠질 수 없는 핵심 요소이기도 하다. 한편, Polya는 인간은 경험을 통해 학습할 뿐만 아니라 오히려 경험을 통해 학습해야 한다고 보았다. 그러면서 경험은 인간의 신념을 변화시킬 뿐만 아니라 경험을 최대한 활용하는 것이 인간의 위대한 과업 중 하나라고 주장하였다. 특히 과학자는 주어진 경험에서 신념을 추출하고, 그 신념이 올바른 신념으로 정립되도록 가장 적절한 경험을 수집하려 노력한다는 것이다. 그리고 그 경험을 다루는 방식으로 귀납을 선택하였다(Polya, 1954). 그러나 귀납은 전제와 결론 사이의 관계가 필연적인 관계가 아니라 개연적 관계이므로, 이러한 귀납적 접근 방식의 개연적 추론(plausible reasoning)은 위험하고 논란의 여지가 있으며 잠정적이라는 한계를 지닌다. 이와는 달리 전제와 결론 사이의 관계가 필연적인 논증적 추론(demonstrative reasoning)은 논란의 여지가 없어 증명과 정당화에 기여하며 수학적 지식을 확보할 수 있도록 만든다. 그러나 논증적 추론 역시 새로운 수학적 지식을 산출하는데 개연적 추론보다 어려움을 겪게 되는 한계를 내재하고 있다. 따라서 수학교사는 학생이 추론을 통해 세련된 수학적 지식을 도출할 수 있도록 각 추론의 장점과 두 추론의 상보적 관계를 활용하여 지도하는 것이 무엇보다 중요하다.

NCTM(2000)은 식이나 수학 기호를 사용하여 수학적 아이디어를 공유하고 그 내용을 명확하게 이해하는 하나의 방법으로 수학적 의사소통을 강조하고 있다. 의사소통은 현상 내면의 본질을 이해하기 위해 수학적 언어를 사용할 줄 아는 능력으로 다른 사람의 수학적 사고와 전략을 분석하고 평가할 수 있다는 점에서 수학과 수학교육에서 핵심적 역할을 담당한다. Cramer & Karnowski(1995)도 같은 맥락에서 쓰기와 토론을 강조하며 이 두 가지는 의사소통의 필수적 부분으로서 개념의 이해도를 증진시킨다고 보았다. 그것은 수나 식의 쓰기(writing)가 개인의 특정한 수학적 아이디어를 자세히 반영하거나 설명하기 위한 방법(Silver et al., 1990)으로 절차적 지식을 높이고 인지적 생산을 증대하도록 돕는다면, 토론은 사회적 상호 작용을 통해 개념에 대한 이해를 심화시키고 개념을 성찰할 수 있어 학생이 더 많은 수학적 지식을 가질 수 있는 기회를 제공하기 때문이다(Lee, 2006). Bruner(1973)의 경우에도 특정한 수학 개념에 관한 깊은 이해를 발전시키는데 언어를 조작적 사용의 필수적인 부분으로 설명하면서 의사소통의 중요성을 인정하고 있다. 이처럼 수학적 쓰기와 수학적 토론으로 인해 얻게 되는 인지적 이점을 뒷받침하는 다양한 경험적 근거들은(Mercer & Sams, 2006) 학교수학에서 수학적 의사소통을 강조해야 하는 중요한 이유가 되고 있다.

3 수학과 교수전략의 접근 방법 및 기본 원리

수학과 교수전략은 수학과 교수·학습의 이해를 기반으로 큰 틀에서 수립할 수 있으며, 학생의 인지적 발달 특성과 수학적 특성에 따른 두 가지 접근 방법을 고려해 볼 수 있다. [그림 3-3-1]은 이러한 수학과 교수전략과 교수·학습과의 관계를 나타낸 것이다.

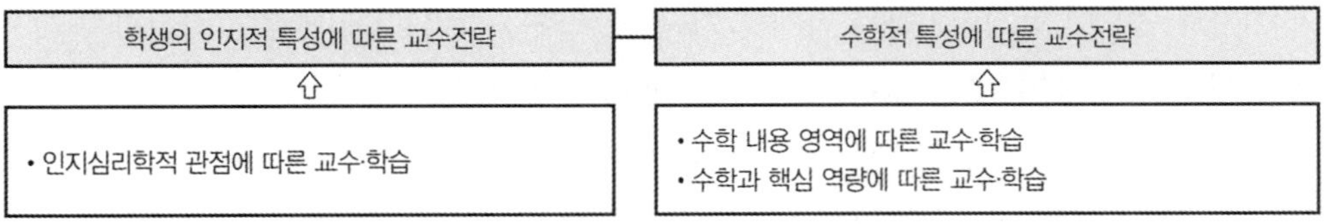

그림 3-3-1 수학과 교수전략과 교수 · 학습과의 관계

| 1 | 인지적 특성에 따른 교수전략 (미성취와 영재를 중심으로)

학생의 인지적 발달과 특성에 따른 수학과 교수전략 가운데 수학 미성취와 수학 영재이들 두 집단에 대한 지도 전략이 특별히 요구된다. 수학 미성취 문제에 대해서는 이전부터 심각하게 논의되어 오고 있지만 여전히 수학교실에서 이들의 학습에 대한 배려가 부족하다는 것은 그 누구도 부인하기 어렵다.

미성취아*는 영어로 'underachiever'이다. 이 용어는 1950년대 중반까지만 하여도 문헌상에서 거의 찾아볼 수 없었다(Shoff, 1984). 그러다가 1957년 스푸트니크의 발사 이후 미국의 진보주의가 후퇴하고 전통주의가 강세를 보이면서 미성취에 대한 관심을 갖게 되었다. 그 후 Whitmore(1980)와 Rimm(1986) 등에 의해 미성취에 관한 연구가 본격적으로 이루어지기 시작하였으며 우리나라의 경우는 이보다 늦은 제7차 수준별 교육과정이 도입되면서부터 미성취 학생에 관한 논의가 대두되었다.

미성취는 일반적으로 학습능력은 충분하지만 학습 기회의 부족, 학습 방법의 부재, 교수 방식과의 괴리, 자신 또는 주변의 환경 등으로 본인의 능력에 비해 성취수준이 낮게 나타나는 것으로 이해되고 있다. McCall et al.(1992)도 미성취가 태도와 학업의 습관에 관한 문제로 비춰지지만 미성취의 원인은 한 가지 혹은 몇 가지 또는 여러 가지 복합적인 상호작용으로 발생한다고 보았다. 결국 미성취 현상이 학생의 무능력에서 기인하는 것이 아니라 적절치 못한 학습 습관, 학습 전략과 기술 등 다양한 변인에 의한 것으로 이해할 수 있다. 다만, 학습능력이 현저하게 떨어지는 학습지진(slow learner)과 학습이나 지각 능력의 결함으로 능력을 발휘할 수 없는 학습장애(learning disability)와는 구별이 된다.

수학 미성취 학생은 학교수학에 대한 부정적 신념과 태도로 수학 개념을 이해할 수 없다거나 이해하려 들지 않는다. 심지어 스스로를 수학에 대한 실패자로 간주하기도 한다. 또한 수학을 자신의 삶이나 장래의 직업과 무관한 것으로 받아들이고, 수학을 복잡

* 외국의 경우 미성취아는 "underachiever"를, 우리나라는 "child with learning difficulty"의 의미로 '학습부진아'란 용어를 사용하고 있다.

하고 혼란스러우며 변덕스러운 것으로 여긴다. 특히 수학 용어 도입과 수학 기호의 사용을 어려워하고 절차적 지식보다는 개념적 지식에 매우 취약하다. 이러한 특성을 지닌 수학 미성취 학생에게 필요한 것은 학습동기, 주의 집중력, 그리고 자신감 회복이다. 미성취 학생은 계속된 학습 실패로 수학 학습에 대한 의욕이 상실되어 있는 상태이다. 따라서 수학교사는 수학의 가치와 왜 수학을 배워야 하는가에 대해 미성취 학생에게 확실한 동기부여를 해 주어야 한다. 이러한 동기유발은 교사의 개념 지도와 개인의 수학 학습에 주의를 집중하게 만드는 촉진제가 되며, 자신에게 부정적이고 비판적이었던 사고에서 벗어나 그간의 자신의 성취수준을 뛰어넘을 수 있다는 자신감을 더해 주는 원동력이 되기도 한다.

이와 같은 미성취 학생에 대한 교수전략으로 많은 연구자들(예를 들어, 권수진, 류현아, 임대근, 2014; 김인경, 2010; 박송이, 노영순, 2009; 홍진곤, 조승래, 2003; O'Neil, 2001; Cohen, 1988 등)이 마인드맵, 스토리텔링, 공학도구 활용, 또래 교수 및 협력학습 등을 제시하고 있다. 연구 결과에 따르면, 마인드맵, 스토리텔링을 적용한 교수법에서는 기억력이나 집중력이 낮은 미성취 학생에게서 수학 학습 능력과 태도에 긍정적 변화가 나타났으며, 구체적 조작물이나 공학 도구를 활용한 역동적이고 시각적인 교수법은 초등학교와 중학교 저학년에게 효과가 큰 것으로 조사되었다. 반면, 또래 교수와 협력학습은 모든 미성취 학생에게 적용 가능하고 성취수준 향상 효과도 가장 큰 처치 방법으로 확인되었다. 따라서 수학교사는 우선 미성취 학생이 처한 환경을 고려하되 조건과 상황에 따라 최적의 교수전략을 수립해야 한다는 것을 알 수 있다.

영재교육의 독보적인 존재인 Connecticut 대학의 Renzulli(1979)는 평균 이상의 일반적인 능력, 과제 집착력, 그리고 창의성과 같은 세 가지 요소의 상호작용으로 영재성을 설명하였다. 그는 이러한 세 가지 요소를 모두 갖추고 있거나 혹은 이 특성들의 복합체를 개발시킬 수 있으며 잠재적으로 가치 있는 인간 활동의 영역에 적용할 수 있는 자를 영재로 보았다. 우리나라의 경우는 1999년 국회를 통과한 영재교육진흥법 제2조에서 "재능이 뛰어난 사람으로서 타고난 잠재력을 계발하기 위하여 특별한 교육을 필요로 하는 자"를 가리켜 영재로 규정하고 있다. 이러한 기준과 관련지어 매우 국소적 정의이긴 하나 수학영재는 수학성취도 평가에서 95% 이상의 학생으로 자주 정의되어 왔다(Sheffield, 1994). 그러나 주목해야 하는 것은 단지 수학성적이 우수하거나 계산능력이 뛰어난 학생이 아니라 수학영재는 고도의 수학적 사고 능력과 수학적 추론 능력이 뛰어난 학생(Miller, 2000)을 가리킨다.

이러한 수학 영재는 일반적으로 수학 개념과 원리에 대한 개념화와 적용 능력, 추상적 사고력과 뛰어난 추론 능력, 문제해결에서의 통찰과 풍부한 전략, 수학적 활동 과정에서의 지적 처리의 유연성과 가역성, 창의성, 그리고 해답 없는 수학적 문제의 조직화 등 수학적인 형태, 구조, 상호 관계를 지각하는 능력과 집중력, 끈기를 가지고 융통성 있게 생각하고 수행하는 능력을 지닌다(Keating, 1975; Greenes, 1981; House, 1987). 따라서 영재학생에게는 그의 수준에 적합한 교수전략이 마련되어야 한다. Wheatley(1983)는 수학적으로 재능이 있는 학생이 전념해야 할 수학의 열 가지 계통(strand)을 〈표 3-3-1〉과 같이 제시하면서 이들에게는 이 영역의 학습뿐만 아니라 더욱 심화할 수 있는 교육과정 제공이 필요하다고 주장하며 교육의 내용적 측면을 강조하였다.

| 표 3-3-1 | 수학영재가 전념해야 할 수학의 열 가지 계통

10가지 계통	시간적 퍼센트(비중)
문제해결(Problem Solving)	20
기하와 측정(Geometry and Measurement)	15
현상과 계량(Facts and Computation)	15
연산과 대수 개념(Arithmetic and Algebra Concepts)	12
컴퓨터 프로그래밍(Computer Programming)	10
추정과 암산(Estimation and Mental Arithmetic)	6
세기(Numeration)	6
확률과 통계(Probability and Statistics)	6
공간적 심상(Spatial Visualization)	5
응용(Application)	5
계(Total)	100

이와 달리 Renzulli et al.(2002)는 학생이 선호하는 학습 스타일을 측정하고 이를 교육과정, 즉 학생의 학습경험에 반영할 수 있는 근거를 마련하고 궁극적으로 최적의 교수전략을 수립하기 위한 직접교수, 매체를 활용한 교수, 모의학습, 프로젝트, 독립학습, 또래교수, 토론, 교수게임 등 교실에서 교사가 적용하고 있는 실제적인 여덟 가지 교수방법에 대한 선호도를 62개의 문항에 담아 조사하였다. 그 결과 학생의 능력에 맞는 도전적인 내용 제시, 흥미 증진과 새로운 흥미 개발, 선호하는 학습 스타일에 따른 학습 내용을 제시하여 학습동기를 증진시켜야 한다는 가장 원론적인 교수전략을 언급하였다.

한편, 국내 수학영재 교육과 관련한 연구의 특징을 살펴보면, 초등 수학영재에 대한 연구의 비중이 크고 수학영재의 선발과 판별, 수학영재의 특성, 수학영재의 수학적 신념, 영재교육에 대한 교사의 인식, 문제해결에서의 메타인지 분석, 수학영재 프로그램에 대한 평가 등 주로 기초 연구에 집중되어 있다. 반면, 중등 수학영재 연구를 포함하여 실제적 연구라 할 수 있는 수학영재를 위한 교수·학습 관련 연구는 지극히 적은 편으로,

이 분야에 대해서는 앞으로도 꾸준한 연구가 요구되고 있다.

| 2 | 수학적 특성에 따른 교수전략

그렇다면 모든 학생이 수학을 깊이 있게 이해하면서 학습에 필요한 기회와 지원을 받아야 한다는 NCTM(2000)의 비전을 실현하기 위해 미성취아와 영재 그리고 보통 수준의 학생이 공존하는 교실에서 수학교사는 무엇을 해야 하는가? 이 질문에 대해 정확한 정답을 찾는 일은 거의 불가능에 가깝다. 그렇지만 학생의 다양성을 존중하며 학습 수준의 차이를 최대한 조정하기 위한 교수전략의 필요성에 대해서는 모두가 공감할 것이다. 그것은 교사가 학생이 수학을 가치 있게 여기고 수학능력의 자신감으로 주변의 현상을 수학적으로 해석하고 추론하여 문제를 해결할 수 있도록 아이디어를 모으는 것이다. 다만 그 목표를 달성하기 위한 구체적인 수업 기법에 대해서는 논쟁의 여지가 있다. 그래서 여기서는 성공적 수업의 학습 환경을 구축하기 위한 방법으로의 다섯 가지 교수전략 원리를 제시하고자 한다.

1. 좋은 수학 수업을 설계해야 한다.
2. 수업목표 설정과 적정한 학습내용을 제공해야 한다.
3. 수학 학습에 학생의 적극적인 참여를 유도해야 한다.
4. 수학적 연결성으로 수학개념이해와 문제해결능력을 향상시켜야 한다.
5. 지식 생성의 다양성 방안으로 공학 도구의 활용을 고려해야 한다.

(1) 좋은 수업설계

교사는 수학 수업의 효과를 극대화하기 위해 좋은 수업을 설계해야 한다. 교사는 일차적으로 수업에서 사용할 교수모형과 교수도구를 선정하고 계획한다. 예를 들어, 학생이 처음 접하는 수학 개념이나 용어, 기호 등을 가르쳐야 하는 상황이라면 전통적 교수 방식이 학생의 개념적 토대를 마련하는데 효율성이 높을 수 있다. 또 새로운 개념의 발견과 이해를 돕기 위해 수학 개념의 시각화(이상구 외, 2014)를 시도한다면(예, [그림 3-3-2]) 어떤 공학 도구를 활용할 것인가를 검토해 보아야 한다. 그리고 가장 중요한 수학 개념과 원리를 확인하고 이들 개념과 원리를 더 철저하게 가르칠 수 있도록 학습 시간을 조정하고 재배정해야 한다면 교수도구를 수정(Kame'enui et al., 2002)하거나 교수전략이 제대로 작동할 것인지 교수전략을 다시 한 번 점검하고 분석하는 등의 수업 준비 전반에 걸친 검토와 점검이 필요하다. 그것은 효과적인 교육(시간이 지남에 따라 수학적 능력 개발을 촉진하는 교육)은 다양한 형태를 취할 수 있지만 각각의 가능성과 위험성도 동시에 내재되어 있기 때문이다(Kilpatrick et al., 2001). 따라서 좋은 교수설계는 교사가 의도한 수업설계의 전체 시나리오대로 수업이 잘 끝마치는 완성도 높은 수업이 이루어져야 한다는 것으로, 이러한 교수설계는 학습자의 바람직한 수학 학습과 발달을 이끌어내는 데 큰 도움이 될 수 있다.

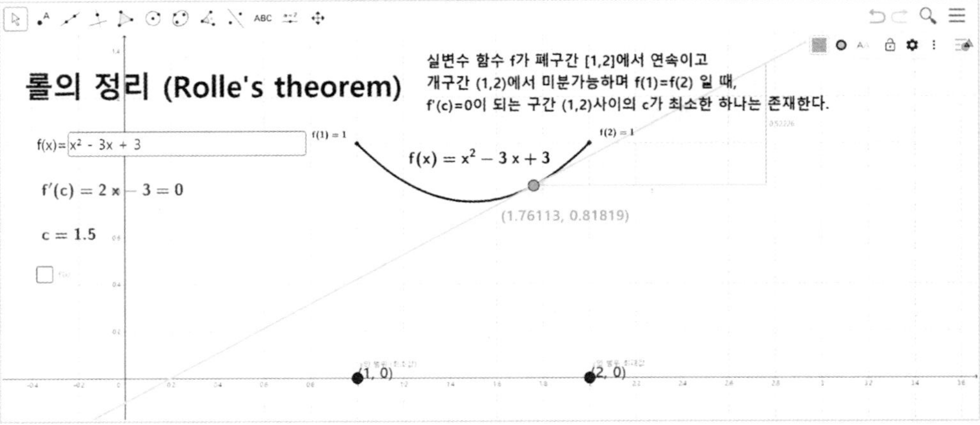

그림 3-3-2 지오지브라를 이용한 롤의 정리 시각화 (출처: https://www.geogebra.org/m/JNPpQ7mh)

(2) 수업목표 설정과 적정한 학습내용 제공

수업계획에서 수업목표 설정보다 더 중요한 일은 없다. 목표는 제공되는 교육 프로그램을 통해 달성하고자 하는 구체적인 그것으로 교수계획이 의미 있게 실현되기 위해서는 정확하고 명확하게 설정되어야 한다(Eisner, 1979). 따라서 교사는 수업목표를 설정할 때, 학습자가 수업 중 집중해야 할 내용과 수업에서의 행동 방향, 그리고 학습이 끝난 후 학습자가 성취해야 할 행동 양식을 학습자 관점에서의 행동용어로 명시적으로 제시해 주어야 한다. 예를 들어,

조합을 이용하여	다양한 문제를 해결할 수 있다.
(내용)	(행동)

위와 같이 학습해야 할 내용과 기대되는 학습자의 행동을 진술하는 방식은 Tyler (1949)의 주장에 따른 것으로 학교 현장에서 대표적으로 사용되고 있는 형식이다. 또 다른 목표 진술 방식으로 Mager(1962)의 조건, 수락준거, 성취행동 세 가지 진술 요소를

포함하여 수업목표를 제시하는 방법이 있다.

판별식을 이용하여 원과 직선의 교점의 개수를 구할 수 있다.
(조건) (수락준거) (성취행동)

이렇듯 명확하게 정의된 수업목표가 없다면 수업과정이나 교육 프로그램을 효율적으로 평가할 수 없을 뿐만 아니라 적절한 자료, 내용 또는 교수 방법을 선택할 수 있는 건전한 기반이 없게 된다(Eisner, 1979). 따라서 수업목표는 수업 성공을 측정하는 속성으로 수업 중 판서된 수업목표를 확인하거나 지속적으로 구두(speaking) 명시를 하는 방법도 동원될 수 있다.

이러한 수업목표를 달성하기 위해서는 적정한 학습내용이 제공되어야 한다. 학습내용은 진정성(authenticity), 선택성(selectivity), 다양성(variety)의 원칙에 따라 자료를 선택하고 제시해야 한다(Borich, 2017). 여기서 말하는 진정성은 평가, 후속 학년, 그리고 교실 밖 세상에서 사용할 수 있는 학습내용을 제시하고 가르쳐야 한다는 것이고, 선택성은 학생이 배우는 내용이 모두 중요한 것은 아니므로 강조할 내용을 선택하여 제시한다는 의미이다. 예를 들면 판서할 때 중요 핵심내용(수학 개념, 공식, 기호 및 용어 등)을 박스(box)처리하거나 색분필 등을 사용하여 학습효과를 높이는 등 수업의 중심내용을 기억할 수 있도록 취하는 조치를 말한다. 다양성은 다양한 교수방식(시각, 청각, 촉각을 활용한)과 다양한 교육활동(집단발표, 질의응답, 소집단 토론, 프로젝트)을 말하는 것으로 시각 위주의 수업에서 청각위주의 교육(또는 동시에 사용)으로 전환하거나 수업을 여러 활동으로 나누는(예를 들면, 설명 후 질문 및 답변) 것이 중요하다는 의미로서의 다양성이다.

(3) 학생의 적극적인 학습 참여 유도

하지만 철저하게 계획된 교수전략이라도 학생의 적극적인 학습 참여가 없다면 수업효과를 기대하기 어렵다. 그러므로 학생이 자발적으로 수업상황에 참여할 수 있도록 주변 환경을 조성해 주어야 한다. 이를 학습 동기라 할 수 있는데, 학습 동기는 단지 수업목표 달성이라는 원시적 접근보다는 개인적 호기심을 충족시키기 위한 여유로운 탐색에서 출발해야 한다. 예를 들어, Z 세대와 Alpha 세대의 특성을 고려한 테크놀로지 기반의 유연한 학습 환경 조성과 이를 활용한 활동 또는 탐구 중심의 수학 모의실험을 고려해 볼 수 있다. 여기에 더해 과제를 제시할 때 지속적인 성취를 이룰 수 있도록 적절한 수준의 난이도(도전적이지만 실행 가능한) 과제를 선정하고 교사의 계속적인 지도와 피드백을 통해 학생의 학습 노력을 비계화한다면(Brophy, 2010a) 궁극적 목표를 달성할 것이라는 자신감을 배경으로 성취 자극이 일어날 수 있다(Zimmerman & Kitsantas, 2002). 특히 수학적 성취 여부는 수학 학습 태도에 견고한 영향력을 끼치므로 수학적 성공 경험은 수학 학습 동기를 자연스럽게 유발시키는 선순환의 원동력이기도 하다. 그것은 어느 교과보다도 수학에서 주어진 과제에 대해 절대적인 실패를 경험할 가능성이 높기에 더욱 그렇다(Haylack, 1991; Ernest, 2018 재인용). 그래서 수업이 시작될 때 학생의 관심과 호기심을 이끌어 내는 것만큼 수업 내내 관심을 지속적으로 유지하도록 수업분위기를 조성하는 것이 중요하다. 그러나 이와 같은 학습을 전개하기 위해 교사가 학생의 요구나 관심에 집중해야 함에도 학생 각 개인의 요구를 모두 만족시킬 수 없다는 교육적 한계와 어쩔 수 없이 교육과정 내용을 학생에게 반복해서 강요해야 하고 학생의 점수를 학부모에게 주기적으로 보내야 하는 상황에 직면하게 되는데(Brophy, 2010b), 이 문제를 어떻게 처리할 것인가 또한 학습유도만큼이나 교사가 수학교실에서 해결해야 하는 과제라 할 수 있다.

(4) 수학적 연결성

수학 학습의 본질은 이해이며 이해를 통한 학습은 다음 단계 학습을 쉽게 만들고 (NCTM, 2000), 기존의 지식에 새로운 지식을 의미 있는 방법으로 연결하여 기억하거나 적용하는 것을 용이하게 만든다(Schoenfeld, 1988). Skemp(1976)도 새로운 과제에 더 잘 적응할 수 있고 기억하기 쉽게 하는 방법으로 수학 개념에 대한 관계적 이해 (relational understanding)가 필요하다고 밝힌 바 있다. 이처럼 이해를 통한 학습은 수학 개념을 유기적으로 연결할 수 있다. 수학에서의 연결성은 문제해결, 의사소통, 추론과 함께 NCTM(1989)이 주요 규준의 하나로 설정한 이래 크게 강조되어 왔다. 수학적 연결성(mathematical connection)은 수학교과 내, 수학과 타 교과, 수학과 실생활의 연결과 같이 세 가지로 분류한다. 수학교과 내 개념 또는 다른 수학적 지식 사이의 연결을 수학 내적 연결성으로, 수학과 타 교과 및 실생활과의 연결을 수학 외적 연결성으로 두 가지 범주로 나누어 묶기도 한다.

이러한 수학적 연결성의 특징은 수학적 문제나 맥락을 찾는 것을 도와주며 수학 개념과 절차에 대한 이해를 심화시키고 수학적 아이디어 사이의 연관성으로 문제해결력을 향상시킨다. 또한 실생활과 다양한 학문 분야에서의 수학 활용으로 수학의 가치 이해와 수학의 중요성을 경험하게 만든다. 그래서 수학적 연결성은 학생의 수학 능력을 강화하는데 좋은 방법이 될 수 있다. [그림 3-3-3]은 피타고라스 나무를 이용하여 수학적 연결성을 표현한 하나의 예이다.

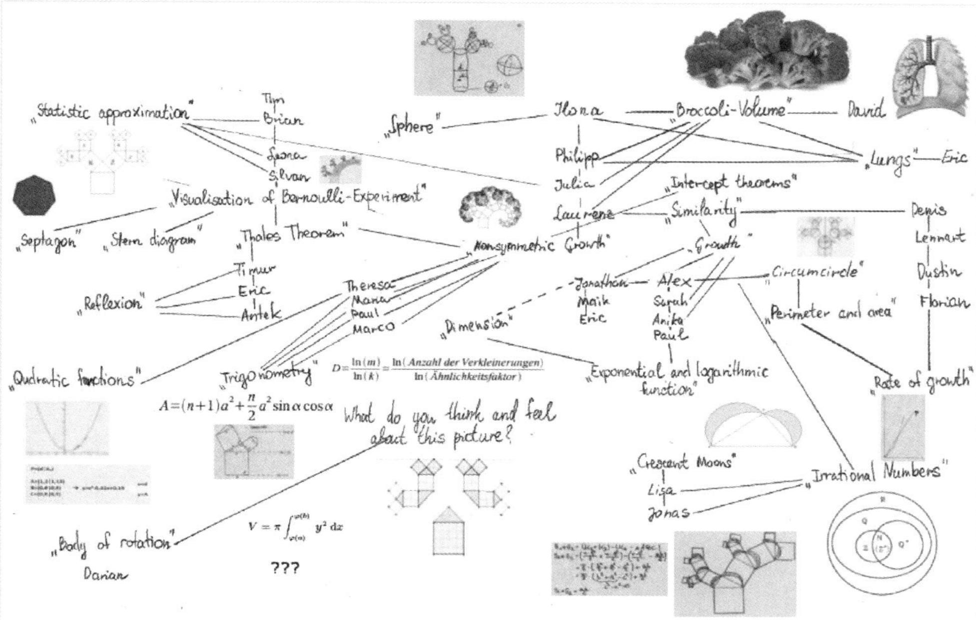

그림 3-3-3 피타고라스 나무와 수학적 연결성 표현
(출처: http://didaktik.math.hu-berlin.de/files/mathematical_connections_1.pdf)

(5) 공학 도구 활용

수학 개념이나 아이디어를 표현할 때 식, 기호, 표, 그래프 등 정적 표현 방식을 사용해 왔다. 그러나 강력한 연산이 필요하거나 수학의 현실적 적용을 탐구하려면 그보다는 도구를 활용한 조작이나 컴퓨터 시뮬레이션을 통할 때 효과적일 때가 많다. 이러한 상황에 대해 Salomon(1991)은 오늘날과 같은 새로운 교육 개념의 도래 중심에는 테크놀로지가 자리잡고 있기에 오히려 폭넓은 학습기회를 직면하게 되는 좋은 위치에 놓여 있다고 보았다. Laney(1990)는 이러한 생각에서 한발 더 나아가 문제를 정의하고 정보를 판단하며 문제를 해결하고 적절한 결론을 도출하는 등 고차적 사고능력 개발에 컴퓨터의 사용이 효과적이라고 보고하였다. 이처럼 공학 도구는 주어진 과제 실행을 돕는 단순 기능의 테크놀로지가 아닌 훌륭한 수학과 교수 도구가 되어 수학과 교수전략에 큰 강점으로 작용할 수 있다. 특히 전통적인 교실 수업은 물론 자기주도적 학습, 원격 학습 등 거의 모든 교수·학습 상황에서 학습 가능성을 높여주고 있다. 최근에는 이 같은 컴퓨터 이외에도 다양한 유형의 시뮬레이션으로 수학 수업에 이용이 가능한 GSP, Fathom, Geogebra, Cabri 등 소프트웨어, 멀티미디어, 하이퍼미디어 등 사례 기반 학습을 지원하는 기술적 교구도 풍부하다. 따라서 수학교사는 수학교실에 도움이 되는 다양한 매체와 공학 도구를 활용한 지식 생성의 다양성을 염두에 두고 있어야 한다.

지금까지 성공적 수업을 위해 제시한 다섯 가지 교수전략 원리를 설명하였다. 이제 이러한 교수전략을 도입, 전개, 정리로 전개되는 각 수업단계에 종합적으로 적용해보는 실천적 교수전략을 생각해 볼 수 있다. 실천적 교수전략은 교수설계, 수업목표의 제시와 적정한 학습내용 제공, 동기유발. 수학적 연결성, 수학적 공학도구의 활용 등 수업에 직접적 영향을 끼치는 요소들을 각 수업단계의 교수·학습 활동과 연계하여 다각적으로 적용하는 구체적 전략이라 할 수 있다([그림 3-3-4]). 예를 들어, 학습자의 수준을 고려한 수업목표(수업목표는 수업시간 내내 학습이 완료될 때까지 제공한다.)를 학습자에게 제시하고 학습자가 그 학습 도달점을 분명히 이해하도록 안내한다. 그리고 학습이 이루어지는 초기 학습 단계부터 자유로운 의사소통과 학습자의 실수에 대한 교사의 허용과 지지의 공간(물리적 공간과 그 외 공간)이 마련되도록 학습 분위기를 조성한다. 교수법은 수학적 과정에 따라 직접 교수(수학적 사실, 기능, 개념 적용), 안내된 발견학습(일반화, 귀납적 추론), 문제해결학습(문제해결전략), 탐구학습(문제설정 및 문제해결전략) 등 다양한 형태를 적용할 수 있다(Ernest, 2018). 수업에 대한 학생의 자발적 참여와 관심을 유지하기 위해 의미 있는 수학(학생이 학교 밖에서 그들의 삶을 배울 수 있는 수학, 내면의 삶의 질을 향상시키는 수학)학습이 이루어지도록 풍성한 레퍼토리로 수업이 진행되도록 준비한다. 또한 반복적인 개념 설명과 기계적 문제풀이식의 무의미한 피드백이 아닌 학생의 수학 개념의 이해가 멈추어진 시점과 수학능력에 맞춘 특수전략으로 학생이 모르거나 이해가 부족한 개념을 학습하도록 도와 학생이 자신의 수학적 지식을 표현(정확한 답 찾기, 효과적인 응답, 해당 공식이나 적합한 수학 개념 연결, 적용과 응용, 다른 학생에게 설명)할 수 있는 수준에 도달하도록 지속적으로 돕는다. 학습결과에 대해

수업단계	실천적 교수전략	
도입단계	• 실행 가능한 수업목표 제시와 이해 • 의미 있는 수학으로의 전개 • 동기부여	▶자유로운 교실 분위기 ▶허용과 지지
전개단계	• 학습자의 수준에 따른 학습속도 유지 • 체계적이고 효과적인 학습내용 제시 • 의미 있는 수학 활동 • 수업목표와 내용 이해를 돕는 발문 • 학습활동에 적합한 매체 및 공학도구 활용 • 학습활동에서의 인정·칭찬 등 학습자와의 소통 • 지속적인 피드백	
정리단계	• 학습내용 정리 및 종합 • 학습결과에 대한 평가	

그림 3-3-4 수업단계와 그에 따른 교수전략의 예

서는 모든 결과에 대해 긍정적으로 받아들이고 후속으로 수업의 질 개선을 위해 노력하는 자세를 가져야 한다.

일찍이 수학교사라면 누구나 수업목표를 충실하게 이행하기를 원한다. 그래서 특별한 교수전략이 담긴 마법의 교수법을 찾으려다 정작 기본적인 교과 활동의 중요성이 간과되는 경향이 있기도 하다. 그러나 이러한 기본적 교수·학습 활동이 수학 학습에 있어서 매우 중요하게 작용한다. 실제로 수학교사의 지식과 수학적 내용의 사용, 학생에 대한 관심과 과제에 대한 학생의 참여 등이 수학과 교수·학습의 효과가 달라질 수 있게 만들며(Kilpatrick et al., 2001), 수학에 대한 교사와 학생의 태도와 인식이 수학 학습에 있어 매우 중요한 요소라는 것(Ernest, 1991)을 놓쳐서는 안 된다.

CHAPTER 04

수학과 수업 방법

이 장에서는 수업을 바람직한 방향으로 이끌기 위한 수업 원리로 계열화의 원리, 통합성의 원리, 개별화의 원리, 자발성의 원리, 사회화의 원리, 직접 경험의 원리 등 여섯 가지 원리를 제시한다. 그리고 수업 진행 단계를 도입, 전개, 정리의 세 단계로 구분하여 각 단계에서 수행되어야 할 교수·학습 활동을 살펴보고, 효과적인 수업 진행을 위한 발문 전략과 판서 전략에 대하여 다룬다.

1 수업 원리

이 절에서는 수업 원리를 '수업을 바람직한 방향으로 이끌어 나가기 위한 기준 또는 방향'으로 정의하고, 이에 대하여 살펴보고자 한다. '수업(授業, instruction)'이란 용어는 '교수(敎授, teaching)'란 용어와 혼용되기도 하지만, 학자에 따라 수업과 교수를 엄격하게 구분하여 사용하기도 한다(주삼환 외, 1999). 이들은 교수가 교사의 가르침으로 수업의 일부분임을 강조함으로써 수업과 교수를 구분하여 설명한다. 수업을 교수의 한 형태로 볼 수도 있지만 교수만으로는 교육이 의도하는 학습자의 바람직한 행동 변화를 가져올 수 없기 때문이다. 교수는 학습 내용을 학습자에게 전달하는 교사 중심의 역할을 강조하고, 학습은 학습 내용을 행동 변화를 통해 내면화시키는 학습자의 역할을 강조한다. 따라서 수업이란 의도하는 학습 목표를 달성하기 위한 교사의 교수 활동과 학습자의 학습 활동이 교육 내용(학습 내용)이나 교수 매체를 통해서 상호작용으로 이루어지는 일련의 과정을 의미한다. 이와 같이 수업은 학습 목표를 달성하기 위하여 교사와 학습자가 교육 내용을 가지고 상호작용하는 교육의 핵심적 활동이라고 할 수 있다.

이러한 의미에서 수업 원리를 학습자의 학습을 효과적으로 지도하기 위한 기준 또는 방향으로 볼 수 있다. 수업 원리는 실제 수업을 계획하거나 교수·학습을 전개할 때 염두에 두어야 할 원리이다. 수업 원리 또는 학습 지도 원리는 학자에 따라 의견(또는 생각) 차이가 있다. 일반적으로 많은 학자는 수업 원리로 계열화의 원리, 통합성의 원리, 개별화의 원리, 자발성의 원리, 사회화의 원리, 직접 경험의 원리 등을 제시하고 있다(변영계, 김영환, 손미, 2009; 정동영, 2009; 정명화 외, 2009). 2015 개정 수학과 교육과정 문서와 2022 개정 수학과 교육과정 문서에서 명시적으로 제시한 교수·학습 방향을 실천하는 데 요구되는 수업 원리를 살펴보면 다음과 같다.

|1| 계열화의 원리

계열화는 그룹을 만들고 그 그룹을 특정한 순서로 배열하는 것을 의미한다(변영계 외, 2009). 계열화 원리는 크게 두 가지 측면에서 고려되어야 할 물음에 답하기 위한 것이다: (1) 하나의 내용 영역 또는 한 단원을 지도하기 위한 각 차시의 수업을 위하여 교육과정에서 제시한 학습 내용을 어떻게 선택하여 구성하고, 구성한 차시별 수업을 어떤 순서로 진행할 것인지? (2) 한 차시의 수업에서 목표로 하는 학습 내용을 학습시키기 위해 어떤 순서로 지도할 것인지? 이러한 계열화는 학습 내용의 선정, 학습 순서의 결정, 선수 학습 내용의 선정 등과 밀접한 관계를 가지고 있으므로 좋은 수업을 위해 반드시 고려되어야 한다. 즉, 학습 내용을 어떤 순서로 지도해야 효과적일지에 대해 고민해 보아야 한다. 수업의 계열화는 수학과 교육과정 문서의 교수·학습 방향에서 명시한 다음 사항을 실천하기 위해서 반드시 고려해야 할 원리이다.

2015 개정 수학과 교육과정(교육부, 2015)
가. 교수 · 학습 방향 (1) 교수 · 학습 원칙 (라) 학년군별(교과별) 내용의 배열 순서가 반드시 교수 · 학습의 순서를 의미하는 것은 아니므로, 교수 · 학습 계획을 수립하거나 학습 자료를 개발할 때에는 내용의 특성과 난이도, 학교 여건, 학생의 수준 등을 고려하여 내용, 순서 등을 재구성할 수 있다.

2022 개정 수학과 교육과정(교육부, 2022)
가. 교수 · 학습 (1) 교수 · 학습의 방향 (차) 수학과 교수 · 학습 계획을 수립하거나 교수 · 학습 자료 개발 등을 할 때 교육과정을 재구성할 수 있다.

수업의 효과적인 계열화를 위한 네 가지 기본 원리는 다음과 같다(변영계 외, 2009). 첫째, 단순한 내용에서 복잡한 내용의 순서로 배열한다. 둘째, 구체적인 내용에서 추상적인 내용의 순서로 배열한다. 셋째, 쉬운 내용에서 어려운 내용의 순서로 배열한다. 넷째, 대표성이 높은 내용에서 특수한 내용의 순서로 배열한다. 그러나 한 단원의 수업 또는 한 차시 수업을 설계할 때 계열화의 네 가지 원리를 동시에 고려할 수 있는 것은 아니다. 이에 충실한 교재연구를 통해 학습 내용을 어떤 순서로 지도해야 효과적일지에 대해 고민해 볼 필요가 있다.

2 통합성의 원리

통합성은 교육과정 경험의 수평적인 관계를 말하는 것으로(Tyler, 1969), 통합성의 원리는 여러 교육 내용 사이에 관련성이 이루어질 수 있도록 통합성을 유지해야 한다는 원리이다. 이는 여러 교육 내용 사이에 상호보완적 관계를 유지시켜 줌으로써 개개의 경험을 서로 연결하고 통합하게 하여 학습자의 조화로운 성장과 발달을 보장하고자 하는 것이다. 즉, 수업에서 통합성의 원리는 학습자의 학습 경험을 횡적으로 상호 조화롭게 연결 지을 수 있도록 학습 내용이나 활동을 조직하는 것을 의미한다(이종승, 1991). 또한 통합성의 원리는 수업을 통하여 지식이나 기능의 어느 한 측면의 능력만을 향상시키는 것이 아니라 학습자의 다양한 행동 특성을 조화롭게 계발해야 한다는 원리이다(정명화 외, 2009). 통합성의 원리는 수학과 교육과정 문서의 교수 · 학습 방향에서 명시한 다음 사항을 실천하기 위해서 고려해야 할 원리이다.

2015 개정 수학과 교육과정(교육부, 2015)
가. 교수 · 학습 방향 (1) 교수 · 학습 원칙 (다) 문제 해결, 추론, 창의 · 융합, 의사소통, 정보 처리, 태도 및 실천과 같은 수학 교과 역량을 함양하기 위한 교육 환경을 조성하고, 이에 적합한 교수 · 학습을 운영한다.

2022 개정 수학과 교육과정(교육부, 2022)
가. 교수 · 학습 (1) 교수 · 학습의 방향 (나) 핵심 아이디어를 중심으로 수학의 지식 · 이해, 과정 · 기능, 가치 · 태도를 통합적으로 교수 · 학습 하여 수학 교과 역량을 함양하고 수리 소양을 갖추게 한다. (라) 수학 내용 특성에 적합한 교구나 공학 도구를 선택하여 효율적인 교수 · 학습이 이루어지도록 하고 학생들의 디지털 소양 함양을 도모한다. 그리고 수학 교과서 읽기, 수학 학습 과정과 결과 쓰기, 문장제 해결 등을 통해 학생들의 언어 소양 함양을 도모한다.

Tyler는 학생이 교육목표를 성취할 수 있도록 하는 데 이용 가능한 학습 경험의 선정과 조직을 강조하였다. 학습 경험은 학습자가 환경과 상호작용하는 과정에서 능동적인 행동을 통해 배우고 경험하는 것을 의미한다. 지식과 관련된 학습 경험과 사고력과 관련된 학습 경험의 예를 들면 각각 다음과 같다. 지식과 관련해서는 문제를 해결하거나 새로운 지식 습득에 도움을 주는 경험, 사고력과 관련해서는 사고를 자극하는 경험 등이다. Tyler는 효과적인 수업을 위한 학습 경험 조직의 세 가지 원리로 연속성, 계열성, 통합성을 제시하였다. 연속성은 중요한 경험 요소를 어느 정도 연속하여 다루는 것이고, 계열성은 경험의 수준을 점차 높여서 더 깊이 있고 폭넓은 학습 경험을 할 수 있도록 조직하는 것이다. 통합성은 학습 경험을 횡적으로 상호 조화롭게 연결 지어 조직하는 것이다. 이에 학생이 수업에서 목표로 하는 내용 영역과 행동 영역의 학습 목표를 성취하고 바람직한 태도를 함양하는 등 학생의 다양한 능력을 조화롭게 발달시킬 수 있는 학습 경험을 선정하고 조직하는 노력이 수반되어야 한다.

| 3 | 개별화의 원리

개별화의 원리는 학습자의 학습 능력 및 학습 요구 수준에 맞는 학습 활동의 기회를 제공해 주어야 한다는 것을 의미한다. 즉, 학습자의 개인차를 고려하여 적절한 학습 과제, 학습 방법 등을 제공하는 것을 말한다(송인섭 외, 2006; 정동영, 2009; 정명화 외, 2009). 학생은 각자의 독특한 흥미, 욕구, 능력을 가지고 있으므로, 교사는 학생의 개인차에 주의를 기울이고 수업을 이러한 필요에 맞추려는 시도가 필요하다. 수업 상황에서 학생 개인차의 폭이 큰 경우에 학습의 효과를 극대화하기 위해서 학습자의 개인차를 이해하고 이를 학습 목표와 관련시켜 개개인의 능력을 충분히 발휘하도록 다양한 수준별 자료와 학습 활동을 활용하는 것이 필요하다. 개별화의 원리는 수학과 교육과정 문서의 교수·학습 방향에서 명시한 다음 사항을 실천하기 위해서 반드시 고려해야 할 원리이다. 이러한 사항에 주의를 기울여 학습의 효과를 극대화한 수학과 수업을 운영할 수 있도록 할 수 있어야 한다.

2015 개정 수학과 교육과정(교육부, 2015)
가. 교수 · 학습 방향 (1) 교수 · 학습 원칙 (마) 교육과정에 제시된 내용을 지도한 후 학습 결손이 있는 학생에게는 보충 학습, 우수 학생에게는 심화 학습의 기회를 추가로 제공할 수 있다.
2022 개정 수학과 교육과정(교육부, 2022)
가. 교수 · 학습 (1) 교수 · 학습의 방향 (마) 수학 내용의 특성, 학교 여건, 학생의 학습 능력과 수준 등을 고려하여 교수 · 학습을 운영한다. (바) 학생 개인의 필요, 수학 학습 속도, 학습 능력 등을 고려하여 학생 맞춤형 수업을 실시하고 보충 학습과 심화 학습의 기회를 제공한다.

개별화 수업을 위한 네 가지 기본 가정을 살펴보면 다음과 같다(송인섭 외, 2006). 첫째, 한 학급 내의 학생은 연령이 같더라도 가지고 있는 인지적, 정의적, 기능적 특성은 각기 다르다. 둘째, 출발점이 다른 학생이 동일한 하나의 방식으로 학습하여 동일한 효과가 나타나는 것은 불가능하다. 셋째, 개인의 인간적 존엄성을 보장한다는 측면에서 다수를 위한 수업보다 인지적, 정의적, 기능적 특성에서 양 극단에 있는 학생을 포함하여 모두를 위한 수업을 해야 한다. 넷째, 교사 중심의 한 가지 교수·학습 방법은 그 방법에 적합한 학생에게는 효과가 있을 수 있지만 나머지 학생에게는 비효과적일 수 있다.

효과적인 개별화 수업은 수업을 시작하기 전에 학습자의 출발점 행동을 조사하고, 이에 맞는 수업을 전개하려는 노력에서 시작된다(정명화 외, 2009). 즉, 학생에게 부족한 선수 학습 내용 요소를 보충한 후에 본시 수업을 진행함으로써 학습자 개개인의 능력을 고려하여 학습 목표를 달성하려고 하는 것이다. 이에 수업을 계획하고 수업을 진행할 때, 그리고 학습 과제를 제시하고 학습 결과를 평가할 때, 개별화를 원리를 적용함으로써 교수·학습의 효과를 높이는 노력이 수반되어야 한다. 이러한 개별화 수업을 위해서 학습 효과와 관련이 있는 학습자의 특성을 파악하고, 적합한 교수·학습 방법을 고민해 볼 필요가 있다.

| 4 | 자발성의 원리

자발성은 학습자의 내부로부터 발전하려는 의욕, 가능성, 또는 능력을 말한다(임부연, 오정희, 2014). 효과적인 수업을 위한 자발성의 원리는 학습자가 학습 활동에 의욕을 갖고 능동적으로 참여하도록 유도하는 것을 의미한다. 행동 변화의 대상은 학습자 자신이고, 교사는 학습자 스스로의 경험과 활동을 조력해 주는 위치에 있다는 것이다. 즉, 자발성의 원리를 구현하는 수업은 학습자가 스스로 학습에 참여하는 데 중점을 두는 수업이다. 자발성의 원리로 이루어진 교육의 효과는 학습자의 내재된 동기를 유발시켜 배움에 대한 의욕이 북돋아질 때 극대화될 수 있다. 따라서 교사는 학습자에게 동기를 부여하고 학습자의 학습 흥미를 유발할 수 있도록 다양하고 창의적인 방법으로 학습 자료나 과제를 준비하여 학습자가 학습의 목적에 대한 인식을 갖도록 도와주어야 한다. 자발성의 원리는 2015 개정 수학과 교육과정 문서의 교수·학습 방법에서 태도 및 실천 능력을 함양하기 위해 강조한 다음 사항과 직접 관련이 있다. 또한 2022 개정 수학과 교육과정 문서의 교수·학습 방향에서 명시한 (다) 사항을 실천하기 위하여 필요한 원리이다. 교사는 이러한 사항에 주의를 기울여 학습의 효과를 극대화한 수학과 수업을 운영할 수 있도록 할 필요가 있다.

2015 개정 수학과 교육과정(교육부, 2015)

가. 교수·학습 방향

(2) 교수·학습 방법

(자) 태도 및 실천 능력을 함양하기 위한 교수·학습에서는 다음 사항을 강조한다.

② 수학에 대한 관심과 흥미, 호기심과 자신감을 갖고 수학 학습에 적극적으로 참여하게 하며, 끈기 있게 도전하도록 격려하고 학습 동기와 의욕을 유발한다.

③ 학생 스스로 목표를 설정하고 학습을 수행하며 학습 결과를 평가하는 자주적 학습 습관과 태도를 갖게 한다.

2022 개정 수학과 교육과정(교육부, 2022)

가. 교수·학습

(1) 교수·학습의 방향

(다) 학생이 주도적으로 학습하여 수학과 교육과정에 제시된 목표를 달성하도록 교수·학습을 운영한다.

학습자의 자주성 또는 자발성은 20세기 초에 나타난 개혁 교육학 운동에서 강조되었다(정명화 외, 2009). 이 개혁 운동에서는 외부로부터 주입이나 전달이 아니라 학습자의 자발성을 중요하다고 보았다. 특히 페스탈로치는 교육에서 주입식 방식을 지양하고 문답에 의한 교육을 중요시하였다. 자발성이란 학습자가 자신의 책임 하에 학습하는 자주적 태도라 할 수 있다. 따라서 자발성의 원리는 수업에서 학생 중심의 교육을 강조하는 원리이다. 이 원리에 따르면 교사는 학생의 자기 주도적인 학습 활동을 도와주는 보조자의 역할을 하게 된다. 학생 중심의 교육은 학생이 가지고 있는 능력이나 특성을 가장 효과적으로 향상시킬 수 있다.

5 사회화의 원리

사회화는 개인이 다른 사람과의 상호작용을 통하여 사회의 행동 양식, 가치관, 규범 등의 문화와 지식 및 기능을 학습하고 사회의 구성원이 되는 과정이다(정명화 외, 2009). 인간은 사회적인 존재로, 태어나서 사회의 구성원이 되기까지 가정, 친구, 학교 등을 통하여 그 사회에 동화하는 사회화 과정을 거치게 된다(최선일 외, 2018). 사회화의 원리는 학생을 유용한 사회인으로 육성하기 위하여 협력적이고 우호적인 공동 학습을 통해 사회화를 돕는 원리를 의미한다. 따라서 교사는 학생이 독립된 인간으로서 각종 사회에 참가하여 원만한 사회적 관계를 맺어 가고, 개인적으로 보람 있고 사회적으로 유용한 일원이 되도록 지도해야 한다. 사회화 원리는 2015 개정 수학과 교육과정 문서와 2022 개정 수학과 교육과정 문서에서 수학과의 성격의 일부로 각각 규정한 다음 내용과도 직접 관련이 있기 때문에 교사는 수학 수업에서도 사회화의 원리를 실천할 수 있는 교수·학습 활동 및 수업 분위기를 조성하도록 고민해 보아야 한다.

> 수학 교과 역량 함양을 통해 학생들은 복잡하고 전문화되어 가는 미래 사회에서 사회 구성원의 역할을 성공적으로 수행할 수 있고 개인의 잠재력과 재능을 발현할 수 있으며, 수학의 필요성과 유용성을 이해하고 수학 학습의 즐거움을 느끼며, 수학에 대한 흥미와 자신감을 기를 수 있다(교육부, 2015, p. 4).
>
> 수학을 학습하는 과정에서 협력하여 문제를 해결하고 성찰하는 경험을 통해 다른 사람에 대한 포용성을 갖춘 민주 시민이자 인간과 환경의 공존 및 지속 가능한 발전을 추구하는 세계 공동체의 일원으로 성장할 수 있다(교육부, 2022, p. 4).

사회성은 사회에서 타인과의 공동생활에 잘 적응하고 사회생활을 원만히 해 나갈 수 있는 특성이다(최선일 외, 2018). 아동은 사회적 관계를 통하여 사회적 행동을 습득하고 책임 있는 사회 구성원으로서의 역할을 하게 된다. 사회성 발달에 가장 중요한 영향을 미치는 요인에는 가정환경, 또래집단, 교사 등이 있다(신명희 외, 2010). 특히 교사는 학교에서 학생의 사회화에 중요한 역할을 한다. 이에 교사는 학습 내용을 현실사회의 문제와 관련시킴으로써 수학 수업에서의 경험을 다른 환경에서의 경험과 연결 지어 상호 교류할 수 있도록 지원해야 한다. 또한 학생에게 협동 능력과 책임 의식을 함양할 수 있는 학습 경험을 제공할 수 있는 수업 환경을 조성해야 한다. 즉, 교사는 수업에서 기존의 지식이나 기능을 학생에게 주입하고 전달하는 것이 아니라 현실 사회의 문제를 기반으로 하여 학생이 자발적이고 자주적으로 활동하여 학생 자신의 잠재력을 계발하고 신장할 수 있는 학습 경험을 조직하는 것이 필요하다. 한편 사회화의 원리와 관련하여 교사가 학생에게 보여주는 인격이나 학생을 대하는 태도도 학생의 사회성 발달에 영향을 미친다는 것을 염두에 두어야 한다.

| 6 | 직접 경험의 원리

직접 경험의 원리는 언어 위주의 설명보다 구체적인 사물을 직접 제시하거나 학습자가 직접 경험해 보게 함으로써 학습의 효과를 높일 수 있다는 원리이다(정명화 외, 2009). 직접 경험의 원리는 직관의 원리라고도 불린다. 오늘날 교육현장에 도입된 시청각적 방법, 구체물 활용 방법, 교육공학적 접근 등은 직접 경험의 원리를 활용하여 학습 효과를 극대화시키고자 하는 노력의 일환이다. 수학과 교육과정 문서의 교수·학습 방법(또는 방안)에서 제시한 탐구 학습, 프로젝트 학습, 협력 학습, 놀이 및 게임 학습, 토의·토론 학습, 매체 및 도구 활용 학습 등도 이 원리에 기초한다고 볼 수 있다. 이러한 교수·학습 방법(또는 방안)은 실제 수업 환경과 학습 내용을 고려하여 적절하게 활용하여야 학습 효과를 높일 수 있을 것이다.

직접 경험의 원리는 학생이 사물이나 현상을 직접 비교하고 분석해 봄으로써 살아 있는 지식을 습득하고 실천력을 배양할 수 있다는 취지에서 시작되었다. Dewey(1938)도 이러한 실천을 통한 학습의 필요성을 강조하는 교육을 옹호하였다. Dewey는 학생이 타고난 탐구심을 가지고 세상과의 상호작용을 통한 실험을 통해 다재다능하고 생산적인 사회 구성원이 될 것이라 믿었다. 따라서 학생이 즉각적으로 관련될 수 있도록 일상생활의 실제 경험을 통해 재구성하고 실천할 수 있는 학습을 통합해야 한다(Pacho, 2015).

2 수업 절차

수업에서 어떠한 교수·학습 활동을 어떤 순서로 진행해야 하는가에 대해 정해진 지침은 없지만, 효과적인 수업 실행을 위한 교수·학습 활동은 학습 과제의 특성, 학습자의 특성, 수업 환경의 특성 등을 고려하여 전개되어야 한다. 일반적으로 수업은 도입, 전개, 정리의 세 단계로 진행되고, 수업의 진행 단계에서 수행되어야 할 단계별 주요 교수·학습 활동을 제시하면 〈표 4-2-1〉과 같다(윤광보 외, 2008; 변영계 외, 2009; 백영균 외, 2010).

표 4-2-1 교수·학습 과정의 단계별 주요 활동

단계	도입	전개	정리
주요 활동	- 학습 동기 유발 - 학습 목표 제시 - 선수 학습 확인	- 학습 내용 제시 - 학습 자료 제시 - 다양한 교수·학습 방법 사용 - 학습자의 참여 유도 - 피드백 제공	- 학습 내용 요약·종합 - 학습 성취 평가 - 파지 및 전이 활동 - 과제 제시 및 차시 예고

1 도입 단계의 주요 교수·학습 활동

(1) 학습 동기 유발

동기가 특정 행동을 하게 하는 계기나 이유를 의미함에 따라, 학습 동기는 학습을 하게 하는 이유라고 할 수 있다(송인섭 외, 2009). 학습 동기 유발 활동은 학생이 높은 의욕을 가지고 학습에 집중하고자 하는 마음 자세를 갖도록 하는 활동이다(백영균 외, 2010). 학생의 학습 동기는 수업하는 동안 지속적으로 유지되고 유발되어야 더 효과적이다. 수업을 시작하는 도입 단계에서의 학습 동기 유발은 해당 학습 내용을 학습하고자 하는 학생의 학습 동기를 자극하여 학습 과제에 집중할 수 있도록 하므로 무엇보다 중요하다. 학습 동기를 유발하기 위하여 학생이 학습할 내용이나 활동의 가치에 대해 인식할 수 있도록 해야 한다(Brophy, 1988). 학습 내용과 관련하여 학생의 호기심을 불러일으킬 언어 사용, 학생 주변의 구체적인 사례 활용, 게임이나 모의 상황 또는 역할극 이용 등 다양하고 흥미로운 제시 방법을 사용하면 학생의 흥미를 유발하여 학습 동기를 향상시킬 수 있다(Slavin, 2003).

(2) 학습 목표 제시

학습 목표는 교수·학습 활동을 통하여 학생이 성취할 수 있는 것으로, 수업의 성공 여부를 판단하는 평가 기준이 되기도 한다(변영계 외, 2009). 학습 목표 제시 활동은 한 시간의 학습이 끝났을 때 학생이 알아야 하거나 할 수 있어야 하는 것을 알려 주는 활동이다(백영균 외, 2010). 학생이 학습 내용에 대해 학습 동기를 갖게 되었다고 하여 수업 준비가 된 것은 아니기 때문에 학생에게 학습 목표를 분명하게 알려 주어야 한다(Borich, 2011). 또한 학습 목표를 분명하게 인식하고 수업에 임하면 교사와 학생 모두 목표에 초점을 맞춘 수업을 전개할 수 있다. 특히 학생의 입장에서 학습 목표를 인지하면 중요한 내용에 집중하고 사고를 체계화하는 데 도움이 된다. 학습 목표의 중점 사항을 강조하여 설명하거나 도달할 수 있는 절차를 학생에게 이해시키는 것도 더 효과적인 수업으로 이끌 수 있는 방법이 될 수 있다. 학습 목표를 칠판에 쓰거나 프로젝터를 활용하여 제시할 수 있다.

(3) 선수 학습 확인

선수 학습 확인 활동은 해당 학습 내용 및 과제와 관련이 있는 사전 학습 경험을 상기시키거나 재생시키는 활동이다(변영계 외, 2009). 수학 내용은 위계적이므로 해당 내용의 원활한 학습을 위하여 관련 있는 선수 학습 내용을 확인하는 활동이 특히 중요하다. 해당 내용의 학습을 위해 학생이 반드시 알고 있어야 필수 선수 학습 내용을 확인하여 결함이나 결손을 발견하면 교정하거나 보충하는 처치를 수행한 후에 본 학습을 진행하여야 한다. 그렇지 않으면 학습 결손이 누적되는 결과를 가져오게 된다. 선수 학습 확인 활동이 중요한 또 다른 이유는 학습하게 될 새로운 내용을 사전에 학습한 내용과 관련지을 때 학습 효과가 더 높아지기 때문이다(윤관식, 2013). 학생이 선수 학습 경험과 현재 학습 내용의 관계를 분명하게 이해하면 새로운 과제의 학습이 비교적 수월하게 이루어질 수 있다. 발문을 활용하면 선수 학습 내용을 서술적으로 요약하지 않고서도 핵심 내용을 상기시킬 수 있다.

| 2 | 전개 단계의 주요 교수·학습 활동

(1) 학습 내용 제시

학습 내용 제시는 수업의 핵심으로(Borich, 2011), 학습 목표를 달성하기 위하여 지도해야 할 학습 내용이나 학습 과제를 학생에게 제시하는 활동이다. 학습 내용의 구성 요소를 확인한 후, 적절한 교수·학습 활동을 체계적으로 전개할 수 있도록 학습 내용을 구조화하여, 구성 요소 사이의 관계를 고려하여 제시 순서를 정하여야 한다(백영균 외, 2010). 학습 내용 제시 순서는 단순하고 쉬운 학습 과제에서 시작하여 점차 복잡하고 어려운 학습 과제에 이르기까지 순차적으로 제시하는 것이 효과적이다. 또한 학생의 주의집중을 돕기 위해 변화를 주는 것이 효과적이므로, 학습 내용을 적절한 크기로 분할하여 제시하는 것도 필요하다. 개념이나 원리에 해당하는 예를 적당한 때에 제시하면 학생이 학습 내용을 좀 더 쉽게 이해하는 데 도움이 된다.

(2) 학습 자료 제시

학습 자료는 학습 목표 달성에 도움이 되도록 활용하는 여러 가지 프로그램이나 매체이다(변영계 외, 2009). 학습 자료에는 사진, 학생 활동지, 교구, 멀티미디어 자료, 웹 자료 등의 다양한 형태가 있다. 학습 자료가 과거의 수업에서는 보조 수단이었지만, 최근에는 수업을 주도하는 경향으로 변화하고 있다. 학생의 학습에 대한 관심을 유지하고 학습 내용에 대한 좀 더 명확한 이해를 돕기 위하여 다양한 학습 자료를 교수·학습 과정의 적재적소에 적합하게 활용하여 학습 내용을 제시해야 한다. 학습 자료 및 매체를 선정하고 활용할 때에는 학생의 특성, 교수·학습 환경 등을 고려하여야 한다. 특히 학습 자료를 잘못 활용할 경우 수업이 산만해지는 등 역효과를 초래할 수 있다는 점에 주의하여야 한다.

(3) 다양한 교수·학습 방법 사용

학습 목표를 달성하기 위해서는 학습 내용을 다양한 방법으로 제시해야 한다(Borich, 2011). 수업을 시작할 때 유발한 학습에 대한 학생의 관심을 유지시키고 학습 과정에 적극적으로 참여시키는 것이 중요하기 때문이다. 학생의 능력과 수준, 교수·학습 상황, 학습 자료 및 매체의 특성 등을 고려하여 설명식, 탐구 학습, 프로젝트 학습, 토의·토론 학습, 협력 학습, 수학적 모델링, 놀이 및 게임 학습, 매체 및 도구 활용 학습 등 다양한 교수·학습 방법을 적용하는 것이 필요하다. 다양한 방법을 이용한 교수·학습 활동으로 학습 내용을 제시하면 학생은 자신의 학습 양식에 맞는 방법으로 학습 내용을 이해할 수 있는 기회를 가지게 되므로 학습 학생의 사고를 촉진시키고 흥미를 증진시킬 수 있다. 수업 전개 단계에서는 수업에 다양성을 제공할 수 있는 교수·학습 방법을 고려해 볼 필요가 있다.

(4) 학습자의 참여 유도

학습 내용을 제시한 후에는 학생이 학습에 능동적으로 참여할 수 있게 해야 한다. 학생의 적극적인 참여 없이는 학습이 이루어지지 않기 때문이다(Borich, 2011). 수업 도입 단계에서 학습 동기 유발, 학습 목표 제시, 선수 학습 상기 등으로 자연스럽게 학생의 참여를 유도하지만, 이러한 활동만으로는 부족하다. 전개 단계에서 개인 활동, 소집단 활동, 전체 활동 등을 통해 해결할 수 있는 학습 과제를 제시하여 학생의 적극적인 참여를 유도하고, 과제를 해결하는 데 충분한 시간을 할애해 주어야 한다. 학생의 참여를 유도하기 위하여 Rosenshine과 Stevens(1986)이 제안한 구체적인 방법은 다음과 같다.

- 많은 발문 또는 질문을 준비한다.
- 중요한 내용, 부수적인 내용, 절차 등에 대하여 간단한 질문을 자주 한다. 또는 학생이 직접 질문을 만들어 볼 기회를 제공한다.
- 손을 들지 않은 학생에게도 기회를 준다.
- 학생이 자신의 말로 규칙이나 과정을 설명할 기회를 준다.
- 학생에게 노트나 칠판에 답을 적게 하고, 교사는 학생 사이를 순회한다.
- 학생에게 답을 적게 하고 주위 동료의 답과 비교해 보게 한다.
- (정리 단계) 소집단별로 중요한 학습 내용을 요약해 보게 한다.

(5) 피드백 제공

교육학에서 피드백은 학습자의 학습 행동에 대하여 교사가 적절한 반응을 보이는 일이다. 학생이 수행한 학습 활동 결과에 대하여 정답 또는 오답인지 곧바로 확인해 주는 것, 학습 오류에 대하여 즉각적이고 구체적으로 교정해 주는 것 등을 포함한다(백영균 외, 2010). 학생은 학습 활동을 하면서 자신이 제대로 학습하고 있는지를 파악할 수 있어야 한다. 수업 과정에서 피드백 제공 활동은 학생의 수행이 얼마나 성공적이고 정확한지에 대한 정보를 제공함으로써 학생의 다음 수행 과정에서 잘못된 부분을 개선하도록 하기 위한 것이므로 중요하다(최선일 외, 2018). 즉, 피드백을 통하여 학습 목표를 달성한 학생은 강화 받고, 그렇지 못한 학생은 자신의 잘못된 부분을 수정할 수 있게 된다. 피드백을 제공할 때 '맞다', '틀리다'와 같은 단편적인 평가를 하지 않고, 정 · 오답에 대한 정보와 함께 칭찬이나 격려가 동시에 이루어지도록 주의하여야 한다. 학생의 행동에 대하여 고개 끄덕이기, 미소 짓기, 언어적 칭찬, 학생의 발표, 답안지 제공 등의 여러 가지 방법으로 피드백을 제공할 수 있다. 〈표 4-2-2〉는 Borich(2011)가 대상을 개인, 소집단, 전체로 구분하여 제시한 구체적인 피드백 방법의 예시를 정리한 것이다.

| 표 4-2-2 | 피드백 방법(Borich, 2011, p. 163)

개인	소집단	전체
- 지나가면서 고개를 끄덕인다.	- 소집단 구성원들과 함께 앉아 답에 대해 논의하게 한다.	- OHP 필름, PPT 화면 등에 답을 적어 보여 준다.
- 교재에서 옳은 답을 가리킨다.	- 소집단 간의 답을 서로 평가한다.	- 답을 적은 유인물을 나눠 준다.
- 힌트를 준다.	- 소집단별로 힌트를 준다.	- 큰 소리로 답을 불러 준다.
- 틀린 답 옆에 표시를 해 준다.	- 다른 집단의 결과를 채점하게 한다.	- 칠판에 답을 적는다.
- 교과서나 참고 자료를 사용하여 동료의 결과를 채점하게 한다.		- 학생을 선정하여 큰 소리로 자신의 답을 말하게 한다.
		- 교사가 불러 준 답대로 동료의 결과를 채점하게 한다.

| 3 | 정리 단계의 주요 교수 · 학습 활동

(1) 학습 내용 요약 · 종합

수업 정리 단계에서 학생이 해당 수업의 학습 목표와 학습 내용이 무엇이었는지를 이해할 수 있도록 도와주어야 한다. 학습 내용을 구조화하여 중요한 부분을 요약하고 종합하는 활동은 학생의 파지 및 전이를 높이는 데 도움이 된다(백영균, 2010). 요약은 중요한 하나하나의 지식을 정리하는 것이고, 종합은 학생이 부분적으로 파악하고 있는 내용을 전체 맥락에서 이해시켜 하나의 완성된 학습 과제로 수행하게 하는 것이다(변영계 외, 2009). 교사의 구두 설명, 발문, 학생의 발표, 교수 · 학습 매체 등의 여러 가지 방법으로 학습 내용을 요약하거나 종합할 수 있다.

(2) 학습 성취 평가

학습 성취 평가는 계획한 교수 · 학습 활동이 잘 진행되고 있는지, 학습 장애나 어려운 점은 없는지, 수업 진행의 속도나 수준이 학생에게 적절한지, 차시 학습을 위한 준비가 되어 가고 있는지 등을 확인하고 해당 학습 목표가 적절히 달성되었는지 등을 평가하는 것이다(백영균 외, 2010). 교사의 언어를 통한 평가, 지필평가, 면담이나 관찰, 포트폴리오 등의 다양한 방법을 활용할 수 있다. 수업 정리 단계에서는 주로 학생이 학습 목표를 어느 정도 달성했는지 확인하여 학생뿐만 아니라 교사의 차시 수업 설계에 피드백할 수 있도록 형성평가 계획을 수립하여 실행하여야 한다. 정리 단계의 형성평가는 일반적으로 핵심 학습 내용을 중심으로 학생 개인 또는 전체를 대상으로 질문하거나 간단한 퀴즈를 풀어 보게 하는 방법으로 이루어질 수 있다.

(3) 파지 및 전이

해당 학습 내용에 대하여 학습자의 파지와 전이를 촉진시키는 노력이 필요하다. 파지는 학습 내용을 기억하는 것을 말하고, 전이는 학습 내용을 다른 상황으로 일반화하거나 적용할 수 있는 것을 의미한다(최선일, 2018). 교사는 학생이 학습 내용을 오랫동안 기억하고 동시에 즉각적으로 재생할 수 있을 뿐 아니라 학습한 내용을 적용할 수 있도록 해야 한다. 학생에게 학습 내용을 주변 상황에 적용해 볼 수 있는 기회를 제공하는 활동은 학생의 학습에 대한 만족도를 높일 수 있고, 파지와 전이를 촉진시키는 데에도 도움이 된다. 요약·종합 활동, 형성평가 활동 등을 통하여 학습 내용을 반복 적용함으로써 파지나 전이를 촉진시킬 수 있다(백영균 외, 2010).

(4) 과제 제시 및 차시 예고

형성평가 후에 학습 목표에 도달에 부족한 학생에게는 교정 학습의 기회를, 성공한 학생에게는 다른 상황에 학습 내용을 적용할 수 있는 심화 학습의 기회를 제공할 수 있는 과제를 제시하는 것이 필요하다(윤관식, 2013). 모든 수업에 대하여 모든 학생이 학습 목표를 달성하는 것이 바람직하지만 현실적으로 그 가능성이 크지 않기 때문이다. 이러한 과제는 수업 시간에 충분히 학습하지 못한 부분을 학생 스스로 보완하고 심화시킬 수 있는 기회를 학생에게 제공할 수 있도록 해야 한다. 한편, 차시에 학습할 내용을 예고하고 본시 학습 내용과 차시 학습 내용을 관련지어 제시함으로써, 학습의 계열성을 유지할 뿐만 아니라 다음 수업에 대한 학생이 관심을 가지고 준비할 수 있도록 해야 한다.

3 수업 기술

|1| 발문

발문은 학습 과제를 해결하기 위하여 학생의 사고를 자극하고 촉진시키며, 학생이 학습 목표를 쉽게 달성할 수 있도록 하기 위하여 교사가 학생에게 문제를 제기하는 것이다(방경곤 외, 2013). 질문과 엄격하게 구별하기는 어렵지만, 질문은 주로 자신이 모르거나 의심나는 것을 알아보거나 어떤 정보를 기대하면서 상대방에게 문제를 제시하는 형식으로 보는 관점도 있다. 효과적인 발문은 학생의 적극적인 반응을 이끌어 내어 적극적 수업 참여를 유도한다(Borich, 2011). 수업 과정에서의 발문은 교사와 학생, 학생과 학생 사이의 의사소통을 증진시키고, 학생의 학습을 확인하거나 피드백을 제공하기 위한 평가의 한 방법으로 활용되기도 한다(이성호 1999). 이와 같이 발문은 목적에 따라 수업 절차의 모든 단계에서 활용될 수 있으므로, 효과적인 발문을 위한 다양한 방법을 알아두어야 한다.

(1) 발문의 목적

발문을 정보 회상을 요구하는 낮은 차원의 발문과 일반화 및 추론 등을 요구하는 높은 차원의 발문으로 구분하면 편리할 수 있다(Borich, 2011). 그러나 이러한 분류는 발문의 구체적인 목적을 간과할 가능성이 있기 때문에 발문의 목적을 분명히 하여야 효과적인 발문을 할 수 있다. 발문의 목적은 다음과 같이 범주화할 수 있다(방경곤 외, 2013; Borich, 2011).

- 학생의 학습 동기 유발과 주의 집중
- 교사와 학생 및 학생과 학생 사이의 의사소통 촉진
- 학생의 지식 이해의 정도 진단과 평가
- 고차원 수준의 사고 자극 및 격려
- 학습 내용의 구조화 및 차시 학습 안내
- 학생의 사회적 행동 관리 및 통제

(2) 발문 전략

발문은 학교 교육현장에서 중요한 교수·학습 도구 중의 하나이므로, 교사는 효과적인 발문 전략을 알고 적절하게 사용할 수 있어야 한다. 모든 수업 시간의 대부분이 교사와 학생의 언어 상호작용으로 이루어지므로, 수업의 질은 발문의 질에 의하여 결정된다고 해도 과언이 아니다(Flanders, 1970). 좋은 수업을 위해서는 효과적인 발문이 필수적이므로, 수업 설계 과정에서 미리 계획하고 준비해야 한다. 발문을 적절하고 효과적으로 사용하기 위하여 고려해야 할 사항은 다음과 같다.

첫째, 학생의 수업 참여율을 높일 수 있도록 학생의 학습 의욕을 증진시키는 발문이어야 한다(Cooper et al. 2011). 수업에서의 발문은 일상생활에서의 의사소통과는 다른 교수·학습 도구로서 특정한 목적을 이루기 위해 전략적으로 사용되어야 한다. 이를 위해 전체 학생이 공통적으로 경험하고 있는 것이나 생활 속에서 보고 들어 알고 있는 내용을 수용하여 발문을 제시하는 것도 하나의 방법이다. 또한 학생이 자신의 사고력으로 해결할 수 있는 수준으로 제시해야 흥미와 도전 의지를 가지고 학습에 자율적으로 참여하게 된다(방경곤 외, 2013). 너무 어려운 발문은 학생을 오히려 힘들게 하여 포기하게 만들 수 있으므로 주의하여야 한다.

둘째, 발문은 학습자가 명확하게 이해할 수 있도록 구체적이고 간결하여야 한다(방경곤 외, 2013; Cooper et al., 2011). 발문의 의미가 간결하고 명확하여 학생이 무엇에 대하여 어떻게 대답해야 할지 분명하게 알 수 있어야 한다. 추상적이거나 모호한 발문은 학생의 사고 체계 또는 사고 방향에 혼란을 일으키는 결과를 가져오기 쉽다(Cooper et al., 2011). 학생의 이해 수준을 고려하여 구체적으로 발문하고, 학생이 발문의 의미를 이해하지 못하는 경우 발문에 포함된 어휘 수, 어휘 수준, 어휘 배열순서 등을 다르게 하여 보다 쉽게 다시 발문해야 한다.

셋째, 단순한 기억 재생의 대답으로 한정되는 수렴적(또는 폐쇄적) 발문보다 일반적이고 다양한 반응이 가능한 확산적(또는 개방적) 발문을 하는 것이 좋다(Borich, 2011; Cooper et al., 2011). 확산적 발문은 학생에게 반응의 형태를 맡기기 때문에, 다양한 사고와 정보를 도출해 낼 수 있고 창의적인 사고를 유도할 수 있다는 점에서 효과적이다. 반면에 수렴적 발문은 단지 사실만을 회상하면 되기 때문에, 학생이 학습 내용을 이해하고 있는지 확인하거나 주의집중을 하고자 할 때 사용하는 것이 적절하다.

넷째, 발문은 학습 목표와 연계되고 목적이 명확하여야 한다(Cooper et al., 2011). 학습 목표와 발문 목적에 따라 발문 기법이 달라져야 할 것이다. 예를 들어, 학습 목표가 개념을 이해하는 것인지, 추론 및 문제 해결 능력 등의 사고 능력을 함양하는 것인지 등에 따라 발문 방법이 달라져야 한다. 또한 교사가 발문을 왜 하는지 분명한 목적을 갖고 있어야 그 목적이 반영된 학생의 반응을 이끌어 낼 수 있다(방경곤 외, 2013).

다섯째, 발문을 한 다음에 학생에게 생각할 시간을 주어야 한다(방경곤 외, 2013; Cooper et al., 2011). 교사의 대기 시간은 바람직한 학생의 반응을 이끌어 내는 데에 발문이나 피드백만큼 중요할 수 있다(Borich, 2011). 특히 학생의 고차원적 사고를 통해 반응하도록 시간을 줄 때, 지나치게 짧거나 긴 대기 시간은 둘 다 적절하지 않다. 교사의 대기 시간은 첫 번째 발문을 한 후 기다리는 대기 시간 1과 학생의 첫 번째 반응 후에 생기는 대기 시간 2의 두 가지로 구별한다(Rowe, 1986). 대기 시간 1이 짧은 교실에서는 학생의 생각할 시간이 부족하게 되고, 대기 시간 2가 짧은 경우에는 학생의 반응이 끝나기도 전에 중단된다는 것에 주의해야 한다. 대기 시간을 적절하면, 대답의 길이 증가, 자발적인 대답, 거의 모든 발문에 대한 반응, 대답에 대한 학생의 확신 증가, 생각할 수 있는 기회 제공, 학생 질문의 빈도 증가 등의 효과를 기대할 수 있다.

여섯째, 여러 수준의 학생에게 적합한 발문을 하고, 발문을 계열화하여 의미 있게 배치해야 한다(Borich, 2011). 개인, 소집단, 전체를 대상으로 다양한 수준의 발문을 적절하게 혼합하여 사용하면 모든 학생이 방심하지 않고 학습에 집중하게 할 수 있다(Stipek, 1996). 개인차가 심한 교실에서는 여러 반응이 모두 나름대로 맞도록 발문을 구성하는 방법도 고려해 볼 수 있다. 또한 발문의 효과는 배열 순서에 따라서도 달라질 수 있다. 주로 확산적 발문에서 시작하여 수렴적 발문의 순서로 배열하는 것이 일반적이다. 예를 들어, 추론을 유도하는 발문으로 시작하여 간단한 결론을 요구하는 발문으로 좁혀 배열할 수 있다.

일곱째, 발문은 전체 학생을 대상으로 하여 모든 학생이 긴장 상태에 있게 한다(Borich, 2011). 학생 모두 자신이 언제든지 지명될 수 있다는 것을 예상하고 주의 집중할 수 있도록, 발문 후에 대답할 학생을 무작위로 또는 지원자를 우선 선정하는 것이 좋다. 내성적인 학생이 좀 더 적극적으로 수업에 참여할 수 있도록 표정을 주의 깊게 살피고 생각을 말하도록 권유하는 것도 고려해 볼 수 있다.

여덟째, 학생의 반응에 즉각적인 피드백을 제공해야 한다(Borich, 2011). 옳은 답은 반드시 인정 · 칭찬하여야 하고, 더 나아가 학생의 반응을 정교화하거나 확장할 수 있도록 추가 발문을 할 수도 있다. 한편, 불완전하거나 부적절한 학생의 반응에 대해서는 내용을 보충해 주거나 문제 해결 과정에 계속 참여하도록 격려해 준다. 대답의 범위를 넓힌 다른 발문으로 다른 학생에게 기회를 줄 수도 있다. 완전히 틀린 반응에 대해서도 보충 발문을 통하여 학생이 옳은 방향으로 나갈 수 있도록 지도하면 학생은 자신감을 가질 수 있다(방경곤 외, 2013).

2 판서

칠판은 학교교육에서 가장 보편적이고 오랫동안 사용해 온 시각매체이다. 판서는 다양한 색채감으로 학습자의 흥미를 유발하고 주의를 집중시킴으로써 학습 내용을 쉽게 이해하게 하고, 지속성을 유지하는 잔상 작용으로 기억이 오래 지속되도록 한다(방경곤 외, 2013). 최근 테크놀로지의 발달로 인해 낡은 도구로 간주되는 경향도 있지만, 특히 수학 수업을 위해서는 칠판을 효과적으로 활용할 수 있어야 한다.

첫째, 가독성을 위해 글자 크기와 필체를 확인한다(이지연, 2008). 글자 크기는 교실에 있는 모든 학생이 읽을 수 있도록 충분한 크기를 유지해야 한다. 약어를 판서하는 경우 판서와 동시에 크게 읽어 주고, 공식이나 외국어를 판서하는 경우 정자로 표기하고 구두로 다시 알려 주어 학생이 이해하는 데 어려움이 없도록 해야 한다. 글자와 숫자의 획순을 확인하여 정확하게 써야 한다.

둘째, 논리적으로 압축된 형태로 구조화하여 조직적으로 판서한다(방경곤 외, 2013). 수업 계획 단계에서 판서할 핵심 내용을 구조화하고, 칠판의 어느 부분에 어떻게 위치시킬 것인가를 결정한다. 판서 내용을 적절히 계획하여 학생과의 상호작용에 방해되지 않도록 주의하여야 한다. 또한 판서를 할 때는 공간에 따른 시선 집중도를 고려하는 것이 효과적이다(권성호, 2001). 대부분의 사람 시선이 왼쪽 위부터 집중한 뒤 오른쪽 아래로 내려오기 때문에, 수학 교사는 주로 칠판을 3~4등분하여 칠판 왼쪽에서 오른쪽으로 판서해 나간다. 학생의 시선을 고려하여 칠판 아래쪽의 좌우측에는 가능한 판서하지 않고, 판서 내용이 많지 않을 때는 중앙 부분에 판서하는 것도 하나의 방법이다(한종문, 2003).

셋째, 빈칸, 색깔 등의 변화를 통한 판서로 학생의 흥미를 유발하고 핵심 내용을 강조한다(이지연, 2008; 방경곤 외, 2013). 판서를 할 때 빈칸, 밑줄, 동그라미, 색분필 등으로 변화를 주면 학생의 주의를 집중시키고 핵심 내용도 강조할 수 있다. 그러나 너무 많은 변화는 오히려 학생의 주의를 산만하게 하여 혼란을 야기할 수 있음에 주의하여야 한다.

넷째, 교사는 판서하는 동안 가능한 학생의 시야를 가리지 않도록 하고, 자주 학생을 둘러보아야 한다(박숙희, 염명숙, 2013; 방경곤 외, 2013). 교사는 문제 풀이 과정을 보여주며 판서하는 중에도 학생과 시선을 맞추고 언어로 상호작용하여 학생의 주의가 산만해지지 않도록 주의하여야 한다. 또한 학생의 시야를 최대한 확보할 수 있도록 교사의 판서 위치나 장애물에 주의를 기울여야 한다.

CHAPTER 05

수학과 교수·학습 과정안 작성

이 장에서는 수업 실행을 위한 일종의 안내서로서 수업 준비 및 설계 과정에서 반드시 필요한 교수·학습 과정안의 역할과 요건에 대하여 살펴본다. 그리고 교수·학습 과정안 작성에 포함되어야 할 요소를 중심으로 작성하는 방법과 양식의 예시를 안내하고, 중학교 수학 내용 중에서 1차시 수업을 위한 주제를 선정하여 실제 교수·학습 과정안을 작성한 예시를 제시한다.

1 교수·학습 과정안의 역할과 요건

교수·학습 과정안은 교사가 어떤 목표로 어떤 내용을 어떤 방법으로 어떤 절차에 따라 학생의 학습을 안내할 것인지를 구체적으로 계획한 문서로, 수업 실행을 위한 일종의 안내서이다. 수업 지도안, 교수·학습안, 교수·학습 지도안 등의 여러 용어*로 불리기도 한다. 교수·학습 과정안을 작성하는 것은 수업 준비 및 설계 과정에서 반드시 필요하다. 수업의 전체 흐름뿐만 아니라 지도하고자 하는 학습 요소를 포함하는지, 교수·학습 활동 과정이 명확한지, 교사와 학생의 활동이 효과적인지, 시간 배분이 적절한지 등을 수업 전에 점검해 볼 수 있기 때문이다. 교사가 교재연구를 충실히 하지 않고 수업 계획을 대충 세운다면, 수업 진행에 혼란을 가져오고 학습의 효율성도 기대할 수 없다. 따라서 교육과정, 교과서, 참고자료 등을 바탕으로 한 교재연구를 통하여 학습 내용을 학생 중심의 활동으로 명료하게 재구성하여 제시하고, 학습의 효율성을 높이는 교수·학습 과정안을 작성함으로써 수업에 대한 사고 실험이 필요하다.

학생을 지도하는 데 최고의 방법이라 할 수 있는 왕도는 없다. 마찬가지로 교수·학습 과정안 작성에도 '이렇게 해야 한다.'는 왕도는 없다. 그럼에도 '이렇게 해 보자.' 하는 최선의 방법은 고려해 볼 수 있다. 교수·학습 과정안을 작성하는 목적은 교사가 학생의 학습을 안내하는 수업의 효과와 효율성을 최대로 제고시키는 것이다. 따라서 이러한 목적을 달성하는 데 지침이 될 수 있는 교수·학습 과정안의 역할과 갖추어야 할 조건을 정리해 볼 필요가 있다.

교수·학습 과정안의 가장 중요한 역할은 학습자가 학습 내용을 효율적이고 효과적으로 습득하여 교육의 목적인 바람직한 행동으로 변화할 수 있게 하는 것이다(정명화 외, 2009). 교수·학습 과정안 작성의 역할을 좀 더 구체적으로 살펴보면 다음과 같다(오성삼 외, 1998; 이지연, 2008; 고윤희 외, 2018).

- 교육과정의 내용을 탐색하는 기회를 제공하여 학습목표에 적절한 수업을 할 수 있다.
- 수업의 학습목표, 활동 내용, 활동 방법 등을 자세하게 제시할 수 있어 수업의 일관성을 유지할 수 있다.

---

* '교수-학습'은 교수와 학습을 주종의 관계로, '교수·학습'은 교수와 학습의 대등한 관계를 표기한 것으로 보는 관점이 있다. 이러한 관점에서는 교수자의 역할을 강조한 '지도안'이란 용어보다는 교사와 학생이 수업의 전 과정을 함께 이끌어 간다는 의미가 내포된 '과정안'을 사용하여 '교수·학습 과정안'으로 부르는 것이 적절할 것이다.

- 학생의 학습 경험의 제시 순서를 계열화하여 수업 시간을 적절히 관리할 수 있다.
- 교사의 교수 활동과 학생의 학습 활동을 예측하여 다양한 상황에 여유 있게 대응할 수 있다.
- 수업의 전 과정에 대한 흐름을 쉽게 파악하여 핵심적인 내용을 누락하지 않고 명확하게 전달할 수 있다.
- 학생의 학습 목표 달성도를 평가할 수 있는 평가 척도를 제시한다.
- 교사의 교수 방법을 개선하기 위한 피드백을 쉽게 받을 수 있어 더 나은 수업을 할 수 있도록 돕는다.

교수 · 학습 과정안 작성은 교사가 수업 전에 수업을 계획하고 구조화함으로써 수업에서 실수를 줄이고 효과를 최대화하기 위한 것이다. 교수 · 학습 과정안은 다양한 형태가 있지만 일반적으로 갖추어야 할 다음 요건을 고려하여 작성하는 것이 필요하다(이지연, 2008; 조철기, 2015).

- 수업 시간을 고려하여 적절한 학습 내용 분량을 선택한다.
- 관련된 교육과정을 고려하여 가장 적절한 학습목표를 선택하고 명확하게 진술한다.
- 학습자의 선수 학습 수준을 파악하고 흥미와 요구를 반영한다.
- 학습자의 학습 동기를 유발하고 능동적인 참여를 위한 적절한 방안을 고려하여 반영한다.
- 교과서, 교사용 지도서, 기타 참고자료를 통한 교재연구를 충분히 하고, 도서관, 인터넷, 지역 사회 등을 통해 구할 수 있는 다양한 자료를 활용한다.
- 학습자의 개인차를 적절히 고려하여 교수 · 학습 방법 및 과제를 선택한다.
- 선수 학습 내용과 연계시키고, 타 교과, 후속 학습과의 관련성도 고려한다.
- 효과적인 발문 또는 질문을 포함시킨다.
- 학습 내용을 효율적으로 전달하기 위한 체계적이고 구조화된 판서 계획을 포함시킨다.
- 교수 · 학습 활동을 고려하여 시간을 적절하게 분배하고, 예상하지 못한 사태에 대비할 수 있도록 시간의 융통성을 확보한다.
- 학생의 흥미와 경험에 따라 변경할 수 있도록 탄력성과 융통성을 고려한다.
- 학교의 시설 및 기자재 확보 상태 등을 고려하여 적절한 교수 · 학습 매체를 활용한다.
- 학습 목표 달성 정도를 파악하고 수업 개선에 대한 정보를 수집하기 위한 적절한 과정 중심 평가 방법을 선택한다.

2 교수·학습 과정안 작성의 실제

교수·학습 과정안은 교과목의 특성 또는 교수자의 의지 등에 따라 다르고 정해진 형식도 없다. 그러나 일반적으로 단원명, 단원의 성격, 단원의 교수·학습 목표, 단원 교수·학습 상의 유의점, 단원 교수·학습 계획, 본시 교수·학습 계획 등의 요소를 포함한다(이지연, 2008; 변영계 외, 2009; 정명화 외, 2009; 박숙희, 염명숙, 2013; 조철기, 2015). 절차와 형식을 갖춘 공식적인 공개수업을 진행하는 경우에는 교수·학습 과정안의 세안(細案)을 이외의 경우에는 본시 교수·학습 계획을 중심으로 간결하게 정리한 약안(略案)을 작성하기도 한다.

|1| 단원명

단원명은 학습자가 학습해야 하는 내용에 따라 단원, 주제 등의 용어로 사용된다. 단원명은 명사형의 구, 의문문 형식, 무엇을 한다는 방법적 형식 등으로 표현할 수 있지만, 간단 명료한 진술이 바람직하다. 수학 교과서의 단원은 대단원, 중단원, 소단원 등으로 구분되므로, 교과서에 제시된 단원명을 그대로 사용하는 것이 좋다. 수학과 교육과정을 토대로 학교나 학생의 특성에 맞게 재구성하는 것도 가능하다.

|2| 단원의 성격

단원의 성격은 해당 단원을 학습해야 하는 이유를 기술하는 것으로, 단원의 중요성과 가치를 밝히는 단계이다. 일정한 서술 양식이 없으므로 자유롭게 기술하게 되지만, 일반적으로 학습의 필요성, 학생의 요구, 교과의 계열적 요구, 사회의 요구 등을 고려하여 기술한다.

|3| 단원의 목표

단원의 목표는 수업에서 지도해야 할 교수·학습 목표를 의미한다. 교수자의 입장에서는 교수 목표이고 학습자의 입장에서는 학습 목표가 되므로, 어느 입장에서 서술하는가에 따라 진술 방식은 달라진다. 수학과 교수·학습은 교사가 아닌 학생 중심으로 이루어져야 하므로 학습 목표로 진술하는 것이 더 적절할 것이다. 학습 목표는 수업 후에 학생이 달성하게 될 최종 행동과 관련되어 있어야 한다. 학습 목표는 학습자의 입장에서 내용 영역과 행동 영역을 모두 포함해야 한다. 수학과의 단원 학습 목표는 수학과 교육과정에서 제시한 단원별 성취기준을 학습자의 입장에서 기술할 수 있다.

| 4 | 단원 교수 · 학습 상의 유의점

단원 교수 · 학습 상의 유의점은 교수 · 학습 과정에서 학습 목표를 달성하는 데 필요하거나 유의해야 할 사항이다. 수학 교사는 해당 단원의 교수 · 학습 과정을 계획하고 실행하기 위해서는 수학과 교육과정에서 제시한 해당 단원의 교수 · 학습 방법 및 유의사항을 반드시 살펴보고 주의를 기울여야 한다. 또한 교사용 지도서에서 제시한 학습 과제별 교수 · 학습 상의 유의점 또는 지도상의 유의점에도 관심을 두고 계획하고 실제 수업을 진행하는 것도 필요하다.

그러나 교육과정이나 교사용 지도서에 제시된 유의사항은 학생의 특성, 학교의 특성 등을 모두 고려한 것이라고 볼 수 없다. 교사는 단원의 학습 내용과 현재 학생을 분석한 후 학습 환경에 맞추어 적절하게 조정한 교수 · 학습 상의 유의점을 고려하는 것도 필요하다.

| 5 | 단원 교수 · 학습 계획

단원 교수 · 학습 계획은 해당 단원을 지도하는 데 필요한 시간과 시간별로 다루어야 할 학습 내용을 순차적으로 제시하는 것이다. 이를 위해 단원 목표에 따라 학습 과제를 분석하고 학습 요소를 추출한 후에 단원의 목표를 달성하기 위해 몇 시간이 필요한지, 어떤 순서로 학습 내용을 전개할 것인지를 결정해야 한다. 즉, 수업 단위 시간에 따라 해당 단원을 전체 몇 차시로 진행할 것인지 배분한 후에, 차시별 학습 내용, 교수 · 학습 방법의 유형, 학습 자료, 교수 · 학습 매체 등을 무엇으로 할 것인지를 중심으로 계획을

| **표 5-2-1** | 단원 교수 · 학습 계획(총 ○차시)

차시	소단원	학습 내용	주요 교수 · 학습 방법	학습 자료	교수 · 학습 매체	비고
1						
2						
3						본시
⋮						

수립한다. 단원 전체 교수·학습 계획의 개요를 한눈에 알아볼 수 있도록 구조화하여 제시하고, 본시 학습 내용이 단원에서 어떤 위치에 있는지를 파악할 수 있게 표시하는 것도 필요하다. 단원 교수·학습 계획 양식의 예시는 〈표 5-2-1〉과 같다.

6 본시 교수·학습 계획

본시 교수·학습 계획은 차시별 교수·학습 과정안을 작성하는 것을 의미한다. 본시 교수·학습 과정안 양식과 본시 교수·학습 과정안의 각 단계를 살펴보고자 한다.

(1) 본시 교수·학습 과정안 양식

본시 교수·학습 과정안은 표준화된 양식이 없지만, 일반적으로 도입 단계, 전개 단계, 정리 단계의 순으로 작성한다. 교수·학습 과정안의 양식의 두 가지 예는 〈표 5-2-2〉, 〈표 5-2-3〉과 같다.

표 5-2-2 본시 교수·학습 과정안 양식의 예 (1)

<table>
<tr><td>수업 일시</td><td colspan="2"></td><td>대상 및 장소</td><td></td><td>지도교사</td><td></td></tr>
<tr><td>대단원명</td><td colspan="4"></td><td>차시</td><td></td></tr>
<tr><td>소단원명</td><td colspan="4"></td><td>교수·학습 모형</td><td></td></tr>
<tr><td>학습 목표</td><td colspan="6"></td></tr>
<tr><td rowspan="2">교수·학습
매체(준비물)</td><td>교사</td><td colspan="5"></td></tr>
<tr><td>학생</td><td colspan="5"></td></tr>
</table>

<table>
<tr><th rowspan="2">단계
(분)</th><th rowspan="2">교수·학습
흐름</th><th colspan="2">교수·학습 활동</th><th rowspan="2">자료 및
유의점</th></tr>
<tr><th>교사</th><th>학생</th></tr>
<tr><td rowspan="4">도입
(○분)</td><td>학습분위기 조성</td><td></td><td></td><td></td></tr>
<tr><td>선수 학습 내용 상기</td><td></td><td></td><td></td></tr>
<tr><td>동기유발</td><td></td><td></td><td></td></tr>
<tr><td>학습목표 제시</td><td></td><td></td><td></td></tr>
<tr><td rowspan="3">전개
(○분)</td><td>교수·학습 내용 1</td><td></td><td></td><td></td></tr>
<tr><td>교수·학습 내용 2</td><td></td><td></td><td></td></tr>
<tr><td>교수·학습 내용 3</td><td></td><td></td><td></td></tr>
<tr><td rowspan="3">정리
(○분)</td><td>학습내용 정리</td><td></td><td></td><td></td></tr>
<tr><td>형성평가</td><td></td><td></td><td></td></tr>
<tr><td>차시예고 및 과제제시</td><td></td><td></td><td></td></tr>
</table>

※ 판서 계획, 활동지, 읽기 자료, 보충/심화 학습 자료 등은 별도로 첨부한다.

| 표 5-2-3 | 본시 교수 · 학습 과정안 양식의 예 (2)

<table>
<tr><td>단 원</td><td colspan="2"></td><td>차 시</td><td></td></tr>
<tr><td>학습목표</td><td colspan="4"></td></tr>
<tr><td>단계</td><td>교수 · 학습 과정</td><td colspan="3">교수 · 학습 활동</td></tr>
<tr><td rowspan="4">도입</td><td>주의환기</td><td colspan="3"></td></tr>
<tr><td>선수 학습 확인</td><td colspan="3"></td></tr>
<tr><td>동기유발</td><td colspan="3"></td></tr>
<tr><td>학습목표</td><td colspan="3"></td></tr>
<tr><td rowspan="3">전개</td><td>교수 · 학습 내용 1</td><td colspan="3"></td></tr>
<tr><td>교수 · 학습 내용 2</td><td colspan="3"></td></tr>
<tr><td>교수 · 학습 내용 3</td><td colspan="3"></td></tr>
<tr><td rowspan="3">정리</td><td>형성평가</td><td colspan="3"></td></tr>
<tr><td>차시예고</td><td colspan="3"></td></tr>
<tr><td>인사</td><td colspan="3"></td></tr>
</table>

〈표 5-2-2〉는 교사의 교수 활동과 학생의 학습 활동을 구분하여 계획하는 것이고, 〈표 5-2-3〉은 교사와 학생의 활동을 구분하지 않고 교수 · 학습 활동으로 통합한 것이다. 그러나 이 양식은 모두 필수 요건만을 포함시킨 것으로 교사는 학습 내용, 교수 · 학습 방법, 형성평가 방법 등을 고려하여 변형할 수 있다. 또한 교수 · 학습 단계를 반드시 도입, 전개, 정리 단계로 고정할 필요도 없다. 교수 · 학습 모형에 적합한 용어, 예를 들면, 교수 · 학습 안내, 개념 발견, 문제 해결, 토론, 탐구 활동, 공학도구 활용 등의 용어를 사용할 수 있다. 즉, 단원별, 학습 내용별 특성을 고려하여 적절한 교수 · 학습 모형을 선정하고, 단계와 절차를 효율적이고 전문적으로 작성할 수 있어야 한다. 교수 · 학습 과정안의 상단에서는 일반적으로 단원(차시), 대상, 학습 목표, 교수 · 학습 모형, 교수 · 학습 매체 등의 수업 개요를 안내한다.

(2) 본시 교수 · 학습 과정안의 단계

교수 · 학습 과정안의 단계는 수업 절차에 따라 일반적으로 도입, 전개, 정리의 3단계로 구성한다. 단위 수업 시간, 학습 목표, 학습 내용, 교수 · 학습 방법의 유형 등을 고려하여 단계별로 적절한 시간을 배분한다. 교수 · 학습 흐름에는 학습 목표를 달성하기 위한 수업 장면, 즉 주요 활동이나 내용을 제시한다. 교수 · 학습 활동은 본시 학습 목표를 달성할 수 있도록 계획하고, 교수 · 학습 흐름에 따라 교사의 활동과 학생의 활동으로 구분하여 상호작용 형태로 구체적으로 제시한다. 교사 중심의 일방적인 진행보다 학생의 능동적인 참여 학습이 될 수 있도록 교수·학습 활동을 구안하는 것이 중요하다. 자료 및 유의점에는 교수·학습 활동별로 필요한 학습 자료, 교수·학습 매체, 활동 시 유의점 등을 명시하여 효과적으로 수업을 진행할 수 있도록 한다.

[도입]

도입 단계는 한 시간 수업을 시작하는 단계로, 5~10분 정도의 비교적 짧은 시간 안에 이루어진다. 본시의 핵심 교수·학습 활동에 들어가기 전의 준비 단계 또는 분위기 조성 및 동기 유발 단계라고 할 수 있다. 수업 분위기 조성, 동기 유발, 학습 문제 제시, 학습 목표 제시, 선수 학습 내용 상기 등의 활동이 이루어지고, 이러한 활동의 순서는 정해진 것도 아니고 모든 활동이 포함되어야 하는 것도 아니므로, 교재 연구를 통하여 계획을 수립한다. 도입 단계의 주요 교수·학습 활동 작성 시 다음 사항에 주의한다.

- 출석 확인, 자리 정돈, 교과서 준비 등을 통해 학생이 수업 분위기를 조성할 수 있게 작성한다.
- 학습 동기 유발은 학습 목표와 관련 있는 시청각 자료, 생활 주변의 자료, 예화나 경험담 등을 활용하여 학생의 흥미를 유발할 수 있게 작성한다.
- 학습 내용에 대한 개요 또는 핵심 학습 문제는 명확하게 제시하고, 학생이 쉽게 확인할 수 있도록 작성한다.
- 학습 문제를 이끌어 내는 시간은 동기 유발을 포함하여 2~3분 이내로 배분하도록 작성한다.
- 본시 수업을 통해 달성하고자 하는 학습 목표를 어떤 방법으로 제시할 것인지 명확하게 작성한다.
- 본시 학습 목표를 달성하는 데 필수 선수 학습 내용을 구체적으로 제시하여 상기시키고, 잘못 이해한 부분이 없는지 확인할 수 있도록 작성한다.
- 도입 단계에 포함된 모든 활동이 단순한 징검다리 역할에 머물지 않도록 자연스럽게 연결되도록 작성한다.

[전개]

전개 단계는 학습 문제 해결 방법에 따라 다양한 교수·학습 방법을 활용하여 학습 목표를 달성하기 위한 교수·학습 활동을 하는 단계이다. 학습 내용 또는 학습 문제가 제시되는 단계이므로 학습을 강화하기 위해 적절한 구조화가 필요하다. 교수·학습 흐름은 주요 학습 활동을 3~5가지로 조직하여 설정한다. 전개 단계의 교수·학습 흐름의 구조화와 이에 따른 교수·학습 활동 작성 시 다음 사항에 주의한다.

- 학습 내용 선정 및 조직은 학습자 수준을 고려하여 수준별로 작성하고, 학습 목표 달성에 적합하게 작성한다.
- 교수 · 학습 방법은 학습 목표에 쉽게 도달할 수 있는 방법으로 작성한다.
- 학습 문제의 다양한 해결 방법 구상 및 계획을 체계적이고 논리적으로 작성한다.
- 문제 해결 과정이 체계적이고 논리적이 되도록 작성하고, 조건 통제가 적절하도록 작성한다.
- 모둠 활동을 위하여 문제 해결을 위한 최적 인원의 소집단을 구성하고 역할을 분담하도록 작성한다.
- 교수 · 학습 활동은 학생의 적극적 참여와 활동 중심으로 작성한다.
- 문제 해결 활동을 시작하기 전에 관점이나 주의할 점을 충분히 안내하여 안전사고를 예방할 수 있도록 작성한다.
- 문제 해결 결과는 학습 목표와 직결되도록 작성하고, 문제 해결 결과로부터 알 수 있는 사실을 추리하도록 작성한다.
- 교사와 학생 및 학생 사이의 원활한 의사소통 방법, 적절한 피드백 제공 방법 등을 구체적으로 준비하여 작성한다.

[정리]

정리 단계는 수업의 마지막 부분으로, 5~10분 내외의 시간 안에 이루어진다. 학습한 내용을 요약 · 정리하고, 학생의 학습 목표 달성 정도를 확인하며 다음 차시를 예고하는 단계이다. 과정 중심 평가의 일환으로 전개 단계에서 학생의 학습 목표 달성 정도를 충분히 확인하도록 계획한 경우에는 형성평가를 생략할 수 있다. 정리 단계의 주요 교수 · 학습 활동 작성 시 다음 사항에 주의한다.

- 학습 목표 및 학습 내용을 고려하여 중요한 사항을 요약 · 정리하여 작성한다.
- 교사의 구두 요약, 기존 판서 활용, 마인드맵, 개념도, 교육공학 도구 활용 등의 다양한 방법 중에서 사용할 방법을 명확하게 작성한다.
- 주변 정리 및 학생의 의문점에 대한 해결 과정이 드러나게 작성한다.
- 형성평가 과정에서 학습 목표 도달 여부 확인 및 결과, 피드백이 구체적으로 드러나도록 작성한다.
- 과제 제시는 학생 수준에 적절하고 학습 내용을 수업 후에도 강화하고 보충 또는 심화 학습이 이루어지도록 작성한다.
- 차시 예고에서 본시 학습 내용과 차시 학습 내용의 연계성이 드러나도록 작성한다.

3 교수·학습 과정안 예시

|1| 단원명

- 대단원: Ⅳ. 기본 도형과 작도
- 중단원: 2. 작도와 합동
- 소단원: 1. 삼각형의 작도

|2| 단원의 성격

우리 주변의 형태는 여러 가지 평면도형이나 입체도형으로 범주화되고, 이러한 도형을 이루는 기본요소는 점, 선, 면이다. 이에 도형의 기본요소에 대한 이해는 주위 사물에 대한 이해에 필수적이다. 한편, 작도 문제는 역사적으로 아주 오래된 문제 중의 하나로, 고대 그리스 시대로 거슬러 올라간다. 고대 그리스 시대 이후에도 다양한 작도 과제 해결 과정에서 위대한 수학적 발전을 이루었다. 작도는 도형에 대한 공간적 관계의 기술과 추론을 하게 하는 대표적인 분야로, 연역적 추론 역량 등의 수학적 사고력 향상에 중요한 역할을 한다.

이 단원은 기본 도형과 위치 관계, 작도와 합동으로 구성되어 있다. 기본 도형과 위치 관계에서는 도형의 기본요소인 점, 선, 면과 각을 다루고, 동위각과 엇각의 성질을 학습하며, 점, 직선, 평면 사이의 위치 관계를 알아본다. 작도와 협동에서는 삼각형을 작도하는 방법을 다룬 후에 이를 통하여 두 삼각형이 합동이 되는 조건을 이해하게 한다.

|3| 단원의 목표

- 점, 선, 면, 각을 이해하고, 점, 직선, 평면의 위치 관계를 설명할 수 있다.
- 평행선에서 동위각과 엇각의 성질을 이해한다.
- 삼각형을 작도할 수 있다.
- 삼각형의 합동 조건을 이해하고, 이를 이용하여 두 삼각형이 합동인지 판별할 수 있다.

| 4 | 단원 교수 · 학습상의 유의점

- 점, 선, 면, 각과 관련된 용어는 다양한 상황에서 직관으로 이해하게 한다.
- 주어진 삼각형과 합동인 삼각형을 작도하는 활동을 하고, 학생 자신의 방법을 설명하게 한다.
- 공학 도구와 다양한 교구를 이용하여 합동의 의미를 이해하게 한다.
- 용어의 정의와 도형의 성질 등은 엄밀하게 다루지 않는다.
- 눈금 없는 자와 컴퍼스만을 가지고 작도할 수 있게 한다.
- 작도에 대한 증명은 피하고 직관적으로 이해하게 한다.
- 주어진 삼각형과 합동인 삼각형을 작도할 수 있게 한다.
- 삼각형의 작도는 삼각형의 합동 조건을 파악하는 데 중요한 전제가 되기 때문에 이를 충분히 이해하게 한다.
- 삼각형을 작도하는 데 필요한 작도 내용만 다루도록 한다.
- 도형의 성질을 이해하고 설명하는 활동은 학생의 수준에 따라 달리할 수 있다.

| 5 | 단원 교수 · 학습 계획

대단원	중단원	소단원	교수 · 학습 내용	쪽수	차시
Ⅳ. 기본 도형과 작도	1. 기본 도형과 위치 관계	01. 점, 선, 면	• 도형을 이루는 기본요소 • 직선, 반직선, 선분 • 두 점 사이의 거리와 선분의 중점	146~150	2
		02. 각	• 각 • 맞꼭지각 • 직교, 수선의 발	151~155	2
		03. 점, 직선, 평면의 위치 관계	• 평면에서 점과 직선, 직선과 직선의 위치 관계 • 공간에서 직선과 직선, 직선과 평면의 위치 관계	156~161	3
		04. 평행선의 성질	• 동위각, 엇각 • 평행선의 성질	162~166	2
		창의 · 융합 마무리		167	1
		스스로 평가하기		168~169	1
	2. 작도와 합동	01. 삼각형의 작도	• 길이가 같은 선분의 작도 • 크기가 같은 각의 작도 • 삼각형을 이루는 세 변의 조건	172~179	3

대단원	중단원	소단원	교수 · 학습 내용	쪽수	차시
			• 세 변의 길이가 주어진 삼각형의 작도 • 두 변의 길이와 그 끼인각의 크기가 주어진 삼각형의 작도 • 한 변의 길이와 그 양 끝 각의 크기가 주어진 삼각형의 작도		
		02. 삼각형의 합동	• 도형의 합동 • 삼각형의 합동 조건	180~183	3
		창의 · 융합 마무리		184	1
		스스로 평가하기		185~186	1
		창의 · 융합 프로젝트		187~190	1

|6| 본시 교수 · 학습 계획

(1) 교수 · 학습 과정안

수업 일시	○. ○. ○	대상 및 장소	1-○		○ ○ ○
대단원명	Ⅳ. 기본 도형과 작도			차시	13/20
소단원명	2. 작도와 합동 01. 삼각형의 작도			교수 · 학습 모형	탐구 학습, 협력 학습
교과 역량	추론, 의사소통				
학습 목표	삼각형을 작도하고, 그 과정을 설명할 수 있다.			준비물	자, 컴퍼스, 빨대, 각도기, 투명 종이, 화면자료, 활동지, 자기평가지

단계(분)	교수·학습 흐름	교수 · 학습 활동		자료 및 유의점
		교사	학생	
도입(5분)	학습 분위기 조성	• 출석을 확인하고, 학습 분위기를 조성한다. • 모둠별 배치를 확인한다.	• 교과서를 펴고, 준비물(빨대, 자, 컴퍼스)을 꺼낸다.	- 교과서와 준비물 확인으로 분위기를 조성한다.
	동기 유발	• 칠판에 삼각형을 그린 후에 같은 삼각형을 작도할 수 있는지와 그 이유에 대하여 발문한다. • 주어진 삼각형을 작도하기 위해서 세 변의 길이와 세 각의 크기를 모두 알아야 하는지 그렇지 않으면 몇 가지 조	• 발문에 대한 답을 생각해 보고, 그 이유를 말하면서 또는 동료의 답과 설명을 들으면서 호기심을 가진다. • 생각을 자유롭게 발표하거나 동료의 생각이 타당한지에 대하여 생각해 본다.	- 발문을 통하여 생각해 보게 함으로써 학생들의 호기심을 자극한다.

단계 (분)	교수·학습 흐름	교수·학습 활동		자료 및 유의점
		교사	학생	
		건만으로도 가능한지와 그 이유에 대하여 발문한다.		
	학습 목표 제시	• 학습 목표를 판서하면서 강조하여 설명한다.	• 학습 목표를 읽으며 인지한다.	- 학생 스스로 인지하도록 유도한다.
	선수 학습 내용 상기	• 화면에 제시된 선분 AB와 길이가 같은 선분을 머릿속으로 작도해 보게 한 다음, 작도하는 과정(애니메이션)을 보여준다. • 화면에 제시된 $\angle \mathrm{AOB}$와 크기가 같은 각을 머릿속으로 작도해 보게 한 다음, 작도하는 과정(애니메이션)을 보여준다.	• 주어진 선분과 같은 길이의 선분을 작도하는 절차를 상기한다. • 주어진 각과 크기가 같은 각을 작도하는 절차를 상기한다.	- 화면자료 - 작도는 눈금 없는 자와 컴퍼스만을 사용한다는 것을 강조한다. - 학생에게 질문할 수 있도록 안내한다. - 학생의 반응을 살펴서 상기 시간을 조정한다.
전개 (30분)	탐구 학습 1 (세 변의 길이가 주어진 삼각형 작도)	• 학생 개인별로 길이가 각각 10cm, 15cm, 20cm인 3개의 빨대로 삼각형을 만들어 보게 한다. • 만든 삼각형을 모둠 구성원들과 서로 비교해 보게 하여, 세 변의 길이를 알면 삼각형은 하나로 정해짐을 알게 한다. • 활동지에 제시된 단계에 따라 모둠에서 협력하면서 세 변의 길이가 각각 a, b, c인 선분을 세 변으로 하는 삼각형을 작도하는 절차를 발견하게 한다. • 교실을 순회하며, 활동을 잘 수행하고 있는지 확인한다. • 실물화상기를 이용하여 모둠에서 발견한 절차대로 삼각형을 작도해 보이고, 그 절차를 발표하게 한다. • 발표한 모둠과 학생에게 칭찬한다. • 다른 모둠에도 발표의 기회를 제공한다.	• 세 개의 빨대로 각자 삼각형을 만든다. • 모둠 구성원이 만든 삼각형과 자신이 만든 삼각형을 비교해 보면서, 모두 같다는 것을 인식한다. • 활동지의 안내에 따라 모둠 내에서 협력하여 삼각형을 작도하는 절차를 발견하고 구성한다. • 질문한다. • 다른 모둠의 발표를 듣고, 자신의 모둠에서 구성한 절차와 비교해 본다. • 실물화상기를 통해 모둠에서 발견한 절차대로 삼각형을 작도하는 과정을 보여주고, 그 절차를 발표한다.	- 빨대 - (눈금 없는) 자 - 컴퍼스 - 활동지 - 실물화상기 - 화면자료 - 활동지에서 분석법을 활용하여 작도 절차를 탐구하게 하고, 종합법으로 절차를 정리하게 한다. - 작도는 눈금 없는 자를 이용하는 것임을 강조하고, 눈금이 있는 자의 눈금이 없다고 생각하고 작도하도록 주의시킨다. - 모둠 활동에 적극적으로 참여하여 의사소통 역량, 협동심, 책임감을 키우도록 유도한다.

단계(분)	교수·학습 흐름	교수·학습 활동		자료 및 유의점
		교사	학생	
		• 발표한 모둠과 학생에게 칭찬하고, 다른 모둠도 칭찬한다. • 세 변의 길이를 알 때 삼각형을 작도하는 절차를 화면자료(애니메이션)를 이용하여 정리한다.	• 화면자료를 보며 삼각형 작도 절차를 정리한다.	
	문제 해결 1	• 교과서에 제시된 문제를 개인적으로 그리고 서로 도우며 해결하게 안내한다. • 교실을 순회하며, 활동을 잘 수행하고 있는지 확인한다. • 실물화상기를 이용하여 발표하게 한다. • 발표한 학생을 포함하여 모두 잘 해결하였음을 칭찬한다.	• 서로 도와가며 문제를 해결한다. • 질문한다. • 발표를 경청하고, 자신들의 해결 방법과 비교해 보고, 질문한다.	- 해결에 어려움이 있는 동료를 서로 도와주는 분위기를 조성한다.
	탐구 학습 2 (두 변의 길이와 그 끼인각이 주어진 삼각형 작도)	• 학생 개인별로 눈금 있는 자와 각도기를 사용하여 두 변의 길이가 각각 4cm, 6cm이고 그 끼인각의 크기가 $50°$인 삼각형을 투명 종이 위에 그리게 한다. • 그린 삼각형을 모둠 구성원들과 서로 비교해 보게 하여, 두 변의 길이와 그 끼인각을 알면 삼각형은 하나로 정해짐을 알게 한다. • 활동지에 제시된 단계에 따라 모둠에서 협력하면서 길이가 각각 a, b인 선분을 두 변으로 하고, $\angle A$를 그 끼인각으로 하는 삼각형을 작도하는 절차를 발견하게 한다. • 교실을 순회하며, 활동을 잘 수행하고 있는지 확인한다. • 실물화상기를 이용하여 모둠에서 발견한 절차대로 삼각형을 작도해 보이고, 그 절차를 발표하게 한다.	• 투명 종이 위에 각자 삼각형을 그린다. • 모둠 구성원이 그린 모든 삼각형을 겹쳐 비교해 보면서, 모두 같다는 것을 인식한다. • 활동지의 안내에 따라 모둠 내에서 협력하여 삼각형을 작도하는 절차를 발견하고 구성한다. • 질문한다. • 다른 모둠의 발표를 듣고, 자신의 모둠에서 구성한 절차와 비교해 본다.	- 투명 종이 - 눈금 있는 자 - 각도기 - (눈금 없는) 자 - 컴퍼스 - 실물화상기 - 화면자료 - 활동지에서 분석법을 활용하여 작도 절차를 탐구하게 한 후에 종합적으로 절차를 정리하게 한다. - 작도는 눈금 없는 자를 이용하는 것임을 강조하고, 눈금이 있는 자의 눈금이 없다고 생각하고 작도하도록 주의시킨다.

단계 (분)	교수·학습 흐름	교수·학습 활동		자료 및 유의점
		교사	학생	
		• 발표한 모둠과 학생에게 칭찬한다. • 다른 모둠에도 발표의 기회를 제공한다. • 발표한 모둠과 학생에게 칭찬하고, 다른 모둠도 칭찬한다. • 두 변의 길이와 그 끼인각을 알 때 삼각형을 작도하는 절차를 화면자료(애니메이션)를 이용하여 정리한다.	• 실물화상기를 통해 모둠에서 발견한 절차대로 삼각형을 작도하는 과정을 보여주고, 그 절차를 발표한다. • 화면자료를 보며 삼각형 작도 절차를 정리한다.	- 학생들이 모둠 활동에 적극적으로 참여하여 의사소통 역량, 협동심, 책임감을 키울 수 있도록 한다.
	문제 해결 2	• 교과서에 제시된 문제를 개인적으로 그리고 서로 도우며 해결하게 안내한다. • 교실을 순회하며, 활동을 잘 수행하고 있는지 확인한다. • 실물화상기를 이용하여 발표하게 한다. • 발표한 학생을 포함하여 모두 잘 해결하였음을 칭찬한다.	• 서로 도와가며 문제를 해결한다. • 질문한다. • 발표를 경청하고, 자신들의 해결 방법과 비교해 보고, 질문한다.	- 해결에 어려움이 있는 동료를 서로 도와주는 분위기를 조성한다.
정리 및 평가 (5분)	학습 내용 정리	• 세 변의 길이를 알거나 두 변의 길이과 그 끼인각을 알면 삼각형은 각각 하나로 정해짐을 다시 한 번 강조한다. • 두 가지 조건에 대하여 각각 삼각형 작도 절차를 간략하게 요약 정리해 준다. • 학습 내용에 대하여 질문할 기회를 준다.	• 오늘 학습한 내용인 삼각형의 작도 방법을 정리한다. • 질문한다.	- 판서 내용과 화면자료를 활용한다. - 질문한 학생을 칭찬한다.
	형성평가	• 자기평가지를 이용하여 학생들이 학습 목표에 달성했는지 스스로 점검하고, 활동 참여에 대하여 반성하게 한다.	• 자기평가를 통해 자신의 학습목표 도달 정도와 학습 태도에 대하여 되돌아본다.	- 칭찬하고 부족한 부분을 보완할 수 있도록 격려한다. - 다음 수업 설계에 반영할 정보를 수집한다.
	차시 예고	• 다음 시간에 삼각형 작도를 계속 학습하고, 관련 문제를 해결할 것임을 예고한다.	• 다음 차시에 학습할 내용을 주의 깊게 듣는다.	

(2) 판서 계획

칠판을 3등분하는 경우와 4등분하는 경우 두 가지로 나누어 제시한 판서 계획은 다음과 같다.

[3등분한 경우]

2. 작도와 합동 01. 삼각형의 작도 학습목표: 삼각형을 작도할 수 있다. 〈생각해 보기〉 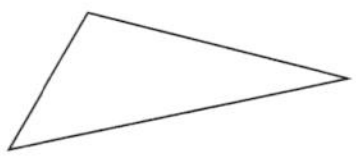 〈떠올리기〉 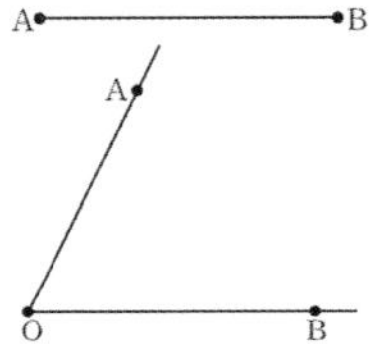 	〈탐구 활동 1〉 세 변의 길이가 주어진 삼각형 작도하기 〈문제 6〉	〈탐구 활동 2〉 두 변의 길이와 그 끼인각의 크기가 주어진 삼각형 작도하기 〈문제 7〉

[4등분한 경우]

2. 작도와 합동 01. 삼각형의 작도 학습목표: 삼각형을 작도할 수 있다.	〈생각해 보기〉 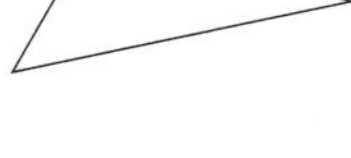 〈떠올리기〉 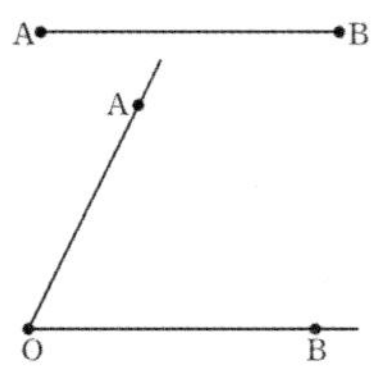 	〈탐구 활동 1〉 세 변의 길이가 주어진 삼각형 작도하기 〈문제 6〉	〈탐구 활동 2〉 두 변의 길이와 그 끼인각의 크기가 주어진 삼각형 작도하기 〈문제 7〉

참고문헌

강완, 김상미, 박만구, 백석윤, 오영열, 장혜원(2014). **초등수학교육론**. 서울: 경문사.

고윤희, 권량희, 오경숙, 강영식, 나양자(2018). **교과교재연구 및 지도법**. 고양: 공동체.

교육부(2015). **수학과 교육과정**. 교육부 고시 제2015-74호 [별책8].

교육부(2021). 2022 **개정 교육과정 총론 주요사항**. 교육부 보도자료(2021.11.24.). Retrieved from: https://www.moe.go.kr/boardCnts/viewRenew.do?boardID=294&boardSeq=89671&lev=0&searchType=null&statusYN=W&page=1&s=moe&m=020402&opType=N

교육부(2022). **수학과 교육과정.** 교육부 고시 제2022-33호 [별책8].

권낙원, 김민환, 한승록, 추광재(2011). **교사를 위한 교육과정론**. 서울: 공동체.

권성호(2001). **교육공학의 탐구**. 파주: 양서원.

권수진, 류현아, 임대근(2014). 멘토링을 통한 수학 학습부진아의 수학 학습태도 변화에 대한 사례연구. East Asian Mathematical Journal, 30(2), 123-148.

김경희(2000). **게슈탈트 심리학**. 서울: 학지사.

김응태, 박한식, 우정호(1984). **수학교육학 개론**. 서울: 서울대학교출판부.

김인경(2010). 중학교 수학 학습부진아의 CAS 계산기를 사용한 활동에서 나타나는 메타인지 활동 분석. **학교수학, 12**(4), 531-545.

김창일, 전영주(2018). 예비 수학교사의 통계와 확률론에서의 몇 가지 오개념. **한국학교수학회논문집, 21**(4), 469-483.

김창일, 전영주(2020). 자유도의 교수학적 분석. **한국학교수학회논문집, 23**(3), 239-257.

김창일, 전영주(2022). 수학학습심리학과 구성주의에 대한 고찰. **한국학교수학회논문집, 25**(3), 243-260.

김희정(2017). 수학 교사교육 연구와 실천과제: 효과적인 수학 수업의 다섯 가지 필수 측면 프레임으로 분석한 고등학교 수열 단원 수업과 교사 전문성 신장에 대한 소고. **수학교육학연구, 27**(4), 639-661.

김희정(2022). 예비 수학교사의 수학적 사고 중심 수업에 관한 노티싱 역량. The Mathematics Education, 61(2), 339-357. https://doi.org/https://doi.org/10.7468/mathedu.2022.61.2.339

박송이, 노영순(2009). 마인드 맵을 활용한 학습부진아의 지도가 수학 학습 능력 및 태도에 미치는 영향. **한국학교수학회논문집, 12**(2). 243-260.

박숙희, 염명숙(2013). **교수-학습과 교육공학(3판)**. 서울: 학지사.

방경곤, 권민석, 김규태, 이우봉(2013). **초 · 중등 교원 임용시험과 교생실습을 위한 교수 · 학**

습안과 수업 실연. 파주: 양서원.

백영균, 박주성, 한승록, 김정겸, 최명숙, 변호승, 박정환, 강신천, 김보경(2010). **유비쿼터스 시대의 교육방법 및 교육공학(3판)**. 서울: 학지사.

변영계, 김영환, 손미(2009). **교육방법 및 교육공학(3판)**. 서울: 학지사.

서울대학교 교육연구소(1994). **교육학 용어사전.** 서울: 서울대출판부.

서울대학교 국어교육연구소(1999). **국어교육학사전**. 서울: 대교출판.

송인섭 외(2009). **교육심리학**. 서울: 학지사.

신명희, 강소연, 김은경, 김정민, 노원경, 서은희, 송수지, 원영실, 임호용(2010). **교육심리학(3판)**. 서울: 학지사.

신현성(1991). **수학교육론**. 서울: 경문사.

오성삼, 구병두, 이풍길, 박성열(1998). **실기교육방법론**. 서울: 학지사.

윤관식(2013). **교수-학습지도안 개발 방법론 수업 설계.** 파주: 양서원

윤광보, 김용욱, 최병옥(2008). **교육방법과 교육공학의 이해(2판)**. 파주: 양서원.

윤재국(2005). **이제는 교육전문성이다**. 공주: 공주대학교 출판부.

이돈희(1994). **교과 교육학의 성격과 과제**. 서울: 교육과학사.

이상구, 장지은, 김경원, 박경은(2014). GeoGebra와 미적분학 개념의 시각화. **〈수학교육논문집〉, 28**(4), 457-474.

이성호(1999). **교수방법론**. 서울: 학지사.

이용환(1991). 교재연구의 학문적 성격 구명을 위한 연구. **성곡논총, 22**, 1567-1616.

이종승(1991). **Tyler 교육과정과 수업의 원리.** 파주:교육과학사.

이지연(2008). **예비교사를 위한 실제적 교육방법 및 교육공학**. 고양: 서현사.

임부연, 오정희(2014). **영유아 교수 · 학습 방법.** 동문사,

정동영(2009). **특수교육 교과 교재연구 및 지도법**. 파주: 교육과학사.

정명화, 김신곤, 권기, 김준규, 신경숙(2009). **교육방법 및 교육공학**. 서울: 학지사.

조철기(2015). **지리 교재 연구 및 교수법: 예비 지리교사들을 위한 경험적 · 실천적 지리 교수법의 표본**. 서울: 푸른길.

조형미, 김희정(2018). 국제 교실수업 어휘 프로젝트: 한국 수학교실의 교수학적 어휘 조사 연구. **학교수학, 20**(3), 463-481.

주삼환, 이석열, 김홍운, 이금화, 이명희(1999). **수업 관찰과 분석**. 서울: 원미사.

최선일, 손지우, 양정모, 이승진, 차주환(2018). **교육심리학.** 파주: 양서원.

한종문(2003). **이것이 강의다.** 서울: 맥그로우컨설팅.

한혜정, 장경숙, 김기철, 이주연(2017). **2015 개정 교육과정의 핵심역량 함양을 위한 초 · 중학교 교육과정 설계 방안 연구**. 한국교육과정평가원 연구보고 RRC 2017-2.

홍진곤, 조승래(2003). 협력학습을 통한 수학 학습부진아 지도. **수학교육, 42**(3), 327-335.

Adhakari, K. (2020). Ausubel's learning theory: Implications on Mathematics Teaching. Retrieved from https://www.researchgate.net/profile/Khagendra-Adhikari

Aleksandrov, A. D., Kolmogorov, A. N., & Lavrent'ev, M. A. (1963). *Mathematics: Its content, methods and meaning* (S. H. Gould and T. Bartha, Trans.): Vol. 1. Plates. Massachusetts: MIT Press.(Original work published in 1956).

American Association of University Women. (1992). *How schools shortchange girls.* AAUW and NEA.

An, G. Q., Wang, J. I., Yang, Y., & Du, X. (2019). A Study on the effects to student' STEM academic achievement with chinese parents' participative styles in school education. *Educational Sciences: Theory and Practice, 19*(1), 41-54.

An, Y. (2021). A history of instructional media, instructional design, and theories. *International Journal of Technology in Education (IJTE), 4*(1), 1-21.

Anderson, L. W., & Krathwohl, D. R. (Eds.). (2001). *A taxonomy for learning, teaching, and assessing: a revision of Bloom's taxonomy of educational objectives.* Longman. NY.

Ausubel, D. P. (1968). *Educational psychology: A cognitive view.* New York: Holt, Rinehart and Winston.

Ausubel, D. P. (2000). *The acquisition and retention of knowledge: A cognitive view.* Amsterdam: Kluwer Academic Publishers.

Bennett, K. P., & LeCompte, M. D. (1990). *How Schools Work: Sociological Analysis of Education.* Longman Publishing Group, NY.

Beth, E. W., & Piaget, J. (1966). *Mathematical epistemology and psychology.* Netherlands: D. Reidel Publishing Company.

Birdwell, J. K., & Clason, R. G. (1970). Comment In J. K. Birdwell & R. G. Clason (Eds.), *Reading in the History of Mathematics Education* (pp. 361-362). Washington, D. C.: National Council of Teachers of Mathematics.

Black, P., & Wiliam, D. (1998). Assessment and classroom learning. *Assessment in Education, 5*(1), 7-74. https://doi.org/10.1080/0969595980050102.

Borich, G. D. (2011). **효과적인 교수법**(박승배, 부재율, 성양환, 이미자, 조주연 공역). 서울: 아카데미프레스(원저 2011년 출판).

Borich, G. D. (2017). *Effective teaching methods: Reserch-based practice (9th Ed.).* Boston: Prentice Hall.

Brophy, J. (2010a). International encyclopedia of education. In P. Peterson, E. Baker, & B. McGaw (Eds.), *Motivating students in classrooms* (pp. 624-630). Oxford: Elsevier Science.

Brophy, J. (2010b). *Motivating Students to Learn* (*3rd Ed.*). New York, NY: Routledge.

Brophy, T. (1988). Research on teacher effects: use and abuses. *The Elementary School Journal, 89*, 3-17.

Brownell, W. A. (1935). Psychological considerations in the learning and the teaching of arithmetic. *The Teaching of Arithmetic* (pp. 1-31). New York, NY: Teachers College, Columbia University.

Brownell, W. A. (1945). When is arithmetic meaningful? *Journal of Educational Research, 38*, 481-498.

Bruner, J. (1960). *The process of education.* Cambridge, MA: Harvard University Press.

Bruner, J. S. (1966). *Toward a theory of instruction.* Cambridge, MA: Harvard University Press.

Bruner, J. S. (1973). *Beyond the information given.* New York: W. W. Norton & Company Inc.

Bruner, J. S., & Kenney, H. J. (1965). Representation and mathematics learning. *Society for Research in Child Development*, *30*(1), 50-59.

Cai, J., Moyer, J. C., & Wang, N. (1997, March). *Parental Roles in Students' Learning of Mathematics*. Paper presented at the Annual Meeting of the American Educational Research Association, Chicago, IL.

Cajori, F. (1977). 수학의 역사(정지호 역). 서울: 창원사(원저 1893년 출판).

Callahan, R. E. (1964). *Education and the cult of efficiency*. University of Chicago Press.

Carpenter, T. P., & Levi, L. (1999). *Developing conceptions of algebraic reasoning in the primary grades*. Paper presented at the annual meeting of the American Educational Research Association, Montreal(Canada).

Chang, H. W. (2012). Study on the standards for mathematical practice of Common Core State Standards for Mathematics. *Journal of Educational Research in Mathematics, 22*(4). 557-580

Cobb, P. (1988). The tension between theories of learning and instruction in mathematics education. *Educational Psychologist*, *23*(2), 87-103.

Coffey, J. E., Hammer, D., Levin, D. M., & Grant, T. (2011). The missing disciplinary substance of formative assessment. *Journal of Research in Science Teaching, 48*(10), 1109-1136. https://doi.org/10.1002/tea.20440

Cohen, J. (1988). *Statistical power for the behavioral sciences (2nd Ed.)*. NY: Academic Press.

Coleman, J. S., Campbell, E. Q., Hobson, C, J., McPartland, J., Mood. A. M., Weinfeld. F. D., & York, R. L. (1966). *Equality of educational opportunity*. Washington, DC: U.S. Government Printing Office.

Common Core State Standards Initiative (2010). *Common Core State Standards for Mathematics (CCSSM)*. Washington DC: National Governors Association Center for Best Practices and the Council of Chief State School Officers.

Cooper, J. M. et al. (2011). *Classroom teaching skills* (9th ed). Belmont: Wadsworth, Cengage Learning.

Copley, J. (1992). The integration of teacher education and technology: a constructivist model. In D. Carey, R. Carey, D. Willis, and J. Willis (Eds.), *Technology and Teacher Education*, 681. Charlottesville, VA: AACE.

Cramer, K., & Karnowski, L. (1995). The importance of informal language in representing mathematical ideas. *Teaching Children Mathematics, 1*(6), 332-336.

Davis, R. B. (1990). Discovery learning and constructivism. In R. B. Davis, C. A. Maher, & N. Noddings (Eds.), *Constructivist view on the teaching and learning of mathematics*. Reston, VA: National Council of Teachers of Mathematics

Dewey, J. (1938). *Experience and education*. NY: Collier Books.

Dienes, Z. P. (1960). *Building up mathematics*. London, UK: Hutchinson Educational LTD.

Duffy, T. M. and Jonassen, D. H. (1991). New implications for instructional technology?. *Educational Technology, 31*(3), 7-12.

Duffy, T. M. and Jonassen, D. H. (1992). *Constructivism and the technology of instruction: A conversation*. Hillsdale, NJ: Erlbaum.

Ebrahim, A. (2009). What is mathematics?. Retrieved from http://mathscitech.org/articles/what-is-mathematics#more-30

Eisner, E. W. (1979). *The educational imagination*. New York, NY: Macmillan Publishing Co., Inc.

Engle, R. A. (2011). The productive disciplinary engagement framework: Origins, key concepts and developments. In D. Y. Dai (Ed.), *Design research on learning and thinking in educational settings: Enhancing intellectual growth and functioning* (pp. 161-200). Taylor & Francis.

Engle, R. A., & Conant, F. R. (2002). Guiding principles for fostering productive disciplinary engagement: Explaining an emergent argument in a community of learners classroom. *Cognition and Instruction, 20*(4), 399-483. https://doi.org/10.1207/S1532690XCI2004_1

English, L. D., & Halford, G. S. (1995). *Mathematics education: Models and processes*. Mahawah, NJ: Lawrence Erlbaum Associates.

Ernest, P. (1991). *The philosophy of mathematics education*. London: The Falmer Press.

Ernest, P. (1998). *Social constructivism as a philosophy of mathematics*. New York, NY: State University of New York Press.

Ernest, P. (2018). **수학 학습심리학**(박성선 역). 서울: 경문사(원저 2011년 출판).

Ernest, P. (2021). What is the philosophy of mathematics education?. Retrieved from https://socialsciences.exeter.ac.uk/education/research/centres/stem/publications/pmej/pome18/PhoM_%20for_ICME_04.htm.

Ertmer, P. A., & Newby, T. J. (2013). Behaviorism, cognitivism, constructivism: Comparing critical features from an instructional design perspective. *Performance Improvement Quarterly*, *26*(2), 43-71.

Flanders, N. A. (1970). *Analyzing teaching behavior*. Reading, Mass: Addison-Wesley Publishing Co.

Freudenthal, H. (1973). *Mathematics as an educational task*. Dordrecht: Reidel Publishing Company.

Freudenthal, H. (1991) *Revisiting mathematics education*. Dordrecht: Kluwer Academic Publishers.

Gagné, R. M. (1970). *The conditions of learning (2nd Ed.)*. New York: Holt, Rinehart and Winston, Inc.

Gagné, R. M. (1985). *The conditions of learning and theory of instruction* (*4rd ed.*). New York: Holt, Rinehart and Winston, Inc.

Gagné, R. M., Briggs, L. J., & Wager, W. W. (1992). *Principle of instructional design* (*4rd ed.*). Orlando: Harcourt Brace College Publishers.

Ginsberg, H., & Opper, S. (2006). **Piaget의 인지발달이론**(김정민 역). 서울: 학지사(원저 1969년 출판).

Glasersfeld, E. von (1984). Radical constructivism. In P. Watzlawick (Ed.), *The invented reality*, 17-40. Cambridge, MA: Harvard University Press.

Glasersfeld E. von (1989). Constructivism in education. In T. Husen & N. Postlethwaite (Eds.), *International Encyclopedia of Education* (pp. 162-163). Oxford: Pergamon.

Glasersfeld, E. von (1995). *Radical constructivism*: A way of Knowing and Learning.

London: The Falmer Press.

Glasersfeld, E. von (1996a). Aspects of radical constructivism and its educational recommendations. In L. P. Steffe, P. Nesher, P. Cobb, G. A. Goldin & B. Greer (Eds.), *Theories of mathematical learning* (pp. 307-314). New Jersey: Lawrence Erlbaum.

Glasersfeld, E. von (1996b). Introduction: Aspects of constructivism. In C. T. Fosnot (Ed.), *Constructivism: Theory, perspectives, and practice* (pp. 3-7). New York: Teachers College University.

Goldstein, E. B. (2010). *Sensation and Perception (8th ed.).* Belmont, CA: Wadsworth, Cengage Learning.

Grant, N. (1987). *Making the most of your textbook.* London, NY: Longman.

Graven, M., & Hedy-Metzuyanim, E. (2019). Mathematics identity research: the state of the art and future directions. *ZDM: The International Journal on Mathematics Education 51*(3), 361-377.

Greenes, C. (1981). Identifying the gifted student in mathematics. *Arithmetic Teacher, 28*(6), 14-17.

Gustafson, K. L., & Branch, R. M. (2007). What is instructional design? In R. A. Reiser & J. V. Dempsey (Eds.), *Trends and issues in instructional design and technology* (pp. 10-16). Upper Saddle River, NJ: Pearson/Merrill Prentice Hall.

Hardy, G. H. (1940). *A Mathematician's apology*. Cambridge, England: The University Press.

Henningsen, M., & Stein, M. K. (1997). Mathematical tasks and student cognition: Classroom-based factors that support and inhibit high-level mathematical thinking and reasoning. *Journal for research in mathematics education, 28*(5), 524-549. https://doi.org/10.2307/749690

Higginson, W. (1980). On the foundations of mathematics education, *For the Learning of Mathematics*, *1*(2), 3-7.

House, P. A. (1987). *Providing Opportunities for the Mathematically Gifted, K-12.*, Reston, VA: National Council of Teachers of Mathematics.

Jonassen, D. H. (1991). Objectivism versus constructivism: do we need a new philosophical paradigm?. *Journal of Educational Research*, *39*(3), 5-14.

Jurdak, M. and Shahin, I. (2001). Problem solving activity in the workplace and the school: The case of constructing solids. *Educational Studies in Mathematics Education, 47*, 297-315.

Kame'enui, E. J., Carnine, D. W., Dixon, R. C., Simmons, D. C., & Coyne, M. D. (2002). *Effective teaching strategies that accommodate diverse learners* (*2nd Ed.*). Boston: Prentice Hall.

Keating, D. P. (1975). The study of mathematically precocious youth. *Journal of Special Education*, *9*(1), 45-62.

Kilpatrick, J. (2020). History of research in mathematics education. In S. Lerman (Ed.), *Encyclopedia of mathematics education* (pp. 267-272). New York, NY: Springer.

Kilpatrick, J., Swafford, J., & Findell, L. (2001). *Adding it up: Helping children learn mathematics*, Washington, DC: National Academy Press.

Kim, H. J. (2017). Connecting research and practice: Teaching for Robust Understanding of Mathematics framework in a Korean mathematics classroom context. *Journal of Educational Research in Mathematics. 27*(4). 639-661.

Kliebard, H. M. (1975). The rise of scientific curriculum making and its aftermath. *Curriculum Theory Network*, *5*(1), 27-38.

Kline, M. (1973). *Why Johnny can't add: The failure of the New Math*. New York, NY: St. Martin's Press.

Kneller, G. F. (1971). *Introduction to the philosophy of education* (2nd ed.). New York: John Wiley & Sons.

Konold, C., & Johnson, D. K. (1991). Philosophical and psychological aspects of constructivism. In L. P. Steffe (Ed.), *Epistemological foundations of mathematical experience* (pp. 1-13). New York, NY: Springer-Verlag.

Krainer, K. (2005). What is 'good'mathematics teaching, and how can research inform practice and policy. *Journal of Mathematics Teacher Education*, *8*(2), 75-81.

Lambdin, D. V., & Walcott, C. (2007). Changes through the years. In W. G. Martin, & M. E. Strutchens, & P. C. Elliott (Eds.), *The learning of mathematics, sixty-ninth yearbook* (pp. 3-26). Reston, VA: National Council of Teachers of mathematics.

Lampert, M., & Ball, D. L. (1998). *Teaching, Multimedia, and Mathematics: Investigations of Real Practice. The Practitioner Inquiry Series*. Teachers College Press, NY.

Laney, D. (1990). Microcomputers and the social studies. *OCSS Review, 26*, 30-37.

Lave, J., Smith, S., & Bulter, M. (1990). Problem solving as an everyday practice. In R. Charles, & E. Silver (Eds.), *The teaching and assessing of mathematical problem solving* (pp. 61-88). Hillsdale, NJ: Erlbaum.

Lee, C. (2006). *Language for learning mathematics: Assessment for learning in practice.*

Maidenhead, Berkshire England: Open University Press.

Mager, R. F. (1962). *Preparing instruction objectives*. San Francisco: Fearon.

Mankiewicz, R. (2002). 문명과 수학(이상원 역). 서울: 경문사(원저 2001년 출판).

McCall, R. B., Evahn, C., & Kratzer, L. (1992). *High School Underachievers: What Do They Achieve as Adults?*, Individual Difference and Development Series Vol 1., London: SAGE publications international Educational and Professional Publisher Newbury Park.

Mercer, N., & Sams, C. (2006). Teaching children how to use language to solve maths problems. *Language and Education, 20*(6), 507-528.

Miller, R. C. (2000). Discovering Mathematical Talent. *Reprinted from ERIC Digest* #E482.

National Council of Teachers of Mathematics (1980). *An agenda for action: Recommendation for school mathematics of the 1980s*. Reston, VA: Author.

National Council of Teachers of Mathematics (1989). *Curriculum and evaluation standards for school mathematics*. Reston, VA: Author.

National Council of Teachers of Mathematics (2000). *Principle and standards for school mathematics*. Reston, VA: Author.

National Council of Teachers of Mathematics (2006). *Curriculum focal points for prekindergarten through Grade 8 mathematics*: A quest for coherence. Reston, VA: Author.

National Council of Teachers of Mathematics (2008). *Algebra: What, When, and for Whom, A Position of the National Council of Teachers of Mathematics*. Retrieved from http://www.nctm.org/uploadedFiles/About_NCTM/Position_Statements/Algebra%20final%2092908.pdf

National Research Council (1990). *Reshaping school mathematics: A philosophy and framework for curriculum*. Washington, DC: National Academy Press.

National Research Council (2001). *Adding it up: Helping children learn mathematics*. In J. Kilpatrick, J. Swafford, and B. Findell (Eds.). Mathematics Learning Study Committee, Center for Education, Division of Behavioral and Social Science and Education. Washington, DC: National Academy Press.

National Research Council (2002). *Helping children learn mathematics*. In J. Kilpatrick, J. Swafford (Eds.). Mathematics Learning Study Committee, Center for Education, Division of Behavioral and Social Science and Education. Washington, DC: National Academy Press.

Newell, A., & Simon, H. A. (1972). *Human problem solving*. Englewood Cliffs, NJ: Prentice Hall Incorporation.

Nguyen, H., & Eisenreich, H. (2018). Using School Choice to Connect to Mathematics Learning in a Statistics and Probability Course for K-8 Pre-service Teachers. *Georgia Educational Researcher, 15*, 1-15.

Novak, J. D. (2011). A theory of education: meaningful learning underlies the constructive integration of thinking, feeling, and acting leading to empowerment for commitment and responsibility. *Aprendizagem Significativa em Revista/Meaningful Learning Review 1*(2), 1-14.

Nunes, T., Schliemann, A. D., & Carraher, D. W. (1993). *Street mathematics and school mathematics*. Boston, MA: Cambridge University Press.

Oakes, J., Joseph, R., & Muir, K. (2001). Access and achievement in mathematics and science. In J. A. Banks & C. A. McGee Banks (Eds.), *Handbook of research on multicultural education* (pp. 69-90). Jossey-Bass.

OECD(2005). *Definition and selection of competencies: Theoretical and conceptual foundation (DeSeCo)*: *Executive summary*. France, Paris: OECD Press.

OECD(2018). *The future of education and skills: Education 2030*. France, Paris: OECD Press.

Omstein, A. C., & Hunkins, F. P. (2004). *Curriculum: Foundations, principle, and issues* (4th ed.). Boston: Allyn and Bacon.

O'Neil, B. (2001). Improving Learning for underachievers. *The Clearing House 74*(5), 236-237.

Pacho, T. O. (2015). Unpacking John Dewey's connection to service-learning. *Journal of Education & Social Policy, 2*(3), 8-16.

Polya, G. (1954). *Introduction and analogy mathematics vol. 1*. Princeton NJ: Princeton University Press.

Polya, G. (1957). *How to solve it (2nd Ed.)*. Princeton NJ: Princeton University Press.

Price, G. B. (1961). Progress in mathematics and its implications for the schools. *In the revolution in school mathematics*. Washington, D. C.: National Council of Teachers of Mathematics, 1-14.

Putnam, R. T., Lampert, M., & Peterson, P. L. (1989). Alternative perspectives on knowing mathematics in elementary schools. *Review of Research in Education, 16*, 57-149.

Ramaley, J. A. (2007). Aims of mathematics education. In A. H. Schoenfeld (Ed.),

Assessing Mathematical Proficiency 53 (pp. 17-21). Berkeley, CA: MSRI Publications.

Reigeluth, C. M. (1983). *Instructional design theories and models: An overview their current status(Ed.).* Hillsdale, NJ: Lawrence Erlbaum Associates, Inc.

Renzulli, J. S. (1979). *What makes giftedness? A reexamination of the gifted and the talented.* Venturam CA: Office of the Superintendent of Ventura County Superintendent of Schools Office.

Renzulli, J. S., Rizza, M. G., & Smith, L. H. (2002). *Learning styles inventory-version III: A measure of student preferences for instructional techniques. Technical and administration manual.* Mansfield Center, CT: Creative Learning Press.

Resnick, L. B., Michaels, S., & O'Connor, M. C. (2010). How (well-structured) talk builds the mind. In D. D. Preiss & R. J. Sternberg (Eds.), *Innovations in educational psychology: Perspectives on learning, teaching, and human development* (pp. 163-194). Springer Publishing Company.

Richey, R. C. (1986). *The theoretical and conceptual bases of instructional design.* London: Kogan Page, Ltd.

Richey, R. C. (1993). Instructional design theory and a changing field. *Educational Technology, 33*(2), 16-21.

Richey, R. C., Klein, J. D., & Tracey, M. W. (2011). *The instructional design knowledge base*. New York, NY: Routledge.

Rimm, S. B. (1986). *Underachievement syndrome: Cause and curse.* Watertown, WI: Apple.

Rogoff, B. (1990). *Apprenticeship in thinking: cognitive development in social context.* New York: Oxford University Press.

Rosenshine, B., & Stevens, R. (1986). Teaching functions. In M. C. Wittrock (Ed.), *Handbook of research on teaching* (3rd ed., pp. 376-391). Upper Saddle River, NJ: Merrill/Prentice Hall.

Rowe, M. B. (1986). Wait time: slowing down may be a way of speeding up. *Journal of Teacher Education, 23*, 43-49.

Runes, D. D. (1962). *Dictionary of philosophy* (15th ed.), Paterson, NJ: Littlefield, Adams & Co.

Saettler, P. (1998). Antecedents, Origins, and theoretical evolution of AECT. *Techtrends, 43*(1), 51-57.

Salomon, G. (1991). From theory to practice: the international science classroom -a technology-intensive, exploratory, team-based and interdisciplinary high school project. *Educational Technology, 31*(3), 41-44.

Schoenfeld, A. H. (1985). *Mathematical problem solving*. London, UK: Academic Press INC.

Schoenfeld, A. H. (1988). When good teaching leads to bad results: The disasters of well taught mathematics classes. *Educational Psychologist, 23*(2), 145-166.

Schoenfeld, A. H. (2004). The math wars. *Educational Policy*, *18*(1), 253-286.

Schoenfeld, A. H. (2014). What makes powerful classrooms, and how can we support teachers in creating them? A sorty of research and practice, productively intertwined. *Educational Researcher*, *43*(8). 404-412.

Schoenfeld, A. H. (2016). Research in Mathematics Education. *Review of Research in Education, 40*(1), 497-528. https://doi.org/10.3102/0091732X16658650

Schoenfeld, A. H. (2020). Reframing teacher knowledge: a research and development agenda. *ZDM*, *52*(2), 359-376.

Schoenfeld, A. H., and the Teaching for Robust Understanding Project. (2016). *The Teaching for Robust Understanding (TRU) observation guide for mathematics: A tool for teachers, coaches, administrators, and professional learning communities.* Berkeley, CA: Graduate School of Education, University of California, Berkeley.

Sheffield, L. J. (1994). *The Development of Gifted and Talented Mathematics Students and the National Council of Teachers of Mathematics Students*. RBDM 9404.

Shepard, L. A. (2000). *The role of classroom assessment in teaching and learning.* (CSE Technical Report 517). University of California, National Center for Research on Evaluation, Standards, and Student Testing (CRESST)

Shoff, H. G. (1984). *The gifted underachiever: Definition and identification strategies*. (ERIC Document Reproduction Service No. ED 252 029.) Champaign, IL: ERIC.

Silver, E., Kilpatrick, J., & Schlesinger, B. (1990). *Thinking through mathematics: Fostering inquiry and communication in mathematics classrooms*. New York: College Entrance Examination Board.

Skemp, R. R. (1976). Relational understanding and instrumental understanding. *Mathematics Teaching in the Middle School, 12*(2), pp. 88-95. *Originally published in Mathematics Teaching.*

Slavin, R. E. (2003). *Educational psychology: theory and practice* (7th ed.). Boston: Allyn & Bacon.

Smith, B., Stanley, W., & Shores, H. (1957). *Fundamentals of curriculum development*. New York, NY: Harcourt Brace and World.

Stein, M. K., Grover, B., & Henningsen, M. (1996). Building student capacity for mathematical thinking and reasoning: An analysis of mathematical tasks used in reform classrooms. *American Educational Research Journal*, *33*(2), 455-488.

Stein, M. K., Engle, R. A., Smith, M. S., & Hughes, E. K. (2008) Orchestrating productive mathematical discussions: Five practices for helping teachers move beyond show and tell. *Mathematical Thinking and Learning*, *10*(4), 313-340.

Sriraman, B., & English, L. (2010). Theories of mathematics education. In B. Sriraman & L. English (Eds.), *Surveying theories and philosophies of mathematics education*, (pp. 7-32). New York, NY: Springer.

Stipek, D. (1996). Motivation and instruction. In D. C. Berliner & R. C. Calfee (Eds.), *Handbook of educational psychology* (pp. 85-113). New York: Simon & Schuster/ Macmillan.

Talbert, J. E., & McLaughlin, M. W. (1994). Teacher professionalism in local school contexts. *American journal of education, 102*(2), 123-153.

Tam, M. (2000). Constructivism, instructional design, and technology: Implications for transforming distance learning. *Educational Technology & Society, 3*(2), 50-60.

Thorndike, E. L. (1922). *The psychology of arithmetic*. New York, NY: MacMillan.

Treffers, A. (1987). *Three dimensions. A model of goal and theory description in mathematics instruction – The Wiskobas project*. D. Dordrecht: Reidel Publishing Company.

Turnar, J. C. (1982). Toward a cognitive redefinition of the social group. In H. Tajfel (Ed.), *Social identity and intergroup behavior* (pp. 15-40). Cambridge, UK: Cambridge University Press.

Tyler, R. W. (1949). *Basic principles of curriculum and instruction*. Chicago: University of Chicago Press.

Tyler, R. W. (1969). *Basic Principles of Curriculum and Instruction*. Chicago: University of Chicago Press.

van den Heuvel-Panhuizen, M., & Drijvers, P. (2014). Encyclopedia of mathematics education. In S. Lerman (Ed.), *Realistic mathematics education* (pp. 521-525). Dordrecht: Springer.

van Engen, H. (1949). Analysis of meaning in arithmetic, *The Elementary School Journal. 49*(7), 395-400.

van Oers, B. (2001). Educational forms of initiation in mathematical culture. *Educational Studies in Mathematics, 46*, 59-85.

Vygotsky, L. S. (1986). *Thought and language*, (A. Kozulin, Trans.). Massachusetts: MIT Press. (Original work published in 1934).

Wagner, S., & Parker, S. (1993). Advancing algebra. In P. S. Wilson, (Ed.), *Research ideas for the classroom: High school mathematics* (pp. 117-139). New York: Macmillan Publishing Company.

Watson, J. M. (2013). **학교에서 어떤 통계를 배워야 하지? 통계적 소양의 성장과 목표**(박영희 역). 서울: 경문사(원저 2006 출판).

Wertheimer, M. (1922). Untersuchungen zur Lehre von der Gestalt, I: Prinzipielle Bemerkungen. *Psycologische Forschung* 1, 47-58.

Wertheimer, M. (1945). *Productive thinking*. New York: Harper.

Wheatley, G. H. (1983). A mathematics curriculum for the gifted and talented. *Gifted Child Quarterly*, *27*(2), 77-80.

Wheeler, R. H. (1935). The new psychology of learning. In W. D. Reeve (Ed.), *The teaching of arithmetic, tenth yearbook* (pp. 233-250). Reston, VA: National Council of Teachers of mathematics.

Whitmore, J. R. (1980). *Giftedness, conflict, and underachievement*. Boston: Allyn and Bacon.

Zevenbergen, R. (2000). "Cracking the code" of mathematics classrooms: School success as a function of linguistic, social, and cultural background. In J. Boaler (Ed.), *Multiple perspectives on mathematical teaching and learning* (pp. 201-224). Ablex Publishing.

Zimmerman, B., & Kitsantas, A. (2002). Acquiring writing revision and self-regulatory skill through observation and emulation. *Journal of Educational Psychology 94*, 660-668.

Part II
수학과 교수 · 학습의 실제

'제II부 수학과 교수 · 학습의 실제'에서는 수학과 교육과정에서 시작하여 수학 학습이론을 적용한 교수 · 학습 자료, 수학 교수 · 학습 방안, 수학 교수 · 학습 전략에 대해 다룬다. 제II부의 내용은 2022 개정 수학과 교육과정을 기반에 두고 선정되었다.

6장에서는 2022 개정 수학과 교육과정의 내용을 자세히 소개한다. 수학과 교육과정이 어떤 취지로 개발되었는지, 수학 교과 역량의 의미와 교수 · 학습 및 평가 방법이 무엇인지, 내용 체계는 어떻게 구성되어 있고 어떻게 해석하면 되는지, 수학과 교육과정에서 제시하고 있는 교수 · 학습 및 평가가 무엇인지, 마지막으로 수학과 교육과정에 따른 수업 설계를 어떻게 할지에 대해 안내한다.

7장에서는 여러 수학 학습이론을 적용한 교수 · 학습 자료를 제안한다. 구성주의, 라카토스, 브루너, 딘즈, 오수벨, 프로이덴탈, 반힐, 문제해결 학습 이론을 각각 고찰하고 그에 따른 교수 · 학습 자료의 예시를 보여주며, 각 자료에 대한 논의를 진행한다. 이때 수학과 교육과정과 수학 학습이론이 어떻게 연계되어 있는지에 대해서도 알려준다.

8장에서는 수학 수업에서 활용할 수 있는 교수 · 학습 방안을 이론과 함께 제안한다. 수학과 교육과정에서 교수 · 학습 방안으로 제시된 설명식 교수, 토의토론, 협력 학습, 탐구학습, 프로젝트, 수학적 모델링, 놀이 및 게임뿐 아니라 블렌디드 러닝, 플립 러닝, 타 교과 연계 학습에 대한 내용도 포함하여, 수학과 교육과정에서 강조하는 온라인 교육 환경에서의 교수 · 학습과 타 교과 연계 학습에 대한 내용도 담았다. 각 교수 · 학습 방안은 이론적 배경, 수업 설계, 적용 시 유의점, 적용 실제에 대한 내용을 담고 있다.

9장에서는 수학과 교육과정에서 제시된 언어 소양, 디지털 소양, 학생 주도성, 생태전환교육에 대한 교수 · 학습 전략을 제시한다. 언어 소양, 디지털 소양은 수리 소양과 더불어 2022 개정 교육과정에서 기초 소양으로 선정되어 교과 학습에서 함께 도모되어야 하는데, 수학과 수업에서 기초 소양을 학습할 전략을 제시하는 것이다. 또한 학생 주도성 강화를 위해 학생의 자기주도적 수학 학습 전략이 무엇이고 이를 수업에서 어떻게 활용할 수 있는지, 생태전환교육이 국가사회적 요구 사항으로 등장하면서 수학과 교육과정의 성취기준 해설에 포함되었는데 이에 대한 교수 · 학습 전략의 예시와 수학사를 활용한 수업 전략을 제안한다.

CHAPTER 06

수업 설계를 위한 수학과 교육과정의 이해

교육과정은 학교가 제공하는 교육의 총체적인 설계도로, 교육 목표와 경험 혹은 내용, 방법, 평가를 체계적으로 조직한 교육 계획이다. 우리나라의 초·중등학교 교육은 '교육기본법'과 '초·중등교육법'에 따라 운영하고 있으며 교육과정도 법령에 근거하여 고시 및 시행되기 때문에, 초·중등학교 교육과정은 법제적 의미를 갖는다(교육부, 2015a). 문서화된 국가 수준 교육과정의 명칭은 전면 개정을 하면 '1차', '2차' 등의 차수에 따라 구분했으며, 수시 개정 체제를 도입한 이후부터는 '2022 개정 교육과정' 등과 같이 개정 연도를 밝혀 명명하고 있다.

이 장에서는 수학과 교육과정에 대한 이해를 바탕으로 한 수업 설계 방안에 대해 살펴보고자 한다.

최근 우리나라는 2022 개정 교육과정을 고시하면서 '포용성과 창의성을 갖춘 주도적인 사람'이라는 인간상을 목표로 학교 교육의 전 과정을 통해 미래 사회가 요구하는 핵심역량 즉, 자기관리 역량, 지식정보처리 역량, 창의적 사고 역량, 심미적 감성 역량, 협력적 소통 역량, 공동체 역량을 중점적으로 기를 것을 강조하고 있다(교육부, 2022a). 이때 핵심역량 함양을 위한 교과 교육 개발을 위해 [그림 6-0-1]과 같이 '깊이 있는 학습', '교과 간 연계와 통합', '학생의 삶과 연계한 학습', '학습 과정에 대한 성찰'을 강조하였다(교육부, 2021b).

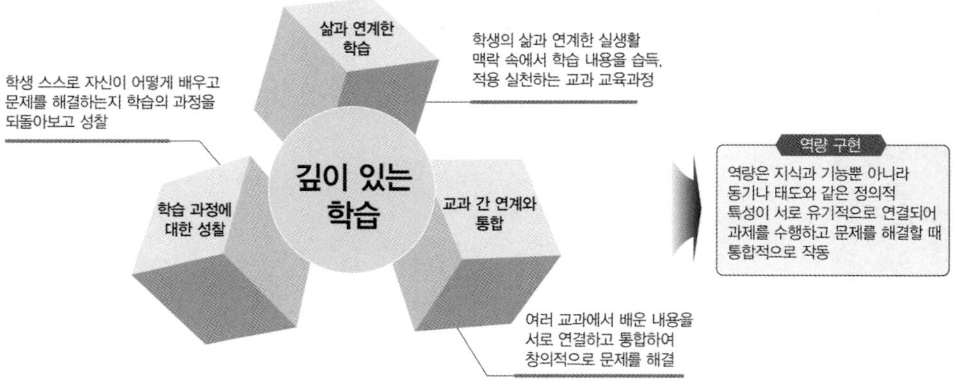

그림 6-0-1 2022 개정 교육과정에서 역량 함양을 위한 교과 교육의 강조점(교육부, 2021b)

'깊이 있는 학습'은 학습자가 학습 내용을 자신의 것으로 만들고 그것을 새로운 상황에 적용, 확장, 실천할 수 있도록 핵심 내용을 깊이 있게 배우는 것이다. 이를 위해 수학과 교육과정은 핵심 아이디어를 중심으로 지식·이해, 과정·기능, 가치·태도를 학습하도록 교과 내용을 구성하였다. '교과 간 연계와 통합'은 학생이 여러 교과의 지식과 기능을 서로 관련지어 습득하고 이를 적용하여 문제를 해결할 수 있도록 교과 내 영역과 여러 교과를 관통하는 핵심 아이디어를 제시하는 것이다. 학생들은 교과 내용을 자기 삶과 관련지어 생각해보고 여러 교과에서 배운 내용을 연계할 수 있는 능력을 길러야 하며, 이를 위해 수학과 교육과정에서는 교과 간 연계와 통합이 범교과 주제를 중심으로 이루어질 것을 교수·학습 방향에 제시하였다. '학생의 삶과 연계한 학습'은 학생이 자신의 삶과 연계된 실생활 맥락 속에서 교과 지식을 구성하고 이를 적용, 실천할 수 있어야 한다는 것이다. 이를 위해 수학과 교육과정은 교수·학습 방안에 '수학적 모델링'을 제시함으로써 학생의 삶에서 마주치는 현상을 수학화할 수 있도록 하였다. '학습 과정에 대한 성찰'은 새로운 상황 속에서 자신이 학습한 것을 적용하면서 언제, 어떻게, 왜 이 지식을 적용해야 하는지를 아는 것과 관련된다. 학생들은 스스로 자신이 어떻게 배우고 문제를 해결하는지 학습 과정을 되돌아보고 성찰할 필요가 있다(교육부, 2021b). 수학과 교육과정에서는 학생의 주도성을 강조하고 평가 과정에 학생이 참여하며 학생의 삶과 성장을 지원하는 맞춤형 교육과정이 되도록 하는 내용을 교수·학습과 평가에 담았다.

이러한 수학과 교육과정의 설계내용을 간략히 도식화하면 [그림 6-0-2]와 같다(교육부, 2022b). 2022 개정 수학과 교육과정은 '수와 연산, 변화와 관계, 도형과 측정, 자료와 가능성' 영역을 '핵심 아이디어'를 중심으로 구성된 '지식 · 이해, 과정 · 기능, 가치 · 태도'를 통합적으로 학습함으로써 '문제해결, 추론, 의사소통, 연결, 정보처리' 역량을 함양할 수 있도록 하였다. 그리고 교수 · 학습과 평가를 통해 수학 교과 역량 함양, 학생 주도성 강화, 학생 맞춤형 지도, 공학 도구 활용, 온라인 교육환경 활용을 강화하였다.

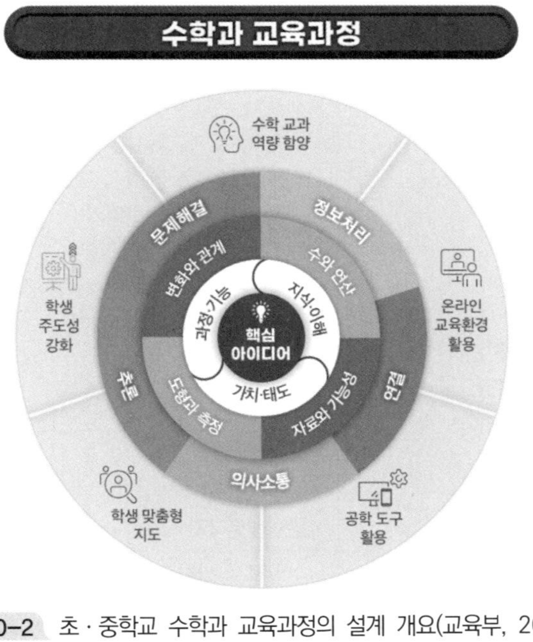

그림 6-0-2 초 · 중학교 수학과 교육과정의 설계 개요(교육부, 2022b)

총론의 취지에 맞추어 설계된 수학과 교육과정은 수업으로 구현될 때 그 실효성을 갖는다. 이 장에서는 수업 설계를 하기 위하여 알아야 할 수학과 교육과정의 내용으로 수학 교과 역량, 수학과 내용 체계, 교수 · 학습 및 평가, 수업의 설계를 다룬다.

1 수학 교과 역량

2015 개정 수학과 교육과정에서 수학 교과 역량은 수학교육을 통해 학습자가 길러야 할 기본적이고 필수적인 능력 또는 특성을 가리키는 의미로 정의되었다(박경미 외, 2015). 수학을 학습함으로써 학생들이 갖게 되는 능력이나 특성은 여러 가지이며, 무엇을 수학 교과 역량으로 선정할 것인지는 각 국가의 교육과정과 연구자에 따라 다른 양상을 보인다. 외국의 수학과 교육과정에서 역량으로 구현된 것을 몇 가지 살펴보면 〈표 6-0-1〉과 같다.

표 6-0-1 외국의 수학과 교육과정에 선정된 교과 역량

교육과정	교과 역량
미국 CCSSM의 수학적 실천 (Mathematical Practices)	• 문제를 파악하고 끈기 있게 해결하기 • 추상적이고 양적으로 추론하기 • 생생한 논증을 구성하고 다른 사람의 추론을 비판하기 • 수학적으로 모델링하기 • 적절한 도구를 전략적으로 사용하기 • 정확성에 관심 기울이기 • 구조를 찾고 사용하기 • 반복되는 추론에서 규칙성을 찾고 표현하기
싱가포르의 수학적 과정 (Mathematical Process)	• 추론 · 의사소통 · 연결 • 적용 · 모델링 • 사고 역량 · 발견술
영국의 수학적으로 학습하기 (Working Mathematically)	• 유창성 개발하기 • 수학적으로 추론하기 • 문제해결하기
중국 일반고등학교의 핵심 소양	• 수학적 추상화 • 논리적 추론 • 수학적 모델링 • 직관적 상상력 • 수학 연산 • 데이터 분석
캐나다 BC주의 교육과정 역량 (Curricular Competencies)	• 추론하기와 분석하기 • 이해하기와 문제해결하기 • 의사소통하기와 표현하기 • 연결하기와 반성하기

2015 개정 수학과 교육과정은 2009 개정 수학과 교육과정의 수학적 과정(문제해결, 추론, 의사소통)에 세 가지 역량(창의 · 융합, 정보처리, 태도 및 실천)을 더하여 '문제해결, 추론, 창의 · 융합, 의사소통, 정보처리, 태도 및 실천'의 총 여섯 가지를 교과 역량으로 선정하였다. 그 중에서 '태도 및 실천'은 우리나라 학생들의 정의적 영역의 성취가 낮고 학습 의욕이 낮다는 등의 문제를 반영하여 선정된 것으로, 정의적 측면의 역량으로서 나머지 교과 역량과 사뭇 성격이 다르다. 2015 개정 수학과 교육과정에서 인지적 측면과 정의적 측면의 역량이 혼용된 것과 교과 역량이 성취기준에 반영되지 않았던 점은 교육과정 실행에서 문제로 인식되었다(김동원 외, 2020). 이는 성취기준이 지식 위주로 기술되어 있다는 것과 모든 지식에 교과 역량을 대응시키는 것이 적절하지 않다는 교육과정 설계 당시의 판단 때문이었는데, 오히려 성취기준이 평가 목표로 작동하면서 이 문제가 더 크게 부각되었다. 이러한 문제점에 대한 성찰과 개선 움직임은 2022 개정 수학과 교육과정에도 영향을 미치게 되었다. 2022 개정 수학과 교육과정에서 교과 역량을 지식 · 이해, 과정 · 기능, 가치 · 태도를 아우르는 개념으로 규정하게 된 것이 이러한 이유에서이다. 이러한 역량의 의미는 OECD가 제시한 『Education 2030: The Future of Education and Skills』에서 'OECD Learning Framework 2030'에 기초한다.

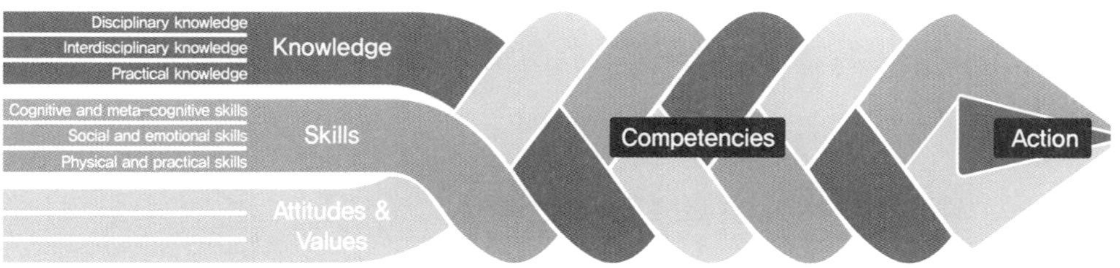

그림 6-1-1 OECD Learning Framework 2030 (OECD, 2018b)

역량의 범주로 선정된 '지식 · 이해'는 교과 학습을 통해 알아야 할 구체적인 내용과 그것에 대한 이해의 내용을 포함하는 것으로, 교과의 개별 지식뿐만 아니라 핵심 아이디어라는 큰 그림 속에서 습득하고 의미를 파악할 수 있는 것을 말한다. '과정 · 기능'은 탐구와 사고를 통해서 학습자가 구성하는 것으로, 지식을 습득하는 데 활용되는 사고 및 탐구 과정, 교과 고유의 절차적 지식 등을 의미한다. '가치 · 태도'는 교과 활동을 통해서 기를 수 있는 고유한 가치 및 태도로, 교과 내용과 긴밀히 관련되는 학문 관련 태도일 수 있고 교과를 학습하여 내면화한 사람이 살아가는 데 지향점으로 삼을 가치를 담고 있다(교육부, 2021a). 종합하면, 수학 교과를 통해서 기르고자 하는 수학 교과 역량은 학습자가 특정한 상황과 맥락에서 '지식 · 이해', '과정 · 기능', '가치 · 태도' 세 범주의 유기적이고 복합적인 작동으로 함양될 수 있다. 이에 따라 2022 개정 수학과 교육과정에서는 내용 체계를 이 세 가지 범주로 구성하였다.

초·중학교 수학과 교육과정에서 지식·이해 범주는 수학의 핵심적인 개념, 원리, 법칙 등을 학년군별로 구분하여 제시되었고, 수학 교과에서 지도하는 개념적, 방법적 지식을 가리키는 것으로, '수학의 개념, 원리, 법칙', '수학적 지식', '수학적 사실' 등에 해당한다. 과정·기능 범주는 수학의 개념, 원리, 법칙 등을 학습할 때 다섯 가지 교과 역량이 발현되는 사고 과정이나 기능을 보여주는 구체적인 행동으로, 역량보다 더 구체적인 행동으로 묘사될 수 있다. 가치·태도 범주는 수학을 학습하면서 학생들이 갖게 되는 태도와 실천적인 성향을 나타낸 것으로, 수학의 가치를 인식하는 측면과 수학적 태도의 측면에서 학생들이 수학에 대해 갖게 되는 가치와 태도라 볼 수 있다. 이러한 내용 체계의 지식·이해, 과정·기능, 가치·태도는 성취기준 개발의 근거가 된다. 과정·기능과 가치·태도는 성취기준, 성취기준 해설 등에서도 나타난다.

이러한 수학 교과 역량에 대한 의미를 바탕으로 각 역량을 함양하기 위한 교육과정 목표, 교수·학습 방법, 평가 방법에 대해 구체적으로 알아본다.

|1| 문제해결 역량 함양

문제해결은 수학교육에서 오래전부터 관심을 받아온 연구 주제이자 수학교육 목표와 경험으로서 가장 논의가 많이 이루어진 역량이다. 2022 개정 수학과 교육과정(공통 교

| 표 6-1-2 | 2022 개정 수학과 교육과정의 '문제해결 역량'

목표	수학적 지식을 이해하고 활용하여 적극적이고 자신감 있게 여러 가지 문제를 해결한다.
교수·학습 방법	다음과 같은 교수·학습 방법을 통해 문제해결 역량을 함양하게 한다. ㉠ 수학의 개념, 원리, 법칙을 이용하여 해결 가능한 문제를 학생에게 제시한다. 이때 다양한 방법으로 해결 가능한 문제, 여러 가지 해답이 나올 수 있는 문제 등을 활용할 수 있다. ㉡ 문제에 주어진 조건과 정보를 분석하고 적절한 문제해결 계획을 수립하고 실행하며 문제해결 과정을 반성하도록 구체적인 발문과 권고를 제시한다. ㉢ 문제해결 과정 및 결과의 의미를 재해석하여 주어진 문제를 변형하거나 새로운 문제를 만들어 해결하게 한다. ㉣ 성공적인 문제해결 경험을 바탕으로 적극적이고 자신감 있게 문제해결에 참여하게 하고, 단번에 답이 나오지 않는 문제라도 끈기 있게 도전하여 성취감을 느끼게 한다.
평가 방법	문제해결 역량의 평가는 수학의 개념, 원리, 법칙을 문제 상황에 적절히 활용하는지, 주어진 조건과 정보를 분석하고 적절한 해결 전략을 탐색하여 해결하는지, 문제해결 과정을 돌아보며 절차에 따라 타당하게 결과를 얻어내고 이를 반성하는지, 적극적이고 자신감 있게 문제해결에 참여하는지, 적절한 방법을 찾기 위해 끈기 있게 도전하는지 등을 고려한다.

육과정)에서 문제해결과 관련하여 제시된 내용을 정리하면 〈표 6-1-2〉와 같다.

문제해결 역량 함양을 목표로 삼는다면 학생들이 수학을 이해하고 문제해결에 활용할 수 있어야 하고, 문제해결에 적극적이고 자신감 있는 태도를 가져야 하며, 여러 가지 문제를 해결하는 경험을 가져야 한다. 문제해결 역량을 함양하기 위해서는 기본적인 지식의 이해보다는 적절한 해결 전략을 활용할 수 있고 다양한 방법으로 해결 가능하고 여러 가지 해답이 나올 수 있는 문제의 해결에 학생들이 참여하는 것이 중요하다. 또한 학생들에게 문제 만들기 경험을 제공하는 것도 문제해결 역량 함양을 위한 교수·학습 방법이 될 수 있다. 이런 점에서 고등학교 〈공통수학〉에서 다루어볼 수 있는 문제해결 과제를 〈표 6-1-3〉과 같이 제시할 수 있다.

| 표 6-1-3 | 문제해결 역량 함양을 위한 과제 예시

① 다양한 방법으로 해결 가능한 문제*

다음 그림을 이용하여 부등식 $\frac{a+b}{2} \geq \sqrt{ab}$가 성립함을 증명하시오.

(1)

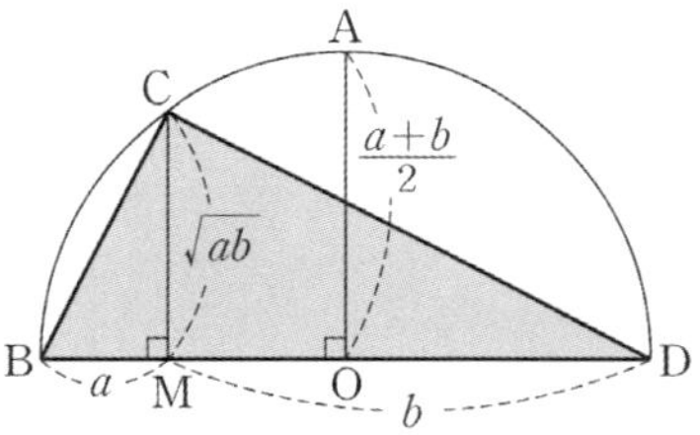

(2)

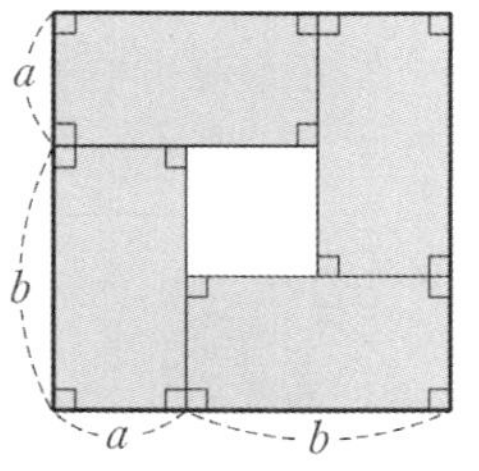

② 여러 가지 해답이 나올 수 있는 문제**

정우네 학교는 축제 기간 동안 바자회를 열기로 했다. 정우가 속한 수학 동아리는 재료비 35만원을 들여서 파이(π) 모양의 쿠키 500개를 구웠다. 쿠키 500개를 모두 판매하고, 총 판매금액에서 재료비를 제외한 나머지 돈을 모두 어린이복지관에 후원금으로 전달하기로 했다. 쿠키 1개의 판매 가격을 얼마로 정하는 것이 적절할까?

(1) 가영이는 "재료비가 35만원이니까 판매 금액은 재료비의 두 배인 70만원이면 좋겠어."라고 말했다. 가영이의 의견에 따라 판매금액 70만원이 되려면 쿠키 1개의 가격을 얼마로 정해야 할까? 이를 해결할 수 있는 식을 세우고 답을 찾으시오.

(2) 영훈이는 "만약에 판매가 잘 되지 않으면 어쩌지? 1개에 1000원으로 팔다가 판매가 잘 안 되면 도중에 500원으로 값을 내려서라도 모두 팔아야 해."라고 말했다. 영훈이의 의견에 따른다면 몇 개를 판 이후부터 반값 판매를 해야 후원금을 마련할 수 있을까? 이를 해결할 수 있는 식을 세우고 답을 찾으시오.

* 교육부·대전광역시교육청(2016, p. 197)

** 교육부·대전광역시교육청(2016, p. 53)

(3) 지호는 "후원금이 너무 적게 모일까봐 걱정돼. 후원금 10만원을 목표로 정하자. 처음 300개는 1000원으로 팔고, 나머지 200개를 할인했으면 좋겠어."라고 말했다. 지호의 의견을 따른다면 나머지 200개를 몇 % 할인해서 판매해야 할까? 이를 해결할 수 있는 식을 세우고 답을 찾으시오.

③ 주어진 문제를 변형하는 문제 만들기*

다음 (예시)는 순열과 조합의 수를 포함하는 실생활과 관련된 상황의 문제이다. (예시) 문항에서 경우의 수를 구해보고, 순열과 조합의 수를 포함하는 실생활과 관련된 상황의 문제를 만들고, 그 해결 과정을 설명하시오.

(예시) 준이는 겨울방학 과제로 30개의 추천도서 목록 중 3권을 택하여 읽은 후 1권에 대해서는 독후감상문을 쓰고, 다른 1권에 대해서는 그 도서의 작가에 대한 조사, 나머지 1권에 대해서는 주인공의 성격을 분석해야 한다.

1. 30권의 추천도서 중 3권을 택하는 방법의 수를 구하시오.

2. 30권의 추천도서 중 3권을 택하여 1권은 독후감상문을 쓰고, 다른 1권에 대해서는 그 도서의 작가에 대한 조사, 나머지 1권에 대해서는 주인공의 성격을 분석하는 방법의 수를 구하시오.

④ 나만의 새로운 문제 만들기**

순열을 이용한 실생활과 관련된 문제를 만들어 보자. 모둠원이 하나씩 문제를 만들어 난이도를 고려하여 문항지에 기록하시오.

<table>
<tr><td colspan="4">※ 문항 제작 후 모둠원들과 토의 후 난이도를 설정하시오. (쉬움, 보통, 어려움)</td><td colspan="4">(문제 해결)
모둠명 : 성명 :</td></tr>
<tr><td colspan="4">문항제작 점수 :</td><td colspan="4">채점결과 :</td></tr>
<tr><td>난이도는 적절하였는가?</td><td>3점</td><td>2점</td><td>1점</td><td>문제의 의도를 올바로 이해하였는가?</td><td>2점</td><td>1점</td><td>0점</td></tr>
<tr><td>순열의 유용성을 적합하게 활용하였는가?</td><td>3점</td><td>2점</td><td>1점</td><td>해결 과정에서 올바른 수학적 논리와 언어를 사용하였는가?</td><td>2점</td><td>1점</td><td>0점</td></tr>
<tr><td>독창적이고 창의적인 소재와 배경을 사용하였는가?</td><td>3점</td><td>2점</td><td>1점</td><td>적절한 전략을 선택하여 문제를 해결하였는가?</td><td>2점</td><td>1점</td><td>0점</td></tr>
</table>

* 교육부 · 대전광역시교육청(2016, p. 294)
** 교육부 · 대전광역시교육청(2016, p. 301)

문제해결 역량 함양을 위해 학생들은 문제해결 과정과 경험에 참여해야 하고, 적극적이고 자신감 있게 문제해결 과정에 참여하고, 단번에 답이 나오지 않더라도 끈기 있게 도전해야 한다. 또한 교사는 좋은 문제를 제시하고 적절한 발문과 권고를 통해 학생의 문제해결 과정에 간접적으로 개입할 수 있다. 특히 자신감이 부족한 학생들을 위해서는 문제해결의 성공 기회를 접할 수 있는 문제로부터 시작하고, 일반적 수준의 학생에게는 주어진 문제의 변형 또는 문제 만들기 활동 등과 같은 방법으로 난도와 수준이 높은 문제에 대한 문제해결의 새로운 방향을 제시할 수도 있다. 이때, 교사가 주의해야 하는 것은 학생의 문제해결의 과정을 잘 관찰하고 학생의 문제해결 역량에 대한 전문적 판단과 평가를 할 수 있어야 한다.

문제해결에 대한 평가는 지식 · 이해, 과정 · 기능, 가치 · 태도의 측면에서 평가 항목을 선정해볼 수 있다. 각 성취기준과 관련된 지식 · 이해의 내용이 문제해결에 활용되었는지, 문제해결 과정에서 적절한 해결 전략을 탐색하고 문제해결 과정과 결과에 대한 반성이 이루어지는지를 과정 · 기능에서 살펴보는 것이다. 그리고 문제해결 과제를 수행하면서 학생들에게 요구되는 가치 · 태도는 적극적인 참여와 끈기 있는 자세이므로 이런 점은 자기 평가나 교사의 관찰 평가 등에서 평가 항목으로 선정해볼 수 있다.

이렇듯 문제해결 평가에 대해 간단히 살펴보았다. 이제 〈표 6-1-3〉의 과제 ①에 대한 평가 항목과 평가 방안을 교육과정의 '평가 방법'에 기초하여 〈표 6-1-4〉와 같이 선정해볼 수 있다.

| 표 6-1-4 | 문제해결 역량 평가 항목과 평가 방안 예시

범주	평가 항목	평가 방안
지식 · 이해	• 절대부등식의 의미를 알고 있는가? • 절대부등식이 성립함을 증명하는 절차를 옳게 수행하는가?	• 지필 평가
과정 · 기능	(1) $\overline{\mathrm{CM}}=\sqrt{ab}$와 $\overline{\mathrm{AO}}=\dfrac{a+b}{2}$가 됨을 설명하기 위해 무엇이 필요한지 생각해냈는가? (2) $\dfrac{a+b}{2}\geq\sqrt{ab}$을 보이기 위해 문제에서 색칠된 부분의 넓이를 식으로 나타냈는가? (1)과 (2)에서 등호가 성립하는 경우의 조건을 생각하였는가? (1)과 (2)의 그림을 이용한 증명을 한 후 절대부등식을 증명하는 방법이 다양할 수 있음을 성찰하였는가?	• 지필 평가 • 관찰 평가
가치 · 태도	• 문제해결에 적절한 방법을 찾기 위해 끈기 있게 도전하였는가?	• 관찰 평가/ 자기 평가

|2| 추론 역량 함양을 위한 교수 · 학습

추론 역량은 수학 학습 전반에 걸쳐 있는 중핵적인 역량이다. 수학을 배워나갈 때 학생들은 추측과 정당화의 과정을 거치며, 수학을 학습하면서 경험하는 사고는 추론과 밀접한 관련성이 있다. 2022 개정 수학과 교육과정(공통 교육과정)에서 추론과 관련하여 제시된 내용을 정리하면 〈표 6-1-5〉와 같다.

| 표 6-1-5 | 2022 개정 수학과 교육과정의 '추론 역량'

목표	수학적 사실에 대해 흥미와 관심을 갖고 추측과 정당화를 통해 추론한다.
교수 · 학습 방법	다음과 같은 교수 · 학습 방법을 통해 추론 역량을 함양하게 한다. ㉠ 관찰, 실험, 측정 등 구체적 조작 활동을 통해 수학의 개념, 원리, 법칙에 흥미와 관심을 갖고 다양한 방법으로 탐구하고 이해하게 한다. ㉡ 귀납, 유추 등의 개연적 추론을 통해 수학적 추측을 제기하고 정당화하며, 수학적 증거와 논리적 근거를 바탕으로 비판적으로 사고하는 태도를 갖게 한다. ㉢ 수학의 개념, 원리, 법칙을 도출하는 과정과 수학적 절차를 논리적이고 체계적으로 수행하고 반성하게 한다.
평가 방법	추론 역량의 평가는 수학의 개념, 원리, 법칙을 이해하는지, 논리적으로 절차를 수행하는지, 수학적 지식을 다양한 방법으로 탐구하는지, 관찰에 근거하여 추측하고 일반화를 할 수 있는지, 추측의 근거를 제시하는지, 타당한 정당화를 하는지, 수학에 대한 흥미와 관심을 갖는지, 체계적으로 사고하려는 성향이 있는지, 수학적 증거와 논리적 근거를 바탕으로 비판적으로 사고하는 태도를 갖는지 등을 고려한다.

다양한 사고 경험은 추론 역량을 함양하는 데 큰 도움이 될 수 있다. 따라서 추론 역량 함양을 위한 과제는 다양한 사고 경험을 포함시켜야 한다. 예를 들어, 구체적 조작을 통해 수학적 사실을 추측하고, 추측한 사실을 일반화하고, 수학적 사실을 정당화하고, 수학적 사고를 바탕으로 비판적으로 사고하고, 수학적 절차를 논리적으로 수행하고, 추론 과정을 반성하는 등 이 모든 것은 학생의 수학 학습 과정에서 수학을 이해하는 데 중요하게 작용된다. 〈표 6-1-6〉은 이러한 추론 역량 함양을 위한 수업 과제의 예시이다.

| 표 6-1-6 | 추론 역량 함양을 위한 과제 예시

① 구체적 조작을 통해 수학적 사실을 추측하는 과제*

유리함수 $y=\frac{k}{x}(k\neq 0)$에서 상수 k값에 따라 그래프가 어떤 모양이 되는지 알아보자.

1. 유리함수 $y=\frac{k}{x}(k\neq 0)$의 식을 6가지 만들어보자.

   (단. 상수 k는 0이 아닌 실수범위 내에서 양수. 음수. 유리수. 무리수 등 다양하게 들어본다.)

2. 1번에서 만든 함수의 그래프를 그려보자.

   (단. 모바일 어플리케이션으로 그려서 그림파일을 첨부하여 작성한다.)

(1) 식 :	(2) 식 :	(3) 식 :
(1) 그래프	(2) 그래프	(3) 그래프
(4) 식 :	(5) 식 :	(6) 식 :
(4) 그래프	(5) 그래프	(6) 그래프

※ 그래프의 특징이 잘 보이도록 캡처하여 붙인다.

3. 2번에서 그린 그래프를 보고 유리함수의 그래프에 관한 특징에 대하여 자유롭게 토의하고 그 결과를 아래에 나타내보자.

   (1) 정의역과 치역을 찾으시오.

   (2) k의 부호와 그래프의 위치와는 어떤 관계가 있는지 설명하시오.

   (3) 그래프의 대칭성에 대해 설명하시오.

   (4) k의 절댓값의 크기에 따른 그래프의 변화에 대해 설명하시오.

   (5) x의 절댓값의 크기에 따른 그래프의 변화에 대해 설명하시오.

* 교육부 · 대전광역시교육청(2016, p. 258-259)

② 추측한 절차를 점차 일반화하는 과제*

4가지 색상(주황, 노랑, 초록, 파랑)의 스티커를 물음에 따라 붙이고 경우의 수를 구하시오.

① 2가지 색상의 스티커를 택하여 일렬로(→) 붙이기 (색은 한 번만 사용하시오.)	경우의 수
② 2가지 색상의 스티커를 순서에 상관없이 (색의 순서만 다른 경우 같은 경우로 생각함) 붙이기 (색은 한 번만 사용하시오.)	경우의 수 (①과 ② 비교하여 설명)
③ 3가지 색상의 스티커를 택하여 일렬로(→) 붙이기 (색은 한 번만 사용하시오.)	경우의 수
④ 3가지 색상의 스티커를 순서에 상관없이 (색의 순서만 다른 경우 같은 경우로 생각함) 붙이기 (색은 한 번만 사용하시오.)	경우의 수 (③과 ④ 비교하여 설명)

⑤ 10가지 색상의 스티커 중 5가지를 택하여 일렬로(→) 붙이는 방법의 수를 구하시오.	⑥ 10가지 색상의 스티커 중 5가지를 택하여 순서에 상관없이 붙이는 방법의 수를 구하시오.

③ 수학적 사실을 정당화하는 과제**

1. 지수법칙을 기술한 문장 중 옳은 것은 증명을, 잘못된 것은 성립하는 예와 성립하지 않는 예를 각각 작성하시오.

(1)	$a \neq 0$이고 m, n이 음의 정수일 때, $(a^m)^n = a^{mn}$		참 , 거짓
증명		성립하는 예	
		성립하지 않는 예	
(2)	$a \neq 0$일 때, 임의의 유리수 r, s에 대하여 $(a^r)^s = a^{rs}$		참 , 거짓
증명		성립하는 예	
		성립하지 않는 예	

* 교육부 · 대전시교육청(2016, p. 299)

** 교육부 · 대전시교육청(2018, p. 59)

④ 수학적 근거를 바탕으로 비판적으로 사고하는 과제*

1. 신문, 인터넷 기사, 잡지, 서적 등에서 '지수적 증가' 또는 '지수적 감소'가 들어간 지문을 찾으시오(출처도 밝히시오).

…(중략)…

이 메틸수은은 독성이 매우 높고, 생물체에 농축이 매우 잘 된다. 그러나 그 농도가 물에서는 역시 매우 낮아 자연계에 존재하는 물을 마심으로써 위해성이 있을 정도의 메틸수은을 섭취할 가능성은 낮다.

하지만 메틸수은은 생물농축 및 생물증폭 현상에 의해 먹이사슬을 타고 올라가면서 그 농도가 지수적으로 증가하여 어패류, 특히 물 환경에서 존재하는 상위 포식자에는 고농도의 수은이 농축될 가능성이 있다. 따라서 일반적으로 큰 생선, 예를 들어 바다의 경우 참치나 상어 등에는 고농도의 수은이 농축될 수 있고, 그러한 생선을 다량으로 매일 장기간 섭취하면 수은 중독 증상이 나타날 수도 있다.

따라서 국내외에서는 물 환경이 수은으로 오염돼 있는지를 판단하기 위해서 물에 존재하는 수은 농도를 측정하기보다는(농도가 너무 낮아서 분석하기 어려울뿐더러 물을 섭취하여 위해성이 나타나기는 어려우므로) 어패류에 존재하는 수은 농도를 측정해 판단하기도 한다.

…(중략)…

[매일신문, 2017. 4. 6.]

2. 찾은 지문을 모둠원들과 토의하여 수학적으로 해석하시오.

먹이사슬은 하위로 갈수록 피식자 수가 많아지니까 이렇게 생겼다고 가정해봐. 아래에서부터 첫 번째 소비자 생물들이 메틸수은을 1을 섭취했다고 하면 2차 소비자는 메틸수은이 4가 쌓이고, 3차 소비자는 12, 4차 소비자는 24, 가장 상위 포식자는 48이 쌓이게 돼. 먹이사슬을 타고 올라가면서 메틸수은 농도가 1, 4, 12, 24, 48로 그림 그리면 이렇게 급격히 증가하게 되는 거지. 정확한 지수함수식이 나오진 않아도 지수적 증가 형태를 보이게 되겠지.

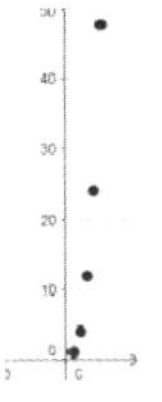

⑤ 수학적 절차를 논리적으로 수행하는 과제**

같은 도형을 몇 개씩 결합했을 때 원래 것과 같은 모양을 유지하면서 크기만 더 커지는 타일을 복제타일이라고 한다. 미국의 수학자 솔로몬 골롬이 다음과 같이 처음으로 L자 모형의 복제타일을 만들어 냈다.

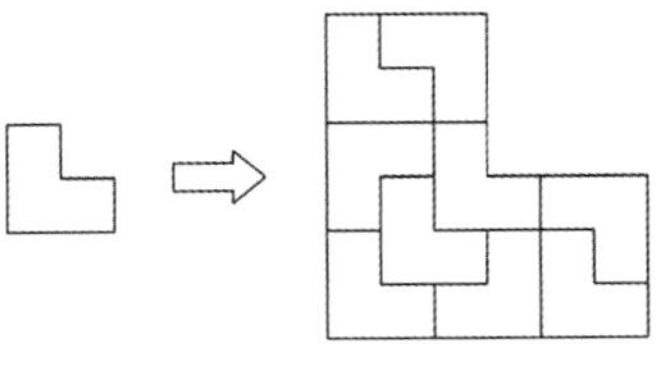

타일 하나의 작은 변은 길이가 1이고 긴 변은 2인 이 복제타일을 좌표평면에 그리고, 1번 도형의 방정식을 $f(x, y) = 0$라고 할 때, 1번 도형을 평행이동 또는 대칭이동만을 이용하여 2번~9번 도형의 위치로 각각 옮기려고 한다.
각각의 이동 방법과 새롭게 옮긴 도형의 방정식을 찾으시오.

* 교육부 · 대전시교육청(2018, p. 115)

** 교육부 · 대전시교육청(2016, p. 157-158)

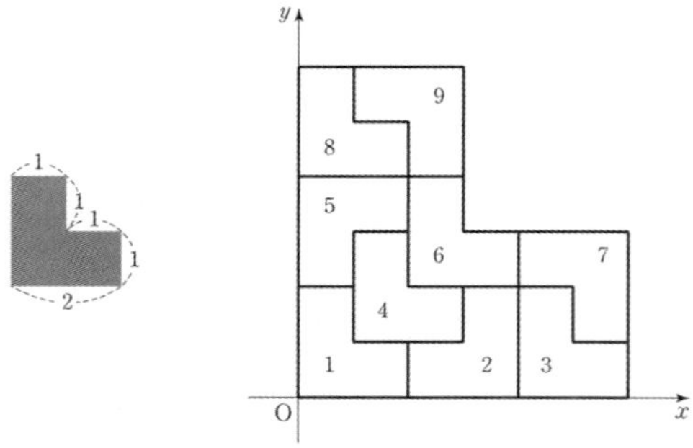

이동 전 도형	이동 방법	이동후 도형의 방정식	
1번 $f(x,y)=0$		2번	
		3번	
		4번	
		5번	
		6번	
		7번	
		8번	
		9번	

⑥ 추론 과정을 반성하는 과제*

5. 다음 풀이 중 잘못된 부분을 찾아 그 이유를 설명하시오.

$$-8 \underset{①}{=} (-2)^3 \underset{②}{=} (-2)^{\frac{6}{2}} \underset{③}{=} \sqrt{(-2)^6} \underset{④}{=} \sqrt{64} \underset{⑤}{=} 8$$

학생들은 수학적 사실을 스스로 탐구하면서 발생 과정으로서의 수학을 경험할 수 있고 주관적인 의미가 부여된 수학 지식을 구성할 수 있다. 또한 추측을 일반화하면서 수학적 지식을 확장할 수 있고, 수학적 증거와 논리적 근거를 바탕으로 비판적으로 사고하면서 수학을 통해 형성된 논리적 사고 습관을 활용할 수 있다. 추론 역량은 수학을 학습하는 전반에 걸쳐 경험되어야 한다.

이러한 추론에 대한 평가도 문제해결의 평가와 마찬가지로 지식·이해, 과정·기능, 가치·태도의 측면에서 계획해 볼 수 있으며, 구체적으로 〈표 6-1-6〉의 과제 ⑥에 대하여 〈표 6-1-7〉에 제시한 평가 항목과 평가 방안으로 과정을 중시하는 평가를 시도해볼 수 있다.

* 교육부·대전시교육청(2018, p. 54)

| 표 6-1-7 | 추론 역량 평가 항목과 평가 방안 예시

	평가 항목	평가 방안
지식 · 이해	• 유리수 지수의 거듭제곱꼴을 거듭제곱근으로 나타날 때 밑이 양수이어야 한다는 조건을 알고 있는가?	• 지필 평가 • 구술 평가
과정 · 기능	• 어느 부분이 옳은지, 잘못되었는지 각각에 대해 수학적 근거를 토대로 설명할 수 있는가?	• 지필 평가 • 구술 평가
가치 · 태도	• 수학적 근거를 토대로 비판적으로 사고하려는 성향이 있는가?	• 관찰 평가

| 3 | 의사소통 역량 함양을 위한 교수 · 학습

의사소통 역량은 수학 교과뿐 아니라 여러 교과 학습이나 삶에서도 언급되지만, 수학 교과의 의사소통 역량은 수학적 표현을 활용한다는 점에서 일반적인 의사소통 역량과 구분된다. 2007 개정 수학과 교육과정에서부터 수학과 교육과정에 제시된 의사소통 역량은 수학적 과정이자 교과 역량으로 자리 잡아 왔다. 2022 개정 수학과 교육과정(공통 교육과정)에서 의사소통과 관련하여 제시된 내용을 정리하면 〈표 6-1-8〉과 같다.

| 표 6-1-8 | 2022 개정 수학과 교육과정의 '의사소통 역량'

목표	수학적 사고와 전략에 대해 의사소통하고 수학적 표현의 편리함을 인식한다.
교수 · 학습 방법	다음과 같은 교수 · 학습 방법을 통해 의사소통 역량을 함양하게 한다. ㉠ 수학 용어, 기호, 표, 그래프 등의 수학적 표현을 정확하게 사용하고 표현끼리 변환하게 한다. ㉡ 학생이 자신의 사고와 전략을 수학적 표현으로 나타내고 설명하면서 수학적 표현의 편리함을 인식하게 한다. ㉢ 학생 간 상호 작용과 질문이 활발한 교실 문화를 조성하고 수학적으로 의미 있는 의사소통이 이루어지도록 적절한 과제를 제시하고 안내한다. ㉣ 수학적 아이디어에 대해 상호 작용하는 과정에서 타인을 배려하고 의견을 존중하는 태도를 기르게 한다.
평가 방법	의사소통 역량의 평가는 수학 용어, 기호, 표, 그래프 등 수학적 표현을 이해하고 정확하게 사용하는지, 적절한 수학적 표현을 선택할 수 있는지, 수학적 표현 간에 변환을 할 수 있는지, 수학적 아이디어나 수학 학습 과정 및 결과에 대해 표현하고 다른 사람의 견해를 이해하는지, 수학적 표현의 편리함을 인식하는지, 타인을 배려하고 의견을 존중하는지 등을 고려한다.

의사소통 역량은 학생이 자신의 수학적 사고와 전략을 수학적 표현에 의해 소통하고 그에 따라 수학적 표현의 편리함을 인식할 수 있는 역량이다. 따라서 의사소통 역량을

함양하기 위해서는 수학적 표현을 정확하게 사용하고 변환하며, 의사소통이 이루어질 수 있는 과제와 환경이 제공되어야 한다. 추론 역량과 마찬가지로 의사소통 역량 과제는 수학 학습 과정에서 통상적으로 활용될 수 있다. 〈표 6-1-9〉는 〈공통수학〉과 〈대수〉에서 의사소통 역량을 함양하게 할 수 있는 과제의 예시이다.

| 표 6-1-9 | 의사소통 역량 함양을 위한 과제 예시

① 수학적 표현을 정확하게 사용하는 과제*

지수함수의 그래프의 대칭이동

① 2명(또는 3명)이 한 조를 이루어 두 종류의 카드군(A 카드군: '$y=a$'꼴의 식이 쓰인 카드/C 카드군: 'x축', 'y축', '원점')을 받는다. C 카드군에 적힌 글귀의 의미는 '~'에 대하여 대칭이동하라는 명령이다.

② 두 종류의 카드군에서 각각 한 장씩 카드를 뽑아 활동지에 A 카드군의 함수 그래프와 그 그래프를 대칭이동한 함수의 그래프를 그린다(다른 친구가 카드와 표를 보지 못하도록 한다.)

③ 함수 $y=a^x$의 그래프와 대칭이동한 그래프를 비교하여 점근선의 변화를 관찰하고 그래프의 위치를 비교한다.

④ 짝이 그린 그래프를 보고 A 카드군에서 뽑은 식과 C 카드군에서 뽑은 글귀를 추측한다.

친구가 그린 그래프를 보고 A 카드군에서 뽑은 식과 C 카드군에서 뽑은 글귀를 추측하고 두 그래프의 함수식을 구하시오. 친구가 뽑은 카드와 비교하시오.

친구가 뽑은 카드			함수식
A카드군	나의 추측		
	실제 카드		
C카드군	나의 추측		
	실제 카드		

* 교육부 · 대전시교육청(2018, p. 93-98)

A 카드군	
$y=2^x$	$y=3^x$
$y=4^x$	$y=\left(\frac{1}{2}\right)^x$
$y=\left(\frac{1}{3}\right)^x$	$y=\left(\frac{1}{4}\right)^x$

C 카드군
x축
y축
원점

② 수학적 표현 간의 변환 과제*

(1) 다음 표를 완성하고 공학적 도구를 이용하여 화면에 점 (x, y)를 표시하시오.

x	$\frac{1}{8}$	$\frac{1}{4}$	$\frac{1}{2}$	1	2	4	8
$y=\log_2 x$	-3						

(2) 공학적 도구를 이용하여 함수 $y=\log_2 x$의 그래프를 그리시오.

③ 자신의 사고와 전략을 표현하는 과제**

참가자들이 경사가 심한 오르막을 뛰어 올라가는 예능 프로그램의 한 장면을 보고, 옥에 티를 찾아보자.

1. 아래의 세트 설계도의 측면은 사다리꼴이다. 제시된 그림에서 오류를 찾고 그 이유를 친구들과 토의한 후 설명하시오.

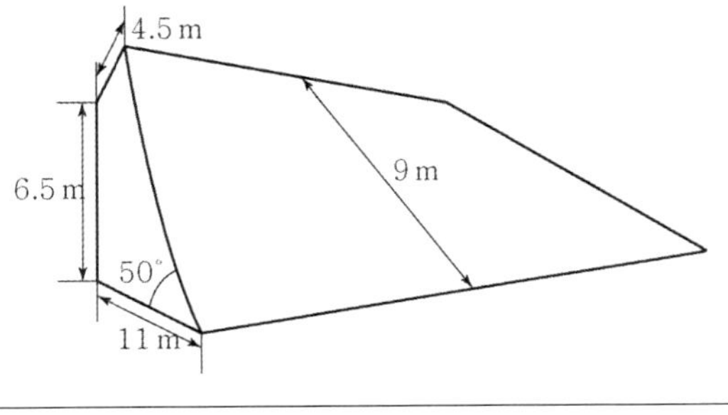

* 교육부 · 대전시교육청(2018, p. 189)

** 교육부 · 대전시교육청(2018, p. 235)

④ 수학적 표현의 편리함을 인식하는 과제*

(A활동지)

1. 2인 1조가 되어 각각 A활동지에 다른 학생에게 보이지 않게 7개의 원을 그린다.
2. A활동지에 자신이 그린 원에 대한 정보를 아래의 메모장에 상세하게 글이나 수를 이용하여 기록하고, 메모장을 잘라 다른 학생에게 전달한다.

(B활동지)

1. 서로 전달받은 메모장에 적힌 내용의 정보를 이용하여 B활동지에 원을 모두 그린다.
2. B활동지에 그린 원이 정보를 준 친구의 A활동지에 그린 원과 일치하는지 확인해본다.
3. 메모장을 이용하여 원을 설명하기 위해 사용한 방법을 찾아보고 어떻게 하면 더 정확하게 원을 옮겨 그릴 수 있는지 토의해본다.

□ 준비물 : 필기구, 가위, 컴퍼스

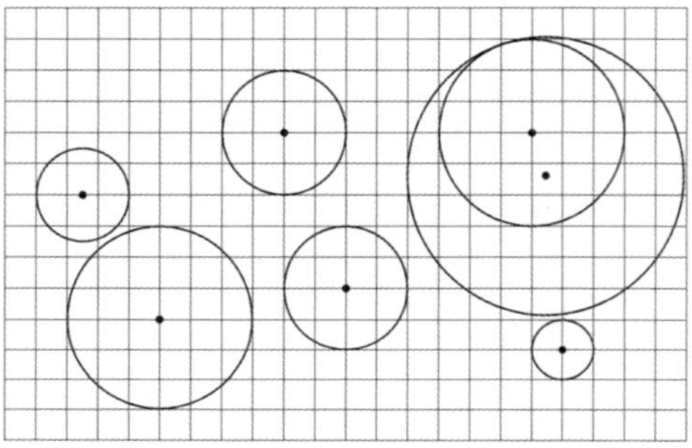

의사소통 역량을 지도하기 위해서는 학생들이 자신의 수학적 아이디어를 공유하기에 편안하고 학생들끼리 상호작용과 질문이 활발히 일어날 수 있는 교실 문화 조성이 뒷받침되어야 한다. 그리고 학생 상호 간에 타인을 배려하고 의견을 존중하는 태도로 의사소통이 이루어져야 한다는 것을 인식하게 하며, 학년이 높아질수록 수학적 표현의 정확성과 엄밀성을 다양한 수학 기호의 사용으로 나타내고 있음을 이해시키고 수학을 이해하는 수학적 표현 방법으로서의 수학적 의사소통의 중요성을 강조할 필요가 있다.

의사소통 역량의 평가 또한 지식 · 이해, 과정 · 기능, 가치 · 태도의 측면에서 평가 항목을 선정해볼 수 있다. 〈표 6-1-9〉의 과제 ③에 대하여 평가 항목과 평가 방안을 정한다면 〈표 6-1-10〉과 같이 작성해볼 수 있다.

---

* 교육부 · 대전시교육청(2016, p. 107)

| 표 6-1-10 | 의사소통 역량 평가 항목과 평가 방안 예시

	평가 항목	평가 방안
지식 · 이해	• 세트의 측면도인 사다리꼴 ABCD에서 세 변의 길이와 한 각의 크기가 실제로 존재할 수 없음을 파악했는가?	• 지필 평가 • 구술 평가
과정 · 기능	• 지식 · 이해에서 파악한 사실이 문제의 오류임을 설명할 수 있는가? • 변의 길이, 삼각비 등의 수학적 표현을 옳게 사용하는가? • 다른 사람이 이해할 수 있게 설명하는가?	• 지필 평가 • 구술 평가
가치 · 태도	• 다른 사람의 견해를 이해하려는 노력을 하는가? • 다른 사람의 의견을 존중하는가?	• 구술 평가 • 동료 평가

| 4 | 연결 역량 함양을 위한 교수 · 학습

연결 역량은 NCTM(1989)의 연결성 규준에 해당되는 것으로 2015 개정 수학과 교육과정에서 제시하였던 '융합' 역량을 수학과 특성에 맞게 조정한 것이다. 수학과 교육과정(공통 교육과정)에서 연결 역량과 관련하여 제시된 내용을 정리하면 〈표 6-1-11〉과 같다.

| 표 6-1-11 | 2022 개정 수학과 교육과정의 '연결 역량'

목표	수학의 개념, 원리, 법칙 간의 관련성을 탐구하고 실생활이나 타 교과에 수학을 적용하여 수학의 유용성을 인식한다.
교수 · 학습 방법	다음과 같은 교수 · 학습 방법을 통해 연결 역량을 함양하게 한다. ㉠ 영역이나 학년(군) 내용 간에 관련된 수학의 개념, 원리, 법칙 등을 유기적으로 연계하여 새로운 지식을 생성하면서 창의성을 기르게 한다. ㉡ 수학과 실생활, 사회 및 자연 현상, 타 교과의 내용을 연계하는 과제를 활용하여 수학의 유용성을 인식하게 한다.
평가 방법	연결 역량의 평가는 영역이나 학년(군) 내용 사이에서 개념, 원리, 법칙을 적절하게 관련지어 이해하는지, 수학의 개념, 원리, 법칙을 연계하여 새로운 지식을 생성할 수 있는지, 수학을 실생활이나 타 교과의 지식, 기능, 경험에 적용할 수 있는지, 실생활이나 타 교과의 지식, 기능, 경험을 수학적으로 해석할 수 있는지, 수학을 바탕으로 창의적으로 관련성을 찾을 수 있는지, 수학의 유용성을 인식하는지 등을 고려한다.

연결 역량은 수학의 개념, 원리, 법칙 간의 관련성에 대한 수학 내적 연결과 수학 밖의 실생활이나 타 교과와 수학의 관련성에 대한 수학 외적 연결을 고려한 것이다. 연결 역량을 함양하기 위해서는 수학 내적 관련성에 대한 탐구를 통해 새로운 지식을 생성하는 과제, 수학과 수학 밖 내용을 연계하는 과제를 활용할 수 있다. 〈표 6-1-12〉는 〈공통수학〉에서 연결 역량을 함양하게 할 수 있는 과제의 예시이다.

| 표 6-1-12 | 연결 역량 함양을 위한 과제 예시

① 수학 내적 연결 과제*

5. 이차부등식의 해에 대해 토의하시오.

(1) 이차부등식 $ax^2+bx+c>0$의 해를 이차함수 $y=ax^2+bx+c$의 그래프를 이용하여 어떻게 구할 수 있을까?

(2) 이차부등식 $ax^2+bx+c<0$의 해를 이차함수 $y=ax^2+bx+c$의 그래프를 이용하여 어떻게 구할 수 있을까?

② 수학 외적 연결 과제**

5. 정우가 호수가 없는 들판에 총 길이가 $100m$인 울타리를 쳐서 직사각형의 방목장을 만들 때에 다음 물음에 답하시오.

(1) 방목장의 세로의 길이와 넓이의 관계를 나타내는 식을 세우고, 그래프를 그리시오.

(2) 정우는 정사각형 모양의 방목장이 제일 좋다고 말했다. 정우의 말에 동의하는지 판단하고 그 이유를 설명하시오.

수학은 수직적, 수평적 위계를 갖고 있기 때문에 새로운 지식을 학습함에 있어서 기존의 수학 내용이 활성화되고 연계될 수밖에 없다. 따라서 기존 수학 지식이 어디에 연결될 수 있는지, 새로운 지식과는 어떻게 연결시킬 것인지를 찾아보고 수학 개념의 유기적 연결성에 중심을 두고 지도해야 한다. 또한 최근 강조하고 있는 수학과 타 교과, 수학과 실생활과의 수학 외적 연결성을 통해 수학의 유용성을 인식하도록 만드는 것도 수학 교수·학습에서 매우 중요하다.

연결 역량에 대한 평가는 지식·이해, 과정·기능, 가치·태도의 측면에서 평가 항목을 선정해볼 수 있다. 〈표 6-1-12〉에 제시된 과제 ②에 대하여 평가 항목을 〈표 6-1-13〉과 같이 정해볼 수 있다.

* 교육부·대전시교육청(2016, p. 81)

** 교육부·대전시교육청(2016, p. 87)

| 표 6-1-13 | 연결 역량 평가 항목과 평가 방안 예시

	평가 항목	평가 방안
지식 · 이해	• 이차함수의 그래프의 최댓값을 구할 수 있는가?	• 지필 평가
과정 · 기능	• 방목장의 넓이를 수학의 식이나 그래프로 표현하고 해석할 수 있는가? • 이차함수의 그래프가 최댓값을 가질 때의 조건을 방목장 상황에서 해석할 수 있는가?	• 지필 평가
가치 · 태도	• 방목장 모양을 결정하는 데 수학이 활용됨을 인식할 수 있는가?	• 자기 평가

| 5 | 정보처리 역량 함양을 위한 교수 · 학습

디지털 도구의 발달과 교육 환경 변화는 정보처리 역량을 요구한다. 정보처리 역량은 공학 도구 활용에 대한 강조와 디지털 소양 등의 요구에 의해 2022 개정 수학과 교육과정(공통 교육과정)에서도 교과 역량으로 재선정되었다. 2022 개정 수학과 교육과정에서 정보처리 역량과 관련하여 제시된 내용을 정리하면 〈표 6-1-14〉와 같다.

| 표 6-1-14 | 2022 개정 수학과 교육과정의 '정보처리 역량'

목표	목적에 맞게 교구나 공학 도구를 활용하며 자료를 수집하고 처리하여 정보에 근거한 합리적 의사 결정을 한다.
교수 · 학습 방법	다음과 같은 교수 · 학습 방법을 통해 정보처리 역량을 함양하게 한다. ㉠ 실생활 및 수학적 문제 상황에서 자료를 탐색하고 수집하며 수학적으로 처리하여 합리적인 의사 결정을 하는 태도를 기르게 한다. ㉡ 교구나 공학 도구를 활용하여 추상적인 수학 내용을 시각화하고 수학의 개념, 원리, 법칙에 대한 직관적 이해와 논리적 사고를 돕는다. ㉢ 학생이 주도적으로 교구나 공학 도구를 활용하여 탐구하게 한다. ㉣ 계산 기능 함양을 목표로 하지 않는 교수 · 학습 상황에서는 복잡한 계산을 할 때 공학 도구를 이용할 수 있게 한다.
평가 방법	정보처리 역량의 평가는 자료와 정보를 목적에 맞게 수집하고 변환하고 정리하는지, 자료를 바탕으로 도출한 결론이 적절한지, 교구나 공학 도구를 적절하게 활용하는지, 수학적 근거를 바탕으로 합리적으로 의사 결정하는 태도를 갖는지 등을 고려한다.

정보처리 역량은 자료를 수집하고 처리하는 수학 내용이나 과정에서 두드러지게 나타날 수 있고 디지털 소양을 함양하는 데 있어서도 중요한 수학 교과 역량이다. 정보에 근거한 의사결정은 귀납적 방식이라 전통적인 연역적 접근과 사뭇 다르지만, 실제적인 문제해결이나 과제를 해결하기 위해서는 수학적 지식과 방법을 기초로 정보에 근거한 합리적인 의사결정을 할 수 있어야 한다. 정보처리 역량은 자료 처리와 공학 도구 활용

의 두 측면에서 교수·학습을 진행할 수 있다. 자료 수집과 처리는 통계 내용에서만 진행되는 것이 아니라 문제해결 상황이나 프로젝트 등에서도 활용될 수 있으므로 자료와 가능성 영역에만 국한되지 않는다. 공학 도구의 활용은 수학과 교육과정에서 오랫동안 교수·학습에서 활용을 권고해왔지만, 학교 현장에서 그 활용도가 높지 않았다. 최근에는 여러 소프트웨어나 어플리케이션이 개발되고 학교 환경도 달라졌으므로 적극적인 활용이 권장된다. 〈표 6-1-15〉는 〈공통수학〉에서 정보처리 역량을 함양하기 위한 과제의 예시이다.

표 6-1-15 정보처리 역량 함양을 위한 과제 예시

① 실생활 자료 탐색 과제*

실생활에서의 현상을 표와 그래프로 나타내면 자료를 시각화하여 한눈에 자료의 해석이 가능하고, 변화량에 대한 예측도 할 수 있다. 실생활 또는 수학 이외의 교과(과학실험 결과, 사회시간에 배운 투자비용과 매출의 관계 등)에 함수의 그래프의 예를 찾아보고, 그 그래프가 가질 수 있는 유용성에 대해 보고서를 작성해 보자. 타교과 교과서 및 인터넷 검색 등을 이용하거나 가상의 상황을 만들어 작성해도 좋다.

함수의 그래프의 유용성에 관한 보고서 (작성 양식)

〈상황〉	
〈대수식 또는 표〉	
〈그래프〉 ※ 표와 그래프의 순서를 바꿔도 된다.	
〈그래프에서 알 수 있는 정보〉	

② 공학 도구를 활용한 수학적 이해 과제**

스마트폰의 어플리케이션을 이용하여 다음 귀문과 수막새를 완성하시오.

* 교육부·대전시교육청(2016, p. 231)

** 교육부·대전시교육청(2016, p. 147)

1. 모바일 어플리케이션스토어에서 '데칼코마니', '거울효과' 등을 입력하여 관련 어플리케이션을 다운 받는다.
2. 완성해야 할 그림을 사진으로 찍어 저장한다.
3. 어플리케이션을 이용하여 모양을 완성한다.

위에서 사용한 어플리케이션을 이용하여 다음 도형을 x축, y축, 원점에 대하여 각각 대칭이동해보고, 5개의 꼭짓점들의 좌표가 어떻게 변했는지 찾으시오.

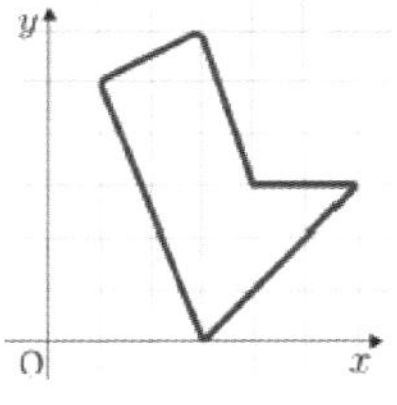

그림의 꼭짓점 좌표	x축 대칭이동 후	y축 대칭이동 후	원점 대칭이동 후

정보처리 역량은 학생들이 필요에 따라 적절한 자료를 목적에 맞게 수집하고 처리하게 하는 것이며, 이를 위해서는 적절한 과제 수행이 요구된다. 또한 공학 도구 활용은 그 자체가 목적이라기보다 이해와 사고를 돕는 수단으로서 활용되어야 하며, 교사의 시뮬레이션에 그치지 않고 학생이 탐구 과정에 활용할 수 있게 학습 환경과 교수·학습을 이끌어야 한다.

정보처리 역량에 대한 평가도 지식·이해, 과정·기능, 가치·태도의 측면에서 평가 항목을 선정해볼 수 있으며, 〈표 6-1-15〉에 제시된 과제 ①에 대하여 평가 항목을 〈표 6-1-16〉과 같이 정해볼 수 있다.

| 표 6-1-16 | 정보처리 역량 평가 항목과 평가 방안 예시

	평가 항목	평가 방법
지식 · 이해	• 실생활에서 찾은 그래프가 함수의 정의에 맞는가?	• 프로젝트 평가
과정 · 기능	• 실생활에서 찾은 함수의 그래프를 식이나 표로 변환할 수 있는가? • 실생활에서 찾은 함수의 그래프로부터 도출한 정보가 상황에 적절하게 해석되었는가?	• 프로젝트 평가
가치 · 태도	• 정보에 근거하여 합리적으로 의사결정하려는 태도를 갖는가?	• 관찰 평가

2 수학과 교육과정의 내용 체계

수학과의 내용 체계는 영역, 핵심 아이디어, 지식 · 이해, 과정 · 기능, 가치 · 태도로 구성된다.

'영역'은 교과 내용의 가장 큰 분류 체계이다. 2022 개정 수학과 교육과정에서는 공통 교육과정인 초등학교와 중학교 〈수학〉의 영역을 '수와 연산, 변화와 관계, 도형과 측정, 자료와 가능성'으로 동일하게 구성하여 내용 체계를 구성함으로써 초 · 중학교를 관통하는 핵심적인 대상과 개념을 학습하도록 하였다. 고등학교 선택과목에서는 과목 특성에 따라 영역을 구성하였다.

2022 개정 수학과 교육과정에서는 각 교과의 본질과 얼개를 드러내는 핵심 아이디어를 선정하고 소수의 핵심 아이디어를 중심으로 학습 내용을 엄선하였다. 핵심 아이디어는 내용 요소 간의 연계를 보여주는 상위 조직자이며, 2022 개정 수학과 교육과정에서 설정된 '핵심 아이디어'는 '교과 내 영역 수준'에서 설정되는 빅 아이디어로서, 해당 영역을 아우르면서 해당 영역의 학습을 통해 일반화할 수 있는 내용을 핵심적으로 진술한 것이다. 내용 체계에서 핵심 아이디어는 학년군 또는 학교급을 관통하는 수학 내용의 본질 또는 가치를 보여주며, 학생들이 핵심 아이디어를 향한 깊이 있는 학습을 추구하게 한다. 수학과의 핵심 아이디어는 주요한 수학 개념, 원리, 법칙 등이 어떻게 발생하여 확장되며 그 결과로 어떤 일반성과 추상성을 획득하는지, 수평적으로 또는 수직적으로 어떻게 상호 관련되는지, 어떤 탐구 과정을 중점적으로 강조하는지 등을 압축하여 제시한 것으로 수학 학습 과정에서 전이가가 높은 내용을 담은 문장으로 기술하였다(교육부, 2022b). 〈표 6-2-1〉은 2022 개정 수학과 교육과정에서 초 · 중학교의 내용 영역별 핵심

아이디어를 제시한 것이다.

| 표 6-2-1 | 2022 개정 수학과 교육과정의 초·중학교의 내용 영역별 핵심 아이디어 (교육부, 2022b)

영 역	핵심 아이디어
수와 연산	• 사물의 양은 자연수, 분수, 소수 등으로 표현되며, 수는 자연수에서 정수, 유리수, 실수로 확장된다. • 사칙계산은 자연수에 대해 정의되며 정수, 유리수, 실수의 사칙계산으로 확장되고 이때 연산의 성질이 일관되게 성립한다. • 수와 사칙계산은 수학 학습의 기본이 되며, 실생활 문제를 포함한 다양한 문제를 해결하는 데 유용하게 활용된다.
변화와 관계	• 변화하는 현상에 반복적인 요소로 들어있는 규칙은 수나 식으로 표현될 수 있으며, 규칙을 탐구하는 것은 수학적으로 추측하고 일반화하는 데 기반이 된다. • 동치 관계, 대응 관계, 비례 관계 등은 여러 현상에 들어 있는 대상들 사이의 다양한 관계를 기술하고 복잡한 문제를 해결하는 데 유용하게 활용된다. • 수와 그 계산은 문자와 식을 사용하여 일반화되며, 특정한 관계를 만족시키는 미지의 값은 방정식과 부등식을 해결하는 적절한 절차를 거쳐 구해진다. • 한 양이 변함에 따라 다른 양이 하나씩 정해지는 두 양 사이의 대응 관계를 나타내는 함수와 그 그래프는 변화하는 현상 속의 다양한 관계를 수학적으로 표현한다.
도형과 측정	• 평면도형과 입체도형은 여러 가지 모양을 범주화한 것이며, 각각의 평면도형과 입체도형은 고유한 성질을 갖는다. • 도형의 성질과 관계를 탐구하고 정당화하는 것은 논리적이고 비판적으로 사고하는 데 기반이 된다. • 측정은 여러 가지 속성의 양을 비교하고 속성에 따른 단위를 이용하여 양을 수치화함으로써 여러 가지 현상을 해석하거나 실생활 문제를 해결하는 데 활용된다.
자료와 가능성	• 자료를 수집, 정리, 해석하는 통계는 자료의 특징을 파악하고 두 집단을 비교하며 자료의 관계를 탐구하는 데 활용된다. • 사건이 일어날 가능성을 여러 가지 방법으로 표현하는 것은 불확실성을 이해하는 데 도움이 되며, 가능성을 확률로 수치화하면 불확실성을 수학적으로 다룰 수 있게 된다. • 자료를 이용하여 통계적 문제해결 과정을 실천하고 생활 속의 가능성을 탐구하는 것은 미래를 예측하고 합리적인 의사 결정을 하는 데 기반이 된다.

'성취기준'은 학교에서 이루어지는 수학 학습을 통해 학생들이 할 수 있어야 할, 또는 할 수 있기를 기대하는 결과나 도달점을 나타낸다. 성취기준은 내용 체계와 밀접하게 연계되어 교과의 내용을 다면적으로 보여준다. 또한 가르치고 배울 내용을 명료하게 나타내면서도 학생의 깊이 있는 이해, 높은 수준의 사고를 적용하고 실천할 때 학생들에게 기대되는 수행을 드러낸다. 2022 개정 수학과 교육과정에는 '성취기준 해설'이 추가되었는데, 성취기준 해설은 교과서 개발 및 학교 현장에서 오해 및 혼동 등이 초래될 가능성이 있거나 추가적인 설명이나 강조가 필요한 부분이 있는 성취기준에 대해서만 성취

기준의 의미나 취지에 초점을 두어 제시되었다. 그리고 2015 개정 수학과 교육과정에서 '교수·학습 방법 및 유의사항'과 '평가 방법 및 유의 사항'은 '성취기준 적용 시 고려사항'으로 통합 진술되었다. 성취기준 해설은 한 가지 성취기준에 대해 진술되었다면 성취기준 적용 시 고려사항은 해당 영역에서 두 가지 이상의 성취기준에 대해 포괄적으로 적용된다.

〈표 6-2-2〉는 2022 개정 수학과 교육과정의 초·중학교급의 수와 연산 영역의 내용

표 6-2-2 2022 개정 수학과 교육과정의 초·중학교급의 수와 연산 영역의 내용 체계표

<table>
<tr><td>핵심 아이디어</td><td colspan="6">· 사물의 양은 자연수, 분수, 소수 등으로 표현되며, 수는 자연수에서 정수, 유리수, 실수로 확장된다.
· 사칙계산은 자연수에 대해 정의되며 정수, 유리수, 실수의 사칙계산으로 확장되고 이때 연산의 성질이 일관되게 성립한다.
· 수와 사칙계산은 수학 학습의 기본이 되며, 실생활 문제를 포함한 다양한 문제를 해결하는 데 유용하게 활용된다.</td></tr>
<tr><td rowspan="3">구분
범주</td><td colspan="6">내용 요소</td></tr>
<tr><td colspan="3">초등학교</td><td colspan="3">중학교</td></tr>
<tr><td>1~2학년</td><td>3~4학년</td><td>5~6학년</td><td colspan="3">1~3학년</td></tr>
<tr><td>지식·이해</td><td>· 네 자리 이하의 수
· 두 자리 수 범위의 덧셈과 뺄셈
· 한 자리 수의 곱셈</td><td>· 다섯 자리 이상의 수
· 분수
· 소수
· 세 자리 수의 덧셈과 뺄셈
· 자연수의 곱셈과 나눗셈
· 분모가 같은 분수의 덧셈과 뺄셈
· 소수의 덧셈과 뺄셈</td><td>· 약수와 배수
· 수의 범위와 올림, 버림, 반올림
· 자연수의 혼합 계산
· 분모가 다른 분수의 덧셈과 뺄셈
· 분수의 곱셈과 나눗셈
· 소수의 곱셈과 나눗셈</td><td>· 소인수분해
· 정수와 유리수</td><td>· 유리수와 순환소수</td><td>· 제곱근과 실수</td></tr>
<tr><td>과정·기능</td><td colspan="3">· 자연수, 분수, 소수 등 수 관련 개념과 원리를 탐구하기
· 수를 세고 읽고 쓰기
· 자연수, 분수, 소수의 크기를 비교하고 그 방법을 설명하기
· 사칙계산의 의미와 계산 원리를 탐구하고 계산하기
· 수 감각과 연산 감각 기르기
· 연산 사이의 관계, 분수와 소수의 관계를 탐구하기
· 수의 범위와 올림, 버림, 반올림한 어림값을 실생활과 연결하기
· 자연수, 분수, 소수, 사칙계산을 실생활 및 타 교과와 연결하여 문제해결하기</td><td colspan="3">· 최대공약수와 최소공배수 구하기
· 정수, 유리수, 실수의 대소 관계 판단하기
· 정수, 유리수, 근호를 포함한 식의 사칙계산의 원리를 탐구하고 계산하기
· 유리수와 순환소수의 관계 설명하기</td></tr>
<tr><td>가치·태도</td><td colspan="3">· 자연수, 분수, 소수의 필요성 인식
· 사칙계산, 어림의 유용성 인식
· 분수 표현의 편리함 인식
· 수와 연산 관련 문제해결에서 비판적으로 사고하는 태도</td><td colspan="3">· 음수, 무리수의 필요성 인식
· 실생활에서 사칙계산의 유용성 인식
· 수 체계의 논리적 아름다움에 대한 관심
· 정수와 유리수의 사칙계산의 원리를 이용하는 문제의 풀이 과정과 결과를 반성하는 태도</td></tr>
</table>

체계표이다. 이를 예로 들어 핵심 아이디어, 성취기준, 성취기준 해설, 성취기준 적용 시 고려사항이 어떻게 관련되어 있는지를 살펴보면 다음과 같다.

만약 중학교 1학년을 대상으로 성취기준 '[9수01-05] 정수와 유리수의 사칙계산의 원리를 이해하고, 그 계산을 할 수 있다.'에 대한 수업을 계획하고 있다면, 먼저 관련된 핵심 아이디어를 살펴봐야 한다. 이 성취기준과 관련된 핵심 아이디어는 다음과 같다.

- 사칙계산은 자연수에 대해 정의되며 정수, 유리수, 실수의 사칙계산으로 확장되고 이때 연산의 성질이 일관되게 성립한다.

이 수업에서 학생들은 정수와 유리수의 사칙계산을 배우게 되는데, 이에 앞서 초등학교에서 자연수와 그 사칙계산을 학습했으며, 이후 실수의 사칙계산을 학습하게 될 것이다. 학생들은 초·중학교에서 수와 연산 영역의 학습을 통해 이를 관통하는 수학적 사실 즉, 자연수, 정수, 유리수, 실수로 확장된 수 체계에서 사칙계산이 확장되고 연산의 성질이 일관되게 성립함을 인식하게 된다.

한편, 성취기준은 내용 체계의 '지식·이해, 과정·기능, 가치·태도'가 통합되어 있는데, [9수01-05]를 보면 내용 체계표에 다음과 같이 제시되어 있으며, 세 범주가 통합되어 궁극적으로 수학 교과 역량을 함양하게 된다.

〈지식·이해〉 • 정수와 유리수

〈과정·기능〉 • 정수, 유리수, 근호를 포함한 식의 사칙계산의 원리를 탐구하고 계산하기

〈가치·태도〉 • 실생활에서 사칙계산의 유용성 인식
• 정수와 유리수의 사칙계산의 원리를 이용하는 문제의 풀이 과정과 결과를 반성하는 태도

내용 체계표에 제시된 핵심 아이디어와 세 범주는 성취기준, 성취기준 해설, 그리고 성취기준 적용 시 고려사항을 통해 수업에서 구현된다. 이를 [9수01-05]에서 구체적으로 살펴보면 다음과 같다.

〈성취기준〉

[9수01-05] 정수와 유리수의 사칙계산의 원리를 이해하고, 그 계산을 할 수 있다.

〈성취기준 해설〉
[9수01-05] 정수의 사칙계산의 원리는 여러 가지 모델을 이용하여 직관적으로 이해하게 하고, 실생활에서 사칙계산의 유용성을 인식하게 한다.

〈성취기준 적용 시 고려사항〉
정수와 유리수의 사칙계산의 원리를 이용하는 문제를 해결하기 위해 더 나은 계산 방법을 끈기 있게 찾아보게 하고, 풀이 과정과 결과를 반성하는 태도를 갖게 한다.

3 수학과 교수·학습 및 평가

수학과 교육과정에서 교수·학습 및 평가는 각각 '방향'과 '방법'으로 구성된다. '방향'은 교수·학습과 평가의 원칙을 제시한 것이고, '방법'은 교수·학습과 평가의 구체적인 방법을 나타낸다. 고등학교 선택과목은 과목별 특성에 따라 교수·학습 및 평가의 내용이 일부 다르게 구성되어 있다.

2022 개정 수학과 교육과정에 제시된 교수·학습 방향은 다음과 같다. (가)항에서는 교육과정 내의 일관성을 강조하였고, (나)항에서는 교과 역량과 수리 소양 함양을, (다)항에서는 학생 주도성을, (라)항에서는 디지털 소양과 언어 소양을, (마)항에서는 교수·학습의 운영 고려사항을, (바)항에서는 학생 맞춤형 수업을, (사)항에서는 범교과 학습 주제를, (아)항에서는 온라인 교수·학습을, (자)항에서는 진로연계교육(초·중)이나 최소 성취수준 보장(고등 과목)을, (차)항에서는 교육과정 재구성에 대한 원칙을 제시하였다.

(1) 교수·학습의 방향
(가) 수학과 교육과정에 제시된 성격, 목표, 내용 체계, 성취기준, 평가와 일관성을 가지도록 교수·학습을 운영한다.
(나) 핵심 아이디어를 중심으로 수학의 지식·이해, 과정·기능, 가치·태도를 통합적으로 교수·학습하여 수학 교과 역량을 함양하고 수리 소양을 갖추게 한다.
(다) 학생이 주도적으로 수학을 학습하여 수학과 교육과정에 제시된 목표를 달성하도록 교수·학습

을 운영한다.

(라) 수학 내용 특성에 적합한 교구나 공학 도구를 선택하여 효율적인 교수 · 학습이 이루어지도록 하고 학생들의 디지털 소양 함양을 도모한다. 그리고 수학 교과서 읽기, 수학 학습 과정과 결과 쓰기, 문장제 해결 등을 통해 학생들의 언어 소양 함양을 도모한다.

(마) 수학 내용의 특성, 학교 여건, 학생의 학습 능력과 수준 등을 고려하여 교수 · 학습을 운영한다.

(바) 학생 개인의 필요, 수학 학습 속도, 학습 능력 등을 고려하여 학생 맞춤형 수업을 실시하고 보충 학습과 심화 학습의 기회를 제공한다.

(사) 수학 교수 · 학습에서 범교과 학습 주제(안전 · 건강, 인성, 진로, 민주 시민, 인권, 다문화, 통일, 독도, 경제 · 금융, 환경 · 지속가능발전 등)를 현상이나 소재로 선택하여 활용할 수 있다.

(아) 사회적 환경, 학생의 요구, 수학 내용의 특성, 수업 방식 등에 따라 온라인을 활용한 교수 · 학습을 운영할 수 있다.

(자) 학교급 전환에 따라 변화되는 수학 내용과 수업 방법을 파악하여 교수 · 학습에 적용하고, 진로연계교육에서 이를 고려한다.

(차) 수학과 교수 · 학습 계획을 수립하거나 교수 · 학습 자료 개발 등을 할 때 교육과정을 재구성할 수 있다.

교수·학습의 방향은 '교수·학습 방법'으로 구체화된다. 수학과 교육과정의 '교수·학습 방법'에서 (가)항은 교과 역량에 대한 내용이며 이는 1절에서 다루었다. 그 외의 교수·학습 방법으로 (나)항은 학생 주도성을, (다)항은 교수·학습 방안을, (라)항은 학생 맞춤형 지도, (마)항은 범교과 주제 또는 타 교과 연계 학습을, (바)항은 온라인 교수·학습에서 유의할 점을 나타내었다. 각각의 내용은 2부 8장과 9장에서 구체적으로 다룰 것이다.

수학과 교육과정에서 '평가 방향'은 (가)~(자)항으로 구성되어 있으며, (가)항에서는 평가의 목적을, (나)항에서는 교육과정 내의 일관성을, (다)항에서는 과정을 중시하는 평가를, (라)항에서는 교과 역량 세 범주의 평가를, (마)항에서는 학생 주도성을, (바)항에서는 다양한 평가 방법의 적용을, (사)항에서는 학생 개별 지원을, (아)항에서는 온라인 교수·학습에서의 평가를, (자)항에서는 평가 결과의 피드백을 담고 있다.

(가) 학생의 수학 학습에 대한 정보를 수집 · 활용하여 학생의 주도적 학습과 성장을 지원하고 교사의 수업 개선을 돕도록 지속적으로 평가를 실시한다.

(나) 수학과 교육과정에 제시된 성격, 목표, 내용 체계, 성취기준, 교수 · 학습과 일관성을 가지도록 평가를 실시한다.

(다) 학생의 수학 학습을 돕기 위해 수업과 평가를 통합하여 과정을 중시하는 평가를 실시한다.

(라) 수학 내용 체계의 지식 · 이해, 과정 · 기능, 가치 · 태도를 학습 결과뿐 아니라 학습 과정에서 균형 있게 평가한다.

(마) 학생이 평가 과정에 적극적으로 참여하고 스스로 설정한 수학 학습 목표에 대한 달성 여부를 점검할 수 있게 한다.

(바) 학생의 사회 · 문화적 배경, 신체 특성 등이 불리하게 작용하지 않도록 평가를 실시하고, 학생의 사전 지식, 수학에 대한 흥미, 학습 유형, 학습 수준을 고려하여 평가 목적, 교수 · 학습 내용 및 방법에 따라 다양한 평가 방법을 적용한다.

(사) 진단평가, 형성평가, 총괄평가 등을 적절히 활용하여 수학 학습 과정과 결과에 대한 구체적인 정보를 바탕으로 학생의 특성과 학습 결손을 파악하고 개별적 지원 방안을 마련한다.

(아) 온라인 수학 수업에서 평가를 할 때 학습 환경 등의 외적 요소가 수학 학습 과정과 평가 결과에 영향을 미치지 않도록 한다.

(자) 평가 절차를 개방적이고 공정하게 시행하고 학생의 수학 학습에 대한 의미 있는 정보를 학생, 학부모에게 제공한다.

평가 방법에서는 평가 방향의 구체적인 내용을 다룬다. (가)항에서는 수업과 연계하여 과정을 중시하는 평가, (나)항에서는 수학 교과 역량의 평가, (다)항에서는 다양한 평가 방안, (라)항에서는 교구나 공학 도구를 활용한 평가, (마)항에서는 온라인 교수 · 학습 환경에서의 평가, 선택 중심 교육과정의 (바)항에서는 최소 성취수준 보장을 위한 방안(고등 과목)을 제안하고 있다. (나) 수학 교과 역량의 평가는 이미 앞에서 다루었고, (라)항은 9장에서 다룰 것이므로 그 이외의 평가 방법을 살펴보면 다음과 같다.

(가) 수학 수업과 연계하여 과정을 중시하는 평가를 실시할 때는 다음 사항을 고려한다.

① 성취기준을 중심으로 지식 · 이해, 과정 · 기능, 가치 · 태도 범주를 평가 요소로 구체화한다.

② 교수 · 학습과 연계하여 적절한 평가 도구와 준거를 개발하고 평가를 실시한다.

③ 평가 결과에 기반하여 학생의 학습 정보 및 수행 과정을 학생과 학부모에게 환류한다.

(다) 학생의 수학 학습 과정과 결과는 다양한 평가 방안을 사용하여 양적 또는 질적으로 평가한다.

① 지필평가는 수학 내용 체계의 지식 · 이해, 과정 · 기능을 평가하는 데 활용할 수 있고, 선택형, 단답형, 서 · 논술형 등의 다양한 문항 유형을 사용할 수 있다.

② 프로젝트 평가는 학생 스스로 특정 주제나 과제를 탐구하고 해결하기 위해 계획을 수립하고 수행하는 과정과 그 결과물을 평가하는 방안으로, 수학 내용 체계의 세 범주를 종합적으로 평가할 때 활용할 수 있다.

③ 포트폴리오 평가는 학생의 성장에 대한 정보를 얻기 위해 수학 학습 수행과 그 결과물을

일정 기간 수집하여 평가하는 방안으로, 수학 교과 역량의 발달을 종합적으로 평가할 때 활용할 수 있다.

④ 관찰 평가, 면담 평가, 구술 평가는 학생 개인 및 소집단을 관찰, 학생과의 질의응답, 학생의 발표를 통해 평가하는 방안으로, 학생의 사고 방법, 수행 과정, 수학 내용 체계의 가치 · 태도 등을 평가할 때 활용할 수 있다.

⑤ 자기 평가는 학생 스스로 자신의 학습 과정과 결과를 평가하는 방안으로, 수학 내용의 이해와 수행 과정, 문제해결과 추론 과정의 반성, 자신의 생각 표현, 수학 내용 체계의 가치 · 태도 등을 평가할 때 활용할 수 있다.

⑥ 동료 평가는 동료 학생들이 상대방을 서로 평가하는 방안으로, 협력 학습 상황에서 학생 개개인의 역할 수행이나 집단 활동의 기여를 평가할 때 활용할 수 있다.

(마) 온라인 수학 교수 · 학습 환경에서 평가할 때는 다음 사항을 고려한다.

① 온라인 수학 학습에서는 학생의 활동에 근거한 구체적인 자료를 사용하여 평가한다.

② 온라인 학습 플랫폼이나 학습 관리 시스템을 이용하여 학생의 수행 과정을 관찰하고 개별 맞춤형으로 환류할 수 있다.

③ 학생의 접속 환경 미비로 인한 불참 시 기회 부여 등에 대해 방안을 마련하고 형평성의 문제가 제기되지 않도록 사전에 안내한다.

(바) 〈과목명〉의 최소 성취수준 보장을 위해 다음 사항에 유의한다.

① 〈과목명〉의 최소 성취수준을 학생에게 공지하여 학생 스스로 성취목표를 설정하고 학습에 참여하도록 한다.

② 진단평가를 통해 학생의 〈과목명〉의 최소 성취수준 도달 가능성을 예측하고 학습 의욕과 동기를 유발하여 최소 성취수준에 도달하도록 안내한다.

③ 형성평가를 통해 학생의 〈과목명〉의 학습 과정을 지속적으로 관찰하고 학생이 자신의 학습에 대한 조처를 할 수 있도록 평가 결과를 환류한다.

4 수업의 설계

수학과 교육과정에 근거하여 수업을 계획할 때 교육과정을 다음과 같이 활용할 것을 권장하고 있다.

먼저 내용 체계의 '핵심 아이디어'를 통해 영역 전체를 아우르거나 관통하는 관점을 파악한다. 다음으로 내용 체계의 '지식 · 이해, 과정 · 기능, 가치 · 태도'를 확인하여 중점을 두어야 하는 내용을 확인한다. 이어서 '성취기준, 성취기준 해설, 성취기준 적용 시 고려 사항', '교수 · 학습 및 평가'를 확인하여 세부적인 수업 내용과 방법을 구체화한다. 수업 계획이 성취기준 학습에만 그치지 않고 여러 성취기준을 아우르거나 관통하는 핵심 아이디어를 구성하는 데에 기여하는지 점검하여 보완한다(교육부, 2022b).

수학 수업을 설계할 때 교육과정에서 참고해야 할 것은 '핵심 아이디어, 내용 체계, 성취기준, 성취기준 해설, 성취기준 적용 시 고려사항, 교수 · 학습 및 평가'이다. 이 각각의 요소를 어떻게 고려하여 수업 설계에 반영해야 하는지 살펴보도록 한다.

먼저, 핵심 아이디어를 고려한다. 핵심 아이디어는 교육과정에서 학년군, 영역별로 제시되어 있으나 수업에서 더 상세하게 제시할 수 있다. 핵심 아이디어의 작성은 지금까지의 교육과정 설계에서 고려되지 않았기 때문에, 교사의 교육과정에 대한 더 깊이 있는 이해를 요구한다. 교사는 단순히 가르쳐야 할 지식과 기능이 무엇인지 파악하는 것에서 그치는 것이 아니라 학생들이 낱낱의 사실들을 모두 잊어버려도 남아 있는 일반적이고 포괄적인 수준의 일반화된 원리가 무엇인지를 파악하여 학생들이 학습 결과로 갖게 되기를 기대하는 것이 무엇인지 명료화해야 한다. 핵심 아이디어는 학교를 졸업한 후에도 실제 삶 속에서 현상을 이해하고 문제를 해결하는 데 도움이 될 수 있는 것으로 교사는 교육과정 분석에서 "왜 이것을 가르쳐야 하는가? 이것을 안 배우면 무엇을 할 수 없는가?" 등의 답에 해당한다. 교육과정의 성취기준은 내용 위주로 기술되어 있지만 핵심 아이디어를 고려한다면 궁극적으로 교육 내용의 의미가 무엇인지를 고려해야 한다.

다음으로 수업에서 다룰 내용을 지식 · 이해, 과정 · 기능, 가치 · 태도의 범주에서 계획한다. 이는 성취기준을 더 상세화하는 것이다. 대체로 수학과 성취기준은 소단원 수준으로 기술되므로, 차시에 적합하게 학습 목표를 세 범주로 고려하여 기술한다. 예를 들어 '정수와 유리수'의 내용 요소에서 학생들이 학습할 구체적인 '지식 · 이해'를 고려해보면, 학생들은 양수, 음수, 양의 정수, 음의 정수, 정수, 수직선, 양의 유리수, 음의 유리수, 유리수, 절댓값, 역수의 개념을 이해하고 교환법칙, 결합법칙, 분배법칙의 법칙을 발견하며 유리수의 대소관계를 판단하며 양의 부호(+), 음의 부호(−), | |(절댓값 기호) 등의 의미를 알고 사용할 수 있어야 한다. 이것은 성취기준 적용 시 고려사항의 '용어와 기호' 관련 부분으로도 확인할 수 있다. 성취기준에 교과 역량이 명료하게 나타나지 않더라도 각 내용에 따라 적절한 과정 · 기능과 가치 · 태도를 교사가 선정하여 강조할 수 있는 자율성이 부여되어 있으므로, 교사에 따라 교육과정을 해석하여 과정 · 기능을 선정할 수 있다. 중학교 1학년 수와 연산 영역에서 함양하기 적절한 과정 · 기능, 가치 · 태도를 고려해본다면 다음을 제안할 수 있다.

[과정 · 기능]
- 최대공약수와 최소공배수 구하기
- 정수, 유리수, 실수의 대소 관계 판단하기
- 정수, 유리수, 근호를 포함한 식의 사칙계산의 원리를 탐구하고 계산하기
- 유리수와 순환소수의 관계 설명하기

[가치 · 태도]
- 음수, 무리수의 필요성 인식
- 실생활에서 사칙계산의 유용성 인식
- 수 체계의 논리적 아름다움에 대한 관심
- 정수와 유리수의 사칙계산의 원리를 이용하는 문제의 풀이 과정과 결과를 반성하는 태도

내용 체계와 성취기준 분석을 통해 수업 내용을 정했다면 그에 적합한 교수 · 학습 방법과 수업과 연계된 평가를 계획한다. 교수 · 학습 방법은 성취기준을 학습하기에 가장 적절한 것을 선택하되 하나의 수업에서 여러 교수 · 학습 방안을 선택할 수도 있다. 또한 수업에서 학생들에게 제시할 과제를 선정하고 그 과제를 수행했을 때 학생들을 평가할 준거와 피드백을 고려한다. 이에 대한 계획이 세워졌다면 수업 활동과 절차를 계열화한다. 학생들이 성취기준에 도달하도록 학습 활동을 계획하는 데 초점을 둔다.

평가 계획은 평가 방안 선정, 평가 과제 및 채점 기준 개발로 살펴볼 수 있다. 먼저, 수학과 평가 방안은 지필 평가, 프로젝트 평가, 포트폴리오 평가, 관찰 평가, 면담 평가, 구술 평가, 자기 평가, 동료 평가 등을 활용할 수 있다. 성취기준을 타당하고 적절하게 평가할 수 있는 방안이 무엇인지를 고려하여 선정한다. 예를 들어 중학교 1학년 정수와 유리수 단원에서 수의 개념을 평가한다면 선다형 문항을 활용할 수 있으며, 계산 기능을 평가한다면 선다형 문항이나 서술형 평가를 실시할 수 있을 것이다. 그리고 정수와 유리수가 타 교과나 실생활에서 활용되는 예를 찾고 그 예시 상황에서 연산을 수행하는 연결 역량, 음수의 필요성을 인식하는지에 대한 가치 · 태도를 평가하려 한다면 수행 과제를 제시하는 것이 적절할 수 있다. 평가 과제는 평가 방안에 따라 여러 개가 개발될 수 있으며, 채점 기준을 수반함으로써 무엇을 평가할지를 분명히 나타내야 한다. 선다형 문항의 경우는 별도의 채점 기준이 필요 없지만, 서술형 문항이나 수행 과제는 평가 과제를 개발할 때 채점 기준을 함께 개발해야 한다. 채점 기준은 채점자 내, 채점자 간 신뢰도를 확보하기 위해서도 필요하며, 학생의 학습 및 수행 과정과 결과를 채점 대상으로 삼는다. 채점 기준을 세울 때는 수행의 판단 준거인 구체적인 평가 요소를 결정하고, 성취수준을 평정하기 위한 평가 요소별 척도(상중하 또는 ABCDE 등)를 몇 가지 수준으로

나눌 것인지를 고려하고, 평가 요소에 근거하여 학생의 수행 수준을 구별할 수 있는 세부적인 내용을 척도마다 설정한다. 채점 기준은 학생들의 수행 결과를 보고 추후 수정할 수 있지만 평가 시행 이전에 학생들에게 공지하여 학생이 자신의 수행 과정과 결과가 어떻게 평가되는지 이해하도록 돕는 것도 수업과 평가를 통합하여 실행할 수 있다. 채점 기준은 총체적 방법과 분석적 방법으로 세울 수 있다.

한편 평가가 학생의 성장을 돕기 위한 목적에서 평가 결과를 어떻게 활용할 것인지에 대한 계획을 미리 세워두는 것이 좋다. 평가 결과는 학생들에게 환원되어 학생의 현재 수준과 학생이 도달해야 할 수행 수준 간의 차이를 자세하게 알려주는 피드백으로 주어질 수 있다. 피드백을 통해서 학생이 잘하거나 부족한 부분을 설명하고, 부족한 부분을 보완하기 위해 수행해야 할 점이 무엇인지 안내가 되어야 한다. 평가가 진행되는 과정에서 제공되는 피드백을 통해 학생들은 자신의 수행 상황이나 결과물을 적절한 시기에 수정하고 향상시킬 수 있고, 후속 학습이 진행되기 이전에 부족한 점을 보완할 수 있다. 또한 교사는 학생의 수행 과정을 점검하여 다음 수업의 교수·학습 계획을 조정할 수 있다. 따라서 평가를 시행한 후에는 수행의 최종 결과를 학생에게 제공하고 함께 의사소통하는 작업이 필요하다.

CHAPTER 07

수학 학습이론을 적용한 교수·학습의 실제

수학 수업을 잘 하기 위해 수학교육론, 수학교재연구, 수학과 교육과정, 수학논술 등 여러 수학교과교육학 교과목에 대한 지식이 필요하다. 이러한 교과교육학 교과목들은 좋은 수학 수업을 실현하기 위해 기반이 되는 이론적 측면에 집중되어 있어, 다양한 수학교육이론들은 구체적으로 현장 수학 수업 상황에서 어떤 교수·학습 자료를 사용하여 구현될 수 있는지에 대한 경험이 부족하다.

특히 수학교육론은 수학교육의 근간이 되는 다양한 수학 학습심리학, 수학교육철학, 수학교수법, 수학교육공학 등에 대한 이론을 다루고 있어 매우 중요하다. 구체적으로 구성주의, 라카토스(Lakatos)의 준경험주의, 브루너(Bruner)의 학습이론, 딘즈(Dienes)의 학습원리, 오수벨(Ausubel)의 교수원리, 프로이덴탈(Freudenthal)의 수학화 이론, 반힐레(van Hiele)의 학습수준이론, 폴리아(Polya)를 비롯한 여러 학자들의 문제해결학습 이론 등이 자세하게 다루어지고 있다. 이 장에서는 이러한 이론들이 구체적으로 수업이라는 행위를 통해 어떻게 드러나야 하는지, 실제 수업상황에서 어떤 교수·학습 자료를 통해 수업이 어떻게 진행되어 가는지에 대해 살펴보고자 한다.

이 장에서는 〈표 7-0-1〉에 제시된 순서로 다양한 수학학습이론들이 적용된 수업의 실제적인 모습을 교수·학습 자료에 초점을 두어 살펴본다. 수학교과교육학에서 학습한 여러 수학학습이론들이 수업이라는 실제적 상황에서 어떻게 구현될 수 있는지에 초점을 두고 내용을 전개한다.

| 표 7-0-1 | 수학 학습이론을 적용한 교수 · 학습 자료 목록

핵심주제	주요 내용
사회적 구성주의	사회적 구성주의 상호작용 과정에 기반한 교수 · 학습 자료
준경험주의	라카토스의 반례와 추측의 개선에 기반한 교수 · 학습 자료
브루너의 학습이론	브루너의 EIS 이론에 기반한 교수 · 학습 자료
딘즈의 학습원리와 학습단계	놀이를 통한 개념학습 6단계에 기반한 교수 · 학습 자료
오수벨의 교수 · 학습원리	병위적 포섭에 기반한 교수 · 학습 자료
프로이덴탈의 수학화	프로이덴탈의 수학화 이론에 기반한 교수 · 학습 자료
반힐레의 수준 상승 이론	5단계 학습에 기반한 교수 · 학습 자료
문제해결학습 이론	수학 문제해결에 기반한 교수 · 학습 자료

현장 수학 수업은 교수·학습 방안(교수·학습 방법)과 무관하지 않다. 수학 학습이론과 결부된 수학 수업의 실행은 학습자에게는 풍성한 수업의 기회를 제공하고, 교수자에게는 생동감 있는 수업의 진행을 체험하게 한다. 수학 학습이론을 적용한 교수·학습 자료는 다음과 같은 과정을 통해 제시된다.

먼저, 수학 학습이론의 개관이다. 각 절의 주제에 해당하는 수학 학습이론에 대한 전반적인 개요를 고찰한다. 둘째, 교수·학습 자료 개발의 기반이 되는 수학 학습이론의 탐색이다. 앞에서 다루었던 수학 학습이론 중에서 본시 교수·학습 자료 개발의 기초가 되는 이론을 자세히 살펴본다. 셋째, 수업방안의 제안이다. 앞에서 탐색한 수학 학습이론을 가장 잘 적용할 수 있는 수업방안을 수학과 교육과정에서 제시하고 있는 일곱 가지 유형 중에서 선택한다. 수업 방안에 대한 선택의 경우, 이 장에서는 제안하는 수준으로 다루고 뒷장에서 각 학습이론에 대해 체계적으로 다루게 된다. 넷째, 수학 학습이론에 따른 교수·학습 자료의 예시이다. 수학과 교육과정에서 선택한 교수·학습 방안 및 개발의 기반이 되는 수학 학습이론에 따라 교수·학습 자료를 구체적으로 제시한다. 마지막은 교수·학습 자료에 대한 논의이다. 앞 단계에서 제시한 교수·학습 자료를 수학 학습이론에 근거하여 체계적으로 설명한다.

이 장에서 수업방안으로 제안한 내용은 2022 개정 수학과 교육과정에서 제시한 7개의 수업방안을 근거로 한다. 구체적으로 일곱 가지 수업방안은 다음과 같다(교육부, 2022b).

첫째, 설명식 교수에 따른 교수·학습 방안이다. 이는 교사가 설명과 시연을 통해 수업을 주도하는 교수·학습 방안으로, 수업 내용을 구조화하여 체계적으로 지도하는 데 효과적이다. 이때, 교사는 학생의 적극적인 수업 참여를 유도하고, 사고를 촉진하는 발문을 적절히 활용한다. 이 장에서는 오수벨(Ausubel)의 교수·학습 원리를 적용한 수업에서 활용할 수 있음을 제안하였다.

둘째, 토의·토론 학습에 따른 교수·학습 방안이다. 이는 특정 주제에 대해 협의하거나 논의하는 교수·학습 방안으로, 학생들이 수학 내용을 폭넓게 이해하고 자신의 주장을 효과적으로 표현하고 다른 사람의 의견을 비판적 사고를 통해 수용하여 합리적으로 의사결정하는 태도를 기를 수 있게 한다. 이 장에서는 준경험주의를 적용한 수업에서 활용할 수 있음을 제안하였다.

셋째, 협력 학습에 따른 교수·학습 방안이다. 이는 모둠 내의 상호작용, 의사소통, 참여를 통해 공동의 학습 목표에 도달하도록 하는 교수·학습 방안으로, 다른 사람을 존중하고 배려하며 모둠 내의 역할을 수행하고 책임감을 기를 수 있게 한다. 이 장에서는 사회적 구성주의, 문제해결학습 이론을 적용한 수업에서 활용할 수 있음을 제안하였다.

넷째, 탐구 학습에 따른 교수·학습 방안이다. 이는 학생이 중심이 되어 수학 개념, 원리, 법칙을 발견하고 구성하는 교수·학습 방안으로, 학생 스스로 자료와 정보로부터 지식을 도출하거나 지식의 타당성을 확인하는 것이 중요함을 알게 한다. 이 장에서는 브루너(Bruner)의 학습이론, 딘즈(Dienes)의 학습원리와 학습 단계를 적용한 수업에서 활용할 수 있음을 제안하였다.

다섯째, 프로젝트 학습에 따른 교수·학습 방안이다. 이는 학생 스스로 특정 주제나 과제를 탐구하고 해결하기 위해 계획을 수립하고 수행하여 결과물을 산출하고 공유하는 교수·학습 방안으로, 자기 주도적으로 수학 지식과 경험을 통합하게 한다. 이 장에서는 반힐레의 수준 상승 이론을 적용한 수업에서 활용할 수 있음을 제안하였다.

여섯째, 수학적 모델링에 따른 교수·학습 방안이다. 이는 학생의 삶과 연계된 현상을 다양한 수학적 표현 방식을 이용하여 수학적 모델로 만들고 수학적 모델을 다시 실생활이나 사회 및 자연 현상에 적용하는 교수·학습 방안으로, 수학의 응용에 대한 넓은 안목을 갖게 할 수 있다. 이 장에서는 프로이덴탈의 수학화 이론을 적용한 수업에서 활용할 수 있음을 제안하였다.

일곱째, 놀이 및 게임 학습에 따른 교수·학습 방안이다. 이는 호기심과 흥미를 유발하는 놀이 및 게임 활동을 활용하는 교수·학습 방안으로, 활동 속에서 수학 개념이나 원리를 탐구하고 동료와 경쟁 또는 협력하면서 자연스럽게 수학에 접근하고 수학 학습에 대한 자신감 및 의사소통 역량을 기를 수 있게 한다. 이 장에서는 딘즈의 학습원리와 학습단계를 적용한 수업에서 활용할 수 있음을 언급하였지만, 구체적으로 다루지는 않았다.

이 장에서 제안한 수학 학습이론에 따른 교수·학습 자료는 〈표 7-0-2〉와 같이 정리할 수 있다.

| 표 7-0-2 | 수학 학습이론을 적용한 교수·학습 자료 목록

핵심주제	수업내용	제안된 교수·학습 방안
사회적 구성주의	고등학교 중복조합 단원에서 '중복조합의 수 구하기'	협력 학습
준경험주의	고등학교 방정식과 부등식 단원에서 '절댓값을 포함한 방정식'	토의·토론 학습
브루너의 학습이론	고등학교 수열 단원에서 '여러 가지 수열의 합'	탐구 학습
딘즈의 학습원리와 학습단계	중학교 1학년 점, 직선, 평면의 위치관계 단원에서 '평면과 공간에서 직선들의 위치관계'	탐구 학습/ 놀이 및 게임 학습
오수벨의 교수·학습원리	중학교 3학년 이차함수 단원에서 '이차함수의 꼭짓점의 좌표 구하기'	설명식 교수
프로이덴탈의 수학화	중학교 2학년 삼각형의 성질 단원에서 '삼각형의 내심'	수학적 모델링
반힐레의 수준 상승 이론	중학교 2학년 피타고라스 정리 단원에서 '피타고라스 정리의 증명'	프로젝트 학습
문제해결학습 이론	중학교 2학년 삼각형의 성질 단원에서 '이등변삼각형의 성질'	협력 학습

지금부터 앞에서 제시한 8개의 수학 학습이론에 기초한 교수·학습 자료에 대해 살펴보고자 한다. 각 절은 먼저 교수·학습 자료 개발의 토대가 되는 이론을 살펴보고, 이를 바탕으로 교수·학습의 예시를 제시한 뒤, 이에 대해 논의하는 순서로 구성하였다.

1 구성주의 교수·학습 원리를 적용한 수업

구성주의라는 용어가 학교 교육의 주제가 된 것은 1980년대 이후의 일이다. 수학교육에서 구성주의는 수학 지식이 교사에 의해 학생들에게 일방적으로 전달되는 것이 아니라, 학생 스스로 주체적 구성에 의해 획득되는 것이라는 기본적인 가정을 가진 교육이념이다. 수학교육 관점에서 구성주의와 관련이 깊은 학자로는 피아제(Piaget), 글라저스펠트(Glasersfeld), 비고츠키(Vygotsky), 코브(Cobb), 어니스트(Ernest) 등이 있다. 특히 코브와 어니스트의 사회문화적 관점에 기초한 사회적 배경 안에서의 발달이 수학 교수·학습에서 부각되고 있다.

피아제는 수학 지식과 사고의 본질을 '조작(operation)'이라고 생각하고, 그 발생의 과정을 분석하였다. 피아제의 이러한 관점을 조작적 구성주의라고 부르는데, 이는 수학 지식의 원천이 조작적 구조를 구성하도록 하는 주체의 활동이라는 피아제의 설명에 기인하고 있다(김진호 외, 2013). 피아제에 따르면 인식의 주체인 학습자는 외부 세계와 어떤 방식으로 상호작용을 하는데, 이러한 상호작용의 과정에서 동화와 조절이 일어나게 된다. 이러한 과정은 궁극적으로 균형을 이루게 되는데 이러한 인지적 균형 상태를 평형상태라고 하고, 이 상태가 되면 학습자의 인지구조 속에 새로운 지식이 안정적으로 만들어지게 된다. 동시에 피아제는 수학 지식의 구성 과정을 반영적 추상화라는 개념을 통해 설명하는데, 반영적 추상화는 반사와 반성이라는 두 요소의 끊임없는 교대작용의 결과이며, 이를 통해 새로운 수학 지식이 확장된다.

글라저스펠트는 피아제의 발생적 인식론에 바탕을 두고 있지만, 조작적 구성주의와 달리 지식의 객관적 실체를 부정하는 급진적 구성주의를 제시한다. 인식의 주체가 이미 알려져 있는 진리에 대한 검증을 시도하는 것, 그 자체가 하나의 앎의 행위인데 이러한 행위는 결코 객관적이지 않고 필연적으로 주관적일 수밖에 없다. 따라서 객관적 진리에 대한 그 어떤 검증 수단도 찾을 수 없기 때문에 기존의 객관적 표상을 지식이라고 생각하는 것에서 벗어나 지식의 구성적 특성에 관심을 가졌다(Glasersfeld, 1985).

사회적 구성주의는 급진적 구성주의의 비객관성에 대한 수정과 보완에서 출발한다. 어니스트는 자신이 포함된 집단 내 모든 구성원들의 공통주관적인 합의를 통해 지식의 객관성을 확보하려고 하였다. 사회적 구성주의자들은 '공통주관성'이라고 불리는 사회적 합의를 객관성으로 바라보고 있고, 개인에 의해 구성된 지식이 사회 속으로 공표되어 검토되고, 공적인 비판을 통해 수정되며, 최종적으로 합의된 지식만이 의미있는 지식으로 존속한다는 이론을 제시하였다. 따라서 사회적 구성주의에 따른 수학 학습은 개인의 주체적인 활동에 의해서 구성되고, 집단 내에서의 발표, 상호 간의 검토 및 비판, 협의, 수정과정을 거치면서 최종적으로 합의에 도달하게 된다.

1 사회적 구성주의와 상호작용의 과정

구성주의 이론을 적용한 수업을 위해, 다양한 이론 중에서 현재 수학교육에 가장 크게 영향을 미치는 사회적 구성주의 이론을 선택하였다. 사회적 구성주의 이론은 소집단 내에서 사회문화적 측면을 강조하고 있고, 수학교과의 의사소통 역량의 신장과 깊은 관련이 있을 뿐 아니라, 수학교과에서의 학생주도성을 기반으로 학생 간 상호작용과 질문이 활발한 교실 문화 조성 및 수학적 아이디어에 대해 상호작용하는 과정에서 타인을 배려하고 의견을 존중하는 태도 함양과 깊은 관련이 있다.

강옥기 외(2012)는 구성주의의 기본 가정을 여섯 가지로 제시하였는데, 이를 간단히 두 가지로 요약할 수 있다. 하나는 지식은 학습자 자신의 경험에 기초하여 내적인 표상이 개인적인 의미 이해로서 구성된 지식을 의미한다는 것이고, 다른 하나는 구성은 학습자와 외적 세계인 자신을 둘러싸고 있는 환경과의 상호 작용적 중개과정이라는 점이다. 이러한 두 가지 측면을 고려하여 사회적 구성주의 관점에서의 교수·학습의 핵심을 다음 두 가지로 설정하였다.

첫째, 학습자의 경험을 어떻게 제공할 것인가의 부분이다. 수학교실에서 학생에게 경험을 제공하는 주체는 교사이다. 교사에 의해 제공되는 교수·학습 자료를 어떻게 제공할 것인가의 부분이다. 교사에 의해 제공되는 지식은 과거의 지식체계를 근거로 재구성된다는 측면에서 기존의 지식과 잘 연결되어야 함을 전제로 한다. 교사는 학생이 지닌 과거의 지식 체계와 연결하여 현재의 수준을 약간 넘어서는 수준에서 학생들이 인지적 갈등 상황에 이르도록 하는 방식의 자료를 제공하는 것이다.

둘째, 자신이 속한 집단 내에서 일련의 사회문화적 과정을 통해 합의에 도달하도록 어떻게 안내할 것인가이다. 즉, 학습을 위한 사회적 환경이다. 제공된 학습과제에 대해 소집단 내의 친구들과 어떻게 상호작용하며, 사회적 상호작용과정 내에서 필수적인 인지적 갈등관계를 어떻게 해결해 가는지 교사의 도움이 필요하다. 사회적 구성주의의 사회문화적 관점에 따르면, 수학 지식이 만들어지는 **사회적 상호작용과정**은 개인의 주관적 지식이 공표를 거쳐, 공적인 비판과 재형성과정을 통하여 사회적 합의에 의해 객관적 지식으로 나아간다(Ernest, 1991; 강옥기 외, 2012).

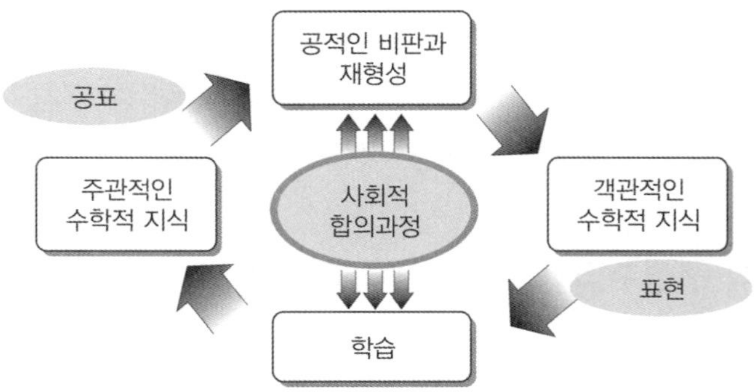

그림 7-1-1 사회적 상호작용의 과정

|2| 사회적 구성주의 상호작용 과정에 기반한 교수 · 학습 자료

사회적 구성주의의 상호작용 과정 이론은 집단 내 공동의 학습목표에 도달하는 것을 목적으로 하는 수업 상황에서 적용할 수 있다. 사회적 구성주의의 상호작용은 소집단 내에서 의사소통하며, 서로 참여하여 합의에 이르는 과정이기 때문에 협력 학습 방안의 적용이 가능하다. 소집단 내에서 학생 상호간의 상호작용, 자신의 아이디어를 타인과 공유하는 의사소통 및 공동의 학습목표에의 참여 등이 이루어지며, 이러한 과정에서 다른 구성원을 존중하고 배려하고, 모둠 내의 역할을 수행하며 책임감 있게 수행하는 태도가 중요시된다.

구체적인 예시를 통해 사회적 구성주의 상호작용 과정에 기반한 교수 · 학습 자료에 대해 살펴보자.

- 학교급: 고등학교
- 내용영역: 중복조합 단원에서 '중복조합의 수 구하기'
- 학습목표: 서로 다른 n개에서 r개를 택하는 중복조합의 수는 ${}_{n+r-1}\mathrm{C}_r$ 임을 설명할 수 있다.
- 교수 · 학습 방안: 협력 학습

<table>
<tr><th>단계</th><th>교수 · 학습 자료 및 교사의 발문</th></tr>
<tr><td>학습
자료의
제시</td><td>• 학생들의 사전지식을 활성화하기 위해 과제를 조직화하여 학생들에게 제시한다.

과제1. 순열과 관련된 다음 문제를 해결하시오.
(1) 두 문자 a, b에 대하여 4개의 a와 2개의 b를 나열하는 순열의 수를 구하시오.

(2) 다음 그림과 같은 도로망이 있다. 지점 A에서 출발하여 지점 B까지 최단거리로 가는 경우의 수를 구하시오.
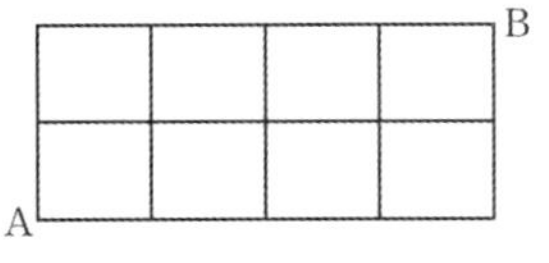

과제2. 조합과 관련된 다음 문제를 해결하시오.
(1) ${}_6\mathrm{C}_2 = {}_6\mathrm{C}_{6-2} = {}_6\mathrm{C}_4$ 임을 설명하시오.
(2) $0 \le r \le n$ 일 때, ${}_n\mathrm{C}_r = {}_n\mathrm{C}_{n-r}$ 임을 설명하시오.

• 본시학습내용을 학생들의 사전지식과 관련지어 과제를 조직화하여 학생들에게 제시한다.
(생각열기)

점심 식사를 위해 식당에 갔다. 식당의 메뉴판에는 자장면, 짬뽕, 우동 세 가지만 있었다. 세 가지 음식 중에서 4개의 음식을 주문하는 경우의 수를 구하시오.</td></tr>
</table>

<table>
<tr><th>단계</th><th>교수 · 학습 자료 및 교사의 발문</th></tr>
<tr><td>학습
자료의
제시</td><td>

(모둠활동 과제)

<table><tr><td>

과제3. 3개의 문자 p, q, r 중에서 중복을 허용하여 4개를 택하는 모든 경우를 나열하고, 경우의 수를 구하시오.

과제4. 서로 같은 7개의 연필을 세 사람에게 나누어주는 경우의 수를 구하시오.

과제5. 서로 다른 n개에서 중복을 허용하여 r개를 택하는 조합의 수를 구하시오.

</td></tr></table>

(발문1) '과제3'의 경우, 3개의 문자 중에서 중복을 허용하여 4개를 택하는 모든 경우를 나열하고, 각각의 경우를 그림으로 표현해 보세요. 예를 들어, 문자 p, q, r은 모양 ○으로 동일하게 나타내고, 서로 다른 문자를 구별하기 위해 서로 다른 문자 사이에 ▯을 표시하면 어떨까요.

(발문2) 3개의 서로 다른 종류에서 중복을 허용하여 7개를 택하는 경우와 비교해 보세요.

(발문3) 서로 다른 n개에서 중복을 허용하여 r개를 택하는 경우에는 ○는 몇 개가 나타나고, ▯은 몇 개가 나타나는지 생각해 보세요.

(정의하기)
서로 다른 n개에서 중복을 허용하여 r개를 택하는 조합을 중복조합이라고 하면, 이 중복조합의 수를 ${}_n\mathrm{H}_r$로 나타낸다.

</td></tr>
<tr><td>주관적인
수학적
지식</td><td>

• '(생각열기)'에 대한 학생의 개인적인 풀이의 과정

학생은 자신이 가지고 있던 지식 및 과거의 개인적인 경험에 비추어 자신의 방식으로 문제를 해결한다.

<table>
<tr><th>구분</th><th>첫째</th><th>둘째</th><th>셋째</th><th>넷째</th><th>다섯째</th><th>여섯째</th></tr>
<tr><td>자자자자</td><td>○</td><td>○</td><td>○</td><td>○</td><td></td><td></td></tr>
<tr><td>자자자짬</td><td>○</td><td>○</td><td>○</td><td></td><td>○</td><td></td></tr>
<tr><td>자자자우</td><td>○</td><td>○</td><td>○</td><td></td><td></td><td>○</td></tr>
<tr><td>자자짬짬</td><td>○</td><td>○</td><td></td><td>○</td><td>○</td><td></td></tr>
<tr><td>자자짬우</td><td>○</td><td>○</td><td></td><td>○</td><td></td><td>○</td></tr>
<tr><td>자자우우</td><td>○</td><td>○</td><td></td><td></td><td>○</td><td>○</td></tr>
<tr><td>자짬짬짬</td><td>○</td><td></td><td>○</td><td>○</td><td>○</td><td></td></tr>
<tr><td>자짬짬우</td><td>○</td><td></td><td>○</td><td>○</td><td></td><td>○</td></tr>
<tr><td>자짬우우</td><td>○</td><td></td><td>○</td><td></td><td>○</td><td>○</td></tr>
<tr><td>자우우우</td><td>○</td><td></td><td></td><td>○</td><td>○</td><td>○</td></tr>
<tr><td>짬짬짬짬</td><td></td><td>○</td><td>○</td><td>○</td><td>○</td><td></td></tr>
<tr><td>짬짬짬우</td><td></td><td>○</td><td>○</td><td>○</td><td></td><td>○</td></tr>
<tr><td>짬짬우우</td><td></td><td>○</td><td>○</td><td></td><td>○</td><td>○</td></tr>
<tr><td>짬우우우</td><td></td><td>○</td><td></td><td>○</td><td>○</td><td>○</td></tr>
<tr><td>우우우우</td><td></td><td></td><td>○</td><td>○</td><td>○</td><td>○</td></tr>
</table>

*자: 자장면, 짬: 짬뽕, 우: 우동

</td></tr>
</table>

<table>
<tr><th>단계</th><th>교수 · 학습 자료 및 교사의 발문</th></tr>
<tr><td>주관적인 수학적 지식</td><td>
세 가지 중에서 중복을 허락하여 4개를 선택하는 경우의 수는 6개 중에서 4개를 선택하는 경우의 수와 같다. 즉 ${}_3H_4 = {}_6C_4 = {}_6C_2$ 이다.

• '(모둠활동 과제)'에 대한 학생의 개인적인 풀이의 과정
–'(과제3)'의 해결
교사의 도움으로 소집단 내에서 학생은 개인적인 경험에 비추어 자신의 방식으로 문제를 해결한다. p는 1, q는 2, r는 3에 대응시키자. 그러면 다음과 같이 15가지를 나열할 수 있다.
<table>
<tr><th>나열하기</th><th>더할 값</th><th>변형하기</th><th>비고</th></tr>
<tr><td>(1,1,1,1)</td><td rowspan="15">(0,1,2,3)</td><td>(1,2,3,4)</td><td rowspan="15">${}_3H_4$가 ${}_6C_4$로 변형됨</td></tr>
<tr><td>(1,1,1,2)</td><td>(1,2,3,5)</td></tr>
<tr><td>(1,1,1,3)</td><td>(1,2,3,6)</td></tr>
<tr><td>(1,1,2,2)</td><td>(1,2,4,5)</td></tr>
<tr><td>(1,1,2,3)</td><td>(1,2,4,6)</td></tr>
<tr><td>(1,1,3,3)</td><td>(1,2,5,6)</td></tr>
<tr><td>(1,2,2,2)</td><td>(1,3,4,5)</td></tr>
<tr><td>(1,2,2,3)</td><td>(1,3,4,6)</td></tr>
<tr><td>(1,2,3,3)</td><td>(1,3,5,6)</td></tr>
<tr><td>(1,3,3,3)</td><td>(1,4,5,6)</td></tr>
<tr><td>(2,2,2,2)</td><td>(2,3,4,5)</td></tr>
<tr><td>(2,2,2,3)</td><td>(2,3,4,6)</td></tr>
<tr><td>(2,2,3,3)</td><td>(2,3,5,6)</td></tr>
<tr><td>(2,3,3,3)</td><td>(2,4,5,6)</td></tr>
<tr><td>(3,3,3,3)</td><td>(3,4,5,6)</td></tr>
</table>

–'(과제4)'의 해결
교사의 도움으로 소집단 내에서 학생은 개인적인 경험에 비추어 자신의 방식으로 문제를 해결한다. 다음과 같이 주어진 연필을 세 사람에게 나누어주는 경우를 생각해 보자.
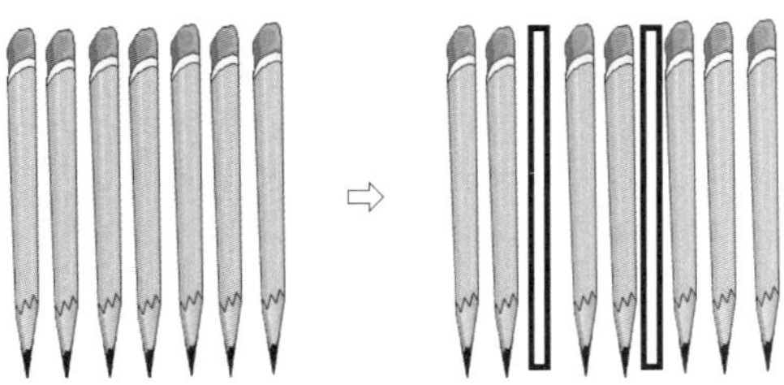
연필 7개에 2개의 칸막이가 들어가서, 2, 2, 3개로 나누는 것으로 생각할 수 있다. 따라서 10개 중에서 같은 것이 각각 7개, 2개가 있는 순열의 수와 같게 된다. 즉, ${}_3H_7 = {}_9C_7 = {}_9C_2$ 이다.

– '(과제5)'의 해결
(생각열기), (과제3), (과제4)의 해결로부터 반사와 반성의 과정을 통해 교사의 도움으로 자신
</td></tr>
</table>

<table>
<tr><th>단계</th><th>교수 · 학습 자료 및 교사의 발문</th></tr>
<tr><td>주관적인 수학적 지식</td><td>
의 방식으로 문제를 해결한다.
〈방법1〉
${}_{n}\mathrm{H}_{r}$는 r개의 빈칸에 n개의 대상을 중복하여 배열하는 경우의 수와 동일하다. 그런데 이것은 $n-1$개의 칸막이를 두고, r개를 임의의 순서로 배열하는 것과 동일하다. 따라서 $n+r-1$개에서 r개 혹은 $n-1$개를 선택하는 경우의 수와 동일하다.
〈방법2〉
${}_{n}\mathrm{H}_{r}$는 아래 표에 의해서 $n+r-1$개에서 r개 혹은 $n-1$개를 선택하는 경우의 수와 동일하다.
<table>
<tr><th>구분</th><th>1</th><th>2</th><th>3</th><th>$\cdots$</th><th>r</th><th>$\cdots$</th><th>$n+r-1$</th></tr>
<tr><td>$p_1p_2\cdots p_r$</td><td>○</td><td>○</td><td>○</td><td></td><td>○</td><td></td><td></td></tr>
<tr><td>$p_1p_2\cdots p_r$</td><td>○</td><td>○</td><td>○</td><td></td><td></td><td></td><td></td></tr>
<tr><td>$p_1p_2\cdots p_r$</td><td>○</td><td>○</td><td>○</td><td></td><td></td><td></td><td></td></tr>
<tr><td colspan="8">$\cdots$</td></tr>
<tr><td>$p_1p_2\cdots p_r$</td><td></td><td></td><td></td><td></td><td></td><td></td><td>○</td></tr>
</table>
</td></tr>
<tr><td>공표</td><td>
• 다양한 개인의 서로 다른 경험을 바탕으로 새로운 수학적 지식을 개인의 주관적인 방식으로 스스로 구성하게 된다. 이러한 개인의 주관적 지식을 서로 공표한다.
(발문4) 서로 다른 n개에서 중복을 허용하여 r개를 택하는 경우의 수를 어떻게 구하였는지 공책에 기록하고, 소집단 내에서 서로 설명해 보세요. 소집단 내에서 동료들의 생각을 자신의 공책에 잘 정리하고, 자신의 생각과 서로 비교해 보세요.
</td></tr>
<tr><td>공적인 비판과 재형성</td><td>
• 소집단 내에서 이루어진 공표를 바탕으로 자신과 동료들의 공통점과 차이점을 비교한다. 이때 자신의 수학적 생각과 다른 동료들의 아이디어와 표현 방식 등을 찾고, 어떤 것이 더 타당하고 바람직한지 논의하게 한다.
• 자신의 생각이 옳다고 생각하면, 여러 가지 수학적 근거를 바탕으로 자신의 타당함을 설명하고, 타인의 생각이 틀리다고 생각하면 틀린 이유와 함께 올바른 수학적 결과가 무엇인지 자신의 생각을 발표한다.
• 자신의 생각이 틀렸다고 생각하면, 그 원인을 찾고 올바른 지식이 형성될 수 있도록 수정한다.

(발문5) 중복조합의 수를 구하는 과정이나 결과에서 자신의 생각과 다른 동료의 생각을 비교하고, 왜 차이점이 발생하였는지 발표하시오.
</td></tr>
<tr><td>객관적인 수학적 지식 (합의된 지식)</td><td>
• ${}_{n}\mathrm{H}_{r}={}_{n+r-1}\mathrm{C}_{r}$임을 객관적 지식으로 형성한다.
${}_{n}\mathrm{H}_{r}$는 r개의 ○와 $n-1$개의 □를 일렬로 나열하는 같은 것이 있는 순열의 수와 같게 된다.
$\underbrace{○○○\cdots○○}_{r\text{개}}\ \underbrace{□□□□\cdots□□}_{n-1}$
위의 그림에 의해서, 다음 식을 얻을 수 있다.
$${}_{n}\mathrm{H}_{r}=\frac{(r+(n-1))!}{r!(n-1)!}={}_{n+r-1}\mathrm{C}_{n-1}={}_{n+r-1}\mathrm{C}_{r}$$
</td></tr>
</table>

| 3 | 제시된 교수 · 학습 자료에 대한 논의

사회적 구성주의에서 사회적 상호작용에 기반한 교수 · 학습 자료는 크게 두 가지 측면에서 개발되길 기대하였다. 하나는 학습자가 이미 지니고 있는 경험과 잘 연결할 수 있도록 교사가 학습경험을 잘 제공하는 것이고, 다른 하나는 합의에 도달하기 위한 일련의 과정이 수업 상황에서 이루어질 수 있도록 하는 것이다.

이러한 관점에서 교수 · 학습 자료에 대해 구체적으로 살펴보자.

먼저, '학습 자료의 제시'에는 '과제1', '과제2', '(생각열기)' 세 가지 학습 자료가 제시되어 있다. '과제1'의 두 과제는 같은 것이 있는 순열의 수를 구하는 가장 대표적인 사례로, 중복순열을 해결할 수 있는 '칸막이' 모델을 이해하는 필수적인 학습내용이다. '과제2'는 기하학적인 형태를 지니는 같은 것이 있는 순열의 수를 구하는 사례인데, 중복조합의 문제를 시각적으로 해결할 수 있도록 안내하는 역할을 수행할 수 있다. '(생각열기)'는 일상생활 속에서 친숙한 상황을 이용하여 중복조합의 문제를 구체적인 나열을 통해 해결할 수 있게 함으로써 중복조합의 구조적인 특성을 파악할 수 있도록 하였다. 이렇게 볼 때, 현재 제시된 교수 · 학습 자료는 중복조합이라는 새로운 학습내용을 반영적 추상화할 수 있도록 학습자의 기존의 지식체계와 잘 연결되어 있다고 분석할 수 있다.

다음으로 사회적 구성주의에서 객관적 지식을 얻기 위한 일련의 과정인 주관적인 수학적 지식의 형성, 공표, 공적인 비판과 재형성, 객관적인 수학적 지식의 형성이 잘 드러나고 있는가의 부분이다. 교수 · 학습 자료의 '주관적인 수학적 지식'에서 학습자 자신의 경험을 바탕으로 문제를 자기 주도적으로 해결할 수 있도록 교수 · 학습을 진행하고 있다. 특히 '(생각열기)', '과제3', '과제4'에서 서로 다른 아이디어로 과제를 해결할 수 있는 과제를 제공함으로써, 학생 주도적으로 해결 방법을 스스로 고안할 수 있는 수업으로 안내하고 있다. 교수 · 학습 자료의 '공표'와 '공적인 비판과 재형성'에서는 교사의 발문을 통해 학생 자신의 주관적 지식의 형성 결과를 발표하고, 타인의 사고과정을 잘 이해하며, 상호작용을 통해 비교하는 활동이 교수 · 학습 과정에서 잘 드러날 수 있도록 하고 있다. 객관적인 수학적 지식은 소집단 내에서의 합의를 통해 형성되는데 이러한 합의된 지식은 다양한 방법으로 구성될 수 있다. 예를 들어, 이러한 합의에 이른 다양한 방법 중의 하나로 〈표 7-1-1〉과 같이, 낱낱의 나열에서 출발하여 적절한 변형을 통해 이미 알고 있는 조합의 수와 중복조합의 수를 논리적으로 연결하도록 하는 방식으로 합의된 지식이 구성될 수도 있다.

| 표 7-1-1 | 낱낱의 나열에서 출발한 중복조합의 수

<table>
<tr><th>나열하기</th><th>더할 값</th><th>변형하기</th><th>비고</th></tr>
<tr><td>$(1,1,1,\cdots,1)$</td><td rowspan="12">$(0,1,2,\cdots,r-1)$</td><td>$(1,2,3,\cdots,r)$</td><td rowspan="12">${}_{n}H_{r}$ 가
${}_{n+r-1}C_{r}$ 로 변형됨</td></tr>
<tr><td>$(1,1,1,\cdots,2)$</td><td>$(1,2,3,\cdots,r+1)$</td></tr>
<tr><td>$(1,1,1,\cdots,3)$</td><td>$(1,2,3,\cdots,r+2)$</td></tr>
<tr><td>$\cdots$</td><td>$\cdots$</td></tr>
<tr><td>$(1,1,1,\cdots,n)$</td><td>$(1,2,3,\cdots,n+r-1)$</td></tr>
<tr><td>$(1,1,1,\cdots,2,2)$</td><td>$(1,2,3,\cdots,r+1,r+1)$</td></tr>
<tr><td>$(1,1,1,\cdots,2,3)$</td><td>$(1,2,3,\cdots,r+1,r+2)$</td></tr>
<tr><td>$\cdots$</td><td>$\cdots$</td></tr>
<tr><td>$(1,1,1,\cdots,2,n)$</td><td>$(1,2,3,\cdots,r+1,n+r-1)$</td></tr>
<tr><td>$\cdots$</td><td>$\cdots$</td></tr>
<tr><td>$(n-1,n,\cdots,n)$</td><td>$(n-1,n+1,\cdots,n+r-1)$</td></tr>
<tr><td>$(n,n,\cdots,n)$</td><td>$(n,n+1,\cdots,n+r-1)$</td></tr>
</table>

물론 가장 보편적으로는 칸막이를 통한 직관적인 방법으로 합의에 도달하겠지만, 교사의 도움으로 새로운 방법에 의해 객관적 지식이 형성되도록 수업을 진행할 수 있다.

2 라카토스의 준경험주의 원리를 적용한 수업

라카토스(Lakatos)는 철학자로서, 『증명과 반박(Proofs and Refutations)』에서 수학적 지식의 성장의 본질을 규명하려고 시도하였다. 수학기초론이나 수리논리학에서는 수학적 지식의 확실성을 확고히 하려 했다면, 라카토스는 수학적 지식의 성장을 연구하였다. 즉, 수학기초론이나 수리논리학에서는 탐구결과로 얻은 수학적 지식의 확실성을 보장하기 위한 체계를 연구했다면, 라카토스는 수학적 지식의 성장 과정, 성장의 원동력, 성장의 방법에 대해 연구했다. 라카토스의 이러한 철학적인 생각은 구성주의의 관점과 연결된다.

|1| 라카토스가 주장한 반례와 추측의 개선

라카토스는 수학적 지식은 추측이며, 이 추측은 반박을 통해 성장한다고 보았다. '증명과 반박'에서 '다면체에서 $v-e+f=2$이다.'라는 **주된추측**을 제기한 후에, 주된추측을 부분추측으로 분해하고, 주된추측과 부분추측에 대한 반례를 찾고, 반례를 제거할 수 있도록(반례로부터 견딜 수 있도록) 주된추측, 부분추측을 개선하는 과정을 통해 수학적 지식의 성장 과정을 구체적으로 제시하였다. 이때 주된추측을 부분추측으로 분해하는 것을 라카토스는 증명이라는 표현을 사용했는데, 이때의 증명의 의미는 전통적인 유클리드 원론에서의 증명이 의미하는 것과는 다르다(Lakatos, 1976).

주된추측에 대한 반례를 전면적 반례, 부분추측에 대한 반례를 국소적 반례라고 부른다. 반례가 나타나면, 이것이 국소적 반례인지 전면적 반례인지 확인하여 부분추측, 주된추측을 개선하는 작업에 착수하게 된다.

어떤 반례가 국소적 반례이지만 전면적 반례는 아닌 경우에는 발견된 반례가 더 이상 국소적 반례가 되지 않도록 부분추측만 개선하면 된다. 그러나 전면적 반례가 발견되면 다양한 접근이 가능하다. 라카토스는 전면적 반례를 제거하는 방법으로 괴물배제법, 괴물조정법, 예외배제법, 보조정리합체법을 제시하였다.

가령 추측 '$p \to q$'가 있다고 가정하자. 괴물배제법에서는 발견된 전면적 반례를 반례로 보지 않고 괴물로 보기 때문에, 추측의 개선보다는 괴물을 추측의 범위에서 몰아내는 데 초점이 맞추어진다. 즉 발견된 반례는 반례가 아니라, 우리의 추측과 관계없는, 즉 추측 '$p \to q$'의 대상이 아닌 괴물이라고 주장한다. 이를 위해, 추측 '$p \to q$'의 대상을 명확히 정의하여 발견된 반례(괴물이라고 불리는)를 추측의 영역에서 몰아낸다. 한편, 괴물조정법에서도 추측에 대한 어떤 개선도 이루어지지 않는다. 단지, 반례(괴물이라고 불리는)에 대한 재해석을 통해 이것은 반례가 아니라는 것을 보인다(주장한다).

예외배제법에서는 발견된 전면적 반례는 반례가 아니라 예외라고 간주한다. 그렇기 때문에 예외만 배제시키면 개선된 추측을 얻을 수 있다고 생각하는 것이다. 가령 추측 '$p \to q$'에 대한 반례(예외) A가 발견되었다고 하자. 그러면 예외배제법에서는 'A를 제외하면 $p \to q$이다'라고 추측을 개선한다.

보조정리합체법에서는 발견된 전면적 반례가 국소적 반례인지 확인한다. 만약 이 반례가 국소적 반례가 아니면 주된추측을 부분추측으로 분해하는 과정을 다시 수행하여(라카토스의 표현을 빌자면 증명을 다시 수행하여), 이 반례가 국소적 반례가 되도록 부분추측을 더 추가하게 된다. 결국, 보조정리합체법을 이용하려면 전면적 반례는 반드시 국소적 반례가 되어야 한다. 이제, 발견된 반례를 제거할 수 있도록 부분추측을 개선하고 이에 맞추어 주된추측을 개선하면 된다.

|2| 라카토스의 반례와 추측의 개선에 기반한 교수 · 학습 자료

라카토스의 반례와 추측의 개선 이론을 적용할 수 있는 수업은 새로운 수학적 지식을 의사소통 과정을 통해 학습하는 수업 상황에서 활용할 수 있다. 라카토스의 준경험주의 이론을 적용하여 특정 수학 주제에 대해 협의하거나 논의하는 방식으로 수업을 진행할 수 있고, 학생들이 수학 내용의 성장, 발전 과정을 폭넓게 이해하고, 이 과정에서 자신의 주장을 효과적으로 표현하고 다른 사람의 의견을 비판적 사고를 통해 수용하도록 수업을 진행한다. 특히, 학생들이 자신의 생각과 타인의 생각을 종합적으로 고려하여 합리적으로 의사결정하는 태도를 기르는 수업이 가능하다.

구체적인 예시를 통해 라카토스의 반례와 추측의 개선에 기반한 교수 · 학습 자료에 대해 살펴보자.

- 학교급: 고등학교
- 내용영역: 방정식과 부등식 단원에서 '절댓값을 포함한 방정식'
- 학습목표: 절댓값을 포함한 방정식의 해를 추측과 개선 과정을 통해 구할 수 있다.
- 교수 · 학습 방안: 토의 · 토론 학습

방정식 $|x-3|-k|x+4|=7$의 해를 구한다고 하자. 방정식을 풀면서 다음과 같은 주된추측을 얻었다. 라카토스는 수학적 지식은 추측이라고 생각했기 때문에, 방정식과 얻어진 방정식의 해를 주된추측으로 삼았다고 생각하면 쉬울 것이다.

주된추측. 방정식 $|x-3|-k|x+4|=7$의 해는 다음과 같다.

(i) $k<-1$이면 해는 $x=-4,\ x=\dfrac{4k+10}{1-k}$이고,

(ii) $k=-1$이면 해는 $[-4,3)$이고,

(iii) $-1<k<1$이면 해는 $x=-4,\ x=\dfrac{4k+10}{1-k}$이고,

(iv) $k=1$이면 해는 $(-\infty,\ -4)$이며,

(v) $k>1$이면 해는 $x=-4,\ x=\dfrac{4k+10}{1-k}$이다.

이제, 주된추측을 증명(분해)하고, 반례를 찾아 추측을 개선하자. 여기서는 예외배제법과 **보조정리합체법**을 이용해 추측을 개선하는 구체적인 예를 살펴보자.

<table>
<tr><th>단계</th><th>교수 · 학습 자료</th></tr>
<tr><td>주된추측의 증명</td><td>주된추측을 다음과 같이 4개의 부분추측으로 증명(분해)하자.

부분추측1. $x<-4$인 경우를 생각하자.
$|x-3|-k|x+4|=7$로부터 $-(x-3)+k(x+4)=7$, $(k-1)x=4-4k$가 얻어진다. 이때 $k\neq 1$이면 $x=-4$인데, $x=-4$는 $x<-4$에 속하지 않으며 해가 아니다. 한편, $k=1$이면 $0x=0$이 되므로, $x<-4$인 모든 x가 해가 된다. 이것을 $(-\infty, -4)$로 나타내자.

부분추측2. $-4\leq x<3$인 경우를 생각하자.
$|x-3|-k|x+4|=7$로부터 $-(x-3)-k(x+4)=7$, $-(k+1)x=4k+4$가 얻어진다. 이때 $k\neq -1$이면 $x=-4$이며, 방정식의 해가 된다. 한편 $k=-1$이면 $0x=0$이 되므로, $-4\leq x<3$인 모든 실수 x가 해이며 이것을 $[-4,3)$으로 쓸 수 있다.

부분추측3. $x\geq 3$인 경우를 생각하자.
$|x-3|-k|x+4|=7$로부터 $(x-3)-k(x+4)=7$, $(1-k)x=4k+10$이 얻어진다. 이때 $k\neq 1$이면 $x=\dfrac{4k+10}{1-k}$이 얻어진다. 한편 $k=1$이면 $0x=14$이므로, 해가 없다.

부분추측4. 위에서(부분추측1, 부분추측2, 부분추측3) 얻어진 x를 정리하면, 방정식의 해를 다음과 같이 얻을 수 있다.
$k<-1$이면 해는 $x=-4$, $x=\dfrac{4k+10}{1-k}$이고, $k=-1$이면 해는 $[-4,3)$이고, $-1<k<1$이면 해는 $x=-4$, $x=\dfrac{4k+10}{1-k}$이고, $k=1$이면 해는 $(-\infty, -4)$이며, $k>1$이면 해는 $x=-4$, $x=\dfrac{4k+10}{1-k}$이다.</td></tr>
<tr><td>반례 찾기</td><td>반례를 찾아보자. 방정식의 해에 대한 반례는 k값을 적당히 대입하면서 어렵지 않게 찾을 수 있다.
가령 $k=0$을 대입하여 반례가 되는지 조사하자. $k=0$이면 방정식 $|x-3|-k|x+4|=7$는 $|x-3|=7$이 된다. $x<3$인 경우와 $x\geq 3$인 경우로 나누어 방정식을 풀자. $x<3$인 경우에 해는 $x=-4$, $x\geq 3$인 경우에 해는 $x=10$이다. 이것은 $x=\dfrac{4k+10}{1-k}$에 $k=0$을 대입하면 같은 값이 얻어진다. 결국 $k=0$인 경우는 반례가 되지 않는다.
다른 k값에 대해 조사하자. $k=2$를 대입하자. 방정식 $|x-3|-k|x+4|=7$로부터 $|x-3|-2|x+4|=7$이 얻어지며, 이 방정식을 풀자.
① $x<-4$이면 $x=-4$가 얻어지며, 근이 되지 않는다.
② $-4\leq x<3$이면 $x=-4$가 얻어지며, 방정식의 근이다.
③ $x\geq 3$이면 $x=-18$이 되어 근이 되지 않는다.</td></tr>
</table>

단계	교수 · 학습 자료
반례 찾기	이로부터 $k=2$인 경우에 주어진 방정식의 해는 $x=-4$가 된다는 것을 알 수 있다. 주된추측에서 $k=2$인 경우의 해는 $x=-4$, $x=\frac{4k+10}{1-k}$에 해당하며 $x=-4$, $x=-18$이다. 결국, $k=2$인 경우에 해가 $x=-4$인 것은 주된추측에 대한 반례인 전면적 반례가 된다(이 반례를 전면적 반례1이라 하자). 전면적 반례1을 예외배제법과 보조정리합체법을 이용하여 개선하자.
예외배제법에 의한 추측의 개선	전면적 반례1에 예외배제법을 적용하자. 이때, 주된추측에서 $k=2$인 경우인 전면적 반례1만 배제하면 된다. 그러면, 예외배제법을 통해 주된추측은 (v)에 해당하는 부분을 수정하여, 다음과 같은 새로운 추측으로 바뀌게 된다. 이를 주된추측1이라 하자. **주된추측1**. 방정식 $\lvert x-3\rvert-k\lvert x+4\rvert=7$의 해는 다음과 같다. (i) $k<-1$이면 해는 $x=-4$, $x=\frac{4k+10}{1-k}$이고, (ii) $k=-1$이면 해는 $[-4,3)$이고, (iii) $-1<k<1$이면 해는 $x=-4$, $x=\frac{4k+10}{1-k}$이고, (iv) $k=1$이면 해는 $(-\infty, -4)$이고, (v) $1<k<2$이면 해는 $x=-4$, $x=\frac{4k+10}{1-k}$이고, (vi) $k=2$이면 해는 $x=-4$이며, (vii) $2<k$이면 해는 $x=-4$, $x=\frac{4k+10}{1-k}$이다. 이제, 다른 반례가 있는지 조사하자. $k=3$을 대입하자. 방정식 $\lvert x-3\rvert-k\lvert x+4\rvert=7$로부터 $\lvert x-3\rvert-3\lvert x+4\rvert=7$이 얻어지며, 이 방정식을 풀자. ① $x<-4$이면 $x=-4$가 얻어지며, 근이 되지 않는다. ② $-4\le x<3$이면 $x=-4$가 얻어지며, 방정식의 근이다. ③ $3\le x$이면 $x=-11$이 되어 근이 되지 않는다. 이로부터 $k=3$인 경우에 주어진 방정식의 해는 $x=-4$가 된다. $k=2$인 경우와 마찬가지로, $k=3$인 경우도 전면적 반례가 되며, 전면적 반례2라 하자. 전면적 반례2를 없애기 위해, 다시 예외배제법을 이용하여 주된추측1을 개선하자. 그러면 다음의 주된추측2를 얻을 수 있다. **주된추측2**. 방정식 $\lvert x-3\rvert-k\lvert x+4\rvert=7$의 해는 다음과 같다. (i) $k<-1$이면 해는 $x=-4$, $x=\frac{4k+10}{1-k}$이고, (ii) $k=-1$이면 해는 $[-4,3)$이고, (iii) $-1<k<1$이면 해는 $x=-4$, $x=\frac{4k+10}{1-k}$이고, (iv) $k=1$이면 해는 $(-\infty, -4)$이고,

단계	교수 · 학습 자료
예외배제법에 의한 추측의 개선	(ⅴ) $1<k<2$이면 해는 $x=-4,\ x=\dfrac{4k+10}{1-k}$이고, (ⅵ) $k=2$이면 해는 $x=-4$이고, (ⅶ) $2<k<3$이면 해는 $x=-4,\ x=\dfrac{4k+10}{1-k}$이고, (ⅷ) $k=3$이면 해는 $x=-4$이며, (ⅸ) $k>3$이면 해는 $x=-4,\ x=\dfrac{4k+10}{1-k}$이다. 이와 같은 예외배제법을 이용하면, 반례가 발견될 때마다 개선된 주된추측을 수없이 많이 만들 수 있다.
보조정리 합체법에 의한 추측의 개선1	보조정리합체법을 이용하여 주된추측을 개선하자. 보조정리합체법을 이용하려면 전면적 반례는 반드시 국소적 반례이어야 한다. 부분추측들을 조사하여, 앞에서 살펴본 전면적 반례1($k=2$인 경우)이 국소적 반례가 될 수 있는 부분추측을 찾아야 한다. 전면적 반례1($k=2$인 경우)은 부분추측2, 부분추측3에 관련된다. 즉 주된추측에서 $k=2$인 경우의 해는 부분추측2로부터 $x=-4$, 부분추측3으로부터 $x=\dfrac{4k+10}{1-k}$이 얻어졌다. $k=2$인 경우에 $x=-4$는 해가 되었으므로, $x=\dfrac{4k+10}{1-k}$에 관련된 부분추측3을 조사하자. 부분추측3에서 $k\neq 1$인 경우에 해 $x=\dfrac{4k+10}{1-k}$을 구했다. 이때 해 $x=\dfrac{4k+10}{1-k}$은 구간 $x\geq 3$에 속해야 하는데, 이것을 확인하지 않았다. 즉 부등식 $3\leq\dfrac{4k+10}{1-k}$이 성립해야 한다. 이 부등식을 풀면, $0\leq\dfrac{4k+10-3(1-k)}{1-k}$, $0\leq\dfrac{7(1+k)}{1-k}$가 되며, $-1\leq k<1$이 얻어진다. 결국 부분추측3에서 $-1\leq k<1$인 경우에만 $x=\dfrac{4k+10}{1-k}$이 된다. 그러므로 전면적 반례1은 부분추측3에 대한 국소적 반례가 된다. 앞에서 살펴본 전면적 반례2($k=3$인 경우)도 부분추측3에 대한 국소적 반례이다. 부분추측3을 다음과 같은 부분추측3-1로 개선할 수 있다. **부분추측3-1.** $x\geq 3$인 경우를 생각하자. $\lvert x-3\rvert-k\lvert x+4\rvert=7$로부터 $(x-3)-k(x+4)=7$, $(1-k)x=4k+10$이 얻어진다. 이때 $-1\leq k<1$이면 $x=\dfrac{4k+10}{1-k}$이 얻어진다. 한편 $k=1$이면 $0x=14$이므로, 해가 없다. 부분추측3이 부분추측3-1로 개선되었고, 이에 따라 부분추측4도 다음과 같은 부분추측4-1로 개선된다. **부분추측4-1.** 위에서(부분추측1, 부분추측2, 부분추측3-1) 얻은 x를 정리하면, 방정식의 해를 다음과 같이 얻을 수 있다: $k<-1$이면 해는 $x=-4$이고, $k=-1$이면 해

단계	교수 · 학습 자료
보조정리 합체법에 의한 추측의 개선1	는 $[-4,3)$이고, $-1<k<1$이면 해는 $x=-4$, $x=\frac{4k+10}{1-k}$이고, $k=1$이면 해는 $(-\infty, -4)$이며, $k>1$이면 해는 $x=-4$이다. 개선된 부분추측3-1, 부분추측4-1을 바탕으로 주된추측을 개선하면, 다음과 같이 개선된 주된추측3을 얻을 수 있다. **주된추측3.** 방정식 $\|x-3\|-k\|x+4\|=7$의 해는 다음과 같다. (ⅰ) $k<-1$이면 해는 $x=-4$이고, (ⅱ) $k=-1$이면 해는 $[-4,3)$이고, (ⅲ) $-1<k<1$이면 해는 $x=-4$, $x=\frac{4k+10}{1-k}$이고, (ⅳ) $k=1$이면 해는 $(-\infty, -4)$이며, (ⅴ) $1<k$이면 해는 $x=-4$이다.
보조정리 합체법에 의한 추측의 개선2	이제, 다른 반례를 찾을 수는 없는가? 가령 $k=-1$인 경우에 방정식의 해를 실제로 구해보자. $\|x-3\|-k\|x+4\|=7$에서 $k=-1$을 대입하면 $\|x-3\|+\|x+4\|=7$가 된다. ① $x<-4$이면 $-x+3-x-4=7$이 되고 $x=-4$이다. $x=-4$는 $x<-4$에 속하지 않으므로 해가 되지 않는다. ② $-4\le x<3$이면, $-x+3+x+4=7$이 되고 $7=7$이므로, $-4\le x<3$인 모든 실수 x가 해가 된다. 즉 $[-4,3)$이 해가 된다. ③ $x\ge 3$이면 $x-3+x+4=7$이고 $x=3$이다. 구간 $x\ge 3$에 속하므로 $x=3$도 해가 된다. 결국 $k=-1$이면 방정식의 해는 $[-4,3)$와 3, 즉 $[-4,3]$이 된다. $k=-1$인 경우에 해가 $[-4,3]$인 것은 주된추측3에 대한 전면적 반례가 되며, 이것을 전면적 반례3이라 하자. 여기에 보조정리합체법을 이용하여 주된추측3을 개선하자. 이를 위해, 전면적 반례3이 어떤 부분추측에 대한 국소적 반례인지를 조사하자. 부분추측3-1에서 $-1\le k<1$이면 $x=\frac{4k+10}{1-k}$임을 확인하였다. 그러므로 $k=-1$인 경우의 해는 부분추측2와 부분추측3-1에서 얻어진다. 즉 $k=-1$인 경우의 해는 부분추측2로부터 $[-4,3)$와 부분추측3-1로부터 $x=\frac{4k+10}{1-k}$이 되는 것이다. $x=\frac{4k+10}{1-k}$에 $k=-1$을 대입하면 $x=3$이 된다. 그러므로 $k=-1$일 때의 해는 $[-4,3]$이 된다. 결국, 전면적 반례3은 부분추측4-1에 대한 국소적 반례가 되며, 부분추측4-1을 개선하여 다음의 부분추측4-2를 얻을 수 있다. **부분추측4-2.** 위에서(부분추측1, 부분추측2, 부분추측3-1) 얻은 x를 정리하면, 방정식의 해를 다음과 같이 얻을 수 있다: $k<-1$이면 해는 $x=-4$이고, $k=-1$이면 해는 $[-4,3]$이고, $-1<k<1$이면 해는 $x=-4$, $x=\frac{4k+10}{1-k}$이고, $k=1$이면 해는 $(-\infty, -4)$이며, $k>1$이면 해는 $x=-4$이다.

단계	교수 · 학습 자료
보조정리 합체법에 의한 추측의 개선2	이로부터 주된추측3은 다음과 같은 주된추측4로 개선된다. **주된추측4.** 방정식 $\|x-3\|-k\|x+4\|=7$의 해는 다음과 같다. (ⅰ) $k<-1$이면 해는 $x=-4$이고. (ⅱ) $k=-1$이면 해는 $[-4, 3]$이고. (ⅲ) $-1<k<1$이면 해는 $x=-4$, $x=\frac{4k+10}{1-k}$이고. (ⅳ) $k=1$이면 해는 $(-\infty, -4)$이며, (ⅴ) $1<k$이면 해는 $x=-4$이다.
보조정리 합체법에 의한 추측의 개선3	이제, 더 반례를 찾을 수 없는가? $k=-1$인 경우를 조사하였으므로, $k=1$인 경우를 살펴보자. 방정식 $\|x-3\|-k\|x+4\|=7$에 $k=1$을 대입하면 $\|x-3\|-\|x+4\|=7$이 된다. 이 방정식을 풀어서 $k=1$인 경우가 반례가 되는지를 조사하자. ① $x<-4$이면 $\|x-3\|-\|x+4\|=7$에서 $7=7$이 얻어진다. 즉 $x<-4$인 모든 x가 해가 되며, $(-\infty, -4)$가 해이다. ② $-4\le x<3$이면, $-x+3-x-4=7$이며 $x=-4$이므로 해가 된다. ③ $3\le x$이면 $x-3-x-4=7$이며 $-7=7$이므로 해가 없다. 결국 $k=1$이면 방정식의 해는 $(-\infty, -4)$와 -4, 즉 $(-\infty, -4]$이다. $k=1$인 경우의 해는 주된추측4에 대한 전면적 반례가 되며, 전면적 반례4라 하자. 전면적 반례3에서와 같은 방법으로 부분추측4-2를 개선하고 주된추측4를 개선하여 전면적 반례4를 없앨 수 있다. **부분추측4-3.** 위에서(부분추측1, 부분추측2, 부분추측3-1) 얻어진 x를 정리하면, 방정식의 해를 다음과 같이 얻을 수 있다: $k<-1$이면 해는 $x=-4$이고, $k=-1$이면 해는 $[-4, 3]$이고, $-1<k<1$이면 해는 $x=-4$, $x=\frac{4k+10}{1-k}$이고, $k=1$이면 해는 $(-\infty, -4]$이며, $k>1$이면 해는 $x=-4$이다. 이로부터 주된추측4는 다음과 같은 주된추측5로 개선된다. **주된추측5.** 방정식 $\|x-3\|-k\|x+4\|=7$의 해는 다음과 같다. (ⅰ) $k<-1$이면 해는 $x=-4$이고, (ⅱ) $k=-1$이면 해는 $[-4, 3]$이고, (ⅲ) $-1<k<1$이면 해는 $x=-4$, $x=\frac{4k+10}{1-k}$이고, (ⅳ) $k=1$이면 해는 $(-\infty, -4]$이며, (ⅴ) $1<k$이면 해는 $x=-4$이다.

| 3 | 제시된 교수 · 학습 자료에 대한 논의

주된추측을 부분추측으로 증명(분해)하는 것은 주된추측을 가정과 결론 또는 주어진 것과 구하는 것 또는 주된추측을 잘게 자르는 것과는 다르다. 가령, 우리가 가진 다음과 같은 처음의 주된추측을 생각하자.

주된추측. 방정식 $|x-3|-k|x+4|=7$의 해는 다음과 같다.

(i) $k<-1$이면 해는 $x=-4$, $x=\dfrac{4k+10}{1-k}$이고,

(ii) $k=-1$이면 해는 $[-4,3)$이고,

(iii) $-1<k<1$이면 해는 $x=-4$, $x=\dfrac{4k+10}{1-k}$이고,

(iv) $k=1$이면 해는 $(-\infty, -4)$이며,

(v) $k>1$이면 해는 $x=-4$, $x=\dfrac{4k+10}{1-k}$이다.

이제, 주된추측을 부분추측으로 분해하자. 가령, 주된추측을 다음과 같이 부분추측으로 나누었다고 하자.

부분추측a: 방정식 $|x-3|-k|x+4|=7$의 해는 $k<-1$이면 해는 $x=-4$, $x=\dfrac{4k+10}{1-k}$이다.

부분추측b: 방정식 $|x-3|-k|x+4|=7$의 해는 $k=-1$이면 해는 $[-4,3)$이다.

부분추측c: …

이와 같이 주된추측을 잘게 자르는 것을 라카토스의 관점에서는 주된추측의 증명(주된추측을 부분추측으로 분해)이라고 하지는 않는다. 라카토스의 관점에서 증명은 주된추측이 만들어지는 근거(전통적인 관점에서 보면 주된추측인 방정식의 풀이에 해당함)를 부분으로 분해하는 것을 의미한다. 쉽게 생각하면, 라카토스가 말하는 주된추측의 증명(분해)은 방정식이나 명제의 풀이나 증명(전통적인 의미로의 증명)을 단계별로 나눈 것이라고 볼 수 있을 것이다.

이제, 주된추측과 이것의 증명을 통해 부분추측들을 얻었다고 하자. 라카토스의 관점에서 보면, 추측(수학적 지식)의 성장의 원동력은 반례를 찾는 것이다. 반례를 찾으면 반례에 견딜 수 있도록(반례를 제거할 수 있도록) 추측을 개선하며, 이때 개선된 추측을

얻는 것이 수학적 지식이 성장하는 것을 의미한다. 그러므로 교수·학습 과정에서 문제 해결 과정에 대한 비판적인 고찰을 통해 반례를 찾는 것은 매우 중요한 수학적 활동이 될 것이다.

반례를 찾았으면, 이 반례를 제거하기 위해 예외배제법이나 보조정리합체법을 이용할 수 있다. 전면적 반례에 대응하는 방법으로 괴물배제법이나 괴물조정법을 이용하여 접근할 수도 있다. 가령, 전면적 반례1을 주된추측에 대한 괴물로 보고 괴물배제법을 이용한다고 가정하자. 이 방법에서는 반례1이 방정식 $|x-3|-k|x+4|=7$의 해에 속하지 않는다는 것을 보여야 한다. 이를 위해 반례1이 해가 되지 않도록 '방정식의 해'의 정의를 교묘하게 재정의하게 된다. 그러나 학교수학에서 '방정식의 해'의 정의는 일반적으로 규정되어 있으므로, 교수·학습 과정에서 괴물배제법을 이용하기 위해 학교수학의 용어를 재정의하는 것은 학생들의 혼란을 야기시킬 가능성이 있다. 결국, 실제 교수·학습상황에서 괴물배제법이나 괴물조정법을 이용하는 것은 매우 신중해야 할 것이다.

예외배제법을 통해 주된추측을 개선하여 주된추측1, 주된추측2를 얻었다. 그러나 예외배제법을 통해서는 다른 전면적 반례가 발생할 수 있는지, 얼마나 더 존재하는지, 합리적으로 주된추측을 개선한 것인지에 대해서 알 수 없다. 만약 전면적 반례가 100개가 발견된다면, 예외배제법에 의해 주된추측을 개선하여 얻게 되는 새로운 추측은 끝없이 길어질 것이다. 이러한 방법에서는 다양한 반례를 학생들이 찾는다는 측면에서는 의미가 있겠지만, 추측을 본질적으로 개선한다는 측면에서는 한계가 발생하게 된다.

보조정리합체법에서는 전면적 반례가 발생하면, 이 반례는 어떤 부분추측에 대한 국소적 반례가 되는지를 조사해야 한다(이것을 전통적인 관점에서 말하면, 전면적 반례는 우리의 주된추측에 문제가 있다는 것을 말해 주는 것이며, 국소적 반례는 그 풀이 과정에 문제가 있다는 것을 의미하는 것이다. 그러므로 상식적으로 보면 전면적 반례는 국소적 반례이어야 한다). 만약, 이 전면적 반례가 국소적 반례가 아니면, 국소적 반례가 될 수 있도록 주된추측에 대한 새로운 부분추측을 더 추가해야 한다(이것을 전통적인 관점에서 말하면, 전면적 반례인데 국소적 반례가 아니라는 것은 풀이 과정은 맞는데 주된추측이 맞지 않는다는 것이다. 이것은 불가능하므로 풀이 과정을 더 면밀히 조사하여 어디서 틀렸는지를 조사해서 풀이과정을 섬세하게 보완해야 한다).

우리가 찾은 전면적 반례들은 국소적 반례가 되기 때문에, 곧바로 부분추측을 개선하고 이를 바탕으로 주된추측을 개선하여 새로운 추측을 만들 수 있었다. 앞에서 전면적 반례1은 부분추측3에 대한 국소적 반례가 되었기 때문에, 부분추측3을 부분추측3-1로 개선하였고, 이에 따라 부분추측4를 부분추측4-1로 개선하였다. 그리고 이에 근거하여 주된추측을 주된추측3으로 개선하였다.

한편 얻어진 주된추측3에 대한 반례로 전면적 반례3을 찾았으며, 다시 보조정리합체법을 이용하였다. 전면적 반례3은 부분추측4-1에 대한 반례가 되었으며, 부분추측4-1은 부분추측4-2로 개선되었다. 이를 바탕으로 주된추측3을 주된추측4로 개선하였다. 그리고 전면적 반례4를 찾아, 다시금 보조정리합체법을 이용하여 주된추측5를 얻었다.

라카토스는 이와 같이 반례를 찾아 추측을 끊임없이 개선하는 과정을 수학적 지식의 성장의 본질로 보았던 것이다. 반례를 찾지 못한다면, 추측은 더 이상 개선될 수 없기 때문에, 반례는 수학적 지식이 성장하는 원동력이 되는 셈이다.

3 브루너의 학습이론을 적용한 수업

브루너(Bruner)는 미국의 교육학자이다. 1960년 『교육의 과정(The Process of Education)』을 집필하면서부터 교육계에 큰 영향을 미쳤고, 수학교육 현대화 운동에 결정적으로 기여한 학자이다. 브루너의 이론이 수학 수업에 미친 영향이 무엇인지 한마디로 요약하기는 쉽지 않지만, 교육의 과정에 제시된 내용을 살펴보면 가장 잘 이해할 수 있다. 교육의 과정은 1960년에 출판되었는데, 서론, 구조의 중요성, 학습의 준비성, 직관적 사고와 분석적 사고, 학습의 동기, 수업교구를 주제로 하는 내용을 담고 있다(Bruner, 2017).

|1| 브루너의 EIS 이론

브루너의 이론을 적용한 수업을 위해 브루너의 『교육의 과정』 중에서 가장 강력한 인상을 남긴 이론에 초점을 맞추어 보자. 학자마다 이견이 있을 수는 있지만 한 가지만 선택한다면 조기 준비성과 관련된 이론이다. 조기 준비성은 학생의 인지발달단계와 깊은 관련이 있다. 즉, 어떤 발달단계에 있는 학생들에게도 효과적으로 가르칠 수 있기 위해서는 각각의 발달단계의 학생들에게 유의미한 표현 방법을 찾아야 하는데, 이러한 표현 방법을 설명하는 것이 앞서 언급했던 '활동적 표현, 영상적 표현, 상징적 표현'이다.

브루너가 교육의 과정에서 언급하였듯이 수학적인 개념이나 일반적인 원리가 아무리 중요하다고 할지라도, 그것을 배우는 학생에게 올바른 방법으로 표현할 수 없다면 수학 학습은 이루어질 수 없다. 따라서 학생들의 인지발달수준에 부합되는 표현 방법을 브루너의 주장처럼 찾을 수만 있다면, 어떤 발달단계에 있는 어떤 학생들에게도 수학의 지식의 구조를 효과적으로 가르칠 수 있을 것이다. 브루너는 이러한 수학 개념, 원리, 법칙 등을 나타내는 표현방법으로 활동적 표현(enactive representation), 영상적 표현(iconic representation), 상징적 표현(symbolic representation)을 제시하였는데, 이것이 바로 EIS 이론이다(김응태, 박한식, 우정호, 2007).

활동적 표현은 인지발달단계에 따른 학습에서 가장 기본이 되는 것으로, 피아제에 따르면 구체적 조작단계에 이르기까지는 행동이 지배적인 역할을 하기 때문에 활동적인 행동의 과정을 통해 지식이 학생들에게 내면화될 수 있도록 하는 표현수단이다. 따라서 이러한 표현수단을 통한 수학의 학습은 활동교구, 체험물 등과 같은 물리적 대상의 조작이나 사물의 조작을 통해 이루어지는 것이 효과적이다. 영상적 표현은 피아제의 구체적 조작기와 깊은 관련이 있으며, 플로차트, 수형도, 벤다이어그램, 이미지화된 대응 표현 등과 같이 그림을 사용한 표현을 통해 전달하고자 하는 수학적 구조가 학생들에게 내면화될 수 있도록 하는 표현수단이다. 따라서 영상적 표현을 통한 수학의 학습은 도식적인 표현의 사용을 통한 학습이 가장 효과적이다. 상징적 표현은 피아제의 형식적 조작기에 해당되는 것으로, 수학적 지식을 추상적이고 기호적인 방법으로 나타내는 표현수단이다. 사실 수학의 본질과 가장 유사한 기호를 사용하기 때문에 수학의 학습에서 가장 성과가 큰 표현수단이다. 실제로 상징적 표현을 기반으로 수학 문제해결을 위한 추상적인 사고 및 복잡한 문제의 해결이 가능하다(강옥기 외, 2012).

| 2 | 브루너의 EIS 이론에 기반한 교수 · 학습 자료

브루너의 EIS 이론을 적용할 수 있는 수업은 발견을 목적으로 하는 수업 상황에서 활용할 수 있다. 브루너는 수학적 구조를 학습하기 위한 방법으로 발견학습을 강조하였고, 수학적 구조를 표현하는 수단으로 EIS 이론을 주장하였기 때문이다. 브루너의 EIS 이론을 적용하면, 수학 개념, 원리, 법칙을 발견하고 구성하는 수업을 진행할 수 있고, 학생 스스로 교사에 의해 제공된 자료와 정보로부터 수학 지식을 도출하거나 해당 지식의 타당성을 확인하는 것의 중요성을 알게 하는 수업을 진행할 수 있다.

구체적인 예시를 통해 브루너의 EIS 이론에 기반한 교수 · 학습 자료에 대해 살펴보자.

- 학교급: 고등학교

- 내용영역: 수열 단원에서 '여러 가지 수열의 합'
- 학습목표: 1^2부터 n^2까지의 합 공식 즉, $\sum_{k=1}^{n} k^2 = \frac{n(n+1)(2n+1)}{6}$ 임을 설명할 수 있다.
- 교수 · 학습 방안: 탐구 학습

<table>
<tr><th>표현 수단</th><th>교수 · 학습 자료</th></tr>
<tr><td>활동적 표현</td><td>

- 지난 시간에 학습한 $\sum_{k=1}^{n} k = \frac{n(n+1)}{2}$ 을 명확히 알고 있는지 확인한다. 본시 학습의 새로운 학습 주제를 위해 준비한 다음과 같은 교구를 제시한다.

(교구)

- 아래 그림과 같이 작은 정육면체 조각을 1개, 4개, 9개, 16개, ⋯ 등을 이어 붙여서 만든 교구가 있다.

그림 1

- 이 교구에는 서로 이어 연결할 수 있는 연결고리가 있다. 탑을 쌓듯이 연결하여서 작은 정육면체 조각의 수의 합이 $\sum_{k=1}^{n} k^2$이 되도록 다음 그림과 같이 만들 수 있다.

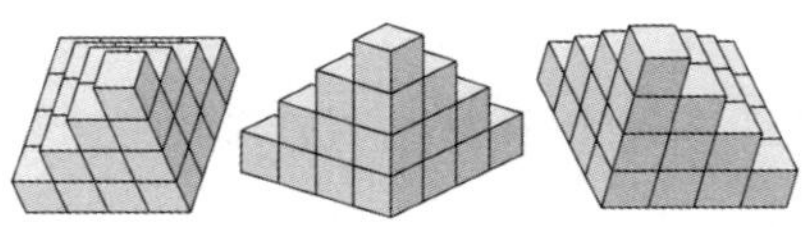

그림 2

- 교구를 통해 수행할 수 있는 (활동과제)를 제시하고, 교사의 발문을 통해 활동 수행 과정에서 개념의 구조를 발견할 수 있도록 안내한다.

(활동과제)

과제1. $1+4+9+16$이 되는 모양을 여러 개 만든다.

과제2. 위에서 만든 모양을 서로 연결하여 큰 직육면체 모양을 만든다.

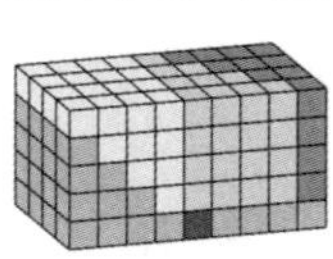

그림 3

</td></tr>
</table>

<table>
<tr><th>표현 수단</th><th>교수 · 학습 자료</th></tr>
<tr><td>활동적
표현</td><td>(발문1) 위의 (활동과제)의 '과제1'과 '과제2'를 통해 $1+4+9+16$ 의 결과로 어떤 사실을 알 수 있는가?

• 또 다른 학습활동으로 $1+4+9+16+25$ 및 $1+4+9+16+25+36$ 등 다양한 상황에서도 유사한 활동을 하고 그 결과에 대해 토론한다.

• 위의 다양한 활동을 통해 얻을 수 있는 결과가 무엇인지 학생 스스로 표현해 보도록 한다.</td></tr>
<tr><td>영상적
표현1</td><td>• 앞서 $\sum_{k=1}^{n} k = \frac{n(n+1)}{2}$ 가 된다는 사실을 확인하였고, 이후 새로운 학습을 위한 다음과 같은 영상 자료를 제시한다.

[그림 자료1]
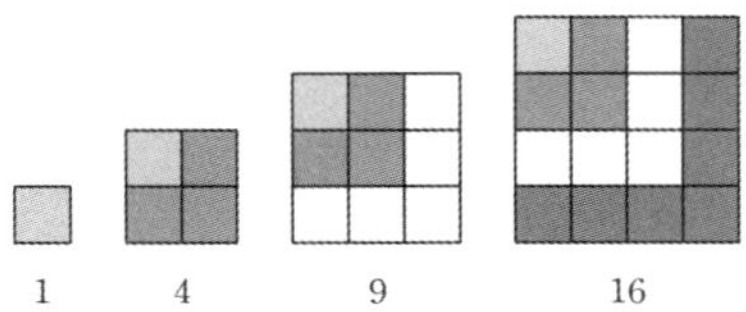

[그림 자료2]
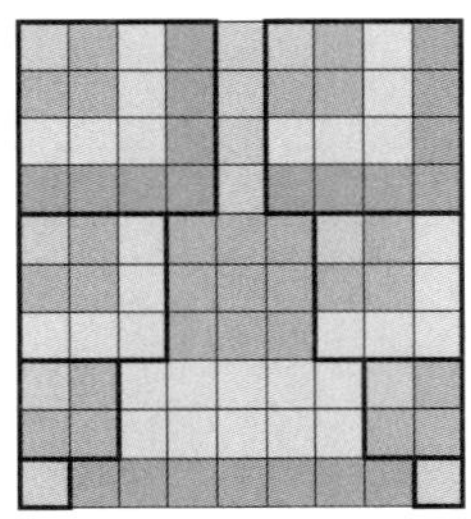
$3\times(1+4+9+16)$

• 수학 개념의 구조를 발견할 수 있도록 안내하는 (탐구과제)를 제시하고, 교사의 발문을 통해 학생들의 사고를 촉진한다.

(탐구과제)

과제3. [그림 자료2]에서 [그림 자료1]의 모양이 좌우에 각각 한 쌍식 존재한다. [그림 자료2]의 중앙 부분은 어떻게 [그림 자료1]과 관련이 있는지 찾아보고, 그 결과를 설명하도록 한다.

과제4. [그림 자료2]의 큰 직사각형 모양의 가로의 길이와 세로의 길이가 얼마인지 구하고, 그 결과는 [그림 자료1]과 어떤 관계가 있는지 설명하도록 한다.

(발문2) 위의 과제3, 과제4를 통해 $1+4+9+16$의 결과로 어떤 사실을 알 수 있는가?</td></tr>
</table>

표현 수단	교수 · 학습 자료
영상적 표현1	(발문3) 주어진 [그림 자료1]과 [그림 자료2]를 $1+4+9+16+25$의 상황에 맞게 수정한다면 그림은 어떻게 그릴 수 있는가? • 또 다른 학습활동으로 $1+4+9+16+25+36$ 등 다양한 상황에서도 유사한 활동을 하고 그 결과에 대해 토론한다. • 위의 다양한 활동을 통해 얻을 수 있는 결과가 무엇인지 학생 스스로 표현해 보도록 한다.
영상적 표현2	• 〈활동적 표현〉의 (활동과제)를 직접 교구로 활동하지 않고, 그림으로 표현하도록 안내한다. • 〈활동적 표현〉의 또다른 추가적인 학습상황에서도 교구를 사용하지 않고, 그림을 사용하여 학습을 안내한다.

상징적 표현1

• 앞서 $\sum_{k=1}^{n} k = \frac{n(n+1)}{2}$가 된다는 사실을 확인하였고, 이후 새로운 학습을 위한 다음과 같은 학습 자료를 제시한다.

[학습 자료1]

첫째, 다음을 보고 어떤 규칙이 있는지 찾아보자.

n	1	2	3	4	5	6	$\cdots$
$1^2+2^2+\cdots+n^2$	1	5	14	30	55	91	$\cdots$
$1+2+\cdots+n$	1	3	6	10	15	21	$\cdots$

둘째, $1^2+2^2+\cdots+n^2$와 $1+2+\cdots+n$의 두 값의 비를 기록해 보자.

n	1	2	3	4	5	6	$\cdots$
$\frac{1^2+2^2+\cdots+n^2}{1+2+\cdots+n}$	1	$\frac{5}{3}$	$\frac{7}{3}$	3	$\frac{11}{3}$	$\frac{13}{3}$	$\cdots$

셋째, 위의 비의 값을 통해 $\frac{1^2+2^2+\cdots+n^2}{1+2+\cdots+n}$을 어떻게 기호로 표현할 수 있는지 기록해 보자.

※ 혹은 $\frac{1^2+2^2+\cdots+n^2}{1+2+\cdots+n} = \frac{2n+1}{3}$을 어떻게 얻을 수 있는지 설명해 보자.

넷째, $\sum_{k=1}^{n} k^2$을 어떻게 표현할 수 있는지 그 결과를 기록해 보자.

[학습 자료2]

첫째, 항등식 $(k+1)^3 - k^3 = 3k^2+3k+1$을 이용하여 $k=1$부터 $k=n$까지 차례로 대입하여 n개의 식의 결과를 기록해 보자.

표현 수단	교수 · 학습 자료
상징적 표현1	둘째, n개의 등식을 변끼리 더하여 정리하면 어떤 식을 얻을 수 있는지 기록해 보자. 이를 통해 $\sum_{k=1}^{n} k^2 = \frac{n(n+1)(2n+1)}{6}$을 얻을 수 있는지 확인해 보자.
상징적 표현2	• 〈영상적 표현1〉의 (탐구과제)와 (발문2) 등의 학습결과를 수학 기호를 사용하여 표현하도록 안내한다.
상징적 표현3	• 〈영상적 표현2〉의 학습결과를 수학 기호를 사용하여 표현하도록 안내한다.

3 제시된 교수 · 학습 자료에 대한 논의

강옥기 외(2012)는 브루너의 EIS에 대한 예로 고등학교에서 학습하는 '순열'을 구하는 방법을 통해 제시하고 있다. 순열의 학습을 위한 활동적 표현은 구체적인 대상에 대한 조작과 활동으로 이루어질 수 있음을 설명하고 있다. 예를 들어, 학생 5명이 100m 달리기 시합을 하였을 때, 일어날 수 있는 순위의 경우의 수를 구하는 활동, 3개의 서로 다른 종류의 동전 즉 50원, 100원, 500원짜리 동전을 순서로 나열할 때 서로 다르게 나열되는 경우의 수를 구하는 활동, 네 가지 색깔(검은색, 파란색, 붉은색, 초록색)의 색연필로 빈 칸 4개를 색칠할 수 있는 경우의 수를 구하는 구체적 활동 등이 제시되어 있다. 이를 통해 볼 때, 현장 수업상황에서 활동적 표현은 구체물을 다루는 직접적인 행동과 이를 통한 내면화가 가장 핵심이다.

〈2. 브루너의 EIS 이론에 기반한 교수·학습 자료〉의 〈활동적 표현〉에서 구체물인 '그림 1( …)'을 기반으로 수식 '$1+4+9+16$'에 대응하는 '그림 2(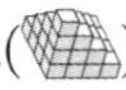)'를 만들 수 있는 활동과 더불어, '그림 2()'를 기본조각으로 설정하여 더 큰 직육면체인 '그림 3()'을 만들도록 한 활동은 구체물을 직접 다루는 행동을 요구한다는 면에서 활동적 표현이라고 할 수 있다. 또한 교사의 (발문1)을 토대로 학생 자신의 행동을 내면화하여 새로운 지식이 인지구조 내에 안정적으로 정착할 수 있도록 안내하고 있다. 게다가 추가적인 학습활동으로 또 다른 구체적인 활동 상황인 '$1+4+9+16+25$' 및 '$1+4+9+16+25+36$' 등 다양한 상황에서도 유사한 활동을 하면서 그 결과에 대해 토론하도록 함으로써 행동이 지배적인 역할을 하고, 활동적인 조작을 통해 새로운 지식인 $\sum_{k=1}^{n} k^2 = \frac{n(n+1)(2n+1)}{6}$이 내면화되도록 수업을 진행하고 있다.

강옥기 외(2012)는 순열의 학습을 위한 영상적 표현에 대해 수형도나 벤다이어그램과 같은 도식적인 표현으로 설명하였다. 구체적인 예시로 '직접적인 사물이나 구체적인 대상에 대한 조작이나 활동 없이 5명의 사람을 A, B, C, D, E라고 두고 수형도를 그리거나, 세 종류의 동전을 그림으로 표현하여 경우의 수를 구하는 것'을 영상적 표현으로 제시하고 있다. 이를 통해 볼 때, 현장 수업상황에서 영상적 표현은 평면 위에 펼쳐진 그림 표현을 통해 새로운 지식이 인지구조 속으로 내면화되도록 하는 것이 핵심이다. 여기서 주의할 것은 활동에 대한 영상을 보는 것은 활동의 주체가 학습자가 아니기에 활동적 표현이 아니라 영상적 표현이라고 보아야 함을 수업을 계획할 때 기억해야 한다.

〈영상적 표현1〉에서 [그림 자료1]인 ''을 기초로 하여 또 다른 [그림 자료2]인 아래 그림을 사용하고 있다.

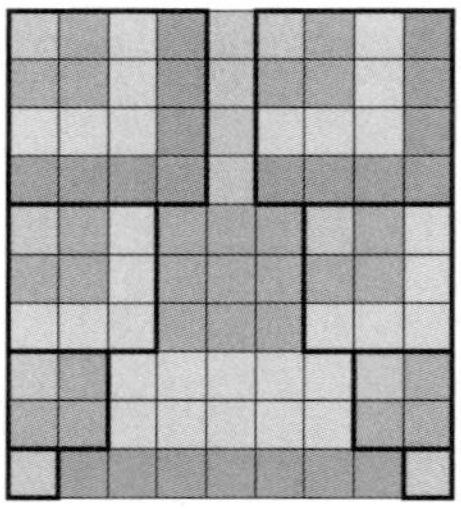

이 두 유형의 그림 자료는 학습하고자 하는 내용에 대한 구조를 포함하고 있는 도식적인 표현이라는 측면에서 영상적 표현이라고 할 수 있다. 또한 (탐구과제)의 '과제3'에서 [그림 자료1]과 [그림 자료2] 사이의 상호관련성을 찾도록 함으로써 도식에 담긴 수학적 구조를 학생들이 직접 발견할 수 있는 토대를 교사가 안내하고 있다. 그리고 (탐구과제)의 '과제4'에서는 직사각형 그림의 가로와 세로의 길이를 찾도록 안내하였고, (발문2)를 통해 주어진 특수한 상황인 '$1+4+9+16$'을 구하는 방법에 대한 수학적 구조가 이해되도록 수업을 기획하고 있다. 마지막으로 추가적인 학습활동으로 또 다른 구체적인 그림 표현 상황인 '$1+4+9+16+25+36$'에서도 수학적 구조가 이해되도록 하여 궁극적으로는 새로운 지식인 $\sum_{k=1}^{n} k^2 = \frac{n(n+1)(2n+1)}{6}$이 도식 표현을 통해 내면화되도록 수업을 진행하고 있다.

〈영상적 표현2〉는 〈활동적 표현〉을 통해 출발한 학습상황을 그림과 같은 도식을 사용하는 학습상황으로 연결해가는 수업에서 활용할 수 있다. 실제로 〈활동적 표현〉에서 '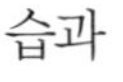'과 '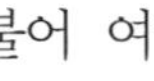' 등의 구체물 대신 동영상이나 그림 자료로 대체하여 수업을 진행할 수 있다. 이러한 상황은 도식적 표현이 사용된 수업설계이므로, 영상적 표현을 통해 수학적 구조가 내면화되도록 한 수업이라 볼 수 있다. 실제로 브루너는 한 가지 표현을 통한 학습과 더불어 여러 가지 표현 수단을 동시에 사용한 수업의 중요성도 강조하고 있다(Bruner, 2017).

강옥기 외(2012)는 순열의 학습을 위한 상징적 표현은 기호를 사용한 표현을 통해 이루어진다고 제시하였다. 예를 들어, '5명의 학생을 줄 세우는 경우의 수를 $5!=120$, 3개의 동전을 나열하는 경우의 수를 $3!=6$, 서로 다른 네 종류의 색연필을 네 칸에 색칠하는 경우의 수를 $4!=24$, n개의 서로 다른 대상을 순서대로 나열하는 경우의 수 $n!=1\times2\times\cdots\times n$'을 제시하고 있다. 이를 통해 볼 때, 현장 수업상황에서 기호적 표현은 수학 기호의 사용이 핵심이다. 상징적 표현은 모든 교과서에서 수학적 지식을 최종적으로 정리하는 수단으로 사용하고 있으므로, 수학적 지식을 나타내는 최종 결과로 볼 수 있다.

〈상징적 표현1〉에서는 두 유형의 학습 자료를 제시하고 있다. 하나는 귀납적 방법이고 다른 하나는 연역적 방법이다. 첫 번째는 $\sum_{k=1}^{n}k^2$과 $\sum_{k=1}^{n}k$의 비를 통해 귀납적으로 $\sum_{k=1}^{n}k^2=\frac{n(n+1)(2n+1)}{6}$임을 발견하는 방법을 제시하였고, 두 번째는 $(k+1)^3-k^3=3k^2+3k+1$을 이용하여 연역적으로 정당화하는 방법을 제시하였다. 추상적인 사고와 더불어 수학 기호를 기반으로 수학적 구조를 이해하는 수업이다.

〈상징적 표현2〉는 〈영상적 표현1〉을 통해 출발한 학습상황에서 학생들이 발견한 수학적 지식을 수학 기호를 사용하는 학습상황으로 연결해가는 수업에서 활용할 수 있다. 실제로 〈영상적 표현1〉에서 동영상이나 그림 자료를 통해 발견한 수학적 지식을 일반적으로 알려진 수학기호를 사용하여 표현할 수 있도록 수업을 안내한다.

〈상징적 표현3〉은 활동교구를 사용하는 〈활동적 표현〉에서 출발하여 도식적 자료를 사용하는 〈영상적 표현2〉로 진행된 학습상황을 최종적으로 수학 기호를 사용하는 학습상황으로 연결해가는 수업에서 활용할 수 있다. 실제로 수업의 도입 단계에서는 '활동적 표현', 전개의 초반부에는 '영상적 표현', 전개의 마지막에서는 '상징적 표현'으로 수업을 설계할 수도 있다. 다양한 표현 방법이 잘 연결된 교수·학습 자료는 학생들이 수학적 구조를 쉽게 이해하게 하고, 수학적 구조의 발견으로 안내할 수 있다.

4 딘즈의 학습원리와 학습단계를 적용한 수업

학교수학에는 많은 수학 개념들이 포함되어 있고, 이 개념들은 위계적으로 조직되어 있는 경우가 많다. 수학 학습에서 발생하는 어려움 중에는 이러한 개념의 불완전한 획득으로 인해 발생하는 경우가 있다.

수학 개념이 무엇을 의미하며, 어떻게 수학 개념을 학습해야 하는지에 대한 논의는 수학교육학 연구에서도 어려운 주제이다. 딘즈(Dienes)의 놀이를 통한 개념학습 6단계는 수학 개념을 어떻게 학습해야 하는가에 대한 한 가지 가능한 접근 방법을 제시하고 있다.

1 딘즈의 놀이를 통한 개념학습 6단계

놀이를 통한 개념학습 6단계는 자유놀이, 게임, 공통성 탐구, 표현, 기호화, 형식화로 구성된다. 딘즈의 개념학습의 기본 특징은 학습자 탐구 중심의 개념학습 방법이라는 것이다. 학습자는 교사에 의해 제시된 교수·학습 자료를 직접 조작하고 실험, 탐구하면서 수학 개념의 형성에 이르게 된다(Dienes, 1971).

자유놀이 단계에서는 교사에 의해 제시된 구체적인 활동 자료를 학습자가 자유로이 조작하고 실험하게 된다. 이때, 교사는 거의 개입하지 않으며, 학습자는 자유로운 탐구 활동, 놀이 활동을 수행한다.

게임 단계에서도 교사는 거의 개입하지 않으며, 학습자는 자유로운 탐구(놀이) 활동을 수행하면서 다양한 탐구(놀이) 활동에 내재된 어떤 규칙성에 주목하게 된다. 이때 규칙성은 주로 탐구(놀이) 활동에 관련된 공통성을 의미하는 경우가 많다.

공통성 탐구 단계에서는 게임 단계에서 주목한 규칙성(공통성)에 대해 주의를 집중하여 구체적인 자료들을 탐구하는 단계로, 이때에도 교사는 거의 개입하지 않는다.

표현 단계에서는 학습자가 탐구하여 알아낸 공통성을 직접 기호, 그림, 언어적 표현 등을 이용하여 표현하게 된다. 이때에도 교사는 거의 개입하지 않으며, 학습자는 자신의 독립적인 표현을 만들 수 있으며, 이를 바탕으로 자신이 발견한 규칙성(공통성)을 표현하며 의사소통한다. 결국, 학습자는 교사에 의해 제시된 구체적인 교수·학습 자료에 대한 탐구(놀이) 활동을 통해 규칙성(공통성)을 독립적으로 찾아내고 자신만의 표현 체계를 고안하여 의사소통을 하게 된다.

기호화 단계는 이전 단계와는 달리 교사의 역할이 중요하다. 표현 단계에서 학습자에 의해 고안된 표현(기호) 체계가 수학적 언어 체계와 일치할 수도 있고 다를 수도 있다. 교사는 학습자의 표현 체계를 수학적 언어 체계와 대응시키면서 수정할 수 있도록 돕는다. 결국, 학습자는 기호화 단계에서 자신이 밝혀낸 수학적 규칙성(공통성)을 수학적 언어(상징) 체계를 이용하여 표현하게 된다.

형식화 단계에서는 밝혀낸 수학적 규칙성(공통성)을 체계화하는 단계로, 개념학습 단계에서 탐구한 수학적 규칙성을 체계적으로 조직하고, 다른 수학적 규칙성과 비교하면서 수학적 지식의 체계화를 시도할 수 있다. 형식화 단계에서도 학습자가 주도적인 역할을 담당한다. 결국, 개념학습 6단계에서 기호화 단계를 제외하고는 모두 학습자가 주도적인 역할을 하게 된다.

|2| 놀이를 통한 개념학습 6단계에 기반한 교수 · 학습 자료

딘즈의 놀이를 통한 개념학습 6단계는 학습자의 구체적인 탐구(놀이) 활동을 전제로 하므로, 높은 수준의 추상적인 수학교과 내용에는 적합하지 않을 수도 있다. 물론, 구체적인 탐구(놀이) 활동의 대상으로 추상적인 수식을 생각한다면, 고등학교 수준의 추상적인 수학 개념에 대해서도 **개념학습 6단계**를 적용할 수 있겠지만, 이러한 접근은 쉽지 않은 경우가 많다.

딘즈의 개념학습 6단계는 수학 개념의 도입을 구체적인 탐구(놀이) 활동과 관련시킬 수 있을 때 활용할 수 있는 학습자 중심의 개념학습 방법이라 할 수 있다. 특히, 수학 개념들은 위계적으로 조직될 수 있는데, 이러한 위계적 조직의 낮은 수준에 있는 개념들의 도입에 적합한 방법이 될 수 있다.

구체적인 예시를 통해 놀이를 통한 개념학습 6단계에 기반한 교수 · 학습 자료에 대해 살펴보자.

- 학교급: 중학교
- 내용영역: 점, 직선, 평면의 위치관계 단원에서 '평면과 공간에서 직선들의 위치관계'
- 학습목표: 평면과 공간에서 직선들의 위치관계를 설명할 수 있다.
- 교수 · 학습 방안: 탐구 학습

단계	교수 · 학습 자료
자유놀이	• 자를 이용하여 평면에서 여러 개의 직선을 작도한다. 작도1. A4용지, 색종이, 스케치북, 노트 등과 같은 평면에 자를 이용하여 여러 개의 직선을 작도한다(그림 1). 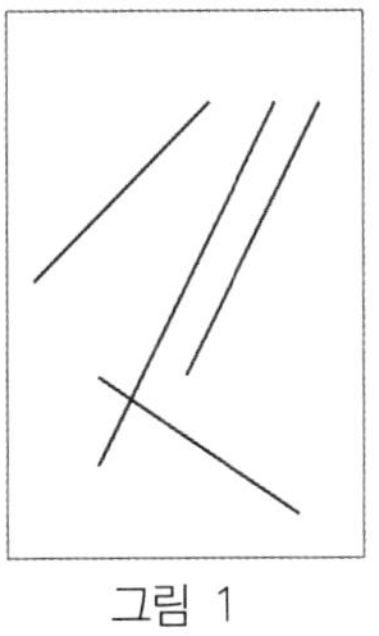 그림 1

<table>
<tr><th>단계</th><th>교수 · 학습 자료</th></tr>
<tr><td>자유놀이</td><td>• 자를 이용하여 다면체의 표면에서 직선들을 작도한다.
작도2. 주어진 삼각뿔의 표면에 자를 이용하여 직선들을 작도한다(그림 2).
작도3. 주어진 사각뿔의 표면에 자를 이용하여 직선들을 작도한다(그림 3).
작도4. 주어진 정육면체의 표면에 자를 이용하여 직선들을 작도한다(그림 4).
작도5. 주어진 직육면체의 표면에 자를 이용하여 직선들을 작도한다(그림 5).
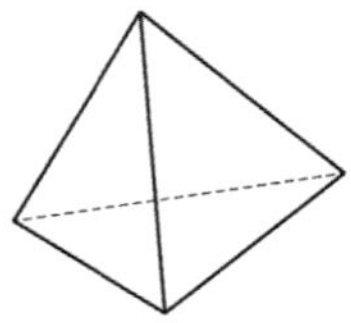
그림 2
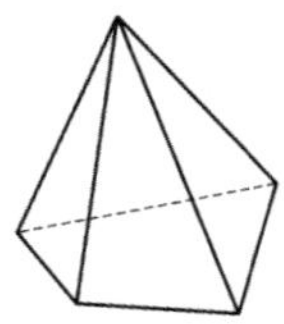
그림 3
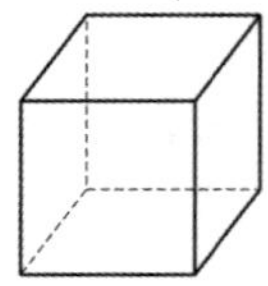
그림 4
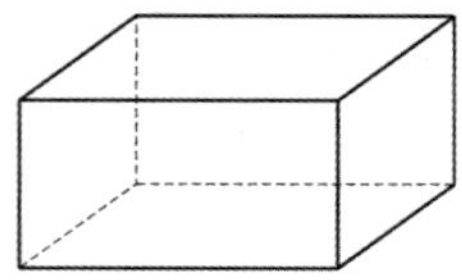
그림 5
그림 2, 3, 4, 5에 주어진 것뿐만 아니라, 주변에 있는 입체도형의 표면에 다양한 직선을 작도하는 활동을 수행한다.</td></tr>
<tr><td>게임</td><td>• 평면에서 직선들의 작도
'그림 1'과 같이 주어진 평면에 작도된 직선들은 만날 수도 있고 만나지 않을 수도 있다. A4 용지에 직선을 그렸을 때에도 A4용지에서는 만나지 않지만, 직선들을 계속 연장하면 만날 수도 있다. 어떤 경우에는 직선들을 아무리 연장해도 만나지 않을 수도 있다. 물론 직선들을 똑같은 자리에 겹쳐서 그릴 수도 있다.

• 다면체의 표면에서 직선들의 작도
'그림 2'의 삼각뿔의 표면에 직선들을 작도하면, A4용지에 작도할 때와 마찬가지로 직선들이 만날 수도 있고 만나지 않을 수도 있다. 삼각뿔의 표면에 직선을 작도하면, '그림 6'과 같은 경우는 두 직선이 서로 만난다. 그렇지만, '그림 7'과 같은 경우에는 두 직선이 서로 만나지 않으며, '그림 8'과 같은 경우도 두 직선은 서로 만나지 않는다.
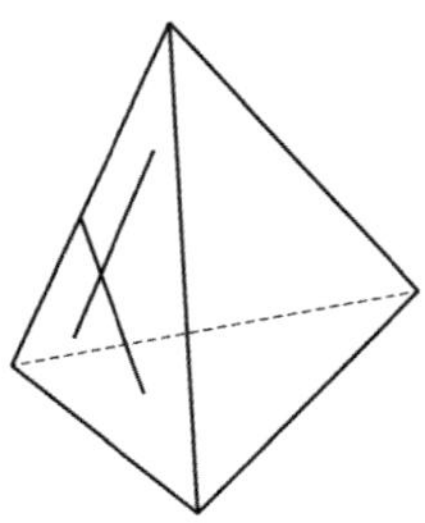
그림 6
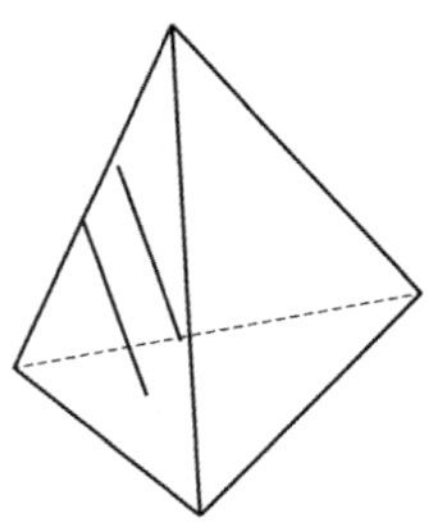
그림 7
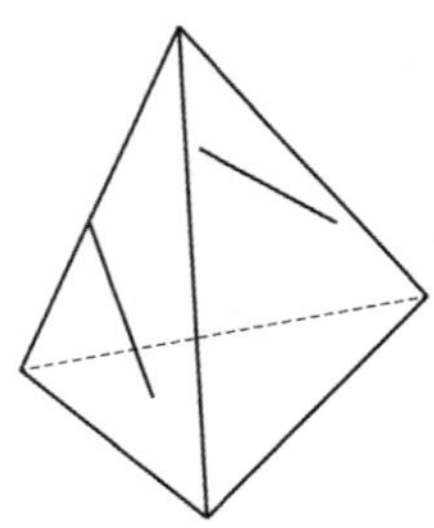
그림 8
'그림 3'의 사각뿔의 표면에도 직선들을 그었다. 사각뿔의 표면에 작도된 두 직선이 만날 수도 있고(그림 9), 일정하게 떨어져서 곧게 뻗어가면서 만나지 않을 수도 있으며(그림 10), 서로 곧게 뻗어가지는 않지만 빗겨가며 만나지 않는 경우도 있다(그림 11).</td></tr>
</table>

<table>
<tr><th>단계</th><th>교수 · 학습 자료</th></tr>
<tr><td>게임</td><td>
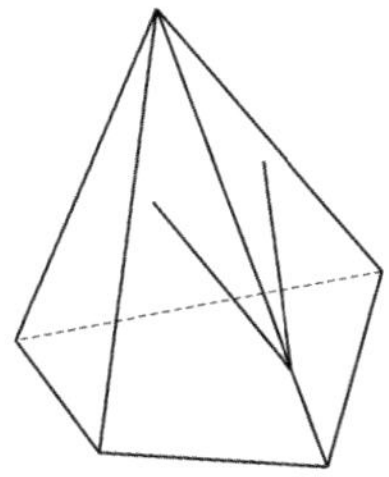
그림 9
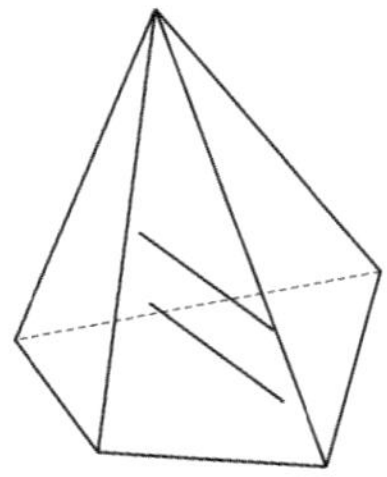
그림 10
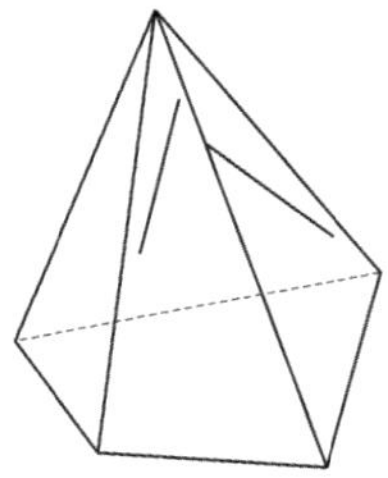
그림 11
'그림 4'의 정육면체의 표면에도 직선들을 작도하였다. '그림 12'와 '그림 13'과 같은 경우, 정육면체의 표면에 작도된 두 직선들은 빗겨가며 만나지 않는다.
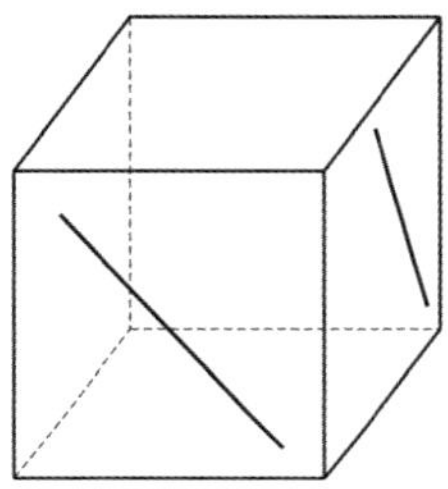
그림 12
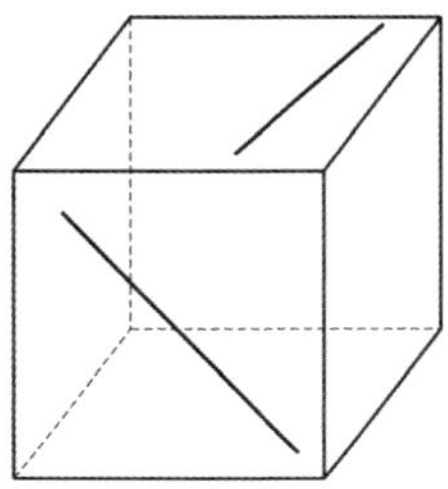
그림 13
정육면체의 표면에 작도된 '그림 14'과 '그림 15'에 있는 직선들은 일정하게 떨어져서 곧게 뻗어가면서 만나지 않는다.
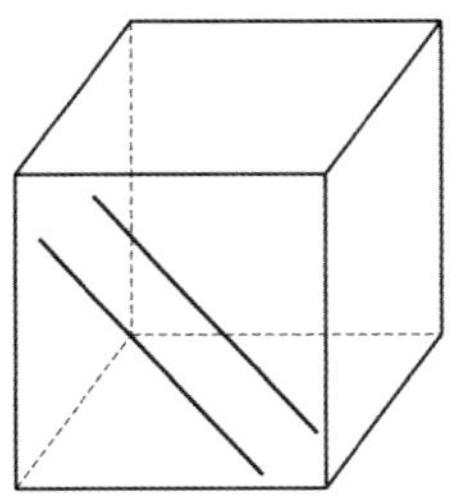
그림 14
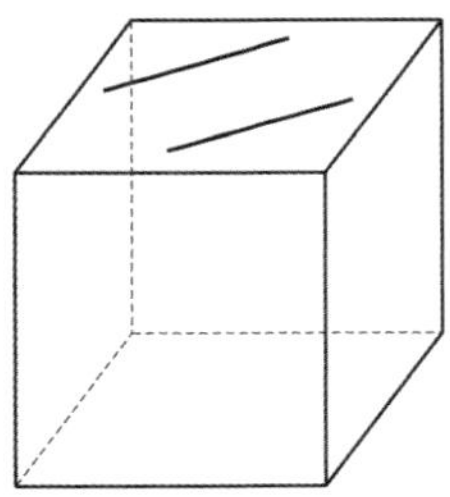
그림 15
정육면체의 표면에 작도된 '그림 15'와 '그림 16'에 있는 직선들은 서로 만난다.
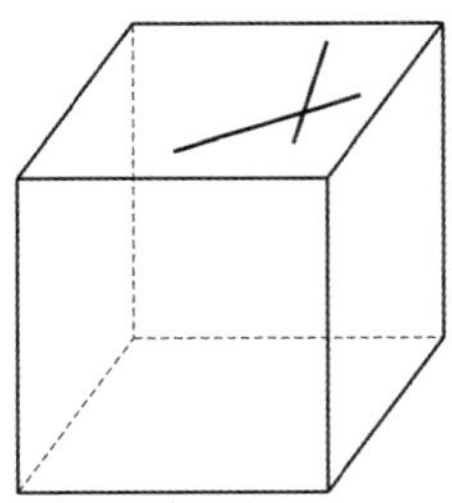
그림 16
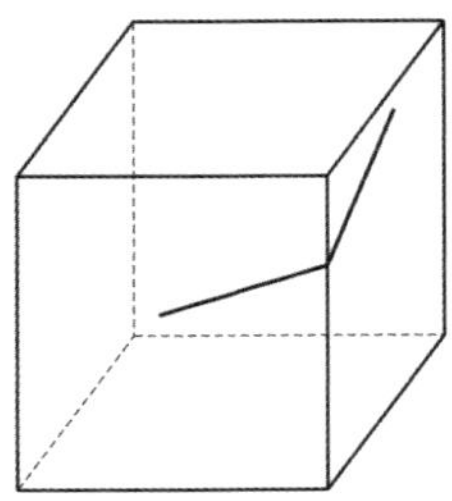
그림 17
그림 5의 직육면체의 표면에도 직선들을 작도하였는데, 정육면체에 작도한 것과 비슷했다.
</td></tr>
</table>

단계	교수 · 학습 자료
공통성 탐구	• 평면 위에 작도된 직선들의 위치 관계 평면에 직선들을 작도하면, (1) 직선들이 서로 만나거나, (2) 직선들이 서로 만나지 않거나, (3) 포개져서 일치할 수 있다. • 다면체의 표면에서 직선들의 위치 관계 다면체의 표면에 직선들을 작도하면, (1) 직선들이 서로 만나거나, (2) 직선들이 서로 만나지 않는다. 직선들이 만나지 않을 경우에, 그림을 보면 직선들이 일정하게 떨어져서 곧게 뻗어가면서 만나지 않을 수도 있고(그림 7, 그림 10, 그림 14, 그림 15), 직선들이 빗겨가며 만나지 않을 수도 있다(그림 8, 그림 11, 그림 12, 그림 13). • 공간에서 직선들의 위치 관계 평면도 공간의 일부이므로, 공간에서는 (1) 직선들이 만나거나, (2) 직선들이 포개져서 일치하거나, (3) 직선들이 일정하게 떨어져서 곧게 뻗어가면서 만나지 않거나, (4) 직선들이 빗겨가며 만나지 않는다.
표현	• 공간에서 직선들이 만나면 **만난다**고 부르자. 만난다는 것을 기호로 $\nmid$를 이용하여 나타내자. 그러면 직선 l과 m이 만나는 것을 기호로 나타내면 $l \nmid m$과 같이 쓸 수 있다. • 공간에서 직선들이 포개져서 일치하면 **포개진다**고 하자. 포개지는 것을 기호로 $\odiv$를 이용하여 나타내자. 그러면 직선 l과 m이 포개지는 것을 기호로 나타내면 $l \odiv m$과 같이 쓸 수 있다. • 공간에서 직선들이 일정하게 떨어져서 곧게 뻗어가면서 만나지 않으면 **나란하다**고 하자. 나란한 것을 기호로 ∥를 이용하여 나타내자. 그러면 직선 l과 m이 나란한 것을 기호로 나타내면 $l \parallel m$과 같이 쓸 수 있다. • 공간에서 직선들이 빗겨가며 만나지 않으면, **빗겨간다**고 하자. 빗겨가는 것을 기호로 $\times$를 이용하여 나타내자. 그러면 직선 l과 m이 빗겨가는 것을 기호로 나타내면 $l \times m$과 같이 쓸 수 있다.
기호화	• 공간에서 두 직선이 만나면 만난다고 말하며, 수학에서 $\nmid$와 같은 기호는 사용하지 않는다. • 공간에서 두 직선이 포개져서 일치하면 일치한다고 말하며, 수학에서 $\odiv$와 같은 기호는 사용하지 않는다. • 공간에서 두 직선이 일정하게 떨어져서 곧게 뻗어가면서 만나지 않으면, 두 직선은 평행하다고 말하며, 수학에서는 기호 ∥ 대신에 $/\!/$을 이용하여 나타낸다. 직선 l, m이 평행하다는 것을 기호로 $l /\!/ m$으로 나타낸다. 그리고 평행한 두 직선을 평행선이라고 부른다. • 공간에서 직선들이 빗겨가며 만나지 않으면, 두 직선이 꼬인 위치에 있다고 말하며, 수학에서는 $\times$와 같은 기호는 사용하지 않는다.
형식화	• 평면에서 두 직선은 한 점에서 만나거나 평행하거나 일치한다. 공간에서 두 직선은 한 점에서 만나거나 일치하거나 평행하거나 꼬인 위치에 있다. • 공간에서 두 직선은 한 평면에 속하는지 그렇지 않은지로 나누어 생각할 수 있다. 두 직선이 한 평면에 속하는 경우에 두 직선은 한 점에서 만나거나 평행하거나 일치하고, 한 평면에 속하지 않으면 꼬인 위치에 있다. • 평면과 공간에서 두 직선의 위치 관계를 비교하면, 공간에서는 평면에서의 위치 관계를 모두 포함하면서 꼬인 위치에 있는 경우가 더 있다.

| 3 | 제시된 교수 · 학습 자료에 대한 논의

딘즈의 놀이를 통한 개념학습 6단계는 학습자가 주도적으로 이끌어가는 탐구(놀이) 활동으로 구성되어야 한다. 자유놀이 단계와 게임 단계에서 평면의 경우에는 A4용지, 색종이, 스케치북, 노트 등을 이용하고, 공간의 경우에는 삼각뿔, 사각뿔, 정육면체, 직육면체를 이용하도록 하였다. 이때 구체적인 대상들(직선을 작도하기 위한)을 더 다양하게 제시할 수 있다면, 개념 학습에 더 좋은 환경이 조성될 수 있다. 그리고 직선도 길게 또는 짧게, 굵게 또는 얇게 그려 보도록 하는 것은 바람직하다. 주의할 것은 직선을 작도할 때에 반드시 자를 이용하도록 해야 한다. 선을 삐뚤빼뚤하게 그으면 탐구활동이 제대로 수행되지 못할 수도 있다.

표현 단계에서는 학습자가 자신의 생각을 적극적으로 표현할 수 있는 허용적이고 자유로운 탐구 분위기를 만드는 것이 중요하다. 자신의 생각을 표현하기 위해 기호를 고안하거나 그림을 그리거나 언어로 표현하는 것이 권장되어야 한다. 기호화 단계에서는 다른 단계와는 달리 교사의 역할이 중심이 되지만, 교사는 일방적인 전달보다는 학습자와의 협의를 통해 수학 기호 체계를 납득시킬 수 있는 접근을 모색해야 한다.

5 오수벨의 교수 · 학습 원리를 적용한 수업

오수벨(Ausubel)은 설명식 수업과 깊은 관련이 있다. 설명식 수업에서 학생이 학습해야 할 수학적 지식은 교수자에 의해 학습자에게 최종적 형태로 직접적으로 제시된다. 설명식 수업은 학습자의 측면에서 보면, 어떤 형태의 발견도 포함하지 않는다. 학습자에게 단지 학습주제를 체득하거나 이 학습주제를 학습자의 인지구조 내에 통합시키기를 요구하며, 그 결과로 이 학습주제가 추후에 다른 학습 상황에서 이용 가능하기를 기대한다. 오수벨은 이러한 수업을 유의미 설명식 수업이라고 생각하였고, 이 방식이 발견학습보다 더 우월하다고 믿었으며, 설명식 수업의 중요성을 강하게 주장하였다(Ausubel, 1963).

오수벨은 학습자의 인지구조와 결합하는 학습을 유의미한 학습, 그렇지 못한 학습을 기계적 학습이라고 부르면서, 설명식 수업은 발견을 거치지 않는 설명식 지도만으로 유의미한 학습이 일어날 수 있다고 강조하였다. 오수벨은 학습을 위해 가장 중요한 것은 학습자가 사전에 무엇을 알고 있는지이고, 교사는 그것을 확인하고 그에 따라 수업을 진행해야 하며, 학습은 곧 새로운 지식을 기존의 인지구조와 의미있게 연결짓는 과정이라고 생각하였다. 전통적인 교실에서 설명식 수업이 학습자의 인지구조에 새로운 수학지식을 동화시키지 못하였기 때문에 문제가 되는 것이지, 설명식 수업 자체가 문제는 아니라는 입장이다. 발견학습을 통해 최종적으로 학생이 발견한 내용은 유의미한 설명식 수업 이후에 학생이 이해한 내용과 질적으로 완전히 동일한 것이기 때문이다. 실제로, 교사에 의해 학습 자료가 유의미하게 조직되면, 학생이 학습과정에서 발견해야 할 필요성이 사라지기 때문에 설명식 수업이 훨씬 더 효과적이다. 발견을 위해 필요한 많은 시간을 절약할 수 있고, 짧은 시간에 많은 양의 지식을 유의미하게 제시할 수 있는 것이다.

유의미 설명식 수업은 새로운 학습내용을 기존의 인지구조와 의미있게 연결짓는 학습을 의미하고, 유의미 학습의 여부는 학습자가 의미있는 학습 태세를 갖고, 학습 자료가 학습자에게 잠재적으로 유의미하냐에 달려 있다. 새로운 학습내용이 기존의 인지구조와 의미있게 연결되어, 기존의 인지구조 속으로 들어가도록 하는 학습이 설명식 수업인데, 이때 기존의 인지구조 속으로 들어가는 것을 포섭이라고 부른다. 이러한 포섭에 의한 유의미한 학습이 이루어지기 위한 전제조건으로 학습과제가 유의미해야 하고, 인지구조 내에 새로운 학습 내용과 관련된 정착아이디어가 있어야 하며, 유의미한 학습자세가 절대적으로 필요하다(강옥기 외, 2012).

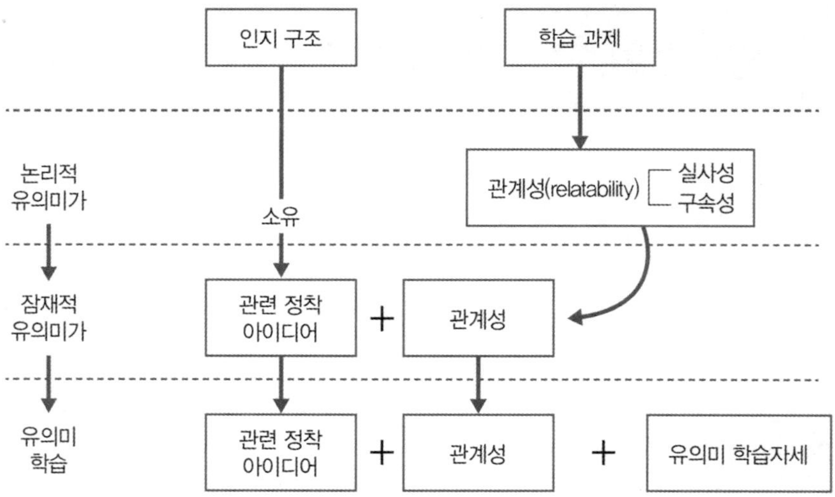

그림 7-5-1 유의미 설명식 학습의 조건(강옥기 외, 2012)

오수벨은 유의미 설명식 수업을 위한 교수·학습의 원리로 다음 네 가지를 제시하였다.

첫째, 점진적 분화의 원리이다. 이 원리는 추상적이고 포괄적인 것에서 출발하여 점차 구체적으로 세분화된 의미로 분화시켜 나아가는 방식의 학습이다. 교과의 가장 일반적이고 포괄적인 아이디어가 먼저 제시되고, 그 다음 세부사항으로 분화되고 구체화하는 원리이다.

둘째, 통합적 조정의 원리이다. 새로운 개념이나 의미에 대한 학습은 이전 학습을 바탕으로 이루어져야 한다. 새로운 학습 내용이 인지구조에 들어오기 위해서는 이미 학습된 내용과의 유사성, 차이점을 분명하게 한 다음 의식적으로 조정하고, 명확히 분별되어 인지구조 내로 통합되도록 해야 한다는 원리이다.

셋째, 선행조직자의 원리이다. 수업의 이해를 증진시키기 위해서는 본 수업의 내용보다 포괄적이고 추상적인 것을 본 수업에 앞서 제시할 필요가 있다. 학습자에게 새롭게 학습해야 할 여러 가지 많은 정보를 제시하기 이전에 이들을 포함하는 보다 포괄적인 개념이나 원리 또는 체계적인 관계를 교수해야 한다는 원리이다.

넷째, 체계적 연결성의 원리이다. 학습의 최종적인 과정으로 인지구조 속에 개념적 근거를 마련해 주어야 한다는 원리이다. 예를 들면 집합학습에서 다양한 내용을 집합적 사고(같게 보는 행위, 다르게 보는 행위)와 연결짓는 것이다.

1 오수벨의 새로운 학습을 위한 인지구조 내에서의 포섭

수학 수업에서 기계적 학습이 일어나거나 유의미 설명식 학습이 실현되지 않는 이유 중의 하나가 학생들에게 적절한 아이디어를 획득하기 전에 친숙하지 않은 수학적 지식을 배우도록 강요하기 때문이다. 이러한 강요는 기존의 인지구조 내의 지식과 새로운 지식 사이의 관련을 맺는 것을 불가능하게 만든다. 즉, **포섭**이 일어날 수 없도록 한다. 기존의 인지구조 내의 지식에 의해 새로운 지식과 잘 관련을 맺을 수 있도록 포섭이 이루어진다면, 유의미한 수용학습과 파지는 쉽게 일어날 것이다. 여기서 포섭이란 포괄성과 일반성이 높은 인지구조 내의 지식이 포괄성과 일반성이 낮은 새로운 지식을 통합하는 과정으로 정의된다. 새로운 수학내용이 인지구조 속에 들어올 때, 기존의 인지구조와 결합하는 방식(포섭)의 차이에 의해 세 가지 교수·학습 방식, 즉 상위적 포섭에 의한 학습, 하위적 포섭에 의한 학습, 병위적 포섭에 의한 학습(강옥기 외, 2012)이 존재한다.

상위적 포섭에 의한 학습은 인지구조 내에 이미 존재하는 선행지식인 a_1, a_2, a_3, a_4

는 새로운 지식 A의 더욱 특정한 예로 인식되며, 이를 기반으로 새로운 지식 A에 연결되는 방식으로 포섭하는 학습이다. 예를 들어, 인지구조 내에 삼각형의 대각선의 개수는 0개, 사각형의 대각선의 개수는 2개, 오각형의 대각선의 개수는 5개임을 알고 있는 상황에서 n각형의 대각선의 개수의 일반화된 공식 $\frac{n(n-3)}{2}$을 새로운 지식으로 인지구조 내에 형성하는 학습이 이에 해당한다.

하위적 포섭에 의한 학습은 인지구조 내에 선행지식인 A와 이것의 특정한 예에 해당하는 지식인 a_1, a_2, a_3, a_4가 내재하고 있는 상황에서, A의 또다른 특정한 지식인 a_5를 학습할 때 특정한 지식 a_5가 보다 일반적인 지식 A의 아래로 포섭된다고 보면서, 인지구조에 있는 상위의 지식들이 하위의 지식들을 포섭하는 학습이다. 예를 들어, 인지구조 내에 $(ax+b)(cx+d)=acx^2+(ad+bc)x+bd$가 있고, 이의 특수한 예인 $(a+b)^2=a^2+2ab+b^2$, $(a+b)(a-b)=a^2-b^2$ 등을 알고 있는 상황에서, 새로운 곱셈공식인 $(x+a)(x+b)=x^2+(a+b)x+ab$를 새로운 지식으로 인지구조 내에 형성하는 학습이 이에 해당한다.

병위적 포섭에 의한 학습은 인지구조 내에 선행지식인 A가 있고, 이것과 상위 및 하위의 수직 관계를 유지하지 않는 새로운 지식인 B가 있는 상황에서, 선행지식과 새로운 지식 사이에 수평적 관계를 유지하면서 인지구조 내에 새로운 지식을 포섭하는 학습이다. 즉, 병위적 포섭은 상위적이지도 하위적이지도 않은 지식의 포섭이다. 예를 들어, 인지구조 내에 원의 방정식 $x^2+y^2=r^2$이 있고, 이와 상하위 위계관계가 없는 구의 방정식인 $x^2+y^2+z^2=r^2$을 새로운 지식으로 인지구조 내에 형성하는 학습이 이에 해당한다. 특별히 오수벨은 수학 개념과 같이 새로운 지식의 많은 부분의 학습은 **병위적 포섭**에 의한 학습에 의해 이루어진다고 생각하였다(Ausubel, 1963).

|2| 병위적 포섭에 기반한 교수 · 학습 자료

오수벨의 인지구조 내에서의 포섭 이론을 적용할 수 있는 수업은 상위적 포섭, 하위적 포섭, 병위적 포섭이 필요한 학습 상황에서 활용할 수 있다. 특히 병위적 포섭은 다른 두 가지 포섭과 비교해서 활용성이 훨씬 강력하다. 오수벨이 밝힌 것과 같이 새로운 지식의 상당한 부분에서 병위적 포섭과 관련이 있기 때문이다. 예를 들어, $|a|$와 $\sqrt{a^2}$과 같이 선행지식인 $|a|$과 새로운 지식인 $\sqrt{a^2}$ 사이에 수평적 관계를 유지하면서 인지구조 내에 새로운 지식을 포섭하는 경우이다.

구체적인 예시를 통해 병위적 포섭에 기반한 교수·학습 자료에 대해 살펴보자.

- 학교급: 중학교
- 내용영역: 이차함수 함수 단원에서 '이차함수의 꼭짓점의 좌표 구하기'
- 학습목표: 이차함수 $y = ax^2 + bx + c$ 의 꼭짓점의 좌표를 구하는 과정을 설명하고, 이를 이용하여 꼭짓점의 좌표를 구할 수 있다.
- 교수·학습 방안: 설명식 교수

단계	수평적 관계 및 교수·학습 자료
수평적 관계에 대한 확인	• 기존의 지식과 새로운 지식 (김원경 외, 2022) **$2x^2+3x-1=0$의 풀이** $x^2+\frac{3}{2}x-\frac{1}{2}=0$ $\quad x^2+\frac{3}{2}x=\frac{1}{2}$ $\quad x^2+\frac{3}{2}x+\left(\frac{3}{4}\right)^2=\frac{1}{2}+\left(\frac{3}{4}\right)^2$ $\left(x+\frac{3}{4}\right)^2=\frac{17}{16}$ $\quad x+\frac{3}{4}=\pm\frac{\sqrt{17}}{4}$ $\quad x=\frac{-3\pm\sqrt{17}}{4}$ 기존의 지식 다음은 이차함수 $y=x^2-2x+3$을 $y=a(x-p)^2+q$의 꼴로 바꾸는 과정이다. $y=x^2-2x+3$ $=(x^2-2x+\square-\square)+3$ $=(x^2-2x+\square)-\square+3$ $=(x-\square)^2+\square$ 새로운 지식 • 수평적 관계의 확인 - 기존의 지식은 이차방정식을 완전제곱식을 이용하여 푸는 과정 혹은 근의 공식을 유도하는 과정이며, 새로운 지식은 이차함수의 일반적인 형태로부터 표준형으로 고쳐 꼭짓점의 좌표를 구하는 과정이다. - 기존 지식에서 이차항의 계수를 1로 바꾼 다음, 미지수가 있는 항만을 좌변에 남기고, 우변으로 이항한다. 이를 통해 미지수와 상수항을 분리하게 된다. 최종적으로 미지수가 있는 변을 완전제곱의 형태로 변형하게 된다. 그런데 새로운 지식에서는 이차계수가 1이 되도록 미지수가 있는 항만 괄호 안으로 묶고, 나머지는 괄호 밖에 둔다. 이를 통해 미지수와 상수항을 분리하게 된다. 최종적으로 미지수가 있는 괄호 안을 완전제곱의 형태로 변형하게 된다. - 기존의 지식과 새로운 지식 사이에 수평적인 관계가 있음을 확인할 수 있다.
유의미한 학습과제의 구성(실사성, 구속성)	• 도입 단계에서 학습과제(1) (질문1) 두 이차함수 $y=x^2$, $y=(x-2)^2+3$ 의 그래프를 같은 좌표평면 위에 나타내면, $y=(x-2)^2+3$ 의 그래프는 $y=x^2$ 의 그래프를 어떻게 평행이동한 것인가? (질문2) **(완전제곱식)+(상수항)의 형태를 가지는** 이차함수 $y=(x-2)^2+3$ 의 그래프의 축의 방정식과 꼭짓점의 좌표는 무엇인가?

<table>
<tr><th>단계</th><th>수평적 관계 및 교수 · 학습 자료</th></tr>
<tr><td>유의미한 학습과제의 구성(실사성, 구속성)</td><td>
• 도입 단계에서 학습과제(2)

(질문3) (완전제곱식)+(상수항)의 형태를 가지는 이차함수 $y=a(x-p)^2+q$의 그래프는 $y=ax^2$의 그래프를 어떻게 평행이동한 것인가?
(질문4) (완전제곱식)+(상수항)의 형태를 가지는 이차함수 $y=(x-p)^2+q$의 그래프의 축의 방정식과 꼭짓점의 좌표는 무엇인가?

• 전개 단계에서 학습과제(1)

(질문5) 이차함수 $y=2x^2-4x+5$의 꼭짓점을 구하기 위해서는 주어진 이차함수의 식을 어떤 형태로 변형시켜야 하는가?
(질문6) 이차함수 $y=ax^2+bx+c$의 꼭짓점을 구하기 위해서는 주어진 이차함수의 식을 어떤 형태로 변형시켜야 하는가?

• 전개 단계에서 학습과제(2)

(질문7) 이차방정식 $2x^2-4x+5=0$의 해를 완전제곱식을 이용하여 구하는 방법을 설명하시오.
(질문8) 이차방정식 $ax^2+bx+c=0$의 해를 구하기 위해서는 주어진 이차방정식을 어떤 형태로 변형시켜야 하는가?

• 전개 단계에서 학습과제(3)

(질문9) 이차함수 $y=2x^2-4x+5$를 $y=a(x-p)^2+q$의 형태로 고치는 방법을 설명하시오.
(질문10) 이차함수 $y=ax^2+bx+c$를 $y=a(x-p)^2+q$의 형태로 고치는 방법을 설명하시오.
</td></tr>
<tr><td>관련정착 아이디어를 통한 포섭</td><td>
• 학생의 인지구조에 있는 관련정착아이디어
예를 들어, 이차방정식 $x^2-6x-5=0$을 완전제곱식을 이용하여 풀어 보자.
먼저 상수항을 우변으로 이항하면, $x^2-6x=5\cdots$ ㉠이다.
좌변을 완전제곱식으로 만들기 위하여 x의 계수 -6의 $\frac{1}{2}$인 -3의 제곱 9를 ㉠의 양변에 더하면, $x^2-6x+(-3)^2=5+9$, 즉 $(x-3)^2=14$이다. 이를 정리하면, $x-3=\pm\sqrt{14}$을 통해 $x=3\pm\sqrt{14}$을 구할 수 있다.

• 관련정착아이디어가 포섭할 대상
이차함수 $y=x^2-6x-5$을 $y=a(x-p)^2+q$의 꼴로 바꾸는 것이 필요하다. 완전제곱식과 상수항의 합으로 표현하여야 한다.
예를 들어, $y=x^2-6x-5$을 완전제곱식과 상수항의 합으로 변형해 보자.
</td></tr>
</table>

단계	수평적 관계 및 교수 · 학습 자료
관련정착 아이디어를 통한 포섭	먼저, 상수항만 괄호 밖으로 꺼내면, $y=(x^2-6x)-5\cdots$㉠이다. 괄호 안을 완전제곱식으로 만들기 위하여 x 의 계수 -6의 $\frac{1}{2}$인 -3의 제곱 9를 ㉠에서 괄호 안에 더하고, 괄호 밖에서는 빼주면, $y=(x^2-6x+9)-5-9$, 즉 $y=(x-3)^2-14$이다.
유의미한 학습 결과	• 이차함수 $y=ax^2+bx+c$를 완전제곱식을 이용하여 $y=a(x-p)^2+q$의 꼴로 바꾸는 과정은 다음과 같다. $\begin{aligned} y &= ax^2+bx+c \\ &= a\left(x^2+\frac{b}{a}x\right)+c \\ &= a\left\{x^2+\frac{b}{a}x+\left(\frac{b}{2a}\right)^2-\left(\frac{b}{2a}\right)^2\right\}+c \\ &= a\left\{\left(x+\frac{b}{2a}\right)^2-\frac{b^2}{4a^2}\right\}+c \\ &= a\left(x+\frac{b}{2a}\right)^2-\frac{b^2}{4a}+c \\ &= a\left(x+\frac{b}{2a}\right)^2-\frac{b^2-4ac}{4a} \end{aligned}$

| 3 | 제시된 교수 · 학습 자료에 대한 논의

오수벨의 유의미 설명식 수업이론에서 인지구조 내에서의 병위적 포섭에 기반한 교수 · 학습 자료는 크게 세 가지 측면에서 개발되길 기대하였다. 하나는 병위적 포섭이 가능한 학습상황인지에 대한 판단이고, 두 번째는 새로운 학습과제가 유의미하게 구성되어 있는지의 부분이며, 마지막은 학습자에게 새로운 학습과제를 포섭할 수 있는 관련된 정착 아이디어가 명확하게 인지구조 내에 존재하는지에 대한 존재유무이다.

이러한 관점에서 교수 · 학습 자료에 대해 구체적으로 살펴보자.

먼저, 병위적 포섭이 가능한 학습상황인지에 대한 판단은 '수평적 관계에 대한 확인'에서 그 가능성을 확인할 수 있다. 김원경 외(2022)의 중학교 3학년 교과서를 보면, 두 가지 학습내용을 서로 비교할 수 있다. 하나는 '이차방정식의 해를 완전제곱식으로 해결하는 학습상황'이고 다른 하나는 '일반형의 형태로 나타나 있는 이차함수를 표준형의 형태로 바꾸는 학습상황'이다. 이 두 학습상황을 보면, '수평적 관계'에 대한 부분에서 알 수 있듯이, 몇 가지 유사한 속성을 지닌 수평적 관계가 있음을 파악할 수 있다. 하나는 미지수와 상수항을 분리한다는 측면이고, 또 하나는 미지수만 모인 부분을 완전제곱식으로 고친다는 부분이며, 마지막은 이 두 과정이 거의 동일하다는 측면이다. 이를 통해 볼 때, 제시된 교수·학습 자료는 기존의 지식과 새로운 지식 사이에 병위적 포섭이 가능한 수평적 관계를 잘 나타낸 것으로 판단된다.

다음으로 새로운 학습과제가 유의미하게 구성되어 있는지에 대한 판단이 필요하다. 위 교수·학습 자료의 '유의미한 학습과제의 구성'에서 이에 대한 확인이 필요하다. 오수벨에 따르면 유의미한 학습과제는 실사성과 구속성을 전제로 하고 있다(Ausubel, 1963). 여기서 실사성(혹은 본질성)은 학습과제가 다르게 표현되더라도 그 과제와 인지구조의 관계는 바뀌지 않는 것으로, 제시된 과제의 의미는 변하지 않아야 한다는 것이다. 현재 (질문5), (질문6), (질문9), (질문10)은 이차함수의 꼭짓점을 구하는 방법적 측면에서의 본질은 그대로 유지되고 있다. 따라서 제시된 과제는 실사성을 가지고 있다. 또한 구속성(혹은 임의적이지 않음)이란 새로운 과제와 인지구조 안의 관련 과제 사이에 임의적이지 않고 서로 관련성을 지니고 있다는 것이다. 새로운 학습 과제와 관련되어 있는 (질문9), (질문10)과 기존의 학습 과제와 관련되어 있는 (질문7), (질문8)은 (완전제곱식)과 (상수항)의 결합 형태를 지닌다는 깊은 상호관련성은 지니고 있으므로 임의적이지 않고, 구속성을 지니고 있다. 이를 통해 볼 때, 새로운 학습과제에 대한 교수·학습 자료는 유의미하게 구성되었다고 판단된다.

마지막으로 학습자에게 새로운 학습과제를 포섭할 수 있는 관련된 정착 아이디어의 명확성이다. 이차방정식 $ax^2+bx+c=0$의 근을 완전제곱식을 이용하여 구하는 과정은 아래와 같다.

양변을 x^2의 계수인 a로 나눈다.

$$x^2+\frac{b}{a}x+\frac{c}{a}=0$$

좌변의 상수항을 우변으로 이항한다.

$$x^2+\frac{b}{a}x=-\frac{c}{a}$$

양변에 x의 계수의 $\frac{1}{2}$의 제곱인 $\left(\frac{b}{2a}\right)^2$을 더한다.

$$x^2+\frac{b}{a}x+\left(\frac{b}{2a}\right)^2=-\frac{c}{a}+\frac{b^2}{4a^2}$$

좌변을 완전제곱식으로 나타내고, 우변의 식을 정리한다. (단, $b^2-4ac \geq 0$)

$$\left(x+\frac{b}{2a}\right)^2=\frac{b^2-4ac}{4a^2}$$

제곱근을 구하여 정리한다.

$$\therefore x=-\frac{b}{2a} \pm \frac{\sqrt{b^2-4ac}}{2a}=\frac{-b \pm \sqrt{b^2-4ac}}{2a}$$

이러한 과정에 대한 기존의 지식은 유의미한 학습 결과에 제시한 이차함수 $y=ax^2+bx+c$를 완전제곱식을 이용하여 $y=a(x-p)^2+q$의 꼴로 바꾸는 과정을 포섭하기에 충분하므로, 명확하게 인지구조 내에 관련된 정착 아이디어가 존재하고 있음을 알 수 있다.

6 프로이덴탈의 수학화 이론을 적용한 수업

프로이덴탈(Freudenthal)에 따르면 수학 개념은 상식적인 상황에서 출발하여 점진적으로 형식화되어가는 실제적인 인간의 활동을 통해 형성된다. 수학교육에서의 많은 문제점은 기성 수학의 관점에서 수학을 가르치려는 상황에서 발생하였고, 이로 인해 학생들의 활동은 기존 공식에 수치를 대입하는 수동적인 활동만 남게 되어 잘못된 수학관을 가지게 되었다. 프로이덴탈의 이러한 생각은 현재 우리나라 상황에서도 크게 다르지 않으며, 이러한 상황을 극복하기 위해 인간 활동 중의 수학인 실행 수학에서의 수학적 활동 즉, 수학화를 강조하였다(Freudenthal, 1991).

1 프로이덴탈의 수학화

프로이덴탈의 이론에서 수학화 과정의 핵심은 현상, 본질, 정리, 조직 등이다. 간단히 말하면, 수학화는 현상을 본질로 정리하고 조직하는 활동을 의미한다. 이때, 현상은 수학화 과정에서 정리되고 조직되는 대상(내용)이 될 것이고, 본질은 현상을 정리하고 조직하는 도구 또는 결과(형식)라고 할 수 있다. 그리고 수학화를 실행하는 과정(탐구하는 과정)은 현상을 정리하고 조직하는 것으로 생각할 수 있다. 수학적 탐구 과정을 **수학화**를 실행하는 과정으로 생각할 수 있다. 주변의 대상과 현상들, 수학적 대상들 모두가 수학화에서 현상이 될 수 있으며, 이 현상은 수학적 탐구 과정을 통해 본질, 형식으로 정리되고 조직된다.

수학화에서 현상과 본질의 관계는 상대적인 것이다. 절대적으로 현상인 것도 없으며, 절대적으로 본질인 것도 없다. 현상은 수학화 과정(수학적 탐구 과정)을 통해 본질로 정리되고 조직되며, 이 본질은 현상(수학화의 대상)이 되어 더 높은 수준의 본질로 정리되고 조직된다. 이와 같이 현상은 본질로 조직화되고, 다시 이러한 본질은 새로운 탐구를 위한 현상이 되어 새로운 본질을 조직화하는 수단이 되어가는 과정이 수학화의 과정이고, 이러한 과정은 끊임없이 계속 반복되며, 이것이 수학적 지식의 성장, 발전 과정이라 할 수 있다.

현상 → 본질(= 현상) → 본질(= 현상) → 본질(= 현상) → ⋯

한편, 수학교실에서 구현되는 수학화에서 고려할 것은 수학화를 누가 실행하느냐의 문제이다. 수학화를 교사가 실행하고 수학화의 결과를 간단한 예를 통해 학생들에게 소개하려는 시도는 반교수학적 전도의 현상을 야기시킬 수 있다. 수학교실에서 수학화에 기반한 교수·학습을 구현하려면, 수학화는 학습자인 학생이 주도적으로 실행해야 한다. 이때, 필요한 경우에는 교사의 도움을 받을 수도 있지만, 수학화의 주도권은 학생이 가져야 한다. 결국, 같은 교수·학습 자료를 이용한 수학교실에서 수학화의 주도권을 누가 가지느냐에 따라 반교수학적 전도 현상도 발생할 수 있고, 수학화가 이루어질 수도 있다.

| 2 | 프로이덴탈의 수학화 이론에 기반한 교수·학습 자료

수학화 이론에 기반한 교수·학습 자료에서는 지식의 전달이 아닌 지식의 구성을 전제로 한다. 수학화에서는 현상(학습 내용)을 정리하고 조직해야 하므로, 학습할 지식을 완성된 형태로 학습자에게 전달하는 형태의 교수·학습은 타당하지 않다.

학습자가 학습 내용을 정리하고 조직하기 위해서는 교수·학습 자료가 논리적으로 근거 있게 구성되어야 한다. 교수·학습 자료에 논리적 근거가 빈약하고 직관적인 비약이 강하다면, 학습자는 현상(학습 내용)을 어떻게 정리하고 조직할 것인가에 대해 방향을 설정하여 지식을 구성하는 데 어려움을 겪을 것이기 때문이다. 특히, 학습자의 수학적 지식의 구성에서 '왜 그렇지?', '다른 방법은 왜 안 되지?' 등과 같은 분석적 탐구가 중요한 역할을 한다는 것을 감안하면, 수학화를 위한 교수·학습 자료의 개발에서 수학적인 정당화 가능성을 염두에 두어야 할 것이다.

- 학교급: 중학교
- 내용영역: 삼각형의 성질 단원에서 '삼각형의 내심'
- 학습목표: 삼각형의 내심을 작도하고, 삼각형의 세 각의 이등분선이 한 점에서 만남을 설명할 수 있다.
- 교수·학습 방안: 수학적 모델링

단계	교수·학습 자료
각의 이등분선 작도 문제(현상), 현상의 탐구 (수학화를 위한 탐구)	• 삶과 연계된 현상 (현실문제1) 학교 운동장에서 야구게임을 위해 직각모양의 홈플레이트(A지점)를 만들었다. 투수와 2루 베이스의 위치를 결정하기 위해 각 A의 이등분선을 어떻게 그을 수 있을까? 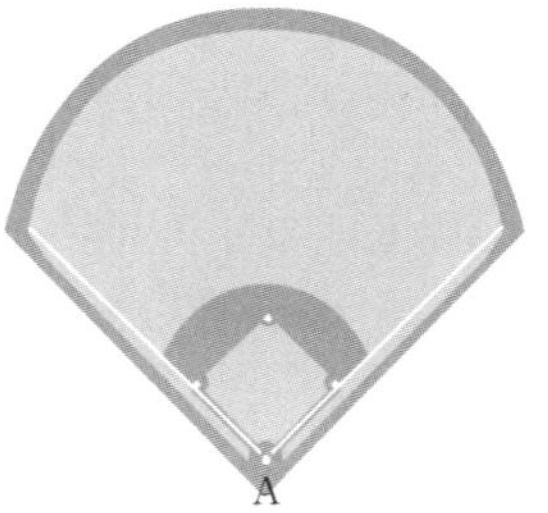 (현실문제2) 삼각형 모양의 땅에 원 모양의 연못을 최대한 크게 만들려고 한다. 얼마나 큰 원 모양의 연못을 만들 수 있을까?  • 다양한 수학적 표현방식을 통한 각의 이등분선의 그리기 각 AOB가 주어졌다. 각 AOB를 이등분하는 직선(이등분선)을 작도하는 방법을 알아

단계	교수 · 학습 자료
각의 이등분선 작도 문제(현상), 현상의 탐구 (수학화를 위한 탐구)	보자. 각 AOB의 이등분선을 어떻게 작도할 수 있을까? 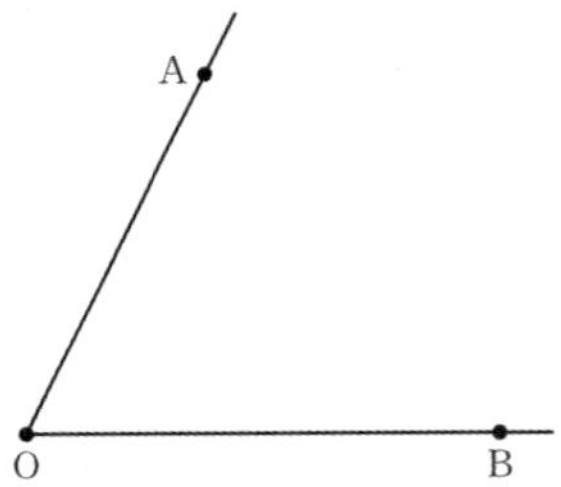 그림 1 몇 가지 방법이 가능할 것이다. 첫 번째는 각도기를 이용하는 것이다. 각도기로 각 AOB를 측정하여 측정값을 반으로 나눈 다음, 각 AOB에 그 값을 각도기를 이용하여 표시하여 각의 이등분선을 작도한다. 두 번째는 종이접기를 이용할 수 있다. 가위로 각 AOB를 잘라내어 반으로 접어서 포개면, 접힌 선이 각 AOB의 이등분선이 된다. 첫 번째 방법은 실생활에서 이용할 수 있을 것이며, 두 번째 방법도 흥미롭다. 일반적으로 기하학에서 도형을 작도한다는 것은 자와 컴퍼스를 이용한 작도를 의미했다. 첫 번째 방법에서는 각도기를 이용하기 때문에, 각 AOB의 이등분선의 작도 문제의 풀이 방법으로 인정받을 수 없고, 두 번째 방법도 종이접기를 이용했으므로 작도 문제의 기하학적 해법으로 인정받지 못한다. • 수학적 작도를 통한 각의 이등분선의 그리기 자와 컴퍼스를 이용하여 각의 이등분선을 어떻게 작도할까? 이를 위해, 각 AOB의 이등분선 OD가 그림과 같이 작도되었다고 가정하고, 거꾸로 생각해 보자. 이로부터 무엇을 알아낼 수 있을까? 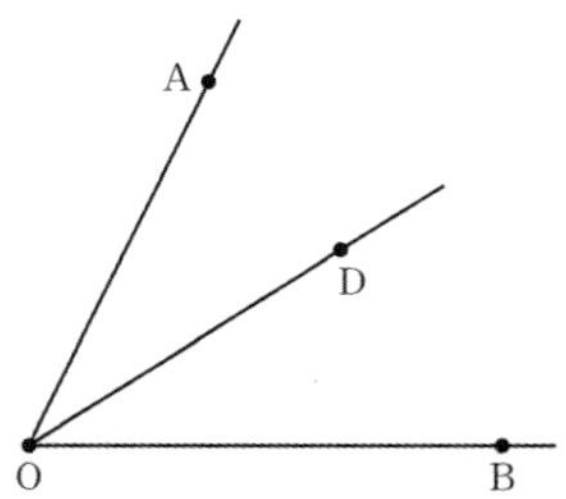 그림 2 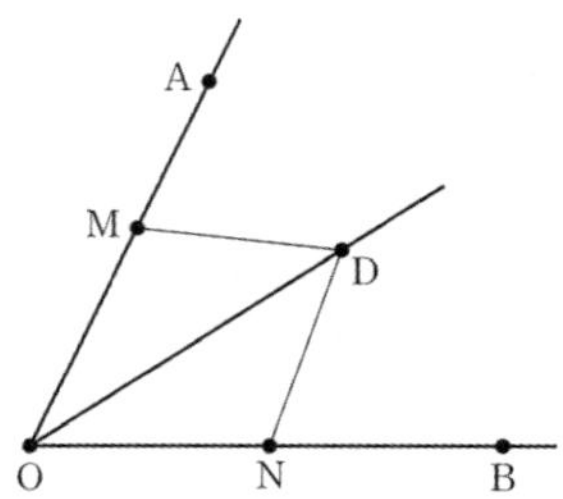 그림 3 각 AOD와 BOD가 같다. 또 무엇을 알아낼 수 있을까? 같은 각 AOD와 BOD가 있으므로, 이 각을 포함하는 합동인 삼각형을 만들 수 있다. 가령, 각 AOB의 변 OA, OB에 $\overline{OM}=\overline{ON}$이 되도록 점 M, N을 잡으면, 합동인 삼각형 ODM, ODN을 만들 수 있다. 이때, 삼각형 ODM, ODN은 SAS 합동조건에 의해 합동이다.

단계	교수 · 학습 자료
현상의 정리 (수학화1)	이제, 우리의 문제로 돌아가자. 각 AOB의 이등분선 OD를 자와 컴퍼스를 이용하여 작도하는 방법을 찾아보자. 각 AOB의 내부에 합동인 삼각형 ODM, ODN을 만들면, 직선 OD가 각의 이등분선이 된다. 그리고 각 AOB의 내부에 합동인 삼각형 ODM, ODN은 어렵지 않게 만들 수 있다. 변 OA, OB에 $\overline{OM}=\overline{ON}$이 되도록 점 M, N을 잡기 위해, 점 O를 중심으로 반지름이 OM인 원을 작도한다. 이 원과 각의 변 OB와의 교점을 N이라 한다. 점 D는 $\overline{MD}=\overline{ND}$인 점이다. 그러므로, 점 M, N을 중심으로 적당한 반지름의 원을 작도하여 만나는 점을 찾으면, 이 교점이 D이다. 본질: 각 AOB의 이등분선을 작도하는 방법 (1) 점 O를 중심으로 원을 작도하여 변 OA, OB와의 교점을 M, N이라 한다. (2) 점 M, N을 중심으로 적당한 반지름의 같은 두 원을 작도하여, 두 원의 교점을 D라 한다. (3) 반직선 OD가 각 AOB의 이등분선이다.
각의 이등분선의 성질 분석(현상), 현상의 탐구 (수학화를 위한 탐구)	• 각의 이등분선의 성질 분석 그림 3에서 삼각형 MOD와 NOD는 합동이므로, 삼각형 MOD와 NOD는 넓이가 같다. 이때, $\overline{OM}=\overline{ON}$이므로, 꼭짓점 D에서 변 OM, ON에 그은 높이도 같다. 높이 DP, DQ를 작도하면, $\overline{DP}=\overline{DQ}$이다. 즉, 각의 이등분선 OD의 점 D에서 각의 변 OA, OB에 이르는 거리가 같다. 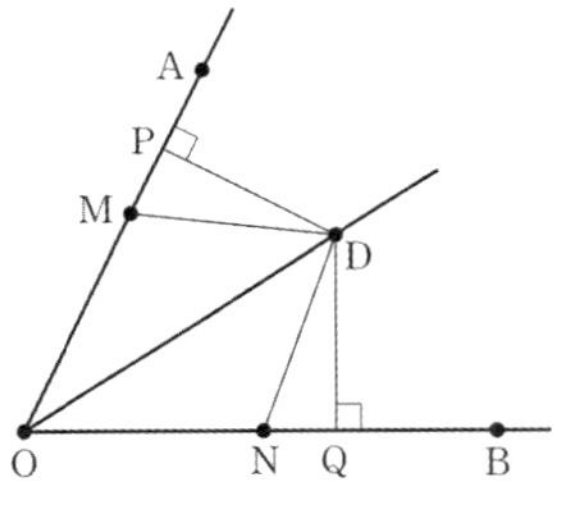 그림 4 한편, $\overline{DP}=\overline{DQ}$이면, 직각삼각형 DOP와 DOQ가 합동이 된다. 이로부터 $\angle POD=\angle QOD$이며, 선분 OD는 각의 이등분선이다.
현상의 정리 (수학화2)	(1) 각 AOB의 이등분선 OD의 점으로부터 각의 변 OA, OB에 이르는 거리가 같다. (2) 각 AOB의 변 OA, OB에서 같은 거리만큼 떨어진 점들은 각의 이등분선에 속한다.
각의 내접원 작도 문제(현상), 현상의 탐구 (수학화를 위한 탐구)	• 각의 내접원 작도 그림 4에서 $\overline{DP}=\overline{DQ}$이므로, 점 D를 중심으로 점 P, Q를 지나는 원을 작도할 수 있다(그림 5). 그리고 각의 이등분선 OD에 속하는 임의의 점에서 각의 변 OA, OB에 접하는 원을 작도할 수 있다(그림 6).

<table>
<tr><th>단계</th><th>교수 · 학습 자료</th></tr>
<tr><td>각의 내접원 작도 문제(현상), 현상의 탐구 (수학화를 위한 탐구)</td><td>
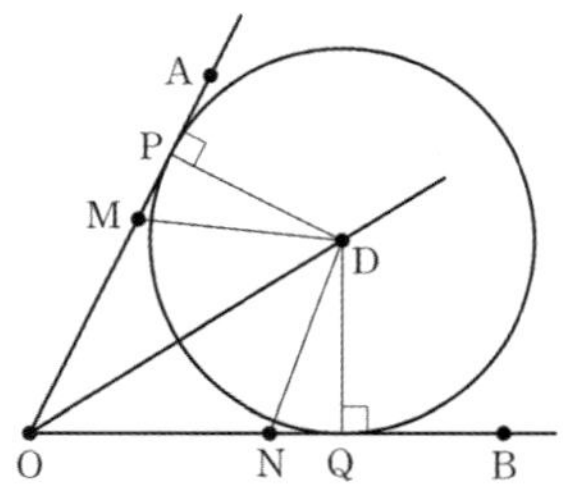

그림 5

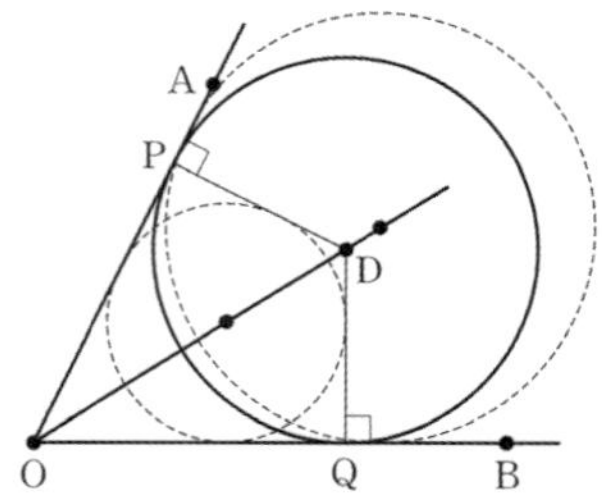

그림 6
</td></tr>
<tr><td>현상의 정리 (수학화3)</td><td>각 AOB의 이등분선 OD에 한 점을 잡아, 이 점으로부터 각의 변까지의 거리를 반지름으로 하면, 각 AOB에 내접하는 원을 작도할 수 있다.</td></tr>
<tr><td>삼각형의 내접원 작도 문제(현상), 현상의 탐구 (수학화를 위한 탐구)</td><td>
• 삼각형의 내접원 작도

삼각형 ABC에 내접하는 원을 작도해 보자. 주어진 각에 대한 내접원을 작도하였다. 삼각형은 3개의 각을 포함하는데 어떻게 내접원을 작도할까?

삼각형 ABC의 각 A의 이등분선을 생각하면, 삼각형 ABC의 변 AB, AC에 내접하는 원을 작도할 수 있다(그림 7).

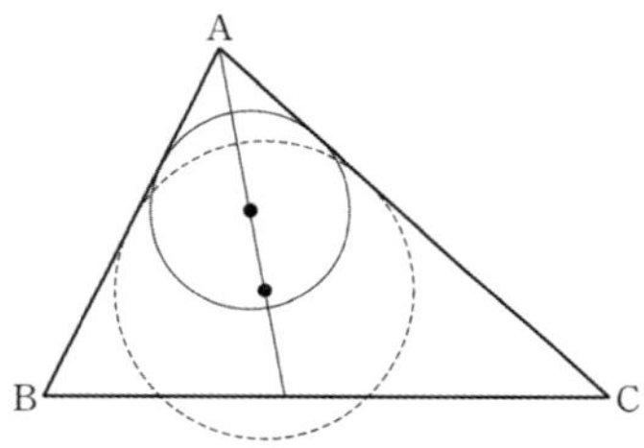

그림 7

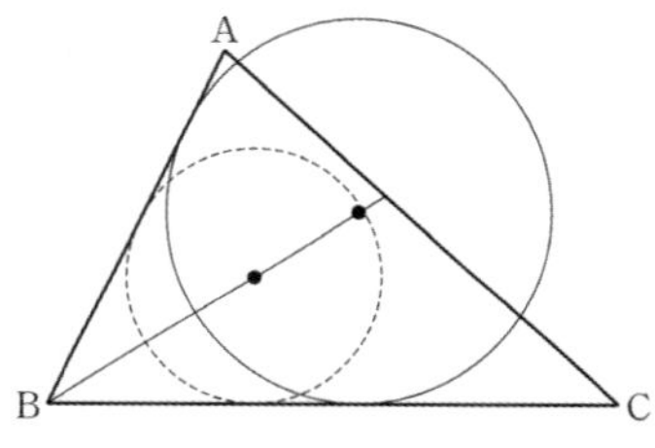

그림 8

삼각형 ABC의 각 B의 이등분선을 생각하면, 삼각형 ABC의 변 BA, BC에 내접하는 원을 작도할 수 있다(그림 8).

그렇다면 삼각형 ABC의 변 AB, BC, AC에 모두 내접하는 원은 어떻게 작도할 수 있을까? 그림 7의 각 A의 이등분선과 그림 8의 각 B의 이등분선의 교점 I에서 내접원을 작도하면 삼각형 ABC의 변 AB, BC, AC에 내접하는 원을 작도할 수 있을 것이다(그림 9).

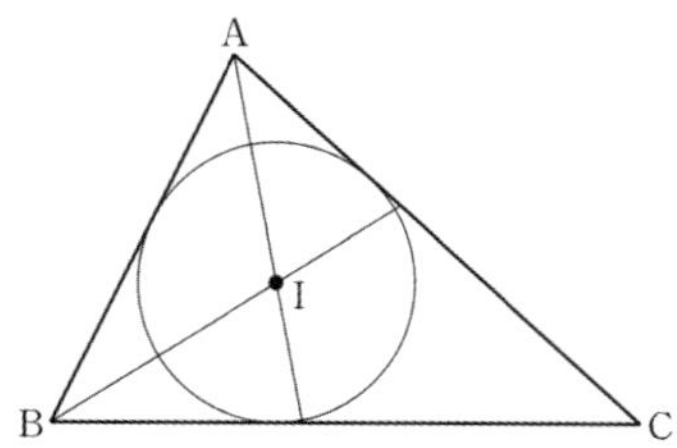

그림 9
</td></tr>
<tr><td>현상의 정리 (수학화4)</td><td>삼각형 ABC에서 두 각의 이등분선의 교점을 중심, 이 교점에서 삼각형의 변까지의 거리를 반지름으로 하는 원을 작도하면, 이 원은 삼각형 ABC의 변 AB, BC, AC에 모두 접하는 내접원이다.</td></tr>
</table>

단계	교수 · 학습 자료
삼각형의 세 각의 이등분선의 교점(현상), 현상의 탐구 (수학화를 위한 탐구)	• 삼각형의 세 각의 이등분선의 만남 그림 9에서 삼각형 ABC의 각 A, B의 이등분선이 점 I에서 만난다는 것을 이용하여 삼각형 ABC의 내접원을 작도하였다. 그렇다면 각 C의 이등분선도 점 I를 지날까? 즉, 삼각형 ABC의 세 각의 이등분선은 한 점에서 만나는가? 이를 위해, 직선 CI가 각 C의 이등분선이 되는지를 확인하면 된다. 앞에서 변 AC, BC에서 같은 거리만큼 떨어진 점들은 각 C의 이등분선에 속한다는 것을 살펴보았다. 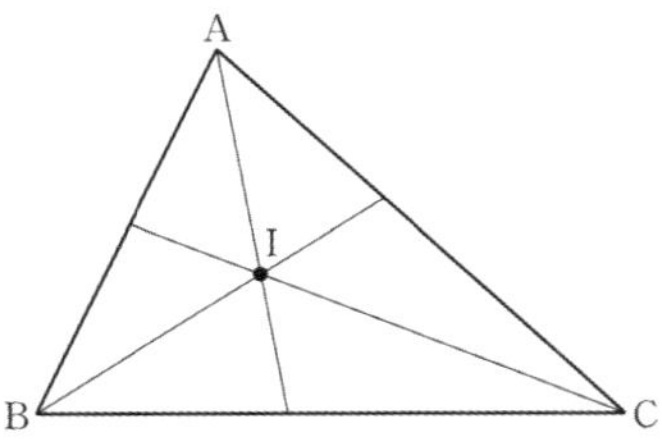 그림 9 점 I가 변 AC, BC에서 같은 거리만큼 떨어져있는지를 확인해야 한다. 선분 AI가 각 A의 이등분선이므로, 점 I로부터 변 AB, AC까지의 거리가 같다. 그리고 선분 BI가 각 B의 이등분선이므로, 점 I로부터 변 AB, BC까지의 거리가 같다. 그러므로, 점 I로부터 변 AC, BC까지의 거리가 같다는 것을 알 수 있다. 즉, 점 I는 각 C의 이등분선에 속하므로, 선분 CI는 각 C의 이등분선이다. 정리하면, 삼각형 ABC의 세 각 A, B, C의 이등분선은 한 점 I에서 만나며, 점 I를 중심으로 삼각형 ABC에 내접하는 원을 작도할 수 있다. 삼각형 ABC에 내접하는 원을 내접원이라 하고, 내접원의 중심인 점 I를 내심이라 한다.
현상의 정리 (수학화5)	삼각형 ABC의 세 각 A, B, C의 이등분선은 한 점에서 만나며, 이 점이 삼각형 ABC의 내심이다.

| 3 | 제시된 교수 · 학습 자료에 대한 논의

수학적 모델링은 프로이덴탈의 수학화 방법 중에서 가장 대표적인 방법 중의 하나이다. 수학적 모델링은 비수학적 문제상황에서 출발하게 되고, 이 상황으로부터 수학의 본질을 조직하게 되는데, 본 교수 · 학습 자료는 5단계의 수학화로 구성하였다. 각 단계의 수학화를 통해 본질로 '각의 이등분선 작도 방법', '각의 이등분선 성질', '각의 내접원 작도 방법', '삼각형의 내접원 작도 방법', '삼각형의 세 각의 이등분선이 한 점에서 만난다.'는 지식이 구성된다.

교수 · 학습 자료의 '수학화1'에서는 각 AOB와 각의 이등분선을 현상(대상, 내용)으로 하여, 수학적 탐구(수학화)를 통해 각의 이등분선 작도 방법을 본질로 구성하였고,

'수학화2'에서는 각 AOB와 각의 이등분선 OD를 현상으로 각 AOB의 이등분선에서 각의 변 OA, OB까지의 거리에 대한 성질을 본질로 구성하였다. '수학화3'에서는 '수학화1', '수학화2'에서 구성된 지식을 바탕으로 각의 내접원을 작도하는 방법을 본질로 구성하였고, '수학화4'에서는 삼각형 ABC, 각, '수학화1', '수학화2', '수학화3'의 결과를 현상으로 하여 삼각형 ABC의 내접원을 작도하는 방법을 본질로 구성하였다. '수학화5'에서는 앞선 수학화 활동의 결과를 바탕으로 삼각형의 세 내각의 이등분선이 한 점에서 만난다는 본질을 구성하였다.

7 반힐레의 수준 상승 이론을 적용한 수업

반힐레(van Hiele)는 프로이덴탈의 영향을 가장 많이 받은 수학교육자이자 수학교사이다. 반힐레는 프로이덴탈의 학습과정의 불연속성을 기하교육에서의 수준 상승 이론으로 승화시켰다. 수학교사이었던 반힐레는 기하내용의 학습지도가 다른 내용영역의 지도에서와는 확연히 다른 현상을 발견하고, 자신의 박사학위 논문을 통해 이를 밝혔다(강옥기 외, 2012).

반힐레가 기하에서 수준 상승 이론에 관심을 가진 것은 자신의 수학지도 경험에 기초한다. 학생들이 기하학습에서 유독 큰 어려움을 겪는 것을 발견하고, 그 원인으로 학생과 교사, 학생과 학생 사이의 사고수준의 차이를 알아내었다. 서로 다른 수준에 있는 두 사람은 서로 다른 문맥에서 대화를 하고 있어서 상대를 서로 이해할 수 없다는 점을 강조한 것이다. 반힐레의 이러한 이론의 핵심은 **통찰**(insight), **사고수준**, **학습단계**로 요약할 수 있다.

첫째, 통찰에 대한 반힐레의 기본적인 생각은 모든 문제해결의 기본에는 통찰이 있다는 점이다. 반힐레는 기하에서 학생들의 직관적 통찰의 개발에 큰 관심을 가졌다. 반힐레는 통찰력이 존재한다는 것은 첫째, 생소한 상황에서도 주어진 과제를 수행할 수 있어야 하고, 둘째, 생소한 그 상황에서 요구되는 행동을 정확하고 적절하게 실행할 수 있어야 하며, 셋째, 생소한 그 상황을 해결하는 방법에 따라 신중하고도 의식적으로 즉, 계획적으로 그 과제를 수행할 수 있어야 한다(van Hiele, 1986).

둘째, 기하에서의 사고수준 이론이다. 반힐레는 기하영역에 대한 사고수준을 총 다섯 가지 수준으로 구분하였는데, 이 수준들은 자신의 수학교사 경험을 바탕으로 학생이 겪는 어려움의 원인을 밝히는 과정에서 발견하였다. 반힐레는 0수준부터 4수준으로 구분하였지만, 여기에서는 1수준부터 5수준으로 구분하여 제시한다. 1수준은 간략히 시각적 인식 수준이라고 부르기도 한다. 기하에 대한 가장 초보적인 이해의 수준으로 기하하적 도형을 그 구성 요소에 대한 분석적 고려 없이 도형 전체의 시각적 외관에 의해 그 대상을 인식하는 수준이다. 이 수준에서는 삼각형, 사각형, 다각형, 다면체와 같은 기하적인 용어*나 도형을 인식할 수 있다. 2수준은 분석적 인식 수준이라고 부르기도 한다. 실험이나 관찰, 다양한 활동을 통하여 기하적 대상의 구성 요소나 성질을 이해하고, 분석이 시작되는 수준이다. 다양한 활동을 통해 도형이 가지는 성질을 구분해서 이러한 성질을 기초로 하여 도형을 분류할 수 있다. 3수준은 관계적/추상적 인식 수준이라고 부르기도 한다. 기하적 대상들 사이에 존재하는 성질들의 논리적인 관계를 파악하고, 수학적 정의가 이해되는 수준이다. 기하적 대상들이 가지는 성질을 추론할 수 있고 기하적 대상들 사이의 포함관계가 이해되며, 간단한 증명 과정을 이해할 수 있다. 4수준은 연역적 수준이라고 부르기도 한다. 기하학적 사고 과정에서 필요한 연역적 추론의 의미를 이해하는 수준이다. 기하에서의 정리들을 세우는 추론을 이해하고, 무정의 용어, 공리, 공준, 정의, 정리 및 증명의 역할과 관계성을 이해하게 된다. 이 수준은 이상적인 학교 기하교육의 최고 목표이다. 5수준은 엄밀 수준이라고 부르기도 한다. 고등학교의 기하 수준을 넘는 것으로 비유클리드 기하가 이해되는 수준이다.

셋째, 수준 향상을 위한 학습단계이다. 반힐레는 사고수준의 향상은 학습에 의해 더 많은 영향을 받는다고 생각하고, 어떤 주제에 대해서 학생들의 사고수준을 한 단계 향상시키기 위해서는 다섯 가지의 단계를 거칠 것을 제안하고 있다. 그 단계는 질의 안내 단계, 안내된 탐구 단계, 발전 명료화 단계, 자유탐구 단계, 통합 단계이다.

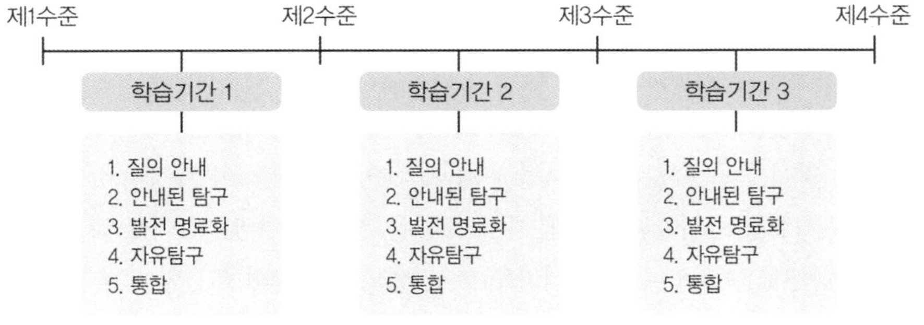

그림 7-7-1 수준향상을 위한 학습단계

* 정의와는 다르다. 단순히 이름을 부르는 수준이다. 명명하기라고 볼 수 있다.

| 1 | 반힐레의 사고수준 향상을 위한 학습 5단계

반힐레의 사고수준 이론에 따르면, 아래와 같은 학습의 단계를 거치면서 이러한 모든 단계를 조합하여 학생들이 학습과정에 참여하도록 한다면, 학생들은 효과적으로 사고수준의 향상이 이루어진다. 구체적인 단계의 의미와 예시는 다음과 같다.

1단계. 질의 안내(inquiry information) 단계

초기 단계로 교사의 주도에 의해 학생들이 학습목표를 확인하는 단계이다. 교사는 본시수업과 관련한 선행지식을 학생들과의 토론을 통해 학생들이 얼마나 알고 있는지 확인하고, 학생들에게 새로운 주제에 대해 안내한다. 학생은 교사에 의해 주어진 과제에 대하여 관찰하고 질문하며 어떻게 공부하는지 그 방향을 얻게 된다. 이러한 과정을 통해 탐구할 분야에 친숙해지도록 한다. 예를 들어, 학생이 학습할 조합에 친숙해질 수 있도록 서로 다른 4개의 학용품 중에서 2개를 선택하는 경우의 수를 구해 보게 하고, 학생과 대화를 통해서 학습 주제를 소개한다.

2단계. 안내된 탐구(directed orientation) 단계

이 단계에는 교사가 제시한 간단한 활동자료를 기반으로 학생들은 자기 나름대로 과제를 탐구한다. 교사에 의해 제시된 활동자료는 학생들의 수준에 따라 다르게 제시할 수 있다. 학생들은 제시된 자료를 통해 탐구주제에 대해 공부하면서, 해당 탐구주제의 구조를 점진적으로 파악하게 된다. 또한 학생들은 접기, 측정하기, 그리기와 같은 다양한 학습활동을 수행한다. 이때 교사는 학생들이 학습의 방향을 깨닫고, 학습내용의 구조와 친숙하도록 설명을 조심스럽게 진행한다. 예를 들어, 교사는 수형도 등 다양한 방법으로 구할 수 있는 간단한 조합 문제를 제시하여 학생이 해결해 보도록 안내한다. 이를 통해 학습의 방향을 감지하고 조합의 구조를 점진적으로 파악하게 한다.

3단계. 발전 명료화(explication) 단계

학생들은 과거의 학습 경험과 교사로부터 얻은 최소한의 힌트를 토대로 탐구분야의 구조에 대한 자신들의 견해를 표현하며 관계 체계를 형성한다. 이 과정에서 학생들은 이전 단계에서 경험하고 관찰한 내용에 대해 토론을 진행할 수 있다. 이때 교사는 학생의 토론하는 활동만을 지켜보며 어떤 설명을 하지 않고, 최소한의 도움만을 제공한다. 학생들은 주제에 대해 배운 것을 자신의 언어로 표현하지만, 교사는 공통의 수학 용어로 관련 내용을 설명한다. 궁극적으로 탐구분야에 대한 구조화된 관계를 형성한다. 예를 들어, 학생은 예전의 경험과 교사의 도움말을 토대로 조합의 구조에 대한 의견을 표현해 봄으로써 그 구조를 명확히 하고, 관계 체계를 형성한다.

4단계. 자유탐구(free orientation) 단계

여러 가지 해결방법을 찾아보고, 자신만의 해결 방법을 찾는 경험을 통해 탐구분야의 구조에 정통하게 된다. 학생들은 2단계에서 제시된 것보다 복잡한 과제를 접하며, 많은 사고단계가 포함된 과제를 해결하는 과정에서 자신이 배운 지식을 종합적으로 적용하게 된다. 교사는 과제와 자료를 선택하고, 학생들이 다양한 성취를 할 수 있도록 지도하며, 학생들이 자신의 탐구 과정을 스스로 반성할 수 있도록 격려한다. 예를 들어, 교사는 여러 교과서에서 제시된 다양한 탐색적 과제로 구성한 활동지를 제공하여, 학생이 과제를 해결하는 동안 조합의 구조에 정통하게 한다. 또한 실생활 문제를 해결해 봄으로써 다양한 상황에서 조합의 필요성과 유용성을 인식하게 한다.

5단계. 통합(integration) 단계

탐구활동 전체를 개관하여 조망하게 되면서 사고 수준의 비약이 이른다. 학생들은 대상과 관계들에 대해 새로운 연결망을 구축하면서 그들이 배운 것을 발전시키며, 요약하고 통합하는 경험을 하게 된다. 예를 들어, 학생은 조합과 이전 시간에 학습한 순열의 관련성을 파악하고, 전체적으로 조망하면서 사고 수준의 비약에 이른다.

| 2 | 5단계 학습에 기반한 교수 · 학습 자료

반힐레의 수준 상승을 위한 5단계 학습이론은 기하 학습을 위한 상황에 효과적으로 활용할 수 있다. 반힐레가 주장하는 수준의 상승은 개별적으로 나타나지만, 기하 내용의 특성상 그 집단의 모든 구성원이 동일한 수준에서 학습을 진행하는 것이 의사사통을 원활하게 하는 기본적인 조건이 된다. 따라서 반힐레의 수준상승 5단계 학습이론을 적용한 수업은 소집단 구성원이 한 가지 목표를 가지고 협력하여 과제를 수행하는 프로젝트 교수·학습 방안을 활용할 수 있다. 실제로 소집단 내의 학생들 스스로 기하와 관련된 특정 주제나 과제를 탐구하고 해결하기 위해 계획을 수립하고 수행하여 결과물을 산출하고 공유하는 활동을 통해 소집단 구성원 전체가 자기 주도적으로 수학 지식과 경험을 통합하게 되며, 이러한 과정에서 소집단 전체 구성원들이 사고 수준의 상승을 경험할 수 있을 것이다.

구체적인 예시를 통해 반힐레의 수준상승을 위한 5단계 학습법에 기반한 교수·학습 자료에 대해 살펴보자.

- 학교급: 중학교
- 내용영역: 피타고라스 단원에서 ‘피타고라스 정리의 증명’
- 학습목표: 피타고라스 정리가 무엇인지 알고, 피타고라스 정리를 자신의 방법으로 증명할 수 있다.
- 교수 · 학습 방안: 프로젝트 학습

<table>
<tr><th>단계</th><th>교수 · 학습 자료 및 수업활동</th></tr>
<tr><td>질의 안내</td><td>• 학습할 주제인 피타고라스 정리와 증명에 대해 학습함을 학생들에게 안내한다. 학생이 학습할 피타고라스 정리에 친숙해질 수 있도록 직각삼각형, 세 변 위의 변의 길이의 제곱 사이의 관계 등을 찾아보게 하고, 학생과의 대화를 통해서 학습 주제를 소개한다.
• 교사주도의 토론을 위한 질문 예시
- 직각삼각형은 어떤 성질을 가지고 있나요? 발표하고 논의해 볼까요.
- 피타고라스에 대해 들어보았나요? 직각삼각형에 대한 피타고라스 업적이 무엇인지 서로 논의해 볼까요.</td></tr>
<tr><td>안내된 탐구
(이 부분의 일부내용은 임용시험 기출문제를 활용함)</td><td>• 교사는 관찰과 실험 등 다양한 방법으로 피타고라스 정리가 타당함을 이해할 수 있는 간단한 탐구 문제를 제시하여 학생이 해결해 보도록 안내한다. 이를 통해 학습의 방향을 감지하고 피타고라스 정리의 구조를 점진적으로 파악하게 한다.
• 활동과제
(1) 과제1. 직각삼각형을 만들고 이 삼각형의 밑변, 높이, 빗변을 한 변으로 하는 각각의 정사각형을 만든다. 그리고 각각의 정사각형 넓이를 구한다(단, 밑변의 길이와 높이는 양의 정수).
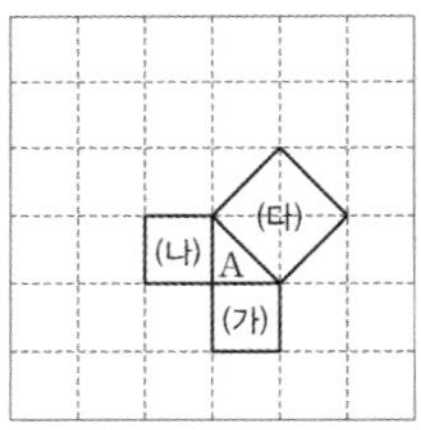

(2) 과제2. 새로운 직각삼각형을 몇 개 더 만들어 보고 각각의 삼각형에 대해 위와 같은 과정을 반복적으로 실시한다.
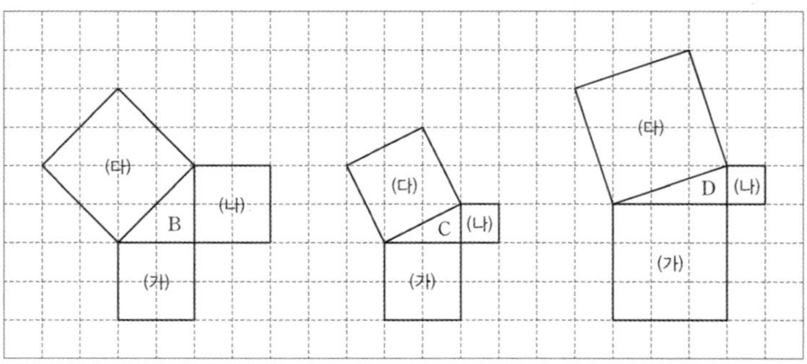
</td></tr>
</table>

<table>
<tr><th>단계</th><th>교수 · 학습 자료 및 수업활동</th></tr>
<tr><td>안내된 탐구</td><td>
(3) 과제3. 결과를 모두 다음과 같이 표에 기록한다. 표를 보고 정사각형들의 넓이 사이의 규칙성을 찾아본다.
<table>
<tr><th>직각
삼각형</th><th>밑변의
길이</th><th>높이</th><th>(가)의 넓이</th><th>(나)의 넓이</th><th>(다)의 넓이</th></tr>
<tr><td>A</td><td>1</td><td>1</td><td>1</td><td>1</td><td>?</td></tr>
<tr><td></td><td></td><td></td><td></td><td></td><td></td></tr>
<tr><td>⋮</td><td>⋮</td><td>⋮</td><td>⋮</td><td>⋮</td><td>⋮</td></tr>
</table>
</td></tr>
<tr><td>발전 명료화</td><td>

• 학생은 예전의 경험과 교사의 도움말 및 탐구문제를 토대로 피타고라스 정리가 성립함을 증명하기 위한 자신의 의견을 표현해 봄으로써 증명의 구조를 명확히 하고, 관계 체계를 형성한다.

• 탐구과제

(1) 과제1. 직각삼각형의 밑변의 길이, 높이, 빗변의 길이를 각각 a, b, c라 하고 그 각각의 변을 한 변으로 갖는 정사각형 넓이 사이의 규칙성을 식으로 표현하시오.

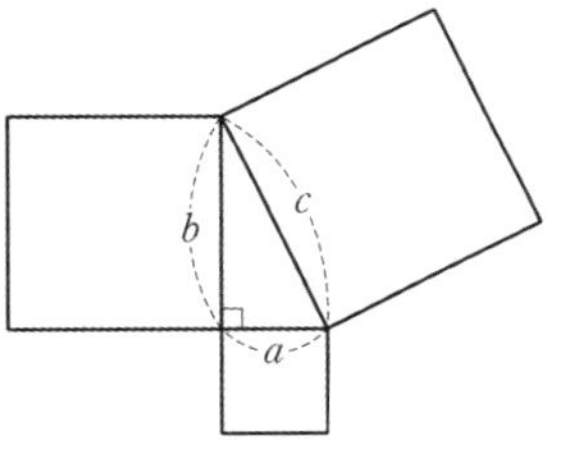

(2) 과제2. 역동적 기하 소프트웨어를 사용하여 밑변의 길이, 높이, 빗변의 길이를 각각 a, b, c인 다양한 직각삼각형에 대하여, $a^2+b^2=c^2$이 성립하는지 확인하고, 그 이유를 설명하시오.

• 증명과제

(1) 과제1. 다음 두 가지 그림 1, 그림 2를 이용하여 직각삼각형에서 $a^2+b^2=c^2$이 성립함을 설명하시오.

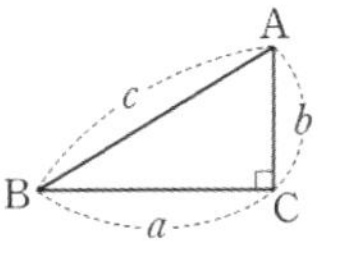

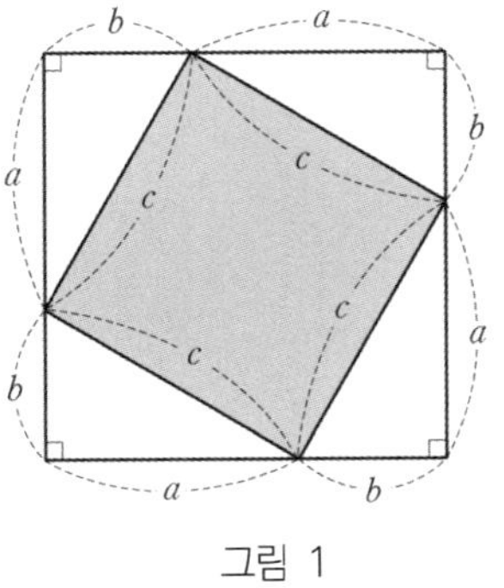

그림 1

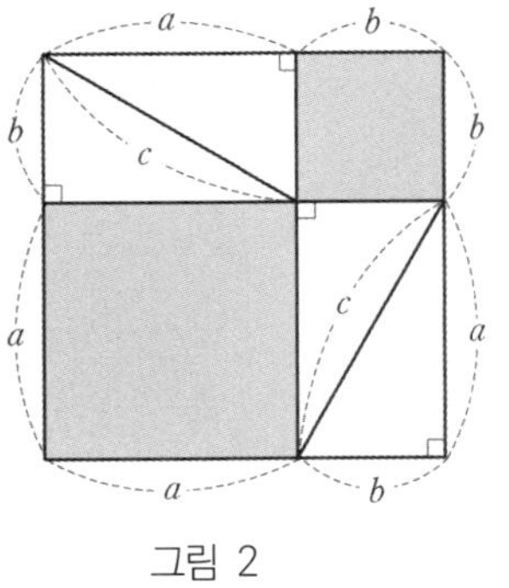

그림 2
</td></tr>
</table>

단계	교수 · 학습 자료 및 수업활동
발전 명료화	(2) 과제2. 삼각형의 합동을 이용하여 직각삼각형에 대해서 $a^2+b^2=c^2$이 성립하는지 논리적으로 증명하시오. 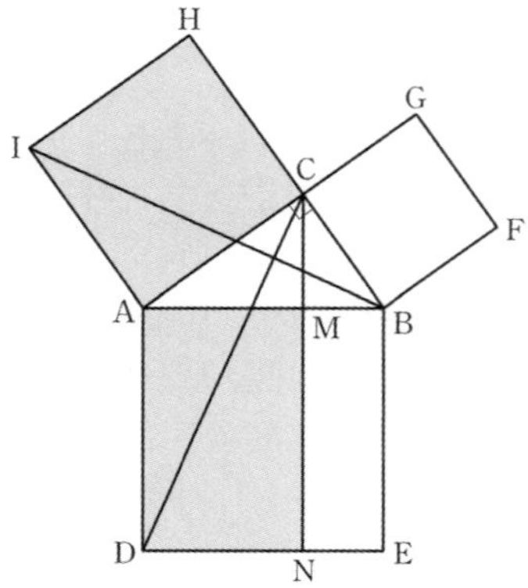 • 탐구결과에 대한 명료화 지금까지의 (2)단계, (3)단계 활동을 종합하여 피타고라스 정리인 '직각삼각형에 대해서 밑변의 길이, 높이, 빗변의 길이를 각각 a, b, c라고 할 때, $a^2+b^2=c^2$이 성립한다.'임을 명확히 이해하는 활동을 한다.
자유탐구	• 교사는 여러 교과서에서 제시된 다양한 탐색적 과제로 구성한 새로운 과제 혹은 활동지를 제공하여, 학생들이 과제를 해결하는 동안 피타고라스 정리의 증명의 구조에 정통하게 한다. 또한 피타고라스 정리의 증명 및 이를 활용할 수 있는 실생활 문제를 해결해 봄으로써 다양한 상황에서 피타고라스 정리의 필요성과 유용성을 인식하게 한다. • 학생들은 그들이 배운 풀이방법과 관련된 것을 적용하고, 개방형 과제에 대해 조사한다. 이를 통해 자신만의 해결방식을 찾는 경험을 제공한다. • 심화과제 및 개방형 과제 (1) 심화과제1. 한 변의 길이가 각각 a, b인 두 정사각형을 아래 왼쪽과 같이 붙여 놓고, 아래 오른쪽 그림과 같이 직각을 낀 두 변의 길이를 a, b로 하는 직각삼각형 ABC, CDE를 만들고 빗변의 길이를 c로 하였다. 이를 바탕으로 다른 방식으로 피타고라스 정리를 어떻게 증명할 수 있는지 자신의 방법을 설명하시오. 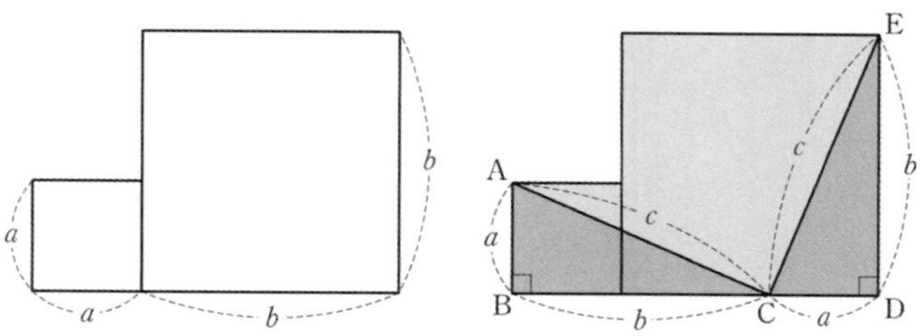 (2) 심화과제2. $\angle C=90°$인 직각삼각형 ABC와 합동인 삼각형을 아래 그림과 같이 맞추어 변 AB를 한 변으로 하는 정사각형을 만들면, 다음이 성립한다. (□ABDE의 넓이)=(□FCGH의 넓이)+(△ABC의 넓이)×4

<table>
<tr><th>단계</th><th>교수 · 학습 자료 및 수업활동</th></tr>
<tr><td>자유탐구</td><td>

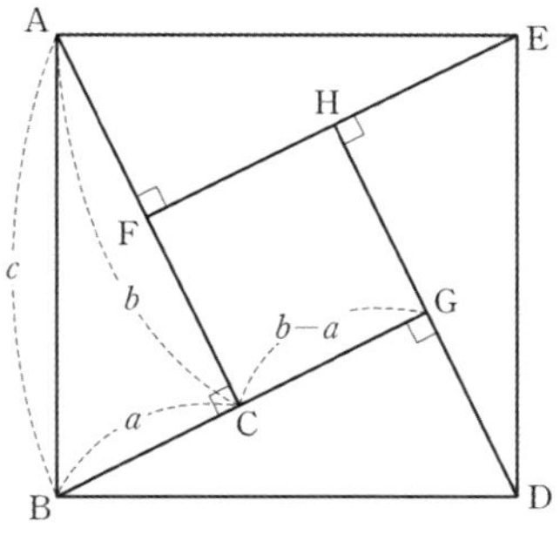

위의 관계를 이용하여 피타고라스 정리를 증명하시오.

(3) 개방형과제1. 그림과 같이 □ABCD에서 대각선 AC, BD가 서로 수직으로 만나면 $\overline{AB}^2+\overline{CD}^2=\overline{BC}^2+\overline{DA}^2$ 임을 증명하시오.

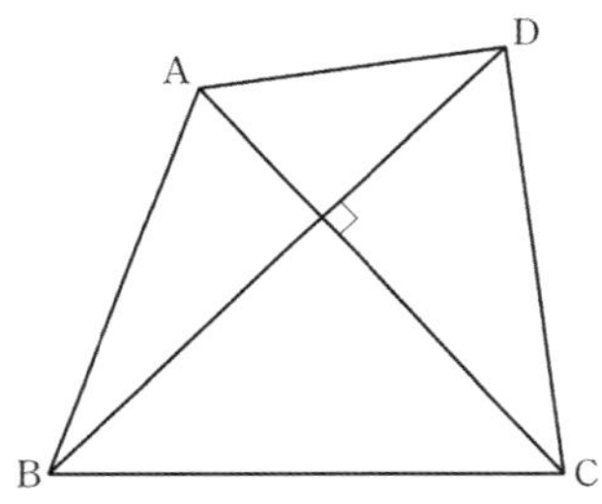

(4) 개방형과제2. 그림과 같은 두 정사각형이 주어져 있다. 이 두 정사각형의 넓이의 합과 같은 큰 정사각형을 작도하시오.

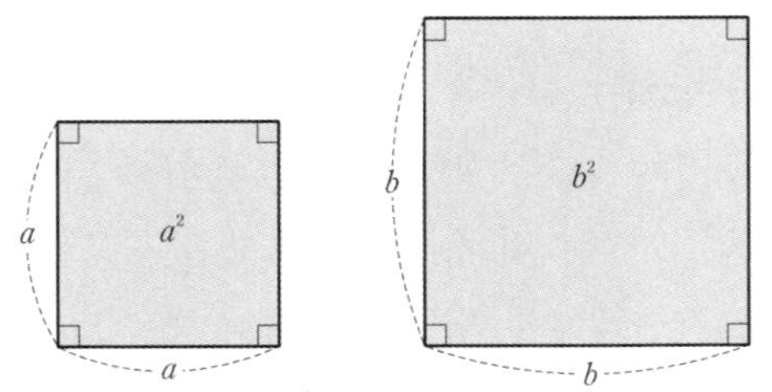

(5) 개방형과제3. 아래 그림과 같이 정사각형이 하나 주어져 있다. 이 정사각형의 넓이의 1/2인 정사각형을 작도하시오.

</td></tr>
</table>

단계	교수 · 학습 자료 및 수업활동
통합	• 학생은 피타고라스 정리와 이전 시간에 학습한 직각삼각형의 닮음 등 기존 지식과의 관련성을 파악하고, 요약하고 통합한다. • 학생들은 자신이 관찰한 것을 재검토, 요약하면서 탐구활동 전체의 개관을 형성하게 되고, 새로운 개념과 관련성을 종합하여 새로운 사고영역으로 통합하고 내면화하게 된다. 이를 통해 피타고라스 정리 및 증명과정을 전체적으로 조망하면서 사고 수준의 비약에 이른다.

3 제시된 교수 · 학습 자료에 대한 논의

반힐레의 수준 상승을 위한 5단계 교수 · 학습 이론을 적용한 교수 · 학습 자료에 대한 논의는 제시된 교수 · 학습 자료 및 수업활동의 내용이 각각의 단계를 잘 구현하고 있는지가 관건이다. 따라서 질의 안내 단계, 안내된 탐구 단계, 발전 명료화 단계, 자유탐구 단계, 통합 단계를 순차적으로 분석하여, 반힐레의 5단계 학습이론이 어떻게 구현하고 있는지 살펴보기로 한다.

첫째, 질의 안내 단계이다. 학생들에게 본시학습주제인 피타고라스 정리와 증명을 교사 주도에 의해 제시되고, 학생들은 이를 바탕으로 학습목표를 확인할 수 있도록 하였다. 또한 교사에 의해 제시된 '토론을 위한 질문'을 바탕으로 교사와 학생, 학생과 학생 사이의 대화를 통해 탐구할 분야에 친숙해지도록 구성하였다.

둘째, 안내된 탐구 단계이다. 교사는 활동을 기반으로 하는 활동과제를 제시하였고, 학생은 이 자료를 바탕으로 피타고라스 정리와 피타고라스 정리의 증명에 대한 기초적인 탐구를 진행하도록 하였다. '과제1'에서의 활동을 기반으로 '과제2'를 수행하고, 이 두 과제 수행을 종합하여 '과제3'을 수행할 수 있도록 구성하였다. 이러한 활동중심의 과제수행을 통해 피타고라스 정리 및 증명과정에 대한 구조를 점진적으로 파악하도록 하였다.

셋째, 발전 명료화 단계이다. 학생의 이전 경험을 토대로 하여 탐구과제를 수행하면서 피타고라스 정리와 관련된 탐구결과를 도출하도록 구성한 것으로 보인다. 실제로 탐구과제(과제1, 과제2)를 수행하면서 피타고라스 정리와 증명의 과정에 대한 자신의 견해를 표현하고, 이전의 경험과 피타고라스 정리 사이의 관계체계 형성을 기대할 수 있다. 또한, 증명과제(과제1, 과제2)를 수행하면서, 교사의 최소한의 도움이나 힌트를 받으면서 피타고라스 정리의 증명과 관련한 구조화된 관계망을 형성하게 된다. 탐구결과에 대한 명료화 과정을 통해 자신의 언어를 넘어 공통의 언어를 사용한 관계 형성이 이루어질 수 있도록 구성하였다.

넷째, 자유탐구 단계이다. 교사에 의해 제공된 새로운 과제인 심화과제, 개방형 과제가 제시되어져 있다. 이러한 과제를 수행하면서 피타고라스 정리와 관련된 문제에 대한 여러 가지 해결방법을 찾아보고, 자신만의 방법을 찾는 경험을 하게 됨으로써 피타고라스 정리 증명에 대한 구조에 정통하도록 구성하였다. 실제로 '심화과제1, 2' 및 '개방형 과제1, 2'와 같이 이전의 과제보다 복잡한 과제를 접하게 함으로써, 깊이 있는 사고를 할 수 있도록 하였으며 이를 통해 피타고라스 정리를 종합적으로 적용할 수 있도록 구성한 것으로 보인다.

다섯째, 통합 단계이다. 교사는 피타고라스 정리와 이전 시간의 학습주제인 직각삼각형의 닮음 등과의 관련성을 파악할 수 있도록 하였고, 지금까지의 경험을 요약, 통합할 수 있는 기회를 제공하였다. 이를 통해 피타고라스 정리와 관련된 탐구활동 전체를 개관하여 전체를 조망할 수 있게 되었고, 궁극적으로 사고 수준의 비약이 이르도록 수업을 진행한 것으로 판단된다.

8 문제해결학습 이론을 적용한 수업

수학 문제해결의 역사는 수학의 역사와 그 발전을 함께 하고 있다. 수학 문제해결은 심리학, 논리학, 철학, 수학사, 학교수학 등과 같은 다양한 영역과 관련되어 있다. 예를 들어 수학사에서 유명한 주석가로 알려진 파푸스(Pappus)는 수학 문제해결의 강력한 발견술인 분석법에 대한 기록을 남겼다. 이 분석법은 현대의 학교수학에서도 폭넓게 사용되는 강력한 발견술이며, 폴리아(Polya)의 발견술에도 분석법의 흔적을 찾아볼 수 있다.

학교수학에 관련하여 문제해결은 문제해결 전략, 발견술 등의 분야에서 많은 연구들이 진행되었으며, 최근에는 문제의 구조, 문제 만들기 등도 수학 문제해결과 관련하여 주목받고 있다.

1 수학 문제해결

수학 문제해결을 위한 다양한 문제해결 전략과 **발견술**이 소개되어 있다. 이때, 문제해결 전략은 발견술의 일부로 생각할 수 있다. 문제해결 전략은 특정한 부류의 문제를 해결하는 데 효과적인 방안을 제시하지만, 발견술은 더 넓은 범위의 문제들을 해결하는 것과 관련시켜 생각할 수 있다. 예를 들어, 제7차 수학과 교육과정에서는 문제해결 전략으로 그림 그리기, 예상과 확인, 표 만들기, 규칙성 찾기, 단순화하기, 식 세우기, 거꾸로 풀기, 논리적 추론, 반례 들기 등을 제안하였는데, 이 전략들은 일반적인 수학 문제에 폭넓게 적용할 수 있다기보다는 특정한 유형, 범위에 속하는 문제에 관련시켜 활용할 수 있을 것이다. 결국, 문제해결 전략은 구체적인 방안을 제시하지만 효력을 가지는 문제들의 범위가 비교적 협소하며, 발견술은 일반화된 방향(구체적이지 않은)을 제시하지만 효력을 미치는 문제들의 범위가 더 넓다고 할 수 있다.

한편, 문제해결 전략과 발견술의 공통점은 이들 모두 성공적인 문제해결을 항상 보장하지는 못한다는 것이다. 단지, 문제해결 방법의 성공적인 탐색을 위한 가능성을 높일 수 있는 도움 정도로 생각할 수 있을 것이다.

파푸스는 도형 문제의 효과적인 탐구, 해결을 위한 발견술로 **분석법**을 제시하였고, 폴리아는 문제의 이해, 계획 수립, 실행, 반성 단계에서 활용할 수 있는 발견술을 질문의 형태로 기술한 목록을 제시하였다. 파푸스의 분석법은 폴리아의 발견술 중에서 문제의 이해, 계획 수립 단계에 몇 가지 구체적인 물음의 형태로 변형되어 제시되어 있다.

폴리아처럼 파푸스의 분석법을 구체화하여 학교수학의 다양한 영역에 관련시키려는 시도들이 이루어졌다. 예를 들어, 한인기, 꼴랴긴(2006)은 파푸스의 분석법을 분석의 논리적 방향성을 중심으로 위로 분석(구하는 것으로부터 충분조건을 탐색하는 분석), 아래로 분석(구하는 것으로부터 필요조건을 탐색하는 분석)으로 나누고, 아래로 분석을 귀류법과 불완전 분석으로 나누었다. 그리고 파푸스의 분석법을 기하영역뿐만 아니라, 대수영역에서의 문제해결을 위한 탐색수행에 활용하는 방법을 구체적으로 제시하였다.

2 수학 문제해결에 기반한 교수 · 학습 자료

수학 문제해결을 위해 다양한 발견술이 사용된다. 여기서는 파푸스의 분석법을 이용하여 이등변삼각형의 성질을 증명하는 방법을 살펴볼 것이다. 우선, '문제1'에 대해 분석법을 통해 얻어진 문제해결 방법을 바탕으로 다양한 증명 방법을 찾고, 문제해결 방법을 일반화하여 '문제1'의 역인 '문제2'를 증명하고, 이등변삼각형에 대한 다른 성질들을 탐구과제로 소개할 것이다.

이제, 구체적인 예시를 통해 수학 문제해결에 기반한 교수·학습 자료에 대해 살펴보자.

- 학교급: 중학교
- 내용영역: 삼각형의 성질 단원에서 '이등변삼각형의 성질'

• 학습목표: 이등변삼각형의 성질에 대한 문제를 해결할 수 있다.

• 교수 · 학습 방안: 협력 학습

<table>
<tr><th>단계</th><th>교수 · 학습 자료</th></tr>
<tr><td>종합에 의한 문제해결</td><td>문제1. 이등변삼각형의 두 밑각이 서로 같다는 것을 증명하시오.
가령, 이등변삼각형 ABC를 그림 1과 같이 작도하고, 두 변 AB, AC가 같다는 것을 그림에 나타냈다고 하자.
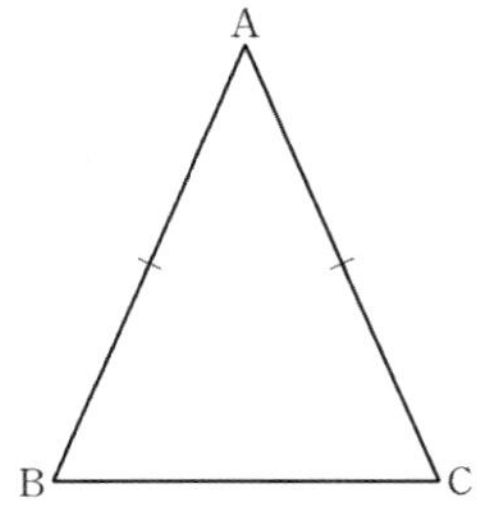

그림 1
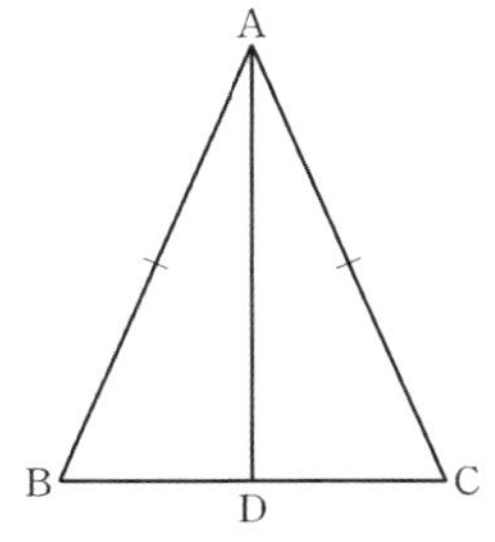

그림 2
우선, 종합에 의한 문제해결을 살펴보자.

(증명) 이등변삼각형 ABC의 꼭지각 A의 이등분선을 그어 변 BC와의 교점을 D라 하자(그림 2). 그러면 삼각형 ABD, ACD에서 $\overline{AB}=\overline{AC}$, $\overline{AD}$는 공통, $\angle BAD = \angle CAD$이다. 그러므로 SAS 합동조건에 의해, 삼각형 ABD와 ACD는 합동이다. 이로부터 $\angle B = \angle C$이다.

(질문1) 위와 같은 문제해결(증명)에서 이등변삼각형 ABC의 꼭지각 A의 이등분선 AD를 긋는 생각을 어떻게 할 수 있을까?</td></tr>
<tr><td>분석에 의한 문제해결</td><td>(분석적 탐색)
이등변삼각형 ABC에서 밑각 $\angle B$와 $\angle C$가 같다는 것을 증명해야 한다. 이때, 다음과 같은 분석적인 물음이 문제해결의 탐색 수행의 방향을 설정하는데 도움을 줄 수 있다.
-밑각 $\angle B$와 $\angle C$가 같다는 것을 증명하기 위해, 무엇을 보이면 되는가?
-일반적으로, 두 각이 같다는 것을 증명하려면, 무엇을 보이면 되는가?
가능한 대답 중의 하나가 $\angle B$와 $\angle C$를 포함하는 두 삼각형을 생각하여, 이들이 합동임을 보이는 것이다.
그림 1에는 그러한 삼각형이 없다. 단지 이등변삼각형 ABC만 주어졌다. 그러면, $\angle B$와 $\angle C$를 포함하는 두 삼각형을 생각하기 위해, 무엇을 하면 되는가?
이제, 보조선을 이용하여 $\angle B$와 $\angle C$를 각각 포함하는 삼각형을 만들자. 각 A의 이등분선 AD를 작도하자(그림 2). 그러면 $\angle B$와 $\angle C$를 각각 포함하는 삼각형 ABD, ACD를 얻게 된다. 두 삼각형 ABD, ACD의 합동을 증명할 수 있는가?

(증명) 삼각형 ABD, ACD에서 $\overline{AB}=\overline{AC}$, $\overline{AD}$는 공통, $\angle BAD = \angle CAD$이므로, SAS 합동조건에 의해 삼각형 ABD와 ACD는 합동이다. 이로부터 $\angle B = \angle C$이 증명된다.</td></tr>
</table>

<table>
<tr><th>단계</th><th>교수 · 학습 자료</th></tr>
<tr><td>문제해결의 결과로부터 얻어지는 사실</td><td>그림 2에서 이등변삼각형 ABC의 각 A의 이등분선 AD를 작도하면 합동인 삼각형 ABD와 ACD가 얻어진다. 이로부터 $\overline{BD}=\overline{CD}$, $\angle BDA = \angle CDA$라는 것도 알 수 있다. 결국 각의 이등분선 AD는 변 BC의 수직이등분선이 된다. 이것을 다음과 같이 쓸 수 있다.

이등변삼각형의 꼭지각의 이등분선은 밑변을 수직이등분한다.</td></tr>
<tr><td>분석에 근거한 다른 증명들</td><td>(다른 증명 방법1)
삼각형 ABC의 내부에 $\angle B$와 $\angle C$를 각각 포함하는 삼각형을 만들기 위해 각 A의 이등분선 AD를 작도하였는데, 다른 선분을 이용할 수는 없을까?
꼭짓점 A에서 변 BC에 중선※AM을 작도해 보자(그림 3). 그러면 $\angle B$와 $\angle C$를 각각 포함하는 삼각형 ABM, ACM을 얻을 수 있다.
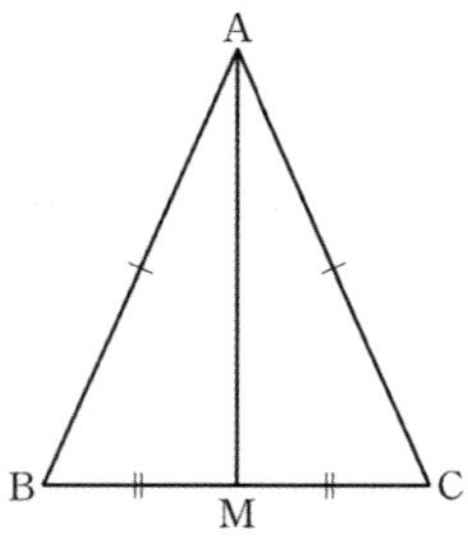
그림 3
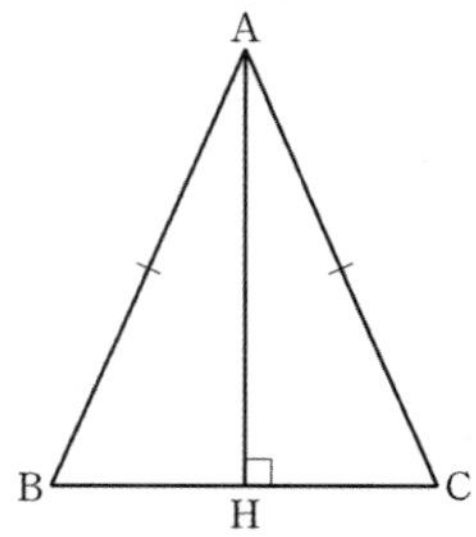
그림 4

삼각형 ABM, ACM에서 $\overline{AB}=\overline{AC}$, $\overline{BM}=\overline{CM}$, $\overline{AM}$은 공통이므로, SSS 합동조건에 의해 삼각형 ABM과 ACM은 합동이다. 이로부터 $\angle B = \angle C$이 증명된다.

(다른 증명 방법2)
다음과 같은 물음이 발생할 수 있다. 꼭짓점 A에서 변 BC에 수선 AH를 작도해 보자(그림 4). 그러면 $\angle B$와 $\angle C$를 각각 포함하는 삼각형 ABH, ACH을 얻을 수 있는데, 이들의 합동을 증명할 수 있을까?

그림 4에서 삼각형 ABH, ACH의 합동을 증명하는 것은 직각삼각형의 합동조건 중 빗변과 다른 한 변이 같은 경우의 합동조건(RHS 합동조건)을 이용하면 어렵지 않게 해결할 수 있다. 그러나 우리나라의 중학교 2학년 수학교과서에서는 이등변삼각형의 성질을 배우고 나서 직각삼각형의 합동조건을 다룬다. 그러므로 이 증명 방법은 직각삼각형의 합동조건을 배운 후에 가능할 것이다.
그림 4에서 삼각형 ABH, ACH의 합동을 증명하는 다른 방법으로, 귀류법과 삼각형의 합동조건을 이용한 접근을 생각할 수 있다. 귀류법의 가정에 의해, 그림 4에서 선분 HC의 연장선(또는 선분 HC)에 점 D를 잡아 각 HDA가 각 HBA와 같도록 할 수 있다. 그러면 삼각형 HBA와 HDA는 ASA 합동조건에 의해 합동이 되며, 이로부터 모순이 유도될 수 있다. 물론, 이러한 증명 방법을 찾아내기 위해서는 앞에서 살펴본 것과는 다른 방향의 분석적인 탐색 활동이 필요할 것이다.

(다른 증명 방법3)
그림 1에서 $\angle B$와 $\angle C$를 각각 포함하는 삼각형을 생각하는데 보조선이 꼭 필요할까? 결</td></tr>
</table>

단계	교수 · 학습 자료
분석에 근거한 다른 증명들	국, 그러한 두 삼각형만 찾으면 되는데. 가령, 그림 5와 같이 삼각형 ABC, ACB를 생각했다고 하자. 그러면 두 삼각형에서 $\overline{AB}=\overline{AC}$, $\overline{AC}=\overline{AB}$, 각 A는 공통이므로, 삼각형 ABC와 ACB는 합동이다. 이로부터 대응하는 각인 $\angle B$와 $\angle C$는 서로 같다는 것이 증명된다. 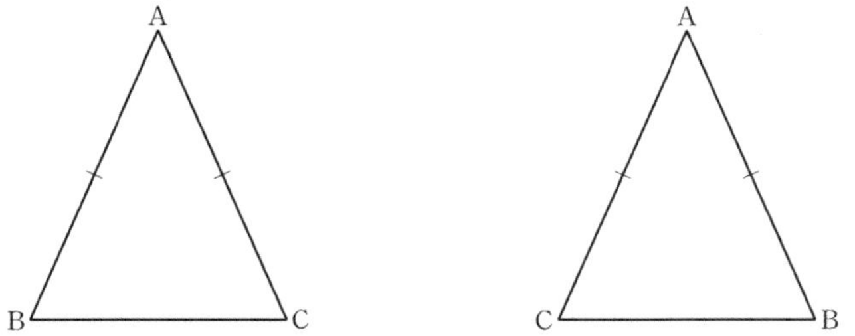 그림 5 이때, 주의할 것은 $\overline{AB}\neq\overline{AC}$인 삼각형 ABC(그림 6)에서 삼각형 ABC, ACB는 합동이 되지 않는다. 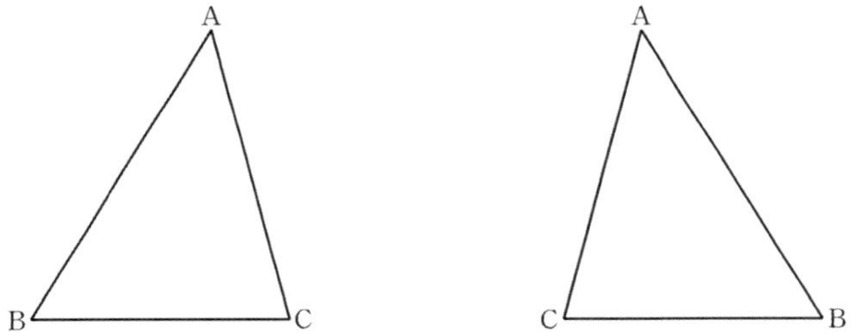 그림 6 (질문2) 삼각형에서 두 각 또는 두 각이 같다는 것을 증명하려면, 무엇을 보여야 하는가? (질문3) 앞의 (다른 증명 방법2)에서 귀류법과 삼각형의 합동을 이용한 증명을 보았다. 이 증명 방법은 문제1에 대한 어떠한 분석을 통해 얻어질 수 있는가?
문제해결 방법의 일반화	문제2. 두 각의 크기가 같은 삼각형은 이등변삼각형이라는 것을 증명하시오. 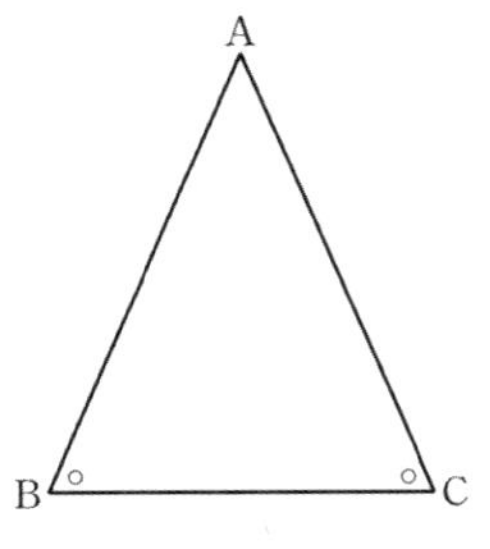 그림 7 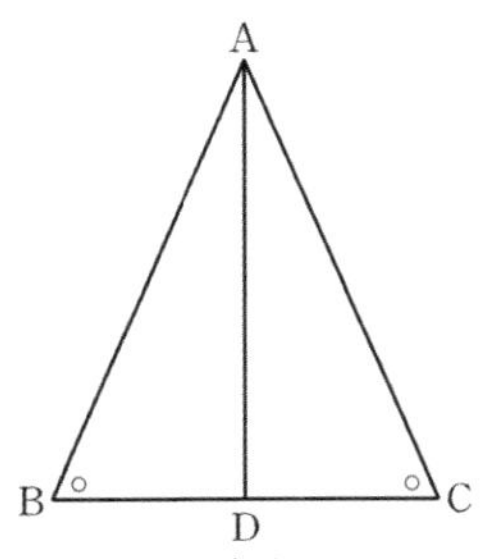 그림 8 이 성질은 앞에서 다룬 '이등변삼각형의 두 밑각이 서로 같다.'는 성질의 역이다. 이것을 종합을 이용하여 증명 방법을 제시할 수도 있지만, 앞에서 시도했던 분석적 문제해결 방법의 확장으로 접근할 수도 있다. 다음과 같은 분석적 물음으로 탐구를 시작할 수 있다. 그림 7에서 삼각형 ABC가 이등변삼

단계	교수 · 학습 자료
문제해결 방법의 일반화	각형이라는 것을 증명하려면, 무엇을 보여야 하는가? 이 물음에 대한 대답으로 '변 AB와 AC가 같다는 것을 보여야 한다.'를 생각할 수 있다. 다시 분석적 물음으로 $\overline{AB}=\overline{AC}$를 증명하려면, 무엇을 보여야 하는가? 결국, 변 AB와 AC를 각각 포함하는 두 삼각형을 생각하여 이들의 합동을 보여야 한다. 이제, '이등변삼각형의 두 밑각이 서로 같다.'는 것을 증명할 때와 같이, 보조선을 이용하여 두 삼각형을 만드는 방법, 삼각형 ABC, ACB를 생각하는 방법으로 접근할 수 있을 것이다. (증명방법1) 삼각형 ABC의 꼭짓점 A에서 변 BC에 각의 이등분선 AD를 긋자(그림 8). 그러면 선분 AB와 AC를 각각 포함하는 삼각형 ABD, ACD를 얻을 수 있다. $\angle BDA=180°-\angle DBA-\angle DAB$이고, $\angle CDA=180°-\angle DCA-\angle DAC$인데, $\angle DBA=\angle DCA$이고 $\angle DAB=\angle DAC$이다. 이로부터 $\angle BDA=\angle CDA$이다. 변 AD는 공통이므로, 합동조건 ASA에 의해 두 삼각형 ABD와 ACD는 합동이다. 결국, $\overline{AB}=\overline{AC}$가 증명된다. (증명방법2) 삼각형 ABC의 꼭짓점 A에서 변 BC에 수선 AH를 그으면(그림 9), 선분 AB와 AC를 각각 포함하는 직각삼각형 ABH, ACH를 얻을 수 있다. 직각삼각형 ABH, ACH의 합동도 합동조건 ASA에 의해 증명될 수 있다. 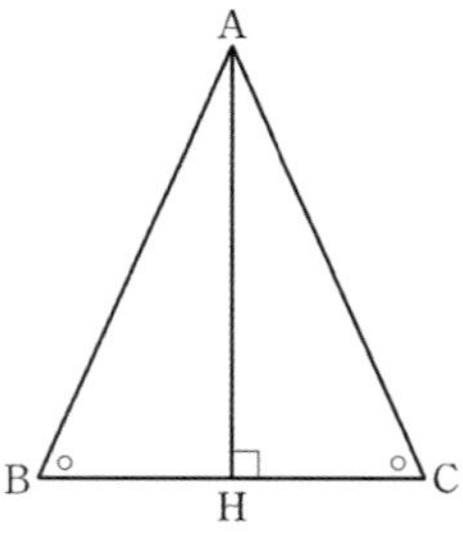 그림 9 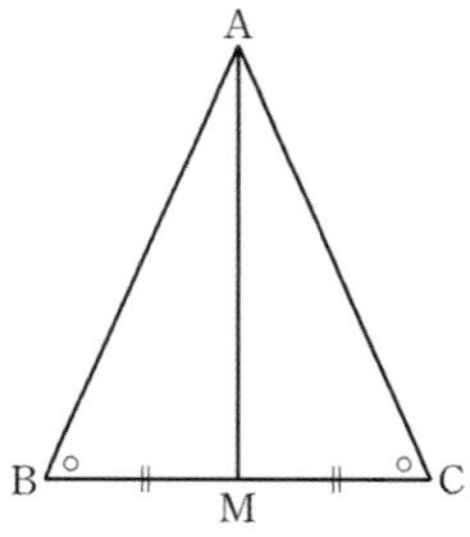 그림 10 이제, 삼각형 ABC의 꼭짓점 A에서 변 BC에 중선 AM을 그으면(그림 10), 삼각형 ABM, ACM의 합동을 증명할 수 있는지에 대해 생각할 수 있다. 즉, '증명방법1과 2'에서 꼭짓점 A에서 각의 이등분선, 수선을 그어서 문제를 해결하였다. 이와 관련하여, 중선 AM에 대해서도 유사한 증명을 할 수 있는지에 대해서도 탐구할 수 있을 것이다. (증명방법3) 그림 7에서 삼각형 ABC, ACB를 생각하자. 그러면, 두 삼각형에서 $\angle B=\angle C$, $\angle C=\angle B$이고, 변 BC는 공통이므로, 삼각형 ABC와 ACB는 합동이다. 이로부터 대응하는 변인 $\overline{AB}=\overline{AC}$가 성립한다.

단계	교수 · 학습 자료
탐구과제	이등변삼각형 ABC에서 각 A의 이등분선 AD는 변 BC의 수직이등분선이 된다는 것을 알고 있다. 그러면 다음과 같은 역인 명제를 증명할 수 있는가? 문제3. 삼각형 ABC의 꼭짓점 A에서 그은 수선 AH가 각 A의 이등분선이면, 삼각형 ABC는 이등변삼각형이 되는가? 이등변삼각형이 된다면 이를 증명하고, 그렇지 않으면 반례를 제시하시오. 문제4. 삼각형 ABC의 꼭짓점 A에서 그은 중선 AM이 각 A의 이등분선이면, 삼각형 ABC는 이등변삼각형이 되는가? 이등변삼각형이 된다면 이를 증명하고, 그렇지 않으면 반례를 제시하시오.

※ 중학교 2학년 수학교과서에서 '중선'이라는 명칭은 이등변삼각형을 배운 후에 삼각형의 닮음에서 무게중심을 배우면서 나온다. 여기서는 '중선'이라는 명칭보다는 변 BC의 중점 M을 잡아 선분 AM을 작도하는 정도로 다룰 수 있을 것이다.

3 제시된 교수 · 학습 자료에 대한 논의

살펴본 교수 · 학습 자료에는 종합에 의한 문제해결과 분석에 의한 문제해결이 제시되어 있다. 수학 문제해결에서 종합은 주어진 것들(조건, 가정)로부터 구하는 것(결론)으로 진행하는 방향의 문제해결에 관련되며, 분석은 종합의 역방향을 통한 문제해결에 관련된다.

종합에 의한 문제해결에서는 주어진 것들로부터 구하는 것에 이르는 논리적 순차성이 잘 드러나지만, 이러한 논리적 순차성을 구성하는 각 과정이 만들어지는 필연적인 맥락은 숨겨져 있다. 예를 들어, 이등변삼각형 ABC의 꼭짓점 A에서 각의 이등분선 AD를 어떤 맥락에서 생각해 낼 수 있는지, 삼각형 ABD, ACD에서 변 AB, AC를 왜 비교하는지, 각 BAD와 CAD를 왜 비교하는지는 알 수 없다. 가령, 교사 중심의 수업에서 '이등변삼각형 ABC의 꼭짓점 A에서 각의 이등분선 AD를 긋자.', '삼각형 ABD, ACD에서 변 AB와 AC는 같고 각 BAD와 CAD는 같다.'라고 말할 수는 있지만, 학생들이 스스로 이러한 생각을 만들어 낼 수 있을지는 알 수 없다.

반면에 분석에 의한 문제해결에서는 문제해결을 위한 탐색 수행의 맥락을 학생 스스로 만들어갈 수 있다. 분석에 의한 문제해결에서 탐색 수행을 위한 중요한 물음은 '밑각 $\angle B$와 $\angle C$가 같다는 것을 증명하기 위해, 무엇을 보이면 되는가?', '삼각형 ABD, ACD의 합동을 증명하려면, 무엇을 알아야 하는가?' 등이다. 이러한 물음을 통해 학생들은 문제해결을 위한 목표지향적인 탐색 수행을 할 수 있으며, 수학적 아이디어 생성의 맥락을 스스로의 힘으로 만들어 갈 수 있다. 즉, 이등변삼각형 ABC의 꼭짓점 A에서 각의 이등분선 AD를 긋는 것은 분석적 탐색 수행에서 각 B, 각 C를 각각 포함하는 삼각형을 만들어야 하는 상황과 관련하여 얻을 수 있다. 특히, 각 B, 각 C를 각각 포함하는 삼각형을 만들어야 하는 상황은 학생들에게 다양한 탐색 방향을 제공할 수 있다. 종합에 의한 문제해결에서는 '문제1'에 대해 한 가지 해결 방법이 제시되었지만, 분석에 의한 문제해결에서는 분석적 탐색을 통해 다른 '증명 방법1, 2, 3'과 같은 접근의 가능성이 열려져 있다.

'문제1'의 해결 과정에 대한 반성을 통해, '문제2'를 해결할 수 있는 가능성을 가질 수 있다. 즉, 삼각형에서 각이 같다는 것을 보이기 위해, 각을 포함하는 삼각형들을 생각하여 합동을 조사한다는 것으로부터 삼각형에서 변이 같다는 것을 보이기 위해, 변을 포함하는 삼각형들을 생각하여 합동을 조사하려는 시도를 할 수 있다. 이러한 시도는 '문제2'와 '문제3, 4'로 이어지게 된다.

'문제4'는 '문제1, 2, 3'과 비교하면 필요한 보조선의 비정형성이나 문제해결의 복잡성에서 차이가 난다. '문제3'의 해결에서는 문제의 기술에서 주어진 수선 AH를 그으면, 추가적인 보조선이 필요하지 않다. 그러나 '문제4'는 '문제3'과 외형적으로는 유사하지만, 다른 접근을 요구한다.

'문제4'의 분석을 살펴보자. [그림 7-8-1]과 같이 중선 AM을 그어 삼각형 ABM, ACM을 얻었다고 하자. 이제, 삼각형 ABC가 이등변삼각형이 된다는 것을 보이기 위해, $\overline{AB}=\overline{AC}$를 보여야 한다. 이를 위해서는 삼각형 ABM과 ACM이 합동이라는 것을 증명하면 된다. 그러나 삼각형 ABM과 ACM에 대해 알려진 $\overline{BM}=\overline{CM}$, $\angle MAB=\angle MAC$는 삼각형의 합동조건을 만족시키지 못한다.

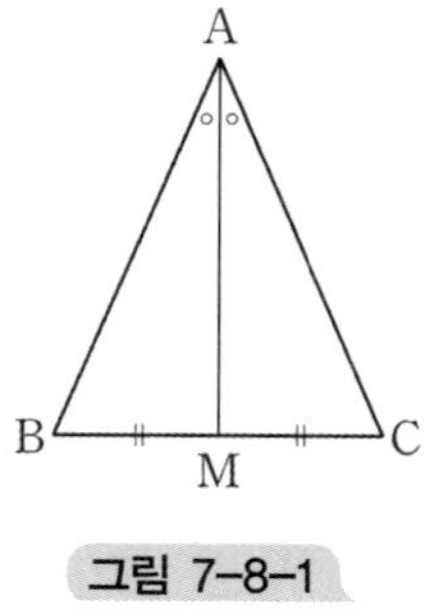

그림 7-8-1

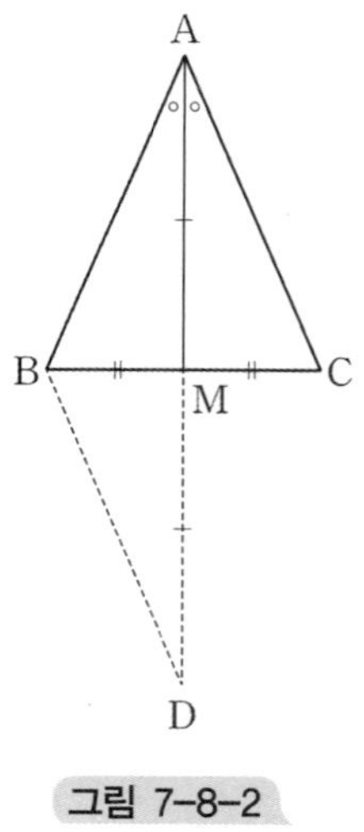

그림 7-8-2

다시, 분석적 질문으로 돌아가 '$\overline{AB}=\overline{AC}$를 증명하기 위해, 무엇을 보여야 하는가?'라는 질문에 대한 답을 찾아보자. 이 물음에 대한 대답은 쉽지 않다. [그림 7-8-1]에서 $\angle MAB = \angle MAC$가 같다는 것과 '문제2'의 결과에 주목하여 분석적 탐색을 수행해 보자. 즉 두 각이 $\angle MAB$, $\angle MAC$와 같은 삼각형을 만들 수만 있다면, '문제2'에 의해서 이 삼각형에는 같은 길이의 선분이 존재하게 된다. 보조선을 이용하여 두 각 $\angle MAB$, $\angle MAC$와 같은 각을 가지는 삼각형을 만들 수 있을까?

'문제4'의 해결에서는 살펴본 것과 같은 수학적 상상력과 주어진 것들의 연결성에 주목해야 하기 때문에, 다른 문제들에 비해 어려운 문제가 될 수 있다. 선분 AM의 연장선에 $\overline{AM}$과 같은 선분 $\overline{MD}$를 작도하여, 점 D를 꼭짓점 B와 연결하자([그림 7-8-2]).

그러면 삼각형 AMC와 DMB에서 $\overline{BM}=\overline{CM}$, $\overline{AM}=\overline{DM}$, $\angle AMC = \angle DMB$이므로, SAS 합동조건에 의해 삼각형 AMC와 DMB는 합동이다. 이로부터 $\angle MDB = \angle MAC$이다. 한편 $\overline{AM}$이 각 A의 이등분선이므로, $\angle MAB = \angle MAC$가 된다. 결국 $\angle MDB = \angle MAB$가 되고, '문제2'의 결과에 의해 삼각형 BDA는 이등변삼각형이다. 이로부터 $\overline{AB}=\overline{BD}$이고 $\overline{BD}=\overline{AC}$이므로, $\overline{AB}=\overline{AC}$가 증명된다.

살펴본 것과 같이, 다른 문제들과 외형적으로는 크게 차이가 나지 않지만, 그 해결 과정의 비정형성 수준에서 차이가 나는 '문제4'와 같은 형태의 문제를 교수·학습 과정에 활용하는 학생들의 주의집중, 이전의 문제해결에 대한 경험을 바탕으로 새로운 탐구를 시도한다는 측면에서 의미 있는 시도가 될 것이다.

CHAPTER 08

수학 교수 · 학습 방안

2022 개정 수학과 교육과정은 학습 내용 및 학생의 능력과 수준 등을 고려하여, 설명식 교수, 토의 · 토론 학습, 협력학습, 탐구학습, 프로젝트 학습, 수학적 모델링, 놀이 및 게임 학습 등의 다양한 교수 · 학습 방안을 적절히 선택하여 적용하도록 명시하였다. 또한 미래 사회에서는 다양한 지식을 융합하여 적용하는 능력, 스스로 문제를 설정하고 해결 방법을 고안하는 능력, 타인과 의사소통하여 협동적으로 문제를 해결하는 능력 등이 요구되는 바, 수학 교수 · 학습을 통해 이러한 능력을 적극적으로 개발할 필요가 있다. 나아가 과학 기술의 비약적인 발달은 수학 교수 · 학습을 정해진 시간표와 교실이라는 시공간의 제약에서 벗어나 온라인 환경에서 자유롭게 수학을 가르치고 배울 수 있다. 이에 이 장에서는 2022 개정 수학과 교육과정이 제시한 교수 · 학습 방안을 비롯하여, 미래 사회의 변화하는 교육환경에 적용 가능한 교수 · 학습 방안으로서 융합학습, 블렌디드 러닝, 플립 러닝 등의 의미와 특징, 적용상의 유의점에 대하여 구체적으로 살펴본다.

1 설명식 교수

|1| 배경 및 의미

설명식 교수는 교사가 설명과 시연을 통해 수업을 주도하는 교수·학습 방안으로, 수업 내용을 구조화하여 체계적으로 지도하는 데 효과적이다(교육부, 2022b). 설명은 수학 수업에서 교사가 가장 많이 사용하는 교수 활동이며, 개념과 공식을 소개하거나 문제 해결 방식을 다룰 때, 학생의 오개념을 교정하는 상황에서 주요하게 사용된다(Leinhardt, 2010). Weiss & Parsley(2004)에 따르면 교사의 좋은 설명은 학습을 촉진하지만 불완전한 설명은 오히려 학습을 방해할 수 있으므로, 수학 수업에서 흔히 사용되는 설명식 교수에 대해서도 의미 있는 실행 전략을 숙고할 필요가 있다.

Ausubel은 교사가 많은 양의 정보를 의미 있고 효율적으로 전달하는 방법으로 설명식 교수 이론을 제안하였다. 그는 새로운 학습 내용이 학습자가 지닌 기존의 인지구조와 의미 있게 연결되는 것을 유의미 학습으로 보고, 발견 학습으로 얻은 지식처럼 설명식 교수를 통해 얻은 지식도 얼마든지 유의미한 학습을 일으킬 수 있다고 강조하였다. Ausubel은 설명식 교수가 기계적인 암기 학습을 유도한다는 견해를 비판하면서 설명식 수업을 통해서도 학습자의 인지구조의 바람직한 변화를 일으키는 유의미 학습이 가능하다고 보았다.

이동환(2021)은 학습자가 새로운 학습 내용을 자신의 인지구조와 의미 있게 연결 짓기 위해서는 교사의 설명이 바람직해야 하는 바, 수학 수업에서 교사가 제공할 수 있는 좋은 설명의 특징을 세 가지로 제시하였다.

첫째, 좋은 설명은 설명이 필요한 부분을 구체적인 발문 형식으로 명확하게 밝히고 이에 답하는 과정으로 이루어진다. 즉, 학생이 이해하기 어려워하는 부분을 밝히고 이를 해소하는 것이 설명의 역할이다. 질문은 설명의 본질에 해당하며, 학생이 어려워하는 부분이 질문 형태로 제시될 때 학생들은 설명을 통해 어려움을 해결할 수 있다. 설명해야 할 질문이나 문제가 명확하다는 것은 설명의 효과를 측정할 수 있는 확실한 기준이 있다는 것이다. 또한 학생에게 그 질문을 명확하게 제시함으로써 설명할 내용을 강조하고 조직하는 효과적인 방법이 된다. 이러한 관점에서 교사의 설명을 평가하는 기준의 하나로 '질문을 명확하게 밝히고 그 질문이 해결되는 과정을 보여주는 것'을 들 수 있다. 또한 수학적 개념을 설명하는 방법으로서 개념의 '문제화'(problematizing)를 고려할 수 있다. 문제화는 새로운 개념이 활용되는 문제 상황을 제시하고 그 문제를 해결하는 수단으로서 개념을 설명하는 방식이다. 개념이 해결 수단이 되는 적절한 문제 상황을 선택할 때, 그 문제 상황이 학생의 기존 지식과 연결되는 것이 중요하다. 즉, 제시된 문제가 학생에게 진정한 문젯거리로 인식될 필요가 있다는 것이다. 따라서 설명하는 교사는 학생의 사전 지식이나 직관을 정확하게 파악하고 자신의 설명을 이와 관련지어 조절할 필요가 있다.

둘째, 좋은 설명은 논리적 비약 없이 각각의 단계를 빠짐없이 설명하고 각 단계가 연결되는 이유를 제시해야 한다. 수학에서 설명은 연산 절차나 풀이 절차를 서술하는 경우가 많다. 선행 연구에 따르면 대다수 교사들은 풀이 과정을 설명할 때 각각의 절차만을 서술할 뿐 그 절차의 의미나 그러한 절차가 연결되는 이유는 설명하지 않는 경향이 있다. 이러한 '전달식 설명'은, 교사들이 수학적 설명에 대해 '설명이란 수학적인 절차를 알려주는 과정'이라는 잘못된 고정 관념을 가진 것에서 그 원인을 찾을 수 있다. 교사의 설명은 '여러 가지 예, 표현을 활용하여 교사 자신의 사고 과정을 자세하게 풀어내는 활동'으로, 이는 교사가 문제의 답을 알고 해결할 수 있다고 해서 효과적인 설명을 할 수 있는 것이 아님을 시사한다. 설명에 각 단계가 포함된 이유를 논리적 비약 없이 제시하고 각 단계 간의 관계를 자세하게 풀어낼 수 있어야 하기 때문이다.

셋째, 수학적 설명에서 적절한 예와 표현을 선택하는 것은 중요하다. 하나의 개념을 나타내는 여러 가지 예와 표현을 사용하고 각 표현 사이의 관계를 명확히 드러내는 설명이 수학 학습에 효과적이다. 특히, 개념의 사례에 해당하는 예와 개념에 해당하지 않는 비례(non-example)를 적절하게 선택하여 개념의 명확한 의미를 설명할 필요가 있다. 선행 연구에 따르면 교사들이 문제를 설명하면서 여러 가지 표현을 사용하기는 하지만 그러한 표현이 설명하는 말이나 수식과 연결되지 않는 경우가 많다. 예를 들어, 분수의 나눗셈 절차를 설명하면서 제시한 시각적 모델이 나눗셈 절차와 명확하게 대응하지 않고 단순히 연산 결과만을 보여주는 경우 등이 있다.

2 설명식 교수를 적용한 교수 · 학습 과정

(1) 선행조직자를 활용한 설명식 교수 · 학습 과정

선행조직자 활용 설명식 교수 · 학습 과정의 1단계는 '선행조직자 제시'로 이는 학습 목표의 명료화, 선행조직자의 제시, 학습자의 과제 관련 지식과 경험에 대한 인식의 촉진으로 구성된다. 2단계인 '과제나 자료 제시'는 학습과제나 자료의 제시, 주의집중의 유지, 학습과제나 자료 구조의 명료화와 논리적 순서의 명료화로 구성된다. 3단계인 '인지 구조의 강화'는 통합조정의 원리 사용, 능동적 수용학습의 촉진, 교재자료에 대한 비판적 접근의 유도, 인지 구조의 명료화로 구성된다(문승한, 이재명, 2008).

가. 선행조직자 제시

'선행조직자 제시' 단계의 학습 목표의 명료화는 학생들의 주의집중이 이루어지도록 하는 방법이며, 학생들이 학습 목표의 방향을 알 수 있도록 해야 한다. 선행조직자의 제시는 학습과제의 핵심 특징을 찾아, 예를 들고 맥락을 안내하는 전략을 반복함으로써 진행할 수 있다. 학습자의 과제 관련 지식과 경험에 대한 인식은 학습과제와 선행조직자를 관련지을 수 있는 학습자의 지식과 경험을 각성시키는 것을 의미한다.

나. 과제나 자료 제시

'과제나 자료 제시' 단계의 학습과제 자료의 제시는 강의, 토론, 시청각 자료, 실험, 독서 등의 다양한 전략을 활용하여 학습과 관련된 자료를 제시하는 것을 말한다. 학생들의 주의집중은 학습과제 자료에 밑줄 긋기, 아이디어를 분리하여 열거하기, 자신의 말로 재정리하기, 학습과제 자료를 반추하기, 아이디어를 비교하기, 아이디어 사이의 관계 설정하기 등과 같은 전략을 통해 유지될 수 있다. 학습과제 자료 구조의 명료화와 논리적 순서의 명료화는 학생들이 학습과제 자료 전반을 개관하여 학습과제 자료의 논리적 순서를 이해하게 하여 학습과제 자료의 구조가 선행조직자와 어떤 연관이 있는지 파악할 수 있도록 함으로써 가능하다.

다. 인지 구조의 강화

'인지 구조의 강화' 단계의 통합조정의 원리 사용은 교사가 학생들에게 포괄적인 아이디어를 생각하여 새로운 학습과제의 주요 특성을 요약하게 함으로써 정의를 설명하거나 기술하도록 하는 방법, 학생들에게 학습과제 자료의 서로 다른 측면을 탐색하고, 학습과제 자료가 선행조직자로 사용되는 개념이나 명제를 어떻게 지지하는지를 설명하도록 하는 방법 등으로 진행할 수 있다. 능동적 수용학습은 학생들에게 새로운 학습과제 자료와 선행조직자의 관계를 파악하여 학습과제 자료에 포함된 개념 또는 명제에 대한 추가적인 예를 찾아보게 하는 방법, 학생들에게 자신의 용어와 논리로 학습과제 자료의 본질을 설명하게 하는 방법 등을 통해 학생들 스스로 대안적인 관점에서 학습과제 자료를 검토하게 함으로써 촉진할 수 있다. 교재자료에 대한 비판적 접근은 학생들에게 학습과제 자료에 포함된 전제나 추론 형식을 구체화하여 이를 평가함으로써 학습과제 자료가 제공하는 지식이나 정보를 반성적으로 살피도록 함으로써 가능하며, 인지구조의 명료화는 아이디어를 발전적으로 활용하게 함으로써 촉진할 수 있다.

(2) 개념 학습을 위한 설명식 교수 · 학습 과정

설명식 교수를 통해 개념 학습을 도모하는 것은 수학 수업의 대표적인 형태이다. 왜냐하면 수학 수업에서 다루어야 하는 수학적 내용 중에서 많은 부분이 수학적 개념을 이해하는 것에서부터 출발하기 때문이다. 개념에 대한 명확한 정의는 없지만 일반적으로 개념이란 어떤 사물이나 현상, 상징적인 대상이 가지는 개별적인 속성 중에서 이질적인 요소와 특수성은 배제하고 공통적인 특성을 추상화하여 특정한 명칭이나 상징으로 나타낸 것을 말한다. 즉, 개념은 다양한 사실이나 현상을 공통 성질에 따라 범주화한 것이라고 볼 수 있다. 이를테면 '1, 2, =, ×, 각, 집합, 정육면체' 등의 용어나 기호가 수학적 의미를 내포하고 있을 때 이를 수학적 개념이라고 한다. 개념 학습의 핵심 목표는 해당하는 수학적 개념의 올바른 이해와 습득에 있으며, 이는 개념을 구체화하는 다양한 경험을 통해 개념의 속성을 확인하는 것에서 출발하는 바, 이를 위해 교사는 수학적으로 의미 있는 좋은 설명을 제공할 필요가 있다.

Skemp는 개념을 공통 성질에 대한 상징적 표현으로 규정하면서 수학 개념에 대한 적절한 범례, 즉 적합한 경우의 예(example)와 비례(non-example)를 적절하게 섞어 제시하고, 공통적인 성질을 추상화하여 개념을 형성하도록 교사가 의미 있는 설명을 제공할 필요가 있다고 하였다. 예를 들어, 학생에게 정삼각형의 개념을 설명하고자 할 때 교사는 정삼각형인 예와 정삼각형이 아닌 예를 함께 제시하여 학생들이 이를 분류함으로써 정삼각형인 예의 공통 성질을 이끌어 내어 추상화할 수 있도록 할 필요가 있다.

한편 교육부(2019b)는 개념 학습을 위한 설명식 교수 · 학습 과정을 일반적으로 '범례 제시 및 분류하기', '공통의 성질 추상화하기', '개념 정의하기', '개념 익히기'로 구분하였다. '범례 제시 및 분류하기'에서는 개념을 정의하는 데 필요한 범례로서 정적인 예와 부적인 예를 제시하여 조작 또는 관찰을 통해 범례를 여러 가지 속성에 따라 분류하는 활동을 진행하며, 분류한 예의 공통 성질을 암묵적으로 생각하도록 유도하는 활동을 한다. '공통 성질 추상화하기'에서는 분류한 정적인 예의 공통 성질을 명료화하여 설명하거나 추상화하는 활동을 진행하며, '개념 정의하기'와 '개념 익히기'에서는 수학적 용어와 기호로 개념을 정의하여 이를 익히고 적용하는 활동을 수행한다.

| 3 | 설명식 교수의 특징 및 적용상의 유의점

교육부(2022b)는 설명식 교수에서 교사가 학생의 적극적인 참여를 유도하고 사고를 촉진하는 발문을 적절히 활용하도록 제안하였다. 교사는 발문을 통해 학생이 자신의 생각을 공표하도록 하여 이를 효과적으로 파악함으로써 학생들이 수학적 개념, 원리, 법칙을 의미 있게 이해하는 데 도움을 줄 수 있기 때문이다. 또한 김지연(2011)은 수학적 개념에 대해 좋은 설명을 제시하는 전략으로 은유의 의미를 논하기도 하였다. 이하에서는 설명식 교수를 적용하는 데 유의할 점을 발문의 의미 및 유형과 은유에 비추어 살펴본다.

(1) 발문의 의미 및 유형

발문은 수업에서 언어 상호작용의 형태인 문답법으로 제기되는 의문을 뜻하며, 뭔가를 물어본다는 점에서 질문과 비슷한 의미로 혼용되기도 한다. 질문은 어떤 내용을 모르는 사람이 내용을 아는 사람에게 묻는 것을 의미하는 반면, 발문은 일반적으로 답을 아는 사람이 이를 모르는 사람에게 하는 물음으로 수업에서 교사가 학생들에게 던지는 단서, 문제 제기 등을 이르며 학생 스스로 정답을 찾거나 깨달음을 얻게 한다는 교수학적 의미를 지닌다(한국교육심리학회, 2000). 교사는 발문을 통해 학생들이 수학적 지식을 구성하도록 안내할 수 있으며, 학생이 인식하지 못한 수학적인 의미를 깊이 있게 경험하도록 도움으로써 학생들의 사고 활동 및 표현 활동을 촉진할 수 있다. 그러나 수업 상황에서 적절한 발문을 제기하는 것은 교사 지식과 관련되는 복잡하고 역동적인 작업으로, 이는 교과 내용 자체에 대한 교사 지식, 수업 중에 교사가 파악한 학생들의 이해에 대한 지식, 제기된 발문을 통해 교사가 얻고자 하는 학생들에 관한 지식 등을 아우르는 종합적 판단에 기초한다(주미경, 2009). 이에 교사가 적절한 발문을 결정하고 수업 맥락에 적합하게 사용하는 능력은 교사의 수업 전문성 개발에 주요 요소가 된다. 이에 여러 연구는 수학 내용을 설명할 때 수업에서 교사가 사용할 수 있는 발문의 유형을 다양하게 분류하고 이에 대한 예시를 제시함으로써 설명식 수업을 위한 교사 역량 개발에 의미있는 시사를 주었다.

가. 폐쇄형 발문과 개방형 발문

조가은, 박만구(2021)는 선행연구 분석을 통해 발문의 유형을 크게 폐쇄적, 개방적으로 나눈 다음, 폐쇄형 발문에는 재생적, 제안적, 분류적, 적용적, 종합적, 예상적, 판단적 발문의 여섯 가지 하위 영역을 두고, 개방적 발문에는 확산적, 평가적 발문의 두 가지

하위 영역을 두어 〈표 8-1-1〉과 같이 발문 유형의 특징과 예를 제시하였다.

표 8-1-1 발문유형별 특징 및 예(조가은, 박만구, 2021, p. 322)

발문 유형			특징	발문의 예
폐쇄형	인지·기억적	재생적	• 학습한 내용을 단순히 재생하고 이전의 경험을 떠올려 대답하도록 요구 • 관찰한 것을 답하도록 요청	그리려고 하는 것은 무엇인가요?
		제안적	• 학습 활동의 방향 제시 • 조작 활동을 안내	색종이로 이등변삼각형을 만들어 보세요.
	수렴적	분류적	• 유사점과 차이점을 고려하여 자료를 연결하거나 구별하도록 요구 • 차이에 초점을 두어 비교하거나 대조하도록 요구 • 조작 활동의 결과를 기준에 따라 분류하거나 분류 준거를 개발하도록 요구	변의 길이에 따라 삼각형을 분류해 보세요.
		적용적	• 학습 결과를 다른 문제 해결이나 새로운 사태에 적용하도록 요구 • 배운 내용과 관련된 예를 확인하거나 구성하도록 요구 • 배운 내용을 자신의 언어 또는 표, 그래프 등으로 재구성하도록 요구	교실에서 평행선을 찾아 평행선 사인의 거리를 재어 봅시다.
		종합적	• 학습 결과를 일반화하도록 요구 • 활동을 후 알게 된 바를 정리	이등변삼각형에 대해 알게 된 것을 말해 보세요.
		예상적	• 대답의 범위를 제한하는 데이터를 사용하면서 예측하도록 요구 • 조작 활동의 결과 및 향후 학습에 대한 내용을 예측하도록 요구	모양 조각을 위쪽, 아래쪽, 위쪽, 오른쪽으로 밀면 어떻게 될지 생각해 보세요.
		판단적	• 문제 상황이나, 반응의 정확성, 적합성, 적절성을 제한적으로 판단하도록 요구	다음 도형은 마름모인가요?
개방형	확산적		• 본인의 의견을 요구 • 반응을 제한하지 않고 예측하도록 요구 • 학습 내용을 바탕으로 추론하거나 시사점을 제시하도록 요구	다각형의 변의 길이를 늘려가면서 다각형의 내각의 합이 어떻게 되는지 알아보세요.
	평가적		• 대답에 대한 이유를 분명히 하도록 요구 • 계획을 세우거나 새로운 방법을 구성하도록 요구 • 어떠한 가치를 판단하거나 학습 활동에 대한 평가를 요구	어떤 방법이 가장 간편한지 써 보세요.

나. 발문의 의도에 따른 발문 유형

Morgan & Saxton(2006, 신보미 2016에서 재인용)에 따르면 수업에서 교사가 제기하는 발문은 그 의도에 따라 정보를 확인하는 발문(A형), 이해를 형성하는 발문(B형), 성찰을 촉진하는 발문(C형)으로 나눌 수 있다. 각 유형의 발문이 지닌 의미와 유형별 하위 발문의 내용을 요약하면 〈표 8-1-2〉와 같다.

표 8-1-2 발문의 의도에 따른 발문 예시(신보미, 2016, p. 39)

유형	하위 발문	발문 예시	발문 의도
A 정보 확인	수업의 규범을 확인하는 발문	이런 일이 일어나지 않게 하려면 무엇을 기억할 필요가 있나요?	활동 규범을 생각나도록 하기
		발표 순서를 어떻게 정할까요?	발언하는 순서를 정하기
		듣고 있나요? 모두 보고 있나요? Ted의 말이 잘 들리나요?	모든 학생이 수업에 참여할 수 있는 분위기인지 알아보기
	수업의 절차를 확인하는 발문	이 일을 어떤 순서로 진행하면 될까요? 이렇게 하면 좋을까요, 저렇게 하면 좋을까요? 이 점에 대해 필기할 필요가 있을까요?	학생들이 가장 효과적인 방법을 찾도록 돕기
		시간이 얼마나 필요한가요? 어느 곳에서 이 활동을 해 볼까요? 보다 효과적으로 하려면 어떻게 하면 될까요?	학생들이 활동을 수행하는 시간, 장소, 방법을 조정할 수 있도록 돕기
		무엇을 알아야 하나요? 스스로 할 수 있겠어요?	학생들을 활동에 참여하도록 하기
		관련된 정보를 어디에서 찾을 수 있죠? 이 점에 대해 알고 있는 것을 말해볼 사람?	학생들이 활동을 진행하도록 격려하기
	모둠 활동 과정을 돕거나 확인하는 발문	몇 명을 한 모둠으로 하면 좋을까요? 누가 모둠 활동 내용을 기록하나요? 책상 배치를 어떻게 하면 좋을까요?	모둠 활동을 효과적으로 진행할 수 있도록 돕기
	학급 전체를 통합하는 발문	모두 동의하나요? 이 점에 대해 뭔가 추가하고 싶은 사람 있나요?	학급 전체가 함께 활동할 수 있도록 돕기
	사실을 기억하도록 하는 발문	공식이 무엇인가요? 이 용어의 뜻이 무엇이었나요? 이제까지 내용을 요약하면? 우리는 지금 무엇을 알고 있나요? 사각형의 넓이는 얼마인가요?	과제를 잘 해결할 수 있도록 사실을 말하게 하기
	조건의 변화에 따른 정보의 차이를 알아보도록 하는 발문	그와 같은 해결 방법이 많은 시간을 요구하다면 그래도 그 해결 방법을 고수할건가요? 교장 선생님이 그것에 대해 설명하라고 하신다면 뭐라고 하겠어요?	문제 상황의 조건이 변화하였을 때나 좀 더 어려운 상황에 마주쳤을 때 이를 해결할 수 있도록 준비시키기

유형	하위 발문	발문 예시	발문 의도
B 이해 형성	경험을 표현하도록 하는 발문	이러한 설명을 들었을 때 어떤 생각이 떠오르나요? 사람들이 이처럼 행동하는 것은 어떤 경험 때문일까요?	수업에서 배울 내용과 관련하여 학생들이 지니고 있는 개인적인 경험을 알아내기
	연결을 만드는 발문	일상생활에서 발생하는 일과 이것은 어떤 관계가 있을까요? 현재와 같은 상황에서 사람들은 과거에는 어떻게 행동했으며, 미래에는 어떻게 행동하게 될까요?	알고 있는 바를 사용하여 주어진 과제를 해결하도록 요구하기; 오늘 학습한 것을 과거 상황 또는 미래 상황과 관련짓도록 하기
	생각이나 설명에 대해 정교화, 구체화를 유도하는 발문	그 용어가 무슨 의미인가요? 그 말을 좀 더 정확하게 설명해 볼까요? 보통 사람들이 이해할 수 있도록 설명해 주겠어요?	의미가 모호할 때 명확하게 설명하도록 요구하기
		그렇게 느끼는 이유가 무엇이가요? 네가 그렇게 느끼게 된 구체적인 상황이 궁금하구나.	감정에 의해 의미가 흐려질 때 이를 명확하게 설명하도록 요구하기
	관점이나 태도를 명확히 하도록 요구하는 발문	이 점에 대해서 어떤 의견을 갖고 있나요? 이 점에 대해서 어떤 우려 사항이 있나요? 이 일이 자기 자신에게 일어났다면 느낌이 달라질까요?	다양한 관점에서 상황을 바라볼 수 있도록 하기; 어떤 아이디어에 도달하게 된 정서적 측면을 인식하도록 하기
	추론과 해석을 요구하는 발문	이 점에 반대하는 사람들을 어떻게 설득하겠어요? 교과서에 쓰여 있는 이 문장은 무슨 의미일까요?	교과서나 수업 자료의 문장, 상황, 결론을 정당화하거나 설명하도록 요구하기
	수업 내용 이면의 의미에 주목하게 하는 발문	이 사례가 진짜로 의도하는 바는 무엇일까요? 이 내용을 통해 무엇을 발견할 수 있나요? 이것이 갑자기 이렇게 된 이유는 무엇일까요?	교과서나 수업 내용을 이해하는 데 필수적인 의미를 탐색하도록 하기
C 성찰 촉진	가정이나 가설을 설정하도록 하는 발문	사람이 개를 물었다는 신문 기사를 보았는데 그 이유가 무엇일까요? 이 사람의 부인은 어떻게 해야 할까요?	어떤 사실에 대해 창의적으로 생각해볼 기회를 제공하기
	감정에 주목하도록 하는 발문	이 글을 읽었을 때 어떤 감정이 들었나요?	개인의 감정을 표현하고 공유하는 기회를 제공하기
	상황을 예측하도록 하는 발문	이 내용 다음에는 어떤 일이 일어날까요? 이 사실이 저 사실에 어떤 영향을 미칠까요?	추측을 통해 활동의 의미를 찾도록 하기; 원인과 결과를 생각해보도록 하기
	비판적 평가나 가치 판단을 유도하는 발문	이러한 결론의 정당화가 타당한가요? 어떻게 하면 일곱 명에게 땅을 공평하게 나누어 줄 수 있을까요? 이 점이 사실이라면 자기 자신에게는 어떤 문제가 생기나요?	학생들이 자신들의 사고방식을 검토하도록 요구하기; 정서적인 느낌과 인지적인 분석 사이에 균형을 유지하도록 하기

다. 발문의 기능에 따른 발문 유형

NCTM(1991, 도주원, 2022에서 재인용)은 수학 교수·학습의 개선 방법으로 효과적인 발문의 사용을 제안하면서 〈표 8-1-3〉과 같이 수학 학습에 도움을 주는 발문의 기능별 예시를 제안하였다.

표 8-1-3 발문의 기능별 예시 발문(도주원, 2022, p. 91)

발문 기능	예시 발문
수학을 함께 이해하도록 돕기	• 제니가 말한 것에 대해 어떻게 생각하는가? • 그것을 다르게 설명할 수 있는 사람이 있는가? • 친구들이 하는 말을 이해했는가? • 그 의미를 설명해 보일 수 있는가?
자신 있게 올바른 수학적 판단을 하도록 돕기	• 왜 그렇게 생각했는가? • 그것이 왜 참인가? • 어떻게 그러한 결론에 도달했는가? • 그것이 타당하다는 것을 보여주는 모델을 만들 수 있는가?
수학적 추론 방법을 배우도록 돕기	• 그것은 항상 성립하는가? • 반례를 생각해낼 수 있는가? • 어떤 가정을 하고 있는가?
문제를 추측, 발명, 해결하는 방법을 배우도록 돕기	• 만약 ~라면 어떤 일이 일어나게 되는가? 만약 그렇지 않다면? • 규칙을 찾을 수 있는가? • 어떻게 해야 한다고 생각하는가? • 친구의 해결 방법과 자신의 방법은 어떤 점이 같고 어떤 점이 다른가?
수학적 지식, 아이디어, 응용을 연결하도록 돕기	• 이것은 ~에 어떻게 관련되어 있는가? • 전에 학습했던 아이디어 중 이 문제해결에 유용한 아이디어가 있는가? • 어제 신문에서 어떤 수학의 유용함을 알 수 있었는가?

(2) 은유를 통한 설명

설명은 "어떤 일이나 대상의 내용을 상대편이 잘 알 수 있도록 밝혀 말하는 것으로, 누군가가 어떤 것을 쉽고 효과적으로 이해할 수 있도록 도와주는 말"을 의미한다. 어떻게 하면 설명을 잘 할 수 있을까 하는 의문은 교사들이 지닌 공통 과제라고 볼 수 있다. 앞서 살펴본 바에 의하면 좋은 설명은 학생이 기존에 알고 있는 지식과 새로운 지식을 연결 짓도록 돕는 역할을 하는 바, 김지연(2011)은 수학 수업에서 좋은 설명을 제시하는 방법으로, 추상적이고 복잡한 대상을 명확하고 구체적인 대상으로 만드는 은유를 제안한 바 있다. 예를 들어 '시간의 가치'를 '시간은 돈이다', '시간은 금이다'라고 은유를 사용하여 설명한다면 '시간의 가치'를 직관적으로 이해하는 데 도움이 될 것이다. 이처럼 은유는 익숙하지 않은 개념을 친숙한 개념이나 경험의 범주 안에서 이해할 수 있도록 설명해 주는 기능을 하며, 이는 Ausubel을 비롯한 여러 연구가 의미 있는 설명식 교수 또는 좋은 설명의 특징으로 제시한 바와 일치한다. 새로운 것을 학습할 수 있는 가능성은 은유와 유사한 작용을 가정한 설명을 통해 높아지며 은유는 이미 알고 있는 지식과 새로운 지식 사이의 인식론적 간격을 극복하게 하는 핵심 도구 중 하나가 된다. 이러한 경향은 추상적인 개념에 대한 학습에서 더욱 절실하며, 우리가 익히 사용하는 사랑, 희망, 열정 등과 같은 추상적인 개념은 대부분 은유를 통해 설명된다. 수학적인 개념과 기호는 대부분 매우 추상적이기 때문에 수학 수업에서는 이를 설명하기 위해 은유를 사용하는 것이 보통이다. 예를 들면 산술은 '운동'이라는 은유를 통해 표현되는데, 수는 수직선 위의 위치, 연산은 수직선을 따라 움직이는 행위, 0은 출발점, 덧셈은 오른쪽으로 주어진 거리만큼 걸음을 옮기는 것 등으로 설명된다.

4 설명식 교수 적용의 실제

수학적 귀납법은 고등학교 〈대수〉에서 다루는 내용으로, 증명을 전개할 때 매우 중요한 전략이다. 그러나 많은 학생들이 수학적 귀납법의 가치와 필요성을 인식하지 못하는 실정이며, 교사들 역시 수학적 귀납법을 쉽게 설명하기가 어렵다는 의견을 제시한 바 있다(홍진곤, 김윤경, 2008). 〈표 8-1-4〉는 '도미노'라는 구체적 대상을 선행조직자로 삼아 추상적 개념인 '수학적 귀납법'을 은유를 통해 설명하는 교수·학습 과정안으로, 수학적 귀납법의 원리를 학생들이 보다 쉽게 이해하게 하는 데 기여하는 설명 방안이라고 볼 수 있다.

표 8-1-4 설명식 교수를 적용한 교수·학습 과정안

단원	Ⅲ. 수열 3. 수학적 귀납법 02. 수학적 귀납법		
학습목표	수학적 귀납법의 원리를 이해한다.		
단계	교수·학습 흐름	교수·학습 활동	자료 및 유의점
도입	▸ 선행조직자 제시	- 도미노 놀이에 대한 사전 경험에 대해 묻기 * 일상생활에서 도미노 놀이를 해본 적이 있나요? 어떤 놀이인지 설명해 볼까요? - 실제로 도미노 막대를 세워 넘어뜨리는 활동하기 - 도미노 막대를 모두 넘어뜨리는 조건에 대해 설명해 보도록 하기	도미노 막대
전개	▸ 과제, 자료 제시	- 수학적 귀납법에 대한 설명 자료를 제시하여 읽도록 하기 * 교과서에 있는 다음 ❷는 무슨 의미일까요? ❷ $n=k$일 때 명제 $p(n)$이 성립한다고 가정하면 $n=k+1$일 때도 명제 $p(n)$이 성립한다.	

정리	▸ 인지 구조의 강화 및 정리	- 도미노 막대를 넘어뜨리는 활동과 수학적 귀납법의 관계 파악하기 * 도미노 막대를 넘어뜨리는 활동을 통해 무엇을 발견할 수 있었나요? 수학적 귀납법과는 어떤 관련이 있을까요? - 수학적 귀납법을 적용하여 문제를 해결하고 설명하기 * 친구의 해결 방법과 자신의 방법은 어떤 점에서 같고 어떤 점에서 다른가요?	

2 토의 · 토론 학습

|1| 배경 및 의미

토의 · 토론 학습은 특정 주제에 대해 협의하거나 논의하는 교수 · 학습 방안으로, 학생들이 수학 내용을 폭넓게 이해하는 데 기여하며(교육부, 2022b), 수학적 추론 능력과 이에 대한 의사소통 능력을 신장시키는 방안을 모색하는 데 의미 있는 시사를 준다(최모로, 안병곤, 2017). PISA와 TIMSS 등 국제 학업성취도 평가에 따르면 우리나라 학생들의 수학에 대한 호기심이나 자신감이 매우 낮은 편이다. 왕경수, 정혜영, 김계연(2004)은 이러한 문제를 개선하는 데 학생이 수학 수업에 적극적으로 참여하는 토의 · 토론 학습을 제안한 바 있다. Chapin, O'Connor, & Anderson(2013)은 수학 수업에서 토의 · 토론 학습이 필요한 이유를 다음과 같이 설명하기도 하였다. 우선 토의 · 토론은 학습 내용을 적절히 이해하는 데 기여하며 수학적 추론 능력을 신장시킨다. 학생들은 학습 내용을 자신의 말로 표현하고 다른 학생의 의견을 듣고 이를 다양한 방법으로 공유함으로써 바람직한 수학적 아이디어를 획득할 수 있다. 또한 토의 · 토론은 학생들이 자신의 생각을 다른 학생에게 설명하고 설득하는 과정을 통해 초기 아이디어를 수정하고 개선할 기회를 가질 수 있으므로 의미 있는 수학적 추론을 진행할 수 있다. 나아가 토의 · 토론을 통해 정의적 태도도 개발할 수 있다. 수학 수업에서 토의 · 토론은 다른 학생의 의견을 진지하게 듣고 이에 대해 자신의 의견을 효과적으로 전달하는 과정을 경험할 수 있게 하므로 학생들은 타인의 의견을 배려하고 인정하는 습관과 다양한 의견을 조정하는 방법을 배울 수 있다.

수학 수업에서 토의 · 토론 활동이 본격적으로 주목받기 시작한 것은 1982년에 출판된 영국 Cockcroft 보고서의 권고를 통해서이다. 이 보고서는 수학적 사고를 표현하고 공표하는 데 언어가 중요한 역할을 하므로 수학적 활동 과정에서 학생이 직접 자신이 수행한 바를 설명하여 의식적으로 검토하는 과정이 장려되어야 한다고 강조하였다(오택근, 박미미, 이경화, 2014).

수학 수업에서 토의 · 토론 활동에 대한 관심이 증가하면서 수학적 토의와 토론의 개념을 보다 명확히 해야 할 필요성이 증대되었다. Pirie & Schwarzenberger(1988)는 "수학적 토론을 수학 주제에 대하여 참여자가 진솔한 자신의 의견을 개진하여 다른 참여자와 상호작용하는 공통의 목표에 이르고자 하는 의도적 대화"(p. 461)로 설명하였으며, Bartolini Bussi(1996)는 "수학에 대한 신념, 생각, 구조, 절차 등과 같은 수학적 대상에 대한 참여자들의 다양한 음성이 대등하게 공유되는 과정"(p. 16)으로 수학적 토론을 정의하였다. 또한 McCrone(2005)는 형식적이거나 비형식적인 용어를 사용하여 수학적인 사고와 정보를 교환하는 것을 의미하는 수학적 담론의 한 형태로서 "수학 문제의 이해를 목적으로 하는 소집단 또는 교실 전체 토론의 특징을 기술하는 용어"(p. 112)로 수학적 토론을 규정하였다. 이상의 연구에 따르면 수학적 토론은 "특정한 수학적 주제나 대상에 관하여 참여자들의 솔직하고 다양한 의견이 제시되고 조정되는 협력적인 담화 과정"이라고 볼 수 있다.

한편 국내 연구에서는 토의와 토론의 개념을 구분하면서 수학적 토론이 갖는 대립적인 측면을 좀 더 강조하였다. 황혜정(2002)과 지정은(2006)은 두 사람 이상이 모여서 주어진 문제의 해결을 모색하는 협력적인 성격의 의사소통 활동은 토의로 설명하고, 제시된 의견에 관하여 상반된 입장에서 자신의 입장을 주장하고 상대의 입장을 논박하는 대립적인 성격의 의사소통 활동을 토론으로 설명하였다. 위 연구는 수학적 토론에서 서로 다른 의견이 충돌하며 갈등을 일으키는 상황을 강조한다.

이처럼 수학적인 토의 · 토론의 개념에 대해서는 연구자의 관점에 따라 협력적인 측면 또는 대립적인 측면이 보다 강조되는 경우가 있다. 이러한 차이에도 불구하고 수학 학습에서 토의 · 토론에 주목하는 여러 연구는 수학적인 토의 · 토론을 통해 학생은 특정한 수학적 대상에 대하여 수행한 행동이 기반하는 암묵적인 가정과 추론 과정 등을 반성적으로 검토하고 논의하는 대상으로 삼는 메타 담론을 형성하며, 다양하고 발전적인 논증으로 확장하는 등의 새로운 학습 기회를 가질 수 있다(Sfard, 2001; Weber, Maher, Powell, & Lee, 2008).

| 2 | 토의 · 토론을 적용한 교수 · 학습 과정

(1) 수학 토의 · 토론 교수 · 학습 방법

최모로, 안병곤(2017)에 따르면 수학 토의 · 토론 교수 · 학습 방법은 수업목표, 집단구성에 따라 다음과 같이 분류할 수 있다.

가. 브레인스토밍(brain storming)

브레인스토밍은 동기유발, 문제 해결 방법, 계획 설정, 주제 설정 등 다양한 목적을 위해 사용할 수 있다. 토의 · 토론을 통해 다양한 아이디어를 생성할 수 있도록 비판 금지, 자유로운 의견 제시, 많은 양의 아이디어, 여러 가지 아이디어를 결합이 가능한 네 가지 원칙을 지켜야 한다. 토론은 주제 선정, 개인별 아이디어 생성, 주제 해결 방법토의, 최종 아이디어 결정으로 진행된다.

나. 브레인라이팅(brain writing)

학생들이 한 사람도 빠짐없이 자신의 의견을 제시하여 토의 · 토론에 참여하도록 한다. 브레인스토밍과 비슷한 점이 있지만 구별되는 특징은 다음과 같다. 첫째, 포스트잇에 학생들의 다양한 아이디어를 기록한다. 둘째, 학생들은 자신의 아이디어를 자유롭게 수정할 수 있다. 셋째, 포스트잇에 자신의 아이디어를 기술해야 하기 때문에 무임승차가 어렵다. 넷째, 학생들이 한 가지 아이디어에 집중하기보다 다양한 아이디어를 제시할 수 있으므로 토의 · 토론에 적극적으로 참여한다. 토론은 주제 제시, 포스트잇에 개인 의견 기록하기, 의견 분류하기, 의견 발표 후 공유하기로 진행한다.

다. 포토스탠딩(photo standing) 토론

포토스탠딩 토론은 주제와 관련된 생활 속 사진을 선택하여 수학과 관련된 이야기를 만들어 토론하도록 하는 방법이다. 이 방법은 학생들의 창의적인 사고력을 신장시키는 데 기여할 수 있다. 토론 절차는 주제 선정, 모둠별 사진 선택, 학생 개별 주제 및 사진과 관련된 이야기 만들기, 모둠별 이야기 만들기로 전개된다. 주의할 점은 주제와 문장이 논리적으로 연결되도록 지도할 필요가 있다는 것이다.

라. 신호등 토론

신호등 토론은 빨간색, 노란색, 녹색 카드를 사용하여 주제에 대한 찬성과 반대를 표현하는 토론 방법이다. 이 방법은 카드를 사용하여 자신의 의견을 명확히 표현하기 때문에 다른 사람의 의견을 경청하고 비교하며 고차적인 사고를 경험할 수 있게 한다.

마. 피라미드 토론

피라미드 토론은 개인과 개인, 두 학생과 두 학생, 모둠과 모둠 간의 토론을 통해 다양한 의견을 하나로 수렴하도록 만드는 방법이다. 모든 학생이 토론에 직접 참여할 수 있고 다양한 의견에 대한 판단 능력도 신장시킬 수 있으며, 인성적인 측면에서 타인의 의견을 듣고 더 좋은 의견으로 절충해가며 배려하는 자세도 기를 수 있다.

바. PMI 토론

PMI 토론은 어떤 주장을 긍정적인 면(Plus), 부정적인 면(Minus), 흥미로운 면(Interesting)의 세 가지 측면에서 검토하여 의사결정을 내리는 토론 방법이다. 학생들은 이 방법을 통해 수학적 문제를 해결할 때 다양한 의견을 비판적으로 사고하여 합리적으로 해결하는 과정을 경험할 수 있다.

사. 모서리 토론

모서리 토론은 네 가지 선택지 중 한 가지를 선택하여 같은 의견을 택한 학생과 한 팀이 되어 해당 의견에 대해 타당한 근거를 만드는 토론 방법이다. 이 토론은 학생들의 반성적 사고를 통한 합리적 판단 능력을 신장시키는 데 기여한다. 토론 절차는, 네 가지 선택지 제시, 선택지 고르기, 같은 의견을 선택한 팀이 근거 탐색하기, 팀별 근거 제시 후 전체 토론하기, 최종 선택하기로 진행된다.

아. 개념 탐구 토론

개념 탐구 토론은 학생들이 수학적 개념의 예와 반례를 제시하여 해당 개념을 귀납적으로 이해하게 하는 토론 방법이다. 이 활동을 통해 학생들은 자신이 생각한 수학적 개념이 올바른지 반성하고 개념을 명료화할 수 있다. 토론 절차는 수학적 개념 제시, 개념의 예와 반례 찾기, 개념 정의하기, 토론하기, 수학적 개념 다시 정의하기로 진행된다.

(2) 수학 토의 · 토론 교수 · 학습을 위한 틀

Kim(2013)에 따르면 수학 토의 · 토론은 교사, 학생, 수학 내용 간의 상호작용 과정에서 일어나며, 특히 수업에서 교사가 제시하는 과제의 성격에 따라 토의 · 토론의 양상이 달라진다. 수학 토의 · 토론을 유도하는 과제의 가장 큰 특징 중 하나는 불확실성으로, 수학적 아이디어를 설명하거나 정당화하는 데 다양한 접근과 해석이 가능하여 학생들의 참여를 증가시키기 때문이다. 교사가 토의·토론을 유도하는 좋은 과제를 제시한 후 다음과 절차에 따라 의미 있는 수학 토의·토론을 유도할 수 있다.

가. 학생이 자신의 주장을 표현하기

① 편안한 수학 수업 환경 만들기

② 다른 학생의 주장을 경청하고 이해하려고 노력하도록 주지시키기

③ 발표한 학생의 주장이나 근거가 수학적으로 부적절하더라도 교사가 개입하지 않기

④ 학생이 자신의 주장을 명확히 하고 근거를 설명하도록 교사가 유도하기

⑤ 학생이 수학적 근거를 제시하도록 교사가 구체적인 질문을 제기하기

⑥ 학생이 제시한 주장과 근거를 교사가 개관하기

나. 표현된 주장을 재진술하기

① 표현된 주장과 근거를 재진술하도록 유도하기

② 표현된 주장에 대해 학생들이 이해한 수학적 근거를 검토하도록 구체적인 질문을 제기하기

③ 모든 학생이 자신의 주장을 표현할 수 있도록 '가'와 위 '①', '②'를 반복하기

다. 여러 주장을 비교하기

① 수학적 개념을 다룰 만한 주장 선택하기

② 선택한 여러 주장과 근거의 차이를 구별하도록 유도하기

③ '②'를 위해 구체적인 질문을 제기하기

④ 수학적 개념이 드러날 때까지 '①', '②', '③'를 반복하기

라. 주장을 명료화하기

① '다'에서 발견한 개념과 수학적 근거를 검토하고 확인하기

② 수학적 개념을 드러낼 만한 구체적인 질문을 제기하기

마. 결론 내리기

① 학생들이 발견한 수학적 근거를 간단히 요약하기

| 3 | 토의 · 토론 학습의 특징 및 적용상의 유의점

(1) 토의 · 토론 학습과 비계 설정

토의·토론 중심의 수학 수업에서 교사들이 경험하는 어려움 중 하나는 직접적으로 수학 내용을 언급하는 것을 피하면서도 토의·토론이 생산적인 방향으로 나아가도록 이

끌기 위해 언제 어떻게 정보를 제공하고 의미 있는 설명을 제시할 것인지 결정하는 것이다(이은정, 2019). Lobato, Clarke & Ellis(2005)는 이러한 교사들의 어려움을 '말하기(telling)'의 딜레마라고 표현하기도 하였다. 말하기 전략은 교사가 학생들에게 비계를 제공하기 위해 흔히 사용되는 전략이다(Anghileri, 2006).

Williams & Baxter(2010)은 교사의 이러한 말하기 전략을 통한 비계설정을 '사회적 비계'와 '인지적 비계'로 구분하였다. 사회적 비계는 학생들이 토의 · 토론에 적극적으로 참여하도록 적절한 환경을 만드는 교사의 지원을 말하며, '인지적 비계'는 학생들이 수학적 지식을 구성할 수 있도록 교사가 제공하는 수학적인 지원을 의미한다. Baxter & Williams(2010)에 따르면 교사들은 학생들이 토론에서 해야 하는 행동이나 지켜야 할 규칙을 일방적으로 설명함으로써 사회적 비계를 설정하는 경향이 있으며, 인지적 비계를 설정하기 위해서는 토론 중에 나온 학생들의 수학적 아이디어를 요약하거나 학생들이 제시하지 못한 대안적인 문제 해결 전략을 곧바로 설명해 주는 전략을 사용한다.

Gonzalez & DeJarnette(2015)는 토의 · 토론 수업의 그룹 활동에서 교사가 학생들에게 인지적 비계를 제공하기 위한 네 가지 전략을 다음과 같이 제시하였다. 첫째, 학생이 발언한 바에 대해 수학적 내용을 추가하기, 둘째 학생들에게 힌트 제공하기, 셋째, 학생들이 문제를 풀 수 있도록 유도하기 위해 초점형 질문을 사용하기, 마지막으로 학생들이 수업에서 어떤 개념을 학습하고 있으며 무엇을 기억해야 하는지를 언급하는 것과 같은 메타 담화적 행동을 하는 것이다.

실제로 Baxter & Williams(2010)에 따르면 토의 · 토론 수업을 의미 있게 유도하는 교사들은 자신이 기대하는 학생들의 행동을 가능한 명시적으로 제시함으로써 학생들이 토의 · 토론을 위한 사회적 규범을 분명히 이해하도록 하였다. 또한 교사는 수학적 토론에서 다양한 풀이 전략이나 아이디어를 공유하고 탐구하는 것이 중요하다는 사회적 비계를 형성하기 위해 토론 과정에서 학생들에게 다른 풀이 전략이나 아이디어가 있는지 지속적으로 질문하였다. 한편 Nathan & Knuth(2003)에서도 이와 유사하게 교사가 학생들의 다양한 의견을 이끌어내기 위한 다양한 질문을 사용하는 것으로 나타났다. 또한 교사는 토론 중에 교실 규범이 무엇인지를 언급해줌으로써 학생들이 이를 상기시키고 그에 따라 행동하도록 유도하였다.

(2) 토의 · 토론을 위한 수학 교수 · 학습 설계 단계

Chapin et al.(2013)는 토의 · 토론을 위한 수학 교수 · 학습 과정의 설계 과정을 다음과 같이 4단계로 제시하였다.

가. 수학 목표 확인하기

토의 · 토론 학습을 위한 수업을 설계하기 위해 교사는 우선 수업의 중심이 되는 수학적 내용과 활동을 확인해야 한다. 예를 들면, 수학적 능력을 구성하는 수학적 개념, 계산과정, 문제 해결 방법과 전략, 수학적 추론, 수학 용어, 기호, 정의와 같은 수학의 구성요소를 명확히 하는 것이다. 이상과 같은 수학적 내용과 활동에 대해 학생들의 이해를 극대화하기 위하여, 토의 · 토론에서 어떤 내용을 강조할 것인지 분명히 해야 한다. 사전에 학습 주제의 핵심이라고 할 수 있는 주요 개념, 문제 해결 전략, 용어, 표현의 형식, 추론과 계산과정 등과 같은 중심사항을 목록화하면 좋다.

나. 학생들이 어려워할 만한 상황 예측하기

이 단계에서는 학생들이 어려워하거나 의미를 그릇되게 이해할 만한 수학적 내용의 특정 부분을 기술한다. 이를 통해 수업에서 발생할 수 있는 오개념이나 오류 등을 사전에 예측할 수 있다. 학생들에게 혼동을 일으킬 만한 수학 내용을 강조하여 다룸으로써 이와 관련된 전체 학급토론에 주의를 기울이도록 유도할 수 있다.

다. 질문하기

토의 · 토론 학습을 위한 수업을 진행하는 것의 핵심은 교사가 제기하는 질문이다. 학생들의 수학적 지식을 심화시키기 위한 질문 제기 전략을 다음과 같다.

① 수학 목표와 예측한 어려움을 참조한다.

질문을 계획할 때는 사전에 확인한 수학 목표를 참조한다. '예/아니오' 형태의 답변을 요구하는 질문을 피하되, 학생들이 문제 해결 전략을 분석하고, 수학적 활동의 토대가 되는 아이디어를 관련지으며, 패턴을 일반화하고, 새로운 아이디어를 기존 지식과 연결할 수 있게 하는 질문을 제기한다. 또한 학생들이 지닌 오개념을 드러내는 질문을 준비할 수도 있다. 학생의 답변을 사전에 예측해 보면 추가 질문이나 반례를 준비하는 데 도움이 된다.

② 교육과정과 해설서를 사용한다.

교육과정과 해설서는 수학 수업을 실행하는 데 교사가 유의해야 할 사항이 기술되어 있다. 이를 토대로 토의 · 토론 수업에서 제기할 질문을 구체화할 수 있다. 그러나 아무리 좋은 교육과정과 해설서라 하더라도 수업 실행을 위한 질문을 설정하는 데 도움이 되는 완벽한 정보를 담고 있지는 않다. 교사는 학급 내의 개별 학생과 오랫동안 함께 해왔고, 학생들이 주제에 대해 이해하는 정도, 학생들의 장단점을 파악하고 있다. 따라서 교사는 교육과정과 해설서를 참고하되, 자신이 가르치는 학생의 특징을 고려하여 학생들이 생각해 보기를 바라는 적합한 질문을 구체화해야 한다.

③ 상위 수준의 지적 능력을 요구하는 질문에 중점을 두다.

Bloom의 분류체계를 비롯한 대부분의 질문 체계는 하위 수준의 쉬운 질문과 상위 수준의 도전적인 질문으로 나뉜다. 가장 단순한 하위수준의 질문은 이미 알고 있는 지식을 상기하도록 하는 것이며, 가장 도전적인 질문은 학생들에게 복잡한 상황을 설명하고, 방법의 유용성을 평가하여 결과를 종합하도록 하는 질문이다. 가장 극단적인 사례로, '예/아니오'식의 답변을 요구하는 질문은 '왜?'라는 개방형 질문보다 덜 도전적이며 쉬운 질문이라는 것은 자명하다. 그러나 수업에서 교사가 제기할 수 있는 질문의 종류는 매우 다양하고 이러한 질문이 어떤 '수준'에 속하는지 구별하는 것은 상당히 어렵다.

그렇다면 상위 수준의 질문을 제기하기 위해서는 어떻게 해야 할까? 상위 수준의 질문이 지닌 가장 일반적인 특징은 사전에 계획된다는 것이다. 상위 수준의 질문은 수업 설계 단계에서 미리 준비되며, 하위 수준의 질문은 수업 중에 즉흥적으로 제시되는 경향이 있다. 따라서 교사는 수업을 계획하는 단계에서 학생들의 사고를 진전시키고 학생들이 수학적 개념에 대해 설명하고 분석하여 종합할 수 있도록 하는 몇 개의 큰 질문을 마련할 필요가 있다. 모든 질문을 수업 설계 단계에서 구체화할 수는 없겠지만 수업의 지향을 결정하는 질문은 가능한 명확히 하여야 한다.

라. 실행 계획하기

수업 계획의 마지막 단계에서는 학생들이 수학을 이해하는 데 도움을 줄 활동의 순서와 내용을 구상한다. 특히 소집단 토론은 학생들에게 제시된 문제나 과제가 다소 어려울 때 효과적이다. 또한 소집단 토론은 학생들이 말하기나 듣기 연습을 할 필요가 있을 때 사용할 수 있으며, 전체 학급토론에서 학생들이 발표할 준비를 시키는 용도로 이용할 수 있다. 한편 전체 학급토론은 수업 시작 활동에서, 학습과제의 기준을 명확히 하고 무엇을 할지에 대해 준비하는데 사용될 수 있다. 또한 전체 학급토론은 수업 후반부에 학생들이 소집단 토론에서 토의한 내용을 서로 발표하고 중요한 아이디어들을 정리하고 일반화하는 토론의 장으로 사용할 수도 있다. 전체 학급토론은 모든 학생에게 수학에 대한 서로의 생각을 검토해 보는 기회를 제공하며, 학생들 스스로 자기 자신의 이해를 구축할 수 있게 한다. 전체 학급토론을 통해 특정 학생에게 어떤 진술이나 의견을 반복해 보거나 스스로의 방법을 제안해 보도록 함으로써 학생들의 이해 정도를 평가할 수도 있다.

| 4 | 토의 · 토론 학습 적용의 실제

앞서 살펴본 4단계에 따라 막대그래프에 있는 자료 분석하기 수업을 토의 · 토론 중심으로 설계하는 과정과 구체적인 교수 · 학습 과정안의 예를 살펴보면 다음과 같다(Chapin et al., 2013).

가. 수학 목표 확인하기

① 학생들은 막대그래프에 나타난 자료를 해석한다.

② 학생들은 이들 자료를 비교하는 문장을 서술한다.

③ 학생들은 자신의 진술을 정당화한다.

④ 학생들이 비교를 위해 사용해야 하는 용어는, '더 많이, 더 적게, 과반수 이상의, 과반수 이하의, 몇 배, 거의 다, 거의 없다'와 같은 것이 있다.

나. 학생들이 어려워할 만한 상황 예측하기

① 학생들은 과반수 이상이 저녁 식사 전 숙제하기를 선호한다는 진술을 정당화할 때 설문 참가자 수 전체를 이용하지 않을 수도 있다.

② 학생들은 두 항목 간의 차가 20이기 때문에 20배 많은 학생들이 저녁 식사 후보다 식사 전에 숙제하는 것을 선호한다고 생각할 수 있다.

③ 학생들은 단 3명만이 저녁 식사 후에 숙제하는 것을 선호한다고 생각할 수 있다.

④ 학생들은 29가 9의 배수가 아니기 때문에 3배라는 진술을 하지 못할 수 있다.

다. 질문하기

① 여러분은 결론이 참인지 어떻게 알 수 있나요?

② 우리는 막대의 높이를 이용해서 어떻게 '과반수 이상의'라는 말이 들어간 진술을 할 수 있을까요? 만약 반수의 학생이 식전을 선택하고 반수의 학생이 식후를 선택했다면 각 막대의 높이는 어떻게 되어야 할까요?

③ 전체 설문 참여자의 수를 찾는 것이 '과반수 이상의'라는 용어가 들어간 진술을 만드는 데 어떻게 도움이 될까요?

④ 막대의 높이를 이용하는 것이 우리가 '몇 배'라는 용어가 들어간 진술을 하는데 어떻게 도움이 될까요? 이 진술문을 쓰기 위해 곱셈을 사용할 수 있을까요?

⑤ 단 세 명만이 저녁 식사 후에 숙제하는 것을 선호한다는 것에 동의하나요? 또는 동의하지 않나요? 왜 그렇게 생각하세요?

라. 실행 계획하기

토의 · 토론 방식을 적용하는 수업 실행 계획을, 통계 그래프 분석을 위한 교수 · 학습 과정안으로 구체화하면 〈표 8-2-1〉과 같다.

표 8-2-1 토의 · 토론 학습을 적용한 교수 · 학습 과정안

단원	Ⅵ. 통계 1. 자료의 정리와 해석 04. 공학적 도구를 이용한 자료의 정리		
학습목표	공학적 도구를 이용하여 실생활 자료를 수집하고 표나 그래프로 정리하고 해석할 수 있다.		
단계	교수 · 학습 흐름	교수 · 학습 활동	자료 및 유의점
도입	▸ 학습 자료 배부 ▸ 토론 주제 파악	- 학급 토론을 위한 학습 자료를 배부한다. 학습 자료의 내용을 보고 토론 주제를 파악한다.	실생활 자료
전개	▸ 표현하기 ▸ 재진술하기	- 자료의 그래프를 제시하고 학생들이 자신의 주장을 표현하도록 한다. 다음 그래프에 따르면 저녁 식사 전에 숙제를 하는 것을 선호하는가? 아니면 저녁 식사 후에 하는 것을 선호하는가? 자신의 생각을 말해보자. 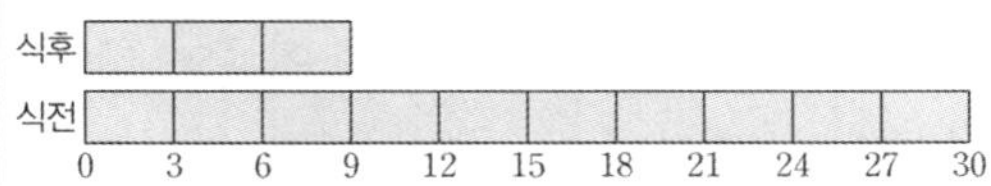 - 자신의 주장을 발표하고 다른 학생들이 이를 재진술하거나 질문을 제기하도록 한다.	- 자신의 주장에 대하여 근거를 들어 적어도 3개 이상의 진술로 쓰도록 한다.
	▸ 토론하기 ▸ 비교하기 ▸ 명료화하기 ▸ 정당화하기	- 짝과 과제를 하는 시간에 자신의 결론을 발표할 것이라고 안내함으로써 전체 학급토론을 준비시킨다. 예를 들면, 누가 과반수 이상의 혹은 과반수 이하의 또는 몇 배라는 단어가 들어간 진술을 발표할지 정한다. - 전체 학급토론을 한다. - 각 진술을 학생들에게 반복해보라고 함으로써 말하기를 연습하는 기회를 준다. - 학생들에게 왜 각 진술이 참인지 정당화할 것을 요구한다. 한 학생의 정당화에 이어서, 다른 학생들에게 동료 학생들의 추론에 동의하는지, 왜 그렇게 생각하는지를 묻는다.	- 과제를 수행에서 도움이 필요하면 제공한다. - '과반수 이상의'와 '몇 배'라는 표현은 학생들이 진술을 하거나 정당화하는 데 어려울 수 있다. - 풍부한 토론을 유도할 만한 결론을 준비한다.
	▸ 결론 내리기	- 다른 결론을 발표하고자 하는 학생이 있는지 묻는다. - 주어진 자료를 이렇게 서술하는 것에 대한 찬반 의견을 설명하도록 한다.	- 다양한 의견을 종합적으로 검토하도록 유도한다.
정리	▸ 수업 정리 ▸ 차시 예고	- '과반수 이상의'와 '몇 배'라는 표현을 사용한 결론을 되짚어본다. - 학생들에게 차후의 수업에서 2개 이상의 항목이 있는 자료를 이러한 용어로 어떻게 진술할지 배울 것이라고 예고한다.	- 수학적 표현과 실생활 상황을 함께 고려하여 해석해 보도록 한다.

〈표 8-2-1〉은 Kim(2013)이 제시한 수학 토의·토론 수업의 틀을 적용하여 주어진 통계 그래프의 자료를 해석하는 교수·학습 과정을 '학생들이 자신의 주장을 표현하고 재진술하기', '주장을 비교하고 명료화하기', '결론 내리기'의 단계로 구체화하였다는 점에서 의미 있는 설계라고 볼 수 있다.

3 협동 학습

|1| 배경 및 의미

협동 학습은 수업에 참여하는 학생들이 팀을 이루어 공동의 목표를 설정하고 그 목표를 달성하기 위해서 함께 노력하여 유익한 결과를 얻고자 하는 학습 방법이다. 협동 학습은 획일적인 지식 위주의 주입식 수업이나 경쟁적인 학습 환경에 대한 대안으로 등장하였다. 협동 학습은 인간의 삶이 다른 사람과 협동적 관계를 바탕으로 하며 이러한 협동적 관계에서 경험하는 상호작용은 교육적, 인지적, 정의적 측면에서 긍정적인 영향을 준다는 믿음을 기초로 한다.

협동 학습은 학생들 간의 상호작용을 유도하는 방법이나 학습을 구조화하는 방식에 따라서 다양하게 정의된다. Slavin(1981, 1987)은 학생들이 학습 집단에서 학습 활동을 하고 그 집단의 성적에 기초를 둔 보상과 인정을 받는 교실 상황에서의 학습 방법 또는 학습 능력이 각기 다른 학생들이 동일한 집단 목표를 향하여 소집단에서 함께 활동하는 수업 방법으로 팀 동료를 서로 격려하고 도우며 학습이 부진한 동료와 협력학습을 하는 학습체제라고 정의하였다. Cole & Chan(1987)은 학생들이 그들 집단의 학업 수행에 근거해서 보상이나 인정을 받는 협동적인 유인구조와 공동목표를 향해 소집단에서 함께 공부하는 협동적 과제구조를 활용하는 학습 방법이라고 하였다. Kagan(1989)은 교과에 관한 학생-학생 간의 협동적인 상호작용을 학습 과정의 통합 부분으로 받아들이는 일련의 교수 전략으로 정의하였다. 이때 핵심이 되는 학생 간의 상호작용은 수업 내용을 둘씩 짝을 지어 토론하는 것처럼 단순할 수도 있지만, 협동적인 분위기 조성, 사회적 역할 훈련, 의사소통 기술의 습득, 모둠 운영을 위한 일련의 훈련과정, 구성원의 역할 정하기, 모둠별 수행 과제 만들기, 다른 모둠의 의견 수용하기, 복합적이며 다양한 목표에 따른 암기 숙달 학습 및 사고력 개발 수업 계획하기, 개인별, 모둠별, 학급별 평가와 보상 제도 만들기 등과 같이 복합적이고 다양한 상호작용을 포함한다고 주장하였다. Johnson et al.(2001)은 협동 학습은 학생들이 자신과 서로의 학습을 극대화하기 위해서 함께 노력하는 소집단을 활용하는 교수 방법으로 정의하였다. 그것은 학생들이 오직 한 명이나 소수의 학생만이 얻을 수 있는 A학점 같은 학문적인 목적을 달성하기 위해서 서로 경쟁하는 학습 상황이나, 다른 학생들과는 아무런 관련도 없이 학습 목적을 달성하기 위해서 개별적으로 학습하는 상황과는 대조를 이룬다고 주장하였다.

2 협동 학습을 적용한 교수 · 학습 과정

학생들의 긍정적인 상호작용을 어떻게 유도하느냐에 초점에 맞추어 협동 학습을 분류할 수 있다. 크게 두 가지 방법을 주로 사용하는 데 하나는 과제분담 방식이고 다른 하나는 보상 방식이다. 과제분담 방식을 사용한 대표적인 모형은 Jigsaw 모형과 GI 모형이고, 보상 방식을 사용한 대표적인 모형이 STAD 모형과 TGT 모형이다. 또한, 아동 간의 상호작용을 더 강화하기 위하여 과제분담과 보상을 결합시킨 모형이 개발되었는데 대표적인 것이 Jigsaw Ⅱ 모형이다. 또한 각 교과별로 그 교과의 특징을 살려서 개발된 협동 학습 모형도 있다. 예를 들면 수학과의 TAI 모형이나 국어과의 CIRC 모형 등이다. 아래에서는 다양한 협동 학습 모형 중 STAD, TGT, TAI, Jigsaw, GI 모형에 대하여 살펴본다.

(1) STAD 모형(Student Teams-Achievement Division; 팀성취보상학습 모형)

이 모형은 존스홉킨스대학의 Slavin(1980) 등에 의하여 개발된 것으로 협동 학습 모형 중에 가장 오래되고 널리 사용되는 모형 중의 하나이다. STAD 모형은 기본 기능의 습득이나 지식의 이해를 촉진하기 위해 고안된 것으로 수업 절차가 간단하여 실제 수업에 적용하기 쉽고 보상체제의 구조가 협동 학습이 추구하는 활발한 동료 간의 상호작용과 학습 동기를 촉진시켜 주기 때문에 널리 사용되고 있는 모형이다.

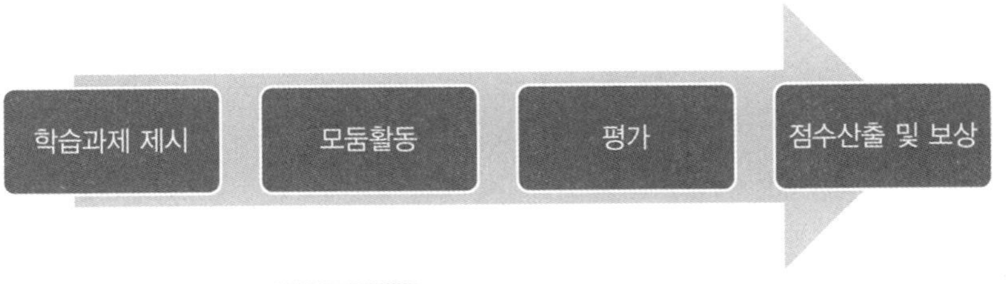

그림 8-3-1 STAD 모형의 수업 절차

STAD 모형에서는 수행 능력, 성별, 인종 등이 혼합된 4명 정도가 한 모둠을 구성한다. 일반적인 수업의 절차는 "학습과제 제시 → 모둠활동 → 평가 → 점수 산출 및 보상"의 4단계를 거친다. 먼저 교사는 단원의 전체적인 개요를 설명한다. 이는 구체적 학습을 하기 전에 전반적인 학습 내용을 파악하고 학습 활동의 기본 방향을 제시하는 것이다. 교사가 직접 강의를 할 수도 있고, 비디오나 인터넷 등 다양한 시청각 자료를 이용할 수도 있으며 때로는 초청 강사나 학부모 강사를 활용할 수도 있다. 교사의 설명을 통해 학생들은 모둠 목표 달성을 위해 자신들이 해야 할 활동의 방향과 모둠활동이 끝난 뒤 치를 퀴즈의 중요한 힌트를 얻을 수 있다. 이후에 소속된 모둠의 모든 구성원들이 교사가 제시한 학습 내용을 잘 학습했는지 확인하면서 모둠활동을 한다. 모둠활동 이후에 학생들은 제시된 자료의 문제들을 다른 학생의 도움 없이 개인적으로 해결한다. 마지막으로 개별 학생들은 자신의 초기 수행 수준을 넘어선 정도에 따라 향상 점수를 받으며 개인별 향상 점수들을 합산해서 소집단 전체의 점수를 산출하고 목표 점수에 도달한 소집단들은 보상을 받게 된다. 이러한 점수 체제는 과거 자신의 점수를 넘어서려는 노력을 유도하게 되며, 수행 수준이 높은 학생뿐만 아니라 낮은 학생들도 모둠에 기여할 수 있는 기회를 동일하게 갖게 됨을 의미한다. 또한, 타인과의 경쟁을 통해 좋은 점수를 얻는 것이 아니라 자신과의 경쟁을 하게 함으로써 성취 수준이 낮은 학생들도 소외되지 않고 인지적으로나 정의적으로 긍정적 효과를 얻을 수 있는 모형이다.

(2) TGT 모형(Teams Games Tournaments; 팀 게임 토너먼트 모형)

TGT 모형은 Devries & Edwards(1973)에 의해 연구 개발되었다. 한 모둠은 4~6명으로 구성되며, 모둠 구성원은 성별, 성적, 성격 등을 고려하여 최대한 이질적으로 구성한다. 진행 절차는 STAD 모형과 비슷하지만 팀성적을 위해 개인적인 평가를 받았던 STAD 모형과 달리 TGT 모형은 토너먼트 게임을 통해 얻은 점수를 가지고 팀의 성적을 산출한다. 따라서 팀 구성원들은 토너먼트 게임에서 좋은 성적을 얻기 위해 팀 내 활동 시 서로 협동하여 문제를 해결한다. 팀 내 협동을 통한 문제 해결이 끝나면 자신과 비슷한 학업 성취도를 가진 경쟁 팀의 구성원과 게임을 하므로 자신의 팀에 공헌할 수 있는 기회를 동등하게 갖는다. TGT 협동 학습은 학습과 게임이 어우러져 진행되기 때문에 학습자들이 수업에 더 많은 흥미를 가지며 게임에서 이기기 위한 승부욕으로 더 열심히 학습하게 된다. 다만, 토너먼트 게임에 할애되는 시간이 길어질 가능성이 크므로 협동 학습을 위한 시간이 상대적으로 적을 수 있다. 그러므로 수업을 설계하는 과정에서 협동 학습을 위한 시간과 게임 시간 사이의 균형 있는 분배에 신경을 써야 한다.

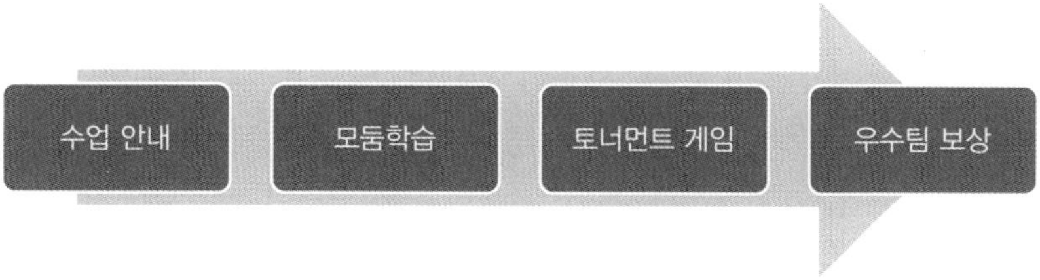

그림 8-3-2 TGT 모형의 수업 절차

TGT 협동 학습의 절차는 일반적으로 "수업 안내 → 모둠학습 → 토너먼트 게임 → 우수팀 보상"의 순서로 이루어진다. 교사는 먼저 단원의 전체 개요를 설명한다. 이 과정은 구체적 학습을 하기 이전에 전체 학습 내용을 대략적으로 파악하고 학습 활동의 기본 방향을 제시해 주는 것이다. STAD와 마찬가지로 교사의 직접 강의 이외에도 영상매체나 인터넷 자료 등 다양한 자료를 사용할 수 있다. 교사는 강의 이후에 각 모둠에 2~3장의 학습지를 나누어 준다. 모둠 구성원의 수보다 적은 수의 학습지를 주는 이유는 개별적으로 학습 활동을 하는 것을 막기 위한 것이다. 제공된 학습지의 순서에 따라 학습 활동을 하며 모둠의 구성원이 모두 이해하였는지 모두 정답을 얻었는지를 계속 확인한다. 이해하지 못한 구성원을 위해 협동 학습을 실시하고 서로 다른 답이 제시되면 토의나 토론 활동을 통해 해결한다. 모둠활동에 끝난 후 모둠학습에 대하여 평가하여 다음 학습을 위한 개선 방안을 생각하도록 한다. 세 번째 단계는 토너먼트 게임이다. 교사는 학생들이 해결해야 하는 퀴즈 문제뿐만 아니라 결과 기록지, 정답표, 모둠별 성적표, 성적에 따른 점수 기준표 등을 미리 준비한다. 토너먼트 게임은 각 모둠별로 성취 수준이 동일한 학생들끼리 모여서 실시한다. 이렇게 구성된 게임 테이블에 모인 학생들끼리 문제 풀이 순서를 정하고 제시된 문제를 해결한다. 게임 테이블에 모인 학생들이 모두 문제를 해결하면서 정해진 기준에 따라 점수를 받는다. 게임이 끝난 후 각 게임 테이블별로 획득한 점수나 순위에 따라 모둠 점수를 부여하며 사전에 약속된 보상을 제공한다. 모둠별 점수의 합산은 시간이 오래 걸릴 수 있으므로 다음 수업에 앞서 발표할 수도 있다.

(3) TAI 모형(Team Assisted Individualization; 팀보조 개별학습 모형)

TAI 협동 학습 모형은 존스홉킨스대학의 Slavin, Madden & Leavey(1984)에 의해 개발되었다. 이 모형은 특히 수학 교과에서 문제가 되는 학생들 간의 개인별 성적 차이를 좁힐 수 있는 효율적인 협동 학습 모형이다. 실제로 수학 수업에 참여하는 학생들의 지식수준과 학습 동기, 학습에 임하는 태도 등은 매우 다양하므로 기존의 강의식 수업방식으로는 모든 학생의 효율적인 학습이 이루어지기 힘들다는 배경에서 만들어졌다. 예를 들어, 하위권 학생들은 기초지식이 부족한 상태에서 새로운 수업이 진행되어 수업 내용에 대한 이해 부족이라는 악순환이 일어나게 되며, 상위 학생들은 이미 배웠거나 이해가 충분한 상태여서 진행되는 수업 내용에 흥미를 갖기 힘들다. 이러한 문제점을 해결하고자 개발된 모형이 TAI 모형이다. TAI 모형도 다른 협동 학습 모형들과 마찬가지로 모둠의 목표와 개별책무성, 동등한 성공 기회를 제공한다. 다른 모형과의 차별점으로는 개별학습으로 기초 기능을 연습하고 모둠활동을 통해 학습 내용에 대한 이해를 강화하는 과정에서 학생들은 자신의 학습 능력이나 속도에 따라 학습할 수 있도록 개별화된다는 점이다.

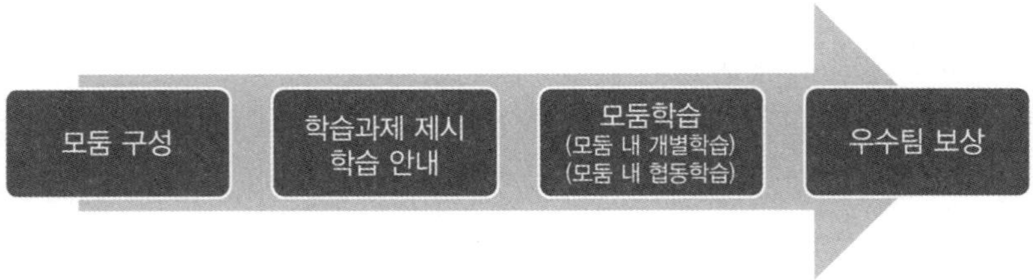

그림 8-3-3 TAI 모형의 수업 절차

TAI 협동 학습의 절차는 일반적으로 "모둠 구성 → 학습과제 제시 및 학습 안내 → 모둠 내 개별학습 → 형성평가A → (모둠 내 협동 학습 → 형성평가B → 모둠 내 협동 학습) → 단원평가 → 우수팀 보상"의 순서로 이루어진다. 모둠 구성은 보통 학업 능력이 다양한 4~6명으로 이루어진다. 모둠이 구성되면 교사는 협동 학습에 필요한 학습 자료로 개별 학습지, 형성평가지, 점수기록표, 평가표, 정답지를 미리 준비하고 각 모둠의 학생들에게 나누어준다. 이때, 개별학습지는 수준별로 다르게 준비한다. 자료 배포가 끝나면 이번 시간에 학습할 내용을 자세히 설명하고 협동 학습 절차를 설명한다. 먼저 개별학습에서 모르는 것에 대해 짝과 교사의 도움을 받는다. 개별학습이 끝나면 형성평가 A를 해결하고 다른 모둠원에게 채점을 맡겨 전체의 80% 이상을 맞춘 학생은 바로 단원평가를 볼 수 있고, 그렇지 않은 학생은 형성평가 B를 해결해야 한다. 이 과정에서도 틀린 문제를 모둠 구성원과 교사에게 물어 정확하게 해결한다. 학생들은 각각의 과정마다 자신의 점수를 점수기록표에 기록해야 한다. 학습을 마친 학생들은 평가표로 자신의 태도를 평가하고 반성한다. 교사는 수업 중에 모둠들의 학습 상황이나 태도에 대하여 메모를 하고 매주마다 잘한 모둠을 보상한다. 수업이 끝난 후 개별 시험 점수의 합이 각 팀의 점수가 되고 미리 설정해 놓은 팀 점수를 초과했을 때 모둠에게 보상이 주어진다. 보상은 개별 보상과 협동 보상이 혼합된 형태를 띤다(변영계, 김광휘, 2002).

(4) Jigsaw 모형(과제분담학습 모형)

Jigsaw 모형은 Aronson et al.(1978)이 미국에서 흑인, 백인 학생들을 분리 교육하는 등의 인종차별적 교육을 극복하고 경쟁적인 교실 환경을 협동적인 환경으로 바꿔기 위해 개발한 모형이다. 그는 학생들의 학업성취 향상이나 수업의 효율성 제고보다는 정의적 측면을 강조하면서 미국 사회에 존재하는 인종 간의 문제를 해결하기 위해 Jigsaw 모형을 개발하였다. Jigsaw 모형이 인종 간, 문화 간 교우 관계 증진을 목적으로 개발되긴 하였지만 다양한 교실 상황에서 학생들 간의 과도한 경쟁을 억제하고 아동들이 서로 협동하도록 도울 수 있다(전성연 외, 2007).

Jigsaw 모형은 과제 해결을 하기 위해 4~6명의 구성원들이 원소속 모둠과 전문가 모둠을 구성하여 학습한다. 각각의 학생들이 전문가 모둠에서 특정한 주제를 학습하여 그 주제에 관한 전문가가 된 후 자신의 원소속 모둠으로 돌아가 서로를 가르치며 학습하는 방법이다. Jigsaw 모형은 다양한 형태로 발전되었는데, Slavin(1987)의 Jigsaw Ⅱ 모형, Steinbrink & Stahl(1994)의 Jigsaw Ⅲ 모형, Holiday(2002)의 Jigsaw Ⅳ 모형 등이 있다. 이처럼 다양한 Jigsaw 협동 학습 모형이 제시되었지만, 기본적인 틀은 모두 Jigsaw Ⅰ 모형을 기반으로 하므로 여기서는 Jigsaw Ⅰ 모형의 절차를 중심으로 살펴본다.

그림 8-3-4 Jigsaw Ⅰ 모형의 수업 절차

Jigsaw Ⅰ 모형은 일반적으로 "모둠 구성 → 개인별 전문 과제 부과 → 전문 과제별 모임 및 전문가 모둠에서의 협동 학습 → 원소속 모둠에서의 협동 학습 → 개별평가 → 개인별 점수 산출"의 순서로 이루어진다. 모둠은 5~6명으로 구성하고, 학습 능력 등에 따라 서로 이질적으로 구성한다. 모둠의 구성원은 각각 독립적인 전문 과제를 부과받는다. 학생들이 학습할 전문 과제는 모둠의 구성원의 수만큼 나누어져 있고 몇 가지 소주제가 질문의 형식으로 적혀 있다. 이후 같은 전문 과제를 부여받은 학생들끼리 전문 과제별 모둠에서 협동 학습 활동을 통해 과제를 해결한다. 전문가 모둠에서의 활동이 끝나면 각 구성원은 다시 원소속 모둠으로 돌아가 동료들에게 자신이 학습한 내용을 가르치고 설명한다. 또한, 다른 전문가 모둠에서 학습한 동료로부터 설명을 듣고 이해한다. 원소속 모둠에서의 학습 이후에 학생들은 학습과제에 대한 개인별 평가를 한다. 각 학생은 평가

결과 점수를 받으며 향상 점수나 모둠 점수를 통한 보상은 이루어지지 않는다.

(5) GI 모형(Group Investigation; 집단 탐구 모형)

GI 모형은 이스라엘 텔아비브대학의 Sharan, S., & Sharan, Y.(1976)이 개발한 협동 학습 모형이다. 2~6명 정도의 학생이 소집단을 이루어 역할과 과제를 나누며 학습은 토론을 중심으로 이루어진다. 즉, 학생이 주제를 직접 선택하고, 토론을 통해 주제 해결을 위해 필요한 정보를 정하고, 분석을 통해 새로운 지식으로 변형시킬 수 있다. 이러한 과정을 통해서 학생들은 정보를 수동적으로 받아들이기보다는 자신이 직접 선택하고, 조직하고, 이해하는 능동적인 역할을 할 수 있어 매우 유용한 협동 학습 방법이다(정문성, 2006).

그림 8-3-5 발표 및 평가

GI 협동 학습 모형은 일반적으로 "주제 선정 및 모둠 구성 → 계획 수립 및 역할 분담 → 모둠별 탐구활동 → 발표 준비 → 발표 및 평가"의 순서로 이루어진다. 먼저 교사는 탐구 문제와 관련된 자료들을 교실에 제시하고 학생들이 자유롭게 살펴보고 탐구 문제에 대해 생각해 볼 수 있는 기회를 먼저 제공한다. 학생은 탐구 주제와 관련된 자료를 바탕으로 주제와 관련된 구체적인 질문을 통해 이를 범주화시킨다. 범주화된 하위주제를 학생들이 스스로 선택하여 모둠을 구성한다. 모둠 구성 후 계획 수립 및 역할 분담에서는 모둠별 이름과 각각의 역할을 정한다. 모둠별 하위주제를 더 구체화하여 모둠원들이 탐구하고 싶은 것이 무엇인지 명확하게 해야 한다. 하위주제를 명확히 한 후에 어떻게 탐구를 진행할 것인지 결정한다. 모둠의 이름과 탐구 주제, 탐구내용, 탐구 방법, 역할 분담 내용을 담은 학습지를 작성하고 계획을 구체적으로 수립한다. 모둠별 탐구활동은 가장 핵심적인 활동으로 모둠 내에서 자신이 맡은 역할을 수행하며 긍정적 상호작용을 통해 구성원들과 정보를 교류한다. 다양한 정보들을 수집하여 파악한 뒤 다른 구성원들이 새로 수집한 자료들과 비교, 분석하여 내용을 통합시키고 이를 구성원들과 공유한다. 여기서 교사는 정보 제공자와 촉진자의 역할을 하는데, 모둠에서 잘 적응하지 못하는 학생에게 적절한 자료를 제공하여 이해를 돕고 격려를 통해 학생들이 능동적으로 학습에 참여할 수 있도록 한다. 또한 토론하는 과정에서 상대방의 이야기를 듣고 서로 존중하고 배려하는 태도를 갖게 하는 것이 중요하다. 발표 준비 단계는 모둠별로 조사하고 탐구한 내용을 전체 학생들에게 어떠한 방식으로 발표를 할지 구체적인 방안을 생각하는 단계이다. 이러한 과정에서 학생들은 핵심 사항을 전달하기 위해 자료를 정리한다. 교사는 이러한 과정에서 각 모둠의 하위주제와 일반적 탐구 문제를 연결 지어 핵심적인 내용을 발표하는 것을 상기시키고 효율적인 발표가 될 수 있도록 돕는다. 발표 시간과 순서, 그리고 발표 시 지켜야 할 규칙을 정한다. 다음으로 모둠별 탐구결과를 전체 학생들에게 발표하고 종합 토론을 진행하는데 비판적인 토론보다는 서로가 격려할 수 있는 분위기를 조성한다. 마지막으로 탐구결과와 주제에 대한 이해도를 평가하고 탐구 과정과 내용을 평가하며 반성의 기회를 제공한다.

3 협동 학습의 특징 및 적용상의 유의점

협동 학습은 경쟁 구조가 포함된 전통학습이나 개별학습과 비교할 때 긍정적 상호의존성, 대면적 상호작용, 개별적 책무성, 사회적 기술, 집단 과정과 같은 다섯 가지 특징이 두드러진다(정문성, 2006).

첫째, 긍정적 상호의존성(Positive interdependence)은 자신의 목적을 달성하기 위해서 집단 내의 구성원들과 도움을 주고받기 때문에 서로 긍정적으로 의존한다는 것이다. 즉 협동 학습은 구성원들끼리 도와야 해결되는 과제를 활용하므로 한 구성원이 해야 할 일을 하지 않으면 공동과제의 해결이 어렵다. 또한 자신의 과제가 해결되어도 공동과제가 해결되지 않을 수 있으므로 집단 내의 구성원들끼리 서로 협력하여 공동과제를 성공적으로 해결하기 위해 노력해야 한다.

둘째, 대면적 상호작용(Promotive face-to-face interaction)은 개인이 혼자만의 학습을 하는 것이 아니라 모둠 구성원 간에 함께 의사소통을 통해 서로의 활동을 격려하거나 촉진하는 것을 의미한다. 서로 의사소통하면서 다른 사람의 설명을 듣는 것은 자신의 이해를 발전시키는 기회가 될 뿐 아니라 수학적 아이디어를 주고받는 것은 자신의 생각을 더욱 분명하게 하는데 도움이 된다. 특히, 협동 학습에서는 구성원들끼리 서로의 얼굴을 맞대고 서로의 목소리를 들을 수 있을 정도의 거리에서 의사소통이 이루어지는 것을 중요하게 여긴다.

셋째, 개별적 책무성(Individual accountability)은 협동 학습이 집단을 구성하여 공동의 목표 달성을 위해 노력하므로 구성원간 상호의존성을 갖지만, 구성원들 사이에는 각자가 맡은 역할이 있어야 하며 책임감을 가지고 충실하게 모둠에 공헌해야 한다는 것을 의미한다.

넷째, 사회적 기술(Social skills)은 협동 학습이 인지적 측면에서 학습 목표 달성뿐만 아니라 사회생활에 필요한 의사소통 능력, 리더십, 신뢰, 갈등 조정과 같은 역량을 습득하고 기를 수 있다는 것이다.

다섯째, 집단 과정(Group processing)은 협동 학습에서 구성원 개개인이 맡은 역할을 제대로 완수하였는가와 이를 위하여 얼마나 노력하고 협력했는가에 대한 피드백과 성찰이 필요하다는 것을 의미한다. 이때, 교사는 자기평가 및 동료평가를 활용하여 학습 과정을 반성하는 기회를 제공함으로써 학생들의 사회적 기능이 향상될 뿐 아니라 이후에 더욱 효율적인 모둠활동을 가능하게 해준다.

한편, 협동 학습은 능력이 이질적인 학생들이 모여 각자의 능력을 발휘하고 협력하여 공통 과제를 해결함으로써 학습목표를 효과적으로 달성할 수 있다는 점에서 교육적으로 의미 있는 방법이지만 기대한 효과를 최대한 얻기 위해서 특히 수업을 운영하는 교사가 유의해야 할 점이 있다.

첫째, 협동 학습이 구성원 간의 상호 작용에 기반한다는 점에서 교사는 모든 구성원이 협력적 학습에 적극적으로 참여할 수 있도록 유도해야 하며, 학생들 사이에 갈등이나 문제점이 발생할 경우 적절한 해결 방안을 마련해야 한다. 특히, 개인 과제 해결이 아니라 모둠의 공동 과제 해결을 통해 보상을 실시하는 경우 구성원 간의 갈등이 발생할 가능성이 크며, 일부 학생이 과제의 해결이나 학습의 진행을 독점하는 문제가 발생할 수 있다. 이러한 경우 협력적 문제해결 등과 같은 협동 학습의 원래 목적을 달성하기 어려울 수 있으므로 교사는 모둠의 활동을 주의 깊게 관찰하여 모든 구성원이 책임감을 가지고 학습에 참여할 수 있도록 해야 한다. 특히, 학습에 대한 동기나 의지가 낮은 일부 학생이 목표 달성에 기여하지 않고도 전체의 성공에 의해 성과를 인정받는 소위 무임 승객 효과를 방지하기 위한 방안을 마련해야 한다.

둘째, 협동 학습을 통해 학습 내용뿐만 아니라 미래 사회에 필요한 사회적 기술 또는 역량을 계발하기 위해서는 팀 내 자율적 분위기, 열린 의사소통과 피드백, 팀원 간의 배려 등이 중요하므로 이러한 분위기를 조성해야 한다. 특히, 이러한 학습 태도나 분위기는 단기간의 지도나 지시로 쉽게 얻어지는 것이 아니므로 학생들이 자율적이면서도 배려하는 문화가 형성될 수 있도록 계속 노력해야 한다.

셋째, 협동 학습의 효과를 극대화하기 위해서 교사는 학생들에게 학습 내용뿐만 아니라 모둠 활동 과정을 반성하거나 평가할 수 있는 기회를 충분히 제공해야 한다. 이를 통해 학생들은 의사소통 능력, 리더십, 비판적 사고력, 갈등 조정 능력과 같은 사회적 기능이 향상될 수 있으며 후속 협동 학습에서도 더욱 적극적으로 모둠활동에 참여할 수 있다.

4 협동 학습 적용의 실제

다음은 원주각과 중심각 사이의 관계에 대한 수업에서 TAI 협동 학습 모형을 적용한 수학과 교수·학습 과정안과 학습안내서 및 학습 자료의 예이다.

표 8-3-1 TAI 모형을 적용한 교수·학습 과정안

<table>
<tr><td>단원</td><td colspan="3">Ⅶ. 원의 성질 2. 원주각 (1) 원주각</td></tr>
<tr><td>학습목표</td><td colspan="3">원주각과 중심각 사이의 관계를 이해하고 설명할 수 있다.</td></tr>
<tr><td>단계</td><td>학습단계</td><td>교수·학습 활동</td><td>자료 및 유의점</td></tr>
<tr><td>도입</td><td>▸ 모둠 구성

▸ 학습 자료 배부
▸ 학습 절차 및 개념 설명</td><td>- 성적, 성별 등이 다양한 4~6인의 모둠을 구성한다.
- 수업에 필요한 자료를 집단별로 배부한다.
- 학습안내서를 통해 학습 절차를 설명한다.
- 학습목표를 안내한다.
- 학습내용에 대하여 개괄적으로 설명한다.
1) 호, 중심각, 원주각 등의 용어.
2) 삼각형의 한 외각의 크기는 나머지 두 내각의 합과 같다.
3) 원주각과 중심각 사이의 관계를 설명한다.
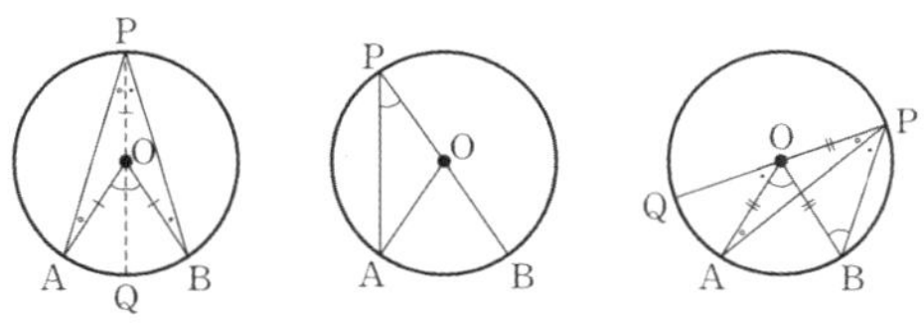

① 원주각의 크기는 중심각의 크기의 $\frac{1}{2}$ 이다.
② 한 호에 대한 원주각의 크기는 일정하다.
* 중심각의 크기가 180°인 경우 원주각의 크기는 직각이다.</td><td>- 학습안내서
- 개별학습지 (1~2)
- 점수기록표 (개별, 팀별)
- 형성평가A
- 형성평가B
- 정답표
- 수업 평가지</td></tr>
<tr><td>전개</td><td>▸ 개별 학습
▸ 형성평가 A
▸ 집단 내 협동 학습
▸ 형성평가 B
▸ 집단 내 협동 학습
▸ 단원평가</td><td>[개별학습지 1, 2] 개별 해결
[형성평가 A] 개별 해결
※ 형성평가 A에서 약 80% 미만의 성취도를 보인 학생을 대상으로 집단 내 협동 학습을 실시한다.
[형성평가 B] 개별 해결
※ 형성평가 B에서 약 80% 미만의 성취도를 보인 학생을 대상으로 집단 내 협동 학습을 실시한다.
[단원평가] 개별 해결</td><td>개별학습지는 학생들의 수준을 고려하여 수준별로 구성할 수도 있다.
학생들은 각 과정마다 자신의 점수를 점수기록표에 기록해야 한다.</td></tr>
<tr><td>정리</td><td>▸ 정리 및 평가

▸ 우수팀 보상</td><td>- 학습을 마친 학생들은 평가표로 자신의 태도를 평가하고 반성한다.
- 개별 점수와 팀별 점수를 합산하고 설정된 기준을 초과한 팀에 대한 보상을 실시한다.</td><td>수업평가지</td></tr>
</table>

2) 학습 안내서

1. 안내지와 함께 나누어 준 개별학습지를 해결한다.
   ① 세트 1의 3문제를 모두 해결하면 세트 2 문제를 해결한다.
   ② 세트 1에서 틀린 문제가 있으면 세트 2로 넘어가지 말고 짝에게 물어본다. 그래도 부족하다고 느끼면 선생님의 도움을 받아 완전히 이해한 후 세트 2 문제로 넘어간다.
2. 점수기록표의 개별학습 항목에 자신의 점수를 체크한다.
3. 개별학습지를 모두 해결한 학생은 형성평가 A를 풀고 짝에게 채점을 받는다. 약 80% 이상 맞으면 통과한다. 그렇지 못하면 다른 팀원이나 선생님의 도움을 받아 틀린 문제를 해결하고 다시 형성평가 B를 푼다.
4. 점수기록표에 각자 점수를 기록한 후, 합격증을 받은 사람은 도우미에게 합격증을 제시하고 단원평가를 푼다.
5. 개별 학생은 점수기록표의 단원평가 항목에 자신의 점수를 기록하고 기록을 담당한 학생은 점수기록표에 조별 점수를 기록한다.
6. 평가표로 자신과 모둠을 평가한다.
7. 우수 모둠은 선생님으로부터 보상을 받는다.

3) 개별학습지 1

다음 그림에서 $\angle x$의 크기를 구하여라.

(1)
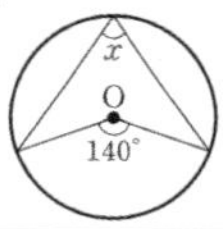

(2)
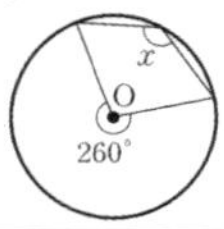

(3)
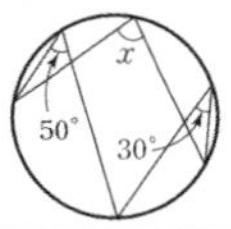

4) 개별학습지 2

다음 그림에서 $\angle x$의 크기를 구하여라.

(1)
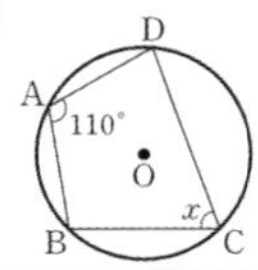

(2)
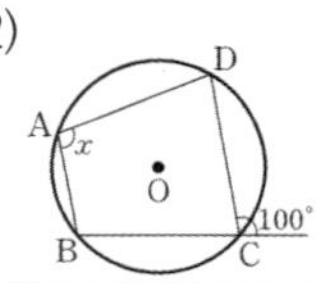

5) 형성평가 A

1. 다음 그림에서 x의 값을 구하여라.

(1)
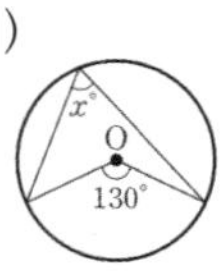

(2)
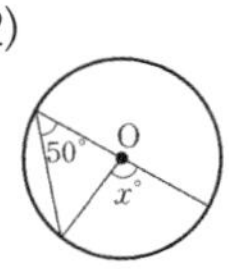

(3)
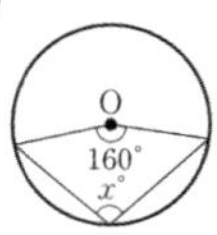

2. 다음 그림에서 x, y의 값을 구하여라.

(1)
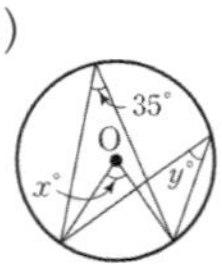

(2)
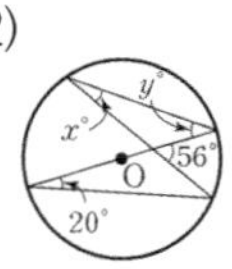

(3)
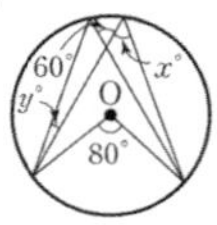

6) 형성평가 B

1. 다음 그림에서 x의 값을 구하여라.

(1)
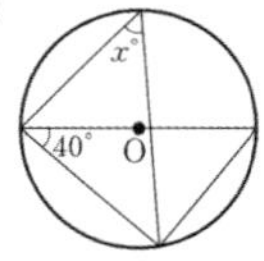

(2)
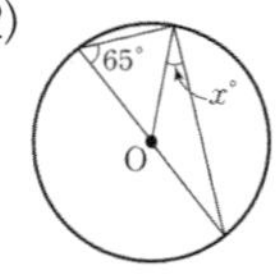

2. 다음 그림에서 x, y의 값을 구하여라.

(1)
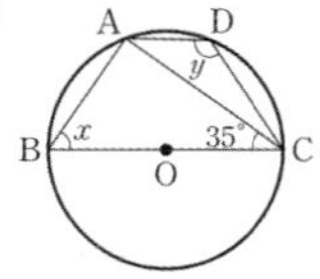

(2)
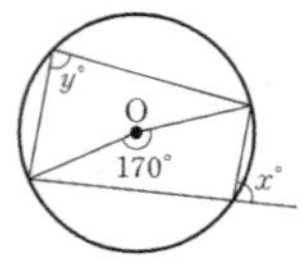

3. 다음 그림에서 x, y의 값을 구하여라.

(1)
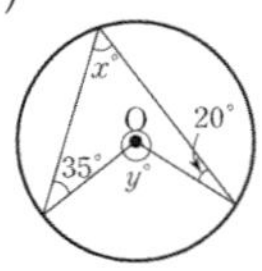

(2)
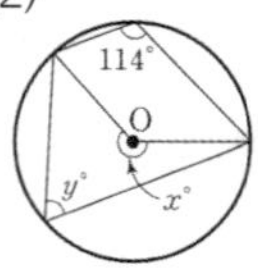

(3)
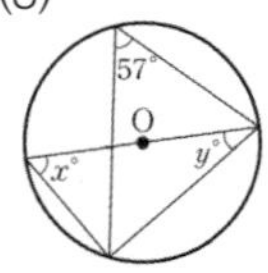

7) 단원평가

1. 다음 (   ) 안에 알맞은 내용을 쓰시오.

[원주각과 중심각 사이의 관계]
(1) 원에서 한 호에 대한 원주각의 크기는 그 호에 대한 중심각의 크기의 (   )이다.
(2) 원에서 한 호에 대한 원주각의 크기는 모두 같다.

2. 다음 그림에서 x의 값을 구하여라.

(1)

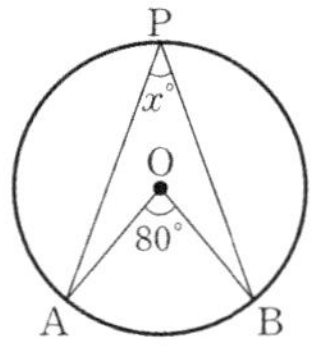

(2)

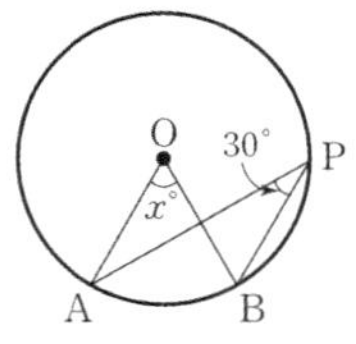

3. 다음 그림에서 $\angle AQB = 38°$ 일 때, $\angle x$, $\angle y$의 크기를 구하여라.

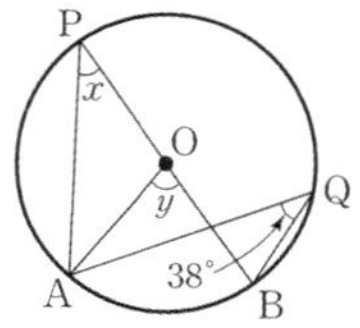

TAI 협동 학습 모형은 수학 교과에서 문제가 되는 학생들 간의 개인별 성적 차이를 좁힐 수 있는 효율적인 협동 학습 모형이다. TAI 협동 학습의 절차는 일반적으로 "모둠 구성 → 학습 자료 배포 → 협동 학습 절차 설명 → 모둠 내 개별학습 → 형성평가 A → 모둠 내 협동 학습 (→ 형성평가 B → 모둠 내 협동 학습) → 단원평가 → 정리 및 평가 → 우수팀 보상"의 순서로 이루어진다. 본 교수 · 학습 과정안을 보면, 먼저 성적, 성별 등이 다양한 4~6인의 모둠을 구성한 후, 학습에 필요한 자료들을 배포하였다. 자료 배부가 끝나면 학습안내서를 통해 본 수업의 절차와 방법을 설명한다. 특히, 개별학습과 모둠 내 협동 학습 그리고 형성평가의 과정에서 이루어지는 협동 학습에 대하여 자세히 설명한다. 학습안내서를 통한 학습 과정에 대한 설명이 끝나면 본 수업의 목표와 그와 관련된 학습 내용인 호, 중심각, 원주각 등의 용어와 원주각과 중심각 사이의 관계에 대하여 교사가 간단히 설명한다. 교사의 설명이 끝나면 학생들은 개별적으로 개별학습지 1과 2를 해결한다. 개별학습지 1과 2는 학습목표의 달성을 위해 해결해야 할 문제로 학생들의 수준을 고려하여 수준별로 제공될 수도 있다. 개별학습지의 풀이가 끝나면 점수를 기록

하고, 틀린 문제가 있으면 모둠 내의 동료나 교사의 도움을 받아 해결한다. 개별학습지의 풀이가 끝나면 마찬가지로 개인별로 형성평가 A를 해결한다. 80% 이상을 맞춘 경우에는 바로 단원평가를 해결하고, 80% 미만인 경우에는 모둠 내 협동 학습을 통해 틀린 문제를 해결한 후, 다시 형성평가 B를 해결한다. 형성평가 B에서 80% 이상을 맞추면 단원평가를 해결하고, 80% 미만인 경우에는 다시 모둠 내 협동 학습을 통해 틀린 문제를 해결한 후, 단원평가를 해결한다. 학생들은 각 단계마다 자신의 얻은 점수를 점수기록표에 기록한다. 단원평가 풀이가 끝나면 수업 평가지를 통해 수업 태도 등에 대한 평가를 실시하고, 교사는 점수기록표에 기록된 개별 점수와 팀별 점수를 합산하고 설정된 기준을 초과한 팀에 대한 보상을 실시한다.

4 탐구 학습

|1| 배경 및 의미

탐구 학습은 학생이 중심이 되어 수학 개념, 원리, 법칙을 발견하고 구성하는 교수·학습 방안으로, 학생 스스로 자료와 정보로부터 지식을 도출하거나 지식의 타당성을 확인하는 것이 중요함을 알게 한다(교육부, 2022b). 탐구 학습을 통해 학생은 스스로 문제를 인식하고 해결하는 전략을 고안하여 고등정신 능력을 개발할 수 있으므로, 현대 지식정보사회에 적합한 교수·학습 방법으로 여겨진다. 탐구 학습에서 탐구(inquiry)는 문제해결(problem solving), 발견(discovery), 반성적 사고(reflective thinking)와 동의어로 쓰이며, 용어의 기원을 소크라테스의 산파법에서 찾을 정도로 오랜 역사를 지닌다(노진영, 변우열, 이병기, 2009). 탐구 및 탐구 학습의 의미, 탐구 학습을 위한 수업의 단계는 연구자마다 다소 차이가 있으며, 이를 하나로 규정하기는 쉽지 않다. 그러나 김민환, 추광재(2012)에 따르면 교수·학습 방법으로 탐구가 지닌 시사점을 모색한 대부분의 연구가 Dewey의 반성적 사고, Bruner의 발견학습, Massialas의 사회탐구 모형, Schwab의 과학탐구 모형을 기반으로 한다.

Dewey는 학생이 당면한 생활 문제를 해결하는 과정에서 지식, 기능, 태도 등을 종합적으로 획득하는 학습 방법인 문제해결법을 수업이론으로 제안하였다. Dewey에 따르면 문제해결법을 추진하는 동력은 반성적 사고이며, 반성적 사고의 동적 특징을 강조하여 설명하기 위해 탐구라는 표현을 사용하였다. Dewey에 의하면 탐구란 일련의 사례에 근거하여 제안할 수 있는 새로운 신념 또는 사실을 객관적 자료에 비추어 논리적으로 검증함으로써 새로운 결론을 도출하는 것이다. 이상에 따르면 탐구 학습과 발견학습은 명확히 구분되지 않는다. 두 개념 모두 학습자 스스로 문제를 인식하고 해결하는 과정을 중시하며, 지식 자체가 아니라 지식을 얻는 과정, 방법, 활동에 주목한다는 점에서 공통점이 있다. Massialas의 탐구 수업이론은 사회 탐구내용에 집중되지만, 1960년대 미국에서 가장 큰 영향을 미친 교수 이론 중 하나로 현재도 미국 초·중등학교에서 광범위하게 사용된다(김민환, 추광재, 2012). Massialas는 탐구를 어떤 사실과 가치의 문제를 가정에 비추어 평가하고 일정한 기준에 따라 타당화하는 과정이라고 정의하였다(Massialas, 1969).

한편 탐구 수업은 1950년대 미국에서 과학교육을 위한 수업 방법으로 연구 및 개발되기 시작하여 현재는 모든 교과에 적용되고 있다(노진영 외, 2009). 실제로 탐구 수업(inquiry instruction)이란 용어는 과학탐구 모형을 제시한 Schwab이 1964년에 최초로 사용하였다. Schwab은 탐구 수업에서 학생을 일종의 과학자로 간주하고, 소박하지만 학생이 직접 가설을 설정하고 이 가설을 검증하는 실험 과정을 계획한 후 직접 실험을 수행하여 얻은 결과에 비추어 가설을 평가하는 일련의 활동을 탐구로 설명하였다(윤기옥, 정문성, 최영환, 강문봉, 노석구, 2002).

이상에 따르면 탐구 학습을 위한 교수·학습은 일련의 구체적인 사례에 기반하여 문제 상황이나 가설을 설정하고 최대한 학생 스스로 문제해결 또는 가설 검증을 위한 계획을 세워 이를 객관적 자료나 실험을 통해 논리적으로 평가 및 검증하는 과정에서 새로운 사실이나 개념, 문제해결 방법 등을 발견하도록 함으로써 구체화할 수 있다. 이는 탐구 학습을 위한 교수·학습은 연역적 방법보다 귀납적 방법에 따라, 교사 중심이 아닌 학생 중심으로 수업이 진행되는 특징이 있음을 보여준다.

2022 개정 수학과 교육과정은 탐구 학습*을 학생이 중심이 되어 수학 개념, 원리 법칙을 발견하고 구성하는 교수·학습 방법으로 설명하고, 탐구 학습을 통해 학생 스스로 자료와 정보로부터 지식을 도출하거나 지식의 타당성을 확인하는 능력을 기를 수 있다고 하였다. 그러나 탐구 수업에 대한 이상과 같은 설명은 학생이 스스로 수학 개념, 원리, 법칙을 발견하거나 그 타당성을 확인하도록 하는 데 무엇을 탐구 대상으로 삼아 어

* 2022 개정 수학과 교육과정은 수학과 수업의 유형을 제시하면서 탐구 학습이라는 용어를 사용한다(교육부, 2022b). 탐구수업과 탐구 학습은 설명의 주안점을 교사와 학생 중 어디에 두느냐에 따라 상대적이며 그 의미상 거의 유사하다고 볼 수 있다. 따라서 이 장에서는 탐구 수업과 탐구 학습을 혼용하여 사용한다.

떤 탐구 과정을 거치도록 수업을 진행해야 하는지를 파악하기 쉽지 않다. 다음 절에서는 탐구 학습을 위한 수업 과정의 일반적 절차를 살펴보고 수학적 탐구 과정에 비추어 탐구 수업 단계를 구체화한다.

|2| 탐구 학습을 적용한 교수 · 학습 과정

(1) Dewey의 반성적 사고 단계

가. 암시(suggestion): 주체가 문제를 인식하게 되면 즉각적으로 떠오르는 것은 해야 할 일이나 잠정적인 답이다. 이러한 아이디어는 가설적인 성격을 띠지만 문제해결의 주요한 실마리가 된다.

나. 지성화(intellectualization): 앞서 인식한 '곤란'을 '해결해야 할 문제'로 전환하여 막연한 사태의 특징을 명료화하고 잠정적인 가설을 형성한다.

다. 가설(hypothesis): 현 사태를 조사하여 지성화를 통해 도출한 잠정적인 답을 탐색한다.

라. 추론(reasoning): 설정한 가설을 구체적으로 검증하기 앞서 그 결과를 예견하고 정련한다.

마. 검증(investigation): 가설을 실제 실행해 보거나 가설이 요구하는 조건을 갖춘 실험이나 관찰을 진행한다. 수집한 증거를 통해 설정된 가설을 검증하거나 확실성을 밝힌다.

(2) Bruner의 발견학습 단계

가. 탐색 및 문제 파악: 주어진 학습 자료를 탐색하고 학습 문제가 무엇인지를 파악한다.

나. 자료 제시 및 관찰 탐색: 문제 해결에 필요한 자료를 제시하여 학생들이 관찰 탐색하게 한다.

다. 자료 추가 제시 및 관찰 탐색: 전 단계에서 제시한 자료 이외에 다른 자료들을 추가로 제시하여 학생들이 관찰 탐색하게 하고 이전 결과와 비교하게 한다.

라. 규칙성 발견 및 개념 정리: 관찰 탐색한 결과를 일반화하고 규칙성을 발견하도록 한다. 규칙성을 발견하지 못하면 피드백 과정을 통하여 자료를 더 제시한 다음 일반화하도록 한다.

마. 적용 및 응용: 발견한 규칙성을 다른 경우에 적용 또는 응용해 보게 함으로써 발견한 규칙성이나 개념을 보충 심화한다.

이상을 종합하면 탐구 수업 과정의 일반적 절차에는 문제 발견, 가설 설정, 탐색, 결론 등의 단계가 포함됨을 알 수 있다.

(3) 수학적인 탐구 교수 · 학습 과정

수학자들은 문제를 통해 연구 동기를 얻고 문제를 해결하기 위해 수학적 탐구 과정을 밟는다. 수학적 탐구 과정은 문제와 관련된 다양한 형태의 실험, 실험을 통해 만들어진 추측, 추측에 대한 증명 및 반증 활동을 포함한다(Holton, 1998). Holton(1998)은 대학생들에게 수학적 탐구 과정을 지도하기 위해 자신의 연구 경험을 [그림 8-4-1]과 같이 모형화하였다.

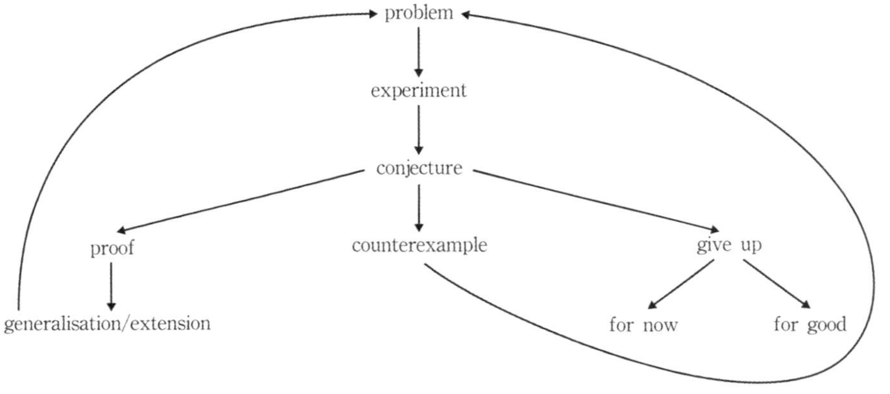

그림 8-4-1 Holton의 수학적 탐구 과정 모형(Holton, 1998, p. 50)

도종훈(2007)에 따르면 Holton의 모형은 답을 구하는 문제보다 증명하는 문제에 주목하여 대학 수준의 수학적 탐구 과정을 다루고 있는 바, 중등학교 탐구 수업에 곧바로 적용하기 어려운 점이 있다. 학교수학에서 다루는 문제 대부분은 답을 구하는 문제로, '무엇을 구하라'와 같이 답이 이미 결정된 상태에서 학생들에게 이를 찾도록 요구한다. 그러나 수학적 탐구 과정은 답이 하나로 결정된, 주어진 문제의 답을 구하는 것뿐 아니라, 답의 존재 유무를 탐색하고 이를 찾는 다양한 전략을 모색하며, 해결한 문제를 보다 다양하고 새로운 관점으로 해석하여 새로운 추측을 통해 문제를 제기하는 과정이다. 이에 도종훈(2007)은 수학적 탐구 활동을 "추측과 정당화 과정을 통해 기존 문제에 대한 새로운 해법뿐만 아니라 그로부터 새로운 수학 내용이나 문제를 끊임없이 제기하고 해결해 나가는 활동"으로 규정하고, [그림 8-4-1]을 보완하여 중등학교 수업에서 따를 수 있는 수학적 탐구 과정 모형을 [그림 8-4-2]와 같이 제안하였다.

[그림 8-4-2]는 수학적 탐구 수업을 실행하고자 할 때 탐구 대상이 될 문제를, 교과

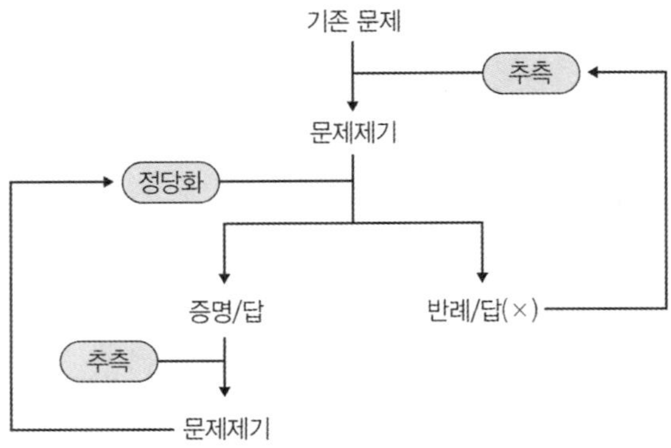

그림 8-4-2 도종훈의 수학적 탐구 과정 모형(도종훈, 2007, p. 70)

서에 있는 기존 문제에 대한 문제 제기를 통해 학생이 발견 및 인식하도록 안내할 수 있음을 제안하였다는 점에서 의미가 있다. 그러나 [그림 8-4-2]는 발견한 탐구 문제를, 어떤 탐구 활동을 거쳐 해결할 수 있으며 이를 증명 또는 답으로 정리할 수 있는지를 구체적으로 포함하지 않은 한계가 있다.

김익표(2010)는 수업 중에 다루는 문제의 조건이나 상황을 변형 및 재정의하여 새로운 문제를 설정하고, 책이나 다른 출처의 정보를 검토하거나 실험 등을 통해 자료를 수집, 분석, 해석함으로써 해답과 설명을 제안한 다음, 그 결과를 의사소통하는 일련의 교수·학습 과정을 수학교육에서 활용할 수 있는 탐구중심 수업을 정의한 바 있다. 또한 초등학교 수학 교사용 지도서(교육부, 2019b)는 수학 수업에 탐구학습 모형을 적용하는 취지는 수학자들이 수학적 지식을 구성하고 원리를 발견하는 탐구 과정을 학생들이 경험하게 하는 것임을 강조하면서 탐구수업 단계를 [그림 8-4-3]과 같이 설명하였다. 이 상에 따르면 수학적 탐구수업에서 학생은 문헌을 검토하거나 실제 실험을 통해, 또는 구

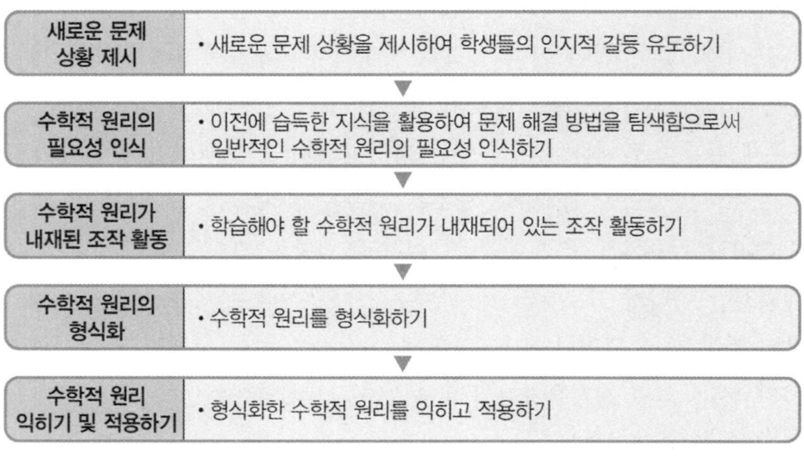

그림 8-4-3 초등학교 수학 교사용 지도서의 탐구수업 단계(교육부, 2019b, p. 80)

체물을 활용한 조작활동을 통해 탐구문제 해결의 아이디어를 얻을 수 있다. 또한 탐구수업에서 학생들이 얻은 탐구결과는 형식화, 의사소통을 통한 반성 및 평가 과정을 통해 정교화할 필요가 있다.

한편 2015 개정 수학 교육과정은 일반계 고등학생들이 수학적 탐구 활동을 자신의 수준에 맞게 스스로 수행하여 진로와 적성에 맞는 탐구 능력을 신장할 수 있도록 수학과제 탐구라는 진로선택 과목을 도입하고, 모델 교과서(교육부, 2019a)를 개발하였다. 이 교과서에 따르면 수학적 탐구 활동은 문헌 연구, 사례조사, 수학실험, 개발연구를 통해 진행할 수 있다.

이상을 종합하여 수학적 탐구 수업 단계를 구체화하면 [그림 8-4-4]와 같다.

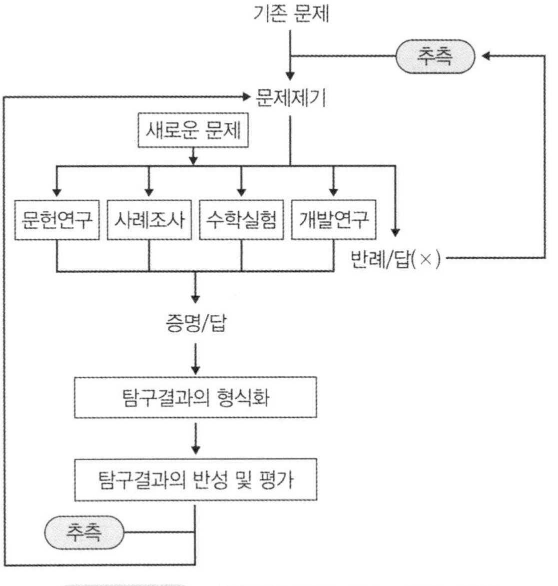

그림 8-4-4 수학적인 탐구 교수·학습 과정

3 탐구 학습의 특징 및 적용상의 유의점

탐구 학습은 수학적인 개념, 원리, 법칙 등을 학생 스스로 발견 및 구성하도록 하여 문제해결력을 비롯해 현대 사회에서 요구되는 고등정신 능력과 역량을 개발하는 데 주목하는 교수·학습 방법이다. 이에 탐구 학습을 위한 수학 교수·학습을 실행할 때 교사는 다음 사항에 유의할 필요가 있다.

(1) 선행 연구에서 제시한 탐구 수업 단계는 수학자들이 수행하는 일련의 탐구 과정에 기반하므로, 단위 수업에서 전 단계를 구현하기 힘들 뿐만 아니라, 모든 단계를 학생들에게 맡겨두면 정해진 수업 시간에 탐구활동을 완결하기 어려울 수 있다.

교사는 적절한 발문과 안내를 통해 학생들의 탐구 활동을 중재할 필요가 있다.

(2) 학생들이 수학적 탐구를 수월하게 진행하지 못한다고 하여 즉각적으로 개입하거나 책망하지 않도록 한다. 시행착오는 탐구활동의 주요 요소 중 하나로 이를 경험하는 것 자체가 수학적 탐구 과정의 일부임에 유의한다.

(3) 탐구 수업은 개인 사고와 집단 사고가 조화를 이루도록 진행한다. 학생 개개인이 탐구 문제를 다룰 기회를 가짐과 동시에, 모둠 활동 및 학급 전체 논의를 통해 탐구 과정을 전개하거나 정교화할 수 있도록 한다.

| 4 | 탐구 학습 적용의 실제

〈표 8-4-1〉은 [그림 8-4-4]에서 제시한 수학적 탐구 수업 단계를 적용하여 두 직선의 평행 조건을 다루는 교수·학습 과정안의 예이다. 〈표 8-4-1〉은 무한도전 명함을 실제 학생들에게 제시하여 구체물을 활용한 실험 활동을 통해 수학적인 탐구 활동을 실행하게 하였으며, 이를 통해 '평행한 두 직선을 기울기가 같고 y 절편의 값이 다르다.'는 사실을 발견하도록 하고 이를 수학적 표현으로 형식화하도록 하였다는 점에서 의미 있는 시도라고 볼 수 있다.

| 표 8-4-1 | 탐구 학습을 적용한 수학 교수·학습 과정안

단원	Ⅲ. 도형의 방정식 2. 직선의 방정식 2-2 두 직선의 평행과 수직		
학습목표	두 직선의 평행조건을 이해한다.		
단계	교수·학습 흐름	교수·학습 활동	자료 및 유의점
도입	▸ 문제 제기	- 무한도전 명함을 소개한 후, 명함에서 볼 수 있는 특징을 묻는다. - 이것을 좌표평면으로 옮겼을 때의 기울기를 구해보게 한다. - 문제 제기를 통해 평행한 두 직선의 기울기에 대한 탐구가 필요함을 인지하게 한다.	평행한 두 직선의 기울기에 대한 탐구의 필요성을 인지한다.
전개	▸ 수학 실험을 통한 탐구활동	- 무한도전 명함을 나누어주고, 모둠칠판에 이를 올려놓은 다음 직선의 방정식을 구하는 탐구활동을 진행하도록 한다.	무한도전 명함
	▸ 탐구결과의 형식화	- 모둠별로 구한 직선의 방정식을 보고 이들 사이의 공통점을 탐구하도록 한다. - 탐구활동을 통해 평행한 두 직선은 기울기가 같고, y절편은 다르다는 것을 발견하고 이를 형식화하도록 한다.	

	▸ 탐구결과 반성 및 평가	- 두 직선 $x-2y+4=0$과 $2x-4y+3=0$을 $y=mx+n$꼴로 바꾸어 두 직선의 관계를 살펴보도록 한다.	탐구결과를 반성하고 음미하게 한다.
정리	▸ 확인학습 ▸ 과제제시		

5 프로젝트 학습

|1| 배경 및 의미

수학 교과는 타 교과에 비하여 설명 중심의 수업이 많이 이루어진다. 이는 수학 교과의 특성상 형식적이고 추상성이 높은 지식을 학생들에게 이해시키기 위해서는 강의식 수업이 효과적인 교수·학습 방법일 수 있다는 인식에 기반한다. 그러나 학습 주제 또는 학습자가 궁극적으로 수학의 학습을 통해 갖추어야 할 능력이 무엇인지에 따라서 학습자가 능동적으로 자료를 검색하고 심도 있는 연구를 할 수 있도록 이끌어주는 것이 더욱 의미 있는 교수·학습 활동이 될 수 있다. 교사 중심의 강의식 교수법은 개인을 중심으로 진행되므로 협업의 측면에서 부족하다. 반면, 프로젝트 학습(Project-Based Learning; PBL)은 주로 팀을 이루어 수행되고 팀원 간의 상호작용을 토대로 지식을 공유하고 산출물을 도출한다는 점에서 강의 중심 교수법과는 차이가 크다. 즉, 프로젝트 학습은 교수자가 제시하거나 학생들 스스로 선정한 다양한 과제를 여러 학습자가 팀을 이루어 결과물을 만들어가며 학습하는 방식이므로 자연스럽게 팀원 간의 협력이나 팀원들이 가진 지식과 역량을 통합적으로 활용하게 되어 개인적인 수준에서의 과제수행보다 훨씬 큰 효과를 기대할 수 있으며 미래사회에 필요한 다양한 역량을 키우는데 매우 효과적인 방법이 될 수 있다(정숙희, 2019).

우리나라는 2000년대 초에 열린 교육이 확산되면서 프로젝트 수업이 하나의 대안적인 교수·학습 방법으로 인식되었다. 이때 프로젝트 수업이나 프로젝트 학습은 활동 중심의 학습 프로그램과 유사한 의미로 사용되면서 학습 활동의 융통성과 개방성을 강조하는 하나의 새로운 접근 방법으로 확산되었다(박경미, 임재훈, 1999).

프로젝트 학습법에 대하여 여러 학자의 다양한 견해가 존재한다. Blumenfeld et al.(1991)은 실제적이고 비구조적인 문제 상황을 해결하기 위해 다양한 탐구활동 과정을 통해 학습자 중심의 배움 학습이 이루어지는 교수·학습 방법으로 정의하였다. 특히, 학습 동기를 불러일으킬 수 있는 실제적인 문제를 제공하는 것과 학습자의 사고가 끊임없이 자극되어 학습과제를 자기주도적으로 해결하는 일련의 과정에서 최종 산출물을 도출해야 한다는 점을 강조하였다. Markham, Larmer & Ravitz(2003)는 프로젝트 학습을 복잡하고 실제적인 문제를 대상으로 주의 깊게 설계된 과제들을 둘러싼 집중적인 탐구 과정을 통하여 학습자들이 지식과 기술을 학습하게 되는 체계적인 교수방법으로 정의하였다. Katz & Chard(2000)는 좀 더 학습할 가치가 있는 주제에 대하여 심층적으로 고찰하는 것으로, Thomas(2000)는 복잡한 과제를 학생들이 자율적으로 계획, 문제해결, 의사결정 또는 조사 활동을 통해서 실제적인 산출물이나 프레젠테이션을 만들어내는 것으로 정의하였다.

이러한 정의들을 살펴볼 때 프로젝트 학습은 학습자의 현실과 학습자가 경험할 수 있는 상황 속에서 학습자들에게 실제적인 문제를 제시하고, 그 제시된 문제를 해결하기 위해 학습자들 상호간에 공동으로 문제해결 방안을 강구하고, 자료를 수집하여 분석하며 이를 통해 해결안을 마련하는 일련의 과정에서 학습이 이루어지는 학습 방법으로 정의할 수 있다(최미리나 외, 2018).

2 프로젝트 학습을 적용한 교수·학습 과정

성공적인 프로젝트를 설계하기 위해서는 완결된 프로젝트의 모습을 염두에 두고 설계에 임하는 것이 필요하다. 학습 목표와 프로젝트의 목적이 불분명하면 학생들이 프로젝트의 과정에서 무엇을 해야 하는지, 어떤 결과물을 만들어내야 하는지에 대한 명확한 이해가 없어 결국 처음에 의도한 바와는 다른 결과를 얻을 수도 있기 때문이다.

프로젝트는 보통 다음과 같이 네 단계를 통해 설계한다. 첫째, 학생들에게 지도하고자 하는 내용적 지식과 사고 기술에 대한 학습 목표를 명확히 설정한다. 둘째, 이를 위한 추진 질문을 개발한다. 셋째, 평가계획을 수립한다. 넷째, 학습 목표에 도달하는 데 적합한 학습 활동을 설계한다. 이러한 네 가지 설계 단계는 선형적인 것이 아니며, 불명확한 부분에 대해서는 이전 단계로 돌아가 수정하고 보완하는 것이 바람직하다(Intel Innovation in Education, 2004). 각 단계에서 설계자가 고려해야 할 내용은 〈표 8-5-1〉과 같다.

| 표 8-5-1 | 프로젝트 수업 설계를 위한 단계

단계	주제	주요 내용
1단계	학습 목표 수립	- 학생들에게 교육과정의 내용 가운데 어떤 것을 알고, 할 수 있고, 이해할 수 있도록 하고자 하는가? - 고차원적 사고 가운데 어떤 것을 계발하고자 하는가?
2단계	추진 질문 개발	- 도달하고자 하는 학습 목표의 가장 큰 아이디어는 무엇인가? - 학생의 학습을 돕는 본질적 질문, 단원 및 내용과 관련된 질문은 무엇인가? • 본질적 질문은 학생들에게 학습에 대한 흥미를 불러일으키며, 더 큰 문맥에서 학습 내용을 생각할 수 있도록 하는 질문을 말한다. (예: 우리 주변에서 일어난 일들을 어떻게 설명할 수 있는가?) • 단원과 관련된 질문은 프로젝트의 핵심 목적에 초점을 두고 있다. (예: 물체의 움직임과 관련된 법칙은 무엇인가?) • 내용과 관련된 질문은 기본적이고 특정한 대답을 유도하는 것이다. (예: 밀도란 무엇인가? 불규칙적인 형태를 가진 물체의 부피는 어떻게 측정할 수 있는가?)
3단계	평가계획 수립	- 학생들이 학습 목표에 도달하였음을 어떻게 알 수 있는가? - 학생들을 어떤 준거로 평가할 것인가? - 프로젝트의 전 과정에 걸쳐서 교사와 학생들에게 정보를 줄 수 있는 평가 방법으로 어떤 것을 사용할까? - 학생들이 개인 또는 팀으로 학습을 하는 동안 학생들이 자기 관리를 할 수 있도록 독려하기 위해 사용할 수 있도록 보고하고 모니터할 수 있는 방법은 무엇인가?
4단계	학습 활동 설계	- 학생들이 학습 목표에 도달할 수 있도록 보다 풍부한 학습기회를 제공하기 위해 개발한 시나리오는? - 어떻게 학생들을 의미 있는 과제와 문제해결 학습에 참여시킬 것인가? 실세계와 관련된 교실 밖의 삶을 어떻게 학습내용과 관련시킬 것인가?

프로젝트 학습에 대한 전반적인 설계 후에는 가장 핵심이라 할 수 있는 프로젝트 학습 활동에 대한 보다 체계적이고 구체적인 계획 작성이 필요하다. 여기서는 최미리나 외(2018)에서 제시한 10차시의 프로젝트 학습 기본 모형을 통해 각 차시별 구체적인 활동 계획과 효율적인 운영을 위해 고려해야 할 요소들을 살펴본다. 이 모형은 고정된 것이 아니며 프로젝트 수업의 주제 및 교육내용, 학사일정, 학생 상황 등을 고려하여 융통성 있게 운영할 수 있다.

| 표 8-5-2 | 10차시 프로젝트 학습 기본 모형

차시	단계	학습요소	학습 활동	평가 방법
1-2	프로젝트 계획	준비하기 및 팀 구성	• 학습내용 안내 • 팀 구성하기 및 역할 나누기	(교) 관찰 체크리스트 (학) 자기평가
		주제 선정 및 활동 계획	• 탐구하고 싶은 주제 선정 및 주제망 짜기 • 조사 방법 토의하기 • 활동 및 탐구 계획하기	(교) 관찰 체크리스트 (학) 자기평가
3	프로젝트 실행 I	탐구 활동	• 각자 조사해온 내용을 토대로 토의하기 • 더 조사해야 할 부분을 협의하고 역할 분담하여 추가 조사하기	(교) 관찰 체크리스트 (학) 자기평가
4		탐구 활동	• 조사해온 내용을 최종 정리하기 • 중간발표를 위한 팀별 역할 분담 및 중간 발표 자료 만들기	(교) 중간보고서 평가 및 피드백 (학) 자기평가
5		탐구결과 중간발표	• 중간 탐구결과 발표하기 • 교사 및 다른 팀의 의견을 듣고 세부적인 활동 방법 수정 및 보완하기	(교) 중간 탐구결과 발표 평가 및 피드백 (학) 자기평가, 동료평가
6	프로젝트 실행 II	산출물 제작 계획	• 결과물 제작 방법 협의하기 • 산출물 자료 만들기	(교) 관찰 체크리스트 (학) 자기평가
7		최종보고서 작성하기 및 산출물 제작	• 최종보고서 작성 방법 알아보기 • 산출물 자료 만들기	(교) 관찰 체크리스트 (학) 자기평가
8		산출물 발표 준비	• 좋은 발표 및 발표 방법에 대해 알아보기 • 프레젠테이션 준비 및 역할 분담하기 • 발표 방법 협의 및 발표 최종 점검하기	(교) 최종보고서 평가 및 피드백 (학) 자기평가
9	프로젝트 발표	탐구결과 최종발표	• 탐구 과정 및 결과물 발표하기 • 다른 팀의 발표를 경청하고 질문하기	(교) 산출물 발표 평가 및 피드백 (학) 자기평가, 동료평가
10		지식나눔강연회 및 평가	• 프로젝트 활동 반성 및 소감 나누기	(교) 개인별 활동보고서 (학) 성찰일지

1차시는 프로젝트 수업의 첫 시간에 해당하므로 무엇보다 학생들에게 학습 동기를 부여할 수 있도록 운영해야 한다. 교사는 프로젝트 학습에 대한 프리젠테이션 등을 준비하여 전체적인 과정을 자세하게 안내함으로써 호기심, 탐구심, 참여도를 높일 수 있도록 해야 한다. 팀 구성에서는 사전 능력 조사지 등을 활용하여 팀활동에 대한 애착이나 주도적 참여 정도, 개인적인 특성이나 특기 등을 파악하여 팀별로 다양한 학생들이 골고루 분포되도록 구성하는 것이 좋다. 또한 팀원들 사이의 관계를 돈독하게 하기 위하여 팀이름 정하기 등을 통해 팀원 간 친밀감을 높인다. 팀이름의 경우 가능하면 팀원이나 팀 프

로젝트 주제와 연관시켜 생각할 수 있도록 안내한다. 팀원 간 의사소통이 활발하지 못한 팀이 존재하는 경우 교사가 함께 토의를 함으로써 학생들이 프로젝트에 적극적으로 참여할 수 있도록 돕는다.

2차시는 팀별로 프로젝트 기간 동안 탐구할 주제를 결정하고 탐구 계획을 세운다. 1차시 이후 개인별 또는 팀별로 탐구 주제를 조사하는 가운데 학생들은 자연스럽게 좀 더 관심이 가는 세부 주제를 결정한다. 수업 시간에는 이러한 과정을 종합하고 팀원들과 공유하면서 탐구 주제를 최종적으로 결정하고 이를 해결하기 위한 탐구 계획을 작성한다. 이 과정에서 학생들은 일반적으로 구체적이지 않으며 지나치게 넓은 범위의 주제를 설정하는데 이러한 경우 실제 프로젝트 운영에서 많은 어려움을 겪게 된다. 교사는 각 팀별로 정한 주제에 대하여 적당한 예시 등과 같은 피드백을 제공하여 의미 있는 프로젝트가 진행될 수 있도록 도와야 한다. 세부 주제 선정 및 탐구 계획의 작성에서 브레인스토밍 방법을 활용하여 생각을 구체화하는 방법도 가능하다.

3차시부터는 본격적인 탐구활동이 시작된다. 학생들은 미리 자료를 조사하고 이를 논의할 수도 있고, 수업 시간을 활용하여 인터넷 자료 등을 추가로 조사할 수도 있다. 탐구의 과정과 방향은 가능한 한 학생들의 자율적인 논의를 거쳐 이루어지도록 하되 교사는 팀별로 진행 과정을 수시로 검토하여 탐구가 체계적으로 이루어지도록 도와주어야 한다. 이 단계에서 특정 학생이 탐구의 방향을 일방적으로 정하는 경우가 발생할 가능성이 크므로 교사는 팀원 간 활발한 논의를 유도하고 각자에게 역할이 골고루 분담되도록 유도해야 한다.

4차시에는 3차시에 조사한 내용을 보다 체계적으로 정리하고 다가올 중간발표를 준비하는 시간이다. 이 단계에서는 또 다른 새로운 자료를 찾기보다는 찾은 자료를 의미 있게 분석하는 과정에 초점을 맞춘다. 또한 다음 차시의 중간발표에 필요한 자료, 발표 시간과 순서, 발표 평가 등을 미리 준비하고 안내함으로써 학생들의 혼란을 줄이고 프로젝트에 적극적으로 참여할 수 있도록 한다.

5차시는 중간발표 시간으로 프로젝트를 비교적 단기간만 운영한다면 생략이 가능하다. 중간발표의 목적은 최종적으로 우수한 산출물을 만들기 위함이며 다른 학생들의 의견을 통해 부족한 부분을 보완하고 분석이나 산출물 제작을 위한 새로운 아이디어를 얻는 것이다. 중간발표에는 보통 탐구 주제, 팀원 및 역할, 주제 선정이유, 탐구 방법, 탐구 결과, 산출물 제작 계획 등을 포함한다.

6차시는 지금까지 조사하고 분석한 내용을 발표하고 전달하기 위한 매체에 관한 계획을 수립하는 단계이다. 보통 보고서나 포스터 형식의 발표 자료를 많이 활용하지만, 주제나 탐구 자료에 따라서는 UCC와 같은 영상매체를 통한 방법이 더 효율적일 수 있다.

가능한 한 분석한 자료의 특성에 맞고 가장 잘 전달할 수 있는 매체를 선정하도록 도와준다. 선정한 매체의 제작 방법이나 기술이 부족할 경우 지도교사가 도움을 주거나 전문가에게 멘토링을 받을 수 있도록 한다.

7차시는 산출물을 제작하는 단계이다. 보고서의 작성이나 산출물의 제작은 생각보다 시간이 많이 필요한 과정이며 학생들이 경험해보지 못한 상황일 가능성이 크다. 보고서의 경우 사전에 보고서의 양식과 내용에 대한 자세한 안내를 통해 학생들이 작성하는데 어려움이 없도록 지도해야 한다. 또한 산출물의 경우 결과가 시각적으로 제시되기 때문에 이에 대한 팀원 간의 의견 충돌이나 갈등이 생기기 쉽다. 교사는 학생들이 계속적으로 산출물 제작에 열심히 참여할 수 있도록 격려하며, 특히 소외되거나 역할을 찾지 못해 방황하는 팀원이 없도록 주의를 기울여야 한다.

8차시는 최종 발표를 준비하는 단계이다. 발표 능력은 단지 말을 잘하는 것이 아니라 내용을 잘 조직하고 이해하기 쉽게 전달하는 능력이라고 할 수 있다. 발표 준비에 앞서 팀원 간 좋은 발표에 대하여 논의하고 이를 통해 이상적인 발표를 생각해보고 이를 실제 발표에 적용할 수 있도록 유도한다. 발표가 익숙하지 않은 학생들의 경우는 미리 발표 시나리오를 작성하여 팀원과 함께 연습하게 함으로써 발표에 대한 부담감을 줄일 수 있다.

9차시는 최종 탐구결과 발표 시간으로 자신들이 탐구한 내용을 다른 학생들에게 전달한다는 의미로도 중요하지만, 다른 팀의 발표를 들으면서 새로운 지식이나 아이디어를 얻을 수 있는 좋은 기회이다. 실제 수업에서는 많은 팀이 동시에 발표를 하게 되므로 팀별로 짧은 시간이 주어질 가능성이 크다. 따라서 결과 발표 이전에 미리 산출물 등을 전시하여 학생들이 다른 팀의 연구에 대한 개략적인 내용을 이해하고 발표에 임할 수 있도록 한다면 발표 시간이 더욱 의미 있는 시간이 될 수 있을 것이다.

마지막 10차시는 프로젝트 과정과 자신의 활동을 반성해보고, 서로를 격려하고 칭찬하는 기회를 제공한다. 교사는 칭찬과 격려를 통해 학생들이 프로젝트 활동에 대한 보람을 느끼도록 하며 추후 비슷한 프로젝트 상황에서 더욱 자신감을 가질 수 있도록 도와주어야 한다.

3 프로젝트 학습의 특징 및 적용상의 유의점

수업 및 학생의 학습을 개선하기 위한 도구로서 프로젝트 학습을 활용하려면 교육과정과 교실, 교육 내용이라는 조건을 고려한 프로젝트 학습의 특징을 살펴볼 필요가 있다. 학생 중심 그리고 프로젝트 중심으로 이루어지는 프로젝트 학습이 갖는 독특한 특성에 대하여 Thomas(2000)는 다섯 가지 준거를 제시하였다(임해미, 2007).

첫째, 중심성(centrality)이다. 프로젝트는 교육과정 주변의 것이 아닌 교육과정의 중심이 되는 것이어야 한다는 것이다. 학생들은 프로젝트를 통해 교과의 중심적인 개념을 학습할 수 있어야 하며, 전통적인 수업 뒤에 따르는 부가적인 응용문제를 해결하는 것이나 교육과정을 벗어나는 심화 문제를 해결하는 것은 프로젝트의 예로 볼 수 없다.

둘째, 추진 질문(driving question)이다. 프로젝트 학습의 전반을 지배하고 학습을 이끌어가는 것으로 핵심 질문(big question), 교육과정을 형성하는 질문(curriculum-framing question)이라고도 한다. 추진 질문의 가장 중요한 목표는 수업을 조직하고 안내하는 역할을 하는 것이며, 주어진 프로젝트 과제를 해결해가는 과정에서 학생들이 적절한 수학적 개념을 적용할 수 있도록 한다(Schneider et al., 2002). 프로젝트의 주요 학습 내용이 추진 질문을 통해서 형성되므로 추진 질문은 교육과정의 내용을 포함하고 있어야 하며, 학생들의 경험과 지식이 적용될 수 있는 실세계의 문제들을 아우르도록 설계되어야 한다. 프로젝트는 학생들이 학습해야 할 내용의 개념적 지식과 학습 활동이 연계될 수 있도록 하는 추진 질문 또는 정의하기 어려운 문제를 포함해야 하며, 이는 주제를 중심으로 구성된 단원 또는 2개 이상의 교과의 공통되는 학습 주제로부터 구성될 수 있다.

셋째, 구성주의적 조사(constructive investigation)이다. 프로젝트의 중심적 활동은 반드시 학생들의 연구 활동에 의한 지식의 구성을 포함해야 한다는 것이다. 만약 프로젝트의 중심이 되는 활동이 학생들이 해결하기에 어려움이 없거나 이미 학습한 정보 또는 기술들로 구성되어 있다면 이는 프로젝트가 아닌 연습문제일 뿐이다.

넷째, 자율성(autonomy)이다. 프로젝트는 학생들에 의해 많은 부분이 진행되어야 한다는 것을 의미한다. 교육과정의 중심이 되고 문제해결에 초점을 맞춘 것이라 할지라도 교사가 보여주는 실험 실습과 같이 교사 중심으로 유도되는 것은 프로젝트로 볼 수 없다. 프로젝트는 미리 예정된 경로에 따라 예정된 결과가 나오는 것이 아니라 학생들의 자율과 선택, 감독하지 않은 상태에서의 학습이 이루어지므로 전통적인 교수·학습과 비교하여 학생들은 책임감을 가지고 학습에 임하게 된다.

다섯째, 프로젝트는 현실적(realism)이어야 한다. 프로젝트는 학생들에게 실제적이라는 느낌을 주어야 하며 실세계에 적용 가능한 것이어야 한다. 이러한 특징은 학생들이 수행하는 주제, 과제, 학생들의 역할, 수행되는 프로젝트의 맥락, 학생들에게 도움을 주는 조력자, 수행 결과의 평가의 준거 등에 반영되어야 한다.

| 4 | 프로젝트 학습 적용의 실제

프로젝트 학습은 그 특성상 여러 차시에 걸쳐 장기간에 이루어지는 것이 보통이다. 따라서 특정 차시의 교수·학습 과정안을 검토하는 것보다는 프로젝트의 전반적인 계획을 검토하는 것이 더 적절하다.

따라서 이번 절에서는 수학과에서의 프로젝트 학습의 예로 김현경(2018)이 연구한 결과 중 일부를 요약 정리하여 제시한다. 이 수업에서는 통계 포스터 제작이라는 목표 아래 먼저 모둠별로 주제 선정, 설문지를 작성 및 자료 수집, 통계 프로그램인 통그라미를 이용한 자료 분석, 통계포스터 제작, 발표와 평가의 과정으로 이루어졌다.

| 표 8-5-3 | 통계 프로젝트 계획안

단원	6. 대푯값과 산포도
학습목표	중앙값, 최빈값, 평균의 의미를 이해하고, 이를 구할 수 있다. 분산과 표준편차의 의미를 이해하고, 이를 구할 수 있다.
프로젝트 수업 구성	**통계포스터 발표**(그것이 알고 싶다!) 수학 분야 중에서 유용성과 실용성을 학생들에게 가장 잘 설명할 수 있는 영역이 통계이다. 그러나 지금까지의 통계교육은 학문 중심으로 구성되어 있어 학교수학 시간에 통계를 배웠지만, 사회에 진출한 후에 접하게 되는 각종 통계 자료에 대한 해석과 이를 이해하는 능력이 미흡한 것이 현실이다. 이에 따라 통계교육을 학문 중심에서 실생활 중심으로 바꾸어야 한다는 필요성이 꾸준히 제기되어 왔다. 이러한 목표를 달성하기 위하여 통계 프로젝트 학습을 설계하였다. 1차시: 주제 선정 및 자료 수집 방법 결정 2차시: 설문지 만들기 또는 기존 자료 수집 3차시: 통그라미를 이용하여 자료 해석 4차시: 통계포스터 제작 5차시: 통계포스터 발표 및 평가

학생들은 1차시에 모둠원이 한 가지 이상의 주제를 제시하여 모둠별로 주제를 선정하고 주제에 맞는 자료 수집 방법을 결정하도록 했다. 2차시에는 설문지 작성 방법을 제시하고 통그라미의 설문지 작성 예시를 참조하여 주제에 맞는 설문지를 작성하도록 했다. 대푯값과 산포도의 의미를 해석하기 위해 설문 문항 중 숫자를 포함한 질문을 포함시키도록 했다. 3차시에서는 수집한 설문의 자료를 분석하는 방법으로 숫자, 표, 그림을 이용한 방법을 설명하고 결과 분석을 가장 효과적으로 표현하는 방법을 선택하도록 했다. 4차시에는 조사한 내용을 바탕으로 주제 선정 이유, 조사 방법, 조사 결과 분석, 결론 및 느낀 점을 포함한 통계포스터를 작성하도록 했다. 5차시에는 제작한 통계포스터를 발

표 및 평가하는 시간을 가졌다. 모든 모둠원이 발표에 참여해야 하고 발표를 맡은 부분은 최선을 다해 설명하도록 해야 함을 강조했다. 모둠별 발표 시 포스트잇에 다른 모둠의 장점을 적도록 하여 학생들끼리 피드백을 주도록 했다. 모둠별 평가, 자기평가, 상호평가를 통한 성찰 시간을 가지도록 했고 공정한 통계 포스터 평가를 위해 교사도 교사평가지를 작성하여 평가를 실시하였다.

통계 프로젝트 학생 활동지는 활동 내용을 단계별로 제시하여 학생들의 활동을 용이하게 하였다. 다음은 학생들의 프로젝트 활동지, 설문지, 그 결과 제작한 통계포스터이다.

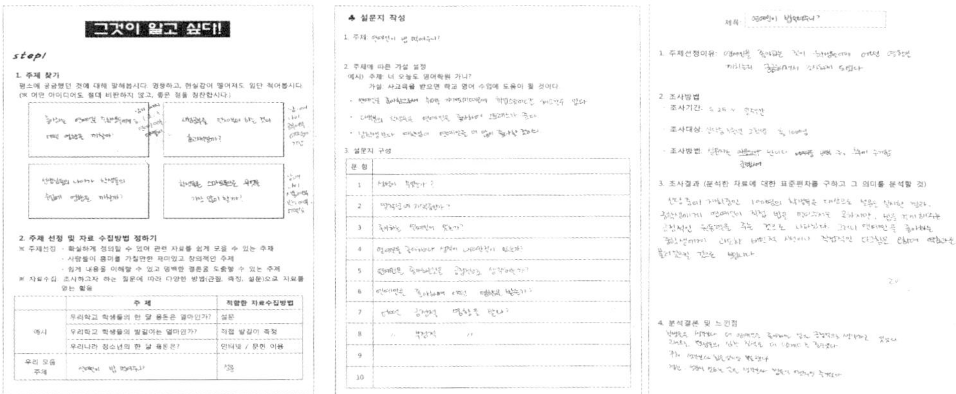

그림 8-5-1 통계 프로젝트 활동지

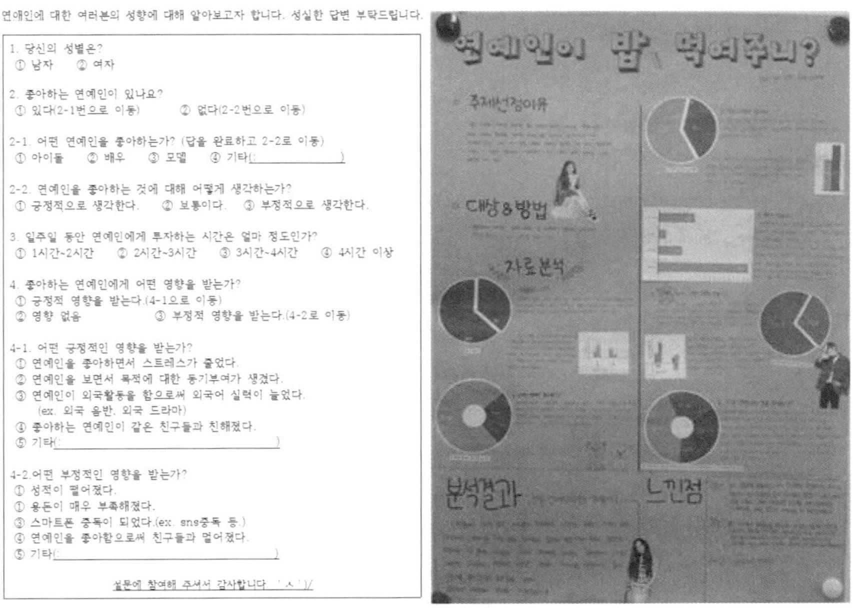
연예인에 대한 여러분의 성향에 대해 알아보고자 합니다. 성실한 답변 부탁드립니다.

1. 당신의 성별은?
① 남자 ② 여자

2. 좋아하는 연예인이 있나요?
① 있다(2-1번으로 이동) ② 없다(2-2번으로 이동)

2-1. 어떤 연예인을 좋아하는가? (답을 완료하고 2-2로 이동)
① 아이돌 ② 배우 ③ 모델 ④ 기타( )

2-2. 연예인을 좋아하는 것에 대해 어떻게 생각하는가?
① 긍정적으로 생각한다. ② 보통이다. ③ 부정적으로 생각한다.

3. 일주일 동안 연예인에게 투자하는 시간은 얼마 정도인가?
① 1시간~2시간 ② 2시간~3시간 ③ 3시간~4시간 ④ 4시간 이상

4. 좋아하는 연예인에게 어떤 영향을 받는가?
① 긍정적 영향을 받는다.(4-1으로 이동)
② 영향 없음 ③ 부정적 영향을 받는다.(4-2로 이동)

4-1. 어떤 긍정적인 영향을 받는가?
① 연예인을 좋아하면서 스트레스가 줄었다.
② 연예인을 보면서 목적에 대한 동기부여가 생겼다.
③ 연예인이 외국활동을 함으로써 외국어 실력이 늘었다.
(ex. 외국 음반, 외국 드라마)
④ 좋아하는 연예인이 같은 친구들과 친해졌다.
⑤ 기타( )

4-2.어떤 부정적인 영향을 받는가?
① 성적이 떨어졌다.
① 용돈이 매우 부족해졌다.
③ 스마트폰 중독이 되었다.(ex. sns중독 등.)
④ 연예인을 좋아함으로써 친구들과 멀어졌다.
⑤ 기타( )

설문에 참여해 주셔서 감사합니다 (ˊ ᗜ ˋ)/

그림 8-5-2 통계 프로젝트 설문지와 포스터

직접 주제를 선정하고 설문지를 통해 설문조사, 통그라미를 통한 자료 분석, 통계포스터 작성 등 모든 작업을 학생 스스로 참여하여 힘든 시간이였지만 또한 느낀 점도 많은 프로젝트였다. 통계 프로젝트에 대한 학생들의 평가와 성찰일지 내용은 다음과 같다.

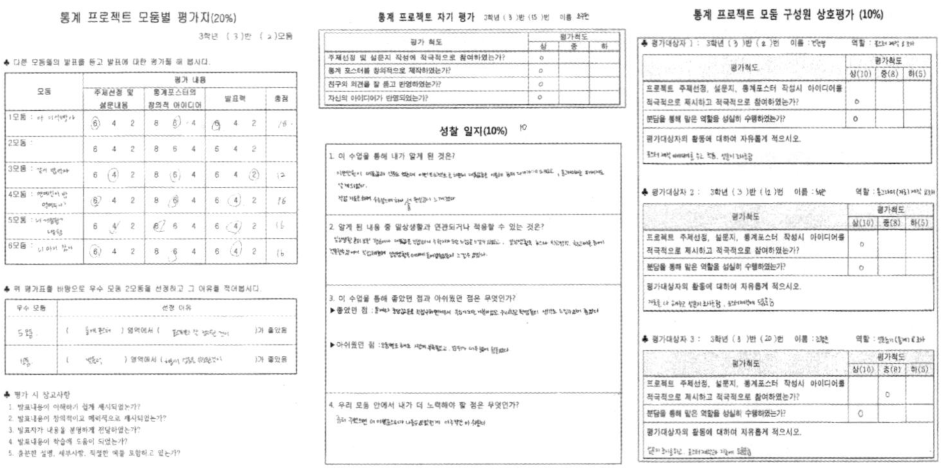

그림 8-5-3 통계 프로젝트 학생 평가지

- 일상생활에서 흔히 보던 평균이나 대푯값을 직접 하니 수학자가 되는 느낌을 느낄 수 있었고, 복습도 하고 우리 학교 학생들의 생각도 느낄 수 있어 좋았다.
- 내가 만약 창업을 한다면 설문지를 만들어 조사한 후 표준편차와 평균, 중앙값, 대푯값 등으로 실용적으로 결정할 수 있을 것 같다.
- 통그라미를 알게 되어 좋았고 설문지를 만들고 설문을 받으면서 친구들의 생각을 알 수 있어 좋았다. 하지만 설문지를 돌리고 수거하고 정리하기가 힘들었다.
- 통계 관련 일이 힘들겠다는 생각이 들었고 나의 의견이 반영되어 좋았다.
- 통계를 교과서로 딱딱하게 배우는 것보다 일상생활과 연결하여 배울 수 있어서 좋았다.
- 우리가 직접 설문조사를 하고 통계를 냈다는 것이 너무 좋았고 정리가 잘 되지 않아 힘들었다.
- 내가 알고 싶은 것이 있다면 자료를 조사해서 통계를 내어보면 잘 알 수 있을 것 같다.
- 자료를 무조건 그래프로 표현한다고 해서 명확하게 아니라 어떤 그래프를 선택하느냐도 중요하다는 것도 알게 되었다.

그림 8-5-4 학생들의 성찰일기

6 수학적 모델링

|1| 배경 및 의미

수학적 모델링은 학생의 삶과 연계된 현상을 다양한 수학적 표현 방식을 이용하여 수학적 모델로 만들고 수학적 모델을 다시 실생활이나 사회 및 자연 현상에 적용하는 교수·학습 방안으로, 수학의 응용에 대한 넓은 안목을 갖게 한다(교육부, 2022b). 우리나라 수학 교육과정은 제4차 교육과정부터 수학 문제해결을 강조하였으며, 2015 개정 수학 교육과정은 교과 핵심 역량 중 하나로 문제해결을 설정하고 그 하위 역량으로 수학적 모델링을 제시한 바 있다(교육부, 2015b). NCTM(2000)과 CCSSI(2010) 역시 학교수학에서 수학적 모델링 활동의 중요성을 강조하였다. 그러나 수학적 모델링에 대한 관점은 연구자마다 다양하여 그 의미와 단계를 하나로 설정하기 어려운 점이 있다(Lesh & Doerr, 2012).

박경미 외(2015)에 따르면 수학적 모델링 능력은 "실생활 문제 상황을 수학적으로 나타내고 분석하여 결론을 도출하고 이를 상황에 맞게 해석하는 능력"(p. 40)을 말한다. 2015 개정 수학 교육과정은 수학적 모델링 능력을 신장하기 위한 교수·학습 방법으로 "생활 주변이나 사회 및 자연 현상 등 다양한 맥락에서 파악된 문제를 해결하면서 수학적 개념, 원리, 법칙을 탐구하고 이를 일반화할 수 있게" 지도하도록 강조하고 있다. NCTM(2000)은 수학적 모델링에 문제해결과 관련되는 특징이 있지만, 수학적 모델링은 비수학적 상황에서 출발한다는 점에서 문제해결과 구별된다고 설명하였다. 즉, 수학적 모델링이란 비수학적 대상에서 수학적 표상을 찾아 대상, 체계, 과정의 핵심 특징을 조정하여 수학적 이론을 설정하는 활동이므로, 문제해결 활동에만 국한되지 않는다. CCSSI(2010)은 수학 능력이 뛰어난 사람은 일상생활에서 발생하는 문제에 수학을 적용하여 해결하려는 성향을 보이는 바, 학교수학을 통해 수학적 모델링 활동을 다룸으로써 학생들이 이상과 같은 역량을 갖출 수 있다고 역설하였다. CCSSI(2010)에 따르면 수학적 모델링은 일상생활의 문제를 수학적으로 해결하려는 태도와 역량이라고 볼 수 있다. 특히 정혜윤 외(2018)는 수학적 모델링 활동을 통해 설정한 초기 모델의 수정 및 개선 과정의 중요성을 강조하여, 수학적 모델링의 의미를 "실세계 탐구에서 출발하여 현상에 대한 해석을 통해 수학적 모델을 수립하고 적용하여 그 결과에 따라 해당 모델을 수정, 개선하거나 모델링 활동 전반을 반성 및 성찰하여 문제에 관해 적절한 결론을 내리는 과정"으로 설명하였다.

| 2 | 수학적 모델링을 적용한 교수 · 학습 과정

수학적 모델링 단계에 대하여 연구자 사이에 일치된 견해가 존재하지는 않지만, 각각의 연구가 공통으로 강조한 바는 수학적 모델링 과정은 선형적이 아니라 순환적이며 구별되는 몇 개의 단계로 설명할 수 있다는 점이다. 보통 수학적 모델링 과정은 4~6단계로 구분되는 바, 이하에서는 NCTM(2000), CCSSI(2010), Blum & Leiß(2007), 정혜윤 외(2018)에 주목하여 수학적 모델링 과정의 특징을 살펴본다.

(1) 미국 NCTM(2000)의 수학적 모델링 과정

NCTM(2000)은 수학적 모델링 과정을 4단계 순환 과정으로 보고 [그림 8-6-1]과 같이 도식화하였다.

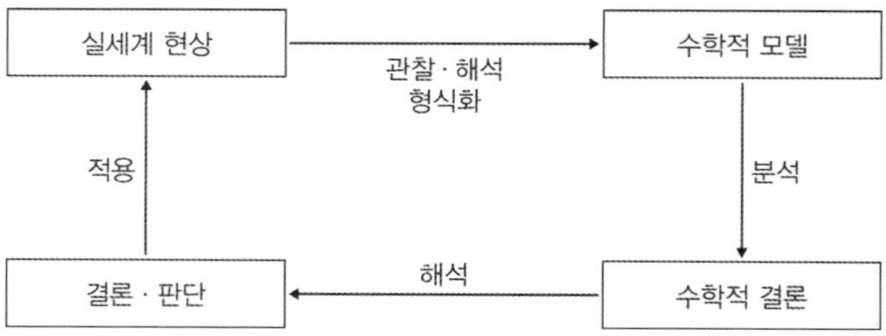

그림 8-6-1 수학적 모델링 과정(NCTM, 2000)

가. **실세계 현상**: 실세계 현상에 내재된 문제의 구조를 명확히 하여 문제에 영향을 미치는 중요 요인을 찾는다.

나. **수학적 모델**: 요인의 관계를 추측하고 수학적으로 해석하여 현상에 적합한 모델을 설정한다.

다. **수학적 결론**: 설정한 모델을 활용하여 현상에 대한 수학적인 분석을 진행한다.

라. **결론 및 판단**: 수학적 분석을 통해 얻은 결과를 현상에 맞도록 재해석하여 결론을 도출한다.

(2) CCSSI(2010)의 수학적 모델링 과정

가. **가정 만들기**: 복잡한 상황을 단순화하기 위해 가설을 설정하거나 근사를 시도한다.

나. **변수를 선정하여 수량화하고 표상하기**: 실제 상황에서 중요한 수량을 식별하여 다이어

그램, 표, 그래프, 플로차트, 공식 등과 같은 수학적 도구를 사용하여 관계를 설정한다.

다. **변수 간의 관계 파악하기:** 설정한 관계를 수학적으로 분석하여 결론을 도출한다.

라. **수학적 결과 해석 및 반성하기:** 상황에 따라 수학적 결과를 실제 상황에 맞게 해석하여 결과가 의미있는지 여부를 판단하고 모델이 목적에 부합한지 평가하여 적절하지 않으면 모델을 개선한다.

(3) Blum & Leiß(2007)의 수학적 모델링 과정

Blum & Leiß(2007)는 수학적 모델링 과정 [그림 8-6-2]와 같이 설명하였다. 이 과정에 따르면 우선 문제 상황을 이해하고 나면 '상황 모델'이 구성된다. 이 상황은 단순화되고 정밀화되어야 하며 이는 '현실 모델'을 구성하도록 한다. 다음으로 '수학화'는 현실 모델을 '수학적인 모델'로 변화시킨다. 이 모델에 수학적인 도구를 사용하여 수학적인 결과를 얻는다. 이 결과는 현실 세계에 비추어 '현실의 결과'로 재해석된다. 다음 과정은 이 결과에 대한 타당성을 확인하는 것으로 결과가 상황에 합당한지를 검증한다. 즉 어떤 모델링 문제든 수학적 모델링의 전체 과정은 주어진 문제의 맥락에 대한 해답으로 설명되어야 한다.

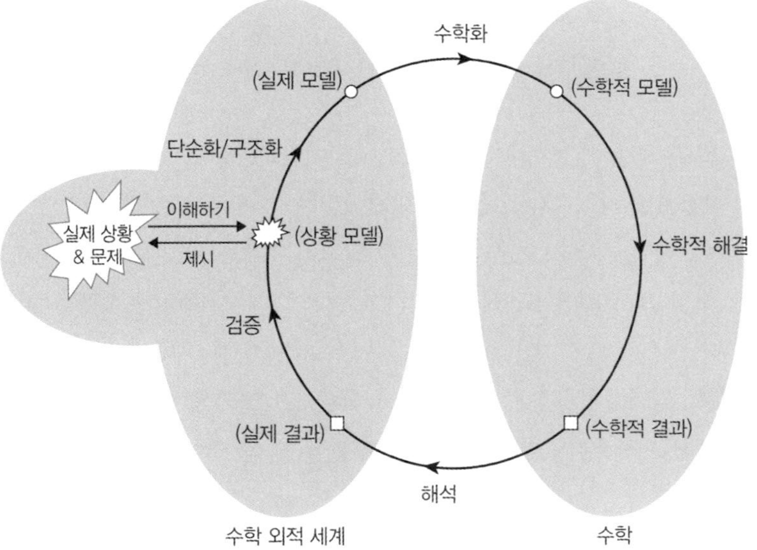

그림 8-6-2 수학적 모델링 과정(Blum & Leiß, 2007)

(4) 정혜윤 외(2018)의 수학적 모델링 과정

정혜윤 외(2018)는 수학적 모델링을 다룬 국·내외 연구를 분석하여 수학적 모델링 단계가 큰 틀에서 '실세계 탐구–수학적 모델 수립–수학적 결론–모델 적용'을 따른다고 설명하였다. 특히 최근 연구에 따르면 초기 모델을 반성 및 정교화하여 최종 모델을 도출하는 과정이 수학적 모델링 활동에서 주요하게 부각됨을 강조하면서 [그림 8-6-3]과 같이 수학적 모델링 과정을 구체화하였다.

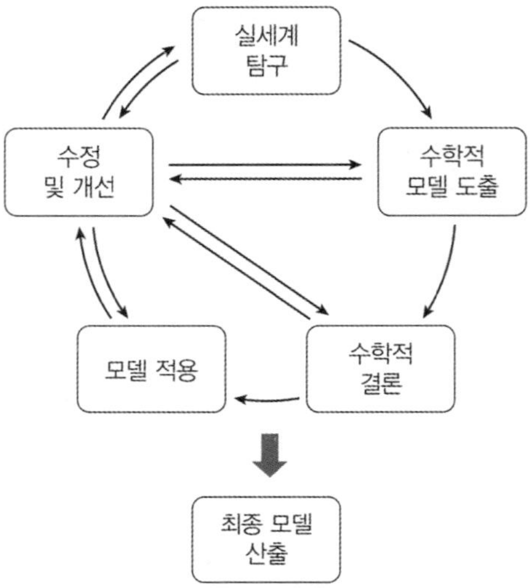

그림 8-6-3 수학적 모델링 6단계(정혜윤 외, 2018)

가. **실세계 탐구**: 실세계 현상을 관찰하고 그 맥락과 내재된 문제 상황을 이해한다.

나. **수학적 모델 도출**: 실세계 맥락의 문제에 영향을 미치는 요인을 찾고, 그들의 관계를 추측하며, 이를 수학적으로 해석하여 적절한 수학적 모델을 구축한다.

다. **수학적 결론**: 앞서 얻은 모델을 탐색하고 형식화, 추상화하여 적절한 수학적 결과를 도출한다.

라. **모델 적용**: 결과를 실세계 현상에 적용하여 그 결과를 해석하고 분석한다.

마. **수정 및 개선**: 적용한 결과를 토대로 개선할 점을 찾아 모델을 수정한다.

특히 정혜윤 외(2018)는 수학적 모델 도출 단계가 수학적 모델링의 핵심임에도 불구하고 학생들이 가장 어려움을 겪는 활동이라고 지적하면서 해당 과정을 [그림 8-6-4]와 같이 세분화하여 학생 활동 지원을 위한 전략을 제시하였다.

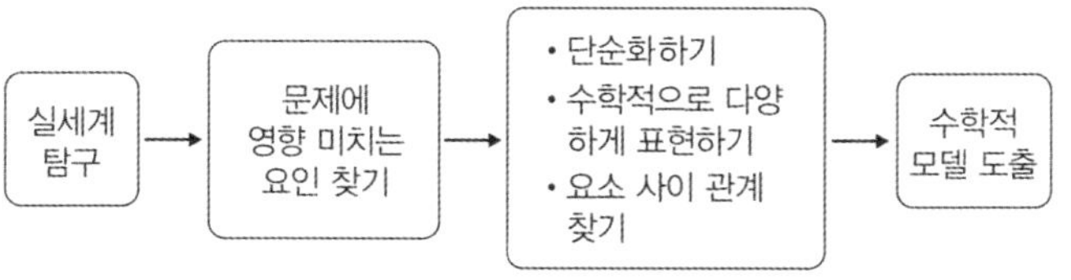

그림 8-6-4 수학적 모델 도출 단계 세분화(정혜윤 외, 2018)

'문제에 영향 미치는 요인 찾기'는 문제해결에 영향을 미치는 요인을 실세계에서 찾는 활동으로 현상을 수학적으로 해석하는 첫걸음이 된다. '단순화하기'는 앞서 찾은 요인 중에서 문제해결에 가장 직접적으로 관련되는 중요한 요인만을 선택하는 것을 의미한다. '수학적으로 다양하게 표현하기'는 여러 요인을 문자, 식, 그래프 등을 이용하여 표현해 보는 활동을 말하는 바, 이를 통해 학생들은 각자의 수학적 지식을 활용하여 나름의 수학적 모델을 생성할 수 있는 토대를 마련하고 관점을 전환함으로써 문제를 새롭게 볼 수 있게 된다. '요소 사이의 관계 찾기'는 요소 사이의 관계를 수학적으로 정리하는 수학화 활동을 말한다. 이 과정을 통해 현상에서 찾은 요소와 그 관계는 수학적 대상과 그 사이의 관계로 변환된다. 다만, 수학적 모델 도출 과정에서 [그림 8-6-4]에 제시된 '단순화하기', '수학적으로 다양하게 표현하기', '요소 사이의 관계 찾기'와 같은 세 가지 전략이 모두 사용되는 것은 아니며 그 순서가 선형적인 것도 아님에 유의할 필요가 있다. 교사는 학생들의 사전 지식과 수학적 역량, 과제 상황에 따라 필요한 전략을 선택적으로 활용할 수 있다.

3 수학적 모델링의 특징 및 적용상의 유의점

(1) 수학적 모델링을 위한 수업 환경 조성 및 발문

앞서 살펴본 수학적 모델링의 세부 단계를 그대로 제시한다고 하여 수업 상황에서 학생들이 모델링 활동을 의미 있게 수행할 수 있는 것은 아니므로, 수학적 모델링 과제와 학생의 수준에 따라 교사의 적절한 중재가 필요하다. Blomhøj & Kjeldsen(2006)은 수학적 모델링을 위한 수업 환경을 조성하기 위해서는 '문제해결에 필요한 기본 지식 제공', '문제 상황 표현 방법 지도', '문제 해결에 필요한 단계 익히기', '실제 과제 해결'과 같은 점진적인 접근이 필요하다고 제언하였다. 또한 정혜윤 외(2018)는 수학적 모델링 수업을 위한 학생용 활동지에 사용할 수 있는 발문의 예를 〈표 8-6-1〉과 같이 제시하였다.

| 표 8-6-1 | 수학적 모델링 과정을 위한 활동지 발문의 예(정혜윤 외, 2018, p. 160)

수학적 모델링 과정	활동지에 제시된 발문의 예
실세계 탐구	• 블랙아웃이 발생하여 전기가 공급되지 않을 때 생길 수 있는 상황에는 무엇이 있을까요? 블랙아웃을 예방하고 대처하기 위해서 결정해야 할 것은 어떤 것들이 있을까요?
문제에 영향 미치는 요인 찾기	• 과제를 해결하는 데 영향을 미치는 요인은 무엇이 있을까요? • 어떤 요소를 고려해야 이 문제를 해결할 수 있을까요?
단순화하기	• 위에서 생각한 요소들 중 문제를 해결하기 위해 단순화할 수 있는 것이 있을까요?
수학적으로 다양하게 표현하기	• 위에서 생각한 요소들을 실제 자료를 찾아 수학적으로 표현해 봅시다. 문자, 식, 그림, 그래프 등 다양한 방법을 사용해 보세요.
요소 사이 관계 찾기	• 표현한 자료를 분석하여 각 모둠에서 계획한 블랙아웃 예방 및 대처 방안을 만들 때 가장 큰 영향을 주는 요소에 대하여 어떤 조치를 취할 수 있을지 설명해봅시다.
수학적 모델 도출	• 지난 시간에 이야기했던 블랙아웃 예방 및 대처 방안 중 '수학적으로' 방안을 작성할 수 있는 것이 있나요?
수학적 결론	• 전 시간에 찾아본 내용을 바탕으로 문제의 결론을 내려 봅시다.
모델 적용	• 지난 시간의 발표와 피드백을 바탕으로, 모둠에서 제시한 대처 방안에서 보완 및 개선할 항목이나 내용을 적어보세요.
수정, 개선	• 위에서 찾은 항목을 토대로 실제로 방안을 개선하기 위해서 고려해야 할 요소가 무엇인지, 필요한 이론적 배경이 무엇인지, 필요한 전제조건이 무엇인지 등 개선을 위해 필요한 자료의 목록을 적어봅시다.
최종 산출물	• 앞에서 해결한 문제에 관한 결과를 위에서 본 산출물 형태로 정리해봅시다. 모둠별로 ppt나 수학 신문, 포스터 중 하나를 택하여 작성해 봅시다. 특히, 전 시간에 배웠던 참고문헌 작성에 유의해야 합니다. 자료의 출처를 정확히 표시하고, 참고문헌도 양식에 맞게 정리해야 합니다.

(2) 수학적 모델링을 적용한 수업 단계에서 유의할 점

고창수, 오영열(2015)은 수학적 모델링을 적용한 수업의 각 단계에서 유의할 사항을 다음과 같이 설명하였다.

가. 도입 단계

수업 도입 단계에서 교사는 학생들이 공감할 수 있는 실세계 맥락의 문제를 제시해야 한다. 실세계 맥락의 문제는 학생들이 모델을 개발하고 활용하는 과정에서 교육과정상의 목표에 도달할 수 있는 수학 개념과 원리를 유도할 수 있어야 한다. 수학적 능력과는 상관없이 문제 상황에 대한 서술이 길어지면 문제를 포기하는 경우가 생길 수 있으므로, 제시된 문제는 학생들이 쉽게 이해할 수 있도록 동영상, 그림, 표, 교사의 설명 등을 학습지와 함께 제시하여 독해 능력의 부족으로 문제를 포기하는 상황을 최소화한다. 학생들은 전체 토의 과정을 통해 문제 상황에서 해결하고자 하는 것과 해결하기 위해 필요한 조건을 찾아내고 그것만을 사용하여 해결 목표와 필요한 조건 사이의 관계를 자신이 스스로 이해할 수 있는 형태의 문제로 재진술한다. 이때, 학생들이 목표와 조건 사이의 관계나 해결 전략의 탐구에 집중할 수 있도록 문제에 제시되는 수치를 간단히 할 수 있다.

나. 전개 단계

수학적 모델, 수학적 결론, 적용의 과정으로 구성한다. 수학적 모델 단계에서 학생들은 개인별로 재진술한 문장제를 스스로 해결한다. 이 과정에서 학생들은 문제를 더 심층적으로 이해할 수 있고, 자신만의 비형식적 모델을 발견할 수도 있다. 이때, 교사는 학생들이 스스로 개발한 모델을 실행해 볼 수 있도록 충분한 시간과 필요한 도구를 제공해 주며, 문제를 해결한 학생들에게는 자신의 모델 속에 숨어 있는 수학적 개념이나 원리를 찾고, 이를 정리할 수 있도록 격려한다. 수학적 결론 단계에서 학생들은 소그룹별로 모여 자신이 개발한 모델을 설명하고 다른 사람의 모델을 관찰하게 된다. 이 단계에서는 학생들 간의 의사소통에 중점을 두고 자신의 모델을 논리적으로 정당화하고 다른 학생의 모델을 비판적으로 이해하도록 한다. 이를 통해 학생들은 자신의 활동을 반성적으로 검토함으로써 자신의 모델을 수정 및 발전시킬 수 있다. 교사는 관찰자이자 오류 수정자의 역할을 담당하며, 소그룹별로 의사소통이 원활하게 이루어질 수 있도록 조정함으로써 학생들 스스로 오개념이나 오류를 수정할 수 있도록 도와준다. 이 과정을 통해 학생들은 실세계 문제를 해결하기에 가장 적절한 모델을 선정 및 공유하고, 수학 기호나 표현, 공식을 사용하여 정리하게 된다. 적용 단계에서는 수학적 결론 과정에서 결정된 모델로 제시되었던 문제를 실제로 해결한다. 학생들은 소그룹별로 역할을 분담하여 모델을 적용해 문제의 각 부분을 해결하고, 그 결과를 다시 공유해서 전체적인 문제 상황에 대한 해답을 이끌어낸다. 또한 모델이 문제를 해결하는 데 합리적인지 평가를 거친 후 소그룹별로 사용한 모델에 대한 설명과 문제에 대한 해답, 모델을 적용할 수 있는 다른 사례를 체계적으로 정리하여 발표 준비를 한다.

다. 정리 단계

수업 정리 단계에서 학생들은 전체 토론을 통해 각 소그룹별로 자신들이 문제를 해결하는 데 사용한 모델에 대한 설명과 정답, 모델을 활용할 수 있는 다른 실세계 상황 등을 발표한다. 학생들은 다른 소그룹의 발표를 들으며 여러 모델의 차이점과 유사점, 편리한 점과 불편한 점 등을 토론하고, 모델이 문제를 해결하는 데 합리적이었는지 서로 평가한다. 이 단계에서 교사는 학생들의 발표와 토론을 경청한 뒤, 학생들이 개발한 모델에 내재한 수학 개념을 다시 한 번 형식화하여 정리해 주며, 발표된 상황 이외에도 학생들이 개발한 모델이 활용될 수 있는 다른 실세계 상황을 예시해 줌으로써 수학의 응용 가능성과 유용성을 인식할 수 있도록 도와준다.

| 4 | 수학적 모델링 적용의 실제

고창수, 오영열(2015)은 수학적 모델링 활동을 수학 수업에 적용하기 위해 수학적 모델링 교수 · 학습 과정안을 〈표 8-6-2〉와 같이 구체화하였다. 〈표 8-6-2〉는 매장의 위치를 정하는 실생활 문제 상황을 제시하여 수학적 모델링 활동에 대한 흥미 유발에 기여하였다. 또한 수학적 모델을 만들고 이로부터 결론을 유도하고 수학적 모델을 통해 이끌어 낸 결론을 문제 상황에 적용 및 평가해 보는 일련의 과정을 경험하게 함으로써 수학적 모델링 활동 전반을 학생들이 이해하게 하는 데 적절한 교수 · 학습 과정안이라고 볼 수 있다.

| 표 8-6-2 | 수학적 모델링 활동을 적용한 교수 · 학습 과정안

<table>
<tr><td>단원</td><td colspan="3">VI. 통계 1. 자료의 정리와 해석 04. 자료의 해석과 표현</td></tr>
<tr><td>학습 목표</td><td colspan="3">표에 맞게 그림그래프를 그리고, 여러 가지 통계적 사실을 추론할 수 있다</td></tr>
<tr><td>단계</td><td>교수 · 학습 흐름</td><td>교수 · 학습 활동</td><td>자료 및 유의점</td></tr>
<tr><td>도입</td><td>▸ 문제 상황 제시 및 이해</td><td>- 그림그래프와 관련된 실세계 상황과 연계된 과제 제시
CS그룹 기획팀에서는 서울시 북부지역의 배달음식산업을 분석하여 보고해야 합니다. 통계청에서 받은 다음 자료를 분석하여 그래프를 만들고, 이에 따라 '창원치킨 1호점' 매장의 위치를 추천하시오.
- 주어진 문제 상황을 이해하고, 해결 목표와 그에 필요한 조건 찾기
- 문제 상황을 단순화하여 재진술하기</td><td>실생활 자료</td></tr>
<tr><td rowspan="2">전개</td><td>▸ 수학적 모델 구성
▸ 문제해결 방법 정의 및 공식화</td><td>- 문제를 해결하기 위해 해야 할 일 생각해 보기
- 어떤 기준과 방법으로 그래프를 그릴지 정하기
- 개발한 모델로 문제 해결하기
- 사용한 모델 수정 · 보완해서 해결 전략 찾아보기
- 모델 속에서 사용된 수학적 개념과 원리 찾아보기</td><td></td></tr>
<tr><td>▸ 수학적 결론 유도
▸ 모둠 내에서 모델 설명 및 평가</td><td>- 자신이 사용한 모델을 모둠원에게 설명하기
- 모둠에서 사용할 모델 선정하기</td><td>모델의 유사점, 차이점, 편리한 점, 불편한 점을 말해보도록 한다.</td></tr>
</table>

	▸ 모델 적용	- 모둠원 간에 역할을 분담하여 결정된 모델로 실제 문제 해결하기 - 기준에 맞는 그래프 그리기 - 사용한 모델을 수학적 개념, 기호, 방법으로 표현하기 - 모델을 활용할 수 있는 다른 사례 찾아보기	모델을 적용하여 실제 문제 해결하도록 한다.
정리	▸ 모둠활동 내용 발표 ▸ 교사 정리 및 설명	- 모둠별로 개발한 모델, 해결과정, 결과, 다른 사례 발표하기 - 발표한 모델에 기초하여 더 나은 방법이 없는지 의견 공유하기 - 발표 내용을 비교 및 정리하고, 사용되지 않은 다른 방법이나 사례 소개하기	

7 놀이 및 게임 학습

1 배경 및 의미

놀이 및 게임 학습은 호기심과 흥미를 유발하는 교수·학습 방안으로, 활동을 통해 수학 개념이나 원리를 탐구하고 동료와 경쟁하거나 협력하면서 자연스럽게 수학에 접근하도록 하며 수학 학습에 대한 자신감과 의사소통 역량을 기를 수 있게 한다(교육부, 2022b). 박진성(2001)은 놀이 학습은 수학 불안을 감소시키며 수학 학습에 능동적으로 참여할 수 있도록 하므로 수학적 태도와 흥미에 긍정적인 영향을 미친다고 하였다. Freudenthal(2008)에 따르면 게임은 의미있는 연습 기회와 예견 및 회고 학습의 기회를 제공하며, 게임을 통해 학생은 여러 학습 영역을 연결하거나 다양한 수준에서 문제를 다룰 수 있다.

제2차 수학교육종합계획이 발표된 이후 수학에 대한 긍정적 태도와 정의적 특성의 함양이 교육과정 개정에서 강조됨에 따라, 2015 개정 초등학교 1~2학년 수학 교과서는 매 단원의 학습 내용을 활용하여 놀이 수학을 제시하였다. 서울대학교 교육연구소(2001)에 따르면, 놀이는 유쾌한 감정을 유발하는 신체적·정신적 활동으로 활동 자체에 목적을 두는 행위이며, 놀이학습은 학습자의 흥미 유발을 전제로 신체적·정신적 조작 활동을 통해 배움이 일어나도록 하는 것을 말한다. 즉, 놀이학습은 학습자가 놀이를 통해 학습 목표를 암묵적으로 성취할 수 있도록 하며, 학습을 즐기도록 함으로써 교수·학습 과정에 흥미를 갖고 적극적으로 참여토록 한다. 수학에서 놀이학습은, 흥미를 유발하는 놀이나 이야기, 체험중심의 구체적 조작 활동 등을 통해 수학적인 원리와 의미를 발견하고 익히도록 하는 모든 활동을 말한다. 이재관, 이종학(2018)에 따르면 수학교육에서 놀이학습은 다음과 같은 가치를 갖는다. 첫째, 수학은 딱딱하고 재미없다는 선입견을 주지 않으면서 학생들의 흥미와 학습 동기를 유발할 수 있다. 둘째, 수학의 기초 지식과 기능의 숙달, 개념에 대한 깊은 이해에 기여한다. 셋째, 개념 학습과 응용을 위해 다양한 교수 전략을 고안하도록 한다. 넷째, 학습 내용에 대한 폭넓은 접근을 통해 수학적 개념을 실생활과 연결시킬 수 있게 한다. 다섯째, 일상생활의 활동을 수학적으로 음미할 수 있도록 하여 수학적 태도의 긍정적인 변화와 창의적 문제해결력을 개발할 수 있다.

게임은 현실의 실제 장면을 축소하고 단순화한 조작적 모형으로, 게임을 통한 학습은 학생이 게임의 목적과 규칙에 따라 의사결정 과정에 참여함으로써 배움을 일어나게 한다(서울대학교 교육연구소, 2001). 게임에서는 한정된 인원이 목표 성취를 도모하며, 참여자가 수행할 올바른 역할을 규정하는 규칙과 게임 활동의 기본적 계열 및 구조, 시간제한 등이 존재한다. 게임에서 규칙은 참여자가 지키고 따라야 할 일종의 협약과도 같다. 창의성과 문제해결력 개발을 위해 게임의 규칙을 변형시키는 활동을 진행해 볼 수 있다. 한편 게임은 참여자의 상호작용을 통해 진행되므로 의사소통 능력 개발에 기여한다. 게임을 할 때 참여자는 상대의 수를 지켜보면서 가장 좋은 방법을 얻기 위해 사고할 뿐만 아니라, 협동게임에서는 자기와 한 팀인 참여자에게 자신의 전략이 효과적인 이유를 제시해야 한다. 이와 같은 상호작용을 통해 학생은 경쟁과 중재의 본질을 이해할 수 있다. 또한 게임 참여자는 변화하는 게임 상황에 따라 자신의 전략과 수를 즉흥적이면서도 합리적으로 선택하고 적절한 때에 자신의 전략을 실행에 옮겨야 한다. 불확실한 상황에서 의사결정을 내리거나 다른 가능성을 고려하면서 게임을 진행하는 과정을 통해 참여자는 논리적인 문제해결 역량을 개발할 수 있다.

한편, 수학에서 놀이 학습과 관련된 이론적 배경은 Piaget, Dienes, Skemp에서 찾아볼 수 있다. Piaget는 놀이의 교육적 기능을 강조하면서 아동은 놀이를 통해 경험을 능동적으로 통합할 수 있다고 하였다. Piaget에 따르면 아동은 여러 가지 놀이를 통해서 세계를 경험하며, 동화와 조절을 진행하게 된다. 아동의 놀이는 단순한 장난 이상으로, 귀중한 학습의 장인 동시에 발달의 기회를 제공한다. 놀이를 통해서 아동은 자신의 경험을 재구성하고 정서적인 발달을 이루며, 자신의 생각을 표현하고 정교화하며 억압된 감정을 해소하기도 한다.

Dienes는 수학 학습을 놀이를 통한 구성적 활동으로 보고, 수학적 개념 형성 과정을 놀이를 중심으로 한 조작 활동이라고 설명하면서 놀이의 단계를 자유놀이, 게임, 공통성의 탐구, 표현, 기호화, 형식화의 과정으로 구분하였다. Skemp는 수학 학습에서 관계적 이해를 개발하는 방안으로 스키마 학습을 강조하면서 수 개념의 기초가 되는 여러 놀이 활동을 소개하였다.

|2| 놀이 및 게임 학습을 적용한 교수 · 학습 과정

(1) 놀이 활동 유형

윤수연(2006)은 수학 수업에서 실행할 수 있는 놀이 활동 유형을 '수 또는 식 만들기', '판단 또는 비교하기', '명령 또는 실행하기', '추측하거나 실행하기', '기타(도형 맞추기, 모양 그리기, 동작 놀이, 규칙성 찾기 등)의 다섯 가지로 분류하였다.

가. 수 또는 식 만들기

수 또는 식 만들기는 수와 연산 영역에서 수학적 계산력이 필요한 놀이에 많이 사용된다. 예를 들면, 말판에서 주사위를 굴려 나온 수만큼 이동한 다음 주사위를 굴려 나온 수를 ○ 안에 써넣어 덧셈식을 완성한 후 완성된 덧셈식을 계산하는 놀이, 과녁에 콩 주머니 3개를 던져 나온 점수를 쓰고 그 점수로 덧셈식을 만들어 합을 구하는 놀이 등이 있다. 해당 놀이는 모두 수를 선택하여 수나 식을 만들고 비교함으로써 승패를 정하는 구조의 놀이다.

나. 판단 또는 비교하기

판단 또는 비교하기는 카드를 뒤집거나 뽑는 활동을 통하여 수나 그림을 선택하고 선택된 그림을 관련된 것끼리 짝짓게 하거나 뒤집어진 수나 그림의 크기를 비교하게 하는 활동을 말한다. 예를 들어 학생들은 교사가 제시하는 모양 카드를 보고, 책상 위의 여러 가지 모양 카드를 뒤집어서 교사와 같은 모양의 카드이면 그 카드를 갖고, 다르면 제자리에 뒤집는 놀이가 있다.

다. 명령 또는 실행하기

명령 또는 실행하기는 정해진 카드로 실행 명령을 결정하고, 그 실행 명령에 따라서 연산 방식 및 정답을 선택하여 비교하는 활동을 통하여 승패를 결정하는 형태이다. 이를테면, 주사위를 굴려 나온 수만큼 말을 옮겨서 해당 놀이판의 칸에 있는 실행 명령(덧셈 이야기 만들기 또는 덧셈식 만들기 등)에 맞는 활동을 한다. 만약 제대로 수행하지 못하면 이전에 있던 곳으로 말이 되돌아가는 놀이로, 실행 명령을 제대로 수행하여 도착지점에 먼저 들어오는 사람이 이기는 놀이가 이에 해당한다.

라. 추측하거나 실행하기

추측하거나 실행하기 형은 한 사람이 문제를 결정하고 이를 숨긴 후 상대방에게 문제의 답을 알아내도록 하거나, 어림한 후 실제로 실행해 본 다음 확인하는 과정을 거치는 놀이 활동이다. 이를테면 맨 뒤 열 학생이 선생님의 모양 카드를 보고 바로 앞 학생의 등에 손가락으로 모양을 그리면 전달받은 모양을 앞 학생의 등에 그려서 전달한다. 맨 앞의 학생은 전달받은 모양을 추측하고 그려진 카드를 고르는 놀이가 이에 해당한다.

(2) 놀이 학습을 위한 교수 · 학습 과정

윤기옥, 정문성, 최영환, 강문봉, 노석구(2002)는 놀이학습을 위한 교수 · 학습 과정을 '도입', '연습 놀이', '놀이 활동 실행', '반성'의 4단계로 제시하였다. 이는 Joyce와 Weil의 놀이 활동 모형을 재구성한 것으로(박만구, 박경선, 2009), '도입'에서는 놀이의 주제와 놀이 활동의 개요를 설명하고, 놀이 활동에 포함된 개념을 안내한다. '연습 놀이'에서는 규칙과 놀이 활동의 절차, 점수를 내는 방법을 설명하고, 역할을 정하여 간단한 시범으로 놀이를 연습해 본다. '놀이 활동 실행'에서는 놀이 활동을 직접 해보면서 전략을 확인하고 잘못 알고 있었던 것을 명확히 하면서 반복하여 놀이 활동을 진행한다. '반성'에서는 놀이 활동을 통해 알게 된 바를 정리, 요약하여 보완할 점 등을 생각해보고, 놀이 활동과 실생활 및 교과 내용 간의 관련성을 살펴본다.

3 놀이 및 게임 학습의 특징 및 적용상의 유의점

Skemp는 교사가 놀이 활동을 구성할 때 유의할 점을 구조화된 놀이 활동, 개념적 관계망, 개념적 토대와 학생의 반응, 수학적 개념의 구체화, 언어적 표현, 흥미와 숙달, 보상과 동기 부여의 관점에서 제시하였다(박만구, 박경선, 2009). 또한 Joyce와 Weil은 게임 학습을 위한 교수 · 학습 과정에서 교사가 담당해야 할 역할을 규칙제시, 중재, 코치의 측면에서 설명하였다(김상룡, 2010). 이하에서는 Skemp가 제시한 놀이 활동 구성의 유의점 및 Joyce와 Weil이 제시한 게임 학습을 위한 교사의 역할에 대해 살펴본다.

(1) 놀이 활동 구성의 유의점

가. 구조화된 놀이 활동

Skemp에 따르면 놀이 활동은 자투리 시간을 이용하여 학습을 보조하거나 재미로 해

보는 것이 아니라 교육과정의 학습 요소를 의미 있게 다룰 수 있도록 체계적이고 의도적으로 구조화하여 실행할 필요가 있다. Skemp는 곱셈 개념과 관련되는 학습 요소를 검토하여 해당 개념의 하위 개념 간의 위계와 순서를 한눈에 볼 수 있는 개념 도표를 [그림 8-7-1]과 같이 만들어 개념 사이의 관계를 설명하고자 하였다. 또한 이와 같은 도표는 놀이 활동을 개발하고 구성하며, 하위 개념에 대한 일련의 놀이 활동을 배열하는 데도 기여한다.

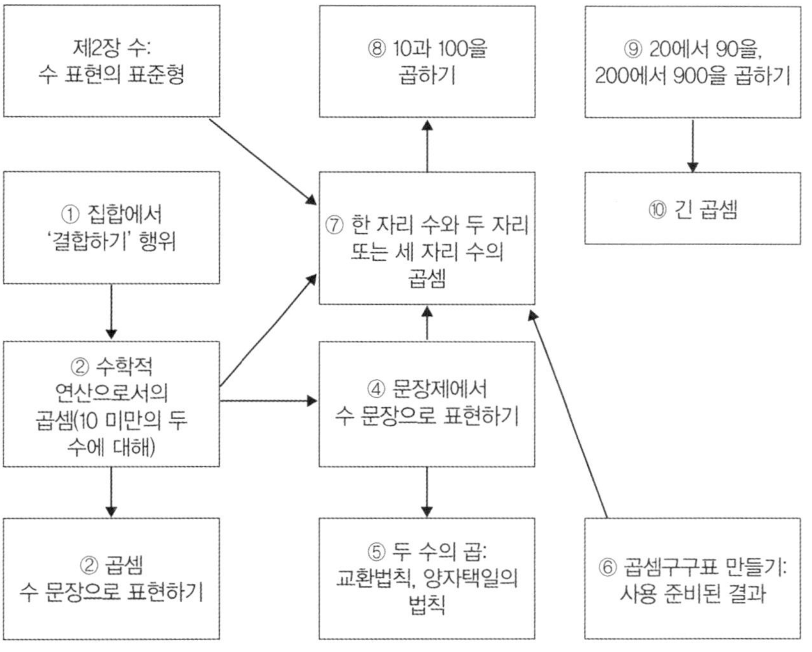

그림 8-7-1 곱셈 개념도(박만구, 박경선, 2009, p. 215)

나. 개념적 관계망

Skemp는 관계적 이해를 강조하면서 놀이 활동에서도 개념과 개념 사이의 관계를 명확히 할 것을 제안하였다. 하위 개념 사이의 관계를 설명하는 활동을 함으로써 목표개념을 완전하게 구성하는데 도움을 주어야 한다고 역설하였다.

다. 개념적 토대와 학생의 반응

Skemp는 놀이 활동 전에 관련된 이론적 내용을 '개념 토론'에서 다루고, 각 주제에 대한 일련의 놀이학습 말미에는 항상 '활동 토론'을 제공하도록 하였다. 이는 놀이 활동을 현장에 적용할 때 따르는 여러 가지 어려움이나 학생들의 반응, 실제와 이론을 접목시킬 때 발생하는 다양한 쟁점에 대해 사전에 준비할 것을 강조한 것으로 볼 수 있다.

라. 수학적 개념의 구체화

Skemp는 놀이 활동에서는 수학적 개념을 [그림 8-7-2]와 같이 물질적 대상에서 1, 2차의 추상적 개념으로 발전시키는 데 중점을 두었다. 새로운 개념이 소개되는 단원의 첫 부분에서는 구체물로 수학적 개념을 표현하고, 매우 구체적이고 섬세하게 놀이 활동을 구성하여 개념구성의 효율성과 전체적인 흐름에 일관성을 유지할 것을 강조하였다. 이를 위해 교사는 학생들에게 필요한 수학적 개념이 어떤 위계를 가지며, 학생이 어떤 위치에 있는지에 대한 지식을 부단히 개발할 필요가 있다.

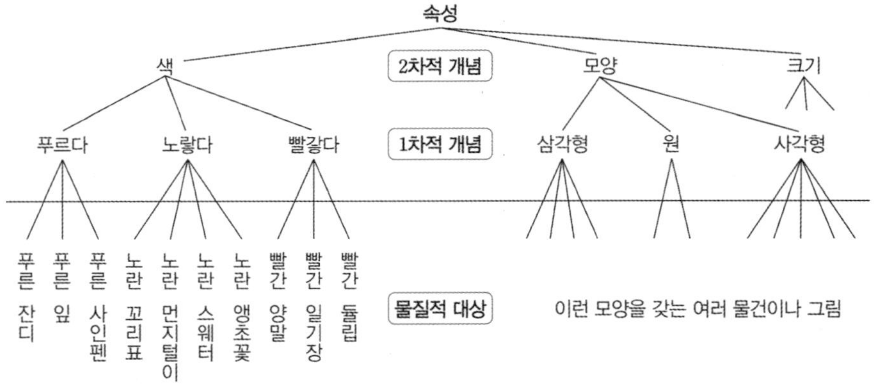

그림 8-7-2 수학적 개념 형성(박만구, 박경선, 2009, p. 216)

마. 언어적 표현 사용

Skemp는 놀이 활동에서 어떤 수학적 행위나 사상을 경험하고 난 후에는 이를 말로 표현하게 하였다. 학생들이 수학적 개념을 알고 있더라도 숙달하지 못했거나 완벽하게 이해하지 못하면 이를 말로 표현하는 데 어려움을 겪는다. Skemp는 교육 현장에서 학생들이 자신의 생각을 글로 쓰는 활동이 너무 이른 시기에 이루어진다고 비판하면서 수학적 개념을 자신의 말로 능숙하게 표현할 수 있을 때 이를 글로 쓰도록 권유하였다. 수학에서 기호 표현의 위력은 대단히 중요하지만 저학년에서는 실행하기와 말하기 접근법을 먼저 사용하고, 사고와 언어적 기호 사이의 연관성을 학생들이 적절히 확립한 후에 필답작업이 이루어져야 한다고 강조하였다.

바. 흥미와 숙달

수학을 잘하기 위해서는 개념적 지식과 절차적 지식을 단순히 아는 것만으로는 충분치 않으며, 이를 능숙하게 사용하여 일상화되어야 한다. Skemp는 놀이 활동에서 절반 이상을 개념적 지식과 절차적 지식을 공고히 하는 활동으로 구성하였으며, 학생들이 놀이 자체를 흥미롭게 느끼도록 하여 이처럼 반복적인 활동에도 싫증을 내지 않고 수학적 능력을 개발하고 숙달할 수 있도록 하였다.

사. 보상과 동기 부여

고전적인 교육이론이 강조한 것처럼 보상은 학습 동기 유발에 대단히 중요한 역할을 한다. Skemp는 놀이 활동에서 이긴 학생이나 수학적으로 바람직한 행위를 한 학생에게 보상으로 카운터(스티커나 인형 등)를 주도록 하였다. 카운터의 종류는 상황에 따라 다양할 수 있으며, 때로는 점수를 부여함으로써 놀이 활동을 촉진할 수도 있다.

(2) 게임 학습을 위한 교사의 역할

Joyce와 Weil에 따르면 게임 학습을 위해 교사가 해야 하는 첫째 역할은 게임 활동 수행에 필요한 기본 규칙을 알려 주는 것이다. 이때 교사는 단순히 게임 규칙을 반복적으로 연습시키기보다는 게임을 진행하는 데 필요한 최소한의 규칙만 안내한 다음, 학생들이 스스로 게임을 하면서 논의를 통해 게임 규칙을 익혀나갈 수 있게 할 필요가 있다.

둘째로 교사는 게임을 중재함으로써 학습자가 게임 학습에서 교육적인 이득을 가능한 많이 얻을 수 있도록 조정해 주는 것이 필요하다. 교사는 소극적이고 수줍어하는 학생들이 게임 활동에 적극적으로 참여하도록 격려하는 방안을 생각해야 한다. 적극적이고 우수한 학생들이나 소극적인 학생들 모두 게임 활동에 공평하게 참여할 수 있도록 하여 게임 활동에서 활발한 상호작용이 일어날 수 있도록 유의한다.

셋째, 교사는 게임의 심판 역할을 수행하되, 게임이 원만하게 진행될 수 있도록 필요한 경우 코치의 역할도 할 필요가 있다. 그러나 교사는 게임 참여자의 활동을 지원하는 충고자일 뿐이므로, 학생들을 훈련시키려 하거나 지나치게 조언을 제시해서는 안 된다. 학생들은 게임 활동에서 실수를 통해 배울 기회를 가져야 하기 때문이다.

교사가 게임 활동을 진행하는 동안 위의 세 가지 역할을 담당하였다면, 게임 활동 이후에는 게임 과정과 결과를 반성하여 음미해 보는 토의 활동의 기회를 제공할 필요가 있다. 게임에서 시뮬레이션 했던 상황이 실생활과 얼마나 흡사한지, 게임을 하면서 어려웠던 점이나 게임을 통해 알게 된 것은 무엇인지, 게임을 통해 시뮬레이션했던 내용과 교과 내용과의 관련성은 무엇인지, 게임을 개선하거나 새롭게 바꿀 수 있는 방안은 무엇인지 등을 논의하게 하는 것이다. 이러한 토의 과정에서 교사는 학생들의 의사결정 과정을 평가하기보다는 격려함으로써 학생들이 자신의 게임 활동을 스스로 평가할 수 있도록 한다.

| 4 | 놀이 및 게임 학습 적용의 실제

정찬식, 정영옥(2005)은 Skemp가 제시한 놀이 학습 과정, Joyce와 Weil의 놀이 활동 모형을 기초로 놀이 학습 교수·학습 적용 과정을 '문제파악', '문제탐색 및 해결', '적용 및 발전', '정리'의 4단계로 구체화하였다. '문제파악' 단계에서는 학습 동기를 유발하고 학습 목표를 확인하는 활동이 진행되며, '문제탐색 및 해결' 단계에서는 학습 활동을 안내하고 기본 놀이로서 학습 활동을 해보는 활동이 진행된다. 이때 교사는 놀이의 목표, 방법 및 규칙 유의점을 안내한다. '적용 및 발전' 단계에는 학습 성취도를 평가하고 수준별 학습을 진행하며, '정리' 단계에서는 기본학습 및 놀이학습을 통해 알게 된 것을 정리하거나 느낌을 발표하는 것과 같이 놀이 활동 전반을 반성 및 평가한다. 이상의 과정에 따라 정찬식, 정영옥(2005)은 문제해결을 위한 놀이 학습 교수·학습 과정안을 〈표 8-7-1〉과 같이 제시하였다.

| 표 8-7-1 | 놀이 및 게임 학습을 적용한 교수·학습 과정안

단원	VI. 통계 1. 자료의 정리와 해석 04. 자료 표현		
학습목표	주어진 자료를 정리하여 원그래프로 표현할 수 있다.		
단계	교수·학습 흐름	교수·학습 활동	자료 및 유의점
도입	▸ 학습동기 유발 ▸ 학습목표 인지	- 제시한 원그래프를 보고 놀이 방법에 따라 그래프와 관련한 새로운 사실, 성질, 관계 등을 이야기한다. - 모둠별 놀이를 실시하고, 알아낸 내용을 확인한다.	현 학습과 관련된 선수 학습 내용을 놀이를 통하여 알아보고 흥미를 갖게 한다.
전개	▸ 학습활동 안내	[활동1] 원그래프 그리는 방법 알아보기 [활동2] 통계 자료 정리하여 원그래프 그리기 [활동3] 놀이-거북아 나와라	
	▸ 학습활동 ▸ 기본학습	[활동1] 원그래프 그리는 방법 알아보기 • 체육을 좋아하는 학생의 백분율 얼마입니까? • 다른 과목을 좋아하는 학생들의 백분율을 구하여 표에 나타내어 봅시다. • 백분율을 구한 완성된 표를 보고, 원그래프로 나타내어 봅시다. • 이 활동을 통해 알게 된 것은 무엇입니까? - 원그래프 그리는 방법을 정리하기	각 과목이 차지하는 백분율만큼 중심각을 분할하여 원을 부채꼴 모양으로 나누어 그래프를 그리도록 한다.
	▸ 놀이학습	[활동2] 통계 자료 정리하여 원그래프 그리기 • 우리 주변의 통계 자료 및 우리 반의 설문자료를 모둠별로 제시하여 원그래프로 나타내어 봅시다.	- 모둠 토의를 통해 문제해결 전략을 세우도록 한다.

	▸ 놀이학습	[활동3] 놀이-거북아 나와라 〈거북아 나와라〉 ① 순서를 정한다. ② 한 사람씩 돌아가며 색종이 거북이를 뚫는다. ③ 뽑은 거북이의 색을 친구들에게 보여주면서 다같이 학습지에 표시한다. ④ 20번을 모두 시행했을 때, 색깔별로 거북이의 통계 자료를 정리하여 원그래프로 나타낸다. - 놀이 방법과 규칙을 설명하고 학생의 이해를 확인한다.	- 모둠별로 해결한 내용은 평가 자료로 활용할 수 있다. - 학생들이 규칙을 지키면서 질서있게 놀이를 하도록 유도한다.
정리	▸ 도착점 점검 ▸ 정리하기	- 학습 성취도 평가 - 수준별 학습 안내	놀이를 통해 알게 된 사실, 느낀 점을 발표하게 한다.

8 수학 중심 융합 수업

1 배경 및 의미

현대 사회는 세계화, 다원화, 정보화 등을 특징으로 하며, 이러한 사회에서 학생들이 경험하게 될 문제들은 다양한 영역의 전문지식을 융합적으로 활용하여 해결해야 하는 경우가 많다. 이에 따라 학교 교육에서도 학문 분과적 지식만을 지도하기보다는 여러 영역의 전문적 지식을 통합적으로 가르치는 융합 교육의 필요성에 대한 인식이 확장되었다.

융합 교육은 미국에서 수학과 과학을 통합하여 가르치는 교육 방법에 대한 관심의 증가와 자연과학 및 이공계 교과에 대한 성취도 하락, 흥미 감소, 과목에 대한 기피 등의 문제를 극복하기 위한 방법으로 시작되었다. 1970~80년대 미국에서 과학, 기술, 사회를 통합적으로 가르치는 STS(Science, Technology, Society) 교육을 필두로, 1990년대에 이르러 수학, 과학, 기술을 통합적으로 가르치려는 MST(Mathematics, Science, Technology) 교육으로, 그리고 2000년대 이후 과학, 기술, 공학, 수학을 통합적으로 가르치려는 STEM(Science, Technology, Engineering, Mathematics) 교육과 과학, 기술, 공학, 예술, 수학을 통합적으로 가르치려는 STEAM(Science, Technology, Engineering,

Art, Mathematics) 교육으로 전개되고 있다. STEAM 교육은 STEM에 예술(Arts)을 추가한 통합교육 접근이다. 예술의 추가는 Yakman이 버지니아 공과대학의 대학원생이었을 때 제안한 것이며, 예술은 체육, 미술, 수공예, 언어, 인문교양(사회학, 교육학, 철학, 심리학, 역사)을 포함하는 넓은 의미의 학문이며 순수 예술만을 의미하는 것은 아니다(김진수, 2012). 그러나 우리나라의 경우 예술 교과에 해당하는 과목이 미술, 음악이기 때문에 주로 미술과 음악을 예술의 주요 교과로 인식하는 경향이 강하다(강갑원, 2015).

우리나라에서 STEAM 교육은 초·중등학교 수준에서부터 과학기술에 대한 흥미와 이해를 높이고 융합적 사고력을 함양하여 국가 경쟁력의 자산인 미래 과학기술 발전을 주도할 창의적이고 융합적인 인재를 양성하기 위한 교육정책으로 출발하였다(주미경, 김래영, 2016). 즉, 과학기술에 대한 학생들의 흥미와 이해 향상과 더불어 과학기술 기반의 융합적 소양과 문제해결력을 갖춘 인재의 양성을 목적으로 둔다고 볼 수 있다. 한편, 백윤수 외(2012)는 미국 등을 중심으로 실행하고 있는 STEM/STEAM 교육과 차별화하여 우리나라 교육제도 및 문화에 적합한 STEAM 교육으로 재개념화된 4C-STEAM을 제안하였다. 4C-STEAM은 융합인재교육이 추구하는 핵심역량을 4C: 창의성(Creativity), 소통(Communication), 융·통합(Convergence), 배려(Caring)로 제안하였다. 4C-STEAM은 과학기술과 관련된 다양한 분야의 융합적 지식, 과정, 본성에 대한 흥미와 이해를 창의적 설계(Creative Design)와 감성적 체험(Emotional Touch)으로 경험함으로써 창의적이고 종합적으로 문제를 해결할 수 있는 융합적 소양(STEAM Literacy)을 갖춘 인재를 양성하는 교육으로 정의하였다. 이러한 STEAM 교육을 통해 교과별 수직적 체계에 기초한 교육에서 탈피하여 수평적이고 융합적인 교육을 실시하며 미래 과학기술 사회가 요구하는 과학, 기술, 공학, 예술, 수학 등 다양한 분야의 융합적 지식을 기반으로 새로운 가치를 창출하고, 종합적 문제해결력을 갖춘 인재를 양성하는 것이 주요 목적이다(백윤수 외, 2012).

STEM이나 STEAM은 학문 간의 관련성 정도나 학문이 연결되는 방식에 따라 일반적으로 다학문적 통합(Multidisciplinary integration), 간학문적 통합(Interdisciplinary integration), 탈학문적 통합(Extradisciplinary integration)으로 분류된다(김민경 외, 2020). 이 분류의 기준은 학문 간의 경계선이 무너지는 정도, 즉 통합의 정도에 따른 것으로 통합성은 다학문적 통합이 가장 낮고 탈학문적 통합이 가장 높다(Drake, 1993). 다학문적 통합은 생활에서 나타나는 문제나 주제와 관련하여 그 해결책을 탐색하는 과정에서 여러 학문을 동원하는 형태로서 각 학문의 독립성을 유지하면서 각 교과 학습이 이루어지는 형태로 종전에 우리나라 과학 교과를 생물, 물리, 화학, 지구과학으로 구성한 것이 그 예이다. 간학문적 통합은 둘 이상의 학문 분야를 통합시키는 것으로서 정치

사회학, 미생물학, 전자음악, 사회심리학, 생리화학 등이 그 예이다. 탈학문적 통합은 학문을 서로 연결하여 통합하는 것이 아니라 학문과 관계없이 학생의 입장에서 자유로운 표현활동이나 문제해결 과정을 통해서 실생활 활동이나 문제를 통합하는 형태로 프로젝트 학습이 그 예이다(Drake, 1998).

미국의 STEAM 교육에서는 탈학문적 모형을 지칭할 때만 융합(Fusion 또는 Convergence)이라는 용어를 사용하여 좁은 의미로 쓰고 있지만, 우리나라에서는 모든 모형에 융합이라는 용어를 사용하여 더 넓은 의미로 쓰고 있다. 즉 한국의 STEAM 교육에서의 융합은 학문의 연계, 통합, 융합을 포괄적으로 일컫는 말이다(김민경 외, 2020).

|2| 수학 중심 융합 학습을 적용한 교수 · 학습 모형

수학은 흔히 도구교과라 하여 다른 학문과 관련성이 많은 교과이다. 수학교육의 측면에서도 수학화, 연결성, RME, 모델링 등 수학을 다른 세계로 연결 짓고 확장하려는 연구가 계속되고 있다. 고호경 외(2013)는 수학 기반 융합프로그램 모형을 다음과 같이 다섯 가지로 제시하였다.

| 표 8-8-1 | 수학 기반 융합프로그램 모형(고호경 외, 2013)

유형	모형	통합정도	통합방식	통합 과목수
수학기반 공유 1	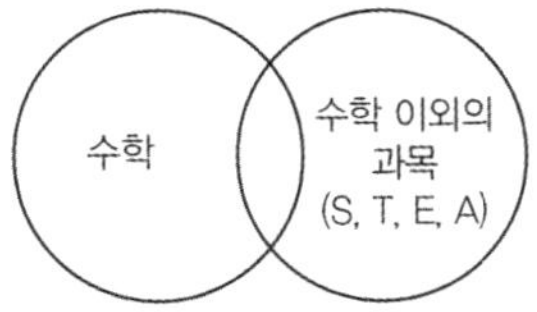	간학문	공유형	2과목
수학기반 공유 2	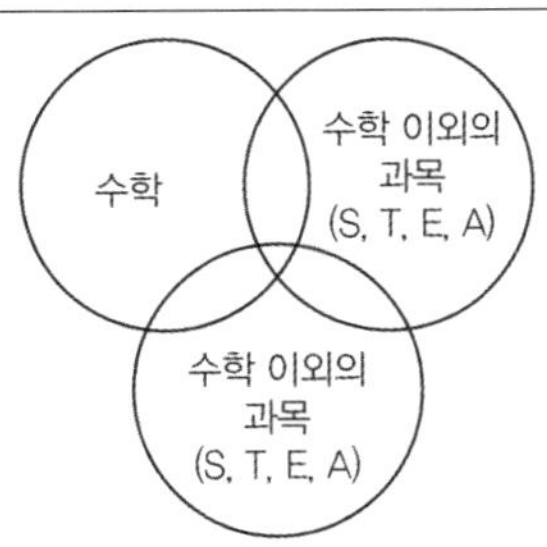	간학문	공유형	3과목
수학 중심 통합	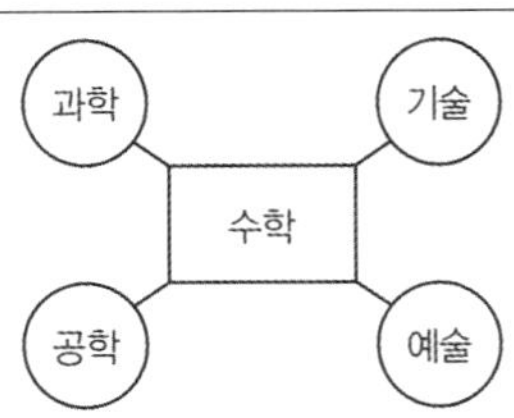	다학문	주제 중심	4과목 이상

사고기능 통합	수학 / 수학 이외의 과목 1 / 수학 이외의 과목 2	다학문	사고 중심	3과목
완전 통합	모든 학문	탈학문	공유형	4과목 이상

수학기반 공유 1 모형은 수학 교과를 기반으로 하여 STEAM 교과 중 S, T, E, A의 어느 한 영역과 소재 또는 주제가 융합된 프로그램이다. 수학기반 공유 2 모형은 수학 교과를 기반으로 하여 STEAM 교과 중 S, T, E, A의 어느 두 영역과 소재 또는 주제가 융합된 프로그램이다. 수학 중심 통합 모형은 수학 교과에서 주제(아이디어, 개념)를 택하고 수학 이외의 STEAM 교과에서 공통 주제를 찾아 프로그램을 구성하는 모형으로 추후 각 교과간의 팀 티칭 수업으로 활용 가능한 수업모형이다. 사고기능 통합 모형은 셋 이상의 교과가 연결된다는 점에서 수학 중심 통합 모형과 비슷하나 수학 중심 통합 모형이 공통 주제를 직접적으로 다루는 데 비해서 이 모형은 공통 주제를 다루는 것이 아니라 각 교과의 영역을 뛰어넘어 동일한 사고기능, 문제해결 능력 등을 기르는 것을 주된 목표로 한다. 완전 통합 모형은 STEAM의 관련 교과들이 주제 중심으로 완전히 통합된 방식의 모형이다. 주로 창의적 체험활동이나 방과후 수업, 박물관이나 과학관 등의 학교 밖 탐방과 같은 비형식적 교육에서 적용할 수 있는 모형이다(고호경 외, 2014).

3 수학 중심 융합 수업의 특징 및 적용상의 유의점

수학 학습은 수학적 내용과 지식의 습득뿐만 아니라 수학적으로 생각하는 방법과 기술을 익히는 것에 초점을 두어야 한다. 그러나 입시나 진학에 수학이 큰 영향을 줌에 따라 많은 교사와 학생들은 대학입시에서 좋은 평가를 받기 위한 교수·학습 즉, 지식 학습의 측면에 더욱 초점을 두는 경향이 있다. 그러나 이러한 교육에서 의사소통 언어로서 수학의 역할, 다양한 문제상황을 이해하고 해석하여 답을 구하는 문제해결 도구로서 수학의 역할 등을 이해하기는 쉽지 않다. 특히, 현대사회에서 수학은 자연과학이나 기술공학뿐만 아니라 인문과학, 사회과학, 예술 분야에까지 영향을 미치고 있다는 점에서 단순한 지식 중심의 수학 학습이 아니라, 수학적으로 생각하는 방법, 수학적 도구를 이용하여 의사소통하는 방법, 수학을 다양한 학문 분야와 융합하는 학습이 더욱 필요하다.

이를 위해 백윤수 외(2012)에서 제시한 융합 수업 구성의 원리와 김유경, 방정숙(2015)

이 제시한 수학 기반 융합 수업 모형을 바탕으로 수학 중심 융합 교육을 어떻게 준비할 수 있는지, 그리고 수학 중심 융합을 어떻게 효과적으로 설계할 수 있는지에 대하여 살펴본다.

백윤수 외(2012)는 융합 수업이 포함해야 할 구성 요소로 상황제시, 내용의 융·통합, 창의적 설계, 감성적 체험, 보상을 제시하고 이들의 관계를 도식화하여 [그림 8-8-1]과 같이 융합 수업 구성의 원리를 제시하였다.

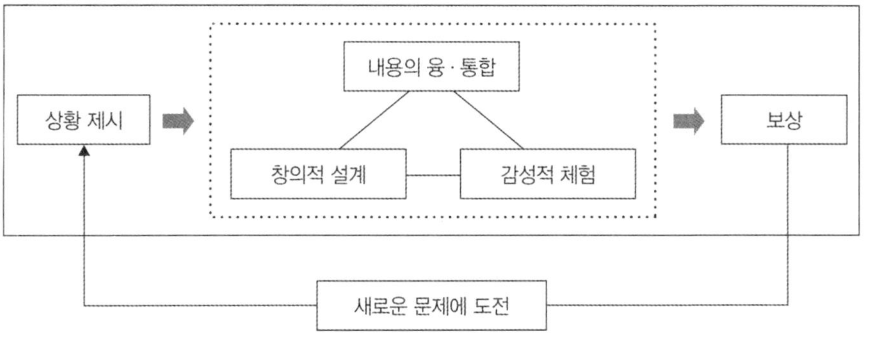

그림 8-8-1 융합 수업 구성의 원리(백윤수 외, 2012, p. 68)

여기서는 특히 문제해결의 핵심 과정으로 내용의 융·통합, 창의적 설계, 감성적 체험의 삼각형을 강조하였는데, 융합된 지식을 활용하여 창의적으로 문제를 해결하고 이 과정에서 학습에 대한 흥미, 자신감 등 긍정적인 감성의 체험을 강조하였다. 상황제시는 학생들에게 실생활 상황을 제시하는 것으로 학생들은 실생활 상황에 내포된 문제를 자신의 문제로 인식하고 학습 상황에 몰입할 수 있는 동기를 부여한다. 창의적 설계는 학생들이 주어진 상황에서 지식, 제품, 작품 등과 같은 산출물을 구성하기 위해 창의성, 효율성, 경제성, 심미성 등을 발현하여 최적의 방안을 찾아 문제를 해결하는 종합적인 과정이다. 이 과정은 수학의 문제해결 과정, 과학의 탐구 과정, 공학의 설계 과정과 유사하다.

김유경, 방정숙(2015)은 수학적 문제해결과 수학적 모델링 과정에 중점을 두고 백윤수 외(2012)에서 제안한 융합 수업 구성의 원리에 따라 학생들의 감성적 체험을 극대화하여 선순환적인 학습을 가능하게 하는 수학 기반 융합 수업 모형을 제안하였다. 이 모형은 폴리아의 문제해결 단계를 바탕으로 하는 문제해결 중심의 수업모형으로는 여러 분야의 지식 및 관점을 융합하여 문제를 해결하는 복잡한 융합 상황을 설명하는데 한계가 있다는 인식을 바탕으로 구성되었다. 수학 기반 융합 수업의 흐름은 [그림 8-8-2]와 같이 맥락제시-활동추출-수학적 관찰·수학으로 연결·개별적 문제해결-집단적 의사결정-정리-다음 수업과의 연결로 이루어진다.

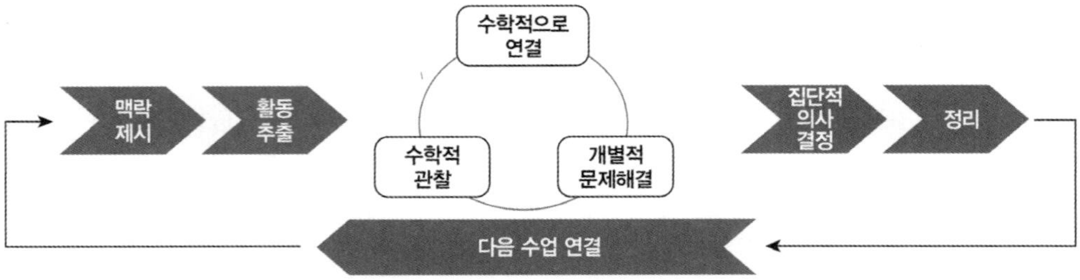

그림 8-8-2 수학 기반 융합 수업 모형(김유경, 방정숙, 2015, p. 113)

맥락 제시는 여러 가지 개념들이 포함된 복잡한 문제상황이나 다양한 관점을 포함한 사례가 제시되는 단계이다. 활동 추출은 문제를 해결하기 위해 어떠한 활동을 해야 하는지를 찾아내는 단계이다. 즉, 이 단계는 학습 목표 제시, 활동 안내 등을 통해 본시 학습에서 무엇을 해야 할지 명확히 하는 단계이다. 수학적 관찰의 단계는 문제 맥락에 포함된 문제의 조건과 가정을 수학적인 관점에서 관찰하여 문제해결의 토대를 마련하는 과정이다. 수학으로 연결은 수학적인 관찰을 통해 문제의 조건과 가정을 수학의 변수나 속성으로 연결하는 수학화 과정과 유사하다. 개별적 문제해결 단계는 수학적으로 변환이 이루어진 뒤 문제를 해결하는 단계이다. 문제를 해결하는 과정 중에도 문제의 조건을 다른 관점에서 관찰하고 새로운 방법으로 문제를 해결할 수 있다. 또한 처음 계획에 따라 문제를 해결하는 도중에 난관에 부딪힌 경우에는 문제의 조건을 수학적으로 관찰하는 첫 과정으로 되돌아갈 필요가 있다. 즉 수학적 관찰, 수학으로의 연결, 개별적 문제해결의 과정은 복합적으로 나타날 수 있으므로 일방향적이지 않고 순환 모델로 나타내었다.

집단적 의사결정의 단계는 여러 사람들이 함께 문제해결 과정을 살펴보고 가장 좋은 문제해결 방법을 선택하는 과정이다. 이전의 과정이 개인의 수학적인 관점에서 문제를 해결한 것이라면 집단적 의사결정 단계에서는 수업에 참여한 학생들이 함께 여러 가지 문제해결 방법을 비교하여 어떠한 면에서 좋은지를 수학적으로 의사소통하게 함으로써 수학적 사고를 확장한다. 정리 단계는 학습 과정에서 느낀 점이나 반성 등 정의적인 부분에 대한 평가가 이루어질 수 있다. 이러한 감성적인 체험은 추후 생활 속에서 경험하는 많은 문제들을 수학적인 눈으로 바라보고 해결하려고 하는 의지를 갖도록 내면화하는 형태로 연결될 수 있다. 다음 수업으로의 연결은 본시 학습 결과를 토대로 후속 수업을 계획하고 실행하는 수업 간의 연결이다. 이러한 수업을 통해 신장된 문제해결력, 의사소통능력, 수학적 사고력 등은 후속 학습에도 긍정적인 영향을 준다고 할 수 있다.

| 4 | 수학 중심 융합 학습 적용의 실제

다음 〈표 8-8-2〉는 안주현(2016)이 제시한 수학, 미술, 사회 과목을 융합한 수업 계획이다. 이 수업에서는 여러 나라 국기라는 주제 아래 수학에서 도형의 작도와 도형의 성질, 미술에서의 시각 디자인 그리고 사회에서 여러 나라 국기에 대한 학습을 통합적으로 다루었다. 전체는 3차시로 구성되었다. 1차시에서 다양한 국기와 도형의 성질을 살펴보고, 2차시에서는 작도와 도형의 성질을 이용하여 나만의 국기를 제작하며, 3차시에서는 자신이 디자인하고 제작한 국기를 발표하는 수업으로 구성하였다.

| 표 8-8-2 | 수학 중심 융합 학습의 예

<table>
<tr><td colspan="2">프로그램 명</td><td colspan="4">나만의 국기 디자인하기</td></tr>
<tr><td colspan="2">프로그램 내용</td><td colspan="4">1) 여러 나라의 국기에 포함된 수학적 성질을 발견하고 설명한다.
2) 도형의 다양한 성질과 작도를 활용하여 나만의 국기를 디자인한다.</td></tr>
<tr><td colspan="2">전체 차시</td><td colspan="2">3</td><td>학습형태</td><td>팀별학습, 개별학습</td></tr>
<tr><td colspan="2" rowspan="4">융합교과</td><td>관련 교과</td><td colspan="2">관련 단원</td><td>관련 개념</td></tr>
<tr><td>수학</td><td colspan="2">작도와 합동</td><td>도형의 작도, 도형의 성질</td></tr>
<tr><td>미술</td><td colspan="2">색과 디자인</td><td>시각 디자인</td></tr>
<tr><td>사회</td><td colspan="2">문화의 이해와 창조</td><td>세계 여러 나라의 국기</td></tr>
<tr><td>차시</td><td colspan="2">주제</td><td colspan="2">수업 내용</td><td>준비물</td></tr>
<tr><td>1</td><td colspan="2">여러 나라의 국기와 수학적 성질</td><td colspan="2">[맥락제시]
재석이는 우주비행사입니다. 우주를 여행하던 중 누구도 발견하지 못했던 새로운 행성을 발견하였습니다. 이 행성은 지구와 매우 비슷한 환경을 가지고 있었습니다. 사람들이 살아가기에 충분한 환경이었습니다. 그래서 재석이는 이곳에 새로운 나라를 세우기로 결심하였습니다. 재석이는 나라를 세우려면 그 나라를 상징하는 국기가 필요하다고 판단하였고, 어떤 모양으로 디자인할지 고민하기 시작했습니다. 새로운 나라에 대한 국기는 어떤 모양이 좋을까요?
[탐구활동]
1) 국기 분류
2) 국기에 나타난 수학적 성질 표현
3) 국기의 의미 파악
[발표하기]</td><td>여러 나라의 국기
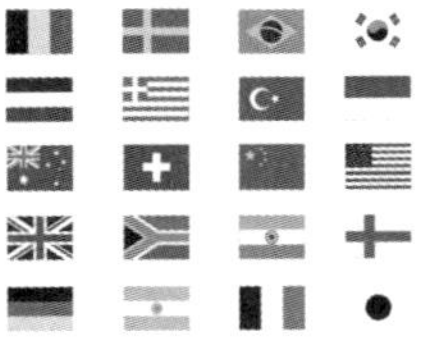
인터넷 환경
발표용 용지
필기구</td></tr>
<tr><td>2</td><td colspan="2">작도와 나만의 국기 디자인</td><td colspan="2">[창의적 설계]
1) 기본도형과 삼각형 작도하기
2) 작도를 활용하여 나만의 국기 디자인하기</td><td>자, 컴퍼스, 용지, 색연필</td></tr>
</table>

3	디자인한 국기 발표	[감성적 체험] 1) 디자인한 국기 발표하기 [정리]	동료평가 토론

위의 융합수업 모형에서 먼저 우주 여행자인 재석이가 새로운 행성을 발견하고 새로운 나라를 만드는 상황에서 국기가 필요하다는 내용을 통해 본 수업에서 다룰 국기에 대한 도입을 하였다. 새로운 국기를 디자인하기에 앞서 먼저 세계의 다양한 국기를 탐구하는 활동을 한다. 이때, 국기에 나타난 여러 가지 도형이나 특징을 수학적으로 표현해 보는 활동과 국기의 색깔이나 문양이 의미하는 것을 조사하는 과정을 통해 수학적 지식뿐만 아니라 세계 여러 나라의 문화나 역사에 대하여 이해할 수 있도록 한다.

| 표 8-8-3 | 수학 중심 융합 학습을 적용한 교수 · 학습 과정안

단원	Ⅳ. 기본도형 2. 작도와 합동 (1) 삼각형의 작도		
학습 목표	다양한 작도 방법을 활용하여 나만의 국기를 디자인할 수 있다.		
단계	교수 · 학습 흐름	교수 · 학습 활동	자료 및 유의점
도입	▸ 학습 주제 설명	- 이전 시간에 탐구한 다양한 국기에 나타난 수학적 성질을 고려하면서 자신만의 국기를 디자인한다.	- 여러 나라의 국기
전개	▸ 기본도형 ▸ 작도방법 설명 ▸ 나만의 국기 디자인 ▸ 나만의 국기 작도 ▸ 색칠하기 ▸ 국기 설명 작성	- 자와 컴퍼스를 활용하여 선분, 직선, 원의 작도하는 방법을 설명한다. - 각의 이등분선, 선분의 수직이등분선의 작도, 평행선의 작도 방법을 설명한다. - 기본도형을 중심으로 나만의 국기를 대략적으로 디자인한다. - 디자인한 국기의 작도 방법을 조사하여 작도를 실행한다. - 작도된 국기에 색칠을 하여 작품을 완성한다. - 자신의 국기에 포함된 의미와 작도 방법을 작성한다.	- A4 용지 - 다양한 모양이 나타날 수 있지만 가능한 작도를 이용할 수 있도록 유도한다. - 디자인 설명용 자료 양식
정리	▸ 차시예고	- 다음 차시 디자인한 국기 발표를 안내한다.	

〈표 8-8-3〉의 교수 · 학습 과정안은 전체 융합수업 3차시 중에서 2차시에 해당하는 내용으로 나만의 국기 디자인 과정이다. 이때, 단순한 그림을 그리는 것이 아니라 수학에서 학습한 기본도형과 삼각형, 각도, 선분 등의 작도 방법을 활용하여 국기를 작도할 수 있도록 한다. 다음 차시에서는 서로의 국기의 작도 방법과 의미를 설명하고 평가하는 시간을 갖는다. 이러한 과정을 통해 수학 교과의 도형의 성질과 작도, 미술

교과의 색과 디자인, 사회 교과의 여러 나라의 문화와 역사의 이해를 융합적으로 다룰 수 있다.

9 블렌디드 러닝

|1| 배경 및 의미

과거 수업은 교실이라는 제한된 공간 안에서 특정한 시간에 이루어지는 면대면 활동이었다면, 현재는 교실만이 수업이 이루어지는 핵심 공간이라고 더 이상 말할 수 없는 상황이며 학습 시간도 자유롭게 운영될 수 있게 되었다. 또한 과학기술의 발달로 과거와는 비교할 수 없을 정도로 쉽고 빠르게 다양한 지식과 정보에 접근할 수 있게 되었으며 사회의 변화나 Covid-19와 같은 예상하지 못한 교육 환경의 변화에 따라 면대면 수업을 실시하기 어려운 상황을 맞이하기도 하였다.

블렌디드 러닝(Blended Learning)이란 오프라인 수업과 온라인 수업을 학습의 목적에 맞게 결합하고 활용하는 교수·학습 방식이다. 즉, 온라인과 오프라인 학습이 가지는 장점과 단점에 대한 이해를 바탕으로 두 가지 학습 방법을 결합한 최적의 배치를 통해 학습자에게 기존 교실 수업의 한계를 벗어나 다양한 지식과 정보를 활용하고 다양한 세계의 경험하게 하는 교육 방식이다.

블렌디드 러닝은 혼합 범위와 실천전략들에 따라 학자마다 다르게 정의하고 있는데 크게 두 가지로 구분할 수 있다. 첫째는 오프라인과 온라인의 혼합 또는 오프라인 수업의 단점을 정보통신기술에 기반을 둔 온라인 수업이 보완하여 온라인과 오프라인 두 교수 모형의 장점을 살린 수업 모형이다. 둘째는 학습 목표나 내용에 따라 두 가지 이상의 다양한 학습 방법과 도구, 기술, 학습 전략을 활용하여 학습 환경을 최적화하고 학습 경험의 통합을 시도하는 전략적 학습 방법이다. 초기 블렌디드 러닝은 단순히 온라인과 오프라인 수업의 결합을 의미하는 경우가 많았으나 최근에는 수업 방법이나 매체의 결합과 같은 다양한 학습 요소들의 결합을 통해 최상의 학습효과를 얻기 위한 학습으로 확장되고 있다.

Staker & Horn(2012)은 블렌디드 러닝을 세 가지 조건을 만족하는 교수·학습 방법으로 정의하고 있다. 첫째, 공식적인 교육프로그램이어야 한다. 이것은 블렌디드 러닝이 교육용 비디오 게임 등과 같은 비공식적인 온라인 교육과 다름을 강조하고 있는 부분이다. 둘째, 프로그램의 구성에서 적어도 한 부분은 온라인에서 제공되는 학습 내용이나 수업을 자신의 시간, 장소, 경로 또는 학습 속도에 맞게 스스로 통제할 수 있어야 한다. 시간, 장소, 경로, 학습 속도를 학생 스스로 통제할 수 있다는 것은 학습이 학교의 정해진 시간표에 따라야 한다거나, 교실이라는 제한된 장소에서 이루어져야 한다거나, 교사가 제시하는 방법에 따라야 한다거나, 전체 학생이 같은 학습 속도에 맞춰야 한다는 기준을 더 이상 중요하게 고려하지 않아도 된다는 것을 의미한다. 셋째, 한 부분에서는 온라인으로 제공되는 학습 내용이나 수업을 받고 다른 한 부분에서는 정규 학교에서 면대면으로 제공되는 학습 내용이나 수업을 받아야 한다. 학습 내용과 수업을 제공하는 것은 단지 수업의 진행을 위해 인터넷 도구를 활용하는 온라인 수업과 블렌디드 러닝을 구분하는 특징이다. 또한 온라인으로 제공되는 측면을 오프라인보다 먼저 제시함으로써 온라인 부분을 강조한 정의라고 할 수 있다.

학습의 유형을 면대면 수업과 완전한 온라인 수업을 양쪽 끝으로 둔 스펙트럼을 생각해보면 블렌디드 러닝은 이 양쪽 끝 지점의 중간지점이라 할 수 있다([그림 8-9-1]).

그림 8-9-1 학습유형 스펙트럼

한편, Ronsen & Stewart(2015)는 온라인 콘텐츠의 활용 비율을 중심으로 위 교수·학습 유형에 대한 스펙트럼을 좀 더 구체적으로 〈표 8-9-1〉과 같은 네 가지 유형으로 설명하였다.

표 8-9-1 온라인 비율에 따른 교수·학습 유형

교수학습 유형	온라인 비율(%)	설 명
전통적 면대면 수업 (Conventional)	0	학습은 교실에서 면대면으로만 이루어지며 온라인 환경이나 도구를 교수·학습에 활용하지 않는다.
웹 지원학습 (Web facilitated)	1-29	웹 기반 기술을 사용하여 대면 학습을 촉진하는 학습. 예를 들어, 웹을 사용하여 강의록과 과제를 게시한다.
블렌디드 러닝 (Blended learning)	30-79	이러닝이나 웹 등을 활용한 온라인 학습과 면대면 수업이 결합한 형태이다.
온라인학습 (E-learning)	80-100	학습은 보통 온라인 과정이나 원격 학습에서 이루어지며, 면대면 수업은 수업의 운영을 위해 필요한 경우 제한적으로만 활용되거나 전혀 활용되지 않는다.

한편, Staker & Horn(2012)은 블렌디드 러닝을 정의하면서 [그림 8-9-2]와 같이 교육 유형을 정규 학교 수업(Brick-and-mortar)과 온라인 학습(Online learning)이라는 두 측면으로 나누어 제시하였다. 먼저 정규 학교 수업은 전통적 수업과 기술공학적 요소가 풍부한 수업으로 나누었고 온라인 학습은 비공식적 온라인 학습과 전면적 온라인 학습으로 나누었다.

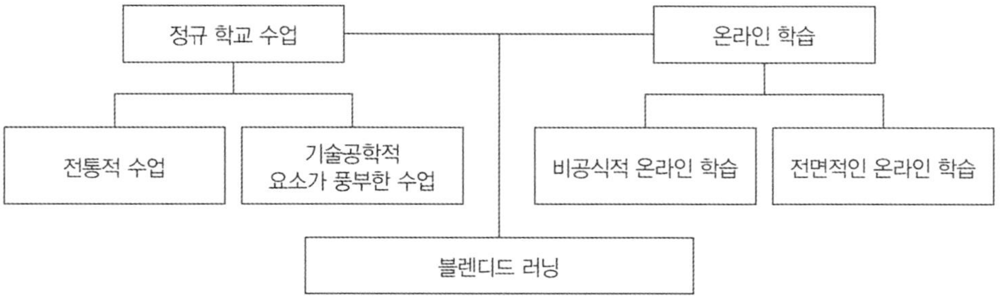

그림 8-9-2 블렌디드 러닝(Staker, H., & Horn, M. B., 2012)

전통적 수업(Traditional instruction)은 교사 중심의 면대면 수업을 핵심으로 하는 구조화된 교육프로그램으로 교사 중심 논의나 교사에서 학생으로의 지식 전달에 중점을 둔다. 전통적 수업에서 학생들은 주로 나이에 따라 학년이 구분되며 수업용 자료들은 교재, 강의, 개인별 필기 과제를 중심으로 한다. 교실에 있는 모든 학생은 단 하나의 통일된 교육과정에 따라 교육되며 교과목은 융합적이거나 간학문적이라기보다는 개별적이며 독립적이다. 기술공학적 요소가 풍부한 수업(Technology-rich instruction)은 전통적 수업과 유사한 특징들을 공유하는 부분도 있지만 전자칠판, 인터넷 활용이 가능한 장비, 실물화상기, 전자교과서, 인터넷 등과 같은 풍부한 디지털 요소들을 포함하고 있다는 점에서 차이가 있다. 하지만 기술공학적 요소가 풍부한 수업에서 인터넷은 학습 내용이나 수업 내용을 전달하는 것이 아니라 보고서 작성 및 제출과 같은 역할을 하며 만약 학습 내용이 전달되더라도 이를 활용할 시간, 장소, 경로, 진도 측면을 학생들이 스스로 통제하는 것은 아니다.

여기서 살펴본 전통적인 수업이나 기술공학적 요소가 풍부한 수업은 그 자체로 블렌디드 러닝이라고 할 수는 없지만 온라인 학습과 결합한다면 블렌디드 러닝을 제공할 수 있다. 즉, 온라인 학습과 전통적 학습 사이를 순환한다거나 특정 주제는 기술공학적 요소가 풍부한 수업을 받고 다른 주제에 대해서는 온라인 수업을 받는 형태로 수업을 진행할 수 있다.

비공식적 온라인 학습(Informal online learning)은 구조화된 교육프로그램이 운영되지 않는 시간에 기술공학적 도구를 활용하여 학습하는 경우이다. 예를 들어, 학생들은 학교 수업과는 별개로 스스로 교육용 비디오 게임을 하거나 온라인 강좌를 수강할 수 있다. 전면적 온라인 학습(Full-time online learning)은 교육내용이나 수업이 모두 인터넷을 통해 이루어지는 구조화된 교육프로그램으로 학생들은 시험과 같은 극히 제한적 상황이 아니면 학교에 출석하지 않는다.

| 2 | 블렌디드 러닝을 적용한 교수 · 학습 모형

Staker & Horn(2012)은 블렌디드 러닝 모델을 [그림 8-9-3]과 같이 순환 모델, 플렉스 모델, 자기-혼합 모델, 가상학습 강화 모델과 같이 네 가지 모델로 나누어 설명하였다.

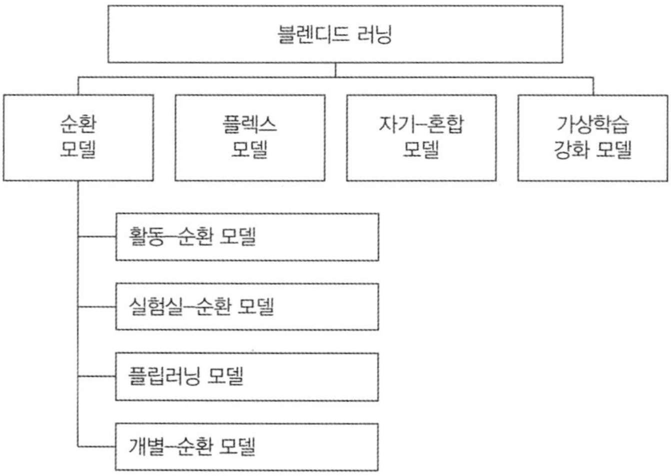

그림 8-9-3 블렌디드 러닝 모형(Staker, H., & Horn, M. B., 2012)

순환 모델(Rotation model)은 정해진 일정 또는 교사의 지도에 따라 여러 학습 양식 사이를 순환하는 모델이다. 이러한 학습 양식 중 적어도 하나는 온라인 학습의 형태이며 다른 학습 양식들은 소그룹 활동, 전통적인 면대면 수업, 개별 지도, 지필 과제 학습 등이다. 순환 모델은 다시 활동-순환 모델(Station-Rotation Model), 실험실-순환 모델(Lab-Rotation Model), 플립 러닝 모델(Flipped-Classroom Model), 개별-순환 모델(Individual-Rotation Model)로 구분된다. 활동-순환 모델은 전체학급이 여러 활동 사이를 순환하거나 아니면 학급을 소그룹으로 분할하여 여러 활동을 순차적으로 순환하도록 한다. 활동-순환 모델에 참여하는 학생들은 정해진 일정에 따라 모든 활동을 순차적으로 순환한다. 실험실-순환 모델에서는 정해진 일정이나 교사의 지도에 따라 학교 내의 여러 실험실을 순환한다. 이때 적어도 한 실험실은 온라인 학습 양식이 적용된 실험실이다. 실험실-순환 모델은 학교 내의 여러 실험실을 순환한다는 측면에서 한 교실에서 여러 활동 양식 사이를 순환하는 활동 순환 모델과 구분된다. 플립 러닝 모델은 학교가 아닌 가정 등에서 온라인을 통해 수업 내용을 학습한 후 학교에서는 교사와 면대면 수업을 통해 수업 내용에 대한 과제를 해결하거나 관련된 프로젝트 등을 수행하는 학습 양식이다. 플립 러닝 모델은 단순히 온라인을 통해 과제를 부여받고 이를 수행하는 수업과는 다르다. 플립 러닝 모델에서 학생들은 스스로 학습 시간, 장소, 경로, 진도 등을 선택할 수 있다는 점에서 블렌디드 러닝의 특징을 포함한다. 개별-순환 모델은 학생 개인별로 최적화되고 고정된 일정에 따라 여러 학습 양식을 순환한다. 마찬가지로 이러한 학습 양식 중 적어도 하나는 온라인 기반으로 운영된다. 개별-순환 모델에서 학생들은 모든 활동이나 학습 양식을 반드시 순환할 필요는 없다는 점에서 활동-순환 모델과 구분된다.

플렉스 모델(Flex model)에서 수업 내용이나 자료들은 주로 온라인을 통해 전달되며 학생들은 개인적으로 최적화되고 변동 가능한 일정에 따라 여러 학습 양식들 사이를 유연하게 순환한다. 소그룹 활동, 그룹 프로젝트, 개인교습과 같은 각각의 학습 양식마다 이를 운영하는 보조교사를 두어 학생들의 요구에 맞는 유연하고 적절한 면대면 지원을 제공한다. 여러 학습 양식 중에 면대면 지원을 매우 중요하게 여기는 부분도 있지만 일부는 최소한의 면대면 지원만 이루어진다.

자기-혼합 모델(Self-Blended model)에서 학생들은 특정 교과의 이수와 관련하여 일부 과정은 온라인을 통해 학습하며 나머지 과정들은 학교에서 교사와의 면대면 수업을 통해 이수한다. 일반적으로 자기-혼합 모델에서 학생들은 전통적인 중요 교과에 대한 학습을 보충하기 위하여 제공되는 하나 또는 그 이상의 온라인 수업을 선택하여 학습한다. 온라인 과정은 학교 일과 시간에 참여할 수도 있고 학교 일과 시간 이후에도 학습할 수 있으며, 온라인 과정을 담당하는 교사가 학생들을 관리한다. 자기-혼합 모델은 아라카르테 모델(A La Carte Model)로 불리기도 한다.

가상학습 강화 모델(Enriched-Virtual model)은 특정 교과에 대한 학습을 포함하여 학교에서 이루어지는 대부분의 학습이 온라인을 통해 이루어진다. 학생들은 기본적으로 학교에 등교하여 수업을 듣는 시간과 온라인으로 제공되는 학습 내용과 수업을 활용하는 시간을 구분하여 정한다. 이 모델은 매일 학교에 등교하여 수업을 받을 필요가 없다는 점에서 거꾸로 교실과 차별되며, 특정 교과의 이수와 같은 일부 코스에 대한 모델이 아니라 학교에서 이루어지는 모든 과정을 아우르는 온라인 학습이라는 측면에서 자기-혼합 모델과 구분된다.

|3| 블렌디드 러닝의 특징 및 적용상의 유의점

블렌디드 러닝은 온라인과 오프라인 두 교수 모형의 장점을 살리며 다양한 학습 방법과 도구, 기술, 학습 전략을 활용하여 학습 환경을 최적화하는 수업 방식이다. 블렌디드 러닝의 특징과 그에 따른 유의점을 풍부한 학습자원, 접근의 용이성, 학습자 맞춤형 학습, 학습자 사이의 적극적인 상호작용으로 나누어 살펴볼 수 있다.

첫째, 수업에서 온라인 환경을 활용하게 됨으로써 면대면 수업에 비하여 풍부한 학습자원을 활용할 수 있다. 이러한 풍부한 학습자원이라는 특징은 학습자에게 전통적 교육환경에서 제시하기 어려운 다양한 학습 활동을 경험할 수 있으므로 교사는 면대면 수업과 비교하여 더 풍부한 학습자원을 준비해야 한다. 예를 들어, 인터넷 기반 온라인 수업에서는 교실에서 경험하기 어렵고 언어적으로 전달하기 어려운 실제 상황에 대한 시뮬레이션 또는 실험 등을 온라인을 통해 간접적으로 그리고 실시간 검색을 통해 경험할 수 있다.

둘째, 블렌디드 러닝은 시간적, 공간적 제약이 없이 언제든지 그리고 반복적인 학습이 가능하다는 점에서 접근의 용이성이 높다. 학습자는 자신이 선호하는 시간에 맞춰 정규학습 혹은 반복 학습을 할 수 있으며 강의실 수업에서는 시간에 쫓겨 학생들과 충분하지 못했던 질의 · 응답, 자유 토론이 온라인에서 가능하므로 이러한 교육환경을 마련하기 위해 노력해야 한다. 또한, 블렌디드 러닝에서는 공간적 제약이 사라진다. 기존 면대면 수업이 교실이라는 한정된 공간 안에서의 수업이었다면 블렌디드 러닝은 인터넷을 활용하여 어떤 장소에서도 필요한 학습 내용을 자유롭게 학습할 수 있다. 따라서 기존의 교실 공간을 새로운 학습을 위한 공간으로 구성하여 활용함으로써 온라인 수업뿐만 아니라 오프라인 수업의 질적 향상을 가능하게 한다.

셋째, 학습자 능력이나 상황을 고려한 맞춤형 학습이 가능하다. 블렌디드 러닝에서는 학습자를 고려하여 다양한 학습 전략이나 교수 방법을 제공해야 한다. 즉, 블렌디드 러닝은 학습 방법이나 교육 매체의 다양화가 가능하므로 학습자들은 자신이 선호하는 방식에 따라 수업에 참여할 수 있고 자신에게 맞는 학습 전략을 활용하거나 수준별 학습을 할 수 있다. 더불어, 교사는 온라인을 통해 여러 학생들과 의사소통할 수 있으며 개별 학생들에게 적절한 피드백을 제공함으로써 학생 맞춤형 학습이 가능하다.

넷째, 동료와의 적극적인 상호작용을 통해 더 넓고 깊은 학습이 가능해진다. 동료 학습자들의 학습 활동 결과물 또는 학습 과정을 관찰하거나 교사 또는 동료 학생의 피드백을 통해 자신의 학습 활동에 대하여 반성함으로써 학습의 효과가 향상될 수 있도록 해야 한다.

4 블렌디드 러닝 적용의 실제

다음 〈표 8-9-2〉는 중학교 2학년 수학에서 피타고라스의 정리에 대한 학습을 블렌디드 러닝 방법을 적용하여 실행하는 예이다.

표 8-9-2 블렌디드 러닝을 적용한 피타고라스의 정리 교수 · 학습 과정안

단원	Ⅳ. 도형의 성질 1. 삼각형의 성질 03. 피타고라스 정리		
학습목표	피타고라스 정리를 이해하고 설명할 수 있다.		
단계	교수 · 학습 흐름	교수 · 학습 활동	자료 및 유의점
도입 (온라인, 가정)	▸ 선수 학습 ▸ 영상 시청	- 피타고라스의 정리에 대한 동영상을 보고 기본 개념을 익힌다. - 동영상으로 제공되는 GSP 프로그램의 기본 조작법을 익힌다.	- 기초개념 중심의 선수 학습 - 수업시 필요 기능 중심
전개 (오프라인, 교실)	▸ 영상 시청	- 제공되는 영상을 보고, 궁금한 점을 기록한다.	빔, TV 활용
	▸ 학습목표 제시 ▸ 수업안내	- 학습목표를 다함께 읽는다. - 수업 방향과 과정을 간략히 설명한다.	
	▸ 탐구활동 1	- GSP를 활용한 자료를 제시하고 학생들의 탐구를 유도한다. - 발견한 사실을 정리하게 하고 몇 팀을 발표시킨다.	팀별 컴퓨터 자료 1
	▸ 탐구활동 2	- 피타고라스 정리에 대한 조각 맞추기 퍼즐을 제공하여 조각 맞추기 활동을 한다. - 자신의 방법을 설명한다.	팀별 퍼즐 자료 2
	▸ 이론 수업	- 피타고라스의 정리를 확인한다. - 피타고라스의 정리를 활용하여 여러 가지 도형에 적용하는 문제를 해결한다.	
정리 (온라인, 가정)	▸ 문제풀이	- 피타고라스의 정리와 관련된 문제를 온라인상에 탑재하고, 학생들은 온라인상에 자유롭게 접속하여 문제를 해결한다.	문제지
	▸ 온라인 토론	- 토론을 위한 문제를 탑재하고 학생들은 자신의 의견을 게시한다. - 학생들의 반응에 피드백한다. - 다른 학생의 의견을 읽고 피드백하거나 질문을 한다.	자료 3

[자료 1]	[자료 2]	[자료 3]
탐구활동 1. 컴퓨터의 GSP프로그램을 활용하여 만든 자료이다. 이 자료를 활용하여 직각삼각형의 세 변을 사이의 관계를 탐구해 보아라.	탐구활동 2. 아래 그림과 같이 직각삼각형의 세 변을 각각 한 변으로 하는 정사각형이 있다. 이때, 직각을 낀 두 변을 각각 한 변으로 하는 두 정사각형을 적당히 조각으로 나눈 후, 큰 정사각형에 빈틈없이 채우고자 한다. 자신의 방법대로 자유롭게 나누어 채우는 방법을 설명하고, 이를 이용하여 피타고라스의 정리가 성립함을 설명해 보아라.	[토론해봅시다] 이집트의 한 마을에서 고대 문명의 유물이 발견되었다고 합니다. 이 유물은 다음과 같이 긴 줄에 일정한 간격으로 12개의 마디가 표시되어 있다고 합니다. 이 줄의 용도는 무엇일까요? 왜 이런 유물이 필요했을까요? 자신의 생각을 자유롭게 토론 게시판에 올려 주세요.
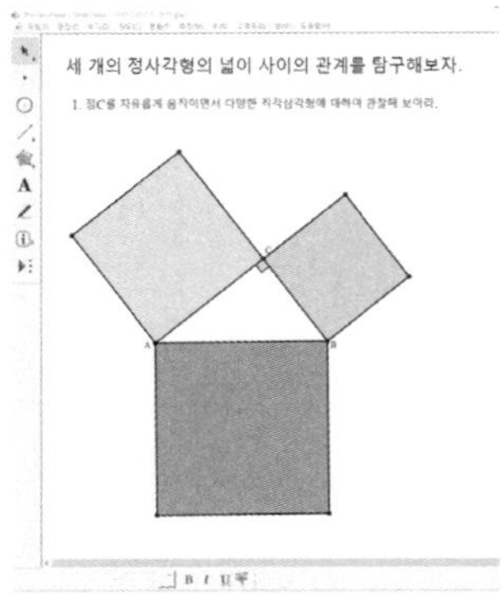	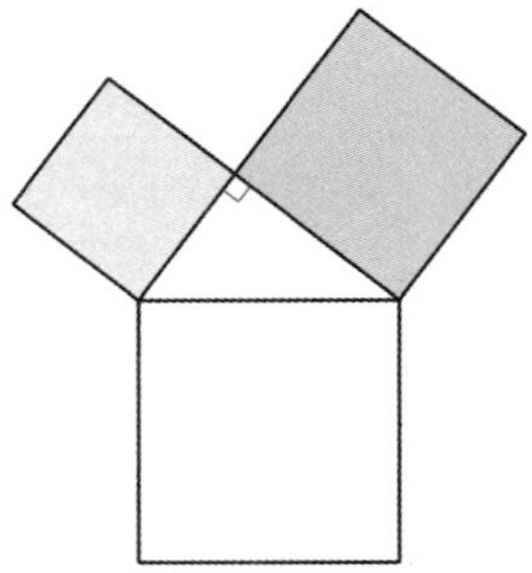	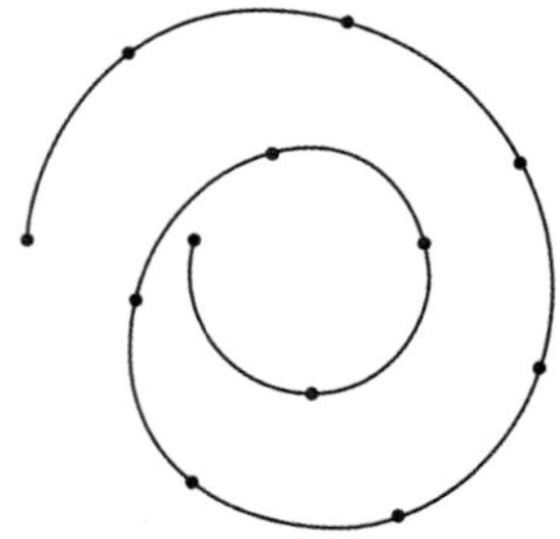

그림 8-9-4 수업 자료

위 수업에서는 블렌디드 러닝 모형중에서 순환 모델의 거꾸로 교실 모델과 활동-순환 모델을 적용하였다. 학습의 과정은 가정에서의 온라인 학습, 학교 교실에서의 오프라인 학습, 다시 가정에서의 온라인 학습의 순서로 이루어진다.

먼저 가정에서 온라인 학습을 통해 교사가 준비한 피타고라스의 정리에 대한 강의 영상과 GSP 프로그램 사용법에 대한 강의 영상을 시청한다. 이때 영상 자료는 교사가 제작할 수도 있고 EBS 등에서 제공하는 영상을 활용할 수도 있다. 교실 면대면 수업에서는 인터넷을 활용하여 피타고라스 학파와 피타고라스의 정리에 대한 동영상을 시청한 후 학생들은 팀별로 준비된 컴퓨터와 GSP 프로그램을 이용하여 탐구 활동 1과 탐구 활동 2를 실시한다. 탐구활동 1은 GSP를 이용하여 만든 피타고라스 정리에 대한 프로그램을 이용하여 직각삼각형의 모양을 다양하게 바꾸면서 피타고라스의 성질을 파악하는 활동이다. 두 번째 탐구활동은 탐구활동 1에서 파악한 성질을 학습자의 수준에서 정당화하는 단계이다. 이 단계에서는 학생들의 수준을 고려하여 조각을 나누어 맞춰보는 수준의 활동뿐만 아니라 연역적 증명을 통해 피타고라스의 정리가 성립함을 설명할 수도 있다. 팀별로 탐구한 내용을 발표하여 전체 학생들과 공유한다. 교실 면대면 수업의 마지막 부분에 전체 학급을 대상으로 피타고라스의 정리에 대한 기본적인 지식과 정보를 정리하고 관련 문제를 해결하는 과정이다. 이후 가정에서 온라인으로 피타고라스와 관련된 고대 문명의 유물을 소재로 제작한 문제의 해결 및 토론 활동을 통해 피타고라스의 정리의 가치를 이해하도록 한다.

10 플립 러닝

1 배경 및 의미

전통적인 수업의 흐름은 수업 시간에 교사가 제시하는 강의를 듣고 집에서 이와 관련된 과제를 해결하는 방식이다. 이러한 수업의 흐름을 거꾸로 바꾼 것이 플립 러닝(Flipped Learning)이다. 플립 러닝 수업에서는 가정에서 먼저 온라인으로 제공되는 영상 등을 학습하고 수업 시간에는 이와 관련된 문제 해결이나 실제적인 응용을 다룬다. 플립 러닝은 다양한 교육 내·외적 위기에 효과적으로 대처하고 미래 사회의 교육 비전을 실현할 수 있는 수업방식이라는 점에서 교육혁신 모델로서 최근 전 세계적으로 주목을 받고 있다. 국내에서는 2014년 KBS 파노라마 '21세기 교육혁명−미래교실을 찾아서'가 방영되면서 교육계의 뜨거운 화두로 등장하였다. '뒤집다'라는 뜻을 지닌 'Filp'은 강의와 과제를 거꾸로 한다는 의미에서 붙여진 이름이다. 즉, 교실에서 이루어지던 교사의 강의를 동영상을 통해 교실 밖으로 이동하고 기존에 집에서 이루어지던 과제 활동을 교실로 옮겼다는 점에서 전통적인 수업을 뒤집은 수업방식이라 할 수 있다. 그런데 강의와 과제를 바꾼다는 단순한 생각에서 출발한 플립 러닝이 교수자와 학습자의 역할도 바뀌게 되는 자연스러운 결과를 낳았다. 즉, 교사에 의한 일방적인 강의가 사라진 교실에서 학생들이 주도적으로 학습을 이끌어 가면서 교실의 주체가 교사에서 학생으로 바뀌게 된다(이민경 외, 2016).

이러한 플립 러닝의 개념 자체는 오래전부터 사용되었다. 예를 들어, 동료교수법 개발자인 하버드 대학의 Mazur(1990)는 플립 러닝을 시도하여 강의 대신 컴퓨터로 수업 내용을 코칭하는 것이 가능함을 발견하였으며, Lage et al.(2010)도 마이애미대학 경제학 입문과목을 통해 플립 러닝을 시도하였다. Baker(2000)는 '역진행 수업: 웹기반 강좌 관리 도구를 보조수단으로 활용하기'라는 논문에서 Filpped Classroom이라는 단어를 사용하였다.

플립 러닝이 새로운 교육혁신 방법으로 크게 각광받기 시작한 것은 미국 콜로라도주의 우드랜드파크 고등학교에서 Bergmann & Sams(2012)라는 두 명의 화학교사에 의해 실제로 수업에 활용되고 그 효과가 입증되면서부터이다. 이들은 Flip Your classroom: Reach every student in every class everyday(2012)에서 플립 러닝의 진정한 의미는 강의를 동영상으로 보는 것이 아니라 소외되는 학생없이 모든 학생이 수업에 참여하는 것임을 강조했다(최성희, 엄상중, 김은경, 2016).

플립 러닝에 대한 연구가 진행됨에 따라 플립 러닝에 대한 다양한 새로운 정의들이 제시되었다. 플립 러닝을 시작한 Bergmann & Sams(2012)는 전달식 강의를 전체 배움공간에서 개별 배움공간으로 옮기고 그 결과 남겨진 전체 배움공간을 역동적이고 서로 배움이 가능한 환경으로 바꾸는 교육실천이라고 정의하였으며, Johnson & Renner(2012)는 학습자가 집에서 먼저 학습 내용을 배우고 수업 시간에 다른 학습자들과 협력적인 환경에서 과제를 수행하는 학습 모델이라고 정의하였다. Ash(2012)는 학습자는 동영상 강의를 과제로 시청하고 교실에서는 해당 학습의 내용을 적용한 체험 기반 학습과 심화 응용 학습을 수행하는 것으로 정의하였으며, Bates & Galloway(2012)는 교실 수업 전에 학생들이 스스로 공부할 수 있는 강의 영상을 온라인으로 학생들에게 제공하고 교실 수업에서는 학생들이 해결하지 못한 문제를 푸는 일이나 좀 더 심화된 학습활동을 동료 학습자들과의 토론이나 조교 및 교수자의 도움을 통해서 수행하도록 하는 것으로 정의하였다.

한편, 플립 러닝은 온라인 오프라인 교육이 병행된다는 측면에서 블렌디드 러닝의 한 형태로 볼 수 있으며 교육 방법의 융합이라는 측면에서 블렌디드 러닝과 공통점을 가진다. 플립 러닝은 오프라인 교육과 온라인 학습의 각 장점을 더한 블렌디드 런닝에 선행학습을 더한다는 점에서 블렌디드 러닝과 차이점을 가지고 있다. 즉, 블렌디드 러닝에서는 오프라인 교육과 온라인 교육이 별도로 이루어지지만 플립 러닝에서는 온라인 교육이 오프라인 교육을 위한 선행학습으로 제공되고 있다는 차이점이 있다(간진숙, 정현재, 2015).

2 플립 러닝을 적용한 교수 · 학습 과정

다음 〈표 8-10-1〉은 간진숙, 정현재(2015)에서 제시한 플립 러닝을 활용한 각 단계별 주요 교수·학습 활동의 예이다.

표 8-10-1 플립 러닝을 적용한 수학 교수·학습 활동

단계	교수 · 학습 흐름	교수 · 학습 활동		자료 및 유의점
		교사	학생	
Before Class (온라인, 가정)	▸온라인 학습 ▸콘텐츠 수강 ▸질문 만들기	- 수업 목표와 관련된 핵심 내용을 중심으로 온라인 학습 콘텐츠 구성 - 주차별 20분 내외로 학습	- 온라인 학습 콘텐츠 수강 - 학습한 내용을 정리 및 질문 작성 (평가반영)	- 온라인 콘텐츠 - 질문 3개 만들기 - 댓글

<table>
<tr><th rowspan="2">단계</th><th rowspan="2">교수 · 학습 흐름</th><th colspan="2">교수 · 학습 활동</th><th rowspan="2">자료 및 유의점</th></tr>
<tr><th>교사</th><th>학생</th></tr>
<tr><td rowspan="2"></td><td></td><td>할 인터넷 자료 제공</td><td></td><td></td></tr>
<tr><td>▸ 학습관리시스템 운영</td><td>- 온라인 학습 콘텐츠, 게시판, 질의응답 등 탑재 및 운영</td><td>- 학습활동에 대한 질의응답 및 피드백</td><td>- Q&A, 피드백</td></tr>
<tr><td rowspan="2">도입
(오프라인, 교실)</td><td>▸ 학습준비도 확인 및 평가</td><td>- 온라인 학습 콘텐츠 학습 유무 확인 및 평가(웹활용 질문, 퀴즈, 쪽지시험 등)
- 평가 후 사전지식이 부족한 학습자의 재학습 기회 제공</td><td>- 학습준비도 평가 수행 및 질의</td><td>- 진단평가결과</td></tr>
<tr><td>▸ 동기유발
▸ 학습목표</td><td>- 학습과제 관련 동기유발 자료 제공
- 학습목표 달성을 위한 수업매체 제공(동영상, 실물 조작 활동, PPT, 그래픽자료 등)
- 학습자 수업참여 유도</td><td>- 학습내용에 주의집중
- 수업매체 수령
- 학습목표 이해</td><td>- 관련자료</td></tr>
<tr><td rowspan="3">전개
(오프라인, 교실)</td><td>▸ 팀 구성</td><td>- 팀 구성</td><td>- 팀원 간 활발한 의사소통이 이루어지도록 구성
- 문제해결을 위한 상호협력이 활발하도록 구성</td><td>- 팀 구성</td></tr>
<tr><td>▸ 학습과제 수행</td><td>- 학습과제 수행</td><td>- 온라인 학습을 통해 배운 개념과 내용을 적용하는 과제
- 토의토론, 협력학습, 문제중심학습 등 다양한 교수법 활용
- 개별학생 이해도 파악 및 피드백
- 팀별 수행상황 파악 및 피드백</td><td>- 온라인 학습을 바탕으로 심화 학습활동 수행</td></tr>
<tr><td>▸ 결과발표 준비</td><td>- 결과발표 준비</td><td>- 프레젠테이션, 포스터 등 산출물 제작 유도</td><td>- 학습과제 마무리
- 결과발표용 자료 제작</td></tr>
<tr><td>정리
(오프라인, 교실)</td><td>▸ 학습결과 발표</td><td>- 학습활동 결과발표 및 학생 간 피드백 유도
- 산출물에 대한 평가 및 피드백</td><td>- 팀별 발표
- 질의응답 및 피드백
- 결과공유</td><td>- 발표 평가지</td></tr>
<tr><td>After</td><td>▸ 교수-학생</td><td>- 핵심내용 중심으로 학습상</td><td>- 학습 결과 정리</td><td>- 심화, 보충 학습</td></tr>
</table>

단계	교수 · 학습 흐름	교수 · 학습 활동		자료 및 유의점
		교사	학생	
Class (온라인, 가정)	간 상호작용 및 피드백	황 확인 - 심화 및 보충자료 제공 - 학생간 상호작용 및 토론 등 유도	- 심화 및 보충자료 해결 - 토론 및 토의 참가	자료 - 게시판

(1) 교실 밖 과정의 운영

교실 밖 과정에서는 사전 학습 자료의 제공 및 학습자의 자기주도적 학습 기회를 제공하는 것이 핵심이다. 사전 학습 자료의 경우 동영상 자료를 활용하는 경우가 많으나 PPT 혹은 EBS 등에서 제공하는 학습 자료를 활용할 수 있다. 제작된 자료는 유튜브, 구글클래스 또는 학교에서 제공하는 LMS(Learning Management System) 등을 활용하여 탑재할 수 있다. 자료는 수업 전에 미리 제공되어야 하며 특히 학생들이 쉽게 접근할 수 있는 도구를 활용하는 것이 중요하다. 플립 러닝에서 사전학습에 대한 학습 유무는 매우 중요하다. 교실 수업 과정이 사전학습에 대한 이해를 바탕으로 보다 심화된 내용을 다루게 되므로 사전학습에 참여하였는지 그리고 어느 정도의 이해를 달성했는지를 확인하는 과정이 필요하다. 단순히 학습에 참여하는 것만으로는 학습자의 자기주도적 학습을 유도하기 어렵다. 따라서 학생들이 보다 적극적으로 온라인 강좌에 참여할 수 있도록 하는 미션들이 마련될 필요가 있다. 예를 들어, 학습 내용을 요약한 노트를 만든다거나 학습 내용을 듣고 관련된 질문을 제시하는 것과 같은 과제를 포함할 수 있다.

(2) 교실 수업 과정의 운영

교실 수업 과정에서는 무엇보다도 학습자 중심으로 수업이나 활동이 이루어지도록 해야 한다. 교사의 강의가 없는 대신에 팀별 활동이나 토론, 토의 학습, 문제 중심 학습, 팀프로젝트 등 다양한 교수 · 학습 방법을 활용하여 학습자 중심으로 수업이 이루어지도록 해야 한다. 또한 결과의 발표는 수업 상황이나 내용에 맞는 방식을 선정할 수 있다. 장기간의 프로젝트의 경우는 보고서나 UCC 제작과 같은 방식이 활용될 수 있으며 단기간의 경우는 내용 중심의 포스터 발표 형식을 활용할 수 있다. 수업 후에는 수업 결과와 수업 운영에 대한 평가를 실시하여 학생의 학습 상태를 확인하고 추가적인 학습의 필요성을 점검해야 한다. 수업 운영과 관련된 설문지 등을 활용하여 수업의 효과나 문제점, 개선점 등에 대한 분석을 통해 수업 개선에 활용해야 한다. 특히 결과뿐만 아니라 학습 과정에 대한 평가를 통해 학생의 발전에 대한 다양한 정보를 얻을 수 있어야 한다.

(3) 교실 수업 후의 운영

교실 수업 이후에 이루어지는 온라인 수업에서는 수업 중 관찰이나 면담, 발표 등을 통해 파악된 결손 부분이나 추가적인 설명이 필요한 부분에 대한 보충학습 내용을 중심으로 준비한다. 학생들의 수준을 고려하여 보충학습 또는 심화학습 자료를 준비하고 장기간의 프로젝트의 경우에는 중간 점검 등을 통해 계속적인 프로젝트 참여를 유도한다. 또한, 시간과 장소에 구애받지 않고 학생들 사이의 자유로운 토론이 이루어질 수 있는 과제나 문제를 제시하여 수업 내용에 대한 더 깊은 이해를 유도할 수 있다.

3 플립 러닝의 특징 및 적용상의 유의점

플립 러닝과 관련된 여러 연구에서 제시하고 있는 플립 러닝의 공통적인 특징과 이에 따른 유의점을 플립 러닝의 학습 순서에 따라 제시하면 다음과 같다.

첫째, 플립 러닝에서는 주로 동영상 형태로 만들어지는 사전학습 자료를 인터넷 등을 통해 수업을 위한 선수 학습으로 제공한다. 플립 러닝에서는 교실 수업에서 따로 강의를 하지 않는다. 따라서 학생들은 사전에 제공된 자료를 자기주도적으로 학습하고 이와 관련된 정보에 대한 탐색을 통해 본 교실 수업에서 이루어질 활동을 준비해야 한다. 사전학습으로서 동영상 자료의 제공이 플립 러닝의 큰 특징이지만 이러한 동영상 자료는 수업 시간에 제공되던 강의를 수업 밖으로 꺼낸 것에 불과하다. 플립 러닝에서 중점을 두어야 할 것은 교실 수업 시간을 어떻게 구성하느냐이다. 사전 학습은 학생 중심의 교실 수업을 위한 도구일 뿐이다. 즉, 효과적인 플립 러닝을 위해서는 교실 안과 밖의 학습 요소들이 적절히 융합되어야 하며 나아가 심화학습의 차원으로 확장되기 위해서는 온·오프라인에서의 적절한 연계와 그에 따른 수업설계 전략이 필요하다. Anderson & Krathwohl(2001)은 Bloom(1956)의 일차원적인 교육목표분류학 체계(지식, 이해, 적용, 분석, 종합, 평가)를 보완하여 4개의 지식 차원(사실적 지식, 개념적 지식, 절차적 지식, 메타인지적 지식)과 6개의 인지과정 차원(기억, 이해, 적용, 분석, 평가, 창조)으로 분류하는 2차원적 분류체계를 제시하였다. 이에 따르면 전통적 학습체계는 교실 수업을 통해 기억, 이해 수준의 인지과정이 중심으로 이루어지며 교실밖에서 과제 등을 통해 적용, 분석, 평가, 창조의 과정을 경험하도록 설계된다. 반면 플립 러닝 학습체계에서는 이를 반대로 하여 교실밖에서 동영상 과제 등을 통해 기억과 이해 수준의 인지과정을 경험하고 교실 수업에서는 미리 학습한 내용을 바탕으로 지식을 적용, 분석, 평가, 창조하는 인지과정을 경험한다는 점에서 더욱 고차원적인 학습이 가능하게 된다.

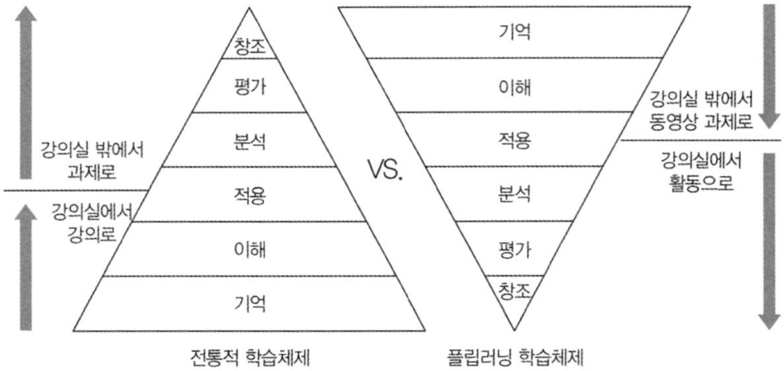

그림 8-10-1 전통적 학습체계와 플립 러닝 학습체계의 비교(이민경 외, 2016)

둘째, 교실 안 수업은 강의가 아니라 학습자 중심으로 이루어지며 특히 소그룹 중심으로 토론, 협력학습, 프로젝트 학습 등 다양한 활동을 한다. 교실 안 수업이 학습자를 중심으로 이루어지면서 교수자의 역할 역시 바뀐다. 전통적인 수업에서의 강의자이며 지식의 전달자였다면 플립 러닝에서는 학생들의 학습을 돕는 조력자의 역할로 바뀐다. 수업이 학습자 중심이라고 하여 교사가 수업에 대해서 방관자가 되면 안 된다. 학생이 질문을 할 수 있는 환경을 만들어주어야 하며 사전 학습을 통해 배운 개념을 활용하여 교실 수업에서 서로 학습 내용을 적용하거나 응용하는 과정에 참여할 수 있도록 돕는 역할을 해야 한다. 교사는 지속적인 관찰을 통해 학생들이 능동적으로 수업에 참여할 수 있도록 해야 하며 적절한 피드백을 통해 학습자 개개인에게 필요한 지도를 제공해야 한다.

셋째, 학습자의 상황과 수준에 따라 다양한 학습 방법을 적용하거나 개별화된 수업이 가능해진다. 선수 학습 형태로 제공된 강의 자료를 집에서 미리 시청하면서 이해가 되지 않는 부분 등을 메모하여 수업 시간에 질문할 수 있다. 이러한 과정을 통해 교사는 학생의 이해 정도를 파악하고 적절한 지도가 가능해진다. 이해 수준이 높은 학생들을 위해서는 프로젝트 방법, 문제 중심 학습, 실험 등과 같은 높은 수준의 학습 활동에 참여하게 함으로써 지식을 이해하는 수준을 넘어 적용, 평가, 창조하는 과정을 경험시킬 수 있다. 이와 관련하여 Bergmann & Sams(2012)는 플립 러닝을 통해 학습 내용의 차원에서 배움을 더 깊게 이끈다고 주장하였다. 즉, 기존의 전통적 수업이 지식에 대한 기억과 이해 수준에서 주로 수업이 이루어졌다면 플립 러닝은 단순히 이해에서 끝나는 것이 아니라 지식을 적용하고 창조하는 과정에 이르는 학습을 목표로 한다는 점에서 차이가 있다.

넷째, 교사와 학생 그리고 학생과 학생 사이의 상호작용이 강조된다. 전통적 교실에서는 주로 교사가 혼자서 말을 하거나 교사의 질문에 학생이 답하는 형태로 수업이 이루어진다. 반면 플립 러닝은 학생이 질문하고 교사가 답하거나 동료 학생이 서로 질문하고 답하면서 함께 문제를 해결해 나가는 수업이 주를 이룬다. 이러한 상호작용은 Bergmann & Sams(2012)가 강조한 플립 러닝의 진정한 의미는 강의를 동영상으로 보는 것이 아니라 소외되는 학생없이 모든 학생이 수업에 참여하는 것이라는 주장과 관련이 깊다.

| 4 | 플립 러닝 적용의 실제

다음 〈표 8-10-2〉는 중학교 1학년 좌표평면과 그래프의 내용 중 다양한 상황을 그래프로 나타내고 주어진 그래프를 해석하는 부분에 대한 수업에 플립 러닝을 적용한 예이다.

| 표 8-10-2 | 플립 러닝을 적용한 수학과 교수 · 학습 과정안

단원	Ⅲ. 좌표평면과 그래프 1. 좌표와 그래프 02. 그래프와 그 해석		
학습목표	다양한 상황을 그래프로 나타내고, 주어진 그래프를 해석할 수 있다.		
단계	교수 · 학습 흐름	교수 · 학습 활동	자료 및 유의점
Before Class (온라인, 가정)	▸ 온라인 학습 ▸ 콘텐츠 수강 ▸ 질문 만들기 ▸ 학습관리시스템 운영	- 변수, 그래프의 개념에 대한 온라인 자료를 제공하고 수강한다. - 학습한 내용을 정리하고 오프라인 수업을 위한 질문을 작성하여 학습 관리시스템에 업로드한다. - 질문 내용을 분석하여 오프라인 수업 준비에 반영한다.	- 온라인 콘텐츠 - 질문하기 - 댓글
도입 (오프라인, 교실)	▸ 학습준비도 확인 및 평가	- 간단한 질문, 퀴즈, 쪽지시험 등을 활용하여 온라인 학습 확인한다. - 평가 후 사전지식이 부족한 학습자의 재학습 기회 제공한다.	- 진단평가문제
	▸ 학습동기유발 ▸ 학습목표확인	- 온라인에 업로드된 학생 질문 중 수업 도입에 유용한 내용을 활용하여 학습 동기를 유발한다. - 학습목표를 제시한다. - 학습목표 달성을 위한 매체를 제공한다.	- 여러 가지 모양의 병 - 전지 또는 스케치북
전개 (오프라인, 교실)	▸ 학습과제 수행	- 문제상황: 수도꼭지를 틀어 계속 같은 양의 물이 흘러나오도록 한 후 높이가 같은 여러 가지 모양의 병에 물을 받는다. 병에 물을 받기 시작한 지 x초 후의 병에 담긴 물의 높이를 $y$cm라 할 때, 병의 모양에 따라 그래프는 어떤 모양이 될지 그려보아라. - 병 모양에 따른 물의 높이 그래프 탐색한다.	- 학습과제 - 팀별 협력을 통해 문제를 해결 - 학습 결과 및 산출물
	▸ 결과발표 준비	- 포스터 형식으로 전지에 결과 작성한다. - 그래프의 모양과 그렇게 그린 이유를 설명하도록 유도한다.	- 활동결과물

정리 (오프라인, 교실)	▸ 결과발표	- 팀별 발표 또는 전시 후 토론을 실시한다. - 산출물에 대한 질의 응답 및 평가를 실시한다.	- 결과발표 평가지
After Class (온라인, 가정)	▸ 교수-학생 간 상호작용 및 피드백	- 심화 및 보충자료를 온라인에 탑재한다. - 보충자료: 수업 내용과 관련된 자료를 활용하여 다시 한 번 정리하는 자료 - 심화자료: 모양이 좀 더 복잡한 경우를 제시하는 자료 학습 결과를 정리한다. - 학생 간 상호작용 및 토론 등 유도한다.	- 심화, 보충 학습 자료 - 게시판

본 수업은 가정에서의 온라인 수업, 학교 교실에서의 오프라인 수업, 그리고 다시 가정에서의 온라인 수업의 순으로 구성되어 있다. 먼저 가정에서 이루어지는 온라인 수업에서는 교사가 준비한 영상 학습 자료를 이용하여 변수, 그래프의 개념을 이해하고 그래프를 그리는 방법을 익힌다. 학습 내용에 대한 질문과 답글을 통해 학습 내용에 대하여 충분히 이해하도록 한다. 학교에서 이루어지는 오프라인 수업에서는 먼저 실제 병을 이용하거나 시뮬레이션 프로그램을 이용하여 학생들이 직접 병에 물이 담기는 상황을 경험하고 그 가운데 물의 높이 변화를 관찰하는 과정을 거친다. 관찰한 내용을 바탕으로 그래프를 그리고, 각각의 그래프에 대하여 팀별로 토의나 토론을 하거나 관련된 문제를 해결하는 활동을 한다. 각각의 팀별로 같은 모양의 병뿐만 아니라 다른 모양의 병에서의 물의 높이 변화에 대한 그래프를 그리게 함으로써 서로의 답을 비교함은 물론 서로의 생각을 이해하고 차이점을 비교하는 활동을 할 수 있다. 이러한 활동을 통해 결국 함수는 다양한 변화 현상 속의 수학적 관계를 이해하고 표현하는 도구로써 여러 가지 문제를 해결하는 데 도움이 됨을 이해할 수 있게 된다. 마지막으로 가정에서는 학습한 자료를 정리하고 학습 내용에 대한 이해가 부족한 경우 보충자료를 제공하여 학습 목표 달성을 돕거나 심화자료를 제시하여 학습한 내용을 적용하거나 응용하는 경험을 한다. 게시판을 통해 다양한 심화 자료에 대한 답을 공유하거나 토론하게 함으로써 수학의 가치를 이해하고 수학에 대한 긍정적인 태도를 함양한다.

CHAPTER 09

수학과 교수 · 학습 전략

급속한 산업의 발달로 초연결 사회, 세계화 시대가 도래함에 따라 수학 교수·학습에서는 수학과 고유의 내용 지식 및 역량과 더불어 언어 소양, 디지털 소양을 갖출 필요성이 높아지고 있다. 또한 범교과 학습 주제, 수학사 등 다양한 교수·학습에서 다양한 소재를 다루면서 학생들에게 실천적 학문으로서의 수학, 인류의 역사와 더불어 발달해온 수학의 가치를 인식하게 할 필요가 있다. 한편 수학 교수·학습 과정에서 학생들이 주도적으로 참여하고 학습해 나갈 수 있도록 인지적인 측면과 더불어 정의적 측면이 균형 있게 고려될 필요가 있는데, 이 장에서는 학습자 주도성을 포함하여 수학과 교수·학습에서 고려되어야 할 다양한 측면과 수업 전략에 대해 살펴보고자 한다.

1 수학 학습에서의 언어 소양 함양

정보화 사회에서 다양한 매체를 통하여 나오는 많은 정보를 정확하고 빠르게 처리하는 능력은 매우 중요하다. 일상 언어뿐만 아니라 수와 식, 표, 그래프, 다이어그램 등과 같은 다양한 표현체계로 쓰여 있는 수학 텍스트를 읽는 것은 교과서의 내용을 정확히 이해하는 데 도움을 줄 수 있을 뿐만 아니라 나아가 다양한 매체를 통하여 접할 수 있는 많은 정보를 해독하는 데 중요한 역할을 한다. 시대가 발전하면서 쏟아져 나오는 정보의 양은 급속도로 많아지고 있고, 이를 적절히 해석하고 처리하는 것이 그 어느 때보다도 중요한 시대가 되었다. 따라서 수학 학습을 통하여 수학 텍스트를 올바로 읽는 방법을 익히고 다양한 정보를 수학의 표현체계로 나타낼 수 있는 수학에서의 언어적 소양을 기르는 것은 현대 사회를 살아가는데 있어서 매우 중요하다.

2022 개정 수학과 교육과정에서는 이와 관련하여 다음의 내용을 교수·학습에 제시하고 있다(교육부, 2022b).

> 교수 · 학습의 방향
> (라) 수학 교과서 읽기, 수학 학습 과정과 결과 쓰기, 문장제 해결 등을 통해 학생들의 언어 소양 함양을 도모한다.
> 교수 · 학습 방법
> (가) ③ 다음과 같은 교수 · 학습 방법을 통해 의사소통 역량을 함양하게 한다.
> ㉡ 학생이 자신의 사고와 전략을 수학적 표현으로 나타내고 설명하면서 수학적 표현의 편리함을 인식하게 한다.

여기에서는 수학 학습에서의 읽기와 쓰기 그리고 교사의 역할에 대해 살펴보고자 한다.

|1| 수학 학습에서 읽기

수학 텍스트는 일상 언어뿐만 아니라 특정한 의미를 내포하는 수학적 용어와 다양한 수와 식, 기호, 표, 그래프, 다이어그램 등으로 이루어져 있고, 이들을 이해하는 것은 일상 언어를 이해하는 것을 넘어 또 다른 학습을 필요로 하게 된다.

‘연속’, ‘극한’이라는 용어는 일상적으로도 사용되지만 함수의 연속, 또는 수열의 극한과 같이 수학적 용어로 사용될 때는 엄격한 뜻을 갖게 된다. 또 $y=ax$와 같은 경우 a와 x는 다 같은 문자이지만 통상적으로 a에 먼저 수를 대입하여 $y=2x$, $y=3x$와 같은 함수를 통칭하는 것으로 해석된다. 수학에서 사용되는 기호는 $\{\ \}$, $\varnothing$, $\frac{dy}{dx}$, $n!$, ${}_nC_r$, $\sqrt{\ }$ 등 매우 다양하고, 같은 기호가 문맥에 따라 다르게 사용되기도 한다. 기호 ‘$\times$’는 두 수 a, b에 대해서 $a\times b$는 수로, 두 집합 A, B에 대해서 $A\times B$는 곱집합으로 사용되고, 기호 ‘$\equiv$’는 삼각형의 합동에 대해서 그리고 나머지가 같은 정수를 표현할 때 사용되기도 한다. 기호 ‘$-$’는 두 수 사이에 사용되었을 때는 뺄셈이 되지만 집합 사이에 있을 때는 차집합이 되기도 한다. 기호는 또 여러 개가 조합을 이루어 사용되기도 하는데, 예를 들어 ‘x^2’을 이해하고 사용하기 위해서는 변수와 지수를 이해해야 한다. 수학 텍스트를 이해하기 위해서는 각각 기호의 의미를 정확하게 이해하여야 하고 같은 기호라 할지라도 문맥에 따라 다르게 이해할 수 있어야 하며, 표, 그래프, 다이어그램 등도 마찬가지로 그 독특한 의미를 이해하여야만 한다.

이와 같이 수학 학습에서 읽게 되는 수학 텍스트는 일상 언어뿐만 아니라 특정한 의미를 내포하는 다양한 기호, 수와 식, 표, 그래프, 다이어그램 등으로 이루어져 있기 때문에 이를 정확하게 이해하도록 하기 위한 읽기 지도가 필요하다. 또 수학 학습에 흥미를 불러일으키고 수학의 유용성에 대한 이해를 더욱 깊이 할 수 있도록 하는 측면에서는 수학 내용과 관련 있는 동화, 만화, 신문, 잡지 등의 다양한 자료에 대한 읽기 지도 또한 필요하다.

읽기는 학습자의 관점에서는 텍스트에서 그 의미를 구성하는 과정으로 다양한 수준에서 이루어진다. 첫째는 표면적 관찰 수준으로 수학 텍스트에 사용된 기호나 도형 등의 대상이나 방정식 풀이 과정과 같은 과정을 표면적으로 관찰하는 수준이다. 둘째는 개념적 관찰 수준으로 시각적 텍스트와 같은 대상의 의미를 맥락에 맞게 이해하고 성질을 파악하며, 또 과정의 각 단계마다 어떤 성질이 사용되었는지, 또 전체적 맥락의 내용을 파악하는 수준이다. 셋째는 표현에 대한 행동을 할 수 있는 수준으로 텍스트의 대상을 조작하고, 과정을 설명할 수 있는 수준이다(Thomas & Hong, 2001).

읽을거리로서 수학 텍스트에는 수학 교과서를 비롯하여 신문, 잡지, 에세이, 만화, 동화 등 수학 관련 문헌 등이 있고 이들은 수학 학습에서 다양한 역할을 할 수 있다. 학생은 수학 텍스트로부터 수학적 정보를 발굴하고 지식을 얻을 수 있고, 새로운 아이디어를 생각해내고 텍스트를 수정하여 다른 텍스트를 구성해볼 수 있다. 또 텍스트 자체의 이해뿐 아니라 특정 내용을 부연 설명하는 예시로 텍스트를 사용해볼 수 있다. 자신의 수학적 주장을 보완하기 위해 수학 교과서의 예를 찾거나 수학의 실용성을 강조하기 위해 이와 관련된 텍스트를 찾아 읽을 수 있는 것이다. 또 텍스트는 독자뿐 아니라 다른 사람과 의사소통의 매개체 역할을 한다. 텍스트를 읽은 후 각자 읽은 내용을 함께 토론해봄으로써 내용을 공유하고 의미를 전달하고 다른 사람의 피드백을 얻고, 서로 읽은 내용을 평가할 수 있다.

다양한 수학 텍스트를 활용하여 수학 학습을 하는 것은 학생에게 수학 학습에 대한 동기를 유발하고, 학습 내용을 탐구하여 동료들과 탐구한 내용의 의미를 함께 공유하는 기회를 준다. 수학 텍스트를 읽기 위한 전략은 아래 〈표 9-1-1〉과 같이 텍스트를 읽기 전, 읽는 과정, 읽은 후에 텍스트의 내용을 파악하거나 추론하고 텍스트의 구조를 이해할 수 있는 전략 여섯 가지, 즉 행동으로 옮기기, 읽은 내용 재구성하기, 내용 예측하기, 카드 배열하기, 그림으로 확장하기, 읽기 협동 학습으로 나누어볼 수 있다(이종희, 2002).

표 9-1-1 수학 학습에서 읽기 전략

<table>
<tr><th></th><th>텍스트의 내용 파악</th><th colspan="2">텍스트로부터 추론</th><th colspan="2">텍스트의 구조 이해</th></tr>
<tr><td>읽기 전</td><td></td><td colspan="2">내용 예측하기</td><td colspan="2"></td></tr>
<tr><td>읽는 과정</td><td>행동으로 옮기기</td><td rowspan="2">그림으로 확장하기</td><td colspan="2"></td><td rowspan="2">카드 배열하기</td></tr>
<tr><td>읽은 후</td><td></td><td colspan="2">읽은 내용 재구성하기</td></tr>
</table>

첫째, 행동으로 옮기기 전략은 텍스트의 내용을 파악하고자 할 때 사용할 수 있는 읽기 전략이다. 수학적 절차가 설명된 텍스트는 텍스트 전체의 구조를 파악하기보다는 세부 내용을 자세히 읽고 그 의미를 해석하려는 노력이 필요하다. 이 경우 텍스트를 이해하는 것만으로 충분하지 않고 학생은 절차를 실행에 옮길 수 있어야 한다. 예를 들어 작도 과정이 제시된 텍스트를 학생이 읽었을 때, 학생은 작도 과정을 행동으로 옮겨 제시된 대로 올바른 작도를 할 수 있어야 한다.

둘째, 읽은 내용 재구성하기 전략은 학생이 텍스트를 읽은 후 읽은 자료를 이해한 것에서 더 나아가 그 내용을 독자 스스로 심도 있게 구성해보는 기회를 주는 전략이다. 이 전략은 텍스트의 이해뿐만 아니라 그 해석과 확장까지 경험하는 학습 기회를 제공한다. 예를 들어 학생이 히스토그램을 배운 경우, 읽은 내용 재구성하기 전략을 통해 학생은 히스토그램을 그리는 방법을 설명하고 히스토그램을 그리는 데 필요한 계급의 크기에 대한 설명을 제시하면서 교과서 내용을 재구성해볼 수 있고 자신이 이해한 내용을 또한 자세히 기술해볼 수 있는 기회를 갖게 된다.

셋째, 내용 예측하기 전략은 텍스트의 내용을 추측하여 이야기를 완성하고 글을 작성하는 전략으로 상상과 수학적 발견 과정을 탐구할 기회를 줄 수 있다. 예를 들어 텍스트의 특정 부분을 생략하여 추측하게 하는 경우 학생은 자신이 읽은 내용을 토대로 다음의 내용을 예측해볼 수 있다. 또 새로운 단원의 학습 시 제목만 보고 그 내용을 추측해보기, 수학 개념을 설명하는 글을 훑어보고 예상하기, 미완성 글의 이야기 완성하기 등을 예로 들 수 있다. 이 전략은 학생에게 자신의 추측이 맞는지 확인하는 즐거움을 줄 수 있고, 텍스트의 내용에 더 집중하고 학습동기도 유발하는 효과를 거둘 수 있다.

넷째, 카드 배열하기 전략은 텍스트의 주요 아이디어들을 카드에 적고 동료와 함께 배열하여 텍스트의 구조와 저자의 의도를 파악할 수 있는 기회를 제공한다. 이 전략은 텍스트의 중심 아이디어를 선택하고 조직하게 하기 때문에 무엇이 중요한지 알게 하고, 아이디어들을 연결하고 이들을 결론과 연결하게 해준다. 이 전략은 다음과 같이 협동 학습으로 수학 학습에 사용될 수 있다.

- 그룹으로 모이기
- 텍스트를 읽고 각자의 카드를 완성하기
- 그룹의 카드를 모두 읽기
- 유사한 카드를 함께 배열하기
- 가장 흥미롭고 중요한 카드가 무엇인지 토론하기
- 그룹에서 토론할 네, 다섯 가지의 카드를 선택하기
- 그룹 구성원이 동의한 내용으로 카드 배열하기
- 학급에 발표하기

다섯째, 그림으로 확장하기 전략은 텍스트의 내용을 그림으로 해석하여 나타내기 때문에 텍스트의 문어를 그림이라는 새로운 언어로 해석을 요구하여 학생의 창의성을 요구한다. 독자는 텍스트를 읽으면서 알게 된 것, 자신의 생각 등을 그림으로 그리고 다른 학생들과 함께 서로의 그림을 보면서 의견을 제시할 수 있다. 이 전략은 특히 텍스트를 저마다의 독특한 시각적 이미지로 바꿀 수 있다는 점에서 창의성을 기를 수 있다.

여섯째, 읽기 협동 학습 전략은 읽기와 함께 말하기를 통하여 텍스트의 의미를 사회적으로 구성하는 전략으로 자발적인 학습과 의사소통을 촉진할 수 있으며, 다른 전략들과 통합하여 확장될 수 있는 전략이다. 이 전략은 텍스트의 의미를 사회적으로 구성하게 하며, 자발적으로 듣고 말하고 읽고 쓰게 하는 능동적인 의사소통을 하도록 할 수 있다.

2 수학 학습에서 쓰기

수학에서 쓰기는 보통의 글쓰기에서 요구되는 것처럼 적절한 단어 선택, 명료한 표현,

문법에 맞는 문장 구성, 적절한 단락 구성과 아울러 수학적 기호, 용어, 수와 식, 표, 그래프 등에 대한 정확한 사용이 요구된다. 읽기에서와 마찬가지로 수학적 기호, 용어, 수와 식, 표, 그래프 등에 대한 정확한 이해가 선행될 때 이들을 적절히 사용할 수 있다.

기호는 수학 쓰기에서 흔히 나타나는 것으로, 수학적 의미를 응축하여 나타내는 수단이다. 수학에서 사용되는 기호는 읽기에서 살펴본 것처럼 매우 다양하게 나타나고 있으며 이들을 사용하기 위해서는 각각의 기호가 갖는 의미를 정확히 이해하여야 한다. 수학 쓰기에서의 또 다른 특징은 많은 문자를 사용하는 데 있는데, 많은 경우에는 특정 대상을 나타내기 위해 자유롭게 문자를 선택할 수 있으나 N, Z, Q, R 등은 별다른 언급이 없으면 자연수, 정수, 유리수, 실수의 집합을 나타내고, e, π는 자연로그의 밑과 원주율을 나타낸다. 이것은 수학에서의 관행으로 다른 문자를 선택하여 나타낼 때는 혼란을 야기한다. 수학적 용어는 개념이나 복잡한 과정을 전달하기 위해 쓰는 단어로 엄밀한 의미를 가지고 있다. '도함수'나 '표준편차'와 같은 용어를 사용하기 위해서는 그 의미를 정확히 알아야만 한다. 수학 쓰기에서 기호나 수학적 용어와 함께 빈번하게 사용되는 것은 다이어그램, 그림, 그래프, 표와 같은 이미지로 이들을 사용하기 위해서도 그 의미를 정확히 이해하여야 하고 어떤 맥락에서 어떤 것을 사용하는 것이 좋은지에 대한 이해가 필요하다.

이와 같은 점에서 수학에서 쓰기는 보통의 글쓰기와는 많이 다르며 지도에서 특별한 주의가 요구된다.

수학 학습에서 쓰기는 수학적 개념, 아이디어, 성질 등을 기호, 식, 수학적 용어, 표, 그래프 등을 이용하여 정확히 표현하는 기회를 제공한다. 그리고 학생이 수학 내용 요소에 대해 명확하고 일관되고 적절한 표현을 하는 기회를 제공한다. 수학 학습에서 쓰기를 하면서 학생은 자신의 수학 지식을 분석하게 되고, 무엇을 이해하고 무엇을 이해하지 못했는지 보다 선명하게 파악할 수 있다. 무엇이 보다 중요한지에 대해, 또 내용 요소들 사이의 관련성에 대해 더 깊이 생각하게 된다. 학생은 적절한 글쓰기를 통해 자신의 수학 지식을 강화하고 지식으로부터 새로운 의미를 구성하게 된다.

한편 수학 학습에서 쓰기는 모든 학생들이 참여하고 쓰기의 결과를 서로 의사소통할 수 있는 기회를 제공하고, 대중 앞에서 말로 표현하는 것에 불안을 느끼는 학생에게는 심리적으로 편안한 상태에서 표현할 기회를 제공한다. 쓰기 주제와 방법을 다양하게 제시함으로써 학생이 수학에 대한 부정적 성향을 긍정적으로 바꾸고 수학 불안을 감소시키고 자신감을 갖게 만들 수 있다.

수학 학습에서 쓰기는 주제나 방법에 따라 매우 다양하게 나타날 수 있다. 수업 시간에 배운 개념이나 내용을 요약 정리할 수도 있고, 질문의 내용이나 스스로 만든 문제를 형식화하여 써볼 수 있다. 여기에서는 수학일기 쓰기, 코넬노트 쓰기, 수학 에세이 쓰기에 대해 살펴보고자 한다.

(1) 수학일기 쓰기

수학일기는 수학시간에 배우고 행하는 것에 대해 기록하는 것으로 수학 학습에 대한 학생들의 생각이 담긴 글이며, 일기를 씀으로써 학생들은 배운 내용을 인지적으로 고찰하고 요약할 수 있고 해석하고 비평하며 종합할 수 있는 기회를 갖게 된다. 또 자신의 사고를 명확하게 하고 이를 표현하며 반성할 수 있는 기회를 갖게 된다.

수학일기를 쓰면서 학생은 수학 수업에 대한 느낌을 표현하고 반성하면서 자신의 부족함을 개선시킬 수 있고, 수학적 표현 능력도 신장시켜 나갈 수 있게 됨으로써 자신감을 얻게 되고(Borasi & Rose, 1989), 수학에 대한 부정적인 성향은 긍정적으로 바뀌게 된다.

교사는 수학일기를 읽음으로써 일기에 나타나는 학생들이 갖는 오개념이나 학습 이해 정도, 학습의 변화와 향상 정도를 파악할 수 있고, 일기에 나타나는 학생 개인의 지식으로부터 적절한 평가와 교정을 할 수 있을 뿐만 아니라, 이를 토대로 수업 내용에 대한 전체적인 평가를 하고 다음의 수업 내용과 방향을 설정하는데 도움을 받을 수 있다.

(2) 코넬노트 기법

코넬노트 기법은 미국의 코넬대학교 교수·학습센터에서 개발된 노트 필기법으로, 노트를 단서란, 내용란 그리고 요약란으로 나누어 적는 방법이다. 그리고 4R1Q의 원칙에 따라 노트 필기를 하게 된다. 이 양식을 따라 노트를 필기하면 체계적으로 필기할 수 있게 된다. 4R1Q란 다음과 같다.

① Record(기록하기): 수업 시간에 의미 있는 사실과 아이디어를 노트 오른쪽의 내용란에 적는다.

② Question(질문하기): 수업 직후 내용란에 필기한 내용을 바탕으로 노트 왼쪽의 단서란에 질문을 명확하게 적는다. 질문은 특정 정의나 중요한 아이디에 초점을 맞추어 작성한다.

③ Recite(암송하기): 필기한 내용 위에 종이를 한 장 덮어 가리고, 단서란에 적힌 질문을 보고 알고 있는 지식을 바탕으로 질문에 대한 답을 소리 내어 표현해본다.

④ Reflect(숙고하기): 질문에 대해서 스스로 답하면서 내용을 숙고해본다. 예를 들면, 중요한 아이디어들은 어떻게 연결되는지, 이미 알고 있는 내용과 어떻게 연결되는지, 동의할 수 있고 동의할 수 없는 부분은 무엇인지, 분명한 것과 분명하지 않은

것은 무엇인지에 대해 숙고한다.

⑤ Review(복습하기): 배운 내용을 가급적 자주 그리고 간단하게 복습한다.

코넬노트 기법에서 노트는 다음 〈표 9-1-2〉와 같이 구성된다.

| 표 9-1-2 | 코넬노트 구성

주제:	
단서란: 내용란의 궁금한 점이나 핵심 내용 질문	내용란: 핵심 단어 위주로 잘 정리, 상·하위 개념을 알 수 있도록 작성
요약란: 내용을 정리하며 한두 문장 정도 간단하게 정리	

코넬노트 기법으로 노트를 쓰는 것은 다음과 같은 효과가 있다고 알려져 있다.

첫째, 학생들이 수학문제를 풀고 학습하는 데 있어서 그림을 그리고, 자신의 말로 재진술하고, 숫자를 넣어보고, 표를 그려봄으로써 자신만의 독창성을 갖게 한다. 특정한 방법으로만 풀어야 된다는 압박으로부터 자유롭게 되어 그러한 압박이 주는 불안감을 어느 정도 떨칠 수 있게 되고, 보다 다양한 문제 풀이를 시도하게 된다.

둘째, 문장제를 풀다 해결 방법이 막히게 되면 노트 오른쪽의 내용란에는 아무것도 쓸 수 없지만 왼쪽 단서란에는 자신의 느낌이나 생각을 계속해서 쓸 수 있기 때문에 문제해결의 성공 여부를 떠나 계속 공부해 나갈 수 있게 한다. 또한 곤란을 느끼는 점에 대해 계속 생각함으로써 그 문제를 쉽게 포기하지 않게 되고, 생각을 계속해서 써 보게 됨으로써 아무것도 할 수 없다는 무력감과 압박에서 벗어나게 된다.

셋째, 문제 풀이할 때 스스로 무엇을 왜 하고 있는가를 끊임없이 반성함으로써 막연한 불안감을 없앨 수 있다. 어려움에 부딪쳤을 때, 자신의 생각에 귀를 기울이는 연습, 즉 자기 관찰의 연습은 문제해결의 방향을 찾지 못할 때 학생에게 나침반 역할을 해줄 수 있다(Tobias, 1987).

넷째, 수학 학습에서 집중도와 이해도가 높아지고 특히 상·하 수준 모두에서 수학성취도의 향상 가능성이 높다(김민정, 2007; 최낙복, 2006).

(3) 수학 에세이 쓰기

수학적 또는 과학적 주제에 대한 수학 글쓰기로 Seo(2015)가 제시한 바를 토대로 설명 에세이(explanatory essay)와 논쟁 에세이(argumentative essay)에 대해 살펴보고자 한다.

설명 에세이는 수학적 주제에 대해 에세이 형식을 빌려 글로 설명하는 것으로, 학생은 수학적 개념이나 논리적 단계를 설명하고, 그 설명에 대한 근거를 제시하게 된다. 즉 '무엇'과 '왜'를 같이 설명하게 된다. 이를 위해 교사는 다음과 같이 진행할 수 있다.

- 학생에게 해결해야 할 수학적 문제를 제시한다. 대수적 문장제의 제시가 하나의 예가 될 수 있다.
- 학생에게 문제를 풀도록 한다. 문제해결의 각 단계마다 학생에게 자신이 사용한 과정과 과정의 근거가 되는 것을 쓰도록 한다.
- 학생에게 자신이 해결한 문제를 에세이 형식 또는 긴 단락으로 설명하도록 한다. 이때 학생은 자신이 쓴 것을 참조하게 된다.

이때 학생이 자신의 논리적 과정을 잘 반영하기 위해 '첫째', '둘째'와 같은 어휘를 사용하도록 하는 것이 중요하고, 학생의 능력에 따라 45분 1시수 또는 2시수(문제 해결과 노트를 작성하는 데 1시수, 설명 에세이를 쓰는 데 1시수)가 필요하다.

논쟁 에세이는 학생들에게 어떤 주장이 다른 주장에 비해 나음을 수학적 이유를 제시하면서 글로 주장하는 것으로, 학생은 자신의 입장을 방어하기 위해 수학적 개념을 충분히 이해하여야 하며 이 개념이 주장에 긍정적인지 부정적인지에 대해서도 식별할 수 있어야 한다. 이 에세이는 다음과 같이 진행될 수 있다.

- 네 명의 학생을 한 모둠으로 하고, 각 두 명 한 팀에 2개의 서로 다른 주제를 제시한다. 이때 주제가 유사하면 더 좋다.
- 각 팀의 학생에게 자신의 주장이 다른 주장보다 더 나음을 설득력 있게 글로 표현하도록 한다.

이 과제는 논쟁으로 진행할 수 있는데 135분 정도가 적당하다. 처음 45분간은 주장을 구성하고, 그 다음 45분간은 주장을 쓰고, 그 다음 45분간은 논쟁을 진행할 수 있도록 한다.

(4) 교사 역할

수학 학습에서 읽기와 쓰기에 대해 교사는 다음과 같은 점에 유의하여 지도해야 한다(이종희, 김선희, 2010).

첫째, 수학 텍스트를 해석해야 하는 학생들의 일상 언어 사용의 능숙함과 수학 용어를 일상 언어로 번역하는 언어 능력을 학습자가 소유하고 있는지 고려해야 한다.

둘째, 수학의 특수한 구문론적 구조에 주의를 기울여야 한다. 예를 들어 숫자를 문자에 곱할 때 문자 앞에 쓴다는 특유의 구문론적 규약을 지키도록 하여야 한다.

셋째, 학생들이 수학 기호나 수식 자체만의 의미를 해석하는 데서 머물지 않고 각각의 단계뿐만 아니라 전체적인 맥락에서 이해하도록 하여야 한다.

넷째, 기호나 기타 시각적 텍스트를 이해하는 데 어려움을 겪는다면, 그 내용을 일상 언어로 쓰게 해 본 후 다시 기호로 번역해보게 한다.

다섯째, 읽기는 말하기와 함께 통합하여 지도할 수 있다. 텍스트 해석의 관점들을 토의하고, 그 의미를 파악하기 위해 서로 의견을 나누는 협동 과정이 뒤따를 때, 학생이 학습 과정에 보다 주체적으로 참여할 수 있고 읽기 능력도 신장될 수 있다.

여섯째, 읽기와 쓰기에서 학생에게 용기와 도움이 필요할 때 적절한 피드백을 제공해야 한다. 또 동기유발이 잘 되고 흥미로운 과제를 제시해야 한다.

일곱째, 읽기와 쓰기를 통해 교사는 학생의 인지적, 정의적 측면을 판단할 수 있고 이를 토대로 후속 교수·학습을 개선해 나갈 수 있다.

2 수학 학습에서의 공학 도구 활용

오늘날 많은 나라들은 수학 교수·학습에서 공학 기술의 활용을 권장하고 있다. 미국의 NCTM은 컴퓨터와 계산기가 수학교육에 긍정적 영향을 미칠 잠재력을 가지고 있으므로 이를 수학 교수·학습에 허용해야 한다고 하였고(NCTM, 1989), 또 학교수학의 여섯 가지 원리 중의 하나로 공학의 원리를 들면서 수학을 가르치고 배우는데 기술 공학이 필요함을 언급하고 공학이 수학을 가르치는데 영향을 미치고 학생들의 학습을 향상시킨다고 하였다(NCTM, 2000). 미국뿐만 아니라 세계의 여러 나라들은 수학 교수·학습에서 기술 공학 도구와 컴퓨터의 활용을 중요시하고 적극적으로 활용할 것을 권고하고 있다.

우리나라도 1992년에 공포한 제6차 수학과 교육과정에서부터 시작하여 최근 교육과정에 이르기까지 공학의 활용을 권장하고 있으며 시일이 지나면서 보다 적극적으로 활용하기를 권장하는 추세이다. 6차 수학과 교육과정에서는 수학 교수·학습 과정에서 복잡한 계산이나 문제 해결력 향상 등을 위해 계산기나 컴퓨터를 활용하되 복잡한 계산의 보조수단으로의 활용이 언급되었다면, 7차 교육과정에서는 수학적 개념·원리·법칙의 이해 측면에서 적극적으로 활용할 것을 권장하였다(교육부, 1997). 2007 개정 수학과 교육과정에서는 계산기와 컴퓨터 이외에 교육용 소프트웨어에 대한 언급과 함께 '수학 교수·학습 방법' 영역 외에 '평가' 영역에서의 공학 도구의 활용을 명시하고 있다. 즉 "수학 학습의 평가에서 평가하는 학습 내용에 따라 학생에게 계산기, 컴퓨터와 같은 공학 도구와 다양한 교구를 이용할 수 있는 기회를 제공할 수 있다."와 같이 기술함으로써 교수·학습뿐만 아니라 평가에서도 공학 도구의 활용을 권장하고 있다(교육인적자원부, 2007).

이와 같이 수학과 교육과정에서 점차적으로 공학 도구의 활용을 권장함에 따라 수학 교과서에서도 공학 도구를 활용하는 장면이 늘고 있다. 2015 개정 교육과정에서도 수학 교수·학습이나 평가에서 여전히 공학 도구 활용을 권장하였으며, 최근의 2022 개정 수학과 교육과정 역시도 공학 도구의 활용 권장과 관련된 내용을 다음과 같이 교수·학습에서 제시하고 있다(교육부, 2022b).

> 교수·학습 방법
> (가) ⑤ 다음과 같은 교수·학습 방법을 통해 정보처리 역량을 함양하게 한다.
> ㉡ 교구나 공학 도구를 활용하여 추상적인 수학 내용을 시각화하고 수학의 개념, 원리, 법칙에 대한 직관적 이해와 논리적 사고를 돕는다.
> ㉢ 학생이 주도적으로 교구나 공학 도구를 활용하여 탐구하게 한다.
> ㉣ 계산 기능 함양을 목표로 하지 않는 교수·학습 상황에서는 복잡한 계산을 할 때 공학 도구를 이용할 수 있게 한다.

여기에서는 수학 교수·학습과 평가에서 공학 도구를 활용하는 장면을 개념 이해의 보조 수단, 추론의 도구, 다양한 상황의 이해, 평가의 측면에서 살펴보고 아울러 변화하는 교사의 역할에 대해 살펴보고자 한다.

1 개념 이해

공학 도구의 특징은 빠르고 정확하게 계산할 수 있다는 것과 표, 식 그리고 그래프 등으로 이를 표현하게 할 수 있다는 점이다. 이와 같은 기능은 수학적 개념을 효율적으로 이해하는 데 도움을 줄 수 있다.

예를 들어 자연로그의 밑 $\lim_{n\to\infty}(1+\frac{1}{n})^n=e$는 엑셀을 이용하여 실제 n이 커질 때 수치와 그래프를 통하여 수열 $(1+\frac{1}{n})^n$은 위로 유계이며 단조증가임을 알 수 있고

$e = 2.71828182\cdots$에 한없이 가까이 가게 됨을 직관적으로 이해할 수 있다([그림 9-2-1], [그림 9-2-2]).

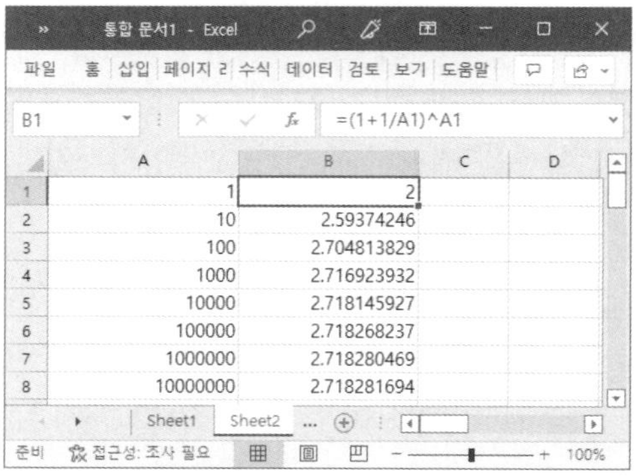

그림 9-2-1 셀에 나타난 $(1+1/n)^n$

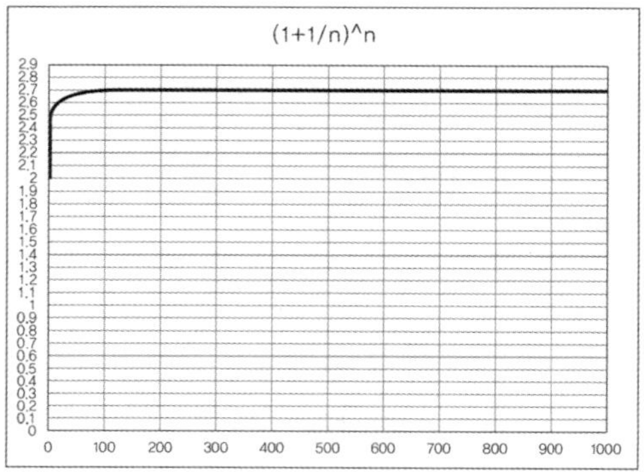

그림 9-2-2 $(1+1/n)^n$의 그래프

오늘날 많이 사용되고 있는 Geogebra는 오스트리아의 Markus Hohenwarter가 2001년에 개발하였는데 이 소프트웨어는 기하, 대수, 미적분, 통계, 이산수학, 3차원 기하 등을 다룰 때 활용될 수 있다. Geogebra는 Geometry와 Algebra의 합성어로 동적 기하와 CAS(컴퓨터 대수체계) 기능을 결합한 것으로 스프레드시트의 기능도 갖고 있다.

이차함수 $y = a(x-p)^2 + q$에서 a, p, q값에 따른 그래프의 모양이 어떻게 변하는지를 Geogebra의 슬라이드 기능을 이용하여 그릴 수 있다. 슬라이드 3개를 만들어 각각 $a = 1$, $p = 1$, $q = 2$일 때와 $a = -1$, $p = 2$, $q = 4$일 때의 그래프는 다음과 같이([그림 9-2-3], [그림 9-2-4]) 나타난다. 또한 a, p, q값을 변화시켜보면서 이들 값이 그래프에 어떤 영향을 미치는지를 역동적으로 고찰할 수 있다.

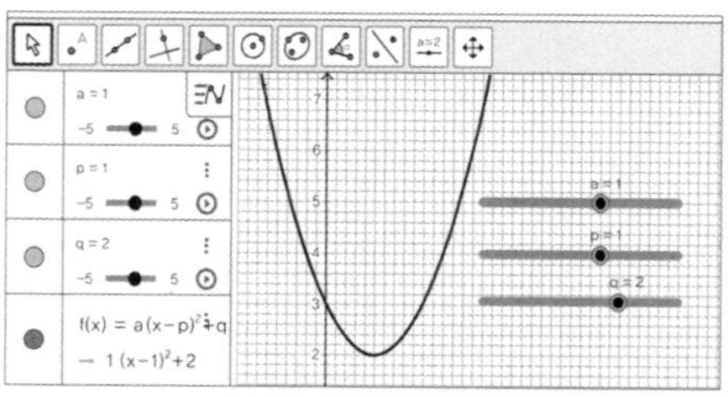

그림 9-2-3 $a=1$, $p=1$, $q=2$일 때 $y=a(x-p)^2+q$의 그래프

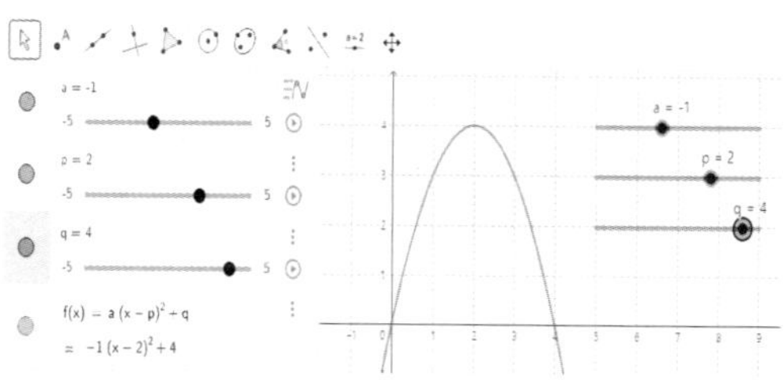

그림 9-2-4 $a=-1$, $p=2$, $q=4$일 때 $y=a(x-p)^2+q$의 그래프

또 다른 예를 들어보자. 지면으로부터 $450m$ 높이에 있는 전망대에서 공을 떨어뜨린다고 가정했을 때, 5초 뒤의 속도는 어떻게 되는지 알아보자. t초 동안 낙하한 거리를

$s(t)$라고 하면 $s(t)=4.9t^2$으로 주어진다. 시각 $t=5$에서의 속도를 구하는 대신, $t=5$에서 $t=5.1$까지 0.1초 동안의 짧은 시간 구간에서의 평균속도를 구해보면 다음과 같다.

$$\text{평균속도} = \frac{s(5.1)-s(5.0)}{0.1} = \frac{4.9 \cdot (5.1)^2 - 4.9 \cdot (5)^2}{0.1} = 49.49(m/s)$$

만일 $t=5$에서 $t=5.01$ 또는 $t=5.001$와 같이 매우 짧은 시간 h 동안의 평균속도를 엑셀을 이용하여 계속 구해보면 $t=5$일 때의 속도 $v(5)$는 49에 가까이 감을 알 수 있다.

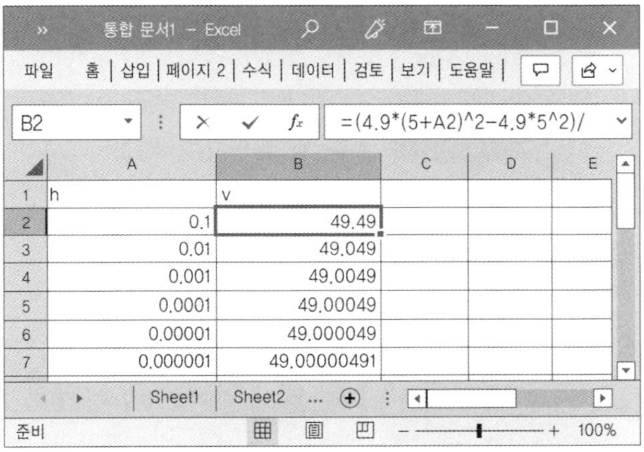

	A	B	C	D	E
1	h	v			
2	0.1	49.49			
3	0.01	49.049			
4	0.001	49.0049			
5	0.0001	49.00049			
6	0.00001	49.000049			
7	0.000001	49.00000491			

그림 9-2-5 짧은 시간 구간에서의 평균 속도

같은 방식으로 $t=4.99$ 또는 $t=4.999$에서 $t=5$까지 변하는 동안의 평균속도 또한 49에 가까이 감을 알 수 있다.

여기에서

$$v(5) = \lim_{h\to 0}\frac{s(5+h)-s(5)}{h} = \lim_{h\to 0}\frac{4.9(5+h)^2 - 4.9 \cdot 5^2}{h}$$
$$= \lim_{h\to 0} 4.9 \cdot (2 \cdot 5 + h) = 9.8 \cdot 5 = 49$$

이다. 일반적으로 함수 $s(t)$의 $t=a$일 때의 순간속도는 $v(a)=\lim_{h\to 0}\frac{s(a+h)-s(a)}{h}$로 주어지고, 이것은 곧 $s(t)$의 $t=a$에서의 미분계수이고 $t=a$에서의 순간변화율임을 알게 해준다. 이와 같이 엑셀과 같은 스프레드시트는 미분계수를 나타내는 함수의 극한을 계산을 통해 구체적으로 관찰할 수 있게 해준다.

미적분에서 연속함수의 정적분은 리만합의 극한으로 정의되는데, [그림 9-2-6]은

$y = \sin x$를 적분 구간 $[0, \pi]$에서 적분할 때 리만합이 적분 구간을 등분한 소구간의 수가 증가할수록 정적분 2에 수렴해가는 것을 보여준다. Geogebra의 슬라이드 기능을 이용하여 적분 구간에서 소구간의 수를 각각 5, 10, 22로 늘릴 때 리만합이 1.93, 1.98, 2로 나타남을 볼 수 있다.

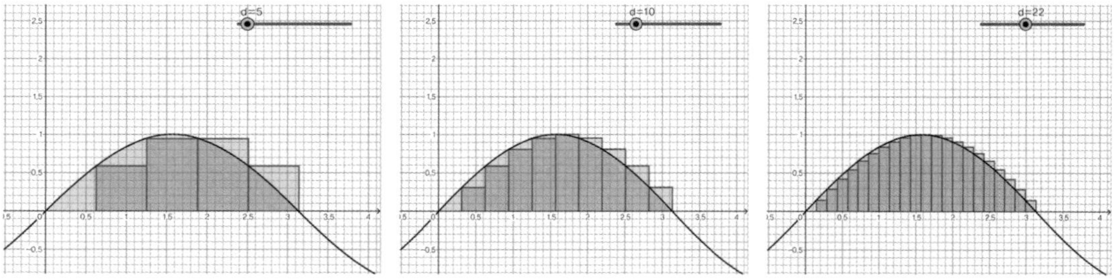

(a) 소구간 수 5일 때의 리만합 1.93 (b) 소구간 수 10일 때의 리만합 1.98 (c) 소구간 수 22일 때의 리만합 2

그림 9-2-6 소구간의 수에 따른 리만합

2 실험과 추론

최근의 교육과정에서는 기하를 지도할 때 엄격한 정당화인 증명을 약화시키고 설명과 이해에 목표를 둠으로써 학생의 인지적 부담을 덜 수 있도록 하였다. 또 기하를 교수·학습할 때 공학 도구나 교구를 이용하여 도형을 그리거나 만들어보는 활동을 통해 도형의 성질을 추론하고 토론할 수 있도록 하고 있다(교육부, 2015b). 공학 도구가 수학 수업에 도입되면 기존의 강의식 수업이 학생 탐구 중심수업으로 자연스럽게 바뀔 수 있게 된다. 다음은 이러한 것을 보여주는 예이다.

[문제] 아래 그림에서 $\triangle ABC$는 $\overline{AB} = \overline{AC}$인 이등변삼각형이고, $\triangle ADB$, $\triangle AEC$는 $\overline{AB}$와 $\overline{AC}$를 각각 한 변으로 하는 정삼각형이다. 아래 그림과 관련된 수학적 성질을 예측하고 증명하시오.

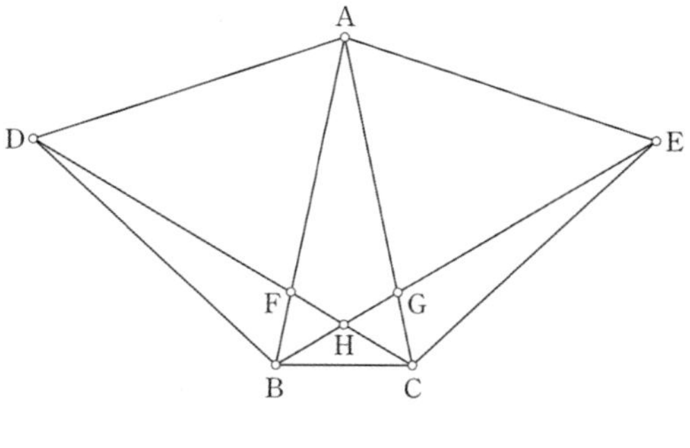

이러한 문제를 주었을 때 학생들은 지필 환경보다는 GSP를 사용할 때 훨씬 더 다양한 기하 성질을 추측할 수 있다. 예를 들어 학생과 함께 한 실험에서 어떤 학생 다음과 같은 다양한 결과를 추측하고 증명할 수 있었다(손홍찬, 2011).

① $\triangle DBC \equiv \triangle ECB$.

② $\angle FHG = 120°$이다.

③ $\triangle HBC$는 이등변삼각형이다.

④ $\triangle ADF$와 $\triangle HBF$는 닮은 도형이다.

⑤ (GSP) $\triangle AEC$와 $\triangle ADB$의 외접원은 점 H에서 만난다.

⑥ (GSP) $\triangle BCE$와 $\triangle BCD$의 외심은 A이다. 또한 B, C, D, E는 한 원 위에 있다.

⑦ (GSP) $\overline{BE} = \overline{AH} + \overline{BH} + \overline{HC}$

⑧ (GSP) D, A, E가 한 직선 위에 있을 때, F는 $\overline{AB}$의 중점이다. 또한 $\triangle ABC$는 정삼각형이다.

여기에 사용된 GSP의 주된 기능은 작도와 측정 기능, 그리고 드래그 기능이다.

이와 같은 활동을 통하여 학생은 스스로 탐구 주체가 되어 새로운 기하 성질을 찾는 의미 있는 활동을 할 수 있고, 자신이 발견한 성질이 왜 성립하는가에 대한 강력한 호기심을 느끼게 된다. 공학 도구를 활용한 수업은 자연스럽게 학생이 이전 수학자들의 활동과 비슷한 활동을 할 수 있도록 하고 학생이 더욱 흥미를 갖게 한다.

3 문제 제기

자연의 여러 현상에서 자주 등장하는 피보나치(Fibonacci) 수열을 소재로 훌륭한 문제 제기의 예를 만들어 볼 수 있다. 피보나치 수열은

$$1,\ 1,\ 2,\ 3,\ 5,\ 8,\ 13,\ \cdots$$

와 같이 앞의 두 항이 1이고, 그 다음 항부터는 앞의 두 항을 더하여 얻게 되는 수열이다. 즉, 수열 $\{a_n\}$에서 $n = 1,\ 2,\ 3,\ \cdots$일 때

$$a_{n+2} = a_{n+1} + a_n$$

와 같이 주어지는 수열이다.

이 수열은 흥미로운 다양한 성질을 가지고 있는데 그 중 한 가지는 이웃하는 항의 비

가 황금비에 수렴하는 것이다. 수열을 탐구하는 데는 쉽게 접근할 수 있는 엑셀을 활용할 수 있다.

수열 $\dfrac{a_{n+1}}{a_n}$, 즉 수열 $\dfrac{1}{1}, \dfrac{2}{1}, \dfrac{3}{2}, \dfrac{5}{3}, \dfrac{8}{5}, \dfrac{13}{8}, \cdots$의 극한이 존재하는지 알아보자. 이를 위하여 엑셀을 이용하여 계산하면 [그림 9-2-7]과 같다.

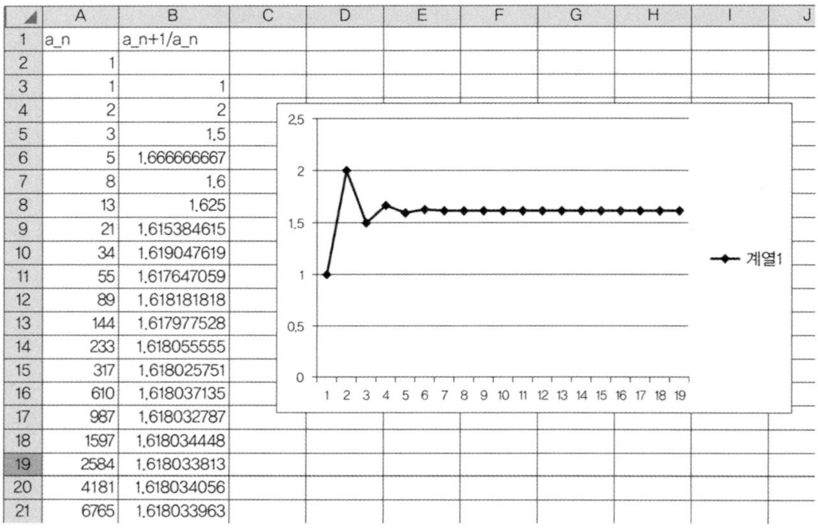

	A	B
1	a_n	a_n+1/a_n
2	1	
3	1	1
4	2	2
5	3	1.5
6	5	1.666666667
7	8	1.6
8	13	1.625
9	21	1.615384615
10	34	1.619047619
11	55	1.617647059
12	89	1.618181818
13	144	1.617977528
14	233	1.618055555
15	317	1.618025751
16	610	1.618037135
17	987	1.618032787
18	1597	1.618034448
19	2584	1.618033813
20	4181	1.618034056
21	6765	1.618033963

그림 9-2-7 피보나치 수열과 황금비

즉 수열 $\dfrac{1}{1}, \dfrac{2}{1}, \dfrac{3}{2}, \dfrac{5}{3}, \dfrac{8}{5}, \dfrac{13}{8}, \cdots$은 황금비 $x \fallingdotseq 1.618033989$에 수렴해감을 추측해볼 수 있다.

이때 피보나치 수열의 앞의 두 항을 바꾸면 주어진 성질은 어떻게 변하는지 탐구하는 것은 흥미롭다. 잘 알려진 루카스(Lucas) 수열은

$$2, 1, 3, 4, 7, 11, 18, \cdots$$

로, 이 수열은 처음 두 항이 2, 1이고, 그 다음 항부터는 피보나치 수열과 똑같은 방식으로 앞의 두 항을 더하여 다음 항이 정해지는 수열이다.

이제 피보나치 수열에서 생각해보았듯이 루카스 수열

$$2, 1, 3, 4, 7, 11, 18, 29, \cdots$$

에서도 이웃한 두 항들의 비로 이루어진 수열 $\frac{L_{n+1}}{L_n}$

$$\frac{1}{2}, \frac{3}{1}, \frac{4}{3}, \frac{7}{4}, \frac{11}{7}, \frac{18}{11}, \cdots$$

을 엑셀을 이용하여 살펴보면 [그림 9-2-8]과 같다.

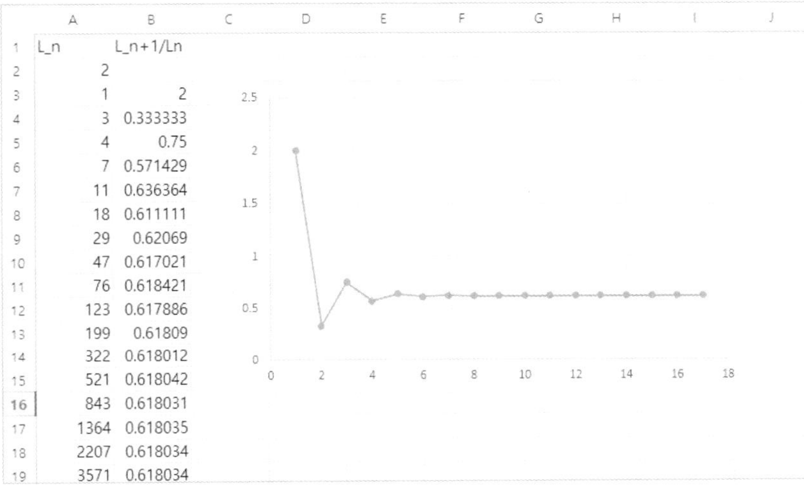

	A	B
1	L_n	L_n+1/Ln
2	2	
3	1	2
4	3	0.333333
5	4	0.75
6	7	0.571429
7	11	0.636364
8	18	0.611111
9	29	0.62069
10	47	0.617021
11	76	0.618421
12	123	0.617886
13	199	0.61809
14	322	0.618012
15	521	0.618042
16	843	0.618031
17	1364	0.618035
18	2207	0.618034
19	3571	0.618034

그림 9-2-8 루카스 수열과 황금비

수열 $\frac{L_{n+1}}{L_n}$은 흥미롭게도 황금비 $\frac{1+\sqrt{5}}{2} \fallingdotseq 1.61803398$에 가까이 감을 볼 수 있다. 실제로 수열 $\frac{L_{n+1}}{L_n}$의 극한은 황금비가 된다. 피보나치 수열과 루카스 수열의 관계를 이용하여 루카스 수열의 일반항을 구하고 다시 이를 이용하여 증명할 수 있다.

이제 다시 처음 두 항을 각각 2, 3 또는 7, 9인 경우와 23, 15인 경우로 그 점화식이 $a_{n+2} = a_{n+1} + a_n$과 같은 꼴로 주어진 수열을 생각해보자. 즉, 수열

$$2,\ 3,\ 5,\ 8,\ 13,\ 21,\ 34,\ 55,\ \cdots$$
$$7,\ 9,\ 16,\ 25,\ 41,\ 66,\ 107,\ 173,\ \cdots$$
$$23,\ 15,\ 38,\ 53,\ 91,\ 144,\ 235,\ 379,\ \cdots$$

에서 이웃한 두 항들의 비의 극한값을 엑셀로 계산해보자.

	A	B	C	D	E	F	G	H
1	L_n	L_n+1/L_n		L_n	L_n+1/L_n		L_n	L_n+1/L_n
2	2			7			23	
3	3	0.5		9	1.285714286		15	0.652173913
4	5	1.666666667		16	1.777777778		38	2.533333333
5	8	1.6		25	1.5625		53	1.394736842
6	13	1.625		41	1.64		91	1.716981132
7	21	1.615384615		66	1.609756098		144	1.582417582
8	34	1.619047619		107	1.621212121		235	1.631944444
9	55	1.617647059		173	1.61682243		379	1.612765957
10	89	1.618181818		280	1.61849711		614	1.62005277
11	144	1.617977528		453	1.617857143		993	1.617263844
12	233	1.618055556		733	1.618101545		1607	1.618328298
13	377	1.618025751		1186	1.618008186		2600	1.617921593

그림 9-2-9 일반화된 피보나치 수열과 황금비

위 모든 경우의 수열에서 이웃한 두 항들의 비의 극한값은 황금비에 수렴함을 볼 수 있다. 피보나치 수열에서 초기 조건을 a_1, a_2로 바꾸어 보자. 그러면 일반화된 피보나치 수열

$$G(a_1, a_2):\ a_1,\ a_2,\ a_1+a_2,\ a_1+2a_2,\ 2a_1+3a_2,\ 3a_1+5a_2,\ 5a_1+8a_2,\ 8a_1+13a_2, \cdots$$

을 얻는다.

그러면 다음과 같은 보다 일반적인 정리가 성립한다.

(정리) 모두는 0이 아닌 두 수 a_1, a_2를 처음 두 항으로 하고, $a_{n+2} = a_{n+1} + a_n$으로 주어지는 수열 $G(a_1, a_2)$에서 이웃하는 두 항의 비로 얻어지는 수열 $\left\{\dfrac{a_{n+1}}{a_n}\right\}$은 황금비 $\dfrac{1+\sqrt{5}}{2}$로 수렴한다.

이 정리는 피보나치 수열의 점화식을 적절히 변형하여 증명된다. 이와 같이 엑셀을 활용하면 피보나치 수열과 관련한 다양한 문제 제기 활동을 할 수 있고, 보다 일반화된 피보나치 수열을 탐구할 수 있고, 피보나치 수열의 이웃하는 항의 비가 황금비에 수렴하는 것이 보다 일반적이고 본질적인 요소임을 이해할 수 있다. 이번에는 GSP를 활용한 문제 제기에 대해 알아보자. 다음과 같은 문제를 생각해보자.

[문제] 다음과 같은 정삼각형 ABC에 대하여 각 변의 중점을 이어 얻은 삼각형을 DEF라고 하면, 삼각형 DEF의 넓이는 정삼각형 ABC 넓이의 $\dfrac{1}{4}$임을 증명하여라.

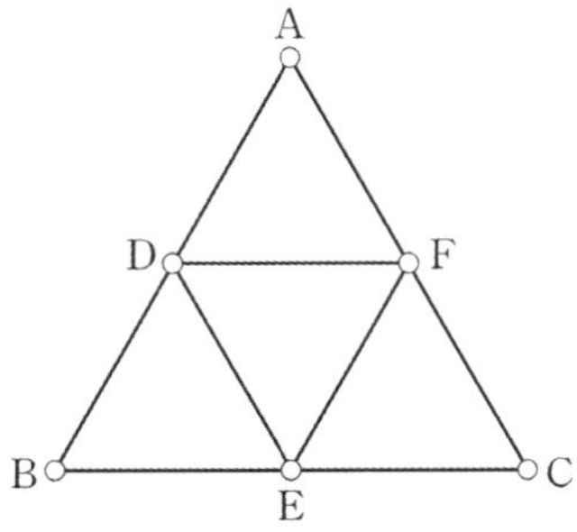

주어진 문제에서 문제 제기의 일반적 전략인 "만약 ~이 아니라면"을 이용하여 문제제기를 해볼 수 있다. "만일 점 D, E, F가 세 변 AB, BC, CA를 각각 2 : 1로 나누는 점이라면 삼각형 DEF의 넓이는 정삼각형 ABC의 넓이의 $\frac{1}{3}$이 되는가?" "삼각형 DEF는 정삼각형인가?". 더 나아가서 "점 D, E, F가 세 변 AB, BC, CA를 각각 3 : 1로 나누는 점이라면 삼각형 DEF의 넓이와 삼각형 ABC의 넓이의 비는 어떻게 되는가?"와 같은 문제를 제기해볼 수 있다. 이와 같이 제기된 문제의 해결에는 GSP의 측정기능과 계산 기능을 통해 도움을 받을 수 있다.

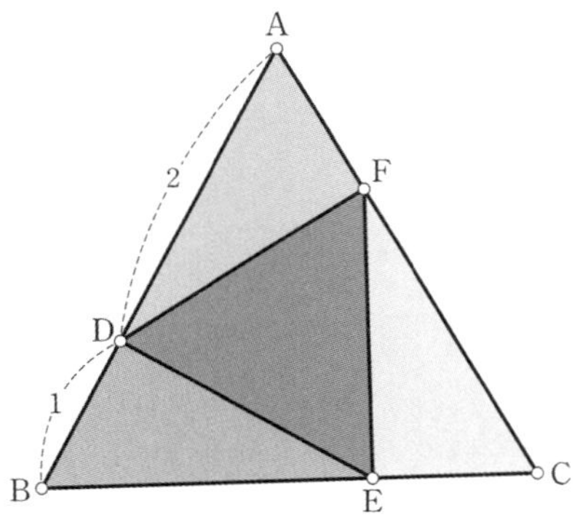

그림 9-2-10 각 변을 2:1로 나눌 때

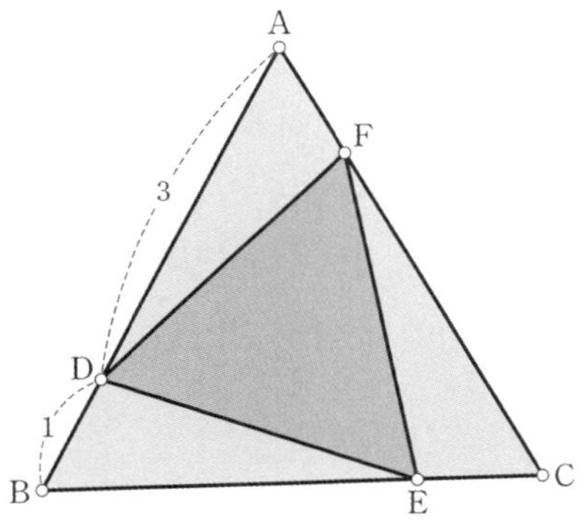

그림 9-2-11 각 변을 3:1로 나눌 때

점 D, E, F가 세 변의 중점일 때의 삼각형 DEF의 넓이가 가장 작고, 점 D가 A에 가까이 가거나 B에 가까이 갈 때 삼각형 DEF의 넓이는 커지는 것을 관찰할 수 있고, 점 D가 A 또는 B와 일치할 때는 삼각형 DEF는 삼각형 ABC가 되므로 그 넓이가 같아지는 것을 알 수 있다. 그렇다면 다음 그림과 같이 점 D가 변 AB를 $x : 1-x$로 나누는 점이고, E, F도 같은 방식으로 정의된 점이라고 했을 때, 두 삼각형 ABC와 DEF의 넓이의 비 $\frac{\triangle DEF}{\triangle ABC}$는 어떻게 될까라는 문제를 제기할 수 있고, 이것은 $3x^2-3x+1$로 나타낼 수 있음을 알 수 있다(Knuth, 2002).

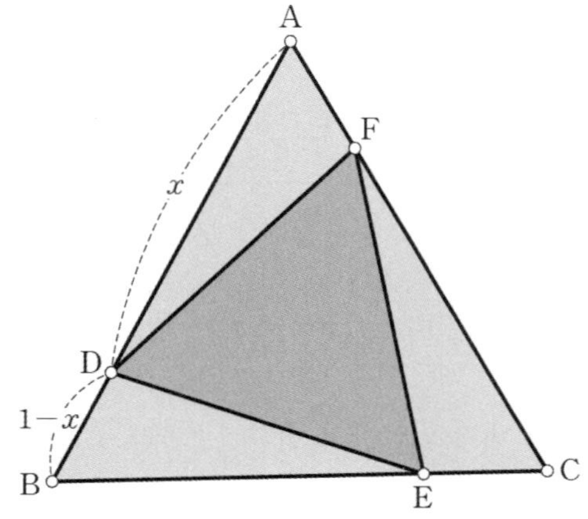

그림 9-2-12 각 변을 $x:1-x$로 나눌 때

문제 제기는 계속될 수 있다. “주어진 삼각형 ABC가 정삼각형이 아니라면 삼각형 DEF의 넓이는 여전히 삼각형 ABC의 $\frac{1}{4}$인가?” 또는 앞의 문제에서 각 변의 중점을 이어 만들어진 삼각형 DEF는 역시 정삼각형이었지만, “삼각형 ABC가 정삼각형이 아닐 때, 삼각형 DEF는 주어진 삼각형 ABC와 닮음인가?”와 같은 것들이다. 또 “두 삼각형 ABC와 DEF의 넓이의 비 $\frac{\triangle DEF}{\triangle ABC}$는 $3x^2-3x+1$와 같이 유지되는가?”와 같은 문제 제기를 하고 실제 이것이 성립하는지를 측정기능 등을 통해 알아보고 증명해볼 수 있을 것이다.

또 정사각형의 경우는 어떻게 될지에 대해서도 계속 문제 제기를 해볼 수 있을 것이다. 아래 그림에서 E가 변 AB를 $x:1-x$로 나누고, F, G, H가 마찬가지 방식으로

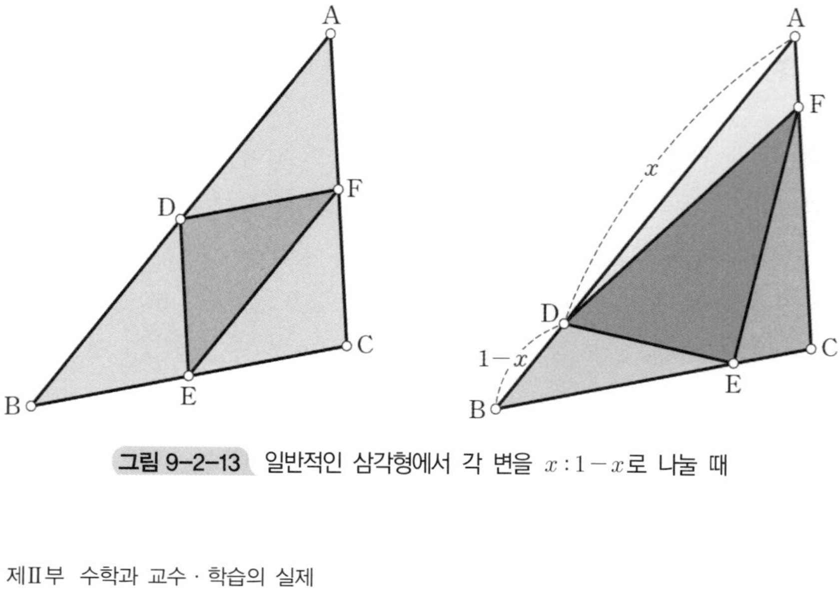

그림 9-2-13 일반적인 삼각형에서 각 변을 $x:1-x$로 나눌 때

정의된 점일 때, 두 사각형 넓이의 비 $\frac{\mathrm{EFGH}}{\mathrm{ABCD}}$는 $2x^2-2x+1$임을 증명할 수 있다(Knuth, 2002).

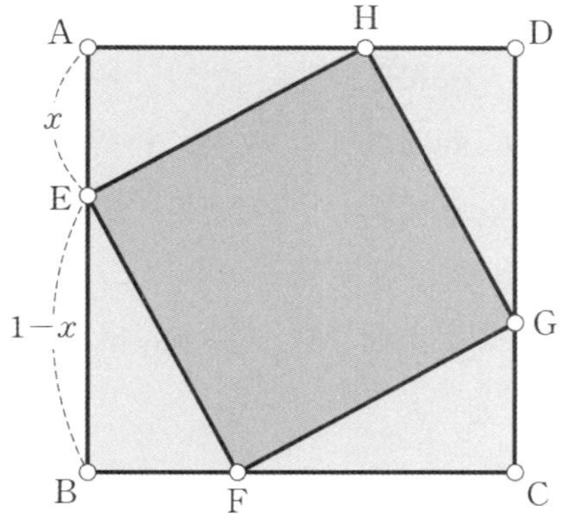

그림 9-2-14 정사각형 각 변을 $x:1-x$로 나눌 때

4 실생활의 이해

공학 도구를 활용하면 우리 일상생활에 밀접한 다양한 건축물이나 무늬 등을 수학적 안목을 가지고 해석할 수 있다. 오랜 동안 인류는 건축물이나 미술품에서 테셀레이션을 이용해왔다([그림 9-2-15], [그림 9-2-16], [그림 9-2-17]). 이에 대해 수학적으로 이해하기 위해 GSP나 Geogebra와 같은 프로그램을 활용할 수 있다.

그림 9-2-15 캐나다 요크대학

그림 9-2-16 우리나라 전통사찰

그림 9-2-17 에셔의 도마뱀

학생들은 정다각형 테셀레이션에 대해 먼저 이해하고, 평행이동, 대칭이동, 회전이동에 대한 기본적인 지식을 이해하게 되면 우리 생활과 밀접한 벽지 무늬, 옷감의 반복되는 무늬, 건축물의 타일링, 단청과 같은 것이 어떻게 제작되었는지를 이해할 수 있다.

정다각형 테셀레이션은 정삼각형, 정사각형, 정육각형인 경우에 가능하다. 정오각형의 경우에는 테셀레이션이 불가능하지만 정오각형이 아닌 볼록오각형으로써 테셀레이션이 가능한지에 대해서는 많은 수학자와 수학애호가 사이에 흥미로운 탐구 주제였다. 이 문제는 2015년이 되어서야 프랑스 Michael Rao에 의해 15가지뿐임이 밝혀졌다. 오목오각형은 항상 테셀레이션이 가능하고, 정육각형이 아닌 육각형 테셀레이션의 경우는 1918년 독일의 수학자 K. Reihhardt에 의해 세 가지임이 밝혀졌다.

일단 평면이 적당한 도형으로 테셀레이션이 되어 있다면 반복되는 다양한 무늬는 대칭이동, 회전이동, 평행이동을 통하여 만들 수 있다. [그림 9-2-18]은 GSP나 Geogebra의 기본 기능을 이용하여 정육각형 테셀레이션으로부터 에셔의 도마뱀을 그려나가는 과정을 보여준다.

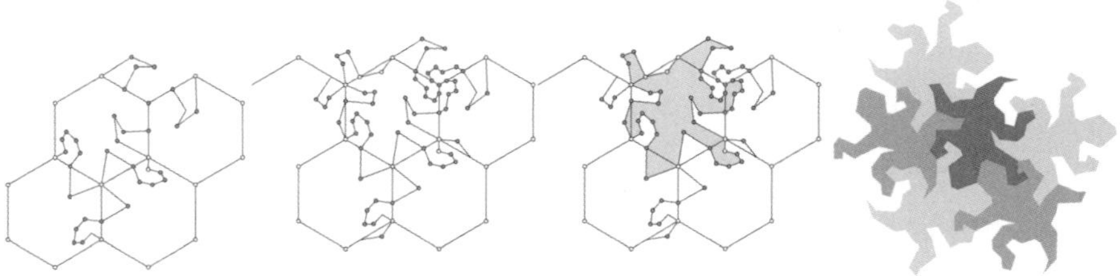

그림 9-2-18 변환을 이용하여 도마뱀 그리기

우리의 전통 건축물에서 많이 나타나는 단청 중에는 소슬금 무늬가 많이 사용된다. [그림 9-2-19]는 우리 문화에서 매우 다채로운 소슬금 문양을 사용해왔음을 보여준다.

그림 9-2-19 각종 금초문양 병풍

Geogebra를 이용하여 단청에 쓰이는 소슬금 무늬를 작도할 수 있다. 이와 같이 역동적 기하 소프트웨어를 활용하면 우리 일상생활에서 흔히 볼 수 있는 건축물이나 예술

작품 또는 생활 용품에서 관찰되는 다양한 무늬에 대해 수학적으로 이해하고 또 재현해 볼 수 있는 기회를 갖게 된다.

그림 9-2-20 Geogebra를 이용하여 그린 소슬금 문양

| 5 | 생물 현상의 수학적 모델링

수학적 모델링을 통해 자연현상을 이해할 수 있는데, 이때 사용할 수 있는 공학 도구로 엑셀은 매우 유용하다(Neuwirth & Arganbright, 2004). 예를 들어 질병확산과 같은 생물현상을 엑셀을 이용하여 모델링할 수 있다.

전염병 확산 모델 SIR은 전염병의 진행과정에 따라 이름 붙여진 것으로, S는 Susceptible, I는 Infected, R은 Removed의 앞 자를 따온 것이다. S는 감염가능자를 뜻하는 것으로 전염병에 노출되어 있지만 아직 감염되지 않은 사람이다. I는 감염자로 전염병에 걸린 자로 감염가능자에게 전염병을 옮길 수 있는 사람이다. R은 치료자로 전염병에 걸렸다가 회복된 자로 항체를 지니고 있어 다시 전염병에 걸리지 않으며 따라서 감염가능자가 될 수 없고 감염자도 될 수 없는 사람을 말한다.

여기에서는 SIR 모델을 활용하여 전염병의 확산 추이를 모델링하면 다음과 같다.

A가 감염가능자이고 감염자가 n명일 때, A가 감염될 확률은 A가 n명 중 최소 한 명을 만날 확률이므로, 즉 모든 n명을 안 만날 확률을 뺀 것이므로

$$1-(1-p)^n$$

와 같이 나타난다. 여기서 p는 접촉률이다. 따라서 감염가능자 수가 S이고 감염자 수가 n일 때 새로 감염된 사람은

$$S\times\{1-(1-p)^n\}$$

와 같이 나타남을 알 수 있다.

만일 감염자 수를 I로 나타내고, 치료율을 h로 나타내면 SIR 모델에서 전염병의 진행과정을 다음과 같은 그림으로 나타낼 수 있다. 즉 S의 수에 $1-(1-p)^I$를 곱하여 I의 수를 얻고, I에 h를 곱하여 R의 수를 얻는다.

그림 9-2-21 SIR 모델

이제 시간을 일정한 주기로 나누고 n번째 주기에서의 감염가능자 수를 S_n, 감염자 수를 I_n, 치료자 수를 R_n이라 하자. 그러면 $n+1$번째 주기에서의 감염가능자 수 S_{n+1}은 전 단계의 감염가능자 수 S_n에서 n주기 동안 감염된 사람을 빼면 된다. n주기 동안 감염된 사람은 $S_n \times \{1-(1-p)^{I_n}\}$이므로

$$S_{n+1} = S_n - S_n \times (1-(1-p)^{I_n})$$

와 같이 나타난다. $n+1$번째 주기에서의 감염자 수 I_{n+1}은 전 단계의 감염자 수 I_n에 n주기 동안 감염된 사람을 더하고, 치료된 사람을 빼면 된다. n주기 동안 치료된 사람은 $I_n h$이므로 $n+1$번째 주기에서의 누적감염자 수 I_{n+1}은

$$I_{n+1} = I_n + S_n \times (1-(1-p)^{I_n}) - I_n h$$

와 같이 나타난다. 그리고 $n+1$번째 주기에서의 누적치료자 수 R_{n+1}은 전 단계의 치료자 수 R_n에 n주기 동안 치료된 사람 $I_n h$을 더하면 되므로

$$R_{n+1} = R_n + I_n h$$

와 같이 나타난다.

이것을 간단히 하면 다음과 같은 수학적 모델을 얻는다.

$$S_{n+1} = S_n (1-p)^{I_n}$$

$$I_{n+1} = I_n (1-h) + S_n (1-(1-p)^{I_n})$$

$$R_{n+1} = R_n + I_n h$$

엑셀 모델을 얻기 위하여 시간을 주기 n단계로 나누고, 주기 0에 해당하는 초기의 인

구를 $N=1000$이라고 가정하자. 그리고 접촉률을 0.003, 치료율을 0.976이라 하자. 그리고 이때 감염자가 5이고 아직 치료자는 없어서 감염가능자가 $1000-5=995$라고 하자. 그러면 0단계 끝에 새로 감염되는 감염자 수는 $995\times(1-(1-0.003)^5)=14.83572$명이 나오고, 치료자는 $5\times0.976=4.88$명이 된다. 이때 새로운 감염자 14.83572명은 1단계의 감염자 수가 되고, 1단계에서의 감염가능자 수는 $995-14.83572=980.164282$명이 된다. 1단계의 치료자 수는 전 단계 끝의 치료자 수인 4.88명이다. 이와 같은 식으로 엑셀에 수식을 옮겨 적으면 [그림 9-2-22]와 같은 표를 얻게 된다.

	A	B	C	D	E	F
1	전체인구	1000				
2	감염자	5				
3	치료자	0				
4	치료율	0.976				
5	접촉률	0.003				
6						
7	기간	감염가능자	감염자	치료자	새감염자	새치료자
8	0	995	5	0	14.83572	4.88
9	1	980.164282	14.83572	4.88	42.73048	14.47966

그림 9-2-22 엑셀에 옮긴 결과

이때 엑셀 모델은 [그림 9-2-24]와 같이 나타난다.

	A	B	C	D	E	F
1	전체인구	1000				
2	감염자	5				
3	치료자	0				
4	치료율	0.976				
5	접촉률	0.003				
6						
7	기간	감염가능자	감염자	치료자	새감염자	새치료자
8	0	=$B$1-$B$2	=$B$2	=$B$3	=B8*(1-(1-$B$5)^C8	=C8*$B$4
9	1	=B8-E8	=E8	=F8	=B9*(1-(1-$B$5)^C9	=C9*$B$4

그림 9-2-23 엑셀 수식

이를 이용하여 전염병 확산을 분석해보면 [그림 9-2-24]와 같은 그래프를 얻을 수 있다.

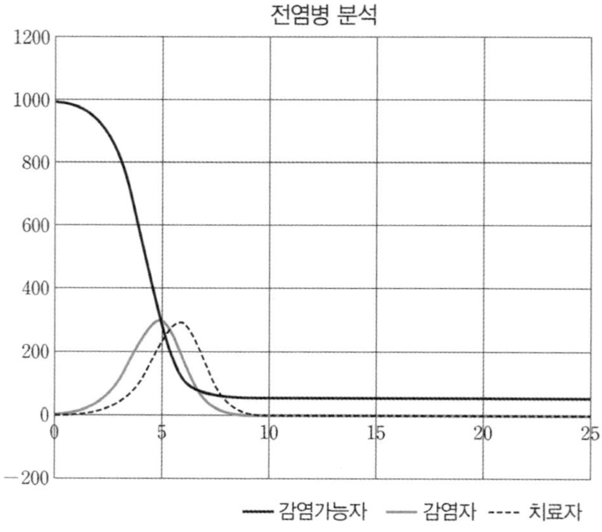

그림 9-2-24 감염자 추이

이를 통하여 알 수 있는 것은 감염자가 증가하다가 일정 시간이 지나면 감소하기 시작하여 0에 다다르게 됨을 알 수 있다. 즉 누적감염자의 분포가 [그림 9-2-25]와 같이 나타남을 알 수 있다.

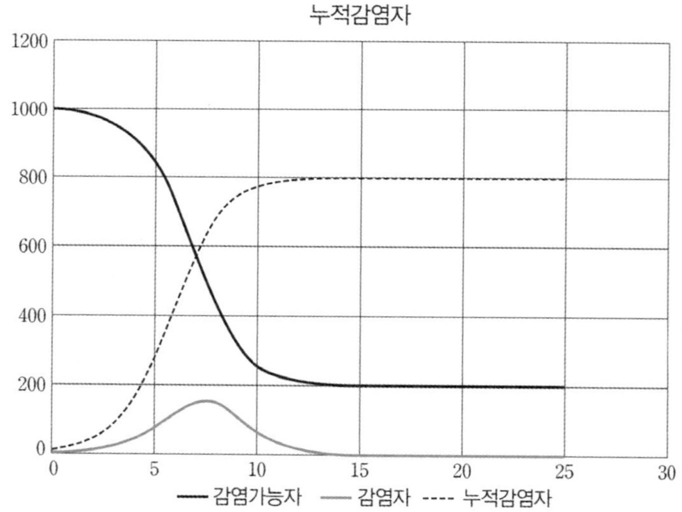

그림 9-2-25 누적감염자 추이

따라서 집단면역이 있을 수 있음을 이해하게 되고, 접촉률이나 감염자 수 증감 등의 요인이 질병 확산에 어떤 영향을 미칠 수 있는지를 이해할 수 있게 된다.

학생들은 엑셀 환경에서 다양한 변인들을 조작해봄으로써 다음과 같은 다양한 사실들을 이해하게 될 것이다.

첫째, 전염병은 접촉률이 커지면 초기에 감염자 수가 빠르게 늘어남을 알 수 있다. 즉 누적확진자 수가 가파르게 증가하고, 그 비율도 높음을 알 수 있다. 또 조기에 일정 수에 다다르고 그 수를 유지하게 됨을 알 수 있다.

둘째, 접촉률을 비롯하여 다른 변인들이 같더라도 전체 인구수가 커지면 접촉률과 마찬가지로 누적감염자 수 비율이 높아지고, 조기에 일정 수에 다다름을 알 수 있다.

셋째, 어떤 단계에서 감염자 수의 폭증이 있다고 하더라도 전체적인 확산 추이는 시일이 지나면 폭증이 없을 때와 유사하게 진행되고, 이것이 확산에 미치는 영향보다 접촉률이 미치는 영향이 크다는 것을 알 수 있다.

이와 같이 수학적 모델링을 하는 데는 엑셀과 같은 도구가 유용하게 사용될 수 있고, 학생이 질병과 같은 생물현상 또는 자연 현상을 보다 깊이 이해하게 만들 수 있으며, 수학이 다양한 현상을 이해하는 데 유용함을 일깨울 수 있다.

| 6 | 공학 도구를 활용한 평가

수학에서 평가는 중요한 내용을 평가하고 교수·학습을 향상시키며 학생이 중요한 수학을 배울 수 있는 기회를 제공할 수 있어야 한다. 수학과 평가에서 역동적 기하프로그램, 그래픽 계산기, 스프레드시트 등과 같은 공학 도구의 활용은 이와 같은 목표를 달성하는 데 보다 효과적이다. 공학 도구를 활용하여 평가하게 되면 복잡한 실세계 자료를 다룰 수 있고, 평가 도중 학생은 즉각적인 피드백을 받을 수 있고, 평가를 통하여 새로운 수학을 배울 수 있는 기회가 생기며, 결과중심, 지식 중심의 평가로부터 과정 중심, 역량 중심 평가의 평가로 강조점이 옮겨가게 된다.

우리나라의 경우 이미 2007 개정 수학과 교육과정에서부터는 계산기와 컴퓨터 이외에 교육용 소프트웨어에 대한 언급과 함께 '수학 교수·학습 방법' 영역 외에 '평가' 영역에서의 공학 도구의 활용을 최초로 명시하고 있다(교육인적자원부, 2007). 2022 개정 수학과 교육과정에서는 공학 도구를 활용한 평가에 대해 다음과 같이 교수·학습에 제시하고 있다(교육부, 2022b).

평가 방법

(라) 교구나 공학 도구를 활용하여 평가할 때는 다음 사항을 고려한다.

① 성취기준의 도달 여부를 판단하는 데 교구나 공학 도구의 사용이 효과적인 경우 이를 활용한 평가를 실시할 수 있다.

② 교구나 공학 도구를 활용하여 평가할 때는 교구나 공학 도구의 기능 및 조작이 아닌 수학 내용의 탐구 과정을 평가한다.

공학 도구를 활용하여 평가하고자 할 때 교사와 학생의 준비도 필요하지만 컴퓨터실이나 계산기 등이 마련되어 있어야 하기 때문에 정책 입안자의 준비 또한 필요하다. 우리나라에서 공학 도구를 활용한 평가가 활발하지 않은 것은 이와 무관하지 않다. 그러나 국제적으로 유명한 수학 평가에서는 이미 공학 도구를 활용한 평가가 실시되고 있다. OECD가 주관하는 시험으로 3년을 주기로 참가국의 만 15세의 학생이 미래 사회 시민으로서 생활해 나갈 준비가 되어 있는가를 평가 목적으로 하는 국제학업성취도 평가인 PISA는 2015년에 컴퓨터 기반 평가를 전면 도입하였고, 수학 영역의 경우 PISA 2021에서 컴퓨터 활용의 특징이 반영된 평가 문항을 개발하였다.

미국 학생들의 학업성취도와 그 변화 추이를 평가하는 것을 목적으로 하는 미국 국가수준 교육 평가 시험 NAEP(the National Assessment of Educational Progress)에서는 각 학년에서 평가의 약 1/3은 계산기를 사용할 수 있도록 하고 있다. 미국의 공통 핵심 성취기준(Common Core state Standards, CCSS)에 기초한 평가로 학생이 고등학교를 졸업할 때 진학과 취업 준비가 되어있도록 자신이 무엇을 알고 있으며 할 수 있는지에 대한 정보를 제공하는 것을 목표로 하는 SBA(Smarter Balanced assessment) 평가에서는 컴퓨터 화면에서 허용된 계산기를 사용하고 있다. 미국의 대학 지원에 사용되는 SAT의 경우에도 수학 평가에서 계산기를 사용할 수 있도록 하고 있다. SAT에 응시하는 학생들은 자신의 계산기를 가져와야 하며 다른 학생들과 공유할 수 없다. 허용되는 계산기에는 대부분의 그래프 계산기나 공학용 계산기가 포함된다.

이와 같이 국제적으로 유명한 평가에서 이미 공학 도구를 활용하고 있고, 우리나라 교육과정에서도 이를 권장하고 있지만 학교 현장에서 공학 도구를 활용한 평가는 활발하지 못하다. 공학 도구를 활용한 평가가 원만히 이루어지기 위해서는 컴퓨터, 계산기, 교구 등의 물리적 환경을 갖추는 일, 공학 도구 활용에 대한 교사의 이해 그리고 공학 도구를 활용한 평가문항에 대한 이해가 필요하다.

공학 도구를 활용한 평가를 위해서는 컴퓨터 소프트웨어로 제공되는 계산기나 휴대용 계산기의 기능의 범위를 파악하고, 어느 범위까지 활용한 것인지에 대한 고려가 필요하다. 예를 들면 SBA의 경우, 6학년은 기본계산기, 7 · 8학년은 공학용 계산기, 고등학교는 공학, 그래픽 계산기를 제공한다. SAT의 경우 허용되는 다양한 계산기 브랜드 및 모델을 제시하고 있고 사용할 수 없는 다양한 기기들을 함께 명시하고 있다.

또 계산기를 활용한 문항은 어떤 성격을 갖는지에 대한 이해가 필요하다. 수학 평가에서 계산기를 허용하는 평가에서 문항은 크게 세 가지 즉, 계산기가 필요하지 않은 문항, 계산기 중립 문항, 계산기가 필요한 문항으로 분류할 수 있다(Meel, 1997). 계산기가 필요하지 않은 문항은 일반적으로 계산을 필요로 하지 않고 지식이나 개념에 대해서 묻는 것이다. 단순 개수 세기, 식 세우기, 식 변형하기, 논리적으로 이유 서술하기, 보기에서 참과 거짓 고르기 등의 문항이 이해 해당된다. 계산기 중립 문항은 문제해결을 위해 계산기가 꼭 필요하지는 않지만 학생에 따라 계산기를 사용할 수도 있고 사용하지 않을 수도 있는 문항을 의미한다. 계산기의 도움 없이 계산이 가능하며 객관식 문항에서 옳은 보기를 선택했는지 확인하는 등의 목적으로 활용될 수 있고, 계산기가 필요하지 않은 문항과 다른 점은 계산을 포함하고 있다는 것이다.

계산기가 필요한 문항은 학생들이 계산기 없이는 문제 해결이 어렵기 때문에 계산기를 사용하도록 한 것으로, 계산기 없이 계산하는 것이 불가능하지는 않지만 시간 효율 측면에서 계산기를 활용하는 것이 바람직한 문항을 의미한다. 기본 계산기와 공학용 계산기는 복잡한 정수, 분수, 소수의 사칙연산, 삼각함수의 계산, 지수 및 로그, 무리수 계산 등에 주로 사용될 수 있다. 그래픽 계산기는 시각적으로 명확하게 그래프를 표현하여 방정식의 해를 찾거나 그래프와 축과의 교점을 찾는 등의 문제를 해결하는 목적으로 사용될 수 있다. 일상생활에서 흔히 부딪힐 수 있는 다음과 같은 문제 상황을 생각해보자.

[문제] 100만원의 돈을 연 5.1 %의 복리 상품에 예금한다고 했을 때 원금의 2배가 되는 시기는 언제인가?

위와 같은 문제를 해결하기 위해서는 지수와 로그가 필요하므로 지필환경에서는 구하기 어렵지만 공학용 계산기를 이용하면 어렵지 않게 구할 수 있다. 또는 다음과 같은 문제 상황을 생각해보자.

[문제] 다음 표는 어느 지역의 하루 기온의 변화를 나타낸 것이다.

시각	4	8	12	16	20	24
기온	6	9	10	12	8	6

이때, 이 지역의 하루 평균 기온과 분산, 표준편차를 구하여라.

앞에서 보았듯이 수학과 교육과정의 평가방법에서는 공학 도구를 활용하여 평가를 할 때는 공학 도구의 사용이 효과적인 경우에 공학 도구의 기능 및 조작이 아닌 수학 내용의 탐구 과정을 평가하기를 권장한다. 위와 같은 문제는 일상생활과 밀접한 문제로 평균, 분산, 표준편차의 개념을 이해하는 경우에도 지필환경에서는 지루한 계산을 반복해야 하고 실수할 수 있지만, 계산기를 사용하면 정확하고 빠르게 구할 수 있어서 학생의 개념이해 여부를 쉽게 판별할 수 있다.

계산기를 활용한 문항의 제작에서는 계산기 사용으로 평가의 가치가 훼손되는 문항들이 있다는 점에 주의할 필요가 있다. 학생에게 어떤 특정한 또는 독특한 풀이 절차를 아는지를 평가하고자 하는 문항의 경우 계산기를 활용하게 되면 바로 해가 나오기 때문에 본래 학생의 특정 연산 수행 기능을 측정하고자 하는 의도와는 배치될 수 있다는 점에 주의해야 한다.

또 교육과정의 온라인 교수 · 학습 환경에서의 평가는 학생의 활동에 근거한 구체적인 자료를 사용하여 평가하고, 학생의 수행 과정을 관찰하고 개별 맞춤형으로 환류하는 것을 권고하고 있다. 예를 들어, 교사는 Desmos와 같은 수학 학습 플랫폼을 활용할 수 있다. Desmos는 인터넷을 기반으로 하고 있어 쉽게 접속할 수 있고, 플랫폼에 탑재된 다양한 기존의 수업 자료를 수정 보완하여 자신만의 자료로 만들 수 있도록 하고 있다. Desmos를 이용하면 학생들의 학습과정을 실시간으로 관찰할 수 있고 피드백 기능을 이용하여 학생들의 학습에 즉각적으로 피드백이 가능하다. Desmos에서 무료로 제공되는 공학 계산기, 그래픽 계산기, 기하학 도구 등을 활용하면 학생의 개별적 활동을 관찰할 수 있고 이를 토대로 온라인 평가도 가능하다.

7 교사의 역할

공학 도구를 사용하는 경우 학생 간의 상호작용, 학생과 도구의 상호작용, 학생과 교사의 상호작용에 두드러지는 변화를 가져오고 특히 교사의 역할에 변화를 가져온다. 교사의 역할은 전통적인 수업에서 흔히 볼 수 있는 수업 주도자나 강의자의 역할은 약화되고, 수업설계자, 협력자, 공동 탐구자, 촉진자, 관찰자, 평가 전문가로서의 역할을 하게 된다.

수업 설계자로서 교사는 과제의 개발과 도구 사용에 대한 계획, 평가 등을 어떻게 진행할지 미리 결정하여야 한다. 공학 도구를 사용할 때 기본적으로 도구에 대한 지식이 필요하고 어떤 도구를 어떤 상황에서 활용할 때 어떤 교육적 효과를 거둘 수 있는지에 대한 감각이 필요하다. 예를 들어 모델링 과제는 현실 상황과 관련된 것으로 일상적인 지식과 경험을 통하여 다양한 계층의 학생이 수행할 수 있고, 모델링 활동의 중요한 시발점이 되는 자료 생성이나 시각적 모델을 용이하게 만들 수 있으며, 수학적 개념, 아이디어, 구조가 풍부하게 들어 있고 초기 모델 도출로부터 수학적 지식의 형식화를 꾀하고 형식화된 지식을 조작해볼 수 있는 기회가 있는 과제를 개발하면 좋다. 문제 제기의 경우 주어진 문제 상황이 지나치게 복잡하거나 어려운 문제로부터 시작하는 것이나 또는 너무 막연한 문제로부터 시작하는 것은 좋지 않다. 비교적 친숙하며 너무 복잡하지 않은 문제로부터 조건을 바꾸거나 빼거나 다른 것으로 대치했을 때 다양하고 의미 있는 결과를 도출할 수 있는 문제를 선택하여 시작하는 것이 좋다. 문제 제기로부터 얻은 다양한 문제를 스스로 해결해보도록 하여야 한다.

협력자 또는 공동 탐구자로서 교사는 특히 실생활 문제 또는 수학과 인접한 타 과학 영역의 모델링 과제를 구성할 때 동료교사와 협력할 수 있을 뿐 아니라, 주어진 과제를 학생과 공동으로 탐구하는 역할을 하게 된다.

교사는 또 조언자 또는 촉진자(facilitator)로서 역할을 하게 되는데 공학 도구가 주어진 상황에서 학생이 과제를 수행할 때 필요한 기능적 측면의 지식을 필요할 때마다 조언을 통하여 도울 수 있고, 과제 수행에서 어려워하는 장면을 포착하게 될 때는 적절한 개입을 통하여 문제 해결을 수행해 나갈 수 있도록 도와야 한다.

관찰자로서 교사는 과제를 수행하는 데 지나치게 심화된 기능이 사용되는지에 대해 민감해야 하고 수학에서 공학 도구로 관심의 초점이 이동하는 메타인지적 이동이 발생하지 않는지 주시해야 한다. 또 공학 도구를 활용한 계산의 결과를 과정에 관계없이 맹목적으로 믿지는 않는지 불필요한 자료를 맹목적으로 대량으로 생성하지는 않는지 조심해야 할 필요가 있다.

평가 전문가로서 교사는 만일 학생이 컴퓨터 소프트웨어를 활용하여 문제해결을 시도한다면 학생에게 지필로 위에 열거한 내용을 적게 할 필요가 있으며 동영상 캡처 파일을 이용하여 문제해결 과정을 저장할 필요가 있다. 이것은 추후 모델링 활동을 개선하고 더 나은 성취를 위해 피드백을 제공할 수 있는 평가 자료가 될 수 있다.

3 수학 학습에서의 학생 주도성 함양

구성주의를 굳이 언급하지 않더라도 수학 학습의 주체는 학생이고 교사의 교수는 학생의 학습을 돕기 위한 것임은 분명하다. OECD의 Education 2030에서는 주요 개념 중 하나를 학생 주도성(student agency)으로 선정하여 무력감과 반대되는 능력 및 성향인 학생의 의도적인 주도권을 중시하였다. 주도성은 목적의식을 갖고, 목표를 달성하기 위해 계획하고 실행하며, 피드백과 조언을 반영하고 행동에 대한 책임을 지는 것을 포함하며, 이 역량은 목표 설정, 진행 상황 모니터링, 좌절의 대처, 반성적 사고 평가에 관한 지식, 기능, 태도 및 가치 개발을 통해 획득된다(이미경 외, 2018, p. 19). 학생 주도성은 학생이 주체적으로 배우고 자신의 학습 활동에 대해 책임질 때 발달할 수 있다(박상준, 2020).

|1| 교육과정에 제시된 학생 주도성

학생 주도성은 2022 개정 교육과정에서 명확히 제시되었으나 이전에도 학생 주도성을 향한 움직임이 여러 차례 있었다. 제7차 교육과정은 학생 중심 교육과정을 표방하고 그 기조는 현재까지 유지되고 있다. 2015 개정 수학과 교육과정에도 '태도 및 실천' 역량이 학생 주도성을 나타내고 있지만, 이를 교수·학습 상황에서 잘 드러내기 위해서는 학생이 수학 학습에 참여하는 책임과 역할을 명시할 필요가 있다. 2019년 개정된 싱가포르 수학과 교육과정도 교수(teaching)뿐 아니라 학습(learning)에 대한 방법을 제시하고 있다. 교육부(2021b.)는 '학습자의 삶과 성장을 지원하는 맞춤형 교육과정'을 교육과정 개정의 중점 사항 중 하나로 제안하면서 학습자 스스로 목적의식을 가지고 자신의 진로와 적성을 바탕으로 주도적으로 교육과정을 설계하도록 지원할 것을 권고하고 있다. 2022 개정 수학과 교육과정에서는 이러한 학생 주도성을 다음과 같이 세 가지 방안으로 구현하고 있다.

첫째, 수학 학습 주도성을 강조한 학습 방안을 '교수·학습'에 제시하는 것이다. 지금까지의 교수·학습 방법은 교수(teaching) 위주로 기술되어 왔다면, 교육과정에서 학생의 역할을 강조하는 것이다. 수학을 학습하는 학습자가 자신의 권한과 책임을 갖고 학습에 임할 필요가 있다는 점에서 교수·학습에 '학습'을 명시하여 학생들이 수학 학습에서 무엇을 어떻게 해야 하는지를 나타낼 필요가 있다. 2022 개정 수학과 교육과정에서는 다음의 내용을 교수·학습에 제시하였다.

> 교수 · 학습의 방향
>
> (다) 학생이 주도적으로 수학을 학습하여 수학과 교육과정에 제시된 목표를 달성하도록 교수 · 학습을 운영한다.
>
> 교수 · 학습 방법
>
> (나) 학생들이 수학 학습에 주도적으로 참여하는 교수 · 학습 환경과 분위기를 조성한다.
>
> ① 수학 학습의 주체가 학생 자신임을 인식하고 수학 학습에 적극적으로 참여하도록 유도한다.
>
> ② 스스로 수학 학습 목표와 계획을 세우고 학습 결과를 평가하고 성찰하도록 안내한다.
>
> ③ 수학을 효과적으로 학습하는 방법을 탐색하고 자신의 학습 과정과 태도를 돌아보고 조절하는 자기 주도적 학습 습관을 형성하도록 지도한다.
>
> ④ 교사 및 동료와 협력적 관계 속에서 수학 학습에 대한 조언과 의견을 경청하고 수용할 수 있도록 허용적인 분위기를 조성한다.
>
> ⑤ 수학 학습에 자신감을 가지고 실수가 배움의 기회임을 인식하며 끈기 있게 도전하도록 격려하고 지원한다.
>
> 평가의 방향
>
> (마) 학생이 평가 과정에 적극적으로 참여하고 스스로 설정한 수학 학습 목표에 대한 달성 여부를 점검할 수 있게 한다.

둘째, 학생의 진로와 적성을 고려한 개별 맞춤형 수학 학습 지원 방안의 마련이다. 학습자 스스로 목적의식을 가지고 자신의 진로와 적성을 바탕으로 무엇을 어떻게 배울지 주도적으로 교육과정을 설계할 수 있도록 지원하는 다양한 방안을 모색한다. 학생 개별 맞춤형과 관련하여 2022 개정 수학과 교육과정에서는 다음의 내용을 교수·학습에 제시하고 있다.

> 교수 · 학습의 방향
>
> (마) 수학 내용의 특성, 학교 여건, 학생의 학습 능력과 수준 등을 고려하여 교수 · 학습을 운영한다.
>
> 교수 · 학습 방법
>
> (라) 수학 교수 · 학습 과정에서 학생의 다양성을 고려하고 학생의 성장을 지원하기 위한 맞춤형 지도를 실시한다.
>
> ① 학생의 학습 수준이나 사고방식의 차이를 존중하여 학생 개인에게 적합한 과제를 선정하여

제시하고, 학생이 소재나 과정을 선택하고 구성할 수 있도록 수학 학습 활동을 설계한다.

② 학생의 시도와 성취에 대해 구체적으로 격려하고 칭찬하며, 동료 학생의 학습 수준이나 학습 결과에 대해 포용적인 교실 문화를 형성한다.

③ 학생의 수학 학습 과정과 결과를 점검하여 학생의 성장 발전을 지원하고, 이때 온라인 학습 관리 시스템을 활용할 수 있다.

평가의 방향

(바) 학생의 사회 · 문화적 배경, 신체 특성 등이 불리하게 작용하지 않도록 평가를 실시하고, 학생의 사전 지식, 수학에 대한 흥미, 학습 유형, 학습 수준을 고려하여 평가 목적, 교수 · 학습 내용 및 방법에 따라 다양한 평가 방법을 적용한다.

셋째, 진로연계교육을 위한 교수·학습을 제시하는 것이다. 학교급 전환기에 수학 내용과 수업 방법의 변화에 대비하여 학교급 전환기의 수학교육에서 유의할 사항을 제시하는 것이 필요하다.

교수 · 학습의 방향

(자) 학교급 전환에 따라 변화되는 수학 내용과 수업 방법을 파악하여 교수 · 학습에 적용하고, 진로연계교육에서 이를 고려한다.

넷째, 고등학교에서는 고교학점제가 실시되면서 미이수 발생의 문제가 발생할 수 있다. 이런 점에서 학생들이 과목을 선택하고 수강하면서 이수 여부를 판단하는 것이 학점 취득에 매우 중요하게 되었다. 학생들의 자발적인 의지에 따라 과목을 선택하지만 출석뿐 아니라 성취수준에 의해서도 과목 이수가 결정되므로 학생들에게 최소 성취수준 보장을 위한 지도가 필요하다.

교수 · 학습의 방향

(자) 〈과목〉의 최소 성취수준을 설정하고 최소 성취수준 보장을 위한 학습 기회를 제공하며, 〈과목〉 이후 선택할 수 있는 수학 과목과 과목별 내용을 안내한다.

평가의 방향

(마) 〈과목〉 이수 전에 최소 성취수준을 학생에게 제시하고, 학생이 평가 과정에 적극적으로 참여하고 스스로 설정한 수학 학습 목표 달성 여부를 점검할 수 있게 한다.

평가 방법

(바) 〈과목〉의 최소 성취수준 보장을 위해 다음 사항에 유의한다.

① 〈과목〉의 최소 성취수준을 학생에게 공지하여 학생 스스로 성취목표를 설정하고 학습에 참여하도록 한다.

② 진단평가를 통해 학생의 〈과목〉의 최소 성취수준 도달 가능성을 예측하고 학습 의욕과 동기를 유발하여 최소 성취수준에 도달하도록 안내한다.

③ 형성평가를 통해 학생의 〈과목〉의 학습 과정을 지속적으로 관찰하고 학생이 자신의 학습에 대한 조처를 할 수 있도록 평가 결과를 환류한다.

2 자기주도적 수학 학습 모형

학생이 주도성을 갖고 수학 학습을 진행하도록 안내하기 위해서는 자기주도적 수학 학습의 과정과 자기주도적 학습이 이루어질 때 필요한 요소 등을 아는 것이 우선되어야 한다. 이를 위해 자기주도적 수학 학습 모형에 대해 살펴보고자 한다.

자기주도적 학습은 자기조절 학습, 자기 계획 학습, 독립적 학습, 자기 교수 등과 혼재되어 언급되며 학자에 따라 여러 가지로 정의된다. Zimmerman(1986)은 자기주도적 학습을 학습자, 환경, 행동의 상호작용 속에서 메타적, 동기적, 행동적인 학습 활동으로 하고, Pintrich & de Groot(1990)는 행동, 동기, 인지적 자기 통제 및 자기성찰을 통합 학습이라 하였다. 이종희, 김선희(2005)는 자기주도적 학습에서 두 가지 주목할 것을 제안하였는데, 학습자 개인에 따라 자기주도성의 수준이 다를 수 있다는 것과 교수를 통해 학습자의 주도적 책임을 강화시켜 나갈 수 있다는 것이다. 후자는 자기주도적 학습을 위한 교수·학습 전략이 가능하다는 것으로, 소경희(1998)는 학습자의 자기주도적 성향과 그 성향을 조장할 수 있는 수업이 맞물릴 때 학습이 잘 일어날 수 있으므로 교사의 안내와 촉진에 의해 자기주도성이 의미 있게 향상될 수 있다고 하였다.

이종희, 김선희(2005)는 자기주도적 수학 학습을 준비, 실행, 반성의 단계로 고려하며, 각각의 단계에서 자기주도적 수학 학습에 필요한 요인을 동기적, 학습전략적, 메타인지적 요소로 추출하였다. 자기주도적 학습 요인의 준비 단계에서는 자신의 기본실력 파악, 수학의 가치 인식, 수학에 대한 자아 개념을 형성하게 되고, 실행 단계인 수학 학습 과정에서는 개념 파악, 주의 집중, 학습 속도 조절, 계획 실천의 요소가, 그리고 마지막 단계인 반성에서는 인지 전략, 학습 계획, 학습 점검이 이루어진다고 보았다(〔그림 9-3-1〕).

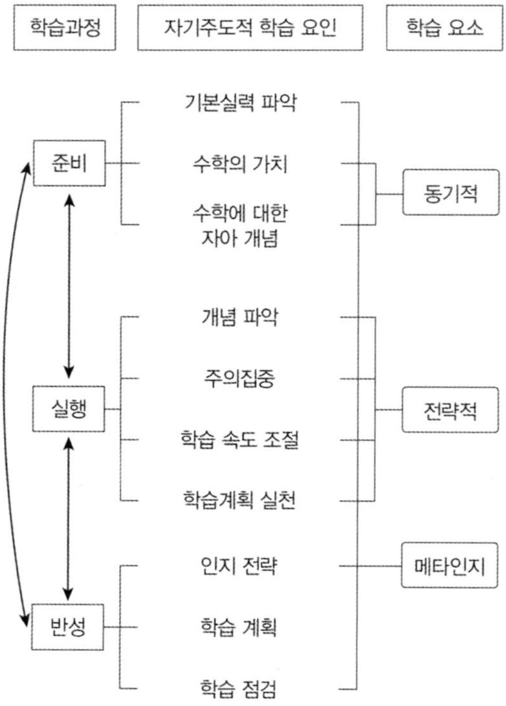

그림 9-3-1 자기주도적 수학 학습 모형(이종희, 김선희, 2005, p. 259)

자기주도적 학습 요인인 동기적, 전략적, 메타인지적 학습 요소에 대해 좀 더 구체적으로 살펴보자. 먼저 자기주도적 학습을 이끌어가기 위해서 학습자는 수학 학습에 대한 내적 욕구, 만족, 자신감이 필요하며, 이러한 학습태도는 자기주도적 학습의 동기와 관련된다. 수학 학습을 자기주도적으로 실시하게 하는 동기적 요인에는 수학의 가치 인식과 수학에 대한 자아개념이 있다. 수학을 자기주도적으로 학습하기 위해서는 학생 스스로 수학에 대한 가치를 인정할 수 있어야 하고, 수학에 대한 긍정적인 자아개념은 학생들에게 상당한 동기유발을 하도록 할 수 있으며, 자기주도적으로 학습을 하고자 하는데 도움이 된다. 수학에 흥미를 갖고 잘 할 수 있다는 자아개념은 자신감을 갖고 잘 해낼 수 있으리라는 기대감을 갖게 하여 스스로 공부할 수 있는 동기적 요소가 된다.

자기주도적 학습은 지식을 정교화하고 조직화하고 재생시키고 활용하는 여러 가지 다양한 학습전략을 필요로 한다. 수학 학습의 전략적 요인에 수학 개념의 파악, 주의집중, 학습 속도 조절, 학습계획의 실천이 포함된다. 수학 '개념 파악'은 관련된 상황을 상상하고 여러 개념을 조직하고 자신의 말로 바꿔서 생각해 보는 등 여러 전략이 있으며, 여러 전략을 활용할 수 있는 것은 수학 개념의 이해와 활용에 도움이 되고 자기주도적 학습이 추진되도록 한다. '주의집중'은 과제에서 벗어나지 않기 위한 의식적 노력으로,

수학 지식은 위계적인 것이 많아 수업 중에 교사의 설명을 놓치고 집중하지 못한다면 자기주도적 학습을 실행하는 데에도 문제가 생길 수 있다. 하나의 문제를 해결해 나갈 때에도 정보를 파악하고, 아이디어를 포착하는 데 있어서도 주의를 집중해 가는 전략이 수학교과의 자기주도적 학습에 필요하다. '학습 속도 조절'은 과제를 빨리 수행하고 해야 할 일의 우선순위를 판단하는 것으로, 프로젝트를 수행하거나 수학 개념을 이해한 후 문제해결을 하는 식의 학습 순서 등을 스스로 설정할 수 있는 것과 관련된다. 어느 하나의 문제해결 뿐 아니라 프로젝트 수행이나 단원 학습 등을 계획하고 실행하는 데 필요한 요인이다. '학습 계획 실천'은 계획에 맞춰 학습을 진행하여 학습의 성과를 얻는 것이다.

자기주도적 학습의 메타인지적 요소는 학습을 준비, 실행, 반성하는 것과 모두 관련된다. 메타인지 전략은 학습자 자신이 자신의 기본 실력을 판단하고 학습 과제의 본질을 파악하고 효과적인 학습 전략을 자율적으로 활용하는 것이다. 메타인지적 학습 요소로 기본실력 파악, 학습점검, 학습계획, 인지 전략을 고려할 수 있다. 자기주도적 학습을 실행하기 위해서는 먼저 자신의 수학적 수준이 어떻게 되는지 되돌아보고, 부족한 점을 찾아 보완하려는 계획을 세워야 한다. '기본실력 파악'은 수학내용을 얼마나 알고 있는가를 아는 학습 능력이다. 새로운 지식을 획득하는 데 선행 지식이 잘 형성되어 있는지를 판단하고 수학의 특수한 언어를 이해하고 사용할 수 있는지와 스스로 되돌아보는 것은, 학습자가 스스로 학습 계획을 세우는 데 도움이 된다. 학습자는 학습을 점검하고 과제를 수행하는 과정에서 필요한 아이디어를 생각해내야 하는데, 여기서 고려할 수 있는 메타인지적 전략은 과제를 해결하는 방법을 구상하고 정보를 조직하고 필요한 것이 무엇인지 이해하려는 '학습 계획'과, 복습을 하고 배운 것을 확인하고 문제해결을 검토하고 학습 과정이 잘 이루어지고 있는지를 확인하는 '학습점검'이 있을 수 있다. 그리고 학습과정에서 학습내용과 과제해결 전반을 관리하기 위한 '인지전략'이 있을 수 있다. 인지전략은 문제를 해결하고 개념 파악을 안내할 수 있는 반성적 전략이며, 아이디어를 찾고 과제와 연결시키고 과제 완성 과정을 조직하는 것과 관련된다.

3 메타정의 수학 학습 전략

수학 학습은 학생의 인지적, 정의적 측면이 밀접하게 상호작용하면서 진행된다. 학생은 수학 학습에서 정의적 측면을 다루고 조절하여 수학 학습에 도움이 되는 방향으로 이끌어가는 데에도 주도성이 필요하다. 정의적 측면에서 학생들이 수학을 선호하는 긍정적인 감정을 갖는 것을 기대하는 것에서 그칠 것이 아니라, 그렇게 되기 위한 과정에서 무엇을 경험하고 노력해야 하는가에 교육적 관심을 가질 필요가 있다. 이런 점에서 김선희(2021)는 수학교육의 정의적 측면의 초점이 메타정의로 이동되어야 함을 주장하였다. 인지에 대한 인지로 메타인지가 있듯이 메타정의는 수학 개념을 학습하거나 문제를 해결할 때 정의(affect)*를 자각, 평가, 조절, 활용하는 것이다. 수학을 학습하면서 수반되는 인내와 어려움을 학생들은 극복하고 즐길 수 있어야 하며 이는 단순히 수학에 흥미와 호기심, 자신감을 갖고 수학의 가치를 인식하는 것과 다른 교육적 관점에서 정의를 바라보는 것이다.

김선희(2021)는 수학 교과에서 메타정의 경험을 통해 메타정의 학습 전략을 개발할 수 있음을 주장하였다. 메타정의는 정의를 자각, 평가, 조절, 활용하는 것인데, 수학 학습 흐름에 적절하게 정의의 계획, 모니터링, 반성의 메타정의 경험을 구상하고 그 경험 속에서 학생들의 메타정의가 정의의 자각, 평가, 조절, 활용으로도 발현하게 하고자 〈표 9-3-1〉의 전략을 제시하였다.

표 9-3-1 메타정의 전략(김선희, 2021, p. 599)

경험	의도	학습 전략
정의의 계획	갖고 싶은 정의를 계획하기	수업을 통해 얻기를 기대하는 감정 스티커 붙이기
정의의 모니터링	정의를 확인하고 나타내기	문제해결 과정 중 내 감정 스티커 붙이기
정의의 반성	수학적 활동에 대해 정의적 관점에서 반성하기	내 감정의 이유 생각하기 내 감정 비교하기 수학 감정 일기 쓰기

메타정의를 경험하기 위해서는 자신의 정의가 어떠했으면 좋을지 계획하는 것이 우선되어야 한다. 학생들은 SNS에서 감정 이모티콘에 친숙하므로 수학 학습에서 자신의 감정을 표현하는 데 감정 스티커를 활용할 수 있다. 감정 스티커마다 의미를 미리 부여하면 스티커를 이용하여 학생들은 자신의 감정을 즉시 표현하고 여러 스티커를 사용하면서 다양한 감정이 존재한다는 것을 인지할 수 있다. 감정 스티커는 수학 수업 중 여러 전략에서 활용될 수 있다. 정의의 계획에서는 수업이 시작되기 전에 어떤 감정으로 수업에 참여하는지, 수업 후에 어떤 감정을 갖고 싶은지 자신의 감정에 대해 기대하는 것을 자각하게 할 수 있다. [그림 9-3-2]는 수업 활동지 맨 위에 수업 시작 전 수학 수업에 임하는 자신의 감정과 수업 후 어떤 감정을 갖기를 원하는지 스티커로 나타내게 한 것이다. 학생은 처음엔 자신감, 후에는 편안함을 갖고 싶다고 기대했다. 수업 후의 감정을 예

* 본 연구에서 정의는 affect를 뜻함(이하 동일).

측하는 것은 자신의 감정을 어떻게 이끌고 갈지를 조절하고 활용하는 메타정의를 갖게 할 수도 있다는 점에서 전략으로 활용하였다.

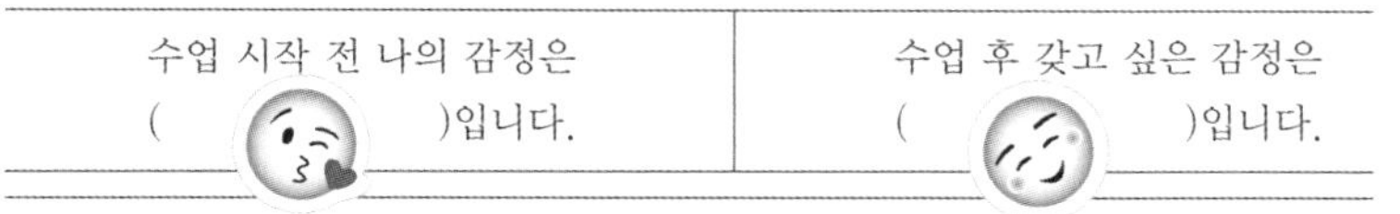

그림 9-3-2 수업 전후 스티커의 활용 예시(김선희, 2021, p. 601)

정의의 모니터링은 순간적인 감정을 인식하고 표현하는 것이다. 도전적인 문제는 학생들이 그 해결 과정에서 여러 감정을 느끼게 할 수 있는데, 이런 감정 변화를 인식하도록 정의의 모니터링을 메타정의 학습 전략에 활용할 수 있다. 문제해결 과정마다 자신의 감정을 모니터링할 수 있도록 스티커를 여러 번 선택하게 할 수 있으며, [그림 9-3-3]처럼 문제를 읽고 난 후, 풀이 중, 풀이 후에 어떤 감정으로 접근했는지 풀이 과정 옆에 스티커를 붙이게 할 수도 있다. 이 활동은 나중에 정의의 반성 전략에서 스티커를 붙인

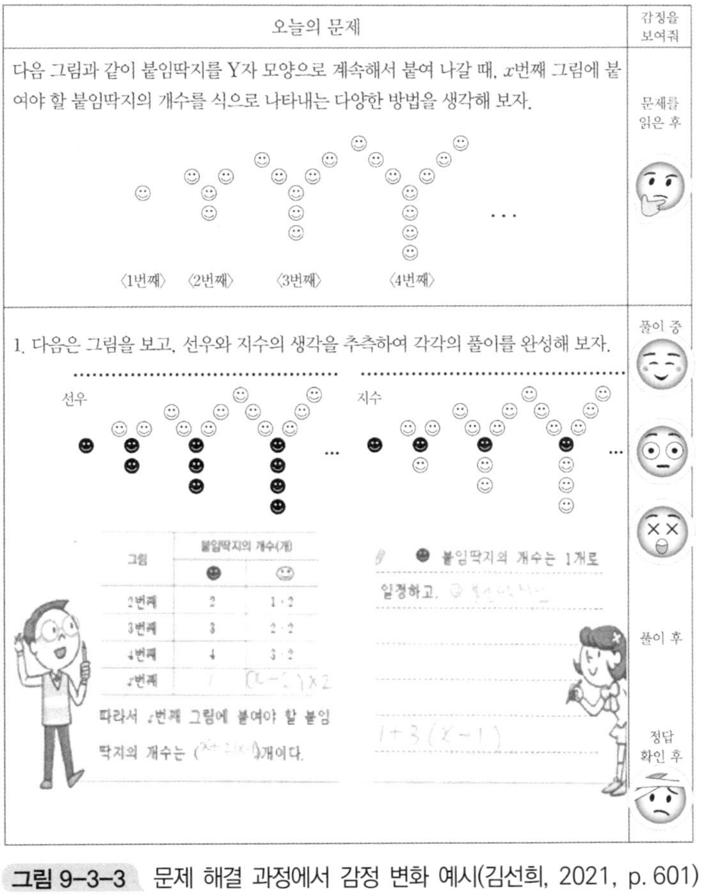

그림 9-3-3 문제 해결 과정에서 감정 변화 예시(김선희, 2021, p. 601)

이유를 생각해볼 때 다시 활용될 수도 있다.

정의의 반성은 수학 학습 활동에서 느낀 감정을 되돌아보고 그 감정을 갖게 된 이유를 생각해보거나 활동 전반에 대하여 정의적 성찰을 하는 전략이다. 문제 해결이나 개념, 방법에 대해 배우기 전에 학생이 자신의 감정을 표현하고 배운 후 표현한 감정이 어떻게 변화되었는지를 살피게 할 수 있다. 감정스티커를 왜 그렇게 표현했는지를 통해 기술하게 하여 학생들이 단지 감정을 모니터링만 하는 것이 아니라 정의에 대한 반성도 가능하다. 학생들은 수학 내용을 학습할 때 그 내용 자체에 관심을 두고 활동을 수행했지만, 이후 감정의 측면에서 되돌아보면서 자신의 감정을 자각하고 자신의 감정에 무엇이 영향을 주었는지 파악할 수 있다.

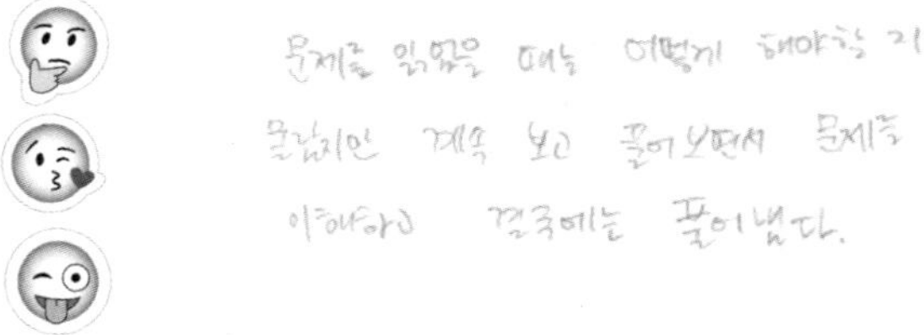

그림 9-3-4 감정 변화의 이유에 대한 학생 설명 예시(김선희, 2021, p. 602)

수업 중 활동(미션)을 하기 전과 후의 감정을 표현하고 이를 비교하는 활동도 정의의 반성 전략에서 시행해볼 수 있다. 문제에 대해 느끼는 난이도를 생각하면서 문제를 해결하게 하고 활동이 끝난 후의 감정, 그리고 자신에게 하고 싶은 말도 적게 하여 정의와 인지를 연결시키도록 할 수도 있다. 또한 학생 중심의 활동을 진행한 후 그 활동에 대한 소감을 감정과 관련하여 쓰게 하는 전략은 활동의 수학적 의미를 돌아보면서 인지와 정의적 측면을 함께 살펴볼 수 있다. 수학 수업이 끝난 후 수학 감정 일기를 작성할 수도 있고, 수학 일기에 #(해시태그)를 달고 오늘 수업에서 무엇을 배우고 알게 되었는지를 표현하게 할 수도 있다. 학생이 수업 중 고민하다가 당황을 했지만 뿌듯함을 느낀 경험이 있다면 [그림 9-3-5]와 같이 제시할 수 있다. 감정을 기술하는 것은 정의적 자각에 해당하지만 이에 대한 평가나 조절, 활용 등은 수학 감정 일기에 나타날 수 있다.

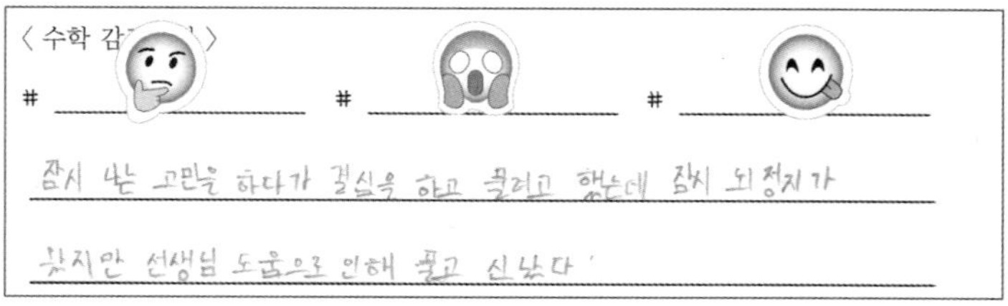

그림 9-3-5 수학 감정 일기 예시(김선희, 2021, p. 604)

4 범교과 주제를 활용한 수학 학습

2022 개정 교육과정 총론(교육부, 2022a)은 홍익인간의 이념 아래 모든 국민으로 하여금 인격을 도야하고, 자주적인 생활 능력과 민주 시민으로서 필요한 자질을 갖추게 함으로써 인간다운 삶을 영위하게 하고, 민주 국가의 발전과 인류 공영의 이상을 실현하는 데 이바지함을 목적으로 한다. 이를 위해 자기주도적인 사람, 창의적인 사람, 교양 있는 사람, 더불어 사는 사람을 인간상으로 제시하고 있는데, 이때 교양 있는 사람이란 "문화적 소양과 다원적 가치에 대한 이해를 바탕으로 성숙한 인격을 도야하며 인류 문화를 향유하고 발전시킬 수 있는 사람"을 말하며, 더불어 사는 사람이란 "공동체 의식을 가지고 다양성에 상호 이해와 존중을 바탕으로 세계와 소통하는 민주시민으로서 배려와 나눔, 협력을 실천하는 더불어 사는 사람"을 말한다.

이러한 인간상을 구현하기 위하여 학교 교육에서는 교과 내용 지식과 더불어 다양한 범교과 학습 주제를 다룰 필요가 있는데, 2022 총론에서는 다음을 교육 활동 전반에 걸쳐 통합적으로 다루고, 지역 사회 및 가정과 연계하여 지도할 것을 강조하고 있다.

> 안전 · 건강 교육, 인성 교육, 진로 교육, 민주 시민 교육, 인권 교육, 다문화 교육, 통일 교육, 독도 교육, 경제 · 금융 교육, 환경 · 지속가능발전 교육

(1) 수학과 교육과정에서의 범교과 주제

2022 개정 수학과 교육과정에서는 총론의 방향을 반영하여 수학을 학습하는 과정에서 다른 사람에 대한 포용성을 갖춘 민주 시민이자 인간과 환경의 공존 및 지속 가능한 발전을 추구하는 세계 공동체의 일원으로 성장할 수 있도록 돕는 방향으로 수학교육이 이루어져야 함을 강조하고 있다. 2022 개정 수학과 교육과정에서는 모든 과목의 교수 · 학습 방향에 범교과 학습 주제를 현상이나 소재로 선택하여 활용할 것을 명시하고 있으며, 일부 과목에서는 성취기준 해설과 성취기준 적용 시 고려사항에서 구체화하였는데, 생태전환교육 및 환경 · 지속 가능한 발전과 관련된 내용은 다음과 같다(교육부, 2022b).

- 실생활이나 사회 및 자연 현상과 관련된 문제를 해결할 때 수학적 모델링을 적용하고 도전적으로 문제를 해결할 수 있게 한다. 이때, 환경 및 기후 변화 등과 관련된 다양한 문제 상황을 통해 생태전환에 관심을 갖게 한다. –〈중학교〉 성취기준 적용 시 고려사항
- '자료와 가능성' 영역에서 환경, 지속 가능한 발전 등 범교과 학습 주제를 소재로 다루고, 이를 탐구하는 과정에서 체계적으로 사고하고 합리적으로 의사결정을 할 수 있게 한다. –〈중학교〉 성취기준 적용 시 고려사항
- 환경, 생태, 지속 가능한 발전, 기후 변화 등에서 활용되는 인공지능의 수학적 원리를 탐구하게 하여 생태전환을 실천하게 할 수 있다. –〈인공지능 수학〉 성취기준 적용 시 고려사항
- 가치 소비의 의미를 이해하고 서로의 생각을 공유하게 한다. 산업 쓰레기, 공정 무역 등과 같은 녹색 소비, 자신의 취향에 따라 가치를 부여하는 가치 소비를 위한 수학적 의사결정 방법을 모색하고 이를 통해 생태전환을 실천하게 한다. –〈수학과 문화〉 성취기준 해설
- 동·식물 보호종의 포획 및 밀거래, 동물 학대 등 생물 다양성과 생명권 관련 자료를 수집하여 수학적으로 분석하고 실태 개선 방법을 제안함으로써 생태 감수성을 함양하게 한다. –〈수학과 문화〉 성취기준 해설
- 환경, 생태, 지속 가능한 발전, 기후 변화 등과 같은 문제 상황을 통계적으로 탐구하게 하여 생태전환을 실천하게 할 수 있다. –〈실용 통계〉 성취기준 적용 시 고려사항
- 환경, 생태, 지속 가능한 발전, 기후 변화 등과 같은 문제 상황을 수학적으로 탐구하게 하여 생태전환을 실천하게 할 수 있다. –〈수학 과제 탐구〉 성취기준 적용 시 고려사항

다음은 민주 시민 교육과 관련하여 확률과 통계, 기하, 경제수학, 인공지능 수학 등의 과목의 성취기준 해설과 성취기준 적용 시 고려사항에 제시된 내용이다(교육부, 2022b).

- 불확실성의 해석에 대한 통계의 유용성을 인식하고 합리적인 판단을 추구함으로써 민주 시민으로서의 소양을 기를 수 있게 한다. –〈확률과 통계〉 성취기준 적용 시 고려사항
- 연역적으로 증명하는 과정을 통해 논리성을 추구하는 태도를 길러 민주 시민으로서의 소양을 함양하게 한다. –〈기하〉 성취기준 적용 시 고려사항
- 경제지표, 환율, 세금, 금융상품은 학생의 삶과 연계한 구체적인 예시와 사례를 통해 다루어 이들 사이의 관계를 이해하게 하고, 합리적인 경제 및 금융 생활을 실천함으로써 민주 시민으로서의 소양을 함양하게 한다. –〈경제 수학〉 성취기준 적용 시 고려사항
- 효용함수를 이용한 소비자의 의사 결정, 생산함수를 이용한 생산자의 의사 결정 등과 같은 문제를 다룸으로써 경제 주체로서 합리적으로 의사 결정하는 태도를 갖게 하여 민주 시민으로서의 소양을 함양하게 한다. –〈경제 수학〉 성취기준 해설
- 실생활 데이터의 경향성을 바탕으로 최적화된 예측을 통한 합리적 의사 결정 사례를 찾게 한다. 비합리적 의사 결정 사례를 통해 의사 결정의 윤리성을 판단해 보게 하여 민주 시민으로서의 소

양을 함양하게 한다. –〈인공지능 수학〉 성취기준 해설

- 표현된 표나 그래프를 근거로 상황을 판단하여 합리적으로 의사 결정하게 함으로써 민주 시민으로서의 소양을 함양하게 한다. –〈직무 수학〉 성취기준 해설
- 투표에 활용되는 수학적 원리에 대해 알아보고, 이를 활용해 공정한 투표가 이루어지도록 하는 수학적 결정 방법을 제안하는 내용을 작성, 발표하는 등의 활동을 수행하고 합리적으로 의사 결정하게 함으로써 민주 시민으로서의 소양을 함양하게 한다. –〈수학과 문화〉 성취기준 해설
- 환경 문제를 다룰 때 문제 개선을 위한 방법을 제안하는 것과 함께 참여와 실천을 강조함으로써 공동체 의식을 바탕으로 환경의 지속가능발전에 기여하게 하여 민주 시민으로서의 소양을 함양하게 한다. –〈수학과 문화〉 성취기준 적용 시 고려사항
- 자료의 수집 방법, 자료의 시각화 과정에서 오류를 찾는 활동을 통해 비판적으로 사고하게 하여 민주 시민으로서의 소양을 기를 수 있게 한다. –〈실용 통계〉 성취기준 적용 시 고려사항
- 탐구 목적의 적합성, 통계적 방법의 정확성 등의 측면에서 통계적 탐구 과정을 비판적으로 성찰하게 하여 민주 시민으로서의 소양을 함양하게 한다. –〈실용 통계〉 성취기준 적용 시 고려사항
- 탐구의 전 과정 및 방법에 있어서 모든 생명의 가치를 존중하고 존엄성을 훼손하지 않도록 생명 윤리를 준수하고 안전을 위해 노력해야 함을 인식하고 전 과정에서 이를 준수하며 실천하여 민주 시민으로서의 소양을 함양하게 한다. –〈수학 과제 탐구〉 성취기준 해설
- 탐구 목적의 적합성, 탐구 방법의 정확성 등의 측면에서 수학 탐구 과정을 비판적으로 성찰하고 토론하는 과정을 통해 민주 시민으로서의 소양을 함양하게 한다. –〈수학 과제 탐구〉 성취기준 적용 시 고려사항

이처럼 2022 개정 수학과 교육과정에서는 어느 때보다 교수·학습 과정에서 범교과 주제를 강조하고 있는데, 여기서는 수학 교수·학습 상황에 생태전환교육을 어떻게 도입할 수 있는지에 대한 사례를 살펴보고자 한다.

(2) 수학 교수·학습에서의 생태전환교육

우리나라를 비롯하여 세계 여러 국가들은 급속한 경제 성장을 이루는 동안 많은 자연 자원을 소비하고 있으며, 이로 인해 자원 감소, 기후 변화, 식량 부족 등 다양한 문제가 발생하고 있다. 이러한 전 지구적 위기를 해결하려면 인간과 자연의 공존을 모색할 필요가 있는데, 그 필요성에서 나타난 것이 바로 생태전환교육이다. 즉, 생태전환교육의 목적은 인간과 세계의 관계를 인식하고 인류가 자연과 함께 공동운명체로 살아갈 수 있는 방안을 탐색하는 데 있다(박수련, 2022).

최근 국가에서 고시하고 있는 문서를 중심으로 우리나라에서 정의하고 있는 생태전환교육의 의미를 살펴보면, 먼저 서울특별시교육청(2020)은 생태전환교육을 “기후위기 시

대를 극복하기 위해 인간 중심적 사고를 벗어나, 인간과 자연의 공존과 지속가능성을 위해 인간의 생각과 행동 양식의 총체적 변화를 추구하는 교육"으로 보았다. 교육부(2021b)는 그동안 강조되어 온 지속가능발전, 기후위기 대응, 생태전환 등에 포함된 가치를 함양하고 학습자가 지속가능한 미래를 준비할 수 있는 역량을 강화할 수 있도록 생태전환교육을 "기후변화와 환경재난 등에 대응하고 환경과 인간의 공존을 추구하며, 지속가능한 삶을 위한 모든 분야와 수준에서의 생태적 전환을 위한 교육"으로 정의하면서 교과 교육과정에 이러한 방향성이 포함되도록 하였다.

수학 교수·학습에서는 생태 용량, 생태 발자국, 탄소 발자국 등을 소재로 활용하면서 지표의 의미를 파악하고 관련된 표와 그래프를 작성 및 해석하는 등의 활동을 할 수 있다. 이때 발자국(footprint)이란 인간에 의한 환경 파괴 정도를 나타내기 위해 사용되는 용어로 인간이 발자국을 내딛는 순간 환경파괴가 일어남을 표현한 것이다. 최초로 사용된 것은 생태 발자국이며, 탄소 발자국, 물 발자국 등은 여기서 파생된 개념이다.

생태 발자국(ecological footprint)은 1996년 캐나다 경제학자 마티스 웨커네이겔(Mathis Wackernagel)과 지도교수 윌리엄 리스(William Rees)가 창안한 개념으로 인간의 자원 이용 강도를 측정하고 알리는 지표이다. 생태 발자국은 인류가 사용하는 재화를 생산, 소비, 폐기하고, 이 폐기물로 재생되는 데 있어 지속적으로 필요한 토지와 물의 면적이 얼마가 되는지를 측정하는 것으로, 생태 발자국을 통해 한 사람이 지구에 얼마나 많은 흔적을 남기고 자연에 영향을 미치는지를 알 수 있다. 생태 발자국은 지속가능성을 측정하는 지표가 되는데, 측정 단위로는 글로벌 헥타르(gha)를 사용한다. 다음으로 탄소 발자국(carbon footprint)은 인간의 생산 및 소비 활동 전 과정에서 온실가스가 얼마나 배출되는지의 정도를 나타내는데, 이산화탄소의 방출을 상쇄시키는데 필요한 생산성 토지 및 수면의 규모로 변환하여 화석 연료의 연소로부터 발생하는 지구 수요량을 산출한다(노태호 외, 2012).

생태 발자국, 탄소 발자국은 다양한 국내외 통계 자료를 바탕으로 산출되기 때문에 이를 수학 학습 소재로 도입하면 학생들은 다양한 실세계 자료와 정형화되지 않은 그래프를 다루는 경험을 할 수 있다. 이와 관련하여 수학 교수·학습에서 다룰 수 있는 주제의 예시는 다음과 같다.

- 생태 용량과 생태 발자국의 단위인 글로벌 헥타르 단위의 이해 및 환산
- 연도별, 국가별 생태 용량과 생태 발자국 그래프 해석
- 우리나라의 총 생태 발자국과 1인당 생태 발자국 그래프 해석
- 국가별 탄소 발자국과 인구 비율에 대한 통계 자료 및 그래프 해석
- '지구 생태 용량 초과의 날(Earth Overshoot Day)'에 대한 통계 자료 및 그래프

해석

- 생태 발자국, 탄소 발자국, 물 발자국 관련 통계 자료를 활용한 수학적 모델링
- 생태 발자국과 환경 기후 변화에 대한 토의 토론
- 환경, 생태, 지속가능 발전 등과 관련된 빅데이터 분석 등

다음은 '지구 생태 용량 초과의 날(Earth Overshoot Day)'을 소재로 한 수학 교수 · 학습 과정안의 예시이다. 앞서 제시한 바와 같이 2022 개정 중학교 수학과 교육과정의 '자료와 가능성' 영역에서는 환경, 지속 가능한 발전 등 범교과 학습 주제를 소재로 다루고, 이를 탐구하는 과정에서 체계적으로 사고하고 합리적으로 의사결정을 할 수 있도록 강조하고 있다.

<table>
<tr><td rowspan="3">단원</td><td>대단원</td><td colspan="2">자료와 가능성</td><td rowspan="3">교수학습방법</td><td colspan="2" rowspan="3">프로젝트 학습</td></tr>
<tr><td>중단원</td><td colspan="2">도수분포표와 상대도수</td></tr>
<tr><td>소단원</td><td colspan="2">통계적 문제해결</td></tr>
<tr><td>성취기준</td><td colspan="6">[9수04-04] 통계적 탐구 문제를 설정하고, 공학 도구를 이용하여 자료를 수집하여 분석하고, 그 결과를 해석할 수 있다.</td></tr>
<tr><td>학습목표</td><td colspan="6">생태전환을 주제로 통계적 탐구 문제를 설정하고 관련 자료를 수집, 분석하고, 그 결과를 해석할 수 있다.</td></tr>
<tr><td>단계</td><td colspan="2">학습단계</td><td colspan="3">교수 · 학습 활동</td><td>비고</td></tr>
<tr><td>도입</td><td colspan="2">▸ 프로젝트 안내 및 모둠 구성
▸ 통계적 탐구 문제 설정</td><td colspan="3">- 모둠을 구성하고 생태전환에 대한 개괄적인 설명과 프로젝트에 대한 안내를 한다.
- 모둠별 생태전환과 관련된 통계적 탐구 질문을 설정하도록 한다.
(예) 2030년 우리나라의 지구 생태 용량 초과의 날(Earth Overshoot Day)은 언제일까?</td><td></td></tr>
<tr><td>전개</td><td colspan="2">▸ 자료 수집

▸ 자료 분석

▸ 결과 해석</td><td colspan="3">- 사람이 지구를 살아가기 위해 필요한 모든 비용을 토지의 면적이나 지구의 수로 수치화한 생태 발자국의 의미에 대한 이해를 바탕으로 지구의 생태 용량 및 우리나라의 생태 용량 초과의 날과 관련된 통계 자료를 수집한다.
- 공학 도구를 이용하여 수집한 자료를 분석하여 표나 그래프로 나타낸다.
- 과거부터 현재까지의 우리나라의 지구 생태 용량 초과의 날에 대한 통계 자료를 바탕으로 2030년의 생태 용량 초과의 날을 예측해본다. 이를 바탕으로 우리나라를 포함한 전 세계의 이산화탄소 배출량 감소 및 환경 문제, 지속가능한 발전에 대해 논의한다.</td><td></td></tr>
</table>

평가 및 정리	▸프로젝트 결과 발표 ▸평가 및 정리	- 모둠별로 프로젝트 결과를 발표한다. - 모둠 발표에 대한 교사 평가, 동료 평가, 자기 평가를 실시하고, 프로젝트의 과정 및 결과를 반성한다.	

이 수업에 대한 가상 시나리오는 다음과 같다. 우선 학생들은 [그림 9-4-1]과 같이 우리나라를 비롯한 세계 각국의 지구의 수로 환산된 생태 발자국 수치를 조사하면서 지구의 생태 용량에 대해 이해할 수 있다. 이때 생태 발자국 수치가 클수록 환경에 해가 크다고 판단하고 생태 발자국 수치를 줄일 수 있도록 삶의 방식을 전환할 필요성을 인식하게 된다.

그림 9-4-1 세계 각국의 생태 발자국 현황
(출처: 세계자연기금 한국본부, 2016, p. 31)

이후 인터넷 검색을 통해 최근 10년간 우리나라의 지구 생태 용량 초과의 날에 대한

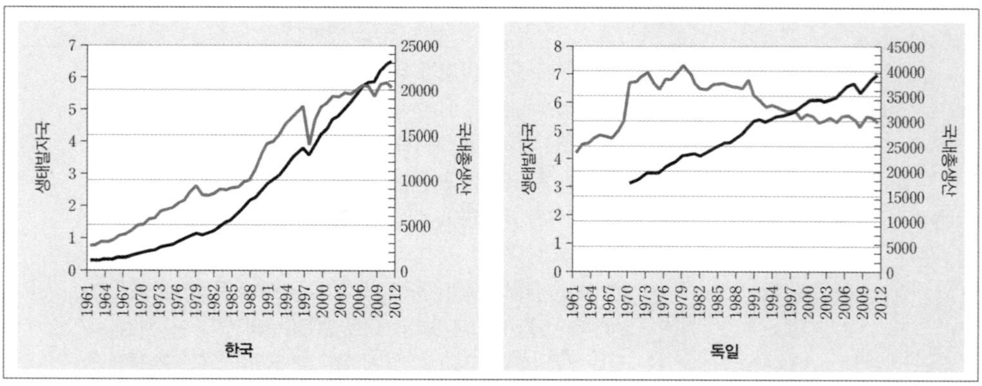

그림 9-4-2 한국과 독일의 국내 총생산과 생태 발자국 추이 그래프
(출처: 세계자연기금 한국본부, 2016, p. 27)

자료를 수집하여 표로 정리하고 그래프로 나타내어 추이를 살펴본다. 또한 탄소 감축 노력을 한 경우와 그렇지 않은 경우에 대한 자료를 찾아 비교하고 토론을 할 수도 있다. 이밖에 [그림 9-4-2]와 같이 여러 국가의 국내총생산과 생태 발자국 추이 그래프를 해석하는 과정을 통해 세계 공동체의 일원으로서 지구 환경을 보존하기 위해 어떤 개인적, 정책적 노력을 기울여야 할 것인지에 대한 방향성을 논의할 수 있다.

수학 지식과 소양을 바탕으로 생태전환 등의 사회적 문제를 다뤄보는 경험은 학생들에게 수학이 이론적 학문으로의 측면과 더불어 실천적 학문으로서의 가치를 가진다는 것을 인식하게 한다. 학생들은 민주시민, 나아가 세계 공동체의 일원으로서 수학을 학습한 과정과 결과를 바탕으로 당면한 문제를 논리적이고 합리적으로 바라보며 수학적으로 문제를 해결할 수 있어야 하며, 이러한 수학의 실천적 측면은 학교수학의 목표로 의미 있게 다룰 필요가 있다. 이는 국제학업성취도평가 PISA에서 개인이 실세계에서 수학의 역할을 인식하고, 건설적이고 참여적이며 반성적인 21세기 시민에게 요구되는 근거 있는 판단과 결정을 할 수 있도록 돕는 수학 소양을 강조하고 있는 것과 일맥상통하며 (OECD, 2018a), 2015 개정 수학과 교육과정에서 태도 및 실천의 한 항목으로 제시한 시민의식과도 관련된다(교육부, 2020). 지금까지 생태전환교육을 학교수학에서 어떻게 다룰 것인지를 간단한 예시를 통해 다루어 보았지만 이 밖의 범교과 주제에 대한 다양한 수학 교수·학습도 구현될 필요가 있다.

5 수학사를 활용한 수학 학습

수학은 형식적이고 연역적이고 추상적인 특징을 갖는다. 이러한 특징은 수학 발전의 마지막 단계에서 나타난 것으로, 수학사를 살펴보면 수학은 비형식이고 구체적인 것에서부터 시작하여 발전해온 것임을 알 수 있다. 오늘날의 학교수학은 수학적 개념의 발달이 완성된 시점에서 시작되기 때문에 형식적이고 연역적인 성격을 띠게 되고, 이와 같은 수학이 갖는 성격은 학생에게 어려움을 야기한다. 이 어려움을 덜 수 있는 방법으로 수학사를 활용할 수 있다.

수학 수업에서 수학사를 활용하는 이점은 다음과 같이 몇 가지로 요약해볼 수 있다 (우정호, 2007; 정해남, 2012; 한경혜, 2006).

첫째, 수학에 흥미를 느끼게 할 수 있다. 교과서에 나타난 다양한 기호나 용어의 기원을 알게 되면서 흥미를 느낄 수 있다. 학생은 수학 내용 요소와 관련 있는 수학자의 삶, 일화에서 나타나는 그들의 노력에 감동받을 수도 있다.

둘째, 배우고 있는 수학 내용이 어떻게 해서 발달해 왔는지 역사적 발달 과정을 따라 자연스럽게 이해하게 만든다. 학생은 수학자의 접근 방법과 아이디어의 전개 과정을 살펴보면서 수학자의 사고방식을 배울 수 있다.

셋째, 문명의 발달에서 수학의 중심적인 역할을 이해하고, 문화 현상으로서의 수학에 대해 학습할 수 있게 한다. 학생은 수학적 개념이 다양한 역사와 문화에서 공통적으로 나타나며 일상생활 문제를 해결하기 위해 대두되었다는 사실로부터 수학의 응용성에 대한 이해를 깊이 할 수 있고, 수학에 대한 긍정적인 태도를 가질 수 있게 된다.

넷째, 수학의 역사적 발달 과정을 통해 수학적 사고의 인간적인 모습을 접함으로써, 학습 동기를 유발하고 수학 학습에 생기를 불어넣을 수 있다. 학생은 수학이 실제로 많은 수학자들의 실패와 성공이라는 부침을 겪으면서 또, 많은 논쟁 속에서 수학이 다듬어져왔다는 사실을 이해하게 된다. 그리고 연역적 양식으로 전개되는 현재의 수학과는 전혀 다른 모습을 인식하게 되고, 수학자들의 인간적인 면모를 보면서 수학 학습의 동기를 부여받을 수 있다.

수학사에는 수학 수업에 활용될 수 있는 많은 자원들을 포함하고 있다. 우리 중등 수학 교과서에서는 수학 내용 요소와 관련된 수학자의 삶이나 업적, 일화, 수학자의 연대표, 수학자의 격언 등을 다루고 있고, 용어, 기호, 정리에 대해 수학사적으로 설명하거나 그 유래를 밝히기도 한다. 그러나 지면의 한계 때문에 그 내용을 자세히는 다루지 않고 있기 때문에 교사는 관련 내용을 수학사 또는 수학사를 다룬 관련 자료들을 찾아 수업에 활용할 수 있다.

지금부터는 앞서 제시한 수학사 활용의 이유 측면에서 수업에서 활용할 수 있는 몇 가지 예를 살펴보고 수업 자료 구성 방법에 대해 살펴보고자 한다.

|1| 수학사 자료 활용

(1) 구의 겉넓이와 부피

그리스 수학자 아르키메데스(Archimedes)는 구의 겉넓이와 부피를 계산한 사람으로 알려져 있는데, 그의 무덤에는 [그림 9-5-1]과 같이 원기둥에 내접하는 구의 그림이 새겨져 있었다.

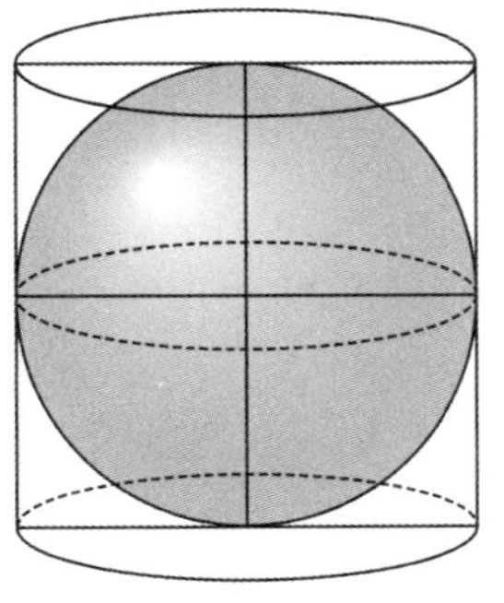

그림 9-5-1 아르키메데스 묘에 새겨진 구와 원기둥

아르키메데스는 〈구와 원기둥에 대하여〉라는 논문에서 "구는 그것에 외접하는 원기둥의 2/3배의 부피를 가지며, 그 겉넓이도 원기둥의 겉넓이의 2/3배이다"라는 명제를 증명하고 있는데, 위 그림은 그 명제를 나타내고 있다고 한다.

아르키메데스는 이 명제를 증명하기 위해 다음의 두 명제를 증명하고 있다.

1) 구의 부피는 그 밑면이 구의 대원과 같고, 높이가 구의 반지름과 같은 원뿔의 부피의 4배이다.
2) 구의 겉넓이는 그 구의 대원의 넓이의 4배이다.

아르키메데스는 〈원의 측정〉이라는 논문에서 원을 그 중심을 꼭짓점으로 하고 원둘레를 따라 밑변을 가지는 무수한 삼각형이라고 생각하고, 이것으로부터 원의 넓이를 '직각을 낀 두 변이 반지름과 원둘레와 같은 직각삼각형의 넓이와 같다'는 것을 보이고 있다.

그는 이것으로부터 유추하여 구는 그 중심을 꼭짓점으로 하고, 구의 표면에 밑면을 가지는 무수한 원뿔로 이루어진 것이라고 생각했다.

구의 부피를 V, 겉넓이를 S, 반지름을 r이라 하면 $V=\frac{1}{3}Sr$이다. 이것과 (1)에서 얻은 $V=\frac{4}{3}\pi r^3$으로부터 $S=4\pi r^2$을 발견한 것 같다(가타노 겐이치로, 2011).

이와 같이 수학사는 교과 내용에서 다루지 않은 내용에 대해 그 발견과정을 알게 함으로써 수학에 대한 이해를 깊게 할 뿐만 아니라 흥미를 줄 수 있다.

(2) 다양한 문화 속에서 나타나는 피타고라스 정리

다양한 시대와 문화 속에서 수학이 우리의 일상생활의 문제를 해결하는 데 사용되어 왔고 수학적 관심이 지속되어 왔음을 보여주는 예가 피타고라스(Pythagoras) 정리이다. 피타고라스 정리는 그리스 사람보다 먼저 발견하고 사용한 기록들이 많이 존재한다. 고대 중국, 바빌로니아, 이집트 시대에 이미 알려져 있었고, 목수나 석공에 의해 실제적으로 이용되었다. 피타고라스는 기원전 540년경에 이 정리의 증명을 최초로 발견한 사람이다. 그는 이 정리를 증명하였을 때

이것은 나 혼자의 힘으로 된 것이 아니고 오직 신의 도움으로 가능했다.

라는 믿음에서 신전에 황소 100마리를 바쳤다고 한다. 기원전 6세기경에 중국의 『주비산경』에 변의 길이가 3, 4, 5인 직각삼각형의 경우가 그림으로 증명되어 있고 이를 '구고현 정리'라 불렀다. 일반적인 직각삼각형에 대해 피타고라스가 증명하여 피라고라스 정리로 불리게 된 것이다. 피타고라스 정리는 수학에서 매우 빈번히 사용되며 그 증명 방법이 400가지를 넘는 것으로도 유명하다.

그런데 이 피타고라스 정리는 다음과 같이 여러 시대 여러 문화에서 동일하거나 유사한 형태로 발견되며 생활과 밀접한 형태를 띠고 있음을 알 수 있다(가타노 겐이치로, 2011).

갈대가 벽에 기댄 채 세워져 있다. 그것의 위쪽 끝부분이 아래로 9피트만큼 미끄러졌을 때, 그것의 아래쪽 끝부분은 27피트 미끄러졌다. 갈대의 길이는 얼마인가? 벽의 높이는 얼마인가? (바빌로니아, 기원전 1600~1800)

수직으로 세워졌던 30피트짜리 막대의 바닥이 18피트만큼 이동했다. 막대의 새로운 높이가 얼마인지, 그리고 막대의 높이가 얼마나 낮아졌는지를 구하여라. (이집트, 기원전 300년)

10피트짜리 대나무 싹이 꼭대기 부근에서 부러졌다. 대나무의 꼭대기 부분과 부러진 부분, 그리고 줄기는 삼각형 모양을 이루고 있다. 대나무의 끝부분(싹이 난 부분)과 원래의 줄기 사이의 거리는 3피트이다. 대나무의 줄기 중 수직으로 서 있는 부분의 기리 즉, 부러지지 않은 부분의 길이는 얼마인가?(중국, 기원전 300년)

20피트짜리 창이 탑에 기대어져 있다. 만일 그것의 끝부분이 12피트만큼 이동했다면, 또 다른 창끝의 위치는 탑으로부터 얼마나 떨어지게 되는가?(이탈리아, 기원 후 1300년)

학생들은 이와 같은 내용을 접하게 됨으로써 기원전에도 인류가 다양한 수학적 지식

을 이해하고 활용하였음을 알 수 있으며, 인간 생활에 매우 밀착해 있었음을 이해할 수 있다.

(3) 음수와 기하학

학생들이 음수를 학습할 때 어려움을 겪는다는 것은 잘 알려져 있다. 음수의 역사를 살펴봄으로써 교사는 음수 학습 과정에서 학생들이 겪는 어려움을 이해하게 된다.

음수는 역사적 발전 과정을 볼 때 많은 우여곡절을 겪은 뒤 수체계로 인정받게 되었다(Arcavi, Bruckheimer & Ben-zvi, 1982). 17세기에 아놀드(Arnauld)는 $-1/1=1/-1$이 된다면 작은 것 대 큰 것의 비가 어떻게 큰 것 대 작은 것의 비가 될 수 있는지에 대해 불합리하다고 지적한 바 있다. 또 왈리스(Wallis)는 '$1/3<1/2<1/1$'와 같은 부등식을 계속 확장해 나가면 '$1/3<1/2<1/1<1/0<1/-1$'을 얻게 되는데 어떻게 0보다 작은 음수가 어떻게 무한보다 커질 수 있는가와 같은 모순을 지적하였다.

아카비(Arcavi)에 따르면 비에트(Viète)는 음수에 대해 알지 못했으며 왈리스와 아놀드는 위와 같은 모순을 제기하였고, 샌더슨(Sanderson)과 오일러(Euler)는 수학적 정의 없이 음수를 사용하였고 그들의 책에 도입하였다. 한편 프렌드(Frend)와 마제레이(Maseres)는 음수에 대해 반대하였으나 피콕(Peacock)과 드모르간(de Morgan)은 음수에 대한 수학적 기초를 제공하기 위해 노력하였다. 피콕은 특히 큰 수에서 작은 수를 빼는 산술대수에서 형식불역의 원리(Principle of Permanence of Equivalent Forms)를 도입하여 작은 수에서 큰 수를 뺄 수 있는 기호대수로 확장하였다. 한켈(Hankel)은 피콕의 형식불역의 원리를 다듬어 음수를 재형식화하였다.

수학사를 활용한다면 왈리스와 아놀드가 지적하였던 의문들을 학생들 또한 갖게 됨을 이해할 수 있고, 많은 시간이 흐르면서 논쟁 끝에 음수 개념이 자리잡게 되었다는 것을 알 수 있게 된다.

수학사를 살펴보면 수학의 내용은 진리가 차곡차곡 쌓여 발달한 것이 아님을 알 수 있다. 라카토스(Lakatos)는 오일러의 다면체 정리의 역사적 발달과정에 대한 면밀한 분석을 통해 증명과 반박을 통하여 추측의 개선과 새로운 개념이 발견될 수 있음을 지적하였다.

유클리드 기하학의 평행선 공준을 다르게 대체하여 만들어지는 비유클리드 기하학의 경우도 마찬가지이다. 비유클리드 기하학의 결과가 기존에 익숙한 유클리드 기하학의 결과와 달라서 로바체프스키(Lobachevskii)의 쌍곡기하학이 유럽에 알려지기 시작했을 때 프랑스와 이탈리아 모두에서 비유클리드 기하학은 불신되거나 거부되었다. 비유클리드 기하학은 논리 남용의 결과로 여겨지기도 했고, 정신병원 기하학이라고 불리기도 했다.

또 비유클리드 기하학에 모순이 있을 것으로 생각하고 모순을 찾기 위해 수많은 노력을 기울였다. 그러나 모순은 찾지 못하였고 유클리드 기하학이 무모순이면 비유클리드 기하학도 무모순임이 증명되기에 이르러 비유클리드 기하학도 유클리드 기하학만큼 건전하다는 것을 알게 되었다.

수학사를 활용하면서 수학이 끝없이 변화하고 성장하고 오류 가능한 모습을 보여줌으로써 학생은 수학적 이론의 발전이 인간의 활동이라는 것을 이해하게 되고, 교사는 수학을 학습할 때 학생이 겪는 인지적 장애를 이해하게 된다. 또 수학자들도 인지적 장애를 겪는 것은 흔한 일이며, 이와 같은 고비를 넘는 데에는 많은 시간과 열띤 토론이 필요하였다는 사실을 알게 됨으로써 교사는 학생의 고충을 더욱 더 이해할 수 있게 되고 학생은 위로를 받을 수 있다.

|2| 수학사를 활용한 수업자료 구성 방법과 예

수학사를 수학교육에 활용하는 것이 여러 측면에서 이점을 갖지만, 과거의 수학 내용을 읽고 이해하는 것이 쉽지만은 않고, 낯선 방법으로 제시되는 내용이 등장함으로써 학생에게 오히려 인지적 부담을 가중시킬 수도 있다. 수학사를 교수·학습에 활용할 때 그 비중이 너무 커지지 않도록 하여야 한다. 또 수학사를 다룰 때에는 학습자에게 실제로 도움이 되는 부분만을 다루어야 하며 시험 과목이 되어서는 곤란하다. 역사 발생적 원리의 주창자로 알려져 있는 프로이덴탈(Freudenthal, 1978) 역시 수학사에 대한 지식을 모든 학생들에게 요구할 수 없음을 강조했다(한경혜, 2006, p. 32에서 재인용). 수학적 지식이 수학자의 천재성에 기인하는 바가 크므로 모든 학생이 수학의 역사적 과정을 되밟는 식의 지도가 보편적으로 유효하다고 할 수는 없다. 따라서 수학사를 활용할 때는 몇 가지 유의할 필요가 있다.

수학 교수·학습에 수학사를 활용하는 방법은 다양할 수 있다. 인터넷 검색과 같은 것을 통하여 상당히 많은 내용을 다룰 수 있다. 수학자의 일대기, 수학적 용어와 기호의 유래 등 비교적 간단한 것은 수업 중에 함께 알아볼 수 있다. 특정 연월일에 어떤 수학자가 태어났는지, 그들의 업적은 무엇인지 조사하게 할 수 있고, 연대별로 중요한 수학적 업적이 어떤 것들이 있는지를 조사하여 발표하게 할 수도 있다.

수업 자료를 구성할 때에는 수업 자료가 교육과정과 관련된 내용이거나 문제이어야 하며 앞서 제시한 수학사 활용의 이점이 드러날 수 있도록 제시되어야 한다. 이러한 구성은 교과 내용과 관련하여 보다 의미 있는 수업을 하도록 만든다. 1차 사료를 활용하여 2차 사료에서 발생할 수 있는 오역의 문제를 피할 수 있지만, 1차 사료의 복잡성을 고려하여 소재 선택을 신중하게 해야 된다. 역사에서 제기된 문제를 당시의 방법으로 해결해 보고 오늘날의 방법과 비교하고, 더 나아가 새로운 문제 제기 활동을 할 수 있는 기회를 제공할 수 있다.

강의식 수업보다는 학생이 주체적으로 활동하고 참여할 수 있도록 하는 것이 중요하다. 짝 활동이나 소그룹 활동으로 구성하여 프로젝트를 수행하게 할 수 있다. 학생의 자발적인 활동을 이끌어내어 스스로의 수학적 활동을 구성하고 판단할 기회를 제공할 수 있다.

평균의 개념은 일상생활에서도 많이 사용되고 학교수학에서도 다양한 분야에서 나타나는 기본적인 개념이다. 피타고라스는 메소포타미아에 머물면서 이미 바빌로니아인들에게 익숙했던 산술평균, 기하평균, 조화평균을 알았을 것으로 추측되고, 플라톤(Platon)이나 아리스토텔레스(Aristoteles)도 알고 있었다고 알려지고 있다. 이 세 가지 평균은 피타고라스 평균이라고 하는데 이것은 1~2세기경 니코마쿠스(Nicomachus)의 산술백과에서 처음 나타난다.

기본개념을 이해할 때 학생은 흥미를 느끼면 동기유발이 잘 된다. 기본개념을 중시하여 기본개념으로서의 평균값에 대한 수학적 지식을 구성하고, 이들이 현실 생활에 어떻게 활용되는지를 보여주는 수업 자료를 다음과 같이 구성해볼 수 있다.

피타고라스 학파는 다음과 같이 우리가 잘 알고 있는 몇 가지 평균을 구하였다.

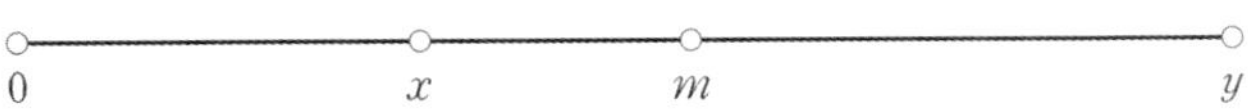

$\dfrac{m-x}{y-m}=\dfrac{x}{x}$을 만족하는 m을 x, y의 산술평균 $A(x, y)$

$\dfrac{m-x}{y-m}=\dfrac{x}{m}$을 만족하는 m을 x, y의 기하평균 $G(x, y)$

$\dfrac{m-x}{y-m}=\dfrac{x}{y}$을 만족하는 m을 x, y의 조화평균 $H(x, y)$

(1) $A(x, y)$, $G(x, y)$, $H(x, y)$를 구하여라.

피타고라스 학파는 이외에도

$$\frac{m-x}{y-m}=\frac{y}{x},\ \frac{m-x}{y-m}=\frac{m}{x},\ \frac{m-x}{y-m}=\frac{y}{m},\ \frac{m-x}{y-m}=\frac{x}{m},\ \frac{m-x}{y-m}=\frac{x}{y},$$
$$\frac{y-x}{y-m}=\frac{y}{x},\ \frac{m-x}{y-m}=\frac{m}{x}$$

과 같은 7개의 평균을 더 구하였다고 한다. 이때 평균 m은 각각

$$\frac{x^2+y^2}{x+y},\ \frac{y-x}{2}+\sqrt{\frac{(y-x)^2}{4}+x^2},-\frac{y-x}{2}+\sqrt{\frac{(y-x)^2}{4}+y^2},$$

$$\frac{x}{2}+\frac{1}{2}\sqrt{4xy-3x^2}\ y-\frac{(y-x)^2}{y},\ x+\frac{(y-x)^2}{y},\ \max\{y-x,\ x\}$$

이 된다.

이후 파푸스(Pappus) 역시 4세기 전반 산술평균, 기하평균의 관계를 탐구하였다.

(2) $x<y$일 때, $x<H(x,\ y)<G(x,\ y)<A(x,\ y)<y$임을 보여라.

이들을 그림으로 나타내면 [그림 9-5-2]와 같다.

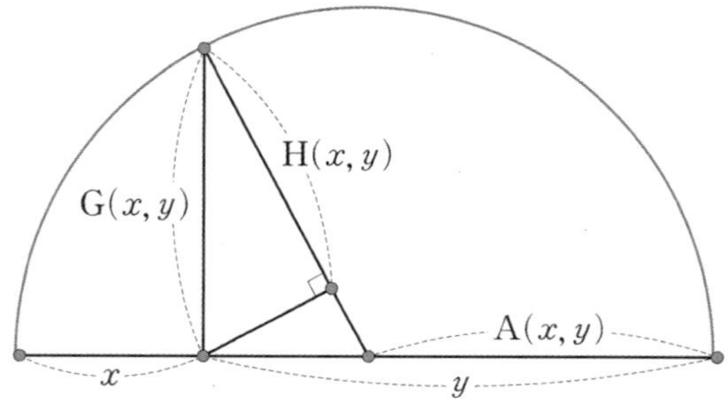

그림 9-5-2 그림으로 나타낸 산술, 기하, 조화평균

한편 산술평균, 기하평균, 조화평균이 실생활에서 어디에 사용되는지를 알게 해 주는 문제를 다음과 같이 만들어 볼 수 있다.

(1) 등차수열로 이루어진 1, 3, 5, 7, 9의 가운데 위치한 수는 이들의 산술평균인 5이다. 기하수열로 이루어진 1, 2, 4, 8, 16의 가운데 위치한 수를 나타내기에 적당한 평균은 무엇인가?

(2) 1억을 투자한 사람이 매년 복리로 5년간 매년 1%, 9%, 6%, 2%, 15%의 이자 수익을 얻었다면 5년 후 원리합계는 얼마인가? 1%, 9%, 6%, 2%, 15%의 산술평균과 기하평균을 이용하여 원리합계를 구할 때 어느 것이 실제에 부합하는가?

(3) 자동차가 A지점에서 B지점까지 갈 때는 시속 100km/h, 올 때는 시속 80km/h로 달렸다면 왕복했을 때 평균 속도를 구할 때는 산술평균, 기하평균, 조화평균 중 어느 것을 사용해야 하는가?

수학사의 내용을 가지고서 다음과 같이 Cantor를 소재로 연극이나 영화를 만드는 활동을 해볼 수도 있다(정해남, 2012). Cantor는 무한을 다룬 집합론을 창시했을 때 많은 수학자의 반대에 부딪힌 적이 있다. 이를 토대로 Cantor를 소재로 하는 연극/영화를 제작하는 활동을 할 수 있다. 연극이나 영화를 만드는 활동은 다른 수학적 활동에 비해 시간이 많이 필요하므로 일정 기간마다 중간보고 활동을 구성하는 것이 바람직하다.

〈주제 설정〉

(1) Cantor와 Cantor의 동시대 수학자들의 사회에 대해 배우기

(2) 수학의 발달에서 Cantor의 공헌 시점에서 Cantor의 통찰력 배우기

〈프로젝트〉

(1) 이 프로젝트를 위한 자료수집 활동에 대해 간단히 설명하고 느낀 점이 무엇인지 말해보시오(개별 활동).

(2) Cantor의 가상 인터뷰를 쓰고, 그 역할을 실제로 해보시오(짝 활동).

(3) Cantor의 수학적 삶의 일정 시기를 선택하여 희곡/시나리오(15~20분 정도)를 구성하고 실제로 연극/영화를 만드시오(조별 활동).

참고문헌

가타노 겐이치로(2011). **수학사를 활용한 교재연구**(김부윤 · 정영우 역). 서울: 경문사(1992).

간진숙, 정현재(2015). **플립 러닝 설계실무**. 서울: 콘텐츠미디어.

강갑원(2015). 융합인재교육의 원류, 변천 및 그 정체성의 탐색. **영재와 영재교육, 14**(2), 5-29.

강옥기, 강윤수, 고상숙, 고호경, 권나영, 김구연, 김래영, 김민경, 김응환, 김익표, 노선숙, 서보억, 신재홍, 이수진, 이중권, 정인철, 한인기, 허혜자, 황우형(2012). **수학교육학 신서**. 서울: 교우사.

고창수, 오영열(2015). 수학적 모델링 활동이 수학적 문제해결력 및 수학적 성향에 미치는 영향. **한국초등수학교육학회지, 19**(3), 347-370.

고호경, 최수영, 유미현, 오우상, 김정현, 이경령(2013). **중학교 수학과 타 교과 융합형 교육내용, 방법, 평가체제 개선 모델 개발**. RR 2013-32-2. 한국교육개발원.

교육과학기술부(2011). **수학과 교육과정.** 교육과학기술부 고시 제2011-361호 [별책8].

교육부(1997). **수학과 교육과정(교육부 고시 제 1997-15호 [별책 8])**. 서울: 대한교과서주식회사.

교육인적자원부(2007). **수학과 교육과정**. 교육인적지원부 고시 제2007-79호 [별책8].

교육부(2015a). **2015 개정 교육과정 총론 해설 – 중학교 –**.

교육부(2015b). **수학과 교육과정**. 교육부 고시 제2015-74호 [별책 8].

교육부(2019a). **수학과제 탐구**: 2015 **개정 교육과정 적용 모델교과서**.

교육부(2019b). **초등학교** 1~2**학년군 수학 교사용지도서**.

교육부(2020). **수학과 교육과정**. 교육부 고시 제2020-236호 [별책 8].

교육부(2021a). 2022 **개정 총론 주요사항 마련을 위한 연구 공청회 자료집**(2021.10.22.).

교육부(2021b). 2022 **개정 총론 주요 사항 발표**. 교육부 보도자료(2021.11.24.).

교육부(2022a). **초 · 중등학교 교육과정 총론**. 교육부 고시 제2022-33호 [별책 1].

교육부(2022b). **수학과 교육과정**. 교육부 고시 제2022-33호 [별책 8].

교육부, 대전광역시교육청(2016). **2015 개정 교육과정 교수 · 학습 자료 – 고등학교 수학**.

교육부, 대전광역시교육청(2018). **2015 개정 교육과정 교수 · 학습 자료 – 고등학교 수학Ⅰ**.

김동원, 홍진곤, 김선희, 신보미, 김연, 박진형, 탁병주, 황지현, 왕효원, 송창근(2020). **2015 개정 수학과 교육과정 현장 실태 분석**. 한국과학창의재단 연구 보고 BD21010009.

김민경, 이지영, 김동희(2020). **체화된 앎 실현을 위한 창의 · 융합 수학 수업의 개발과 실천적**

탐구. 서울: 경문사.

김민정(2007). 학습 노트를 활용한 쓰기 활동이 수학과 학업 성취도에 미치는 효과, **한국학교수학회논문집, 10**(3), 289-302.

김민환, 추광재(2012). **예비 · 현직 교사를 위한 수업 모형의 실제**. 서울: 원미사.

김상룡(2010). 학습자와 함께 하는 수학게임 및 퍼즐 활용에 관한 연구. **한국초등수학교육학회, 14**(3), 567-581.

김선희(2021). 수학 교과에서 메타정의 학습 전략의 개발과 적용. **학교수학, 23**(4), 593-615.

김원경, 조민식, 방금성, 임석훈, 김동화, 강순자, 배수경, 지은정, 김윤희(2022). **중학교 3학년 수학**. 서울: 비상교육.

김유경, 방정숙(2015). 수학 기반 융합 수업 모형의 가능성 탐색. **초등수학교육, 18**(2), 107-122.

김응태, 박한식, 우정호(2007). **수학교육학개론**. 서울: 서울대학교출판부.

김익표(2010). 안내된 재발명을 포함한 탐구-중심 수업이 학생들의 수학적 활동에 미치는 영향에 관한 사례연구. **수학교육, 49**(2), 223-246.

김지연(2011). 은유를 활용한 수학 학습 지도 방안 연구. **학교수학, 13**(4), 563-580.

김진수(2012). **창의성 교육과 STEAM 교육**. 초등교원 창의인성 능력개발 직무연수, 대구광역시 교육연수원.

김진호, 고상숙, 고호경, 권나영, 김상미, 박만구, 서보억, 이중권, 이혜경, 장경윤, 한인기, 홍진곤(2013). **구성주의와 한국수학교육**. 서울: 경문사.

김현경(2018). **교육과정-수업-평가를 연계한 프로젝트 수학 수업의 설계 및 적용**. 한국교원대학교 석사학위논문.

노진영, 변우열, 이병기(2009). 학교도서관의 정보활용교육에 의한 탐구수업 모형 설계에 관한 연구. **한국도서관 · 정보학회지, 40**(1), 472-492.

노태호, 전동준, 문난경, 최희선, 오진관, 김만영(2012). 물발자국 개념의 정책적 도입과 활용 방안. 한국환경정책평가연구원. 연구보고서 2012-12.

도종훈(2007). 학교수학에서 추측과 문제 제기 중심의 수학적 탐구 활동 설계하기. **수학교육, 46**(1), 69-79.

도주원(2022). 초등수학 교과서의 수와 연산 영역 단원에 제시도니 발문 특성 연구. **수학교육논문집, 36**(1), 89-105.

문승한, 이재명(2008). 선행조직자 활용 교수모형의 신택스와 포함 아이디어 분석. **중등교육연구, 20**, 29-48.

박경미, 임재훈(1999). 수학과 수행평가 프로젝트 법의 의의와 실제. **학교수학**, 1(2), 723-745.

박경미, 박선화, 권점례, 윤상혁, 강현영, 이경진, …, 전인태(2015). **2015 개정 수학과 교육**

과정 시안 개발 연구(연구보고 BD15110002). 서울: 한국과학창의재단.

박경미, 이환철, 박선화, 강은주, 김선희, 임해미, 김성여, 장혜원, 강태석, 권점례, 김민정, 방정숙, 이화영, 임미인, 이만근, 김화경, 윤상혁, 이광상, 이경은, 조혜정, 권영기, 권오남, 신동관, 강현영, 김재영, 도종훈, 박정숙, 서보억, 안현정, 오택근, 이경진, 이광연, 이문호, 이승훈, 이은정, 이지윤, 전인태, 최지선, 한준철, 황선미, 박문환, 김완일, 강성권(2015). **2015 개정 교육과정에 따른 수학과 교육과정(교수 · 학습 방법 및 평가) 개발 연구**. 한국과학창의재단.

박만구, 박경선(2009). Skemp 이론에 따른 곱셈 놀이활동이 수학학업성취도 및 수학적 태도에 미치는 효과. **한국학교수학회논문집, 12**(3), 211-230.

박수련(2022). 교육과정 내용분석을 통한 생태전환교육 방향 탐색. **교육과정연구, 40**(3), 1-25.

박진성(2001). **놀이를 통한 수학 학습에서 수학 학습부진하의 학습활동 특성 분석**. 서울교육대학교 석사학위 논문.

백윤수, 박현주, 김영민, 노석구, 이주연, 정진수, 최유현, 한혜숙, 최종현(2012). **융합인재교육(STEAM) 실행방향 정립을 위한 기초연구**. 한국과학창의재단 2012-12 연구보고서.

변영계, 김광휘(2002) **협동 학습의 이론과 실제**. 서울: 학지사.

서울대학교 교육연구소(2001). **교육학용어사전**. 서울: 하우동설.

서울특별시교육청(2020). **생태전환교육 중장기('20~'24) 발전 계획**. 서울: 서울특별시교육청.

세계자연기금 한국본부(2016). **한국 생태발자국 보고서 2016: 지구적 차원에서 바라본 한국의 현주소**.

소경희(1998). 학교 교육에 있어서 자기주도 학습의 의미. **교육과정연구, 16**(2), 329-351.

손홍찬(2011). GSP를 활용한 역동적 기하 환경에서 기하적 성질의 추측. **학교수학, 13**(1), 107-125.

신보미(2016). '사건 A와 사건 B가 동시에 일어날 확률' 수업의 발문 분석. **한국학교수학회논문집, 20**(1), 19-42.

안주현(2016). **자유학기제를 위한 수학기반 융합형 수업 자료 개발 및 적용**. 한국교원대학교 석사학위논문.

오택근, 박미미, 이경화(2014). 수학적 토론에서 의사소통적 갈등과 인지 갈등의 관계. **수학교육학연구, 24**(2), 125-143.

왕경수, 정혜영, 김계연(2004). 사회적 구성주의 수학 수업 모형 개발 및 적용 연구. **초등교육연구, 16**(1), 389-417.

우정호(2007). **학교수학의 교육적 기초(제2증보판)**. 서울: 서울대학교출판문화원.

윤기옥, 정문성, 최영환, 강문봉, 노석구(2002). **수업 모형의 이론과 실제**. 서울: 학문출판사.

윤수연(2006). **수학 교과서의 '재미있는 놀이' 차시의 내용 및 지도 실태 분석**. 서울교육대학교 석사학위 논문.
이동환(2021). 초등예비교사는 문장제를 어떻게 설명하는가. **한국초등수학교육학회지, 25**(1), 1-20.
이민경, 성민경, 정주영, 김순미, 김재현, 안현효, 박호관, Patrick Travers, 변상출, 배도용, 이규환, 김수철, 차정호, 김은정, 김강연, 이행자, 김선연, 김창숙(2016). **플립 러닝 이해와 실제**. 경기: 교육과학사.
이은정(2019). 수학 수업에서 나타난 비계의 특징과 전략 분석: 한 중학교 교사의 사례를 중심으로. **수학교육학연구, 29**(2), 301-319.
이재관, 이종학(2018). 2015 개정 교과서의 '놀이수학'에 대한 실태 분석. **한국학교수학회논문집, 21**(3), 267-285.
이종희(2002). 수학 학습-지도에서 읽기 활용 방안, **수학교육학연구, 12**(3), 425-442.
이종희, 김선희(2005). Vygotsky 이론에 근거한 수학과 자기주도적 학습 능력 측정 도구 개발. **학교수학 7**(3), 253-268.
이종희, 김선희(2010). **수학적 의사소통**, 서울: 교우사.
임해미(2007). **프로젝트기반 수학 수업에 대한 사례연구 — 자료분석(Data Analysis)을 중심으로 —**. 이화여자대학교 박사학위논문.
전성연, 최병연, 이흔정, 고영남, 이영미(2007). **협동 학습 모형 탐색**. 서울: 학지사.
정문성(2006). **협동 학습의 이해와 실천**. 서울: 교육과학사.
정숙희(2019). 프로젝트 기반 교양영어 수업운영사례. **교육문화연구, 25**(5), 325-347.
정찬식, 정영옥(2005). Skemp이론에 기초한 놀이학습 프로그램이 수학 학습능력과 수학적 태도에 미치는 영향. **진주교육대학교 과학교육연구소, 28**, 79-100.
정해남(2012). 예비수학교사를 위한 수학사 활용 방안. **한국수학사학회지, 25**(3), 141-157.
정혜윤, 이경화, 백도현, 정진호, 임경석(2018). 수학적 모델링 관점에 의한 〈수학과제 탐구〉 과목용 과제의 설계. **학교수학, 20**(1), 149-169.
조가은, 박만구(2021). 한국과 미국 초등수학교과서의 도형 영역 발문 유형 분석. **한국초등수학교육학회지, 25**(3), 315-336.
주미경(2009). 수학 교사의 설명 담화 분석: 교사 설명 속의 다양한 수학적 목소리. **교육과정평가연구, 12**(3), 247-274.
주미경, 김래영(2016). 융복합적 수학수업에서 나타난 PCK 분석. **학습자중심교과교육연구, 16**(4), 1029-1063.
지정은(2006). **수학 교실의 토의 담화 분석**. 서울대학교 대학원 석사학위논문.
최낙복(2006). 학습부진아의 수학교수에 관한 문화기술적 연구: 중학교 학생을 중심으로, 전북대학교 교육대학원, **教育論叢 26**, 41-66.
최모로, 안병곤(2017). 초등 수학에서 토의·토론수업이 학업성취도 및 태도에 미치는 영향:

초등학교 4학년 도형영역을 중심으로. **초등수학교육, 20**(2), 131-142.

최미리나, 이성준, 김지원, 조수지, 심혜민(2018). **프로젝트 학습으로 배움을 두드리다**. 서울: 맘에드림.

최성희, 엄상중, 김은경(2016). **플립 러닝 거꾸로 혁명 in 영어교실**. 경기: 형설Life.

한경혜(2006). 수학과 교수-학습에서 수학사 활용의 교육적 함의: 수월성 교육을 중심으로 한 미적분 지도의 예. **한국수학사학회지, 19**(4), pp. 31-62.

한국교육심리학회(2000). **교육심리학용어사전**. 서울: 학지사.

한인기, 꼴랴긴(2006). **문제해결의 이론과 실제**. 서울: 승산.

홍진곤, 김윤경(2008). 수학적 귀납법에 대한 학생들의 이해에 관하여. **수학교육학연구, 18**(1), 123-135.

황혜정(2002). 수학 교과에서의 집단탐구식 수업 방법에 관한 고찰. **수학교육학연구, 12**(1), 1-16.

Anderson, L., & Krathwohl, D. E. (2001). *A taxonomy for learning, teaching and assessing; a revision of Bloom's taxonomy of educational objective*. NY: Longman.

Anghileri, J. (2006). Scaffolding practices that enhance mathematics learning. *Journal of Mathematics Teacher Education, 9*, 33-52.

Arcavi, B., Bruckheimer, M., & Ben-zvi, R. (1982). Maybe a Mathematics Teacher can Profit from the Study of the History of Mathematics. *For the Learning of Mathematics, 3*(1), 30-37.

Aronson, E., Stephan, C., Sikes, J., Blaney, N., & Snapp, M. (1978). *The Jigsaw Classroom*. CA: Sage Publication.

Ash, K. (2012). Educators evaluate 'Flipped Classrooms': benefits and drwawbacks seen in replacing lectures with on-demand video, *Educational week, 32(2)*, 6-8.

Ausubel, D. P. (1963). *The psychology of meaningful verbal learning*. Orlando, FL: Grune & Startto

Bartolini Bussi, M. (1996). Mathematical discussion and perspective drawing in primary school. *Educational Studies in Mathematics, 31*(1-2), 11-41.

Bates, S., & Galloway, R. (2012). The inverted classroom in a large enrolment introductory physics course: a case study. *Proceedings of the HEA STEM learning and teaching conference.* London.

Baxter, J., & Williams, S. (2010). Social and analytic scaffolding in middle school mathematics: Managing the dilemma of telling. *Journal of Mathematics Teacher Education, 13*(1), 7-26.

Bergmann, J & Sams, A. (2012). *Flip your classroom: reach every student in every day*. Washington DC: ISTE.

Blomhøj, M., & Kjeldsen, T. H. (2006). Teaching mathematical modeling through project work. *ZDM, 38*(2), 163-177.

Bloom, B. (1956). *A Taxonomy of Educational Objectives, The Classification of Educational Goals-Handbook I: Cognitive Domain*. NY: David McKay.

Blum, W., & Leiß, D. (2007). How do students and teachers deal with modelling problems?. In C. Haines, P. Galbraith, W. Blum, & S. Khan (Eds.), *Mathematical modelling(ICTMA 12): Education, engineering and economics* (pp. 222-231). Woodhead.

Blumenfeld, P., Soloway, E., Marx, R., Krajcik, J., Guzdial, M., & Palincsar, A. (1991). Motivating Project-Based Learning: Sustaining the Doing, Supporting the Learning. *Educational Psychologist, 26*(3-4), p. 369-398.

Borasi, R., & Rose, B. J. (1989). Journal Writing and Mathematics Instruction. *Educational Studies in Mathematics*, *20*(4). 347-365.

Bruner, J. S. (2017). **교육의 과정**(이홍우 역). 서울: 배영사(원저 1960년 출판).

Chapin, S., O'Connor, C., & Anderson, N. (2013). *Classroom discussion in math: A teacher's guide for using talk moves to support the common core and more, Grade K-6*. NY: Scholastic Inc.

Cole, P. G., & Chan, L. K. S. (1987). *Teaching principle and practice*. Prentice Hall of Australia.

Common Core State Standards Initiative (2010). *Common Core State Standards for Mathematics (CCSSM)*. Washington DC: National Governors Association Center for Best Practices and the Council of Chief State School Officers.

Devries, D. L., & Edwards, K. J. (1973). Learning games and students teams: Their effect on classroom processes. *American Education Journal, 10*(4), 307-318.

Dienes, Z. P. (1971). *Building up mathematics* (4th ed). London: Hutchinson Educational.

Drake, S, M. (1998). *Creating Integrated Curriculum: Proven Ways to Increase Student Learning*. CA: Corwin Press. 박영무, 허영식, 유제순 역(2009). **교육과정 통합의 기초**. 서울: 교육과학사.

Drake, S. M. (1993). *Planning Integrated Curriculum: The Call to Adventure*. VA: ASCD.

Ernest, P. (1991). *The philosophy of mathematics education*. London: Falmer Press.

Freudenthal, H. (1978). Soll der Mathematik aus geschichte der Mathematik wissen?

Zentralblatt fuer Didaktik der Mathematik, Heft2, 75-78.
Freudenthal, H. (1991). *Revisiting mathematics education.* Dordecht: Kluwer Academic Publishers.
Freudenthal, H. (2008). **프로이덴탈의 수학교육론**(우정호 외 역), 서울: 경문사(원저 1991년 출판).
Glasersfeld, E. (1985). Reconstructing the concept of knowledge. A*rchives de Psychologyie, 53*(204), 91-101.
Gonzalez, G., DeJarnette, A. (2015). Teachers' and students' negotiation moves when teachers scaffold group work, *Cognition and Instruction, 33*(1), 1-45.
Hiele, P. M. (1986). Structure and insight : A theory of mathematics education. London: Academic Press.
Holliday, D. C. (2002). *Jigsaw IV: using student/teacher concerns into improve jigsaw III.* (ERIC Document Reproduction Service No. 465687).
Holton, D. (1998). Teaching versus lecturing. *Teaching Mathematics and Its Application, 17*(2), 49-54.
Intel Innovation in Education (2004). *Designing Effective Project.* Retrieved from http://www97.intel.com/education
Johnson, D. W., & Johnson, R. T., & Holubec, E. J. (2001) Cooperative learning in the classroom. **학생들과 함께하는 협동 학습**(추병완 역). 서울: 백의(원저 2001년 출판).
Johnson, L., & Renner, J. (2012). *Effect of the flipped classroom model on a secondary computer applications course: student and teahcer perceptions, questions and student achievement.* Doctorial dissertation, University of Louisville.
Kagan, S. (1989). *Cooperative learning resources for teachers. Riverside,* CA: University of California at Riverside.
Katz, L., & Chard, S. (2000). *Engaging children's minds: The project approach.* Norwood, GT: Ablex.
Kilpatrick, W. H. (1918). The project method. *Teachers College Record, 19*, p. 319-335.
Kim, Y. (2013). A decomposition of the work of leading mathematical discussions with single case questions. **수학교육학연구, 23**(4) 449-466.
Knuth, E. (2002). Fostering mathematical curiosity. *Mathematics Teacher, 95*(2). 126-130.
Lage, M. J., Platt, G. J., & Treglia, M. (2010). Inverting the Classroom: A Gateway to Creating an Inclusive Learning Environment. *The Journal of Economic Education, 31*(1), 30-43.
Lakatos, I. (1991). **수학적 발견의 논리**(우정호 역). 서울: 민음사(원저 1976년 출판).

Leinhardt, G. (2010). Introduction: Explaining instructional explanations. In M. K. Stein & L. Kucan (Eds.), *Instructional explanations in the displines* (pp. 1-5) NY: Springer.

Lesh, R., & Doerr, H. (2012). Symbolizing, communicating, and mathematizing: Key components of models and modeling. In P. Cobb, E. Yackel, & K. McClain (Eds.), *Symblizing and communicating in mathematics classroom: Perspectives on discourse, tools, and instructional design,* (pp. 361-384). NY: Routledge.

Lobato, J. Clarke, D., & Ellis, A. (2005). Initiating and eliciting in teaching: A reformulation of telling. *Journal for Research in Mathematics Education, 36,* 101-136.

Mazur, J. E. (1990). *Learning and behavior.* NJ: Prentice Hall.

Markham, T., Larmer, J., & Ravitz, J. (2003). *The Project Based Learning: A Guide to Standards-focused Project based learning for middle and high school teachers.* Buck Institute for Education

Massialas, B. G. (1969). Evaluating social inquiry in classroom. *The High School Journal, 53*(2), 75-86.

McCrone, S. S. (2005). The development of mathematical discussions: An investigation in a fifth-grade classroom. *Mathematical Thinking and Learning, 7*(2), 111-133.

Meel, D. E. (1997). Calculator-available assessments: The why, what, and how. *Educational Assessment, 4*(3) 149-174.

Morgan, N., & Saxton, S. (2006). *Asking better questions.* Ontario: Pembroke Publishers.

Nathan, M., & Knuth, E. (2003). A study of whole classroom mathematical discussion and teacher change. *Cognition and Instruction, 21*(2), 175-207.

National Council of Teachers of Mathematics (1989). *Curriculum and evaluation standards for school mathematics.* Reston, VA: NCTM.

National Council of Teachers of Mathematics (2000). *Principles and standards for school mathematics.* Reston, VA: NCTM.

National Council of Teachers of Mathematics (1991). Professional standards for teaching mathematics. VA: Reston.

Neuwirth, E., & Arganbright, D. (2004). *The active modeler: Mathematical modeling with Microsoft Excel. Belmont.* California, Brooks Cole publishing company.

OECD (2018a). *PISA 2022 MATHEMATICS FRAMEWORK (DRAFT).* Paris: OECD.

OECD (2018b). *The future of education and skills: Education 2030.* Position Paper. PISA, OECD Publishing, Paris.

Pintrich, P. R., & de Grood, E. V. (1990). Motivational and self-regulated learning components of classroom academic performance. *Journal of Educational Psychology, 82*(1), 33-40.

Pirie, S., & Schwarzenberger, R. (1988). Mathematical discussion and mathematical understanding. *Educational Studies in Mathematics, 19,* 459-470.

Rosen, D. J., & Stewart, C. (2015). *Blended Learning for the Adult Education Classroom.* Retrieved from https://www.sabes.org/

Schneider, R. M., Krajcik, J., Marx, R. W., & Soloway, E. (2002). Performance of students in project-based science classrooms on a national measure of science achievement. *Journal of Research in Science and Teaching, 39*(5), 410-422.

Seo, BI. (2015). Mathematical Writing: What is it and How do We Teach It?, *Journal of Humanistic Mathematics*, *5*(2), 133-145.

Sfard, A. (2001). There is more to discourse than meets the ears: Looking at thinking as communicating to learn more about mathematical learning. *Educational Studies in Mathematics, 46*(1-3), 13-57.

Sharan, S., & Sharan, Y. (1976). *Small-Group Teaching.* NJ: Educational Technology Publications.

Slavin, R. E. (1980). Cooperative learning. *Review of Educational Research, 50*(2), 315-342.

Slavin, R. E. (1981). Synthesis of research on cooperative learning. *Educational Leadership*, 654-658.

Slavin, R. E., Madden, N. A., & Leavey, M. (1984). Effects of cooperative learning and individualized instruction on mainstreamed students. *Exceptional Children, 50*(5), 434-448.

Staker, H., & Horn, M. B. (2012) *Classifying K-12 Blended Learning.* Innosight Institute. Retrieved from https://files.eric.ed.gov/fulltext/ED535180.pdf

Steinbrink, J. E., & Stahl, R. J. (1994). Jigsaw III = Jigsaw II + cooperative test review: application to the social classroom. In: R. J. Stahl (Eds.), *Cooperative learning in social studies: A handbook for teachers* (pp. 133-153). NY: Addison-Wesley.

Thomas, J. D. (2000). *A Review of research on project based learning.* San Rafael. CA: The Autodesk Foundation. Retrieved from http://www.autodesk.com/foundation

Thomas, M. O. J., & Hong, Y. Y. (2001). Representations as conceptual tools: Process and structural perspective. In van den Heuve-Panhuizen, M., *Proceeding of the 25th conference of the international group for psychology of mathematics education.*

257-264.

Tobias, S. (1987). Succeed with Math: *Every student's guide to conquering math anxiety*. New York: College Entrance Examination Board.

van Hiele, P. M. (1986). *Structure and Insight: A Theory of Mathematics Education*. London, Academic Press, Inc.

Weber, K., Maher, C., Powell, A., & Lee, H. (2008). Learing opportunities from group discussions: Warrants become the objects of debate. *Educational Studies in Mathematics, 68*(3), 247-261.

Weiss, I. R., & Parsley, J. D. (2004). What is high-quality instruction? *Educational Leadership, 65*(1), 24-28.

Williams, S., & Baxter, J. (1996). Dilemmas of discourse oriented teaching in one middle school mathematics classroom. *The Elementary School Journal, 97*(1), 21-38.

Zimmerman, B. J. (1986). Becoming a self-regulated learner: which are the key subprocess? *Contemporary Educational Psychology, 11*, 307-313.

Part Ⅲ

수학 수업 성찰

수업은 교사가 학생에게 지식이나 기능을 가르쳐 주는 일을 포함하여 학생들의 학습을 촉진시키는 모든 활동을 의미하며, 이에 필요한 학습자의 내·외적 환경을 의도적이고 체계적으로 조정하는 과정이다(Gagné, 1976). '좋은 수업'에 대해 다양한 관점이 존재하지만, 일반적인 관점에서 본다면, 그 수업의 수준과 질이 높아서 교수자와 학습자 모두에게 만족스럽고 긍정적인 가치와 결과를 낳은 수업이라고 말할 수 있다. 그 자체로 완벽하게 좋은 수업은 이 세상에 없을 것이다. 그러나 성찰을 통해 '보다 좋은 수업'에 대한 노력을 이끌어 낼 수는 있다. 수업은 누구를 위해서 좋은 것이어야 하고, 어떤 목표를 위해 수업이 진행되어야 하는지, 그리고 어떤 점에서 유용하고 효과적인지를 구체적으로 질문해보고 실천해 나간다면 적어도 무의미한 수업이 될 가능성은 적어질 것이다.

그러나 이러한 질문들은 수업의 상황, 대상, 과정의 다양함으로 인해 너무 추상적인 질문인 경우가 많다. 따라서 질문에 대한 일반적인 기준을 가지기보다는 수업상황에 맞게 창조적으로 적용하고, 더 구체적으로 질문을 보충하는 것이 필요하다(Noh & Webb, 2015).

수업 관찰은 성찰 과정에서 던져지는 질문들에 대한 해결의 실마리를 찾아 더 구체적으로 실천할 수 있게 하는 전략이 되며, 관찰한 수업을 가능한 과학적이고 객관적으로 분석하는 과정에서 결국 좋은 수업을 지향할 수 있게 될 것이다(김현욱, 2018).

이를 위해 '제Ⅲ부 수학 수업 성찰'에서는 수업 성찰에 대한 접근 방법과 수업 관찰의 방법과 활용 사례에 대해 살펴본다.

10장에서 수업 성찰의 의미와 목적, 11장에서는 수업 성찰의 방법을 검토하였고, 12장에서는 수업 분석의 도구와 분석 사례를 소개하고, 수업 성찰과 수업 관찰을 통한 교사교육과 수업 전문성 신장에 대한 함의에 대해 정리하였다. 여기에서 제시된 원리 및 방법은 고정된 것으로 보아서는 안 되고, 다양한 수업상황이나 교사의 특성을 고려하여 적용되어야 할 것이다.

CHAPTER 10

수업 성찰

교사는 수업으로 성장한다는 말이 있다. 이는 교사가 목적을 가지고 수업의 경험을 신중히 재고하여 자신의 사고와 행위를 회고함으로써, 자신이 경험한 수업 상황에 대하여 보다 깊은 이해를 하면서 발전해 나간다는 의미일 것이다. 이러한 배움이 일어나기 위해서는 종종 암묵적인 것을 명백히 하여 대상을 보다 객관적으로 바라볼 수 있도록 도움이 필요한 경우가 있다. 그 도움이 되고자 이 장에서는 성찰의 의미를 살펴보는 것을 시작으로 수업에 대한 성찰적 접근의 목적과 과정, 그리고 수업 성찰의 수준에 대해 알아보고자 한다.

1 성찰의 의미

수학교육에서 성찰(reflection)*의 중요성이 널리 인식되고 성찰에 대한 연구가 많이 행해지고 있지만 성찰의 정의는 연구자들 사이에서 조금씩 다르게 사용되고 있다. 그 중 교사의 전문성 개발에 대한 성찰적 접근의 인용 근거로서 Dewey(1933)와 Schön(1983)이 자주 제시된다.

|1| Dewey의 관점

Dewey(1933)는 그의 저서 『사고하는 방법』에서 **반성적 사고**(reflective thinking)란 "자신의 신념이나 실천 행위에 대해서 그것의 배경이나 지향하는 결과를 적극적이고 지속적으로 신중하게 고려하는 것(p. 9)"이라고 정의하였다. 그는 반성적 사고는 훈련될 수 있는 것으로 보았고, 반성적 사고의 과정은 문제 상황에서 시작해서 그 상황을 구성하는 여러 논리적이고 경험적인 근거에 따라 본질적인 의미를 찾고 최종적으로 문제를 해결하는 과정으로 마무리된다고 보았다. Dewey의 주장은 교사교육이 단순히 특정 교육학 기술을 익히고 제공하는 것이 아니라, 교사에게 수업에 대한 성찰적인 접근을 발달시키는 것이 되어야 한다는 것이다. 또한 Dewey는 결과보다 과정 위주의 접근으로 근본적인 전환을 제안한다. 이것은 직관적인 감정이 덜 중요하다고 여겨지는 반면, 논리적인 추론과 합리적인 분석 기술이 중심적인 역할을 하는 과학적인 접근을 말한다(김현욱, 2018, 재인용).

Dewey(1933)의 출발점은 데이터 또는 관찰된 사실의 수집이다. 이러한 데이터는 기초 자료를 형성하고, 성찰은 이에 기초한다. 따라서 데이터(사실)와 사고(제안이나 가능한 해결책)는 모든 성찰적 활동의 필수 불가결한 상호 관련성을 갖는다. Dewey가

* 'reflection', 'reflective thinking'에 대해 다룬 국내의 선행 연구(이금선, 강옥기, 2008; 강인애, 정은실, 2009 등)를 살펴보면 'reflection'을 '반성' 혹은 '성찰'로, 'reflective thinking'을 '반성적 사고' 혹은 '성찰적 사고'로 번역하고 이 두 용어를 혼용해서 사용하고 있다. 그런데 '성찰'의 사전적 의미는 '반성하여 깊이 살펴봄'으로, '반성'이라는 현상을 내포한 더 포괄적인 의미를 지닌다. 따라서 이 책에서는 '반성' 또는 '반성적 사고'를 포함한 그 이상의 포괄적인 맥락으로 사용된 경우에는 '성찰'로, 그 자체를 의미하는 구체적인 맥락으로 사용된 경우에는 그대로 '반성' 또는 '반성적 사고'의 용어를 겸용하였다. 또한, 선행 연구에서와 마찬가지로 성찰과 성찰적 사고를 동일하게 본다.

규정한 핵심 원칙 중 하나는 실행하는 사람이 반성할 수 있는 '경험의 진정한 상황(a genuine situation of experience)'을 가져야 한다는 것이다. 이를 통해 보다 의미 있는 반성으로 이어질 수 있으며, 실제(practice)는 반성과 성찰을 통해 보다 많은 정보를 얻을 수 있다고 보았다. 다시 말해 반성적 사고란 하나의 결론에 도달하고자 하는 의도적이고 목적이 있는 문제해결과정이고, 문제 상황에서 시작해서 그 문제 상황을 구성하는 여러 논리적, 경험적 근거에 따라 본질적 의미를 추구하는 지적조작이라고 볼 수 있다(노진호, 1998).

Dewey는 5단계의 반성 과정을 제시하였는데, 이는 수업의 실제에 대한 탐구기반 접근방식으로 정리할 수 있다(O'Leary, 2014).

① 문제 식별(Identifying the problem)
② 문제를 해결하기 위한 대안 고려(Considering the suggestion for dealing with the problem)
③ 가설 구축(Hypothesis building)
④ 추론(Reasoning)
⑤ 검증(Testing)

첫 번째 단계는 문제가 생겼을 때 문제에 대한 가능한 해결책들을 제안하는 단계이다. 제안된 해결책 간에 갈등이 생기면 성찰적 사고가 시작된다. 두 번째 단계는 문제 상황에 대해 심각하게 생각하고 많은 고민을 통해 문제가 무엇인지 명료하게 규명하는 단계이다. 세 번째 단계는 제안된 해결책이 분명해져 가설을 형성하는 단계이다. 이 단계에서 가정들 중 일부를 개선하고 일부를 탈락시키기 위해 더 많은 자료가 수집된다. 네 번째 단계는 추론을 통해서 최선의 대안을 선택하는 것으로 이 단계에서 자신의 선행 지식뿐만 아니라 현재 문제의 구체적인 상황에도 주의를 기울이다. 마지막 단계에서는 형성된 가설을 검증하는 단계로 행동이 포함된다. 가설은 더 이상 사고실험에 그치는 것이 아니라 문제의 맥락에 실제적으로 적용되어 가설의 확인 또는 반증을 통해 채택 여부가 결정된다. 이 같은 다섯 단계의 반성적 사고는 위계적인 것이 아니며 순서와 관계없이 일어날 수 있다(Mewborn, 1999).

2 Schön의 관점

Dewey의 생각을 토대로 한 Schön(1983)의 이론은 본래 직업 유형에 상관없이 일반적인 실무자의 전문성 개발을 목표로 하였지만, 점차 교육 분야에 완전히 포용되어 지금은 교사교육에서 성찰의 중요성을 강조한 대표적인 연구로 간주된다(천세영 외, 2020).

Schön(1983)에 따르면 성찰이란 전문가가 자연스럽게 사고하고 행위하는 방식이다. 따라서 전문가는 갈등, 독특성, 불확실성을 필연적으로 포함하는 전문적 상황에서 반성적으로 사고하면서 실천할 수 있는 사람으로 정의한다. 교사 역시 '이론에 근거한 실천'을 넘어서 '이론의 형성을 위한 실천'을 함으로써 자신의 수업에 대한 문제를 적극적으로 탐구하고 반성하여 새로운 교수이론과 지식을 생성하는 능동적인 연구자, 전문적인 실천가로서의 역할을 요구하였다. 이와 같은 교사의 실천적 지식은 실행의 과정 속에서 자기반성과정을 통해 얻어질 수 있다고 보았다. 이를 '반성적 실천주의'(Gibbs, 1988)라고 부르기도 한다.

Schön의 성찰 개념에서 핵심적인 것은 전문적 상황 속에서의 실천행위, 불확실성에 대한 대처, 문제해결이다. Schön은 특히 전문가의 실천 행위에 영향을 미치는 '행위 중 앎(knowing-in-action)'에 대해 강조하며 행위 중 앎에 기반한 행위가 예기치 않은 결과를 가져올 때 생기는 '놀람(surprise)'이 성찰의 계기를 마련해 준다고 보았다. 이러한 성찰을 통해 교사가 형성한 개인적 이론들은 처음부터 의도적인 탐구와 모색을 통해서 검토되고, 경우에 따라서는 교정될 수 있도록 구조화된 지식이기 때문에 일반적인 수업지침이나 경험적 지식보다 더 가치 있을 수 있다는 것이다. Schön은 이것을 할 수 있는 사람을 **반성적 실천가**로 명명하였다. 따라서 Schön이 제시한 '반성적 실천가'로서의 교사는 교원양성과정에서 교사의 자질이 완성되는 것으로 보지 않고 교사가 자신의 수업행위에 대해 반성적 실천을 함으로써 스스로 자질을 확립 및 개선해 간다는 점에서 주목된다(권낙원 외, 2006).

Schön(1983)은 성찰을 '행위 후 성찰(reflection-on-action)'과 '행위 중의 성찰(reflection-in-action)'의 두 가지 유형으로 구분하였다. **행위 후 성찰**은 이미 일어난 상황에 대한 반성적 사고를 의미한다. 행위가 끝난 후에 반성이 일어나면 현상과 거리를 두고 그 행위를 검토할 수 있게 된다. **행위 중의 성찰**은 교사가 어떤 실천을 하는 중에 반성적 사고를 하는 것으로, 개인이 문제를 구조화하고, 상황을 이해하고, 문제의 원인을 비판적으로 평가하며, 대안적인 해결방식을 탐색하는 의식적인 행위이다. 행위자가 즉각적으로 현장에서 그 경험에 반응하고 반성할 수 있는 능력을 가리킨다.

Schön은 앞으로 어떻게 변화·발전시키겠다고 반성하는 것보다 현재 일어나는 사건에 대해 반성하는 것이 그 상황에 도움이 될 수 있다고 설명하였다. 따라서 진정한 전문가로서의 능력은 '행위 중의 성찰'과 밀접한 관련이 있다고 하였다. 전문가가 일어난 일에 대해 생각하고 이후에 변화시키겠다고 여유를 부리는 것이 아니라, 행위가 일어나는 당시에 반응하는 개념으로 "어떤 사람이 행위 중의 성찰을 할 때 그는 실제 상황에서 연구자가 된다"(p. 68)고 하였다. 다시 말해 교사가 수업에서 새로운 상황을 맞닥뜨렸을 때, 상황과의 '반성적인 대화', 즉 그 상황의 '재구조화'를 통해 확립된 이론에 의존하지 않고 이전에는 시도하지 않았던 대안적인 행동 방식을 실험적으로 적용할 수 있게 된다는 것이다(서경혜, 2005).

행위 후 성찰은 행위 후에 실천을 변화·발전시키기 위해 성찰하는 것이다. Schön은 "예기치 않은 결과에 기여할 수 있도록 행의 중의 성찰이 어떻게 일어날 수 있는지에 대해 다시 생각해 보는 것이다"(p. 26)라고 하였다. 전문적인 교사들은 수업 상황에 문제점이 발생하면 곧 '행위 중 성찰'을 하고, 더 심각한 문제에 대해서는 '행위 후 성찰'로 나아간다(Meyer, 2004). Schön(1983)은 행위 후 성찰의 절차를 4단계로 제시하였다(김현욱, 2018 재인용).

① 1단계: 교수법의 활용 과정이나 현장에서 발생한 것으로, 해결되지 않았거나 결과에 만족하지 않는 사건을 선택한다.
② 2단계: 자신이 개입 전에 상황이 어떠했는지, 이후에 어떤 상황이었는지 생각해본다. 이것이 긍정적인 경험이라면 무엇이 상황을 그렇게 만들었는지 기술한다. 부정적인 경험이라면 어떤 행동을 취했는지, 그리고 어떤 행동을 취하고 싶었는지 기술한다.
③ 3단계: '사건 이전과 이후' 사이의 생각의 차이를 성찰하라. 예를 들어, 기존의 다른 상황에서 획득한 지식(knowing in action)은 무엇인가? 새로운 상황에서 왜 효과가 없었는가? 실제로 했어야 했던 생각은 무엇인가? 그리고 일어났던 상황을 다시 이해할 수 있도록 교육 이론을 가지고 기술해본다.
④ 4단계: 전체 상황을 요약한다. 행위 후 성찰에서의 요점은 무엇인가? 당신이 기존의 다른 상황에서 획득한 지식에서 발전시킬 것은 무엇인가? 앞으로 무엇을 다르게 실행할 것인가?

정리하면, Dewey와 Schön이 논한 성찰에 관한 공통적 맥락은 실천에 대한 탐구와 실험의 아이디어를 전문적 지식의 계발을 위한 기초로 삼고 있다는 것이다. 그러나 Dewey가 말한 성찰은 과학적 합리적 사고를, Schön의 성찰은 전문가의 실천적 직관과 지식을 강조한다는 점에서 차이가 있다. 최근 교사교육에서 논의되고 있는 성찰은 Dewey보다는 Schön의 '실천을 변화시킬 수 있게 하는 사고 과정으로서의 성찰'을 중시하는 경향을 보인다(이종일, 2004).

2 수업에 대한 성찰적 접근

Dewey와 Schön의 성찰에 대한 개념을 토대로 여러 학자들이 교사의 수업 성찰에 대한 개념적 함의 — 수업 성찰의 목적과 수업에 대한 성찰적 접근은 무엇을 하는 것인가 — 를 논하였다. 이를 바탕으로 수업 성찰의 목적과 과정, 그리고 수업 성찰의 수준에 대한 다양한 관점을 제시하였다.

|1| 수업 성찰의 목적

Ross(1989)는 Dewey의 성찰에 대한 개념을 바탕으로 교사의 성찰을 교육적인 문제에 대한 사고방식으로, 합리적인 선택을 하는 능력과 그 선택에 대한 책임을 지는 것을 포함한다고 보았다. 여기서 Ross가 말하는 교사의 합리적 선택은 학생의 학습 지도 상황에만 국한되는 것이 아니라 교사가 맡고 있는 행정적 업무, 학부모와의 관계, 학생 생활 지도, 관리자 및 동료 교사와의 관계 설정 등에도 적용됨을 의미한다. Ross는 이러한 정의에 따라 교사의 수업에 대한 성찰적 사고의 과정을 다섯 단계로 세분화하여 제시하였다(권낙원 외, 2006). 첫 번째 단계는 교육적인 딜레마를 인지하는 것이고 두 번째 단계는 특정한 상황과 다른 상황과의 유사성과, 특정 상황의 독특한 특성을 함께 인지함으로써 딜레마에 반응하는 것이다. 세 번째 단계는 딜레마의 틀을 잡고 다시 구성하는 것이고, 네 번째 단계는 다양한 해답들의 결과와 함의를 찾기 위해 딜레마를 실험하는 것이다. 그리고 끝으로, 시행된 해결책의 의도된 결과와 의도하지 않았던 결과를 검토하고 그 결과가 바람직한지 아닌지를 결정함으로써 해결책을 평가하는 단계이다.

한편, Shulman(1987)은 수업 성찰이란 "교사가 교수·학습 과정, 즉 수업이 일어났던 상황을 돌아보고, 재구성하고, 재현하고, 그때의 감정과 수행에 대해 다시 생각해 보는 것(p. 19)"으로 이는 전문가가 경험으로부터 배워가는 일련의 과정이라고 주장하였다. 이를 통해 Shulman은 경험으로부터 나오는 교사의 전문성을 중시하고 있으며 이러한 견해는 Schön의 성찰에 대한 개념과 유사하다고 볼 수 있다. 또한 Ross는 성찰을 교사의 사고과정을 통한 의사결정 과정으로 보고 있으나 Shulman은 교사의 전문성으로 보고 있다는 점에서 차이가 드러난다. 그러나 이것은 관점의 차이일 뿐 성찰은 교사의 사고과정의 독특한 유형으로 이러한 사고과정을 통해 교사가 문제 상황에 적합한 의사결정을 하게 된다는 점에는 의견을 일치한다.

위에서 논의한 교사의 성찰에 대한 개념을 종합해 보면 교사의 전문성을 수업 실행과 분리해서 이해할 수 없으며, 교사의 전문성은 성찰 경험에서 나온다는 것을 알 수 있다. 여기서 성찰이란 문제 상황을 인식하고 해결하기 위해 대안을 찾는 것으로, 교사가 자신의 수업 실행을 돌아보며 자신의 교수 행동이나 문제로 인식된 상황에 대해 저변의 의미를 탐구하고 그에 대한 대안을 찾는 사고과정, 이를 교사의 **수업 성찰**이라고 정의할 수 있다.

Dewey의 영향을 받은 Bartlett(1990)은 수업에 대한 성찰적인 접근은 무엇인가에 대한 논의에서 **비판적 수업 성찰**(critical reflective teaching)이라는 개념을 제시했다. 그는 비판적인 용어가 부정적인 의미로 해석되어서는 안 되지만 교사들이 보다 광범위한 문화적 및 사회적 맥락에서 자신의 행동을 보는 총체적 접근(holistic approach) 방식과 관련이 되어 있다고 하였다. Bartlett에 따르면 비판적 성찰의 주된 목적은 수업 방법이나 기술에 대한 관심에서 벗어나, 더 중요한 '무엇'과 '왜'라는 질문에 집중하는 것이다(O'Leary, 2014).

교사의 성찰은 이론과 실천을 연결할 수 있게 하고 교사로서 전문적인 책임에 대해 적극적인 역할을 하게 한다. Pultorak(1996)의 주장처럼 성찰을 통해 교사는 적극적으로 예비교사 교육에서 배운 이론과 자신의 수업 실천을 연결하기 위해 노력해야 한다. 그것은 교사가 전문가로 인정받기 위한 노력의 일환으로 교수에 대한 이론적 지식뿐만 아니라 실행을 통한 실천적 지식을 갖추어야 하며, 이러한 실천적 지식을 형성하기 위해서 성찰을 행하는 것이 매우 중요하기 때문이다. 또한, 수업에서 교사의 행동이 가장 구체적으로 드러나기 때문에 좋은 수업을 위해서 교사의 논리적인 사고와 행동이 요구되고 이를 위해서는 교사의 수업에 대한 성찰이 반드시 필수적인 요건이 된다(서경혜, 2005, 재인용).

|2| 수업 성찰의 과정

모든 학자들이 그러한 것은 아니지만, 많은 학자들은 수업에 대한 성찰 과정을 **순환적**이고 **반복적**인 과정으로 설명한다(Brookfield, 1995; Cruikshank, 1987; Gibbs, 1988; Marland, 1998). 이는 수업 성찰의 과정이 의미 있는 발전으로 이루어지기 위해서는 반성 자체가 행동으로 이루어져야 하는데, 반성의 과정에서 나온 사고와 실행, 실행 이후에 반성으로 다시 이어지는 과정을 반복적으로 할 때, 교사 자신이 경험한 수업 상황에 대해 깊은 이해를 할 수 있게 되며 이를 통해 실제적인 개선에 이를 수 있다고 보는 것이다.

다양한 관점에서 제시된 성찰 과정 모형을 제시하면 아래와 같다.

Richard(1991)는 성찰의 과정을 단순화하여 다음과 같은 세 가지 단계로 구분하였다.

① 사건, 즉 실제적인 수업 에피소드

② 그 사건의 회상, 즉 설명이나 평가 없이 일어난 일에 대한 기술

③ 그 사건에 대한 검토와 반응, 즉 더 깊은 수준에서의 접근

한편, Gibbs(1988)는 Richard(1991)의 모델을 순환적 과정으로 확장하여 보다 포괄적인 성찰적 순환체계(reflective cycle) 모델을 제시하였다. Richard의 모델에서 구체화되지 않았던 수업 상황에서의 정서적 특성에 대한 회상, 수업을 분석하면서 추가적으로 할 수 있었던 수행, 다시 동일한 수업을 했을 때 무엇을 추가할 수 있는지 등에 대한 검토를 성찰의 과정에 담고 있다. [그림 10-2-1]은 이 모델을 시각화한 것이다.

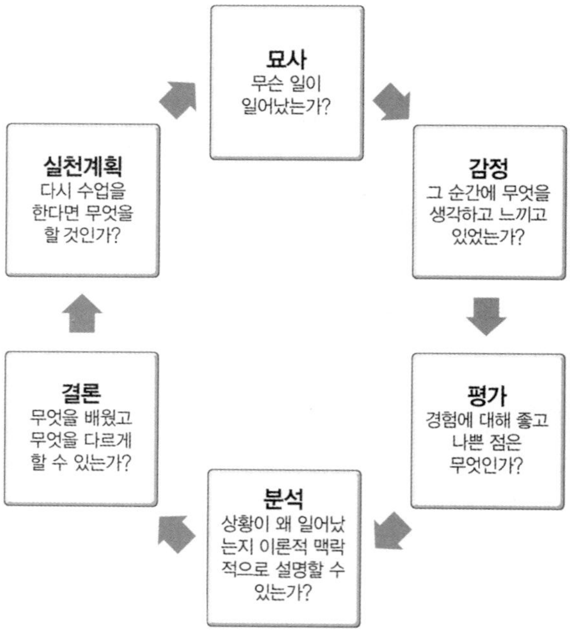

그림 10-2-1 Gibbs의 성찰적 순환 체계

수업 성찰을 할 때 교사들이 경험하는 가장 어려운 문제 중 하나는 성찰 과정의 복합성에 대한 부담이다. 수업 성찰 가정의 복합성을 줄이면서 수업의 측면이나 수업행위 분석에 집중할 수 있도록 하는 데 활용할 수 있는 모델들도 있다.

Marland(2004)는 수업 행위를 세분화하여 수업 분석의 과정에 초점을 둔 성찰 과정을 다음과 같이 제시하였다(천세영 외, 2020, 재인용).

① 실천자에 의한 문제의 인식
② 문제의 이해를 바탕으로 탐구자에 의한 문제의 구조화
③ 실천적 상황에서 그밖의 다른 현상에 대한 개방성
④ 새로운 현상으로 인한 문제의 재구조화 혹은 새로운 가설 형성
⑤ 하나의 구조에 대한 실험으로 탐구 전환
⑥ 탐구자의 실험적 행위를 통한 가설의 검증, 실험결과의 반성
⑦ 탐구자에 의한 새로운 의문과 새로운 목표의 구조화

그리고 Cruikshank(1987) 또한 수업 성찰의 목적을 수업 실행 분석에 두었는데, 보다 수업 성찰의 순환적 과정을 강조한 성찰적 수업활동 모형을 제시하였다. [그림 10-2-2]는 이를 시각화한 것이다.

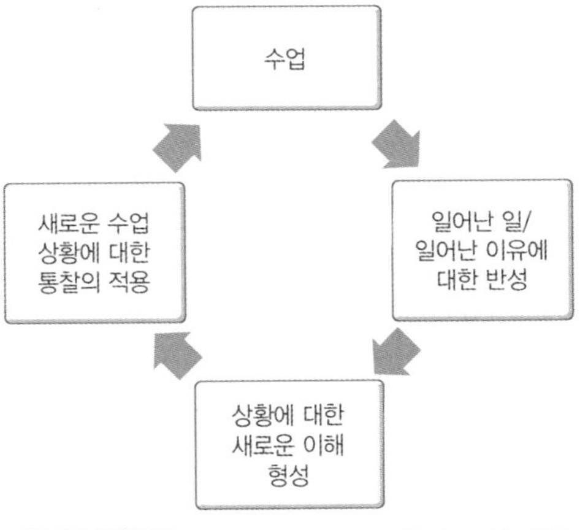

그림 10-2-2 Cruikshank의 성찰적 수업 활동

3 수업 성찰의 수준

수업 성찰의 중요성이 대두됨에 따라 수업에 대한 교사의 성찰적 사고 수준(능력)을 신장하기 위한 연구가 활발히 이루어졌다. 이러한 수업 성찰의 수준에 대한 연구는 크게 두 관점으로 분류되어, 하나는 특정 가치를 지향하게 되는 것을 성찰의 수준이 높아지는

것으로 보는 가치 중심으로 분류한 연구이고, 다른 하나는 복잡한 수업 현상을 이해하는 수준을 성찰적 사고의 척도로 보는 성장 관점의 연구이다.

1 가치 기반 수준

van Manen(1977)은 교사가 교육활동에서의 목적을 달성하기 위해 행하는 성찰적 사고의 관심을 위계적으로 나누어, 성찰의 수준을 '기계적(technical) 성찰', '실천적(practical) 성찰', '비판적(critical) 성찰'로 구분하였다. ① 가장 낮은 수준인 기계적 성찰은 주어진 목적을 달성하기 위한 수단에 대해 검토하는 것으로 목적의 가치에 대해서는 의문을 갖지 않는다. 기계적 성찰은 수단이 효과적이었는가와 같은 기술적인 문제들로 한정된다. ② 실천적 성찰은 수단이 적절하고 효과적이었는지에 대한 성찰뿐만 아니라 그 수단을 유도한 목적의 적절성에 대한 확인을 요한다. 그래서 실천적 성찰은 여러 교육목표 가운데 더 가치가 있는 것이 어떤 것인지에 대한 검토가 이루어져야 한다. ③ 가장 높은 수준의 비판적 성찰은 윤리적이고 도덕적인 해석까지 포함한다. 즉, 교육이 윤리적인 목적하에 행해지고 있는지에 대한 의문을 갖고 교실에서 일어난 일들의 윤리적이고 사회적인 영향에 대해 다시 생각해 보는 것이다.

Pultorak(1996)은 3년 동안 16주의 교육실습에 참여한 82명의 예비교사를 대상으로 수업 성찰 수준이 어떻게 변화했는지 조사하였는데, van Manen의 이론에 부합하는 연구 결과를 확인하였다. 교육실습 초기에 예비교사들은 개인적인 경험이나 관찰에 의존하여 수업 상황을 반성하였고 그 상황을 설명할 수 있는 이론에 대한 고려는 하지 않았는데 이를 문제로 인식하지 않았다. 이 수준에 있는 예비교사들의 성찰은 의도한 목표를 얻기 위해 교육적인 지식과 교육과정 원리를 기술적으로 적용했는지를 측정하는 것에 관심을 두었으며, 목표 자체는 물론 교실, 학교, 공동체, 사회의 교육적인 맥락에 대한 검토는 이루어지지 않았다. Pultorak은 이러한 수업 성찰을 수업 활동의 '기계적 합리성'에 목적을 두는 성찰이라고 설명하였다. 교육실습을 진행하면서 일부 예비교사들의 성찰에서는 여전히 개인적인 편견이 드러나기는 하지만 교육 목표들 사이에서 결정을 할 때 그 저변에 깔린 가정이나 경향 등을 고려하고 교사의 행동이 이끌어내는 교육적인 결과에 대해 평가를 포함하기 시작하였다. 이 수준에서 보이는 수업 성찰은 수업 목표와 목적이 이루어졌는지, 또 어떻게 이루어졌는지를 보기 위해서 학생과 교사의 행동을 분석하는 '실천적 행위'에 초점을 둔다. 그러나 여전히 교육적 선택은 교육학적 원리에 근거한다. 교육실습이 종료되는 시점에서 예비교사들은 교육 목표와 수단뿐만 아니라 배경 맥락도 살펴보기 시작하였고, 선입견 없이 지식의 가치와 학생에게 유용한 사회적 환경에 대한 검토를 포함하는 '비판적 성찰' 수준으로 발전하였다고 보고되었다.

한편, Sparks-Langer & Colton(1991)의 연구에서는 수업 성찰의 수준을 7단계로 제시하고 있다. ① 가장 낮은 수준인 1단계는 수업에서 일어난 일(사건)에 대한 서술이 전혀 나타나지 않는 수준, ② 2단계는 사건에 대해 단순한 비전문가적인 서술을 하는 수준, ③ 3단계는 교육학적인 개념을 사용하여 사건에 대해 적절한 용어로 설명하는 수준, ④ 4단계는 전통이나 개인적인 선호를 근거로 하여 사건을 설명하는 수준, ⑤ 5단계는 교수법적 원리나 이론을 근거로 하여 설명하는 수준, ⑥ 6단계는 원리 혹은 이론과 맥락적인 요인에 대한 고려까지 포함한 설명을 하는 수준, ⑦ 가장 높은 수준인 7단계는 윤리적, 도덕적, 정치적 고려까지 포함하는 설명을 하는 수준이다(김은지, 2014 재인용).

위에서 논의한 van Manen(1977)을 비롯한 연구자들이 제시한 수업 성찰의 수준은 기술적인 측면에서 해석적인 측면으로 그리고 비판적 성찰로 나아간다. 다시 말해 상황을 그대로 기술하거나 효율성의 관점에서 바라보는 수준에서 점차 다양한 관점을 동원하고 더 나아가 교육과정상의 잠재적 가치에 대해 윤리적, 도덕적 추론을 하는 수준으로 발전하는 것을 지향한다. 그러나 이러한 성찰 수준에 대한 구분은 실천적인 것을 평가절하하고, 수업과 교육과정과 관련된 복잡하고 포괄적인 관심사를 간과하고 있다는 지적을 받기도 한다(조덕주, 2006).

2 성장 기반 수준

복잡한 수업 현상을 이해하는 정도를 성찰적 사고의 척도로 보는 성장 기반 관점에서는 특정 가치를 지향하는 것이 아니라 인지적인 측면에서 단순하고 초보적인 성찰에서 복잡하고 전문적인 성찰로 발전하는 것을 성찰의 수준이 높아지는 것으로 본다(조덕주, 2006).

Ross(1989)는 수업을 다양한 관점에서 바라보는 것을 높은 수준의 성찰로 보고 이를 세 수준으로 구분하여 설명하였다. ① 가장 낮은 수준으로, 교사가 자신의 수업 실행이 교육 이론과 일치하는지 아닌지를 기술하는 수준, ② 하나의 관점에서 수업 실행에 대한 설득력 있는 비평을 하지만 결과에 영향을 미치는 다양한 요인들을 인식하지 못하거나, 또는 수업이 목표와 학생들의 특성에 따라 달라야 한다는 것은 인식하지만 여러 가지 수업방식 중에서 하나를 선택하여 수행하는 이유를 명료하게 설명하지 못하는 수준, ③ 가장 높은 수준으로, 다양한 관점으로 수업에 대해 생각하고 교사의 행동이 가르치는 순간을 넘어선 영향이 있다는 것을 인식하는 수준이다.

한편, Bain et al.(2002)는 수업 상황에 대한 추론의 정도에 따라 다섯 단계의 성찰 수준을 제시하였다. ① 보고(reporting): 가장 낮은 수준으로, 관찰한 것을 판단이나 해석 없이 서술하는 것, ② 반응(responding): 판단의 근거나 추론에 대한 설명 없이 판단을 하는 것, ③ 관계(relating): 수업 상황에 대한 자료를 교사 자신의 개인적인 의미나 경험과 관련짓기는 하지만 그 관계에 대한 피상적인 이해를 그치는 것, ④ 추론(reasoning): 수업 상황에 대한 여러 자료를 통합적으로 검토하고 이론과 실천의 관계를 심층적으로 탐구하여 일어난 일에 대한 깊은 이해의 성찰을 추구하는 것, ⑤ 재구조화(reconstructing): 자신의 성찰로부터 독창적인 결론을 이끌어 내고 경험으로부터 일반적인 원리를 도출하여 교수(teaching)에 대한 자신만의 이론을 형성하는 가장 높은 수준의 성찰 단계이다.

Davis(2006)의 경우에는 수업의 다양한 측면에 대한 아이디어를 통합하고 분석하는 정도를 수업 성찰의 지표로 보고, 이를 생산적 성찰과 비생산적 성찰로 구분하였다. ① 비생산적 성찰은 아이디어들을 논리적으로 연결하기 보다는 단순히 나열하는 것으로 주로 기술적인 성찰을 말하며, ② 생산적 성찰은 교사의 성찰에서 새로운 아이디어를 기존의 아이디어에 통합·분석하여 유용하게 하는 과정을 통해 수업에 대한 복합적인 관점을 발달시키는 것으로 보았다. Davis는 수업의 주요 측면을 '학습자와 학습', '내용 지식', '평가', '지도'로 보고, 생산적 성찰은 이러한 수업의 여러 측면에 대한 교사의 지식 통합 및 분석이 나타나는 수준이며, 통합과 분석의 과정이 수업에 대한 생산적 성찰을 촉진시키는 역할을 할 수 있다고 주장하였다.

수업에서 다루는 내용과 목표에 따라 교사가 하는 성찰이 달라질 수 있다(Marland, 1998). 다시 말해, 교사의 성찰이 때로는 교사의 수업 행동에, 때로는 수업 내용의 윤리적인 면에 중점을 두어 이루어질 수 있는 것이며, 또는 특정 가치에 대한 성찰이 아예 적합하지 않을 수도 있다. 따라서 성찰의 대상이 개별적인 수업인 경우에는 가치기반관점의 구분이 적절하지 않으며, 성장기반관점의 구분이 교사의 성찰적 사고를 촉진하고 격려할 수 있는 방법에 대한 구체적인 시사점을 준다는 점에서 보다 실제적일 수 있다(윤혜경, 2012).

CHAPTER 11

수업 성찰의 방법

수업에 대한 교사의 성찰을 촉진하고 격려하는 방법은 전통적인 수업 장학에서부터, 수업 관찰을 통한 분석, 기록을 통한 방법, 전문적 학습 공동체 구성 등으로 다양하다. 이러한 다양한 방법들은 성찰이 이루어지는 상황과 참여자의 특성에 따라 다양하게 변형하여 활용될 수 있다. 특히, 교사가 자신의 수업을 스스로 되돌아보는 것도 중요하지만, 다른 교사들과 협력하여 수업을 되돌아보고, 그에 대해서 논의해 보는 것은 그 성찰의 폭과 깊이를 더한다는 점에서 매우 중요하다. 이 장에서는 먼저 협력적 수업 성찰의 의미와 그 원리에 대해 알아보고, 개별적으로 또는 협력적으로 할 수 있는 구체적인 수업 성찰의 방법을 살펴본다. 수업 관찰을 통한 분석은 제12장에서 따로 다루고자 한다.

1 협력적 수업 성찰

|1| 협력적 수업 성찰의 의미

교사의 수업 성찰이란 교사가 자신의 수업 실행을 돌아보며 자신의 교수 행동이나 문제로 인식된 상황(problems of practice; Horn & Little, 2010; Little, 2002)에 대해 저변의 의미를 탐구하고 그에 대한 대안을 찾는 사고 과정으로 그 의미를 앞서 정의하고 있다. 이에 **협력적 수업 성찰**이란 이러한 "수업 실행을 돌아보며 문제로 인식된 상황을 다른 교사들과 협력적으로 그 의미를 탐구하고 이에 대한 대안을 찾아가는 과정"이라고 볼 수 있다.

협력의 중요성은 미래 사회의 역량으로서 학생들에게도 매우 중요한 가치를 가지고 있지만, 교사의 전문적인 협력의 양과 질은 교육의 질(quality of teaching)에 영향을 미치기에 그 중요성은 거듭 강조해도 지나침이 없다(Bryk & Schneider, 2002; Day & Gu, 2007; Rosenholtz, 1989; Schleicher, 2018). 직업으로서의 교사의 일은 전통적으로는 협력적인 문화보다는 개인적인 문화안에서 이루어지는 것이 강했으며(Lortie, 1975) 서구의 문화에서는 특히 더 개인주의(individualism)의 경향을 띠고 있었다(Richardon, 2003). 우리나라의 경우에는 서구권보다는 전체주의를 더 중요시(Hofstede, 1997)하고 있기에 개인주의의 경향을 덜 보일 수 있으나, 교사의 수업 전문성에 관한 구체화된 '협력적 논의'는 근대화 시기에는 자연스러운 문화보다는 새교육 운동과 시·도교육청의 장학활동 등과 같은 시스템 안에서 인위적인 집단성을 통해 이루어지곤 했다(김재웅 외, 2011; Hargreaves, 2019). 즉, '협력'의 의미가 구체적인 목표와 구조화가 된 실천 공동체(communities of practice, Lave & Wenger, 1991; Wenger, 1999)의 의미보다는 아이디어 나눔이나 스토리 텔링, 자료 공유와 같은 것으로 제한되어 있었다. 이후 교육에 대한 패러다임이 실천 공동체 이론의 영향을 많이 받아 단순히 함께 모여 이야기하고 자료를 공유하는 것 이상의 구조화된 참여와 논의를 강조하면서, 교사의 전문적 공동체(professional communities; McLaughlin & Talbert, 2001) 및 전문적 학습 공동체(professional learning community; Hord, 1997)를 강조하였다.

교육변화 전문가로 불리는 Hord(1997)는 교사의 전문적 학습 공동체를 교사들이 협력적으로 수업 실천을 개선할 수 있는지 질문하고 탐구하여, 그들이 발견한 것을 실행하는데 공동 책임을 지는 것으로 정의하고 있다. 이를 협력적 수업 성찰에 대입해보면, 협력적 수업 성찰이란 "수업 실천을 개선하기 위한 공통의 목표를 위해, 다른 교사들과 같이 수업 실행과 관행을 되돌아보며 문제로 인식된 상황을 발견하여 그 의미를 탐구하고, 이에 대한 대안을 찾아 실행하는데 공동 책임을 지는 것"으로 설명할 수 있다.

|2| 협력적 수업 성찰의 원리

협력적 수업 성찰을 교사의 전문적 학습 공동체 안에서의 실천으로 의미를 파악하고 있기에 전문적 학습 공동체의 원리를 먼저 살펴보기로 한다. 전문적 학습 공동체는 실천 공동체로서 여럿이 모여 자료를 공유하고 이야기를 나누는 것 이상이라고 언급하였다. 전문적 학습 공동체가 형성되어 지속적으로 유지되기 위해서는 다음과 같은 원리가 핵심적이라고 할 수 있다(McLaughlin & Talbert, 2001; 2006; Little, 2002; Talbert, 2010).

- 아이디어를 논의하거나 경험에서 얻은 지식을 공유하기 위해 모이는 것을 편안하게 느끼는 환경에서
- 공동체의 규범과 동료와의 협력에 대한 공동의 책임을 수립하고
- 수업을 개선 및 변화시키기 위한 평가 도구로서 학생의 학업 성취에 중점을 두며
- 학생의 성공에 대해 공동의 책임감을 갖고, 학생의 성공을 위해서
- 수업 개선을 위한 지속적이고 활발한 토론을 하고
- 지식 자원에의 활발한 접근을 통해 전문 지식을 향상한다.

이를 협력적 수업 성찰에 초점을 맞추어 정리해 보면, 협력적 수업 성찰의 원리는 다음과 같다.

- 교사들이 수업 성찰과 관련한 아이디어를 논의하거나 경험에서 얻은 지식을 공유하기 위해 모이는 것을 편안하게 느끼는 환경에서
- 동료와의 협력에 대한 공동의 책임과 규범을 명확히 하고
- 수업 성찰을 통해 수업을 개선 및 변화시키기 위한 목표를 학생의 성취 향상과 학생의 성공에 두고, 이에 대한 공동의 책임감을 갖고,
- 수업 실행과 관행을 되돌아보며 문제로 인식된 상황을 발견하여, 그 의미를 탐구하기 위해 지속적이고 활발한 토론을 하며,
- 필요시 지식 자원(책, 자료, 동료 등)을 이용하여 문제 상황(problems of practice)에 대한 대안을 찾아 실행한다.

위에 제시된 협력적 수업 성찰의 원리에 입각한다면, 협력적 수업 성찰의 방법은 다양한 형태로 진행할 수 있다. 시도교육청이나 학교에서 정관 주도의 장학 형태로서의 수업 성찰이나 교사 연수에서의 수업 성찰, 또는 자발적 교과연구모임에서의 수업 성찰도 위의 원리를 기본으로 한다면 전문적 공동체 안에서 수업 개선을 위한 협력적 수업 성찰을 진행하고 있다고 할 수 있다. 따라서 협력적 수업 성찰은 다양하게 변형하여 진행할 수 있으나, 구체적인 사례를 통해 수업 성찰의 방법에 대해서 논의해 본다면, 예비교사나 현직교사 모두 수업의 변화를 위한 수업 성찰을 진행하는 데 도움이 될 것이다.

2 수업 장학

|1| 수업 장학의 목적

여러 나라에서 사용하는 '장학'이라는 단어의 의미를 살펴보면, 영국에서는 'inspection'으로 미국에서는 'supervision'으로 부르는데, 이 두 용어는 현상을 살피거나 예견할 수 있는 통찰력을 지닌 전문가가 교육 활동을 지원한다는 의미를 담고 있다(Dull, 1981). 우리나라에서는 학습을 지원하거나 권하고 힘쓰게 한다는 의미로 '장학(奬學)'으로 지칭한다(주삼환, 2009).

전통적인 장학은 학교 현장의 개선 활동으로 학교행정 및 경영, 학교 구성원의 인간관계, 교육과정, 수업, 교장을 비롯한 교원의 리더십 측면 등을 포괄한다. 그러나 많은 학자들이 바람직한 교수·학습의 장을 개선하는 것이 장학의 목적이라고 주장하였으며, 학생들의 학습을 촉진하기 위해 수업과정에 직접적인 영향력을 행사하는 방법이라고 정의하였다(변영계, 김경현, 2005; 윤정일 외, 2015). 따라서 수업에 관한 장학, 즉 **수업장학**이 장학의 여러 개념 가운데 핵심이며 수업개선에 초점을 맞춘 수업전문성과 관련한 모든 장학을 총칭할 수 있다(천세영 외, 2020).

과거의 장학은 수업에 대한 전문적 지원보다는 교장(감), 장학관(사)이 교실에 잠깐 들러 수업을 관찰하고 평가하는 권위적 감독의 이미지가 강하게 비쳐 장학에 대한 부정적인 인식이 있었다(김정한, 2002). 이런 현상을 반영하여 장학은 상호 신뢰와 협력을 바탕으로 자발성과 전문성을 발휘하여 구체적 개선이 필요한 수업전문성의 지점을 찾아

역량을 제고하게 돕는 과학적 접근이 강조되고 있다(주삼환, 황인수, 2015).

| 2 | 수업 장학의 유형

수업개선에 필요한 활동이 다양하듯이 수업 장학의 유형 또한 접근 방법 및 강조점에 따라 다양할 수 있다.

(1) 자기장학

자기장학이란 용어에서 자기장학을 목표 설정, 계획, 평가 전반에서 누구의 간섭도 받지 않는 자기주체적인 장학으로 오해할 수 있다. 자기장학은 조직의 목표를 달성하는 개별 교사의 역할이 부각된 자기 목표를 달성하게 하는 장학의 일환으로 시작되어, 현재는 전문적 성장을 지향하는 자기 성찰에서 도출된 목표를 독립적으로 설정하여 자율적 문제해결 접근으로 이해하는 것이 일반적이다(주삼환, 2009). 따라서 교사 개인이 설정한 목표의 성격에 따른 목표 달성을 위해 자기 수업 녹화나 수업에 관한 피드백 등 다양한 접근을 자기주도적으로 시도한다.

(2) 협동적 동료장학

전문성이 세분화, 고도화되어 가는 시대에서 전문직은 서로에게 전문적 도움과 정보를 받는 것과 같이, 동료장학은 장학전문가 1인이 아닌 구성원의 다양한 전문성이 협업되고 공유되는 집단지성을 기반으로 한다. 특히, 형식에 치우치지 않고 동료 간 자율적, 개방적, 수평적 상호협력의 관계에서 평가가 아닌 전문적 성장의 관점에서 협동적으로 이루어진다는 관점이 강조된 유형을 '협동적 동료장학'이라 말한다(주삼환, 2009). 교사들 간의 공식·비공식 관찰과 협의, 수업교사의 자기 수업 분석과 요구에 의한 피드백 및 자료 제공 등이 협동적 동료장학의 형태라고 할 수 있다.

최근에는 협동적 동료장학의 범위를 넓게 해석하는 경향을 띠는데, 팀티칭, 교과 전문성을 갖춘 수석교사와 전문성 신장을 원하는 초임교사인 멘티의 관계에서 이루어지는 멘토링, 동료들 간에 수평적으로 이루어지는 수업나눔, 교사들이 특정 주제를 갖고 활동하는 수업 연구 동아리 활동도 협동적 동료장학이라고 볼 수 있다(천세영 외, 2020).

(3) 수업연구(Lesson Study)

수업연구로 번역되는 Lesson Study(이하 LS*)는 일본에서 시작되어 2000년 이후 미국을 중심으로 확산되면서 이제는 교사의 전문적 역량의 형성과 발전에 중요한 수단으로 평가되는 활동이다. LS는 구조화된 협력적 수업개선 방식(Stigler & Hiebert, 2020)으로서 교사들이 수업 향상을 위해 협력하여 수업을 계획, 시연, 분석하고 수업개선 방안을 논의하는 과정으로, 교사의 성찰적 사고 능력 향상을 통해 실제 수업 개선이 이루어지도록 하는 것을 목표로 한다(Lewis, 2002; Sims & Walsh, 2008). LS는 수업의 질 향상이 주요 목적이지만 더 나아가 전반적인 교직역량, 특히 협력적 교직 수행능력을 확장시킬 수 있는 기회를 제공하기도 한다(Lewis, 2002).

LS의 기본 모델은 [그림 11-2-1]과 같은 나선형 순환구조로써 관찰과 성찰을 중심으로 진행되는 수업의 계획, 수행, 평가 과정이라고 할 수 있다. LS의 중요한 특징은 수업계획과 수업실행, 그리고 수업평가, 그리고 후속되는 수업연구 계획이 순환 반복적으로 이루어지는 것이다(Fernandez & Yoshida, 2004).

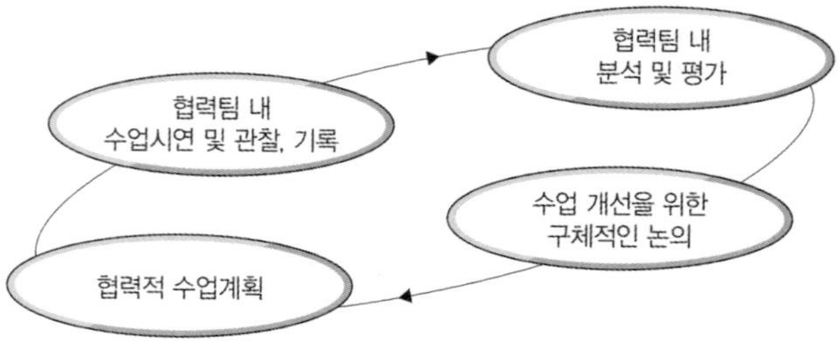

그림 11-2-1 수업연구(Lesson Study)의 기본 모델

Lewis(2004)는 LS가 '좋은 수업 지도안' 작성에만 목표를 두어서는 안 되고 실천적 수업행위가 LS의 핵심이 되어야 한다고 강조하며 이러한 LS가 교사에게 유익한 점 다섯 가지를 교수기술과 지식의 심화, 학생을 보는 관점의 성숙, 동료의 지원 확보, 목표실현을 위한 일상적 실천, 자기개선 동기의 증가로 들었다. 그리고 LS의 성공적 수행을 위해 핵심 요소 일곱 가지를 신중한 수업 목표 설정, 학생의 능력 파악, 학생의 수업 동기 활용, 수업 내용에 대한 상세한 논의, 향상된 중재능력, 지원적 학습공동체 구성, 학생의 눈높이 맞추기로 들었다(Lewis, 2002). LS가 앞서 소개한 유형의 수업 장학과 가장 큰 차이점은 협력체의 구성이라는 특징이다. 즉, 공동으로 목표를 수립하고, 수업을 구상 및 수업에 대하여 공동으로 책임지고, 학생 반응에 대하여 공동으로 분석하는 등 LS의 모든 과정이 공동의 성찰적 협력체라는 점이다(채희태, 2015).

---

* 수업연구라는 표현이 수업에 관한 연구라는 일반적인 의미를 가지고 있기 때문에, 본문에서는 'LS'의 영문으로 표기한다.

3 수업 성찰 저널

기록을 통한 수업 성찰 방법에는 자서전 쓰기, 교육과정 이야기 쓰기, 사례 연구, 성찰 저널 쓰기 등이 있다. 자서전 쓰기는 교사로서 자기 자신의 뿌리를 찾는 것으로 교사로서의 실천에 대해 지각하고 자신의 경험이 신념의 발달에 어떠한 영향을 미쳤는지에 대하여 생각을 해보게 한다. 교육과정 이야기 쓰기나 사례 연구는 교사가 현장에서 겪은 것을 서술체로 풀어 쓰는 것을 의미하는데 잘 쓰인 교육과정 이야기나 사례들은 실제의 상황을 생생하게 전해주기 때문에 이론으로는 설명할 수 없는 지식을 전달해 주기도 하고 상황을 여러 각도에서 분석하는 것을 가능하게 해준다(박은혜, 1999).

|1| 성찰 저널 쓰기

성찰 저널 쓰기는 자신의 개인적인 생각을 적는다는 점에서 일기 쓰기와 비슷하지만 글의 내용이 개인적인 차원을 넘어서서 전문가로서의 차원, 즉 교사로서의 생각을 담는다는 점에서 차이가 있다. 일기는 개인의 신상에 대한 것이며 계속해서 그 수준에 머무르지만, 저널 쓰기는 그 수준을 넘어서서 교사로서 전문적인 성장을 개인적인 수준에서 점검할 수 있기 때문이다(박은혜, 1999). 따라서 수업 성찰 저널은 교사가 전문가로서의 차원에서 자신의 수업에 대해 사고하고 그에 대한 내용을 적는 것으로 정의할 수 있다.

수업 성찰 저널은 수업 후 최대한 빠른 시일 내에 작성하는 것이 좋다. 교사가 자신이 행한 수업에 대해 성찰을 지속함에 따라 수업에 대해 고려하는 관점이 어떻게 변화하고 얼마나 복합적인 관점을 갖게 되었는지 쉽게 기억을 떠올리며 파악할 수 있기 때문이다.

성찰 저널 쓰기의 방법은 특정한 주제에 대해 쓰거나 저널 쓰기의 단계를 따라 쓰는 방법과 특별한 주제나 형식의 제약 없이 쓰는 방법이 있다. Hoover(1994)는 예비교사의 성찰적 사고를 자극하기 위해서는 단순히 수업에 대해 성찰하는 글을 쓰라고 요구하는 것이 아니라 교실에서 학생과의 상호작용에서 나타나는 현상에 대한 자료를 수집하고 그러한 현상이 일어나게 한 배경에 초점을 맞출 수 있는 적절한 과제 제공을 강조하였다. 한편, Surbeck & Han(1993)은 특정한 주제에 대해 쓰도록 하면 그 주제에 대해 의식적으로 생각해 볼 수 있도록 하지만 그 생각의 범위가 가르치는 일의 기술적인 측면으로 제한되고 반대로 특별한 주제를 제공하지 않는 경우에는 여러 생각을 기술하기에 글의 내용이 산만할 수 있다고 하였다. 그래서 성찰 저널의 분량과 양식은 특별한 형식에 구애받지 않는 것이 보편적이다.

|2| 성찰 저널 분석

성찰 저널을 작성할 때마다 언제나 체계적으로 분석해야 하는 것은 아니지만, 체계적인 분석이 필요한 경우 Davis(2006)의 성찰 분석 방법을 활용할 수 있다. 〈표 11-3-1〉은 Davis(2006)의 성찰 분석 방법을 수학 교과에 맞게 재구성한 것이다.

| **표 11-3-1** | 성찰 저널 분석 기준

수업의 측면	성찰 저널 분석 기준	
학생과 학습	• 학생의 흥미, 동기 • 학생의 행동 • 학생의 담화	• 학생의 수업 참여 • 학생의 이해 수준 • 학생의 경험
내용 지식	• 수업에서 다루는 수학 지식 • 이전 · 이후 내용과의 연계 • 수학의 특성	
평가	• 평가 목적 • 평가 방법	• 평가 내용 • 평가 결과
지도	• 지도 목표 • 지도 방법 • 동기 유발 방법 • 과제 • 학습 통제 • 시간 배분 • 교재/교구/테크놀로지	• 교사의 담화 • 교사의 안내 • 교사의 행동 • 교사의 노력 • 교사의 자신감 • 교사의 신념

〈표 11-3-1〉의 분석 기준은 수업의 주요 측면을 '학생과 학습', '내용 지식', '평가', '지도'로 구분하고 교사의 수업 성찰 저널을 문장 단위로 분석하며 각 문장이 수업의 네 가지 측면 중 어떤 측면을 포함하고 있는지를 코딩하는 방식으로 사용한다. 수업의 네 가지 측면과 직접적으로 연관이 없는 문장의 경우에는 분석에서 제외한다. 또, 성찰 저널을 문장별로 코딩한 후 성찰 저널을 반복적으로 읽으면서 여러 측면들을 연관시키는 통합이 일어나는 부분을 살펴볼 수 있다. 성찰 저널에서 통합이라 볼 수 있는 측면은 다음과 같다(윤혜경, 2012).

• 수업에서 가능한 대안을 검토하는 경우
• 수업의 효과/결과에 대해 평가하는 경우

• 교사 자신의 가정에 대해 의문을 제기하는 경우
• 수업에서 일어난 일을 논리적으로 해석하는 경우
• 교사 자신의 의사결정이나 주장에 대한 이유나 근거가 제시된 경우

이를 바탕으로 성찰 저널의 점수 기준을 구성하면 〈표 11-3-2〉와 같다. 성찰 저널이 몇 가지 측면을 포함하고, 강조하며, 통합하는지에 따라 각각 1점에서 4점까지 점수를 부여하고 부여된 점수의 합을 산출하여 성찰 수준을 가늠해 볼 수 있다. 특히 통합 점수는 생산적 성찰(Davis, 2006)의 지표로서, 통합 점수가 높아질수록 생산적 성찰이 이루어진 것으로 판단할 수 있다

| **표 11-3-2** | 성찰 저널의 점수 기준

항목	기준	점수
포함점수	한 가지 측면이 포함된 경우	1점
	두 가지 측면이 포함된 경우	2점
	세 가지 측면이 포함된 경우	3점
	네 가지 측면이 포함된 경우	4점
통합점수	통합이 전혀 일어나지 않은 경우	1점
	두 가지 측면이 통합된 경우	2점
	세 가지 측면이 통합된 경우	3점
	네 가지 측면이 통합된 경우 (단, 한 문단에서 두 가지 측면이 통합되고 다른 문단에서 다른 두 가지 측면이 통합된 경우에도 네 가지 측면이 모두 통합된 것으로 분석함)	4점

CHAPTER 12

수학과 수업 관찰·분석

교사는 자신의 수업을 스스로 반성하고 개선하기 위해 많은 노력을 한다. 이를 위해 자신의 수업뿐만 아니라 동료의 수업을 관찰하고 분석할 필요가 있다. 수업은 교육 대상, 내용, 교육 방법 등에 따라 매우 복잡한 활동이기 때문에 그것을 제대로 관찰하고 분석한다는 것은 어려운 일이다. 수업에 따라 다양한 변인들을 어떻게 조사하여 분석 자료를 만들 것인지 결정해야 하고, 수업 분석의 목적과 필요성에 따라 분석 기준이 다양하게 적용될 수 있으며, 수업 관찰의 결과를 해석하고 활용하는 데에도 매우 다양한 관점이 적용될 수 있다. 수업 관찰이 이제 과거보다 훨씬 더 보편화됨에 따라 실제로 무엇이 수업에서 이루어지는지 분석할 필요성이 증가하고 있다. 한 사람이 교실에 앉아서 수업을 관찰하고 특정한 관점을 바탕으로 수업을 분석하던 과거보다 현재의 다양한 관찰 도구와 프레임은 예비교사와 경력교사 모두에게 유용한 도구가 된다. 이 장에서는 수업 관찰의 목적과 방법, 수업 분석의 접근법, 그리고 수업 분석을 위한 도구를 소개한다.

1 수업 관찰

'수업 관찰'이라는 용어에 대해 살펴보면, Tilstone(1998)은 수업 실제에 대해 필요한 변화로 이끌고 정보에 근거한 판단을 내리는 체계적인 자료 수집으로 설명하였고, Bailey(2001)는 데이터 수집 및 분석의 체계적인 과정을 통한 교육 및 학습의 유목적적 평가라고 보았다(전병운, 2004, 재인용). Sherin & Russ(2015)는 수업 관찰 분석의 개념을 교사가 교실 활동의 관찰에 참여하면서 능동적인 감각을 배양하고 강조하는 것으로 설명하였다.

결국, 수업 관찰의 궁극적인 목적은 수업의 장단점을 파악하고 교사의 수업 전문성 개발을 통해 더 나은 수업을 만들기 위함인 것이다. 따라서 교사는 학생들이 배워야 할 내용을 유의미하고 가치 있는 방식으로 학습할 수 있도록 이를 방해하는 요인과 촉진하는 요인은 어떤 것이고, 실제로 이러한 요인을 어떻게 확인할 것인가에 대한 해답을 구하는 것에 수업 관찰의 목적이 있다(진영은, 함영기, 2009).

| 1 | 수업 관찰의 이해

수업 관찰의 결과를 분석하기 위해서는 그 첫 단계로서 수업을 기록해야 한다. 다양한 매체를 사용할 수 있는데 대부분의 경우 수기 기록이나 비디오 촬영, 음성 녹음, 전사 등의 방식으로 이루어진다. 수업의 기록은 이러한 기록 매체에 의한 기록 외에도 교사의 메모, 학생들의 필기, 판서, 학습 자료, 지도안, 게시물 등 수업과 관련된 제반 자료를 포함한다.

수업을 기록할 때에는 관찰자의 추측은 배제하고 수업에 나타나는 사실 그대로를 기록함으로써 다양한 관점에서 분석이 가능하도록 해야 한다. 수업 관찰은 교사의 교수행위를 기술하는 것에 그치지 않고 진단적이고 처방적인 기능도 함께 지닌다. 그러므로 수업기술을 향상시키기 위해서는 주관적이고 인상적인 관찰보다는 어떤 모형에 입각한 과학적인 방법을 통하여 진단되고 처방될 때 효과적이다. 따라서 수업 관찰의 타당한 분석 결과를 얻기 위해서는 다음과 같은 사항을 주의해야 한다(성용구, 2014).

- 수업 관찰 범위나 내용을 분명히 해야 한다.
- 수업 관찰 방법은 관찰 결과가 객관적이고 신뢰할 수 있는 자료를 수집할 수 있는 방법이어야 한다.

- 수업 관찰 결과를 객관적이고 과학적인 방법으로 기록하고 해석할 수 있는 관찰방법이나 도구를 선정해야 한다. 이를 위해 한 사람보다는 몇 사람이 역할을 분담하여 기록하는 방법도 있다.
- 수업 관찰 결과는 수업자에게 확인되고 스스로의 수업 행동을 교정하는 데 도움을 주어야 한다.
- 한 가지의 수업 관찰 방법만으로 수업 전체를 평가하는 것은 삼가야 한다.
- 수업 관찰 방법은 실용적인 목적에 부합하여야 한다.

수업 관찰과 관련된 가장 논쟁적인 문제 중 하나는 관찰자의 주관과 편견에 관한 것이다. Fawcett에 따르면, "우리는 우리가 찾고 있는 것을 보고, 우리가 아는 것만을 찾는 경향이 있다"(p. 3; 천세영 외, 2018 재인용). 예를 들어, 관찰자가 수업에 대한 이론이나 교사의 생각을 알고 있다거나, 교사의 교육관이나 교육방식을 이해하지 못하거나 받아들이지 않는다면, 수업을 해석하는 방법에 영향을 미칠 수 있다. 이와 동시에 관찰자가 일련의 교실 사건들을 해석하는 방식이 모두 동일하기를 기대하기는 어렵다. O'Leary(2014)는 관찰자의 기존 지식, 이론 및 가치가 합리적인 근거에 기반한다면, 관찰자의 주관성이 반드시 수업 관찰의 부정적인 측면으로 간주될 필요는 없다고 주장한다.

2 수업 관찰의 실제

수업을 관찰하는 방법은 구조화된 정도에 따라 크게 세 가지 유형으로 나눌 수 있다(O'Leary, 2014; 김현욱, 2018 재인용).

① 비구조화 유형: 완전 비구조화된 의식의 흐름(stream of consciousness) 유형으로 관찰자는 자신의 노트를 사건을 자유롭게 기록할 빈 도화지로 본다. 관찰하는 시점에 필요한 기록을 자유롭게 할 수 있는 장점이 있지만, 무엇을 기록할 것인가에 대한 즉각적인 결정을 내려야 하므로 피상적이거나 때로는 신뢰할 수 없는 설명이 있을 수 있는 단점이 있다.

② 반구조화 유형: 관찰자가 자신의 의견을 기록할 때 참조할 수 있는 일련의 범주 또는 기준을 포함한다. 범주의 기준은 주관 기관에 의해 사전에 설정되기도 하고 관찰자에 의해 형성되기도 한다.

③ 매우 구조화된 유형: 수업에 대한 기록방식은 관찰자 기록에 의존하지만 그 수업의 평가를 사전 설정된 평가 척도에 따라 수행 지표로 분리하는 모형이다.

〈표 12-1-1〉은 O'Leary(2014)의 반구조화된 수업 관찰지 양식을 우리나라 특성에 맞게 재구성한 것이다.

| 표 12-1-1 | 반구조화된 수업 관찰지 양식의 예시

교사:	관찰자:	날짜:
수업 주제:	교과 & 학년	모둠 수:

수업 준비 및 계획:

교수 학습 활동:

교수 학습 자료:

평가:

교사 수준 & 전문성:

개선점:

교사의 자기 평가:

수업의 총평:

〈표 12-1-2〉는 구조화된 수업 관찰지 양식으로서 미국에서 예비교사의 수업 실행 능력을 평가하기 위해 개발된 루브릭인 edTPA(Educational Teacher Performance Assessment, Pecheone & Chung, 2006)의 일부이다. 이 양식은 수업(instruction)에서 교사가 하는 수행(performance)을 네 가지 범주로 구분하고 각 범주에 대해 매우 상세한 관찰 기준(〈표 12-1-3〉)을 제시하고 있다. 관찰자는 이 관찰 기준을 기반으로 각 수행 지표에 대한 등급을 결정하게 된다. 표의 내용은 노지화, 김미령(2023)에서 번역된 내용을 참조하였다.

표 12-1-2 구조화된 수업 관찰 기록 양식 예시

수업일자:	관찰일자:(수업 동영상을 관찰했을 경우)	
교사:	관찰자:	
수업주제:	학년/단원:	
수행지표		등급
1. 학습환경 교사는 상호 존중적이며 학생이 도전적인 과제에 참여하는 학습환경을 조성하는가?		
2. 학습참여 교사는 학생을 수학적 사고를 발달, 심화 또는 확장할 수 있는 수학적 과제 및 활동에 참여시키는가?		
3. 학습심화 교사는 학생의 수학적 사고를 촉진·심화하고 학생이 그들의 이해를 스스로 평가할 수 있도록 적절한 발문을 사용하는가?		
4. 교수·학습 자료의 사용 교사는 학생의 수학적 이해를 촉진·심화하는 방식으로 교수·학습 자료를 사용하는가?		

표 12-1-3 구조화된 기록 양식의 관찰 기준

관찰 영역	1수준	2수준	3수준	4수준	5수준
1. 학습 환경	교사와 학생들 또는 학생들 간에 무례한 상호작용이 보임 또는 교사가 학습을 방해하는 행동을 방치함	교사는 학생을 존중함. 교사는 학생의 행동을 통제하는 환경 조성을 우선시하고, 학생들의 학습 목표의 성취에는 별 신경을 쓰지 않음	교사는 학생을 존중하고 래포를 형성함. 교사는 학생들이 상호 존중하면서 자유롭게 의견을 나눌 수 있는 학습 환경을 조성함	교사는 학생을 존중하고 래포를 형성함. 교사는 학생들이 상호 존중하면서 도전적인 과제들을 수행하는 학습 환경을 조성함	교사는 학생을 존중하고 래포를 형성함. 교사는 학생들이 상호 존중하고 다양한 관점을 드러낼 수 있는 기회를 제공하는 도전적인 학습 환경을 조성함

관찰 영역	1수준	2수준	3수준	4수준	5수준
2. 학습 참여	학생들이 학습 목표와 관련이 없거나 피상적으로 관련된 과제를 수행함	학생들이 수학 개념의 이해 또는 수학적 추론 및 문제 해결보다는 수학적 절차에 치중한 과제를 수행함	학생들이 수학 개념과 절차의 이해 그리고 수학적 추론과 문제 해결에 대한 과제를 교사와 함께 수행함	학생들이 수학 개념과 절차의 이해 그리고 수학적 추론과 문제 해결에 대한 과제를 스스로 수행함	학생들이 수학 개념과 절차의 이해 그리고 수학적 추론과 문제 해결에 대한 과제를 스스로 심화·확장하는 활동을 수행함
3. 학습 심화	교사가 대부분의 이야기를 하고 학생 응답은 거의 없음 또는 교사 응답에 학생 오개념을 유발할 수 있는 심각한 내용적인 오류가 있음	교사는 주로 피상적인 질문을 하고 학생 응답을 맞음/틀림으로 평가함	교사는 수학 개념과 절차에 대한 이해 또는 수학적 추론 및 문제해결에 관련된 학생들의 응답을 이끌어 냄	교사는 수학 개념과 절차에 대한 이해 그리고 수학적 추론 및 문제해결에 관련된 학생들의 응답을 이끌어 내고 발전시킴	교사는 학생들 간의 상호 작용을 통해 수학 개념과 절차, 수학적 추론 및 문제해결 이해에 대한 자신의 역량을 스스로 평가할 수 있게 함
4. 교수 학습 자료	교사가 사용한 교수·학습 자료는 수학 내용과의 연결성이 없음 또는 학생 오개념을 유발할 수 있는 방식으로 사용됨	교사가 사용한 교수·학습 자료는 수학 내용과의 연결성이 있지만 학생의 수학적 이해를 도왔다고 보기 어려움	교사가 사용한 교수·학습 자료는 학생의 수학적 이해를 돕는 방식으로 사용됨	교사가 사용한 교수·학습 자료는 학생의 수학적 이해를 심화하는 방식으로 사용됨	*교과서, 칠판 이외의 교수·학습 자료 사용이 없으면 체크하지 않음

2 수업 분석

수업 관찰 이후에는 구체적인 수업 분석이 이루어져야 한다. 전통적으로 수업 분석은 수업평가의 일환으로 시행되어 왔지만, 최근에는 교사 자신의 수업의 문제점과 그 원인을 밝히거나 이유를 설명하기 위하여 자신 또는 타인의 수업을 분석함으로써 수업진단, 원인 또는 이유 파악, 대안설정에 대한 학습 기회로서의 역할이 강조되고 있다(정영옥,

2010; Santagata et al., 2007). 따라서 효과적인 수업 분석을 위해서는 수업 실행과 반성 단계뿐만 아니라 수업 계획까지 중요하게 다루어져야 하며 이러한 수업 후 분석을 통해 그 수업에 대한 수정안 또는 다음 수업의 지도안을 만들어 보는 것이 중요하다(Desimone, 2009; Alsawaie, & Alghazo, 2010). 또 수업 분석도구를 사용하여 수업을 관찰하고 분석할 때, 수업 교사 개인의 자질과 능력의 신장을 위한 수업 기술에 대한 처방적 관점보다는 수업에서 나타난 학습 기회에 대한 이해 및 해석에 초점을 두어 보다 나은 의사결정을 모색하는 과정이 되도록 해야 한다(진영은, 함영기, 2009). 이 절에서는 수업 분석의 접근법과 각 접근법에 기반한 수업 분석에 활용할 수 있는 분석도구들 가운데 다년간의 대규모 현장사례연구를 통해 내용 타당도를 확보한 국외 도구들을 소개하고자 한다.

1 수업 분석의 접근법

수업 분석의 방법은 크게 **양적인 방법**(quantitative)과 **질적인 방법**(qualitative)으로 분류할 수 있다(주삼환 외, 2018). 양적인 방법은 가설을 설정하고 가설을 검증하는 목적으로 이루어진 접근법으로 관찰하는 수업 상황을 계량화하여 분석하는 방법이다. 양적인 방법으로 수업을 분석하는 가장 일반적인 방법은 교사의 특정 행동을 계량적 수치로 나타낸 것으로 수업 관찰기록지가 있다. 양적으로 수업을 분석하였을 때 기대할 수 있는 장점은 개선해야 할 부분, 정도, 빈도 등의 수치를 비교할 수 있다. 그러나 양적 데이터로 수업교사의 수업의 모든 측면을 분석한다는 생각은 경계해야 한다. 수업은 결국 교사와 학생 간의 인간적인 상호작용으로 그 효과가 달라질 수 있기 때문에 빈도와 정도 등의 수치 제시가 교사와 학생의 수업 내 복잡한 상호작용의 모든 현상을 분석할 수 없기 때문이다. 이런 문제점의 대안으로 양적 데이터를 바탕으로 전문가의 전문적인 식견으로 수업을 분석하는 혼합식 수업 분석도 이루어지고 있다(강정찬, 2015). 양적으로 이루어지는 수업 분석에서 학교 현장에서 가장 많이 사용하는 방법은 체크리스트 평정이다. 〈표 12-2-1〉과 체크리스트 평정(評定)의 예시이다.

질적인 방법은 관찰을 중시하며 현상의 총체적인 측면을 분석하는 목적을 지니고 있지만, 상황에 따라서 한 부분만을 분석의 대상으로 삼는 수업 분석 방식이다. 천호성(2008)은 질적 수업 분석의 특징으로 일정한 가설의 틀에 의한 가설 검증을 목적으로 하지 않으며, 주로 기록에 기초하여 분석함을 제시하였다. 또한, 질적 접근에 의한 수업 분석에서는 분석자의 주관성과 해석의 다양성에 초점을 두어 수업의 의미, 수업현상의 해석과 설명을 통해 수업과 그 관련 요인을 심층적으로 이해하는 것을 중시한다. 이 분석법은 수업의 본질적인 사상을 도출하고 수업장면을 해석하여 수업현상에 대한 다양한 맥락을 이해할 수 있는 반면, 수업기록의 작성이 힘이 든다는 점, 분석절차에 객관성을 보증하기 어렵다는 점이 한계점으로 지적된다(김효수, 진용성, 2017).

| 표 12-2-1 | 체크리스트 평정의 예시

구분		분석 내용	매우 우수	우수	보통	미흡	매우 미흡
교수학습과정	목표	1. 본시 학습목표 설정이 타당하고, 관련하여 선수 학습활동을 전개하고 있는가?					
	동기 유발	2. 학습목표와 관련된 동기 유발 활동이 잘 이루어졌는가?					
	내용 제시	3. 학습내용요소가 체계적이고 효과적으로 제시되고 있는가?					
	교수 방법	4. 학생의 수준을 고려한 적절한 교수·학습 방법을 전개하고 있는가?					
		5. 학습활동에 적합한 매체 및 자료 활용, 판서가 잘 이루어지고 있는가?					
	평가	6. 학습목표 달성 확인을 위한 적절한 평가를 실시하였는가?					
수업기술		7. 학습자를 학습 활동에 적극적으로 참여시켰는가?					
		8. 학습목표와 내용에 적합한 발문과 피드백이 이루어졌는가?					
		9. 학습자의 활동에 인정·칭찬 등 학습자와의 적절한 의사소통이 이루어졌는가?					
		10. 학습목표와 관련된 창의적인 교수·학습이 이루어졌는가?					

| 2 | 수업 분석을 위한 도구 소개

(1) RTOP (Reformed Teaching Observation Protocol)

가. 도구의 개발 배경

RTOP의 개발은 예비 수·과학 교사의 수업 역량 증진과 평가를 위해 미국 애리조나 주의 여러 대학들이 참여한 공동 프로젝트로서 시작되었다. RTOP은 교수·학습에 대한 구성주의적 입장(von Glasersfeld, 1989)에 기반한 수업 관찰도구로 규준기반(standards-based teaching), 탐구중심(inquiry orientation), 그리고 학생중심(student-centered teaching)(AAAS, 1989; NCTM, 2000; NRC, 1996)의 수업 관행을 촉진하는 것을 목적으로 한다(Swada et al., 2002). RTOP이 수 · 과학 과목의 수업 관찰도구로 개발되었으나 측정하는 내용이 교과목의 내용보다는 구성주의에 입각한 수업을 수행하는 교수법적인 면에 초점을 두고 있기 때문에, 수 · 과학 과목을 초월하여, 또 대학 수업을 관찰하는 데 적용할 수 있다.

나. 도구의 구성 내용

RTOP은 관찰대상이 되는 수업 활동을 '수업 설계 및 실행', '교과 내용', '교실 문화'의 세 영역으로 구분한다. '교과 내용'과 '교실 문화'를 다시 각각 2개의 하부 영역으로 나누어 총 5개의 세부 요소에서 25개 항목이 구성되어 있다. 항목의 구성은 〈표 12-2-2〉와 같다.

① 수업 설계 및 실행: 이 영역에서는 RTOP에서 제시된 항목을 통해 교사는 수업 시작 시 학습자의 선지식과 선개념을 고려하고, 학습자를 학습 공동체의 구성원으로 참여시키고, 수업 내 학습자의 다양한 문제 해결 방법에 가치를 두며, 학습자의 생각에 따라 진행 방향이 결정되는 수업을 진행하는지 측정한다.

② 교과 내용: 수업 내용에 대한 영역으로, 명제적 지식 문항은 수업 내용의 질적 측면을, 절차적 지식 문항은 문제해결 및 탐구 과정을 측정한다.

③ 교실 문화: 교실 상호작용에 관한 영역으로, 의사소통 문항은 교사 발문 및 학생 생각 말하기, 학생 사이의 담화 정도를 평가하고, 학생-교사 상호작용 문항은 구성주의적 학습 분위기 조성을 위한 교사의 역할 및 학생과의 관계 정도를 측정한다.

다. 도구의 사용 방법

각 문항에 대해 0~4의 리커트 척도를 사용하여 100점을 총점으로 한다. 0점은 수업 중에 해당항목이 관찰되지 않음, 2점은 해당항목이 수업 중 2회 이상 관찰되었음, 4점은 해당항목이 매우 구체적으로 나타남을 뜻한다. 한 세부 요소에서 총 10점 이상은 관찰된 수업이 그 세부 요소가 측정하는 수업의 측면에서 개혁 지향적, 즉 구성주의적으로 실행되었음을 의미한다. 3개 영역 전체에서 총 50점 이상을 받은 수업은 총체적으로 구성주의적 관점을 반영하여 이루어진 것으로 간주된다.

| 표 12-2-2 | RTOP의 내용

<table>
<tr><th colspan="3">항 목</th><th>전혀 일어나지 않음</th><th colspan="3">⟷</th><th>매우 잘 표현됨</th></tr>
<tr><td colspan="2" rowspan="5">I. 수업 계획 및 실행</td><td>1) 수업 전략과 수업활동이 학생들의 사전지식과 학생들에게 내재된 선입견을 고려한다.</td><td>0</td><td>1</td><td>2</td><td>3</td><td>4</td></tr>
<tr><td>2) 학생들이 학습공동체의 일원으로 참여할 수 있도록 수업이 설계되었다.</td><td>0</td><td>1</td><td>2</td><td>3</td><td>4</td></tr>
<tr><td>3) 수업에서 설명식 내용제시에 앞서 학생들의 탐구가 진행된다.</td><td>0</td><td>1</td><td>2</td><td>3</td><td>4</td></tr>
<tr><td>4) 수업이 학생들의 다양한 탐구활동이나 문제해결을 장려하는 분위기를 조성한다.</td><td>0</td><td>1</td><td>2</td><td>3</td><td>4</td></tr>
<tr><td>5) 학생들의 의견에 바탕을 두고 수업의 초점과 방향을 결정한다.</td><td>0</td><td>1</td><td>2</td><td>3</td><td>4</td></tr>
<tr><td rowspan="10">II. 교과 내용</td><td rowspan="5">1. 명제적 지식</td><td>6) 수업이 교과에 대한 기본적인 개념들을 포함하고 있다.</td><td>0</td><td>1</td><td>2</td><td>3</td><td>4</td></tr>
<tr><td>7) 수업이 통합적인 개념이해를 활성화한다.</td><td>0</td><td>1</td><td>2</td><td>3</td><td>4</td></tr>
<tr><td>8) 교사는 수업의 내용에 대한 명확한 이해를 가지고 있다.</td><td>0</td><td>1</td><td>2</td><td>3</td><td>4</td></tr>
<tr><td>9) 추상화하는 것이 중요하다고 생각될 때, 추상적 표현 방식(기호화된 표현, 이론형성)을 권장한다.</td><td>0</td><td>1</td><td>2</td><td>3</td><td>4</td></tr>
<tr><td>10) 현재 가르치고자 하는 다른 교과의 내용 및 실제 현상들과의 연관(관계)을 탐구하고 중요시한다.</td><td>0</td><td>1</td><td>2</td><td>3</td><td>4</td></tr>
<tr><td rowspan="5">2. 과정적 지식</td><td>11) 학생들은 현상을 표현하기 위해 다양한 방법(모형, 그림, 그래프, 구체적인 자료 등)을 사용한다.</td><td>0</td><td>1</td><td>2</td><td>3</td><td>4</td></tr>
<tr><td>12) 학생들은 예측, 추정 및/혹은 가설을 만들고, 그것들을 검증할 방법을 설계한다.</td><td>0</td><td>1</td><td>2</td><td>3</td><td>4</td></tr>
<tr><td>13) 탐구활동뿐만 아니라 탐구 과정에 대한 비판적 평가가 통합되는 사고유발활동에 적극 참여한다.</td><td>0</td><td>1</td><td>2</td><td>3</td><td>4</td></tr>
<tr><td>14) 학생들은 자신들의 학습에 대하여 반성적이다.</td><td>0</td><td>1</td><td>2</td><td>3</td><td>4</td></tr>
<tr><td>15) 지적인 열정, 구성주의적 비평, 다양한 생각에 가치를 둔다.</td><td>0</td><td>1</td><td>2</td><td>3</td><td>4</td></tr>
<tr><td rowspan="3">III. 교실 문화</td><td rowspan="3">1. 의사 소통 상호 작용</td><td>16) 학생들이 자신들의 생각을 발표할 때 다양한 방법과 매체를 사용한다.</td><td>0</td><td>1</td><td>2</td><td>3</td><td>4</td></tr>
<tr><td>17) 교사의 질문은 발산적 사고를 유발한다.</td><td>0</td><td>1</td><td>2</td><td>3</td><td>4</td></tr>
<tr><td>18) 두 학생 간 혹은 학생들 사이에 발생하는 담화가 충분하고 수업의 진행에 의미 있는 역할을 한다.</td><td>0</td><td>1</td><td>2</td><td>3</td><td>4</td></tr>
</table>

항 목			전혀 일어나지 않음	⟷			매우 잘 표현됨
		19) 학생들의 질문과 발언이 교실담화의 초점과 방향을 결정한다.	0	1	2	3	4
		20) 다른 사람이 말하는 것을 존중하는 분위기이다.	0	1	2	3	4
	2. 학생 교사 관계	21) 학생들의 적극적인 참여가 권장되고 중요시된다.	0	1	2	3	4
		22) 학생들이 추측, 대안적인 문제해결 전략, 그리고/또는 증거를 해석하는 다양한 방법을 고안하도록 장려한다.	0	1	2	3	4
		23) 일반적으로 교사는 학생들을 인내심을 가지고 대한다.	0	1	2	3	4
		24) 교사는 학생들의 탐구를 지원하고 강화시키는 자료 제공자로서의 역할을 한다.	0	1	2	3	4
		25) "경청자로서의 교사"라는 비유는 이 교실에 매우 적합하다.	0	1	2	3	4

(2) MQI (Mathematical Quality of Instruction)

가. 도구의 개발 배경

MQI는 수학교사의 수학적 지식과 정확한 수학적 설명에 가치를 둔 수업 관찰도구로 미국 미시간대학교의 LMT(The Learning Mathematics for Teaching) 프로젝트에서 교수를 위한 수학적 지식(MKT; Mathematical Knowledge for Teaching, Ball, Thames & Phelps, 2008)과 수업 실행의 관련성을 연구하면서 개발되었다(Hill et al., 2008). 수학교사에게 수학적 지식이 매우 중요한 역량이지만, 실제 수학 수업에서 교사가 수학적 지식을 어떻게 사용하는지는 또 다른 역량이다. 즉, 수학교사가 수업을 이끌어내는 수학 및 수학교육의 지식을 확인할 수 있는 방법이 필요한데, 이를 위해 개발된 것이다. MQI는 수업 중에 '교사-학생, 교사-내용, 학생-내용'의 세 관계 속에서 학생이 경험하는 수학적 내용을 다루는 것으로(Mitchell & Marin, 2014), 어느 특정 교수법적 접근 방법(예를 들어, 구성주의)을 선호하거나 측정하지 않는다(Boston et al., 2015). 이는 교수법에 상관없이 수학 수업의 수학적 질을 다루는 것이 가능하고 유익하다는 관점이며, 수업 분위기, 교육 스타일, 일반적인 수업 전략 등을 관찰하는 도구와는 구별된다. 따라서 MQI는 수학 이외 다른 과목의 수업 관찰에 적용을 제안하지 않는다.

나. 도구의 구성 내용

MQI는 수학 수업의 질에서 중요한 요인을 아래 〈표 12-2-3〉*과 같이 '수학 내용과의 관련성', '수학적 풍부함', '학생과 상호작용', '오류 및 부정확성', 'CCSSM과 연계된 학생의 수학적 관행'의 5개 영역으로 구분하다. '수학 내용과의 관련성'을 제외한 4개의 영역에서 총 16개 하위요소가 구성되어 있으며, 해당 영역의 전반적인 수준을 확인

| 표 12-2-3 | MQI의 내용

영역	요소	내용
수학내용과의 관련성	하위 요소 없음	
수학적 풍부함	연결성	수학적 표상, 아이디어, 절차를 서로 연결함.
	설명	아이디어, 절차, 문제해결 방법 등에 대한 수학적 의미를 제공함.
	다양한 풀이	다양한 풀이 방법, 다양한 절차를 제공함.
	일반화	사례나 예로부터 수학적으로 일반화함.
	수학적 언어	수학적 언어를 유창하게 사용하거나 수학적 언어 사용을 지원함.
학생과 상호작용	학생의 오류 또는 어려움 보정	학생의 오류, 오개념, 어려움을 보정함.
	학생의 수학적 산물에 대한 반응	학생의 수학적 산물을 이해하고 반응함.
오류 및 부정확성	수학적 오류	교사가 내용에 관한 수학적 오류를 일으킴.
	언어 또는 수학 기호 표기의 부정확성	수학 기호, 수학적 언어 및 일반적 언어 사용에서 오류를 일으킴.
	명료성 부족	교사가 수학 내용을 표현하는 데 명료성이 부족하거나 과제나 활동을 안내할 때 불명확하게 전달함.
교육과정(CCSSM)과 연계된 학생 관행	학생의 설명	학생이 아이디어, 절차, 답 등에 대한 수학적 설명을 제공함.
	학생의 질문과 추론	학생이 수학적인 질문을 하거나 추론함.
	과제의 인지적 요구	과제를 해결하는 과정에서 학생들이 인지적 요구 수준이 높은 과제에 참여함.

* MQI 도구의 구성내용은 고경우(2015)와 김성경(2016)에서 번역된 내용을 수정 · 보완한 내용이다.

하는 요소도 하나씩 포함되어 있다.

① 수학 내용과의 관련성: 단위수업이 수학과 관련된 내용을 다루는지 측정한다. 세부 하위요소는 없다.

② 수학적 풍부함: 수업에서 학생들이 경험하는 수학 내용의 깊이를 측정한다. '연결성', '설명', '수학적 감각/의미 구성(sense-making)', '다양한 풀이', '일반화', '수학적 언어'가 하위 요소에 해당한다.

③ 학생과 상호작용: 교사가 학생의 수학적 산물이나 오류를 이해하고 반응하는지 측정한다. '학생의 오류 또는 어려움 보정', '학생의 수학적 산물에 대한 반응'이 하위 요소로 포함된다. 수학적 산물은 학생이 설명이나 질문하는 활동 등에서 보이는 주장, 아이디어, 설명, 풀이 방법 등의 생산물이다.

④ 오류 및 부정확성: 수업에서 나타나는 수학적 오류나 부정확성을 포착한다. '수학적 오류', '언어 또는 수학 기호 표기의 부정확성', '수학 내용 발표의 명료성 부족'이 하위 요소이다.

⑤ 교육과정(CCSSM)*과 연계된 학생 관행: 수업에서 학생이 교육과정에서 강조되는 관행에 참여하고 있는지를 측정한다. '설명하기', '수학적 질문과 추론하기', '수학적 의사소통하기', '인지적 요구가 높은 과제에 참여하기', '맥락적 문제 해결하기'가 하위요소로 포함된다.

다. 도구의 사용 방법

MQI에서는 실제 수업보다는 수학 수업의 비디오를 사용하여 관찰하고, 녹화된 수업 영상을 5분~7분 단위로 나누어 분석하는 것을 권장한다. '수학 내용과의 관련성'은 관찰된 단위 수업의 50% 이상이 학생 지도 등의 활동이 아닌 수학 내용과 관련되어 있는지 여부에 따라 예 또는 아니오로 측정한다. 나머지 4개 영역은 각 하위요소의 존재성과 적절성을 상, 중 하, 나타나지 않음으로 측정한다. MQI는 각 요소별로 '상', '중', '하' 수준을 부여하는 방법에 대한 상세한 루브릭을 제공한다. 본고에서는 지면 관계상 한 요소에 대한 루브릭을 소개한다. 〈표 12-2-4〉는 '수학적 풍부함' 영역의 하위요소인 '일반화'에 대한 루브릭(김성경, 2016)이다.

* 미국 핵심 공통수학 규준(Common Core State Standards for Mathematics for Mathematics, CCSSI, 2010).

| 표 12-2-4 | MQI의 '일반화'에 대한 루브릭

요소에 대한 설명	요소의 수준		
	상 수준	중 수준	하 수준
교사 또는 학생이 사례나 예를 조사하여 수학적으로 일반화하고 이를 명제로 만든다(예를 들면, 함수 $y=x^2$, $y=2x^2$, $y=4x^2$의 그래프를 그려보고 계수가 변화함에 따른 그래프의 모양을 일반화하는 것). • 특별한 경우를 조사하고 패턴을 찾는 경우 • 수학적 절차가 모든 경우에 적용 가능한지를 말하는 경우 • 정의를 만들거나 수학적 원리를 도출하는 경우 (다각형의 예와 비예의 차이를 살펴보고 다각형 정의하기) ※ 주의할 점 - 두 개 이상의 예를 사용해야 함. - 일반화가 명백해지는 단위수업에만 점수를 부여함. - 잘못된 일반화는 배제함. - 예로부터 일반화를 끌어내지 않는 경우는 배제함.	교사 또는 학생이 일반화함. 특정한 과제에서 사용한 수학적 핵심을 포함해서 일반화하고 그 과정이 완벽하고, 명백하고, 상세한 경우	교사 또는 학생이 일반화하였으나, 일반화의 과정이 완벽하지 않거나, 명백하지 않거나, 상세하지 않은 경우	일반화가 일어나지 않은 경우

(3) GDTQ (Generic Dimensions of Teacher Quality)

가. 도구의 개발 배경

GDTQ는 Stigler & Hiebert(2009)가 1995년에 수행한 TIMSS*-Video 연구에서 미국, 일본, 독일의 8학년 수학 수업을 비교 분석하면서 시작되었으며, OECD-TALIS (Teaching And Learning International Survey) 및 PISA(Program for International Student Assessment) 등 여러 국제 비교 연구에서도 부분적으로 활용되었다(Praetorius 외, 2018). GDTQ는 교육과학, 교육심리 이론에 기반하여 학생들이 수업에 집중하지 않으면 수업의 흐름을 이해하지 못하고, 따라서 학업성취가 높아질 수 없다는 전제를 가진다. 교사와 학생들이 자유로운 그리고 활발한 상호작용을 통해 학업성취도를 높이고 학습동기를 유발 및 지속할 것이라는 관점을 토대로 수학 수업의 본질을 수업 관리(수업운영의 구조성과 명료성), 인지적 도전(도전적이고 인지적인 수업활동) 그리고 학생 지원의 세 가지 차원으로 정의하고 있다(Praetorius & Charalambous, 2018).

GDTQ는 표준화된 지표를 사용하여 수업의 질을 측정하는 것을 목적으로 하는 도구

* TIMSS(Trends in International Mathematics and Science Study)는 IEA(International Association for the Evaluation and Education Achievement) 기구에서 4년 주기로 4, 8학년을 대상으로 수행하는 국제학업성취도 조사이다.

가 아니라, 대신에 규율 문제, 교사-학생 관계, 어려운 과제 및 질문과 같이 수업에서 발생하는 복잡한 현상에 대한 다양한 예시를 제공하여 사용자의 필요에 의해 변경 가능한 지표를 구성할 수 있도록 하였다. 이러한 방식은 유연한 관찰을 할 수 있게 하는 장점이 있지만 결과적으로 구체성이 부족할 수도 있다. GDTQ는 수학 과목의 수업을 관찰하기 위해 개발되었으나 과목에 구애받지 않고 사용 가능하다고 보고된다(Baumert 외, 2010).

나. 도구의 구성 내용

GDTQ의 분석 프레임은 교육의 질을 '교실관리(classroom management)', '학생지원(student support)', '인지활성화(cognitive activation)'의 세 가지 대영역으로 나누고, 아래 〈표 12-2-5〉*와 같이 교실관리에 4개, 학생지원에 10개, 인지활성화 영역에 7개의 하부영역으로 구성되어 있다. 이 하부영역이 의미하는 바를 보다 명확히 하기 위해서 해당 주제의 예들이 각각 제공되는 형식이다.

다. 도구의 사용 방법

GDTQ는 각 하부영역에 대한 관찰 지표가 사용자의 목적과 환경에 따라 융통성 있게 재구성되는 특성이 있어서 정형화된 지표 또는 결과 해석에 대한 표준화된 매뉴얼이 제시되어 있지 않다.

표 12-2-5 GDTQ의 내용

영역 및 하부영역	하부영역의 예들
1. 교실관리	
1.1 (드문) 수업 방해 및 학생지도 문제	• 수업중에 중단이 없습니다. • 수업은 훈육 문제가 발생하지 않는 방식으로 계획됩니다. • 교사는 흔히 발생하는 혼란이 일어나기 전에 조치를 취합니다.
1.2 (효과적인) 시간 관리	• 수업은 정해진 시간에 시작하고 끝납니다. • 수업의 다른 부분 간의 전환은 원활합니다. • 교사는 활동 시간을 명확히 전달합니다(예: 5분 남음).
1.3 모니터링/관찰	• 교사는 대부분 학생을 바라보며 등을 돌리는 경우는 자주 없습니다. • 교사는 교실 전체를 꾸준히 모니터링합니다.
1.4 명확한 규칙 및 루틴	• 규칙을 위반하는 것은 합의된 규칙을 참조하여 교사에 의해 승인됩니다. • 규칙 위반으로 인한 심각한 수업 중단은 발생하지 않습니다. • 교사는 학생이 규칙을 위반할 때 발생하는 결과에 대해 명확히 설명합니다.

* GDTQ 도구의 구성내용은 천세영 등(2020)에서 번역된 내용을 수정·보완한 내용이다.

영역 및 하부영역	하부영역의 예들
2. 학생 지원	
2.1 역량 경험 지원	
2.1.1 개별화 및 맞춤형 지원	• 교사는 다르고 어려운 난이도를 가진 연습문제를 제공합니다. • 수업 중 과제를 빨리 완수한 학생들이 추가 연습을 계속할 수 있습니다. • 학생이 이해하지 못한 부분이 있을 때 교사는 그 내용을 다시 설명하기 위해 시간을 낼 수 있습니다.
2.1.2 수업의 속도	• 교사가 질문을 하면 학생들은 그 내용에 대해 충분히 생각할 시간을 갖습니다. • 학생들이 따라올 수 없을 때 교사는 수업 속도를 조절합니다.
2.1.3 오류에 대한 건설적 접근	• 교사는 실수를 통해 학생들이 배우게 합니다. • 교사는 학생들의 실수에 부정적인 방식으로 반응하지 않습니다. • 교사가 실수를 하면 공개적으로 인정합니다.
2.1.4 사실적이고 건설적인 피드백	• 피드백은 오류에 대한 응답으로 받아들여집니다. • 교사의 피드백은 학생들에게 실수가 발생한 위치와 이를 개선할 수 있는 방법을 제시합니다.
2.2 자율 경험 지원	
2.2.1 흥미와 관련성	• 수업은 일상생활의 학습 자료(예: 기하학적 모양의 초콜릿바 형태)를 활용합니다. • 교사는 학생들에게 영감을 줄 수 있습니다.
2.2.2 성과 압력 및 경쟁(부정적 지표)	• 교사는 경쟁심을 유발합니다(예: '누가 먼저 끝낼 수 있나요?와 같은 말을 함). • 교사는 학생들의 수행 결과를 공개합니다(예: 연습 후 실수 횟수를 말하게 함). • 교사가 수업중에서 학생활동에 대해 점수를 매깁니다.
2.2.3 개별 선택 옵션	• 학생들은 다양한 과제 중에서 선택할 수 있습니다(예: 다양한 난이도 관련). • 학생들은 다양한 문제해결 전략 중세서 선택할 수 있습니다. • 학생들은 혼자 또는 그룹으로 활동을 할 것인지 결정할 수 있습니다.
2.3 사회적 관계 경험 지원	
2.3.1 교사 → 학생	• 교사는 학생들을 친절하게 대합니다. • 교사는 학생들의 관점과 의견에 관심을 갖습니다. • 교사는 학생들이 무언가에 대해 이야기하고 싶을 때 시간을 내어줍니다.
2.3.2 학생 → 교사	• 학생들은 교사와 예의바르게 이야기합니다. • 학생들은 교사의 기분을 상하게 할 정도의 농담을 하지 않습니다.
2.3.3 학생 → 학생	• 학생들은 교사뿐만 아니라 서로에게 주의를 기울입니다. • 학생들은 서로를 비웃지 않습니다. • 학생들은 서로를 돕습니다.

영역 및 하부영역	하부영역의 예들
3. 인지활성화	
3.1 도전 과제 및 질문	• 교사는 생각을 자극하는 열린 질문을 합니다. • 학생들은 여러 문제해결방법을 비교하고 평가해야 합니다. • 학생들은 자신의 답에 대한 이유를 설명해야 합니다.
3.2 사전 지식 탐색 및 활성화	• 학생들은 주제에 대해 브레인스토밍하도록 요청받습니다. • 사전 지식에 대해 질문할 때 교사는 하나의 정해진 답변에만 관심이 있는 것은 아닙니다.
3.3 학생 사고 탐구	• 교사는 학생들이 이해하는 데 어려움이 있을 때 사고 과정을 요구합니다. • 교사는 학생들이 특정 답안에 어떻게 도달했는지 물어봄으로써 학생들의 사고 과정을 이해하려고 합니다. • 교사는 학생들에게 답에 대한 추가 설명을 찾도록 요구합니다.
3.4 교사의 학습에 대한 수동적 이해(부정적 지표)	• 학생들이 비슷한 연습문제를 반복해서 풉니다. • 교사는 과제를 해결하는 정확한 방법을 제시합니다. • 교사는 작은 단계의 질문을 합니다(예: 단답형 질문).
3.5 담화적 협력적 학습	• 교사는 학생들의 진술을 서로 연관시킵니다. • 교사는 학생의 답변을 직접 평가하지 않고 다른 학생들에게 요청합니다. • 교사와 학생의 상호작용은 개념적 변화와 개념적 확장을 지원합니다.
3.6 문답식 교수법	• 교사는 학생들이 스스로 깨닫게 될 때까지 자신의 생각으로 고민하게 합니다. • 교사는 답변이 맞고 틀린지 학생들에게 즉시 말하지 않습니다. • 교사는 학생의 답변에 어떤 결과가 있는지 생각해야 하는 방식으로 학생의 답변에 질문합니다.
3.7 메타인지 지원	• 교사는 학생들에게 메타인지 과정에 대한 시간을 제공합니다(예: 학습 과정 계획 또는 학습일기 작성). • 수업에서 다양한 교수법이 반영됩니다. • 방법론적 접근법이 검토됩니다.

(4) 수학적 사고 중심 프레임 (TRU Math Framework)

가. 도구의 개발 배경

'수학적 사고 중심 수업을 위한 필수 측면 프레임'은 영어로는 Teaching for Robust Understanding of Mathematics Framework (TRU Math Framework)으로 UC Berkeley의 Alan Schoenfeld 연구팀이 7년여에 걸쳐 개발하고, 이후 5년간 사례 분석 및 타당화의 과정을 거쳐 수정·보완한 수업 관찰 도구이다(김희정, 2022).

'수학적 사고 중심 수업을 위한 필수 측면 프레임'이 개발된 배경은 앞서 소개한 교실 수업 관찰 및 분석 도구 역시 수년간의 연구에 걸쳐 개발되었고, 각각이 추구하는 방향성이 비슷한 부분도 있으나, 다른 측면에 각각 방점을 두는 경우가 있으며, 기존의 수업 분석 도구들이 측정하지 못하는 측면(예: GDTQ의 경우 일반적인 교실 관리 및 상호작용 강조; MQI의 경우, 교육의 질에 대한 공평한 접근성 문제나, 학생들의 행위주체성(agency), 권위의 분배(authority) 등이 포함되지 않아, 좋은 수학 수업을 바라보는 관점이 다소 다름)이 있어, '좋은 수학 수업', 즉 '수학적 사고 중심 수업'에 대한 수학 수업 관찰 프레임의 개발의 필요성이 매우 절실하여 5년 이상 미국 내의 좋은 수학 수업이라 불리는 수업을 실제로 방문하여 관찰하고, 분석하거나 MET study 비디오 데이터와 같이 기존의 수학 수업 데이터를 분석하여 7년에 걸쳐 현재의 다섯 가지 측면으로 구성된 프레임을 완성하게 되었다.

나. 도구의 구성 내용 및 사용 방법

수학적 사고 중심 수업을 위한 프레임(TRU Math 프레임)은 1장에서 소개한 바와 같이 크게 다섯 가지 측면으로 구분되어, 일반적인 측면에 대한 소개를 먼저 하고 있다(〈표 12-2-6〉 참조).

표 12-2-6 수학적 사고 중심 수업을 위한 프레임의 다섯 가지 핵심 측면

측면	일반적 설명
수학적 측면	교실 수업에서 다루어지는 수학이 얼마나 목표 중심적이고, 일관적이며 연결성이 있는가와 관련한 측면이다. 학생들은 중요한 수학적 내용과 수학적 실천을 배울 수 있는 기회를 가져야 하고, 효과적인 수학적 습관을 계발할 수 있는 배움의 기회를 가져야 한다.
인지적 요구 측면	교실에서의 상호 작용이 얼마나 학생들의 수학적 계발을 위한 지적 자극 및 도전을 조성하고 유지하는지의 측면이다. 이러한 지적 도전의 수준은 교사가 하나하나 가르쳐 주는 정도로 너무 쉬워서도 안 되고 너무 어려워서 헤매도록 해서도 안 되는 중간 정도가 이상적이다.
수학 내용에 대한 접근성 측면	교실 활동 구조가 어느 정도로 수업에서 다루는 핵심 수학에 모든 학생들의 적극적인 참여를 유도하는지의 측면이다. 수학이 얼마나 풍부하게 논의되는지와는 상관없이 소수의 학생들만이 토론을 독점하는 듯한 수업은 공평하지 않다.
행위주체성, 자주성, 긍정적 정체성 측면	어느 정도로 본인의 행위 주체성(수학 학습에 몰두할 수 있는 역량과 의지)과 자주성(확실히 수학을 배울 수 있다고 인식하는 것)을 계발하는 데 기여하는지에 대한 것으로, 학생들이 서로 가설을 세우고 설명하고 수학적으로 논증을 하면서 결과적으로 수학 학습자로서의 긍정적인 정체성을 갖게 되는가의 측면이다.
형성적 평가의 측면 (반응적 교수 측면)	수업의 효과적인 도입 및 학생들의 오개념을 바탕으로 교사가 얼마나 학생들의 생각을 자극하여 유도하고, 그것에 반응적 지도를 하는지에 관한 측면이다. 효과적인 수업은 학생들의 현재 상태를 진단하고 발견할 수 있는 기회를 주는 것이다.

이러한 측면에 대한 수준을 각각 1수준, 2수준, 3수준으로 나누어서 각 측면에 대해 평가 기준을 소개하고 있으며, 아래 〈표 12-2-7〉의 일반적인 요약 기준을 중심으로 하되, 수업의 구조적인 측면에서 전체 학급 활동, 소그룹 활동, 학생 발표 활동, 개별 학습 활동의 네 가지 유형의 에피소드로 나누어 분석한다. 다만 10분이 넘어가면 수학적인 아이디어의 전환에 따라 한 번 더 나누어 분석하게 된다. 각각의 에피소드에는 각 측면당 점수를 1점에서 3점까지 부여하되, 관찰이나 분석의 목적상 더 세분할 필요가 있을 시, 1.5점과 2.5점도 부여하여 5점 척도로 분석할 수 있다. 각각의 수업 구조에 대한 평가 기준은 따로 마련이 되어 있으며, 웹페이지에서 원본을 볼 수 있다.*

표 12-2-7 수학적 사고 중심 수업을 위한 프레임의 요약 관찰 평가 기준

	수학적 측면	인지적 요구 측면	수학 내용에 대한 접근성 측면	행위주체성, 자주성, 긍정적 정체성 측면	형성적 평가의 측면 (반응적 교수 측면)
핵심 질문	수학적 내용이 얼마나 정확하고, 일관성 있고, 정당화가 잘 되어 있는가?	학생들이 수학적 개념을 접하고 이해하는 데 있어 어느 정도까지 지적 자극이나 도움을 받고 있는가?	교사는 모든 학생들의 수업 내용에 대한 접근성/참여도를 어느 정도로 유도하는가?	학생들의 아이디어가 교실 논의의 원천이 되는가? 학생 참여의 구성은 어떠한가?	학생들의 수학적 사고가 어느 정도로 유발되는가? 학생의 오개념이 잠재적으로 가치가 있을 때, 교수 활동이 학생의 아이디어를 기반으로 구축되는가?
1	교실 활동이 기술 지향적이거나 학년에 맞는 핵심적인 수학적 내용에 참여할 기회가 부족하다.	교실 활동은 학생들이 대부분 암기된 절차나 공식을 적용하거나 연습문제 풀이를 하도록 구성이 되어 있다.	수학적 내용에 대한 차별적인 접근이나 참여가 있고, 교사가 이러한 현상을 바꾸기 위한 드러나는 노력이 보이지 않는다.	교사가 대화를 시작하고, 학생들은 대부분 매우 짧게(한 문장도 안 되는) 단답형의 대답을 하고, 교사의 말과 행동에 교사의 대답이 제한된다.	학생 추론이 활발히 표면화되거나, 추구되지 않는다. 교사의 행동은 교정 피드백이나 격려로 제한된다.
2	교실 활동은 학년 수준이지만, 주로 기술 지향적이며 수학적 연결성(예: 절차와 개념 사이 또는 수학적 일관성)의 기회가 거의 없다.	교실 활동은 개념적 풍부성이나 문제 해결의 도전적 가능성을 제공하지만, 교수 활동이 그 도전성이나 생산적인 고민의 기회를 제거해 버리는 경향이 있다.	고르지 못한 접근이나 참여가 있지만, 교사는 많은 학생들에게 수학적 접근을 제공하기 위해 어느 정도 노력한다.	학생들은 수학적 사고의 일부를 설명할 수 있는 기회를 갖는다. 그러나 학생보다는 교사가 대화의 중대한 원동력이며, 정확성의 결정권을 가지고 있다. 수업 논의에서 학생의 아이디어가 탐구	교사는 학생의 생각이나 공통 오류를 언급한다. 그러나 특정 학생의 아이디어가 잠재적으로 가치가 있지만, 구축되지 않거나 문제 해결에 사용되지 않는다.

* http://map.mathshell.org/trumath.php

	수학적 측면	인지적 요구 측면	수학 내용에 대한 접근성 측면	행위주체성, 자주성, 긍정적 정체성 측면	형성적 평가의 측면 (반응적 교수 측면)
				되지 않거나, 구축되지는 않는다.	
3	교실 활동은 절차, 개념 및 적절한 상황 간의 의미 있는 연결을 지원하고, 수학에 대한 일관된 관점을 구축할 수 있는 기회를 제공한다.	교사의 도움이 생산적인 고민을 통해 이해를 구축하고 수학적 실천에 참여하도록 학생들을 도와준다.	교사는 적극적으로 지원하고 어느 정도는 광범위하면서 의미 있는 수학적 참여를 성립하건, 또는 이미 그러한 참여 구조가 노력의 결과로 보인다.	학생들은 그들의 아이디어와 추론을 설명한다. 교사는 그러한 과정에서 학생들의 개별 아이디어에 소유권을 부여하거나, 학생들은 서로의 아이디어에 반응하고, 상호간 아이디어를 구축한다.	교사는 학생들의 사고를 유도하고 후속 교수 행동은 생산적인 기초를 세우거나 새로운 오개념을 지목하면서 이러한 학생 사고에 반응한다.

3 수업 분석 사례

이 장의 1절과 2절에 살펴본 바와 같이 수업 분석을 위한 도구들은 개발 초창기에는 양적 방법을 많이 하였으나, 최근 도구들은 양적 및 질적인 방법을 병행하는 것을 알 수 있다. 따라서 여기에서는 앞서 검토한 혼합 접근법에 기반하여 개발된 도구 가운데 edTPA 도구를 적용하여 분석한 사례와 TRU 도구를 적용하여 분석한 사례를 소개한다.

|1| edTPA 적용 분석 사례

다음에 소개하는 분석 사례는 노지화(2019)의 연구에서 개발한 수학 수업 애니메이션 중 1편을 시청한 후 분석한 결과이다. 〈표 12-3-1〉은 분석에 사용한 수업 애니메이션의 개요와 전사문(轉寫文)이며, 〈표 12-3-2〉는 이를 분석한 결과의 예시이다.

| 표 12-3-1 | '육각형 체인의 둘레' 수업 애니메이션 개요 및 전사문

- 수업명: 육각형 체인의 둘레
- 단원: 중학교 문자와 식 ─ 문자의 사용과 식의 계산
- 수업내용: 학생들이 각자의 방법으로 4개의 정육각형이 연결된 체인의 둘레의 길이를 구한 후, 재영이가 사용한 방법으로 10개의 정육각형이 연결된 체인의 둘레의 길이를 찾는 상황

〈칠판〉

1 교사: 자, 재영이가 네 번째 그림 둘레 구한 방법 들어보겠어요.

2 재영: 육각형 하나를 연결할 때마다, 중간에 있는 육각형들은 둘레가 항상 4이고, 이 육각형들은 5가 되요. 그래서 음. 그래서 18이 나와요.

3 교사: 모두 이해했어요? 18이라는 것?

4 전체: 네!

5 교사: 아니, 재영이가 사용한 방법을 이해했어요?

6 전체: 네. 아뇨.

7 교사 재영이에게 물어 보고 싶은 사람?

8 현수: 어떻게 4가 나왔어?

9 재영: (네 번째 그림에서 두 번째 육각형을 가리키며) 4는 안에 있는 육각형이고, (네 번째 그림에서 세 번째 육각형을 가리키며) 다른 4는 여기에 있어. 그리고 끝부분에 (양 끝에 있는 육각형을 차례로 가리키며) 5가 있구.

10 우빈: 그럼, 4 더하기 4 더하기 5 더하기 5인 거야?

11 재영: (고개를 끄덕인다.)

12 교사: 좋아요. (잠시 학생들을 둘러봄. 딴 짓을 하고 있는 경민 발견). 경민아, 그럼 열 번째 그림에서 둘레는 어떻게 찾을지 물어봐 줄래?

13 경민: (머리를 들어 앞에 나와 있는 재영을 바라보며, 느릿한 말투로) 1 0번째 그림은 어떻게 찾아?

14 재영: (교사을 바라보며) 그림 그려도 돼요?

15 교사: 그렇고 말고.

16 교사: (전체 학생에게) 재영이가 그림 그리는 동안 재영이 방법을 사용해서 찾아보자.
(교사 교실 순회)

17 교사: (교실을 돌아다니다가 경민에게 나지막히 말한다.) 그건 재영이 방법이 아닌데.
(그동안 재영은 칠판에 자신의 풀이 방법을 적는다.)
(몇 분 후)

18 교사: 재영아, 설명해 줄래?

19 재영: 네. (중간에 있는 8개의 육각형을 가리키며) 8이 여기에 있습니다. 그 다음에 (두 번째 육각형을 가리키며) 위와 아래에 4가 있으니까 8 곱하기 4는 32가 됩니다. 여기 끝은 5이고 다른 끝도 5니까 더하기 10하면 42가 됩니다.

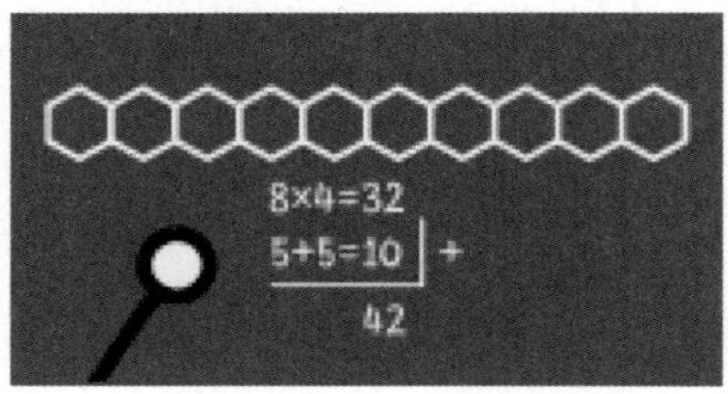

20 교사: 어떤거 같아요?

21 전체: (우렁차게) 맞아요. 좋아요

22 교사: 그럼, 어떤 그림에서든지 언제나 이 방법을 사용할 수 있을까?

23 전체: (자신없는 목소리로) 네. 네?

24 교사: (모르겠다는 표정을 짓고 있는 예지를 바라보며) 질문있는 것 같은데.

25 예지 그런데 어, 만약 100개가 있을 때는 어떡해? 100개 육각형을 다 그릴 수는 없잖아

26 재영: 어. (칠판의 10개 육각형 그림을 바라보며) 육각형 개수를 n이라고 하면….

27 교사: 좋은 질문이에요. 그걸 다 그려야 할까? 재영아, 친구들이 너의 방법을 다 이해했으니까 이제 다른 친구가 왜 모두 그릴 필요가 없는지 보여주도록 하자.

… (중략) …

| 표 12-3-2 | '육각형 체인의 둘레' 수업 애니메이션 분석 사례

수행지표	등 급
1. 학습환경 교사는 상호 존중적이며 학생이 도전적인 과제에 참여하는 학습환경을 조성하는가?	4수준 - 교사와 학생, 학생 간의 의사소통이 원활하고 존중적임 - 교사는 학습 참여를 촉진함(5, 7, 12, 17, 24) - 교사는 다른 학생의 전략을 사용해보도록 함으로써 학생 자신이 선택하지 않은 전략의 사용과 이해를 유도하고(16), 수학적 규칙의 발견을 통해 일반화를 시도하도록 이끌며(22, 27) 도전적인 학습환경을 조성함 - 학생들이 다양한 관점을 나타낼 수 있는 기회는 관찰되지 않음. 따라서 5수준은 아님.
2. 학습참여 교사는 학생을 수학적 사고를 발달, 심화 또는 확장할 수 있는 수학적 과제 및 활동에 참여시키는가?	5수준 - 교사는 발문을 통해 학생들이 수학적 사고를 스스로 심화·확장할 수 있도록 유도함(24, 25, 27)
3. 학습심화 교사는 학생의 수학적 사고를 촉진·심화하고 학생이 그들의 이해를 스스로 평가할 수 있도록 적절한 발문을 사용하는가?	4수준 - 교사가 학생의 생각과 이유를 설명하게 많은 발문으로 수업을 이끌어 가는 것이 인상적임 - 교사는 이전 학생의 응답을 가지고 새로운 논점을 만들고(19, 22, 학생들 간의 토의를 유도하기 위해 질문을 던지는(7, 12, 24) 등 학생 응답을 발전시키는 노력이 보임 - 학생들이 자신의 이해를 스스로 평가하는 장면은 관찰되지 않음. 따라서 5수준은 아님
4. 교수·학습 자료의 사용 교사는 학생의 수학적 이해를 촉진·심화하는 방식으로 교수·학습 자료를 사용하는가?	해당 없음 -교과서, 칠판 이외의 다른 자료의 사용은 관찰되지 않음.

| 2 | TRU Math 적용 분석 사례

TRU Math 분석틀로 수업을 분석한 사례는 김희정(2017) 연구에서 김교사의 수열 수업을 참조할 수 있다. 요약하면, 수업 분석을 위해 김교사의 수업을 각 수업 구조에 따라 에피소드로 나누었으며(〈표 12-3-3〉 참조), 이에 대한 분석 결과는 〈표 12-3-4〉와 같다.

| 표 12-3-3 | 수업 분석을 위해 수업 구조로 나누어진 에피소드

에피소드	수업 구조	수업 활동	소요시간
1	전체 학급 활동 (전시학습상기)	전시 학습 상기 및 개념 환기: $\sum$의 정의, 이용방법 상기	2분 27초
2	전체 학급 활동 (과제 제시)	소그룹 과제 제시: $\sum_{k=1}^{n} k^2 = 1^2 + 2^2 + 3^2 + \cdots + n^2 = \frac{n(n+1)(2n+1)}{6}$를 다양한 방법으로 유도 및 증명하기	1분 27초
3	소그룹 활동 1	소그룹별로 과제 토론	5분 29초
4	전체 학급 활동 (힌트 제안 1)	힌트 제안: 선숙이의 방법을 언급하며 그림 힌트지 제공(힌트: 그림을 이용하여 패턴 생각하기)	6분 26초
5	소그룹 활동 2	소그룹별로 그림을 이용한 패턴 밝히기 토론	18분 20초
6	학생 발표 활동	소그룹별 학생 한 명씩 소그룹 활동 내용 발표	13분 00초
7	전체 학급 활동 (연습문제 풀이)	교과서 연습 문제 풀이	3분 12초

| 표 12-3-4 | 김교사 수업 분석 사례

에피소드	수업 구조	수학적	인지요구	접근성	행위주체성, 긍정적 정체성, 권위 분배	반응적 교수
1	전체 학급 활동 (전시학습상기)	High	Medium	High	Low	Low
2	전체 학급 활동 (과제 제시)	High	Medium	High	Low	Low
3	소그룹 활동 1	High	High	Medium	High	High
4	전체 학급 활동 (힌트 제안 1)	High	Medium	High	Medium	Low
5	소그룹 활동 2	High	High	Medium	High	High
6	학생 발표	High	Medium	High	High	High
7	전체 학습 활동 (연습문제 풀이)	Medium	Medium	High	Low	Low
평균		2.64	2.36	2.71	1.93	1.79

여기서 유의해야 할 점은, 이 다섯 가지 측면이 매 수업 분석 단위마다 높은 수준을 유지할 필요도 없으며, 유지할 수도 없음을 수업 교사나 동료 교사, 그리고 연구자들이 이해하고 있어야 하며, 주요한 수업 활동에서 수학적 사고 중심 수업을 구현하고 있는지를 분석하고 성찰하고, 다음 수업을 계획 및 실행하기 위해 성찰을 하는 것이 그 목적임을 명확히 해야 할 것이다.

4 예비교사 교육과 수업 관찰 분석

교실 상호 작용에 대한 고정된 패턴은 대부분 교사의 초임기에 형성된다. 자신이나 다른 사람의 수업을 관찰 분석하는 것은 교사 초기 교육에 상당히 중요하다. 예비교사 기간을 포함하여 초기 교육 기간은 많은 교사들에게 사실상 그들의 교직경력에서 수업이 집중적으로 관찰된 유일한 시기일 수 있으며, 따라서 수업에 대한 성찰적 태도와 특정 습관 역시 교사 교육 초기에 형성의 기초를 마련하는 것이 필요하다(심상길, 2013). 이것이 우리나라 교원 임용 선발 시험에서 수업 실연에 대한 평가가 있는 이유이기도 할 것이다. 이 절에서는 예비수학교사 교육과정에서 이루어지는 수업 관찰 및 분석 활동에 활용할 수 있는 자료를 소개한다.

1 수학과 수업 애니메이션

수업 분석을 위한 수업 관찰은 대부분 직접 수업 참관 또는 수업 동영상을 통해 이루어진다. 수업 동영상을 사용하는 경우 직접 수업 참관에서 발생하는 시·공간적인 제약에서 자유로울 뿐만 아니라, 동영상의 특정 시점을 정확하게 지적할 수 있기 때문에 실제 수업의 관찰 후에 이루어지는 분석 활동보다 더 구체적이고 정보적인 토론과 비평이 이루어질 수 있다고 보고된다(Herbst et al., 2011). 그러나 실제 수업을 촬영한 동영상을 사용하는 경우에 교사의 개인적 또는 상황적 특성에 주의를 빼앗겨 주목해야 하는 사건을 간과하고 지나칠 수 있으며(Herbst & Chazan, 2006), 실제 수업만큼이나 자신의 수업 동영상을 타인에게 공개하는 것은 교사들에게 막대한 부담감을 부여한다고 알려져 있다(Chieu et al., 2011). 또, 국내에서 공개되어 있는 수업 동영상은 대부분 우수 사례로 선정된 수업의 영상들이어서 우수 사례로 선정된 수업에 대해 문제점을 제기하고 비평하는 것에 대해 불편함이 야기된다고도 한다(윤희경, 2012).

반면, Herbst et al.(2016)은 가상의 시나리오를 사용하여 제작된 수업 애니메이션은 실제 수업 영상을 사용할 때 일반적으로 발생하는 제한점에 영향을 받지 않는 상황에서 목적에 부합하는 수업 상황의 연출이 가능하기 때문에 관찰자들 간의 토론을 이끌어 내고 그 토론의 결과로 실제 행동의 변화를 꾀하여 그 이유의 실질적인 합리성을 이끌어 내는 활동을 할 수 있는 효과적인 수단이 된다고 주장하였다. 관찰자는 수업 동영상 속의 실제 인물보다는 애니메이션 캐릭터에 대해 비평하는 것에 더 편안한 감정을 느끼고

이 감정적 편안함이 새로운 교수 활동을 실천하거나 자신의 방식을 바꾸는 것에 대한 저항감을 덜 느끼게 만든다는 것이다.

이러한 맥락에서 수학과 수업 애니메이션을 개발한 국외연구로는 LessonSketch(Herbst et al., 2009)와 국내연구로는 노지화(2019), 김구연(2020) 등이 있다. 〈그림 12-4-1〉은 이들 연구에서 개발된 애니메이션의 예시(기술 순서대로)이다.

그림 12-4-1 교사교육용으로 개발된 수학과 수업 애니메이션 예시

| 2 | 예비교사 수업 실연 관찰 도구

대부분의 예비교사들이 경험하는 수업 실행 경험은 많은 학생들과 함께 모든 것을 가르쳐야 하는 실제 교실보다 적은 수의 학생들로 이루어진 교실에서 보다 짧은 수업을 하거나 대학 수업을 같이 수강하는 동료 학생들을 대상으로 하는 모의 수업일 것이다. 이러한 마이크로티칭(Wragg, 2012) 형태의 수업을 관찰하고 분석하는 데 활용할 수 있는 도구의 예시를 소개한다. 이 예시들은 앞 절에서 살펴본 연구적으로 검증된 분석 도구들과 달리, 예비교사교육 현장에서 사용되면서 발전되었거나 재구성된 도구들이다.

수업실연 평가표

□ 평가학생 : (수학)교육과 성명 :

□ 평가위원 : 성명 :

구분		진단 내용	매우 우수	우수	보통	미흡	매우 미흡
교수학습과정	목표	1. 본시 학습목표 설정이 타당하고, 관련하여 선수 학습활동을 전개하고 있는가?					
	동기유발	2. 학습목표와 관련된 동기 유발 활동이 잘 이루어졌는가?					
	내용제시	3. 학습내용요소가 체계적이고 효과적으로 제시되고 있는가?					
	교수방법	4. 학생의 수준을 고려한 적절한 교수·학습 방법을 전개하고 있는가?					
		5. 학습활동에 적합한 매체 및 자료 활용, 판서가 잘 이루어지고 있는가?					
	평가	6. 학습목표 달성 확인을 위한 적절한 평가를 실시하였는가?					
수업기술		7. 학습자를 학습 활동에 적극적으로 참여시켰는가?					
		8. 학습목표와 내용에 적합한 발문과 피드백이 이루어졌는가?					
		9. 학습자의 활동에 인정·칭찬 등 학습자와의 적절한 의사소통이 이루어졌는가?					
		10. 학습목표와 관련된 창의적인 교수·학습이 이루어졌는가?					

본 수업의 장점	
본 수업의 개선점	

수업실연 분석지

이름: ______________

분석 내용	평가			평가의 근거
	상	중	하	
1. 수업 도입의 적절성				
• 주의 집중 유도를 하였는가				
• 동기 유발을 하였는가				
• 학생의 다양한 특성을 고려하였는가				
• 전시학습과 연결하였는가				
2. 수업 전개의 적절성				
• 학습목표에 적합한 활동 내용을 실시하는가				
• 학생 수준에 맞는 활용 내용을 실시하는가				
• 수업 중 탐구 활동과 학습 목표를 연결시키는가				
• 다양한 학습 형태(전체, 모둠, 개별)를 사용하는가				
3. 상호작용의 적절성				
• 다양한 학생에게 참여 기회를 제공하는가				
• 교사-학생 상호작용을 촉진하는 발문을 제시하는가				
• 학생-학생 상호작용을 촉진하는 발문을 제시하는가				
• 개별적, 구체적, 긍정적인 피드백을 제공하는가				
4. 언어 구사력 및 태도				
• 안정된 태도와 자신감 있는 태도로 수업하는가				
• 반언어적 표현(목소리, 크기, 속도, 발음)이 적절한가				
• 비언어적 표현(표정, 동작, 눈맞춤)을 적절하게 사용하는가				

총평:

수학적 사고 중심 수업을 위한 필수 측면 프레임임을 이용한 수업실연 분석지*

일 시	년 월 일 요일 교시		참 관 자	
지도대상	중/고등 학교 학년	단원명	수업교사	
학습목표			학습주제	
수업구조	전체활동, 소그룹활동, 학생발표 (해당사항에 동그라미)		영상시간	

	순	측면	수업 관점 내용	수준	자유 기술 및 근거
수업자 관찰	1	수학적 [M]	중요한 수학적 학습목표가 탐구적이며 목표수준에 맞게 제시되어 있는가? 이 목표가 선행 및 후행 개념들 사이에 어떠한 연관성이 있는가?		
	2		중요한 수학적 실천 측면과 수학적 역량이 계발되도록 교사는 어떻게 지원/지도하고 있는가?		
	3	인지 요구 [CD]	학생들의 수학적 사고 계발을 위한 적절한 지적 자극 및 도전이 조성되고 유지되는가? (**과제** 자체의 측면)		
	4		교사의 **발문 및 설명**이 학생들의 수학적 사고 계발을 위한 지적 자극 기회를 어떻게 조성하고 유지하는가? (교사가 쉽게 제거해버리지는 않는가?)		
	5	공평성 [E]	교사는 더 많은 학생들이 수학적 활동에 참여할 수 있도록 어떻게 노력하고 있는가? (혹은 이미 이러한 교실 수업 문화가 형성되어 있는가?)		
	6		교사는 학습/참여에 우려가 되는 특정 학생들을 수업에 어떻게 지원하고 있는가?		
	7	주체성 [AOI]	교사는 학생들의 아이디어와 추론을 존중하며 학생들의 아이디어에 소유권을 부여하는가?		
	8		교사는 학생들의 다양한 수학적 아이디어를 공유하도록 어떠한 노력을 하는가? 학생들이 아이디어를 서로 논의를 하는 환경이 구성되어 있는가?		
	9	반응적 [FA]	교사는 예기치 않은 학생들의 수학적 아이디어/오개념에 어떻게 반응하는가? (단순 교정 피드백으로 끝나는가, 생산적 토론으로 이끄는가?)		
	10		교사는 학생들의 추론을 활발히 추구하여 생각이 구체적으로 드러나고, 서로의 아이디어를 토대로 수학적 이해를 구축하기 위해 어떻게 지도하는가? (다양한 발문, 학생들의 아이디어를 통합하고 정립하는 지도 등)		
그 밖의 관찰 및 논의점					

* 이 프레임을 이용한 수업 실연의 분석과 동료 예비 교사의 수업 실연을 분석하고 피드백을 준 경험은 예비 교사들의 전문 역량 중의 하나인 수학적 사고 중심 수업에 관한 노티싱 역량을 계발하는 데 많은 도움이 되었으며, 비대면 온라인 수업 실연에도 적용된 연구 결과(김희정, 2022)가 보고되었다.

교사는 수업상황에서 수많은 문제를 직면하고 그 문제에 대해 의사결정을 내려야 한다. 교사가 직면하는 문제는 그 문제의 발생 맥락에 따라 특성이 다르고 그 결과 역시 불확실하므로 예비교사 교육을 받는 과정에서 배운 특정 이론을 그대로 적용하기는 어렵다(Feiman-Nemser, 2011). 따라서 교사는 교직에 몸담는 기간 동안 끊임없이 수업에 대한 성찰을 통해 수업상황에서의 당면 문제를 논리적이고 합리적인 의사결정으로 해결할 수 있는 능력을 길러야 한다. 성찰을 통해 길러진 교사의 전문가로서의 적극적인 태도와 이론과 실천의 연결 노력, 실천적 지식의 형성, 그리고 의사결정 능력은 궁극적으로 교사의 전문성의 신장으로 이어진다(이윤미, 이상은, 박상완, 2022).

앞서 좋은 수업에 다양한 관점이 존재하지만, 상식에 기반하여 말한다면, 그것은 수업의 수준과 질이 높아서 교수자와 학습자 모두에게 만족스럽고 긍정적인 가치와 결과를 낳은 수업이라고 볼 수 있다. 그 자체로 좋은 수업은 이 세상에 없을 것이다. 수업은 누구를 위해서 좋은 것이어야 하고, 어떤 목표를 위해 수업이 진행되어야 하는지, 그리고 어떤 점에서 유용하고 효과적인지를 구체적으로 질문해보고 실천해 나간다면 적어도 '보다 좋은 수업'에 대한 노력을 이끌어 낼 수는 있을 것이다.

그러나 이러한 질문들은 수업의 상황, 대상, 과정의 다양함으로 인해 너무 추상적인 질문이다. 따라서 질문에 대한 일반적인 기준을 가지기보다는 수업 상황에 맞게 창조적으로 적용하고, 더 구체적으로 질문을 보충하는 것이 필요하다. 수업 관찰은 바로 이러한 질문들을 더 구체적으로 실천할 수 있게 하는 전략이 되며, 결국 수업 관찰과 분석을 통해 좋은 수업을 지향할 수 있게 된다(김현욱, 2018). 다시 말해서, 교사가 수업시간에 어떻게 수업을 계획·조직·운영하고 학생과 어떤 방식으로 상호작용하는가 등을 포함한 교사의 모든 수업행동과 수업기술을 수업전문성으로 정의하고, 이를 가능한 과학적이고 객관적으로 관찰하고 분석할 수 있다면 자신의 강점과 약점을 파악하고 어떻게 수업전문성을 신장할 것인지에 대해 보다 명확하고 체계적으로 접근할 수 있는 토대가 마련될 것이다(장순선, 이옥화, 김득준, 2018).

참고문헌

강인애, 정은실(2009). '성찰저널(Reflective Journal)'이 지닌 교육적 의미에 대한 탐구: 대학에서의 수업사례. **교육방법연구, 21**(2), 93-117.

강정찬(2015). 목적 지향적 수업개선을 위한 수업 분석모형 개발. **한국교육, 42**(1), 137-166.

고경우(2015). **수학교사들의 내용과 학생 지식(KCS)과 내용의 교수 지식(KCT) 분석**. 석사학위논문. 이화여자대학교 교육대학원. 서울.

권낙원, 박승렬, 추광재(2006). 개인적 실천 지식으로서의 교수기술의 의미와 형성과정 탐색. **한국교원교육연구, 23**(3), 187-207.

김구연(2020), **수학 수업 관찰 및 분석 연구**. 2019 수학교육정책과제 최종보고서, 한국과학창의재단 BD-2002-0004.

김성경(2016). MQI를 이용한 예비교사와 현직교사의 수학 수업의 질 분석. **수학교육, 55**(4), 397-416.

김은지(2014). **수업 성찰 저널에 나타나는 수학교사의 성찰 수준 분석**. 석사학위논문. 서울대학교 대학원. 서울.

김재웅, 오은순, 윤희정(2011). 열린교육 정책에 대한 교사집단의 불순응에 관한 연구. **열린교육연구, 19**(1), 219-238.

김정한(2002). **장학론 – 이론 · 연구 · 실제 –**. 서울: 학지사.

김현욱(2018). 수업 관찰 분석. 서울: 박영스토리.

김효수, 진용성(2017). 수업나눔을 적용한 단위학교 수업협의 사례 연구. **한국교원교육연구, 34**(3), 81-107.

김희정(2017). 수학 교사교육 연구와 실천과제: 효과적인 수학 수업의 다섯 가지 필수 측면 프레임으로 분석한 고등학교 수열 단원 수업과 교사 전문성 신장에 대한 소고. **수학교육학연구, 27**(4), 639-661.

김희정(2022). 예비 수학교사의 수학적 사고 중심 수업에 관한 노티싱 역량. **수학교육. 61**(2), 339-357.

노지화(2019). **수학 수업 분석 실습 프로그램 개발.** 2018 수학교육정책과제 최종보고서. 한국과학창의재단 BD-1904-0003.

노지화, 김미령(2023). 수학 교사의 수업실천역량 강화를 위한 수업관찰도구의 역할: 사례연구. **East Asian Mathematical Journal, 39**(2), 240-258.

노진호(1998). "듀이의 교육이론에서 반성적 사고의 위상". 한국교육학회 교육철학연구회. **교육철학**. 제19집. 145-164

박은혜(1999). 유아교사교육에서 저널쓰기 활용에 대한 고찰. **한국교원교육연구, 16**(2), 195-216.

변영계, 김경헌(2005). **수업장학과 수업 분석.** 서울: 학지사.

서경혜(2005). 반성과 실천: 교사의 전문성 개발에 대한 소고. **교육과정연구, 23**(2), 285-305.

성용구(2014). 교육연구를 위한 양적 · 질적 연구의 혼합방법. **초등교육연구논총, 30**(2), 163-181.

심상길(2013). 교사의 지식에 대한 중등 초임수학교사들의 인식 분석, **학교수학, 15**(2), 443-457.

윤정일, 송기창, 조동섭, 김병주(2015). **장학론-장학사와 교사의 상호관계성.** 경기: 한국학술정보(주).

윤혜경(2012). 생산적 반성의 관점에서 분석한 초등 예비교사의 과학 수업 성찰의 특징. **한국과학교육학회지, 32**(4), 703-716.

이금선, 강옥기(2008). 수학교사의 전문성 신장을 위한 수업 반성에 대한 준거 제안. **학교수학, 10**(2), 199-222.

이윤미, 이상은, 박상완(2022). 미래 사회변화에 따른 교사역할에 대한 초 · 중등학교 교사의 인식. **교육학연구, 60**(6), 399-428.

이종일(2004). **반성적 실천을 통한 전문가 교육**. 서울: 교육과학사.

장순선, 이옥화, 김득준(2018). 수업 관찰유형에 따른 수업전문성 요인 차이 분석. **교육공학연구, 34**(3), 441-465.

전병운(2004). 수업 관찰 및 분석의 실제. **자격연수, 2**, 481-504.

정영옥(2010). 예비교사의 수학 실습 컨설팅 사례: 자연수의 나눗셈 수업을 중심으로. **교육논총, 30**(1), 49-83.

조덕주(2006). 교사의 반성적 교육실천을 위한 이론적 기초 탐구. **교육학연구, 44**(2), 105-133.

주삼환(2009). **장학의 이론과 실제(이론편)**. 경기: 한국학술정보(주).

주삼환, 천세영, 김택균, 신본섭, 이석열, 김용남, 이미라, 이선호, 정일화, 김미정, 조성만(2018). **교육행정 및 교육경영 5판.** 서울: 학지사.

주삼환, 황인수(2015). **수업장학.** 서울: 학지사.

진영은, 함영기(2009). 수업 전문성 재개념화 연구 동향 및 과제. **열린교육연구, 17**(2), 47-71.

채희태(2015). 예비특수교사의 교과수업 능력 향상을 위한 Lesson Study 모델의 수정 적용. **특수교육교과교육연구, 8**(22), 69-95.

천세영, 이옥화, 정일화, 김득준, 장순선, 방인자, 이재홍, 권현범, 김종수, 이경민, 김지은, 전

미애(2020). **좋은 수업을 위한 새로운 수업장학: 수업 분석과 수업코칭.** 서울: 학지사
천호성(2008). 사회과 교실 수업 분석의 방법과 과제-관찰, 수업기록, 분석시점을 중심으로. **시민교육연구, 37**(3), 231-254.

Alsawaie, O., & Alghazo, I. (2010) The effect of video-based approach on prospective teachers' ability to analyze mathematics teaching. *Journal of Mathematics Teacher Education, 13*(3), 223-241.

American Association for the Advancement of Science [AAAS] (1989). *Project 2061: Science for All Americans: A Project 2061 report on literacy goals in science, mathematics, and technology.* Washington, DC: Author.

Bailey, K. M. (2001). Observation. In R. Carter and D. Nunan (Eds), *The Cambridge Guide to Teaching English to Speakers of Other Langauage.* Cambridge: Cambridge University Press.

Bain, J. D., Mills, C., Ballantyne, R., & Packer, J. (2002). Developing reflection on practice through journal writing: Impact of variations in the focus and level of feedback. *Teachers and Teaching: Theory and Practice, 8*(2), 171-196.

Ball, D. L., Thames, M. H., & Phelps, G. (2008). Content knowledge for teaching: What makes it special? J*ournal of Teacher Education, 59*, 389-407.

Bartlett. L. (1990). Teacher development through refelctive teaching. In J. C. Richards and D. Nunan (Eds.), *Second Language Teacher Education* (pp. 202-214). Cambridge: Cambridge University Press.

Baumert, J., Kunter, M., Blum, W., Brunner, M., Voss, T., Jordan, A., & Tsai, Y.-M. (2010). Teachers' mathematical knowledge, cognitive activation in the classroom, and student progress. *American Educational Research Journal, 47,* 133-180.

Boston, M., Bostic, J., Lesseig, K., & Sherman, M. (2015). A comparison of mathematics classroom observation protocols. *Mathematics Teacher Educator*, *3*(2). 154-175.

Brookfield, S. D. (1995). *Becoming a Critically Reflective Teacher.* San Francisco.

Bryk, A., & Schneider, B. (2002). *Trust in schools: A core resource for improvement.* Russell Sage Foundation. CA: JosseyBass.

Chieu, V. M., Herbst, P., & Weiss, M. (2011). Effect of an animated Classroom story embedded in online discussion on helping mathematics teachers learn to notice, *Journal of the Learning Sciences, 20*(4), 589-624.

Common Core State Standards Initiative (2010). *Common Core State Standards for Mathematics(CCSSM).* Washington DC: National Governors Association Center for

Best Practices and the Council of Chief State School Officers.

Cruikshank, C. R. (1987). *Reflective teaching: The preparation of students of teaching.* Virgina; Association of Teacher Educators.

Davis, E. A. (2006). Characterizing productive reflection among preservice elementary teachers: Seeing what matters. *Teaching and Teacher Education, 22*, 281-301.

Day, C., & Gu, Q. (2007). Variations in the conditions for teachers' professional learning and development: Sustaining commitment and effectiveness over a career. *Oxford Review of Education, 33*(4), 423-443.

Dewey, J. (1933). *How we think: A restatement of the relation of reflective thinking to the educative process*. New York: D. C. Heath and Company.

Desimone, L. (2009). Improving impact studies of teachers' professional development: Toward better conceptualizations and measures. *Educational Researcher, 38*(3), 181-199.

Dull, L. (1981). *Supervision: School Leadership Handbook.* Columbus, Ohio: Charles E. Merrill Publishing Company.

Feiman-Nemser, S. (2011). From preparation to practice: Designing a continuum to strengthen and sustain teaching, *Teachers College Record, 103*(6), 1013-1055.

Fernandez, C., & Yoshida M. (2004). Lesson Study: A Japanese Approach to Improving Mathematics Teaching and Learning. Mahwah, NJ: Lawrence Erlbaum

Gagné, R. M. (1976). *The conditions of learning* (3rd. ed.). N. Y. : Holt Rinehart & Winston.

Gibbs, G. (1988). *Learning by doing: A guide to Teaching and Learning Methods.* Oxford: Further Educational Unit

Hargreaves, A. (2019). Teacher collaboration: 30 years of research on its nature, forms, limitations and effects. *Teachers and Teaching, 25*(5), 603-621.

Herbst, P., Chazan, D., Chen, C., Chieu, V. M., & Weiss, M. (2011). Using comics-based representations of teaching, and technology, to bring practice to teacher education courses. *ZDM Mathematics Education, 43*(1), 91-103.

Herbst, P., & Chazan, D. (2011). Studying the Practical Rationality of Mathematics Teaching: What Goes Into "Installing" a Theorem in Geometry? *Cognition and Instruction, 29*(2), 218-255.

Herbst, P., Chazan, D., Chieu, V. M., Milewski, A., Kosko, K., & Aaron, W. (2016). Technology-Mediated Mathematics Teacher Development: Research on Digital Pedagogies of Practice. In M. Niess, K. Hollebrands, & S. Driskell (Eds.),

Handbook of Research on Transforming Mathematics Teacher Education in the Digital Age (pp. 78-106). Hershey, PA: IGI Global.

Hofstede, G. (1997). *Cultures and organizations: Software of the mind* (Rev. ed.). New York: McGraw-Hill.

Hoover, L. (1994). Reflective writing as a window on preservice teachers' thought processess. *Teaching and Teacher Education*, *10*(1), 83-93

Hord, S. M. (1997). *Professional learning communities: Communities of continuous inquiry and improvement.* Austin, Texas: Southwest Educational Development Laboratory.

Horn, I. S., & Little, J. W. (2010). Attending to problems of practice: Routines and resources for professional learning in teachers' workplace interactions. *American Educational Research Journal*, *47*(1), 181-217.

Hill, H. C., Ball, D. L., & Schilling, S. G. (2008). Unpacking pedagogical content knowledge: Conceptualizing and measuring teachers' topic specific knowledge of students. *Journal for Research in Mathematics Education, 39*(4), 372-400

Lave, J., & Wenger, E. (1991). *Situated learning: Legitimate peripheral participation.* Cambridge University Press.

Lewis, C. (2004). *Lesson Study.* A Handbook of Teacher-Led Instructional Change.

Little, J. W. (2002). Locating learning in teachers' community of practice: opening up problems of analysis in records of everyday work. *Teaching and Teacher Education, 18*, 917-946.

Lortie, D. C. (1975). *School Teacher: A Sociological Inquiry*. Chicago: University of Chicago Press.

Marland, P. (1998). 'Teachers' Practical Theories: Implications for Pre-service Teacher Education' *Asia Pacific Journal of Teacher Education and Development, 1*(2), 15-23

McLaughlin, M. W., & Talbert, J. E. (2001). *Professional Communities and the Work of High School Teaching.* University of Chicago Press.

McLaughlin, M. W., & Talbert, J. E. (2006). *Building School-based Teacher Learning Communities: Professional Strategies to Improve Student Achievement* (Vol. 45). Teachers College Press. Philadelphia: Research for Better Schools.

Mewborn, D. S. (1999). Reflective thinking among preservice elementary mathematics teachers. *Journal of Research in Mathematics Education, 30*(3), 316-341.

Mitchell, R., & Marin, K. (2014). Examining the use of a structured analysis framework to support prospective teacher noticing. *Journal of Mathematics Teacher Education,*

18(6), 1-25.

National Council of Teachers of Mathematics (2000). *Principles and standards for school mathematics.* Reston, VA: Author.

National Research Council (1996). *National science education standards.* Washington, DC: National Academy Press.

Noh, J., & Webb, M. (2015) Teacher Learning of Subject Matter Knowledge Through an Educative Curriculum, *The Journal of Educational Research, 108*(4), 292-305,

O'Leary, M. (2014). *Classroom observation.* NewYork: Routledge.

Pecheone, R. L., & Chung, R. R. (2006). Evidence in teacher education: The performance assessment for california teachers (PACT). *Journal of Teacher Education*, *57*(1), 22-36.

Praetorius, A.-K., & Charalambous, C. (2018). Classroom observation frameworks for studying instructional quality: looking back and looking forward. *ZDM: The International Journal on Mathematics Education, 50*(5), 535-553.

Praetorius, A.-K., Klieme, E., Herbert, B., & Pinger, P. (2018). Generic dimensions of teaching quality: the German framework of Three Basic Dimensions. *ZDM: The International Journal on Mathematics Education, 50*(3), 407-426.

Pultorak, E. G. (1996). Following the development process of reflection in novice teachers: three years of investigation. *Journal of Teacher Education, 47*(4), 288-295.

Richard, J. C. (1991). Towards reflective teaching. *The Teacher Trainer, 5*(3), 4-8.

Richardson, V. (2003). The dilemmas of professional development. *Phi Delta Kappan,* (January), 401-406.

Rosenholtz, S. J. (1989). Workplace conditions that affect teacher quality and commitment: Implications for teacher induction programs. *The Elementary School Journal*, *89*(4), 421-439.

Ross, D. D. (1989). First steps in developing a approach. *Journal of Teacher Education, 40,* 22-30.

Santagata, R., Zannoni, C., & Stigler, J. W. (2007). The role of lesson analysis in pre-service teacher education: An empirical investigation of teacher learning from a virtual video-based field experience. *Journal of Mathematics Teacher Education, 10*(2), 123-140.

Sawada, D. Piburn, M. D., Judson, E., Turley, J., Falconer, K., Benford, R., & Bloom, I. (2002). Measuring reform practices in science and mathematics classrooms: The reformed teaching observation protocol. *School Science Mathematics, 102*(6), 245-

253.

Schleicher, A. (2018). *Valuing Our Teachers and Raising Their Status*. Paris: OECD Publishing.

Schön, D. A. (1983). *The reflective practitioner.* New York: Basic Books.

Sherin, M. G., & Russ, R. S. (2015). Effects of video club participation on teachers' professional vision. *Journal of Teacher Education, 60*(1), 20-37.

Shulman, L. (1987). Knowledge and teaching: Foundations of the new reform. *Harvard Education Review, 57*, 1-22.

Sims, L., & Walsh, D. (2008). Lesson study with practice teachers: Lessons from lessons. *Teaching and Teacher Education, 25*(5), 724-733.

Sparks-Langer, G., & Colton, A. (1991). Synthesis of research on teachers' reflective thinking, *Educational Leadership, 48*(6), 37-44.

Stigler, J. W., & Hiebert, J. (2009). *The Teaching Gap: Best Ideas from the World's Teachers for Improving Education in the Classroom.* New York: Free Press

Surbeck, E., & Han, E. (1993). Becoming a child sensitive teacher: Can journal writing help? *Journal of Teacher Education 40*(2), 2-9.

Talbert, J. E. (2010). Professional learning communities at the crossroads: How systems hinder or engender change. In *Second International Handbook of Educational Change* (pp. 555-571). Springer, Dordrecht.

Tilstone, C. (1998). *Observing Teaching and Learning-Principles and Practice*. London: David Fulton.

van Manen, M. (1977). Linking ways of knowing with ways of being practical. *Curriculum Inquiry, 6*(3), 205-22.

von Glasersfeld, E. (1989). Constructivism in Education. In T. Husen, & T. N. Postlethwaite (Eds.), *The International Encyclopedia of Education* (supplementary vol., pp. 162-163). Oxford: Pergamon.

Wenger, E. (1999). *Communities of Practice: Learning, Meaning, and Identity.* Cambridge University Press.

Wragg, E. C. (2012). *An Introduction to Classroom Observation.* New York: Routledge.

■ 집필진

전영주 (전북대학교 수학교육과 교수)
김희정 (고려대학교 수학교육과 교수)
노지화 (부산대학교 수학교육과 교수)
손홍찬 (전북대학교 수학교육과 교수)
이경언 (제주대학교 수학교육과 교수)
한인기 (경상국립대학교 수학교육과 교수)
임해미 (국립공주대학교 수학교육과 교수)
김선희 (강원대학교 수학교육과 교수)
서보억 (충남대학교 수학교육과 교수)
신보미 (전남대학교 수학교육과 교수)
이봉주 (경북대학교 수학교육과 교수)

예비교사와 현직교사를 위한
수학과 교수·학습의 이론과 실제

지은이 전영주 · 임해미 · 김희정 · 김선희 · 노지화
서보억 · 손홍찬 · 신보미 · 이경언 · 이봉주 · 한인기
펴낸이 조경희
펴낸곳 경문사
펴낸날 2025년 1월 27일 1판 2쇄
등 록 1979년 11월 9일 제1979-000023호
주 소 04057, 서울특별시 마포구 와우산로 174
전 화 (02)332-2004 팩스 (02)336-5193
이메일 kyungmoon@kyungmoon.com

값 27,000원

ISBN 979-11-6073-613-7